浙江省普通本科高校"十四五"重点立项建设教材

浙江省哲学社会科学实验室

杭州电子科技大学数据科学与智能决策实验中心

研究
成果

U0652952

企业资源计划（ERP）

主　编　刘正刚

参　编　李　晓　金　鹏　李庆华　杨家鹏

西安电子科技大学出版社

内 容 简 介

本书为浙江省第一批新文科建设教材，亦为浙江省一流线上课程"ERP系统原理"(中国大学慕课和智慧树平台)的配套教材。本书通过深刻揭示管理需求的涌现及企业运作管理理论的发展如何引导企业资源计划(ERP)系统的不断发展创新，阐明制造企业管理信息化核心工作内容，锤炼学生的信息化和智能化管理能力与素质。全书分原理篇、分析设计篇和实训篇。原理篇结合Excel和ERP软件编制的计划运作仿真案例，依次介绍物料需求计划(MRP)、闭环式MRP的滚动逻辑、主生产计划(MPS)、能力需求管理、制造资源计划(MRPⅡ)、ERP、先进制造理论与ERP发展以及高级计划排程(APS)等内容，尤其是聚焦其中关键管理属性的发展与核心计划流程来阐明ERP系统原理并借助与ERP软件仿真案例相互印证的Excel相关仿真，让学生(尤其是无ERP软件的学生)的自学自练变得简单易行，助力学生高效达成对ERP系统原理的理解。分析设计篇参照原理篇阐明自研MRP、MPS和闭环式MRP教学计划系统(尤其自动计划功能)的分析、设计与实现，以解密ERP开发过程。实训篇参照ERP系统原理及其Excel仿真讲解ERP电子沙盘实训所需Excel决策辅助工具的制作过程，通过"学以致用"促进学生更快、更好地掌握相关内容。此外，本书加入了课程思政内容，最终以"一线(即系统演化线)、一核(即通用计划核)、两仿真、两匹配"体系践行"两性一度"，达成新文科建设目标。

本书可作为高等院校信息管理与信息系统、电子商务、工业工程、工商管理等专业本科生的ERP相关理论和实践课程的教材，亦可作为管理类专业研究生的学习资料，还可作为相关技术人员的参考书。

图书在版编目(CIP)数据

企业资源计划：ERP / 刘正刚主编 . -- 西安：西安电子科技大学出版社，2024.10. -- ISBN 978-7-5606-7388-2

Ⅰ．F272.7

中国国家版本馆 CIP 数据核字第 2024GK3001 号

策　　划	陈　婷	
责任编辑	雷鸿俊	
出版发行	西安电子科技大学出版社 (西安市太白南路 2 号)	
电　　话	(029)88202421 88201467	邮　　编　710071
网　　址	www.xduph.com	电子邮箱　xdupfxb001@163.com
经　　销	新华书店	
印刷单位	陕西天意印务有限责任公司	
版　　次	2024 年 10 月第 1 版	2024 年 10 月第 1 次印刷
开　　本	787 毫米 ×1092 毫米　1/16	印　张　26
字　　数	611 千字	
定　　价	78.00 元	

ISBN 978-7-5606-7388-2

XDUP 7689001-1

＊＊＊如有印装问题可调换＊＊＊

前 言

PREFACE

作为制造企业典型的商用管理信息系统，企业资源计划 (Enterprise Resource Planning，ERP) 系统体系庞大，其中各种自动计划的原理环环相扣，相关业务流程和功能模块非常复杂。为阐明 ERP 系统核心原理，本书以制造企业运作管理相关理论发展及相应 ERP 系统核心原理的发展为主线，结合 ERP 教学计划系统的开发示例，剖析了 ERP 系统原理的演化过程。为培养兼具管理与计算机知识的信息化管理高级人才，本书围绕四点展开讲解。第一，结合 Excel 和 ERP 软件编制的计划运作仿真案例，依次介绍物料需求计划 (Material Requirement Planning，MRP)、闭环式 MRP 的滚动逻辑、主生产计划 (Master Production Scheduling，MPS)、能力需求管理、制造资源计划 (Manufacturing Resource Planning，MRPⅡ)、企业资源计划 (ERP)、先进制造理论与 ERP 发展以及高级计划排程 (Advanced Planning and Scheduling，APS) 等内容，尤其是聚焦其中关键管理属性的发展与核心计划流程来阐明 ERP 系统原理；借助与 ERP 软件仿真案例相互印证的 Excel 相关仿真，让学生对 ERP 系统原理的理解从"知其然"深化至"知其所以然"。第二，聚焦 ERP 多种核心自动计划原理，展示开发此类 ERP 软件核心计划功能所需系统分析与设计资料，通过对照解密的 ERP 系统开发原理，让学生对 ERP 系统原理的理解从"知其所以然"拓展至"知实现其然"。第三，引入实训，通过对实训所需的"商战"ERP 电子沙盘 Excel 决策辅助工具的学与练，促使学生在短时间内有效掌握 ERP 系统原理，最终达成从系统原理、系统分析设计和沙盘实训工具三方面深入学习 ERP 系统原理的目标。第四，加入课程思政内容。根据上述编排思路，本书分为原理篇、分析设计篇和实训篇，框架体系参见图 1，思政内容设计参见图 2。

本书以"一线、一核、两仿真、两匹配"体系践行"两性一度"。"一线"是指教材独有的聚焦企业运作管理信息化发展的 ERP 系统演化线，即"物料需求计划（MRP）→ 闭环式 MRP(含独有滚动逻辑以及 MPS 和能力需求管理)→ 制造资源计划（MRPⅡ）→ERP→ERP 发展"。本书以此线剖析 ERP 系统原理的演化过程。"一核"是指各商用 ERP 软件中通用且核心的计划内核。本书聚焦该通用内核展开 ERP 系统原理的理论讲解和仿真验证，通过培养透彻掌握 ERP 内核的信息化管理高级人才，达成教学的高阶性。"两仿真"是指解密 ERP 系统核心计划原理的 Excel 仿真和 ERP 软件仿真。本书通过针对 ERP 系统核心计划原理的两种仿真的相互印证，既达成了依托 Excel 且易于实践的创新性，又提升了在短时间内学会正确运作 ERP 软件核心计划功能模块的挑战度，满足高端 ERP 人才培养需求。"两匹配"是指既匹配对 ERP 系统核心计划原理的讲解与对 ERP 系统核心计划功能模块的模拟开发过程的讲解，又匹配 ERP 系统核心

分析设计篇：ERP教学计划系统的系统分析、设计与实现

MRP教学计划系统的分析、设计与实现　　MPS教学计划系统的分析、设计与实现　　闭环式MRP教学计划系统分析、设计与实现

ERP系统核心计划原理与ERP系统核心计划功能模块模拟开发的匹配

原理篇：ERP系统原理(横向单线细箭头指示ERP系统发展的历程与未来)

ERP软件仿真验证原理

仿真部分二：ERP原理的ERP软件仿真

企业资源计划(ERP)系统的发展历程　　物料需求计划(MRP)　　闭环式物料需求计划：闭环式MRP的滚动式排程／主生产计划(MPS)／能力需求管理　　制造资源计划MRPⅡ　　企业资源计划(ERP)　　先进制造理论与ERP发展　　高级计划排程APS

Excel仿真验证原理

MRP原理的Excel仿真
1.各种静态/动态批量法则；
2.冲销时间；
3.服务需求计划

闭环式MRP原理的Excel仿真
1.闭环式MRP的滚动逻辑(含计划重排的15张表)；
2.单阶MPS和多阶MPS；
3.粗能力需求计划(RCCP)

MRPⅡ原理的Excel仿真双阶MPS(内涉MRPⅡ中计划材料表的相关应用)

一线(系统演化线)
一核(通用计划核)
两匹配
仿真相互印证

仿真部分一：从MRP至闭环式MRP至MRPⅡ的Excel仿真

ERP系统核心计划原理的Excel仿真验证与ERP电子沙盘的Excel决策辅助工具制作的匹配

实训篇：ERP电子沙盘
"商战"ERP电子沙盘Excel决策辅助工具

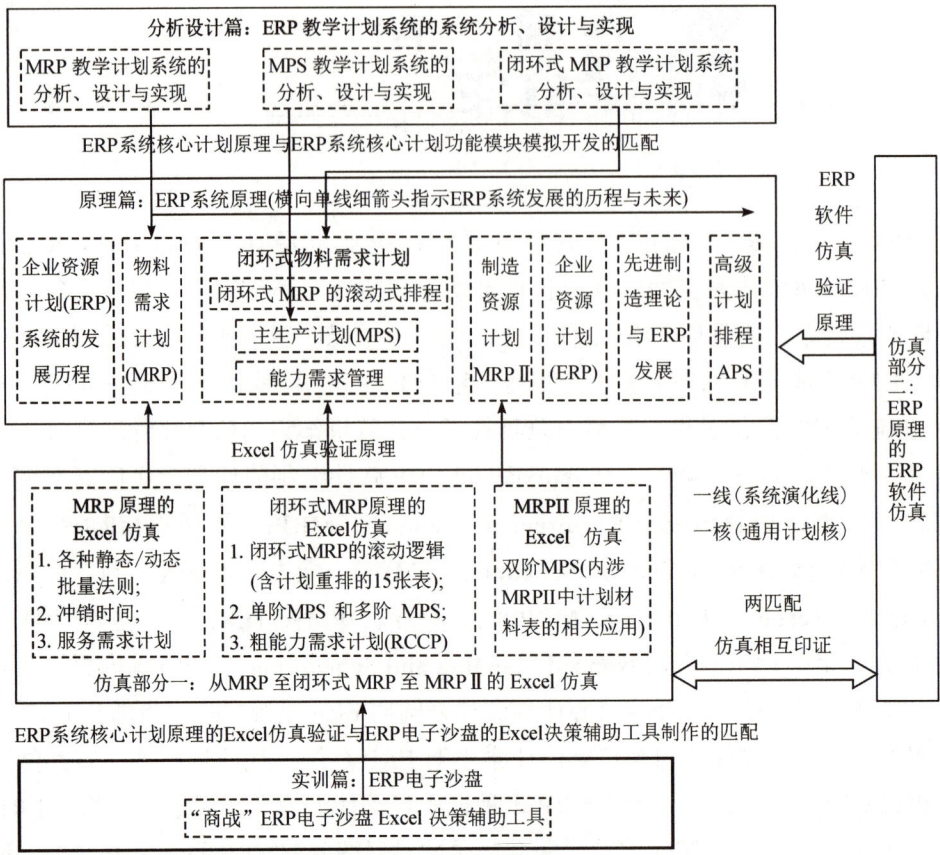

图1　本书的内容框架体系

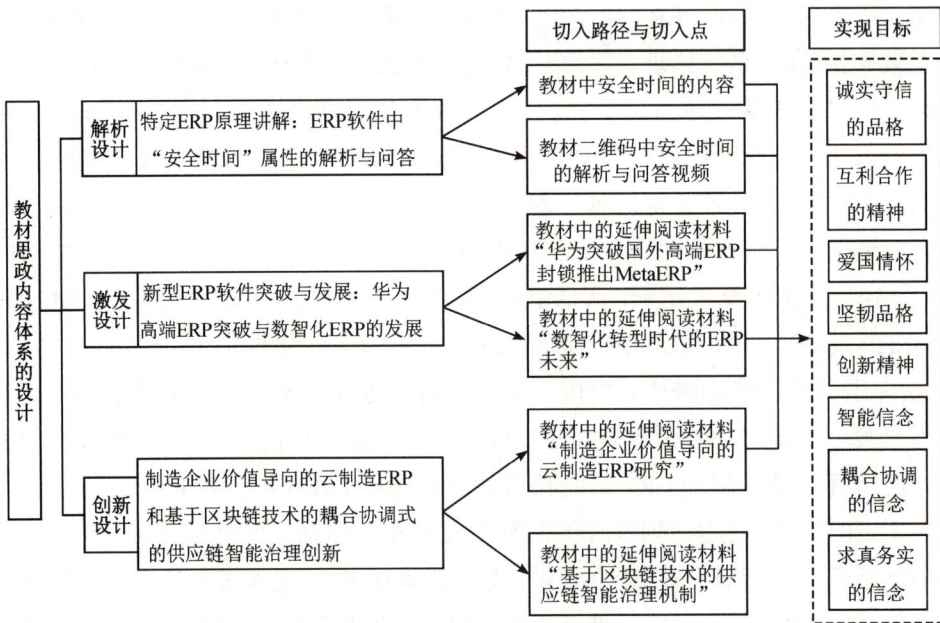

切入路径与切入点　　实现目标

教材思政内容体系的设计

解析设计：特定ERP原理讲解：ERP软件中"安全时间"属性的解析与问答
→教材中安全时间的内容
→教材二维码中安全时间的解析与问答视频

激发设计：新型ERP软件突破与发展：华为高端ERP突破与数智化ERP的发展
→教材中的延伸阅读材料"华为突破国外高端ERP封锁推出MetaERP"
→教材中的延伸阅读材料"数智化转型时代的ERP未来"

创新设计：制造企业价值导向的云制造ERP和基于区块链技术的耦合协调式的供应链智能治理创新
→教材中的延伸阅读材料"制造企业价值导向的云制造ERP研究"
→教材中的延伸阅读材料"基于区块链技术的供应链智能治理机制"

实现目标：
诚实守信的品格
互利合作的精神
爱国情怀
坚韧品格
创新精神
智能信念
耦合协调的信念
求真务实的信念

图2　本书的思政内容设计

计划原理的 Excel 仿真验证与 ERP 电子沙盘的 Excel 决策辅助工具制作。通过"两匹配"，本书将传统 ERP 知识传授扩展至 ERP 系统开发的能力培养和素质塑造，践行了高阶性和创新性。总之，本书聚焦于企业管理信息化的最佳载体 ERP 系统，助力培养兼具管理与计算机知识的信息化管理高级人才，可作为新文科建设中培养融合信息化发展的新型管理人才的最佳抓手。管理与软件融合共演的聚焦、智能自动计划的解密、多种仿真技术的应用、新形态的教材、理论学习与实训的集成，可从内容本质、智能技术、教学模式等多个方面深化新文科建设。

为培养新时代的信息化管理高级人才，作者团队整合了《企业资源计划 (ERP)(第二版)》(田军、刘正刚主编，机械工业出版社 2020 年出版) 和另外四本自编教材 (含两本新形态教材) 的相关内容，形成了这本适应新文科建设的新形态教材。这里需要特别说明的是：因疫情原因耽搁了田军老师的学校推荐信，在征得田军老师同意后，在本次申报浙江省普通本科高校"十四五"首批新工科、新医科、新农科、新文科重点教材建设项目时，团队仅保留了浙江省内的作者，教材名称采用《企业资源计划 (ERP)》。

本书原理篇包括第一章至第九章，主要介绍了企业资源计划 (ERP) 系统的发展历程、物料需求计划 (MRP)、闭环式物料需求计划的滚动逻辑、主生产计划 (MPS)、能力需求管理、制造资源计划 (MRP Ⅱ)、企业资源计划 (ERP)、先进制造理论与 ERP 发展以及高级计划排程 (APS) 等内容；分析设计篇包括第十章至第十二章，主要介绍了 MRP 教学计划系统的分析、设计与实现，MPS 教学计划系统的分析、设计与实现，以及闭环式 MRP 教学计划系统的分析、设计与实现等内容；实训篇即第十三章，介绍了"商战"ERP 电子沙盘 Excel 决策辅助工具。

与《企业资源计划 (ERP)(第二版)》相比，本书做了以下修改：

第一，借鉴中国大学 MOOC 课程特点，将繁杂的 ERP 系统原理拆解为时长适宜的独立知识点，即含 11 个视频讲解的前八章，并补充了丰富的 MOOC 习题。

第二，结合智能制造所需的高级计划排程 (APS) 的发展，设置了"高级计划排程 (APS)"一章，并根据 Asprova 公司提供的 APS 活学活用系列视频，完善了视频讲解内容 (相关资源已同时放在慕课网络教学平台中)。

第三，为更好地培养信息管理与信息系统专业的高级人才，设置了"分析设计篇"。现有 ERP 相关教材，或侧重于传统 ERP 原理的讲解，或侧重于某现有 ERP 软件的操作介绍。后者有助于学生对 ERP 软件"知其然"，前者有助于学生对传统 ERP"知其所以然"。然而，对于信息管理与信息系统专业的学生来说，即使"知其然"并且"知其所以然"，仍然不知道如何实现之，即不知道如何利用 ERP 相关原理开发 ERP 软件。但作为管理人员与计算机人员之间连接桥梁的信息管理与信息系统专业学生，他们应该学会做好系统分析与设计 (含二次开发系统分析与设计)，以便让计算机人员读懂管理人员的 (二次) 开发功能需求并开发实现之。为了使学生具备这种系统分析与设计能力，本书设置了"分析设计篇"，安排了"MRP 教学计划系统的分析、设计与实现""MPS 教学计划系统的分析、设计与实现""闭环式 MRP 教学计划系统的分析、设计与实现"三章内容，相关视频资源整合为一章，放在爱课程网站中。

第四，为提高信息管理与信息系统专业学生的动手能力，设置了"实训篇"。对于无 ERP 软件或无太多时间运作 ERP 软件的学生来说，以及对因 ERP 软件有太多属性且众多属性间关联性太强而难以完成模拟运作的学生来说，本书的实训可以让学生将 ERP 原理的学习与实践更便利、更省时、更好地紧密结合在一起，有助于学生在有限的时间内更高效地学以致用。

第五，加入思政内容。本书的思政内容与 ERP 系统原理的发展和创新紧密结合，以实现育人效果。例如，通过 ERP 软件中"安全时间"属性开发的学习，培养学生诚实守信的品格和互利合作的精神；通过对华为高端 ERP 的突破成功和数智化 ERP 开发的介绍，激发学生的爱国情怀、坚韧品格、创新精神和智能信念；通过对制造企业价值导向的云制造 ERP 和基于区块链技术的耦合协调式的供应链智能治理创新的介绍，培养学生求真务实、耦合协调和智能的信念。

杭州电子科技大学管理学院的刘正刚编写了第二章至第六章和第九章至第十三章并录制了相关教学视频，李晓编写了第一章和第八章并录制了相关教学视频，金鹏和李庆华编写了第七章并录制了相关教学视频。刘正刚和金鹏负责 ERP 教学计划系统的开发。四川虹微技术有限公司的杨家鹏及其曙光工作室合作完成了 ERP 教学计划系统的软件开发。我们要特别感谢 ERP 和 APS 供应商等的大力支持。ERP 商用软件的截图大多来自本校早期购买的美国 QAD 公司的 ERP 产品 MFG/PRO 软件，Asprova 中国区子公司派程（上海）软件科技有限公司为高级计划排程 (APS) 一章（第九章）的内容撰写提供了 APS 软件及其专家录制的 APS 活学活用系列视频。为便于读者使用本书，我们将免费提供自编的 ERP 教学计划系统或在线教学服务系统（联系方式见后）。为便于教师使用本书，作者可提供 QAD 公司 ERP 软件产品 MFG/PRO 单机版用于教师教学研究和讨论（注意：设置的日期数据需在 2020 年 1 月 1 日之前才能正常显示，否则日期显示乱码），有此需求的教师请联系刘正刚索取 (QQ：1154116689)；另外，教师也可向作者索取本课程的详细教案，尤其是线上线下混合课 SPOC 教学的详细方案。

这里需要说明的是，本书使用 QAD 公司的早期版本 ERP 软件来演示相关计划案例，是因为其 MPS/MRP 计划还属于无限能力视角的计划，此时实际的产能限制还未对与 MPS/MRP 计划相应的粗 / 细能力需求计划的运算结果起约束与修正作用。正因如此，上述各种计划的结果可以很直观准确地显示各种计划的原理，便于演示与讲解，适合递进地展示 MRP →闭环式 MRP→ 制造资源计划 MRP Ⅱ 的演进关系。与此相对应，当前先进的 ERP 商用软件经典或最新的版本因集成程度很高，不利于教师在有限的课堂时间内快速呈现理想的教学效果以及在有限教材篇幅内呈现核心教学内容（因软件演示结果易受众多其他非核心计划但又属实际商业考量的商业因素 / 参数的影响），这样也可能不利于学生学习思维的循序发展。例如，SAP R3 是全球著名 SAP 公司的经典 ERP

产品，其 MRP 计划其实考虑了生产线的能力限制以及所需物料的供给限制等种种企业实际运作约束情况，这会导致相关的计划订单下达日期可能比开环式 MRP 计划算出的计划订单下达日期要更早，以留出更多的时间准备 (通常此时对应的计划订单收料日期并未异常或变化)，或者要更迟 (通常此时对应的计划订单收料日期也相应推迟)。这两类处置情况的目标都是避开产线能力约束或物料供给不足的限制，其计划系统内核本质就是集成度很高 (如集成了实际产能 / 实际物料供给、MPS/MRP 及相应粗 / 细能力需求计划) 的闭环式 MRP 计划。

在编写本书的过程中，我们参阅了许多文献资料，主要参考文献已列在书后，在此向有关作者表示衷心的感谢。同时，作者谨向软件产品的厂家致以衷心的感谢。

本书是浙江省普通本科高校"十四五"重点立项建设教材，并获 2023 年度杭州电子科技大学管理学院专著和教材出版专项基金项目资助。

为便于读者学习，我们提供了开环式 / 闭环式 MRP 在线教学服务系统，读者可联系作者（E-mail：1154116689@qq.com) 或编辑 (E-mail：181194627@gq.com) 索取登录账号。注意 : 保留书籍二手交易流转记录的后续读者也可以申请试用该在线教学服务系统。

由于作者水平有限，书中不足之处在所难免，敬请读者批评指正。

刘正刚
2024 年 6 月于杭州电子科技大学管理学院

目 录

CONTENTS

第一篇 原 理 篇

第二篇　分 析 设 计 篇

第三篇　实　训　篇

第一篇　原理篇

第一章　企业资源计划（ERP）系统的发展历程

本章要点

- 制造业与企业制造管理概述。
- ERP(Enterprise Resource Planning) 的发展历程、各历程主要发展创新及核心原理。
- 大规模生产管理理论的核心理念、内容与技术及其对 ERP 的影响。

第一节　制造业与企业制造管理概述

一、制造业

视频讲解

制造业是泛指所有除进行采购和销售等必备活动之外，还包含将低价值材料转换成高价值产品的企业。它有两大特点：① 供货商的材料经由工厂流到客户手中 (对应材料流)；② 信息流动到所有相关部门 (对应信息流)，这些信息包括过去的计划、实际业绩以及未来的计划等。在材料从原材料到完成品的流动过程中，其价值也在不断提升。该材料流和信息流涉及一连串的交易制度，亦即商流与资金流。

（一）制造业的生产类型

1. 连续性生产/流程式生产与离散性生产

依工艺过程的特点，制造业的生产类型可分为连续性生产和离散性生产。连续性生产是指物料均匀、连续地按照一定工艺 (常为混合、分离、成型或执行化学反应) 顺序运动，不断改变形态和性能以提高其附加价值，最后形成产品的生产。连续性生产又称为流程式生产。化工 (如塑料、西药、化肥)、炼油、冶金、食品、造纸等行业属于连续性生产/流程式生产。离散性生产是指物料离散地按一定工艺顺序运动，在运动过程中不断改变形态和性能，最后形成产品的生产。例如：轧钢是将一种原材料钢锭轧制成多种板材、型材和管材；汽车制造是将多种零部件组装成一种汽车产品。像汽车制造这样的离散性生产又可称为加工装配式生产。

由于流程式生产与加工装配式生产的特点不同，相应生产管理的特点也不同。对流程式生产来说，生产设施的地理位置集中，生产过程自动化程度高，只要合理控制工艺参数就能正常生产合格产品，并且生产过程中的协作与协调任务也少。而加工装配式生产的生产设施的地理位置常比较分散，零部件加工和产品装配可以在不同地区甚至不同国家进行。由于零部件种类繁多，加工工艺多样化，并且涉及多种多样的加工单位、工人和设备，所以生产过程中协作关系十分复杂，计划、组织、协调任务相当繁重，生产管理大大复杂化。因此，生产管理及其管理信息化研究的重点一直是加工装配式生产。

2. 备货型生产与订货型生产

按照企业组织生产的特点，制造业的生产类型可分为备货型生产(Make to Stock，MTS)和订货型生产(Make to Order，MTO)。备货型生产是接到客户订单之前就已经完成产品生产，接到客户订单之后直接从成品仓库出货的生产组织模式。此时，产品的生产依据需求预测而非客户订单，生产目的仅仅是补充成品库存。订货型生产是接到客户订单之后才开始最终产品生产的生产组织模式。流程式生产一般为备货型生产，加工装配式生产既有备货型生产又有订货型生产。根据接单生产前部件是否备好或设计好，订货型生产又细分为面向订单组装(Assemble to Order，ATO)、面向订单制造(Make to Order，MTO)和面向订单设计(Engineer to Order，ETO)三类。面向订单组装是接单前已对装配最终产品所需部件根据计划进行生产并入库，接单后依照客户指示的产品规格，以库存的各种部件组装最终产品的生产组织模式。面向订单设计是接单后才依据客户指定的功能需求，由工程师开始设计产品，直至最终生产完成的生产组织模式。面向订单制造是介于面向订单组装与面向订单设计之间的生产组织模式，接单前无须生产并备好相关部件，接单后亦无须设计产品。

3. 大量生产、成批生产与单件生产

按照产品专业化程度的高低，制造业的生产类型可分为大量生产、成批生产和单件生产。大量生产的特点是产品品种少、产量大，生产过程是稳定的、不断重复的，每个工作环节只用高效率的专用设备完成一道工序或少数几道工序加工，并组织流水生产。大量生产的产品常是适用面很广的产品，如螺钉、轴承等标准零件。单件生产的特点是产品品种繁多，每种产品仅生产一件，生产的重复程度低，并且大量采用通用设备来完成产品的制造，通常采用项目管理的方式组织生产。单件生产的产品通常都是按客户需求定制的产品，如船舶、工业汽轮机等定制产品。成批生产介于大量生产与单件生产之间，其特点是产品品种不单一，每种都有一定的批量，生产具有一定的重复性。成批生产的产品比较常见，如汽车、机床等。

当今世界，单纯的大量生产和单件生产都比较少，一般都是成批生产。鉴于成批生产的范围很广，通常将其分为大批生产、中批生产和小批生产。因大批生产与大量生产特点相近，故常合称"大量大批生产"。而小批生产与单件生产特点相近，故常合称"单件小批生产"。有的企业生产的产品品种繁多，批量大小的差别也很大，故常称其为"多品种中小批量生产"。图1-1是对以上各种交叉分类情况进行的生产稳定性与生产复杂性分析。面向订单组装的多品种中小批量离散性生产中，若采用及时供补措施，可做到连续性生产，故常称其为"重复式生产"。

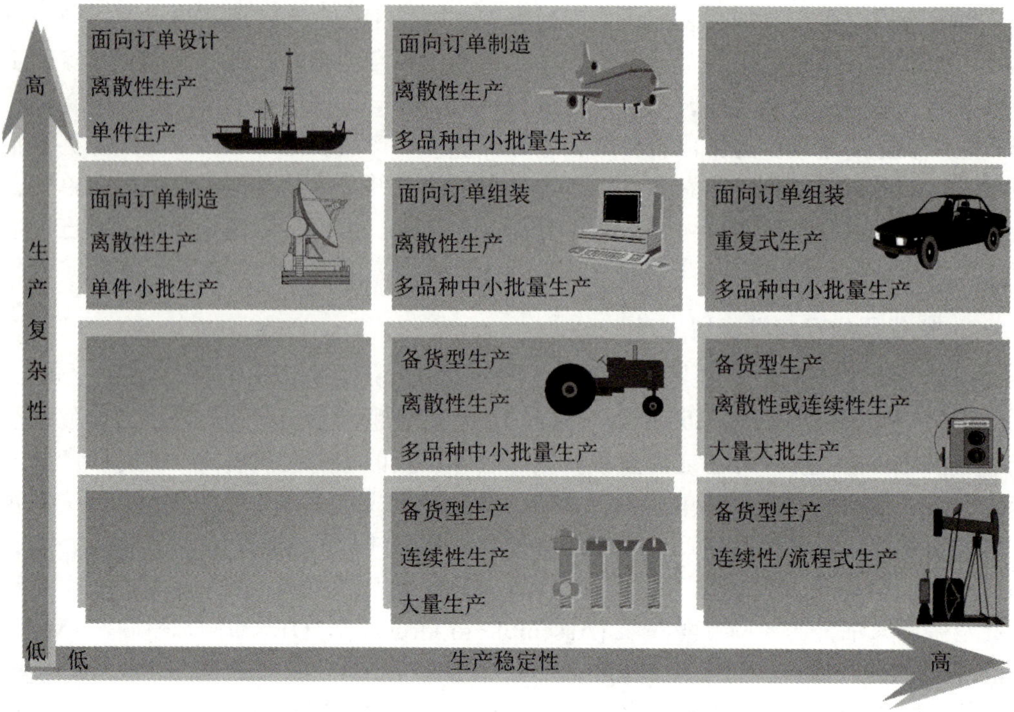

図 1-1　制造业交叉分类相应的生产稳定性与生产复杂性分析

（二）制造业资源

传统的制造业资源包括四个 M——Material(材料)、Machine(机器)、Money(资金) 与 Manpower(人力)。近年来，计算机化管理信息系统已普遍应用于企业内部资源的规划与控制上，并且显著影响了管理实务的变革。如今，管理信息系统已被公认为竞争的战略武器，信息资源被视为极其重要的第五项资源，其涵盖了四项传统资源的三类文件，即主文件、计划文件与交易文件。

1. 主文件

主文件 (Master File) 记录各项资源的基本属性资料，如材料主文件、材料表、工艺流程/途程表、会计资料、财务资料、人事资料、存货资料、设备资料、客户资料、供货商资料等。延伸资料还包括产品设计资料、制程设计资料、设备加工程序等。

2. 计划文件

计划文件 (Planning File) 记录管理者对各项资源运用的计划，包括需求预测、需求计划、生产规划、主生产计划、物料需求计划、粗/细能力需求计划、采购计划、外包计划、各单位预算等。延伸资料还包括市场情报搜集计划及外部经济预算资料等。

3. 交易文件

交易文件 (Transaction File) 记录各项资源实际异动状况，包括所有与作业有关的信息，如客户订单、请购单、订购单、外包单、制令单、领料单、调拨单、入库单、出库单、出货单等。交易文件资料变更主文件内容并与计划文件资料做比较。

二、企业制造管理

（一）企业制造管理的内涵

由于制造业与其他行业最本质的区别在于它涉及非常复杂的由低价值材料到高价值产品的转换过程，因此制造管理也是复杂且困难的一个系统工程。制造管理主要过程为：企业管理者先根据资源主文件资料（如客户、资金、存货资料等）制订总体计划（如生产规划、主生产计划），再根据这些总体计划及主文件资料（如材料主文件、材料表、存货资料）制订更细致的详细计划（如物料需求计划），然后根据详细计划中的建议和实际能力限制等实际约束，采取实际可行的行动，从而形成交易文件资料（如采购单、制令单等），最后将交易执行信息反馈至系统以便下次运作。

在工业社会早期，竞争主要是企业之间的竞争。此时，制造企业的核心任务聚焦于内部，即以尽量低的成本生产尽量多的产品从而获取尽量大的利润，成本管理是制造管理的核心。但随着工业社会向信息社会转变，消费者需求多元化且快速多变，竞争也不再局限于企业之间，而是转变为围绕相关企业的供应链之间的竞争。此时，制造企业的核心任务扩展为：对内，要在尽量短的时间内，以尽量低的成本生产能尽量满足客户需求的合适产品；对外，不仅需要更好地满足客户的需求及维护客户关系，而且需要更好地选择、融入或恰当控制供应链合作伙伴并保持良好关系。此时，除传统成本管理外，对时间、信息以及关系的管理也非常重要。相对企业内部管理具有的较强可控制性而言，企业外部业务与关系的管理更难控制。但由于外部业务与关系的管理极其重要，故近年来对客户关系管理和供应链管理的研究及其实践极度盛行。随着管理幅度、深度与难度的日益增加，制造业的问题也越来越多、越来越棘手。

（二）企业制造管理的常见问题

1. 提前期短、交货急迫

提前期是某一项工作从开始到结束的时间。例如，从接单到出货的时间即为销售订单的提前期。因产品生命周期短、客户需求变动大，客户订单要求的提前期变得越来越短。当市场快速成长时，企业产能完全被占用，订单交期相当急迫。当市场趋缓时，虽然产能有闲置，但客户倾向于尽可能晚下订单，因此订单交期还是相当急迫。

2. 相关活动协调困难

制造业中有许多活动必须适当协调以确保效率。比如销售项目需协调业务、设计、采购、生产管理、成本会计等。太多复杂活动需要协调，但协调起来又相当困难。

3. 供应商交期难以控制、质量不够稳定

许多供应商是小型企业，并没有按时交货的能力或技术。在新兴工业国家，大部分公司的规模都不大，很少出现供应商是依赖唯一一个大买主的情况。因此，对买方来说，很难约束供应商并控制其交货日期。另外，除非整个供应链的上游、中游、下游品质均能稳定，否则最终产品的品质无法保持稳定。

4. 预测困难

有一个预测法则叫"Sherman 预测正确性法则"，其含义是正确性越高的预测，可用性就越低。例如：产品群的需求预测准确性较高，但可用性较低；反之，个别产品的需求预测较有实用性，但预测准确性较低。此外，在产品生命周期极短的今天，人们实在无法作出长远的预测，往往是刚作完预测，产品技术或市场需求已经改变，故而在一定程度上预测总是错的。

5. 生产流程经常变动

因为变化不断发生，所以制造企业很难维持一个稳定的生产排程表。实际生产过程中唯一不变的就是"改变"，如客户改变订单交期、供货商改变交货日期、出现机器故障、产品品质有缺陷等。制造企业会天天面临这些改变，重点是该如何应变。

6. 制造现场绩效困难

只要有人为因素涉及制造现场活动，现场绩效的衡量就有困难，因为传统衡量方法无法应用于许多制造业。目前有两种方法解决现场绩效衡量问题：一是利用可准确测量绩效的自动化生产机器；二是创造敬业共融的企业文化，或以群组奖励消除详细绩效衡量的必要性。

7. 制造成本难以准确衡量

因产品经常改变或材料表、工艺路线表等基本资料并不总与实际情况相符，所以零件的成本无法得到准确衡量。另外，无法预测的生产中断及品质问题，也可能导致成本计算困难。

8. 难以有效地融合各种制造管理理论/模式

在近百年的工业社会发展历史中，特别是向信息社会的转变过程中，相继发展出了多种企业制造管理理论/模式，如大规模生产、精益制造、同步制造、计算机集成制造、敏捷制造、分散网络化制造、大规模定制等。每种理论/模式都取得了一定成功。然而，这些制造管理理论/模式中的内容、观点、思想、技术，有时是相辅相成的，有时也有矛盾冲突。现有 ERP 系统还未完全解决它们的有机集成问题，而众多制造企业都在不断摸索着它们的融合发展。

第二节　大规模生产管理理论与 MRP/MRPⅡ 发展

一、大规模生产管理理论

（一）大规模生产管理理论概述

大规模生产 (Mass Production) 是 20 世纪初效率最高、最具竞争力的生产方式。其理论根源来自亚当·斯密开创的劳动分工思想。斯密在《国

视频讲解

富论》中以制针工场为例，从劳动分工和专业化的角度揭示了制针工序的细化之所以能提高劳动生产率的原因：分工提高了每个工人的劳动技巧和熟练程度，节约了由于变换工作而浪费的时间，并且有利于机器的发明和应用。自此以后，通过劳动分工来提高生产率被奉为工业社会的圭臬。最成功的发扬光大者莫过于弗雷德里克·泰勒和亨利·福特。科学管理之父弗雷德里克·泰勒在《科学管理原理》书中系统地将劳动分工思想进行"科学化"总结，使管理成了一门真正的科学。科学管理理论的核心内容是：① 进行动作研究，确定操作规程和动作规范，确定劳动时间定额，完善科学的操作方法，以提高工效；② 对工人进行科学的选择，培训工人使用标准的操作方法，使工人在岗位上成长；③ 制订科学的工艺流程，使机器、设备、工艺、工具、材料、工作环境尽量标准化；④ 实行计件工资，超额劳动，超额报酬；⑤ 管理和劳动分离。自 1911 年正式诞生以来，科学管理在美国和欧洲大受欢迎。亨利·福特是第一个把泰勒的科学管理理论运用于实践的人，并因其大规模生产理论和实践而受到世人瞩目。在汽车工业诞生初期，汽车生产方式是以两到三个工人为一组，从零件制造到销售订单都由一组工人负责到底，其生产效率非常低下，企业每天只能生产几部车。1913 年，福特公司设计完成了第一条大规模传递带式生产线并实现了零部件的标准化，此时出产一辆 T 型车的间隔时间快速缩短。随着管理的更加科学化，福特公司最后出产 T 型车的间隔时间从 1908 年的 514 分钟缩短至 1914 年的 1.19 分钟，进而借助售价快速降低促进企业与消费者共赢。总之，大规模生产管理理论立足斯密的劳动分工思想，以泰勒的科学管理方法为基础，以生产过程的分解、流水线组装、标准化零部件、大批量生产以及机械式重复劳动等为主要特征，成为 20 世纪上半叶的主流生产方式。

（二）经济订购批量与再订购点法

生产控制技术很早就已萌芽。1744 年，Franklin 火炉公司在其广告中描述了产品使用的组件，这被视为世界上最早的材料表 (Bill of Material，BOM)，即物料清单。1880 年最早的完整生产控制系统诞生在 Watertown Arsenal 公司工厂中。在大规模生产管理理论诞生后，生产管理 (特别是生产控制技术配合订单数量) 的研究快速发展。1915 年，F. W. Harris 发明了经济订购量技术，亦称经济订货批量 (Economic Order Quantity，EOQ)。它是固定订货批量模型中的一种，用来确定企业一次订货 (外购或自制) 的数量，其目的是通过平衡订货成本和储存成本来实现最低总库存成本。EOQ 计算参见公式 (1-1)，不考虑缺货损失和年购买费 / 加工费 (两者与每次订购量 Q 无关) 情况下的年库存总成本 (Total Cost，TC) 的计算参见公式 (1-2)；两者间关系参见图 1-2。1934 年 R. H. Wilson 发展出再订购点系统 (Re-Order Point，ROP)，即一种依靠库存补充周期内的需求量预测并保持一定安全库存储备来确定定货点的库存补充方法，参见图 1-2、图 1-3 和公式 (1-3)。若某物料的需求量为每周 100 件，提前期为 3 周，并保持 1 周安全库存量，那么该物料的再订购点为 100×3+100=400(件)。ROP 与 EOQ 结合的存货计划技术在其后二十多年被业界视为金科玉律。

$$EOQ = \sqrt{\frac{2 \times D \times S}{H}} \qquad (1\text{-}1)$$

$$TC = \left(\frac{D}{Q}\right) \times S + \left(\frac{Q}{2}\right) \times H \qquad (1\text{-}2)$$

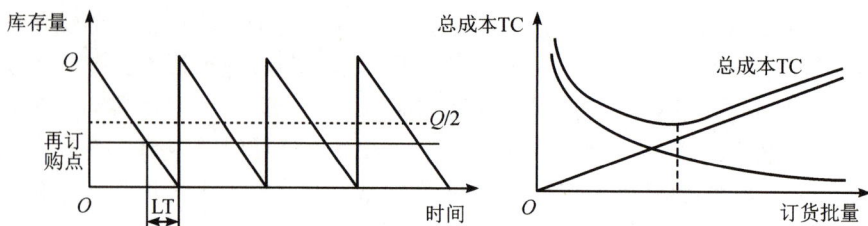

图 1-2　经济订货批量 EOQ 相关库存量变化和年库存总成本 TC 的变化

图 1-3　再订购点法示意图

其中，D 为商品/原料的年需求量，S 为一次订货或一次生产调整准备的成本，H 为单位商品/原料的年库存保管费用。

$$ROP = q \times LT + SS \tag{1-3}$$

其中，q 为单位时段内的平均需求量，LT 为订货提前期 (亦即 Lead Time 的简称)，SS 为安全库存量 (亦即 Safety Stock 的简称)。

截至 1942 年，许多生产计划与控制技术，如主生产计划 (Master Production Scheduling，MPS)、材料表、现场生产排程、制令单 (Manufacturing Orders，MO)、领料单 (Picking Orders，PK)、采购订单 (Purchasing Orders，PO) 等相继发展完成。然而，以上所有单据的准备及需求的计算完全依靠手工来进行，使得生产流程变得相当不稳定，因此必须用催料人员等来解决供料不顺及生产延误等问题。随着 1954 年商用计算机的出现，手工管理计算机化成为解决大规模生产所导致的大量管理计算问题的高效办法。由此诞生 ERP 系统的前身：物料需求计划 (Material Requirement Planning，MRP) 和制造资源计划 (Manufacturing Resources Planning，MRPⅡ) 系统。

注意：信息技术是制造管理现代化的辅助工具和催化剂；更多时候制造管理的首要发展关键在于管理理念和方法的科学化。

二、从再订购点法到 MRP

（一）再订购点法的缺陷

由图 1-3 可知，对于需求随时间变化的物料，因为订货点或订购量将

视频讲解

会随消费速度的变化而变化，故此法更适用于需求稳定或较为稳定的物料。另外，该法的计算依据是"单位时段的平均需求量"，这使得它无法针对用户未来需求的大致时间分布采取更及时的应对措施。假设预测出未来平均周需求量为 6 个单位，订货提前期为 1 周，计算得到的订货点为 10 且订货批量为 35。若实际发生的需求量为第 1、5、10 周各有 20，若第一周订货进货 35，用去 20，还剩 15，第 2、3、4 周不需要消耗，所以第一周剩下的 15 要空置 3 周，到第 5 周却需要 20，产生缺货量 5，这一周库存量下降到订货点以下，要订 35，到第 6 周货物到达。这订进的 35 用去 5 之后，剩下的 30 又要空置到第 9 周，而第 10 周才有需求。可见这种不均匀的需求，既造成了积压，又造成了缺货。由此可知：对于如何关注需求时间属性，该法是通过观察订购点这一数量属性来决定是否采取措施。这就意味着：再订购点法是间接关注需求的时间属性。但在当今快速多变的市场环境中，企业急需的是一种能直接关注需求时间属性的生产计划方法。最后，该法没有考虑生产各工序间物料需求的紧密相关特性。

（二）物料需求计划 (MRP) 对再订购点法 ROP 的发展

正是由于结合经济订购批量的再订购点法有以上不足，一种新的企业制造管理方法——物料需求计划 (MRP) 应运而生，它对再订购点法的发展主要有两点：① 区分独立需求与相关需求的特性；② 由间接关注转为直接关注需求时间属性 (即由考察订货点转为进行时间分段细分)。

如果产品或零件的需求和其他产品或零件的需求没有关系，也即此产品或零件的需求不会受到其他产品或零件需求的影响，那么该种产品或零件的需求称为独立需求。反之，如果产品或零件的需求和其他产品或零件的需求有关系或受其影响，则称该产品或零件的需求为相关需求或依赖需求。通常而言，各市场客户对厂家销售的产品有各自需求并且这些需求之间相互没有特别联系，属于独立需求，就可适用再订购点法。然而，由这些产品所引发的对其原材料和中间半成品的需求属于相关需求，适用物料需求计划，其原因如下。

任何产品都可以按照从原材料到成品的实际加工过程划分层次，建立上下层物料的从属关系和数量关系，形成产品结构图，如图 1-4 所示。产品结构和物料需求计划又有什么关系呢？这正是物料需求计划原理的核心。如果把产品结构图中的层次坐标换成时间坐标，用各物料方框间的连线长度表示加工或采购时间/周期，并且以产品的交货日期为起点倒排计划，则不难看出，由于各个物料的加工或采购时间/周期不同 (即提前

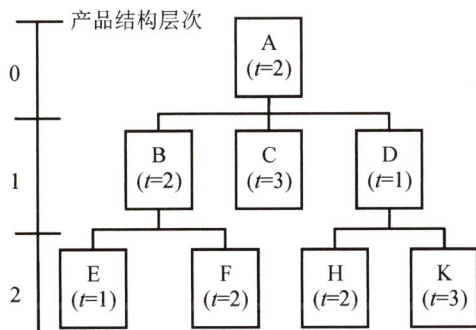

图 1-4　产品结构图

期不同)，因此各自开始的日期或下达计划日期会有先有后，即有优先顺序或者说是优先级不同，参见图 1-5。

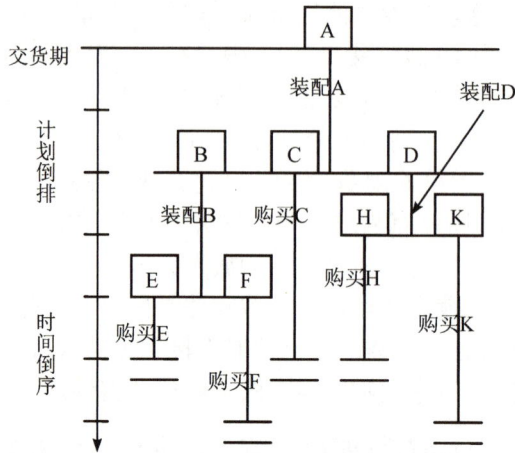

图 1-5　时间坐标轴上的产品结构图

以上时间坐标轴上的产品结构图类似于关键路径法 (Critical Path Method，CPM) 中的网络图。其中，累计提前期最长的一条线路就是产品生产周期中的关键路径，参见图 1-6。

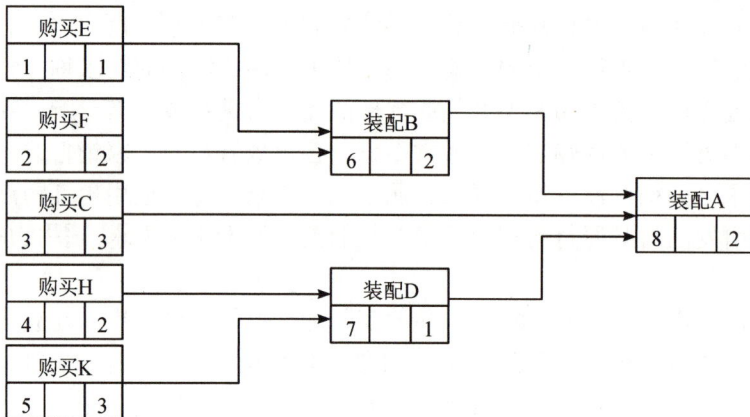

图 1-6　产品结构类似的关键路径法 CPM 网络图

与关键路径法不同的是：倒排计划时 MRP 只规定最迟完工和最迟开工日期，而把松弛时间放在每道工序开始之前。因此，MRP 亦为一种简化的关键路径法/网络计划法。特别注意：MRP 只考虑最迟时刻是因为这样可以最大限度保持资源的弹性。例如某次计划时有一个活动的最早开工、最早完工、最迟开工和最迟完工的日期分别是 1 月 3 日、5 日、8 日和 10 日，并且需占用唯一一个特种技工资源。现在计划员所处时刻是 1 月 1 日，假设此时突然有一个新任务需要 3、4、5 日三天使用这唯一的特种技工资源，若 MRP 考虑的都是最早时刻，那么 3、4、5 三天该资源显示为被占用，无法响应新任务。若 MRP 考虑的都是最迟时刻，那么该资源 3、4、5 日均为空闲，完全可以在保证不影响已有计划进度的前提下响应新任务。当然，一个在 3、4、5 日这三天需要使用唯一特种技工资源的任务，总比一个 8、9、10 日这三天需要使用这唯一特种技工资源的任务，更难以应对，因为近期任务(紧急插单)总比远期任务更难应对。所以，在 MRP 只考虑最迟开工与最迟完工日期的情况下，资源更具有弹性，而保持资源弹性的意义不言而喻。也正因为如此，在后续讲解中需要理解一点：如果 MRP 逻辑涉及某个期别时，都是指该期期末。比如，"某物料第 3 周有一个需求 50 或一个收料 100"意味着企业最迟在第 3 周周末需要去满足该物料 50 个的需求或周末 100 个物料应该到达。

(三)物料需求计划的定义与基本原理

物料需求计划定义：MRP 是一种既要保证生产又要控制库存的计划方法，它在产品结构基础上运用网络计划法原理，根据主生产计划和产品结构中各层次物料的从属和数量关系，以每个物料为计划对象，以(最迟)完工日期为时间基准倒排计划，按提前期的长短区别各物料(最迟)下达计划时间的先后顺序。图 1-7 是 MRP 基本原理：在已知独立需求产品的主生产计划条件下(这是需要我们生产的)，根据产品结构、工艺流程等产品信息(我们需要用到的)以及各种库存信息(我们现有拥有的)，由 MRP 进行信息处理加工，生成所有相关需求物料在各个时段的加工计划建议或采购计划建议。

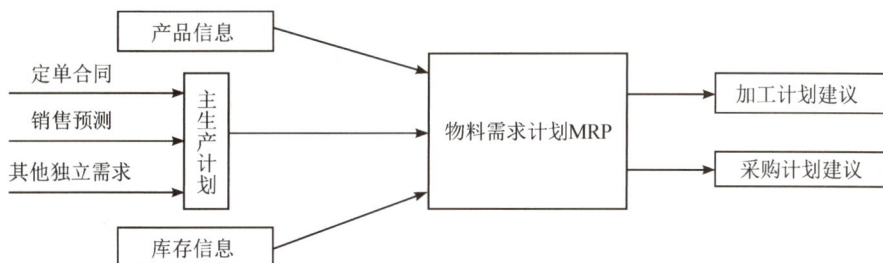

图 1-7　MRP 基本原理示意图

计算机的管理商用直到材料表被计算机程序化之后才产生爆炸性的影响。截至 20 世纪 50 年代末，相关技术、方法、工具、文件与规则都已齐全。1959 年 American Bosch 公司发展出再生法(Regeneration)的 MRP 系统。1962 年，Case 首创净变法(Net Change)的 MRP 系统。1965 年，Orlicky 博士提出独立需求和依赖需求(相关需求)概念，以及再订购点法 ROP 只适用于独立需求，而 MRP 系统适用于相关需求。同年，Starr 提出模块化生产(Modular Production)观念，它可使企业将产品模块或主要部件的制造安排在主生产计划 MPS 中，这大大减少了 MRP 计算复杂度。20 世纪 70 年代美国生产与库存管理协会(American Production and Inventory Control Society，APICS)推行了物料需求计划改革运动(MRP Crusades)。

三、从 MRP 到闭环式 MRP

在应用 MRP 系统改善企业管理之后，管理人员发现 MRP 系统仍然存在以下几个主要缺陷：① MRP 系统运作以 MPS 计划为源头与依据，是建立在 MPS 计划是可行的基础上，而 MRP 自身对 MPS 计划无能为力、无法施加影响；② MRP 假定采购环节能够保证其相关计划的落实，但事实上这点很难做到；③ MRP 未涉及车间作业，而车间是制造场所，也是物料供应和控制的关键对象。以上问题都需要人工进行干预，这严重影响系统的正常运作及其运作效果。

由图 1-7 可知 MRP 系统是一个开环的信息处理系统，其良好运作的隐含前提是所有计划都是可行的，即有能力实现的。由系统科学理论可知：若没有信息的反馈及相应调整，开环系统是很难稳定运作的。所以，在增加对能力的管理 (包括计划、平衡与控制) 和对 MRP 生成的各种建议计划的执行与反馈 (即车间管理和采购管理) 之后，MRP 系统必然发展为结构更完整的闭环式 MRP 系统 (Closed-loop MRP)，其基本原理示意图参见图 1-8。

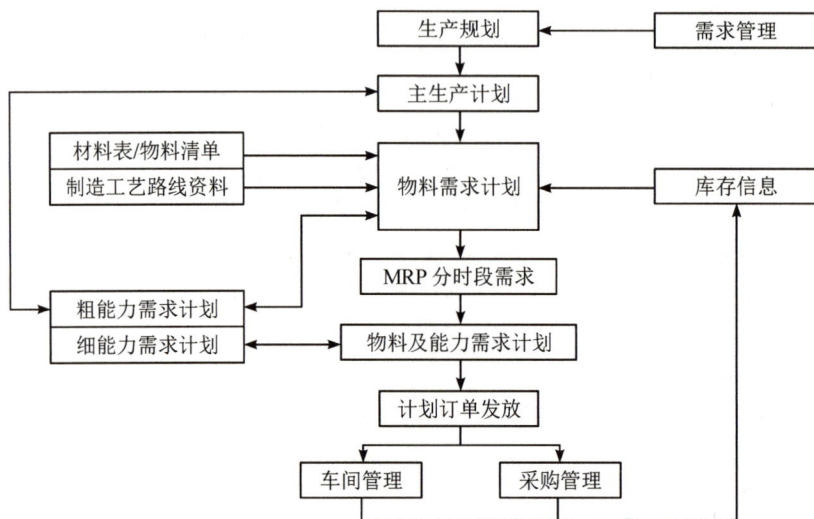

图 1-8　闭环式 MRP 系统基本原理示意图

由图 1-8 可知：闭环式 MRP 形成了一个集计划、执行、反馈为一体的综合性系统，它能对生产中的人力、机器和材料各项资源进行计划和控制，使生产管理应变能力得到提高。从管理角度来看，它在生产计划领域中确实比较先进和实用，生产计划的控制也比较完善。

四、从闭环式 MRP 到 MRP Ⅱ

闭环式 MRP 的运行主要以物流为主导，它虽包含相关信息流，但未涉及资金流。事实上物料的转化过程伴随着资金的运作过程，从原材料的投入到成品的产出，每一步都离不开资金。缺少资金的约束限制，会给生产计划的最优性、可靠性、可行性等带来显著的不利影响。企业运营的最终目标是获取利润，鉴于闭环式 MRP 未考虑成本和收益这类关键价值议题，1977 年美国著名生产管理专家奥列弗·W. 怀特 (Oliver W. Wight) 提出一个完整的企业管理系统新概念——制造资源计划 (Manufacturing Resources Planning，MRP)，为与物料需求计划的 MRP 相区别，故将其简写为 MRP Ⅱ。MRP Ⅱ 的基本原理示意图参见图 1-9。

视频讲解

MRP Ⅱ 相较于闭环式 MRP 的提升主要体现在两方面：① 在物流管理核心基础上有效集成同步的资金流管理；② 在基础业务处理功能基础上增加一定的模拟决策支持功能。由图 1-9 可知，库存信息、物料清单、工作中心和工艺路线用作成本核算；执行 MRP 采购计划的采购管理及其供应情况，对应应付账款；源于客户信息和需求管理的

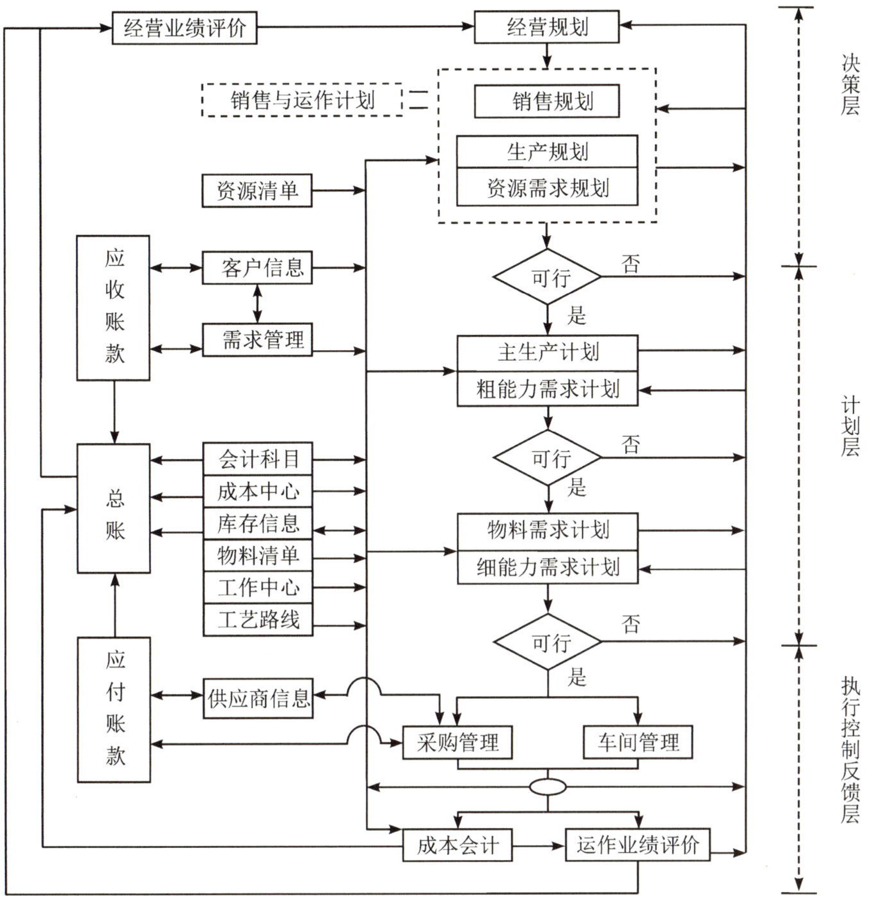

图 1-9　制造资源计划 MRPⅡ基本原理示意图

销售情况,对应应收账款;而应收账款、应付账款和成本核算都与总账关联;总账产生的各种报表用于总结企业物流运作情况。由此可见,物流管理与同步的资金流管理,通过 MRPⅡ 系统紧密地有机集成在一起。此外,MRPⅡ 系统借助生产、销售、财务、采购、工程系统的信息共享与集成,利用经营和运作的业绩评价,对未来不同市场环境中的客户需求和预计供应、模拟生产计划和物料计划等方面做出预估,从而使得管理者能够及早进行决策分析及方案对比。这种集成物流管理与资金流管理基础上的模拟决策支持功能,提升了 MRPⅡ 系统价值管理能力。总之,MRPⅡ 是以物流和资金流集成管理为核心的闭环生产经营管理系统,它依托物料清单、工艺路线等基础数据和客户信息、供应商信息等外部接口管理,围绕经营规划、销售规划、生产规划、资源需求规划、主生产计划、物料需求计划、粗/细能力需求计划、采购管理和车间管理这条物流计划与控制主线及成本管理、应付/应收管理和总账管理这条资金流主线,对企业的生产制造资源(含物料、设备、人力、资金、信息五大资源)进行全面规划和优化控制,把企业的产、供、销、存、财等生产经营活动连成一个有机整体,形成一个包括预测、计划、调度和生产监控在内的一体化闭环系统。它提高了企业生产计划的可行性、生产能力的均衡性,生产材料的计划性和生产控制的可靠性,也提高了财务管理的及时性、准确性与预测性。

第三节　融合更多制造管理功能和制造系统的 ERP 系统

　　早期 MRP/MRPⅡ 系统都是针对大规模生产，尤其加工装配式生产，进行分析、设计与开发的。比如，为了防止供应商的低效率和不稳定，以及减少自身设备故障对企业内部流水生产线高效率运作的阻碍，大规模生产企业会在企业内多个环节对原材料、半成品或成品设置安全库存数值，而该安全库存数值是 MRP 计划的核心基础数据之一。又如大规模生产企业会在各个加工环节设置较大的加工批量，这个批量大小也是 MRP 计划核心基础数据之一。再如早期 MRP/MRPⅡ 系统是针对加工装配式生产的产品结构而非流程式生产的配方进行开发的。MRPⅡ 系统作为一种更完善和先进的管理思想和方法，相应软件在 20 世纪 80 年代初开始在企业中得到了广泛应用，给制造业带来了巨大经济效益。由于 MRPⅡ 系统对于制造企业有着强大且通用的价值管理能力，因此便成为了制造业公认的标准管理系统。随着 MRPⅡ 系统在加工装配式企业的成功，面向其他类型制造系统的 MRPⅡ 系统也不断被开发出来。在各类 MRPⅡ 系统发展基础上，1990 年美国 Gartner Group 公司在《ERP：下一代 MRPⅡ 的远景设想》报告中首次提出企业资源计划 ERP 概念。

视频讲解

一、从 MRPⅡ 到 ERP

　　Gartner Group 公司《ERP：下一代 MRPⅡ 的远景设想》报告通过一系列功能标准定义 ERP 系统，其主要特征包括以下四个方面：① 超越 MRPⅡ 范围的集成，如质量管理、实验室管理、流程作业管理、配方管理、产品数据管理、维护管理、管制报告、仓库管理等；② 既可支持离散型制造环境，又可支持流程型制造环境，具有按照面向对象的业务模型重组业务过程的能力以及在国际范围内应用的能力；③ 支持以能动的监控能力提高业务绩效，即在整个企业中采用计划和控制方法并强化模拟功能和决策支持能力；④ 支持开放的客户机/服务器计算环境，具体包括客户机/服务器的体系结构、图形用户界面、计算机辅助软件工程、面向对象技术、关系数据库、第四代语言、电子数据交换等。具体而言，ERP 对 MRPⅡ 的主要发展体现在如下几大方面：

　　(1) 资源管理范围方面的发展。MRPⅡ 主要侧重对企业内部人、财、物等资源的管理。ERP 系统在 MRPⅡ 基础上扩展了管理范围，它把对客户需求的管理、企业内部的制造活动和供应商的制造资源整合在一起形成一个完整的供应链。除了 MRPⅡ 系统的制造、分销、财务管理功能外，ERP 系统还增加了支持整个供应链上供、产、需各个环节之间的运输管理和仓库管理，支持生产保障体系的质量管理、实验室管理、设备维修和备品备件管理等。

　　(2) 制造环境方面的发展。早期 MRPⅡ 系统发源于离散性制造业，未涉及流程性工业的计划与控制问题。然而，与离散性制造常用的产品结构不同，流程行业中常使用针对一批而非一个父件的配方管理，产出方面除了正品外还有联产品、副产品等特色产品的产出。此外，流程行业还有许多特殊需求，比如制药行业中对药品批号跟踪与管理的需求来自于法律法规的特殊管制。因此，ERP 发展出配方管理、联/副产品管理、批平衡、流程作业管理、批号跟踪与管理等功能，从面向离散性制造环境扩展到可以支持流程型制造环境。

(3) 跨国经营方面的发展。与 MRP Ⅱ 通常只支持单地点企业运作不同，ERP 支持世界上拥有多个工厂、零件和原材料来源于全球各地、产品进行国际分销的企业跨国经营。

(4) 生产管理方式的发展。早期信息管理软件公司针对各自目标客户群体，如备货型生产或者订货型生产的企业，开发不同类型的 MRP Ⅱ 系统。随着 20 世纪 80 年代起市场环境的多变以及跨国经营 (特别是产品多元化的跨国经营) 的兴起，企业开始分对象适时采用不同的生产方式。不同的生产方式，对应不同的管理业务模型，需要不同的管理业务过程。因此，ERP 系统逐渐整合不同类型的 MRP Ⅱ 系统，并形成具有按照面向对象的业务模型重组业务过程的能力。

(5) 事务处理控制方面的发展。MRP Ⅱ 是通过计划的及时滚动来控制整个生产过程，其实时性较差，一般只能实现事后、事中控制。ERP 系统支持在线分析处理，强化模拟功能与决策支持能力，注重提升企业的事前分析、控制能力。ERP 系统可将设计、制造、销售、运输等通过集成来并行地进行各种相关的作业，为企业提供了对质量、适应变化、客户满意、绩效等关键问题的实时分析能力。

从广义上讲，ERP 系统不仅仅是信息系统，还是管理理论和管理思想的集大成者，它利用企业的所有资源以及供应链上可用资源，借助融合决策、计划、运作、控制与经营业绩评估的全方位、系统化、集成化的管理平台，为企业制造产品或提供服务创造最优的解决方案，最终达到企业的经营目标。图 1-10 以美国 QAD 软件有限公司 ERP 产

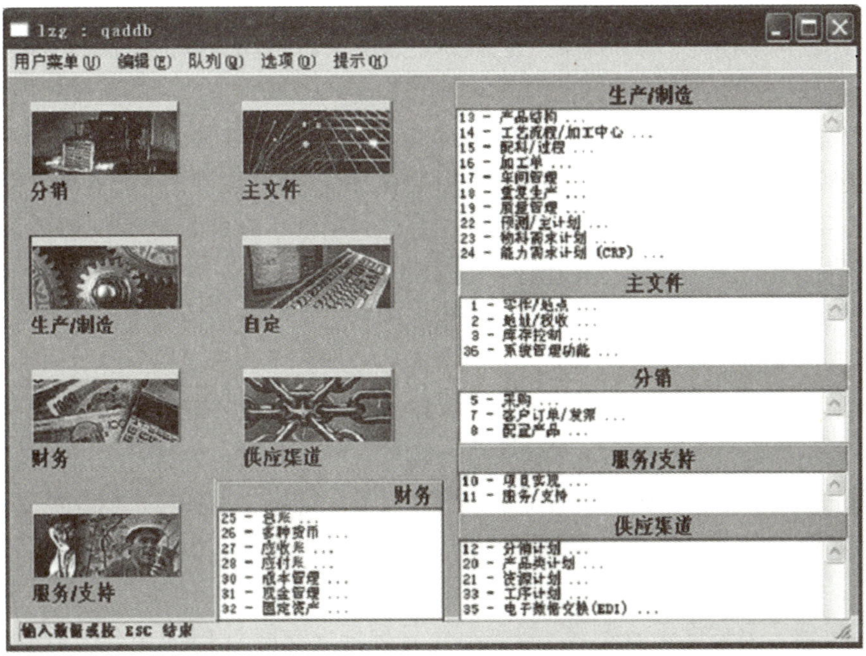

图 1-10　美国 QAD 软件有限公司 ERP 产品 MFG/PRO 的系统架构图

品 MFG/PRO 的系统架构图为例，可以较好地体现 ERP 的集成者思想。比如传统车间管理与重复生产 (亦准时制生产) 的不同生产模式集成，离散性制造相关的产品结构 / 工艺流程与流程性制造相关的配料 / 过程的集成，多地点运作 / 地址的运作集成，跨国经营的多种货币管理等。

二、ERP 面临的挑战

ERP 作为一种现代化管理信息系统，在制造企业得到了广泛应用并取得了较好的效果。本质上，ERP 系统希望借助信息技术手段将企业组织结构、业务流程、管理模式都规范化、定量化和精确化，通过精细化管理来提高运作效率并优化运作效益。但是不可忽视的是，在信息技术推动下，处于快速发展竞争环境中的企业的组织、业务和管理时常处于变动状态，这对传统 ERP 倡导的定型、规范、严格的结构性管理提出了极大挑战。

为应对这种挑战，企业需要更深入地分析各类制造系统，分析相应制造管理理论的原理及其成功的关键，从而为注重集成的 ERP 系统提供更高效的集成解决方案。有鉴于此，大规模生产成功原因还需深入剖析。例如，20 世纪初汽车还是少数富人的炫耀品，汽车市场属于卖方市场。福特认为此时以最低的成本卖出最多的产品就能获得最大的利润。为此福特通过生产流水线快速增加产量，借助规模经济急剧降低成本，凭借低成本竞争优势大幅降低售价。鉴于短缺市场中产品需求弹性大，低价格带来了大销量，大销量又催生了大产量，大产量进一步加速成本的下降，这又造就进一步降价的空间。随着价格降低，细分市场上的更多消费者倾向于低价格，即在差别化和低价格之间选择低价格。为实现尽可能低的成本和更大的市场，生产过程应尽量自动化，由此增加的固定成本会被规模经济所消化，故而新的工艺技术也能有力地推动成本的降低。为保证生产过程效率，最重要的就是每个环节运作的流畅和稳定。该模式下产品的生命周期将被尽量延长，以便降低单位成本。福特还通过工人双倍薪资等，实现了"大规模生产 → 更低成本 → 更低售价 → 更多销量 → 更多利润 → 更高工资 → 更高的生产率与消费水平 → 大规模生产与大量消费需求"的良性循环。总之，在供不应求的卖方市场环境中，大规模生产获得巨大成功。20 世纪六七十年代，国际市场逐渐进入整体供大于求阶段。此时，客户需求向个性化、多样化发展，大规模生产理论的统一市场的简化策略不再有效。没有大量消费需求的支撑，大规模生产的弱点逐渐显现，如大量积压的各类库存。呆滞的库存提升了制造成本，造成了利润的降低，自动化设备的投资难以及时收回，导致企业逐渐丧失技术优势与创新能力，最终丧失高效益优势。此时，大规模生产的高效率只会加速制造企业的上述恶性循环。为了适应客户需求个性化、多样化，以及供应方竞争激烈的市场环境，丰田公司于 20 世纪 60 年代创立适合多品种、小批量混合生产体系的准时制生产，欧洲也诞生了适用于买方市场的最优生产技术 / 约束理论，它们对 ERP 系统的发展都起到了至关重要的影响。这些制造管理理论发展对 ERP 系统的影响将在第八章详细讲解。

华为突破国外高端 ERP 封锁推出 MetaERP

中国华为公司作为一家世界领先的信息通信技术 (Information and Communication Technology，ICT) 基础设施提供商和智能终端制造商，近年来在全球市场取得显著成绩。然而，自 2018 年起美国政府不惜动用国家力量甚至整个西方世界的力量对华为展开一系列打压行动，试图削弱华为在全球市场上的领先地位。在 2018 年，6 月 7 日美国国会呼吁科技巨头公司停止与华为合作；12 月 1 日华为首席财务官孟晚舟在加拿大温哥华被捕且美国要引渡她；12 月 7 日澳大利亚禁止华为参与 5G 网络建设。在 2019 年，1 月 29 日美国以涉嫌盗窃商业秘密和欺诈为由对华为提起 23 项起诉；5 月 15 日特朗普通过国家安全命令正式对华为实施全方位制裁，全面禁止美国公司向华为出售软件和技术以及提供更新和维护服务，随后的数天至一月之内，甲骨文公司对卖给华为的数据库产品 Oracle 和 ERP 产品 Oracle EBS 等断供停服，谷歌公司停止华为手机安卓升级和使用谷歌全家桶 GMS 服务，芯片设计公司 Arm 停供华为，SD 协会和 Wi-Fi 联盟取消华为的会员资格，世界最大学术组织 IEEE 发布禁止华为科学家审阅技术论文禁令。在 2020 年，5 月 15 日美国出台新的禁令禁止华为使用美国软件设计芯片并禁止晶圆代工厂使用美国设备为华为代工芯片；5 月 28 日加拿大最高法院判决孟晚舟有罪并继续引渡程序；6 月 1 日中芯国际说明在获得美国许可前无法为华为代工芯片；6 月 24 日美国政府确定将华为等 20 家中国顶尖公司列为受中国军方控制或拥有企业；7 月 1 日美国联邦通信委员会宣布正式将华为列为威胁美国国家安全公司；7 月 14 日和 17 日英国和法国政府宣布将停止购买华为新设备；8 月 17 日美国商务部工业和安全局进一步限制华为使用美国技术和软件所制造的产品；9 月 15 日华为存储供应链被国外存储芯片和半导体的厂商彻底断链。在 2021 年，3 月 13 日美国联邦通信委员会认定华为在内的 5 家中国企业对美国构成国家安全威胁；10 月 28 日美国参议院通过《2021 年安全设备法》以所谓 "安全威胁" 为借口禁止美国联邦通信委员会对华为公司进行审议或颁发新设备执照；11 月 10 日拜登宣布美国政府将延长特朗普时期出台中国军方关联企业投资禁令 1 年；12 月 16 日美国将 34 家中国实体 (包括华为相关公司) 列入实体清单。在 2023 年，4 月 20 日希捷因违规向华为供货被美国商务部罚款 3 亿美元。事实上，在软件领域中美之间的差距比芯片还要大。在基础软件领域，美国几乎统治着操作系统、数据库、中间件三大件；全球软件 50 强中美国独占 48 席，非美公司仅有德国 SAP 和法国达索两家。相较于芯片禁售和相关制芯所需工具软件全部禁用，美国甲骨文公司的 Oracle 数据库和 ERP 产品的断供以及德国 SAP 公司被美国以 "长臂管辖" 手段而限制为华为提供 ERP 售后服务，对华为更为致命。作为华为企业经营最核心的系统，国外公司高端 ERP 支撑了华为 20 多年的快速发展和每年数千亿产值的业务，以及其在全球 170 多个国家和地区服务数十亿用户业务的高效经营。ERP 断供停服抽掉了支持华为数字供应链大厦的基层支柱，使华为不仅无法实现 ERP 系统的更新换代和接受原厂现场技术支持与数据备份服务，还面临着系统停运、业务停摆、供应瘫痪的致命风险。ERP

作为管理和调度一家企业所有资源及业务的最关键、最重要的企业级 IT 应用，这一企业中枢神经系统出现大问题将可能瘫痪整个华为。

虽然美国政商等联合部分西方政商等将华为推向九死一生的绝境，但是华为没有屈服，而是在绝境中毅然选择破釜沉舟、背水一战，靠自研突破生死封锁线，展现绝处逢生的极顽强生命力。2019 年 5 月对于 ERP 供应商对华为的断供停服，华为董事、质量与流程 IT 部总裁陶景文指明："这道影响企业经营生存的'大渡河'突然横亘在前，我们已经没有退路，'强渡大渡河'成为唯一选择"；"断供停服是一场巨大的危机，也让华为重新系统审视老 ERP 的问题和发展限制。最终我们决定不仅要全栈自主可控，且要基于云原生、元数据多租、实时智能等新技术，打造面向未来的下一代企业核心商业系统，让企业运营更安全、更高效"。华为决定开启研发自主可控的 MetaERP 系统以替换旧 ERP 系统；MetaERP 取自"Metadata"元数据之意，意指华为要用自己的操作系统、数据库、编译器和语言，做全自研的管理系统。

替换 ERP 系统，就相当于改变企业的运行方式和思维方式，这是一个极其复杂且充满风险的过程，每个阶段都需要投入大量的人力、物力和财力，以及与原有系统的兼容和切换。如果在任何一个阶段出现问题或延误，都可能导致整个项目的失败或损失。华为自研 MetaERP 系统不仅要完成这些阶段，还要面对更多的挑战和困难，因为华为没有足够的时间和经验来研发一个全新的 ERP 系统。一般来说，研发一个完整 ERP 系统需要至少 3～5 年的时间，而华为只有不到两年的时间来完成这个任务。华为没有专业的 ERP 软件开发团队，而是由原有的业务部门人员组成了一个跨部门的项目组来负责这个项目。这些人员虽然对自己的业务领域很熟悉，但对于 ERP 系统的整体架构和设计原则并不清楚，也缺乏相关的开发工具和方法。华为要实现 MetaERP 系统与原有甲骨文 ERP 系统的无缝切换，就要保证业务的连续性和一致性。这意味着华为要在短时间内完成数十亿条数据的迁移和转换，以及数万名用户的培训和适应。这是一个极其庞大和复杂的数据工程和人力工程，涉及到数据质量、数据格式等多个方面。而且，华为还要保证在切换过程中不影响业务的正常运行，避免出现数据丢失或错误等问题。作为华为有史以来牵涉面最广、复杂性最高的项目，三年来华为投入数千人和近百亿元资金，联合产业伙伴和生态伙伴攻坚克难，研发出面向未来的超大规模云原生的 MetaERP。最终在 2023 年 4 月 20 日"英雄强渡大渡河"MetaERP 表彰会上，华为宣布成功完成对旧 ERP 系统的替换。陶景文慨言："面对包含 ERP 在内等企业作业和管理核心系统的断供停服，我们不仅能造得出来，还换得了，用得好，现在终于可以宣布，我们已经突破了封锁，我们活了下来！"当天表彰大会上用友网络、奇安信 -U、软通动力、赛意信息、汉得信息、中软国际、金蝶软件 (中国) 有限公司、武汉天喻软件有限公司、北京元年科技股份有限公司等作为合作伙伴团队也出席了大会并获表彰。华为轮值董事长、CFO 孟晚舟表示："技术的每一次跨越，不仅需要以匠心精神日积月累，更需要秉承开放精神推动认知的跃升。MetaERP 的建设，需要合作伙伴的共同投入。只有开放才能创新，只有合作才能繁荣。"

华为 MetaERP 实现了全栈自主可控，基于华为欧拉操作系统、高斯数据库 (GaussDB)、毕昇编译器等根技术，联合众多伙伴，采用了云原生架构、元数据多租架构、实时智能技术等先进技术，支持业务需求快速响应、经营决策科学高效、应用数据安全可信，最终有效地提高业务效率、提升运营质量。这意味着华为解决了从操作系统、数据库、中间件再到应用系统软件的全链条自主可控。采用云原生架构用好算力，实现全球快速部署，自动适配业务流量变化，轻松应对千万级流量洪峰；采用元数据多租架构，将业务对象、实体、逻辑等元数据资产标准化，租户可灵活编排，快速响应业务需求；采用实时智能技术用好数据，如通过预置多个 AI 模型，实现风控、经营决策科学高效；采用完全自主的 GaussDB，会计分录峰值处理 3000 万笔/天，从 30 分钟延时改进到实时处理；落实公司可信变革，让系统更加安全可控，让数据在安全合规的前提下高效使用。

在成功替换 ERP 这个非常复杂且实时运行系统时完成了"业务无感、数据不丢、报告准确、业财一致"的高挑战后，华为也积累了一整套经验、方法，构建了整套工具。陶景文介绍称，首先，要通过"解耦"重定边界，让 ERP 回归核心功能。老 ERP 像年久失修的大厦，内部管道和线路交叉纵横、违建繁多，各类应用与 ERP 的逻辑集成点 3950 个、数据集成点高达 27 000 个。通过解耦重新定义 ERP 边界和功能，并通过"绿地计划"打扫外围各业务应用系统，减少 1000+ 个逻辑集成点，去除 ERP 客制化代码 320 万行，实现业务应用系统的标准、可插拔；识别核心业务流，以"业务流"为基础解耦，保证业务、财务一体化设计，从而实现主干贯通、业财一致。其次，打造切换工具链，让切换高效可靠。ERP 系统每天处理海量业务和数据，如销售订单行 76 万，应付开票行 21 万，会计分录行 1500 万；如此复杂场景下要做到业务无感、数据不乱，其难度堪比飞机在飞行中更换发动机。为此，华为开发了一整套切换工具，如具备"自动配线架"功能的 ERP 伴侣和数据迁移工具。ERP 伴侣实现异构 ERP 灵活切换能力，切换时外围系统用户可正常下单和作业；数据迁移工具 35 小时完成高度关联的 3200 亿行数据搬迁验证，利用周末时间完成 ERP 搬迁，不影响企业正常运转。最终，首创的配线架工具实现 300 多应用一键切换；首创的超大数据量业务快速迁移方法在 4 小时内完成了 708 亿行异构数据的平滑迁移。最后，系统全面验证，提前识别和解决问题。华为 ERP 运行业务场景多达 2000 个，实时要求高，数据处理量高达 160 TB，如何全面高效验证系统是替换能否成功的关键保障，华为通过并行验证将生产环境业务流量实时导入新的系统，用真实场景验证以做到上线后"0"缺陷；通过自动化测试解决海量复杂测试场景，测试周期从最初的 3 个月缩短到 7 天。

ERP 是信创软件的重要组成部分，支撑和运行着企业核心数据，直接关系到国家安全和企业安全。2021 年中国高端 ERP 软件市场仍被国外巨头垄断，领头羊为 SAP 占据了 33% 的市场份额，Oracle 和 IBM 分别以 20% 和 8% 的市场占有率位居第二名和第四名；国内 ERP 厂商仍显弱势，用友、金蝶和鼎捷只排名第三、第五和第六名。自 2022 年以来政府明确要求央企、国企要在限定时间内完成对自身非自主可控 ERP 的国产化替代。2023 年 3 月 3 日国资委再次发文《关于开展对标世界一流企业价值创造行动的通知》，要求进一步加强央国企信息化建设力度，推动行业系统、应用软件国产化替代。中共中央、国务院在 2023 年 2 月《数字中国建设整体布局规划》指出，要推动数字技术与实体经济深度融合，加快数字技术创新应用，一要构筑自立自强的数字技术创新体系，二要筑牢可信可控的数字安全屏障。2021 年中国 ERP 市场规模为 385 亿元，假设其中 30% 为高端 ERP 市场，那么高端市场规模可达 115.5 亿元。根据预测，未来 ERP 软件市场规模将持续增长，2027 年中国 ERP 软件市场规模将达到 682 亿元左右，年均增速保持在 11% 左右的中高速增长。ERP 软件平均替换周期为 5～8 年，可替换存量 ERP 规模在 577.5 亿元到 924 亿元之间，由此可见国产 ERP 可替换市场空间极为广阔。此次华为官宣实现 ERP 系统自主可控，不仅代表着华为成功突破了美国的技术封锁，更是中国长期被美国技术垄断压在身下后的一次"翻身仗"，极大鼓舞了国产 ERP 应用软件自主研发、设计和替换的信心。华为与用友、金蝶、天喻软件等众多产业生态伙伴联合构筑 ERP"中国砖"，还向外界开放了一些接口和服务，并将一些设计工具云公开给社会应用，有助于 ERP 软件工具走向自主可控，为中国的数字化供应链转型增添了一层自主的保障。

习近平新时代中国特色社会主义思想坚定"四个自信"，华为 MetaERP 的"强渡大渡河"的突破彰显了革命文化的文化自信。"四个自信"是指道路自信、理论自信、制度自信和文化自信。党的十八大以来，习近平总书记多次强调建立在五千多年文明传承基础上的文化自信，是"四个自信"的根本力量所在，"是更基础、更广泛、更深厚的自信"。中华优秀传统文化是在数千年的悠长历史中积淀下来的，是中华民族的精神命脉和突出优势，是最深厚的文化软实力；革命文化是在党领导的革命斗争实践中孕育形成的独特的精神标识，以红船精神、井冈山精神、长征精神、延安精神、西柏坡精神、大庆精神、抗美援朝精神、"两弹一星"精神、抗疫精神、脱贫攻坚精神等为代表的革命精神，奠定了中华民族文化自信的精神根基。华为 MetaERP "强渡大渡河"的突破延续了并再次彰显了党的革命文化，强化了文化自信。源自于中华优秀传统文化的中国特色社会主义文化，熔铸于革命文化和社会主义先进文化，根植于中国特色社会主义伟大实践，承前启后、继往开来，不断创造中国道路、中国模式和中国奇迹，必将增强中华民族文化自信的持久定力。

延伸阅读 2

数智化转型时代的 ERP 未来

习近平新时代中国特色社会主义思想要求贯彻创新、协调、绿色、开放、共享的新发展理念来推动高质量发展，数智化转型时代中的 ERP 未来发展正是遵循创新、协调、开放、共享的四大新发展理念，成为推动企业高质量发展的关键抓手。

在信息化时代，对一个企业而言，ERP 基本上就是信息化的代名词，虽然它也有一些难题。ERP 定位是企业信息化的核心支撑系统，甚至是企业经营管理的唯一主干与支撑；企业所有的信息都在朝着 ERP 汇聚，ERP 支撑了企业的管理与运营。尽管 ERP 这一企业信息化的典范代表了先进的企业管理，但传统 ERP 多存在贵、慢、难等问题，故仍面临不断改进的挑战。ERP 的贵主要体现在两个方面：一方面 ERP 的软件、硬件、实施服务的购置费用贵；另一方面 ERP 的升级和维护成本也很高，其总拥有成本要比一般的 IT 系统高很多。ERP 的慢主要体现在两个方面：一方面性能慢，由于 ERP 经常要跑一些复杂的业务流程或处理一些超大事务，导致它容易陷入性能瓶颈；另一方面响应慢，ERP 大多是商业套装软件，而企业客户 (亦称 ERP 甲方) 因自身二次开发能力有限，常在二次开发时求助于 ERP 厂商或 ERP 实施伙伴 (亦称 ERP 乙方)，这时对于甲方企业业务需求变化，ERP 乙方很难做到快速响应，这其中也包括甲方企业对 ERP 过度定制化所致的 ERP 的臃肿、僵化。ERP 的难也主要体现在两个方面：一方面实施难，ERP 实施时高层领导支持力度不足、业务部门配合不到位、实施团队经验或能力与付出不足、基础数据准备不完善等都是导致 ERP 实施项目失败的主要原因；另一方面运维难，因 ERP 系统体系庞大且配置复杂，若没有专业人才接手运维，很难让系统用起来且用得好。这些问题是企业上马 ERP 项目的"拦路虎"，"不上 ERP 等死，上 ERP 找死"这句话使得不少企业对 ERP 头疼不已。

在数智化转型时代分析企业下一代 ERP 长什么样时，背后其实关心的有两点：一是 ERP 本身将会有什么变化，二是企业的核心支撑系统会有什么变化。实际上在数智化时代，ERP 不再是管理与运营的唯一核心支撑系统。在信息化时代，企业基本上还是以产品为中心，企业经营管理的核心是把产品做到最好；而 ERP 核心是解决产品生产计划与配置问题，这与产品为中心的时代需求吻合，它也因此成为企业信息化的核心支撑系统。在数智化时代，企业发展到以客户为中心的时代，企业经营管理的核心是把客户运营到最好；此时产品只是企业客户运营的手段之一，除了产品生产之外，企业的客户服务、市场营销等其他系统也变得异常重要；故而单一的 ERP 无法再充当企业在数智化时代的管理与运营的唯一核心支撑系统。另一方面，诞生于信息化的 ERP 系统，既要解决上述贵、慢、难的老大难问题，又要在功能与技术架构等方面适应数智化时代需求，支撑企业运营管理的数智化发展。当然，下一代 ERP 长什么样？这是近几年来国内乃至全球 ERP 开发商和企业应用市场面临的一个关键问题。现已形成的共识是：现在的 ERP 不能适应云计算、数智化新时代的要求，一定要变。但不像以前从 MRP 到 ERP 的发展时业界均以 Gartner 所指导向为统一的风向标，在这一轮面向数智化的升级中，"下一代 ERP 是什么"一直未有统一声音；市场上用友、金蝶、浪潮、鼎捷、SAP、Oracle 等国内外主流 ERP 开发厂商都在寻求自己的道路。

数智化转型时期新技术不断涌现，云计算、区块链、中台、人工智能、大数据平台等新概念更是层出不穷。其中，中台对企业业务流程的影响更大，进而对 ERP 发展影响更显著。图 1-11 是阿里巴巴集团共享业务事业部演变为中台的示意图。中台从业务上来讲可以说是为了解决系统复用性问题而出现的。它解决的问题实质主要有两类：① 需要业务需求或功能需求是高度类似的 (即通用化程度很高)，但因没有专门的团队负责规划和开发，大量的系统重复开发和建设，导致复用性很低且效率低，研发资源被浪费且用户体验也不够统一；② 早期业务发展过程中，垂直的个性化的业务逻辑与基础系统耦合太深，由于没有平台性质的规划，横向系统之间、上下游系统之间的交叉逻辑非常多，导致在新业务、新市场的拓展过程当中，市场没有办法直接复用或快速迭代。2015 年底阿里巴巴集团在参观芬兰游戏公司 Supercell 后，正式对外宣布全面启动集团中台战略，构建符合大数据时代的更具创新性、灵活性的"大中台、小前台"组织机制和业务机制，即各个小前台更敏捷、更快速地响应业务变化需求，而大中台集合整个集团的运营数据能力和产品技术能力并对各前台业务形成强力支撑。阿里对中台的定义是"将企业的核心能力随着业务不断发展以数字化形式沉淀到平台，形成以服务为中心，由业务中台和数据中台构建起数据闭环运转的运营体系，供企业更高效地进行业务探索

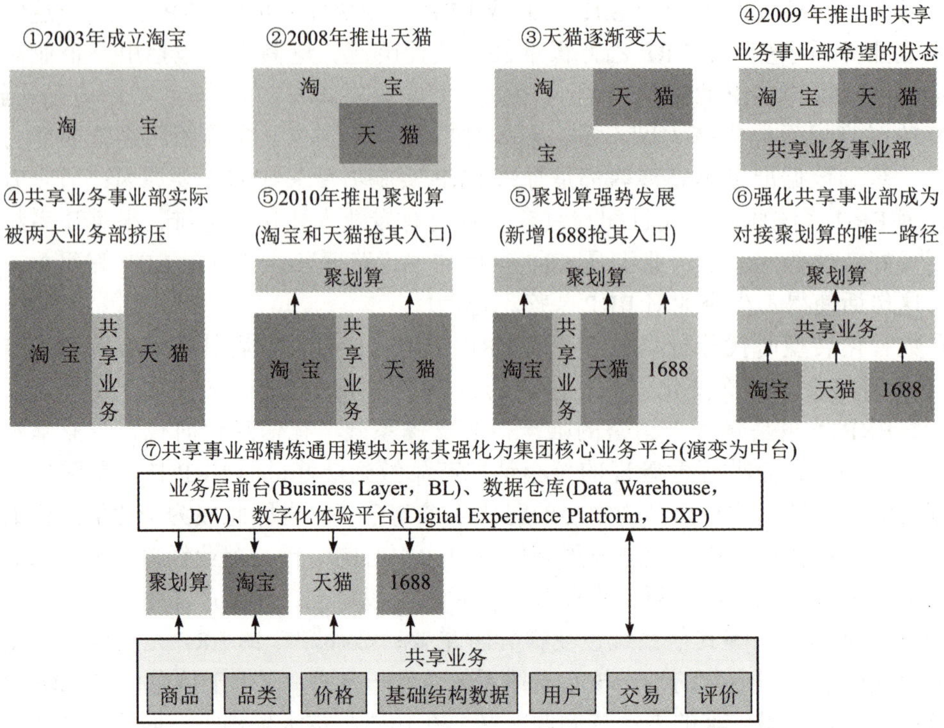
①2003年成立淘宝
淘 宝
②2008年推出天猫
淘 宝
天 猫
③天猫逐渐变大
淘
天 猫
宝
④2009 年推出时共享业务事业部希望的状态
淘 宝
天 猫
共享业务事业部
④共享业务事业部实际被两大业务部挤压
淘 宝
共享业务
天 猫
⑤2010年推出聚划算(淘宝和天猫抢其入口)
聚划算
淘 宝
共享业务
天 猫
⑤聚划算强势发展(新增1688抢其入口)
聚划算
淘宝
共享业务
天猫
1688
⑥强化共享事业部成为对接聚划算的唯一路径
聚划算
共享业务
淘宝
天猫
1688
⑦共享事业部精炼通用模块并将其强化为集团核心业务平台(演变为中台)
业务层前台(Business Layer，BL)、数据仓库(Data Warehouse，DW)、数字化体验平台(Digital Experience Platform，DXP)
聚划算
淘宝
天猫
1688
共享业务
商品
品类
价格
基础结构数据
用户
交易
评价

图 1-11　阿里巴巴集团共享业务事业部演变为中台的示意图

和创新，实现以数字化资产的形态构建企业核心差异化竞争力”。当前阿里巴巴集团中台体系包括业务中台、数据中台、技术中台和研发中台四大部分。业务中台将后台资源进行抽象包装整合，转化为对前台友好的可重用共享的核心能力，实现后端业务资源到前台易用能力的转化。数据中台将数据从后台及业务中台传输进来，并完成海量数据的存储、计算和产品化包装，构成企业的核心数据能力，为前台基于数据的定制化创新和业务中台基于数据反馈的持续演进提供强大支撑。技术中台将使用云平台或其他基础设施的能力以及应用各种技术中间件的能力进行整合和包装，助力前台和业务中台以及数据中台的快速建设。研发中台为前台应用提供了流程和质量管控以及持续交付的能力，将企业的开发流程最佳实践沉淀成可重用的“能力”，从而助力创新性应用的快速开发迭代。2019 年被称为“中台”元年，腾讯、华为、百度、小米、京东、滴滴等国内众多头部科技公司都从不同角度提出中台战略，并进行相应的技术体系、业务模型或组织架构重整。

数据驱动、智能化要融入到 ERP 等各种新一代的企业应用之中形成数据智能已成为业界普遍共识，而行业化是挖掘数据智能的源泉，更是下一代 ERP 的重要发展方向和关键特征。新一代 ERP 要数据驱动、智能化两者融合构建数据智能，这一点是新一代 ERP 成为数智化企业新一代核心支撑系统的关键。数据智能的根本是一套实现自动化且智能化运营的支撑工具与处理流程，一般由一个数据平台和与业务融合相适应的模型算法共同组成，模型算法再和 ERP、客户关系管理系统 (Customer Relationship Mangement，CRM)、供应链管理系统 (Supphy Chain Mangement，SCM)、人力资源系统 (Human Resources，HR) 等业务系统融合在一起形成各种数据智能的应用场景，如智能问答、智能搜索、智能推荐、智能舆情、智能定价、智能推送、智能获客、智能寻源、智能风控、智能招聘、智能决策。在高端市场，用友推出的第三代商业创新平台(Business Innoration Platform，BIP)BIP3 正在全面向行业化转型：全力向金融、能源、烟草、汽车、财政、军工、电信、离散制造、消费品、流程制造、钢铁冶金、工业化工与造纸、制药与医药流通、食品饮料、酒业、装备制造等 20 多个行业推出专门解决方案，面向各行业重点客户进行重点经营。其实在信息化时代，行业化也是 ERP 重要的细分方向，但那时的紧迫性与必要性都远远不如数智化时代。原因主要有三方面。一是核心业务数字化成为数智化时代的紧迫任务，各行各业的企业都要实现业务在线化，而核心业务的数字化则和行业属性密切相关。如果 ERP 不对各个行业进行专门的产品与解决方案的深化，它将无法帮助行业用户实现核心业务的数字化转型。二是新一代数智化企业的核心支撑系统需实现人、财、物和产、供、销的全业务且全流程的数字化，并要实现全面集成与贯通。这就要求企业中有行业特色的核心业务系统与 ERP 系统中财务、HR、营销等子系统实现底层的流程集成与数据集成，要"保证业务财务一体化设计从而实现主干贯通和业财一致"，而若没有行业化的核心支撑系统，这点将无法实现。三是对于 ERP 开发厂商而言，行业化是塑造差异化竞争优势的关键；因为在数智化时代财务、HR、CRM、SCM 等横向应用将成为标配，故而很难形成独特竞争优势，但朝行业化深化进而积累深厚的行业知识、场景与实践将成为数据智能和竞争优势的重要来源，亦构成了一个巨大增量市场，如制造执行系统(Manufacturing Execution System，MES)、产品生命周期管理(Product Lifecycle Management，PLM)、仿真等和行业属性结合紧密的行业化应用，此类应用的市场需求也将随之大量爆发。

总体来说，面向数智化时代，基于中台构建、融合数据智能、拥有行业方案，将会是新一代 ERP 等企业核心支撑系统的三大重要特征。每一大特征的实现都不是厂商们单打独斗所能搞定的，都需要他们和生态合作伙伴进行全方位的深入合作；而要实现这全部三大特征，则需要 ERP 开发厂商们搭建比信息化时代更为丰富且更具活力的生态系统。总而言之，数智化转型时代中的 ERP 未来发展遵循了习近平新时代中国特色社会主义思想中对经济要求的创新、协调、开放和共享四大新发展理念，必将成为推动企业和经济高质量发展的关键抓手。

习　　题

一、单选题

1. 与关键路径法不同，物料需求计划(MRP)在倒排计划时，只是规定了_____的完工日期和开工日期，而把松弛时间放在每道工序开始_____。（　　）

(A) 最早、之前　　(B) 最早、之后　　(C) 最迟、之前　　(D) 最迟、之后

2. "第9周有一个需求100"意味着需要____在第9周的____去满足这100的需求。（　　）

(A) 最迟、周一　　(B) 最早、周末　　(C) 最迟、周末　　(D) 最早、周一

3. "第10周有一个供给100"意味着____在第10周的____有100的供给到达。（　　）

(A) 最迟、周一   (B) 最早、周末   (C) 最迟、周末   (D) 最早、周一

4. 记录各项资源基本属性的主文件不包括 (   )。

    (A) 材料主文件   (B) 材料表   (C) 制令单   (D) 财务资料

5. 闭环式 MRP 的运作以 (   ) 为主导。

    (A) 资金流   (B) 信息流   (C) 人员流   (D) 物流

二、多选题

1. 依据工艺过程的特点，制造业可分为 (   )。

    (A) 连续性生产   (B) 备货型生产

    (C) 离散性生产   (D) 订货型生产

2. 与关键路径法不同，物料需求计划 MRP 只考虑 (   )，而把松弛时间放在每道工序开始之前。

    (A) 最迟完工日期   (B) 最早完工日期

    (C) 最迟开工日期   (D) 最早开工日期

3. 物料需求计划 MRP 是一种要 (   ) 的计划方法。

    (A) 保证生产   (B) 保证销量   (C) 控制库存   (D) 保证利润

三、判断题

1. (   ) 制造业是泛指所有除进行采购和销售等必备活动外，还包含将低价值材料转换成高价值产品过程的企业。

2. (   ) 计算机的管理商用直到材料表 BOM 被计算机程序化之后才产生爆炸性的影响。

3. (   ) "Sherman 预测正确性" 法则是指正确性越高的预测，可用性就越高。

4. (   ) 物料需求计划 MRP 只考虑最早时刻是因为这样可以最大限度地保持资源弹性。

四、名词解释

1. 物料需求计划   2. 闭环式物料需求计划

3. 制造资源计划   4. 企业资源计划

五、简答与思考题

1. 简述 ERP 的发展历程及其中各阶段的主要发展。

2. ERP 发展历程中各阶段的主要发展对你思考企业管理问题有什么启发？

第二章 物料需求计划（MRP）

本章要点

- 物料需求计划的基础信息与基本逻辑模型，包括基本工作逻辑流程与基本运算逻辑。
- 物料需求计划应用的静态批量法则与动态批量法则。
- 冲销时间和安全时间对 MRP 基本逻辑模型的影响。
- MRP 模型应用于服务业案例时的技巧与转型（服务需求计划模型）。
- MRP 计划相关逻辑与功能的 Excel 仿真与 ERP 软件案例。

第一节 物料需求计划的生成

虽然 MRP 基本原理示意图比较简单，但其详细逻辑非常复杂。本书将 MRP 详细逻辑分为两部分：一是讲解编制一次 MRP 报表所需的内容，归属于 MRP 静态逻辑并在本章讲解；二是讲解编制前后两次 MRP 报表之间相互关联和影响的内容，归属于 MRP 动态逻辑并在下章讲解。鉴于 MRP 静态逻辑中相关因素规模庞大且诸多因素之间关系紧密，为遵循循序渐进认识事物的规律，也为了更系统、全面地讲解 MRP 静态逻辑，本章将依次讲解：① 编制一次 MRP 报表所需基础信息；② MRP 基本逻辑模型，包括阐述工作步骤的工作逻辑流程和各工作步骤内的运算逻辑两部分；③ MRP 逻辑模型的静态和动态的批量法则；④ 冲销时间和安全时间对 MRP 基本逻辑模型的影响；⑤ MRP 服务业案例与服务需求计划。

一、MRP 的基础信息

（一）MRP 的主要输入信息

物料需求计划是将主生产计划中完成品的需求转换为零件和原材料的需求，因此，主生产计划是其最直接的输入信息。其他输入资料主要有独立需求、材料主文件、材料表、库存状态、工厂日历等各种信息。

视频讲解

1. 主生产计划

主生产计划 MPS 是完成品的计划表，用以描述一个特定完成品的生产时间和生产

数量。依据 MPS，MRP 得以计算在完成品需求之下的所有零部件和原材料的需要量。

2. 独立需求

虽然 MRP 是由处理相关需求发展而来，但由于某些 MRP 处理的下阶物料除具有相关需求外，可能还有部分独立需求 (Independent Demand)，此时 MRP 应该可以合并处理。例如，某汽车集团下属的发动机厂，其发动机除主要用于配套汽车之外，可能还有一小部分作为售后服务性质的零件提供给 4S 店和特约维修点等。此部分发动机是用于满足独立需求，应纳入毛需求中一并处理。特别注意：此独立需求也是分时段 (包含逾期) 的输入信息。

3. 材料主文件

产品中的每一项材料，其属性都必须记录在材料主文件 (Item Master，IM) 中，比如件号、前置时间、安全库存、批量法则、批量大小、良品率等都是 MRP 所需的资料。

(1) 件号 (Item Number)：是物料的唯一识别码，即材料主文件的主关键字。

(2) 批量法则 (Lot Sizing Rule，LSR)：为达某种目标函数 (如最低总成本) 而设定的订单数量计算标准，即决定订单数量大小的规则及程序。此处以最小订购量法和定量批量法为例。

(3) 批量大小 (Lot Size，LS)：应用某些批量法则时生产、采购一批物料的基准 / 平均数量，在最小订购量法则中，LS 为最小订购量。

(4) 前置时间或提前期 (Lead Time，LT)：进行一个生产或采购作业所需的时间。特别需要指出的是：对生产而言，该前置时间是针对平均批量 LS 的提前期，即 LT= 排队时间 + 准备时间 + 加工时间 + 等待时间 + 传送时间。其中，加工时间 =LS× 单件加工时间。而对采购而言，该前置时间是从确认订购需求到取得材料或产品的时间，包括准备订单、签核、通知、制作、运输、收货、检验等环节所需的时间。

(5) 安全库存 (Safety Stock，SS)：为应对需求或供给波动希望保持的最低库存。

(6) 良品率 (Yield)：生产某一物料时，其良品数量与投入数量的比值。某材料的良品率表示该材料在制程中生产出良品的成功概率。

4. 材料表

材料表 BOM 也称为物料清单，用于描述一个父件和其多个直接子件间的关系。一个产品的材料结构则由多个相关材料表构成，称为产品结构 (Product Structure)。材料表及产品结构以阶层的方式描述组成一个产品的材料。合理方式是只建立单阶 BOM，多阶 BOM 通过单阶 BOM 层层关联得出。单阶 BOM 中的几个主要属性，如父件件号、子件件号、单位用量、损耗率等，都是 MRP 所需的资料。

(1) 单位用量 (Quantity-Per，QP)：生产一个单位父件所需消耗的子件数量。

(2) 损耗率 (Scrap Rate)：一个子件在制造某个父件的过程中，变成不良品的概率。同一子件用来生产不同父件时可能有不同的损耗率，因此定义在材料表 BOM 中。比如相同铁棒加工为圆轴时，因工艺简单故而损耗率小；加工为方轴时，因工艺复杂故而损耗率较大。类似地，超市中方形脸盆贵于相同规格的圆形脸盆也是因为前者在吹塑工艺中损耗率更大，进而成本更高。特别注意：损耗率和良品率实质都是指明损耗情况，若考查损耗时有明确的父件与子件关系，则应在该父件的 BOM 中设置该子件的损耗率；若未指明物料的损耗是发生在某特定父件的生产过程中，则应在该物料自身的 IM 中设置良品率。

5. 库存状态

库存状态 (Inventory Status) 是指材料的在库量、在途量和保留量。在 MRP 计算过程中通过 BOM 展开算出任意一个材料的需求时，所得到的是总需求，当该材料有库存时，该总需求并非真正的需求；将总需求减掉库存才会得到净需求。因为物料需求计划是分期间的规划方法，因此在库量、在途量和保留量都要考虑。

(1) 在库量 (On-Hand Inventory，OH)：执行 MRP 时正在仓库中的存放量。

(2) 在途量 (Scheduled Receipts，SR) 或 (On-Order Inventory，OO)：在未来某一时间将会取得的量，又称为"已开订单量"或"已订未交量"，是一种未来的库存，在交货当期的期末视为可用量。当上次 MRP 运行后，计划员参照其建议发出实际生产或采购指令，指令中某物料的收料情况将作为输入信息出现在下次 MRP 的相应 SR 栏目中，即对某期将要达到的库存，必须记录其收料日期及数量。

(3) 保留量 (Allocated Inventory，AL)：是用来表示已被指定用于某个已发出的制令单、外包单或调拨单，预定从仓库领出但实际尚未领出的数量。虽然在库量 OH 中包括该保留量，但此 AL 不能再用于其他用途，故在执行某次 MRP 时应该将其从可用量中去除。

6. 工厂日历

工厂日历 (Shop Calendar) 是用于生产与库存管理的日历，它将工作天数编成连续序号，以便排程时只考虑到工作日。MRP 采用分期间的规划方式，它将连续的时间分成不连续的区段单位，称为时段 (Time Bucket)。时段长度依照行业特性而定，通常为周或日，如编号周历 (Numbered-Week Calendar)、编号日历 (Numbered-Day Calendar)。编号周历以 00 至 99 循环使用；编号日历以 000 至 999 循环使用。在 MRP 系统中，一般以日为系统内部计算的时段长度，报表中则以周为周期长度 (Period Length) 呈现。计划期间 (Planning Horizon) 是 MPS 或 MRP 所涵盖的总时间，至少要包括所有完成品所需的采购、制造等的累计提前期，其长短与行业相关，依实际确定。

以上是 MRP 处理逻辑中所涉主要输入信息，为正确加工它们以便产生所需 MRP 输出，需引进七个国际通用关键变量，标准 MRP 报表为七栏式报表，但也有报表仅显示六栏。

（二）MRP 处理逻辑的七个关键变量

1. 毛需求/总需求

MRP 中由一个或多个直接上阶物料 (父件) 引发的依赖需求 (相关需求)，以及该物料另外可能存在的独立需求的总和称为该物料的毛需求/总需求 (Gross Requirement，GR)。

2. 在途量

在途量 SR 是定在未来某期期末将会取得的量，这种未来库存在交货期期末被视为可用量。

3. 预计在库量

预计在库量 (Projected On-Hand，POH) 是指在某期还未考虑是否有计划订单收料补充时，该期期末预计的在库量。MRP 程序利用 POH 这个中间变量来决定在某期是否有净需求。

4. 净需求

所拥有的库存数量不足以满足所需的需求时，就会产生净需求 (Net Requirement，NR)。在 MRP 逻辑中，若预计在库量 POH 小于安全库存 SS，其考虑良品率后的差额即为 NR。

5. 计划订单收料

如果某物料某期有净需求，就需要通过生产或采购来补充。计划订单收料 (Planned Order Receipts，PORC) 是指依据一定批量法则对净需求进行调整后在某期期末计划补充到位的物料数量。这个量在生产或采购订单发出前是 PORC，发出后变为 SR，收料后即转为 OH。

6. 预计可用量

预计可用量 (Projected Available Balance，PAB) 是指在预计某期期末计划订单收料 PORC 正常接收的情况下该期期末预计的在库量，亦即某期原有的预计在库量 POH 加上该期可能的计划订单收料 PORC 之和。如果生产和采购供应都按照计划正常运作，该值才是物料某期预计的真正期末库存。

7. 计划订单发出

由于准备完成一个订单需要一定的时间 (即某作业的前置时间)，为按时补充某物料，需将该物料某期 PORC 向前推移一个提前期，从而得出该物料某期的计划订单发出 (Planned Order Releases，POR)。父件的 POR 会通过 BOM 展开为其所有子件的总需求 GR。

(三) 逾期量 (Past Due)

"逾期量"既涉及 MRP 输入又涉及 MRP 运算，需重点说明。

定期执行的 MRP 每次会产生新的物料需求文档，同时计划期间所涵盖时段往后平移一期，例如上次 MRP 的计划期间涵盖 1 ～ 12 期，下次 MRP 涵盖的计划期间实际为 2 ～ 13 期，此即为"滚动式排程" (Rolling Scheduling)。执行 MRP 时，上一期未被冲销的数量会被"滚入"逾期的时段里，称为逾期量。有三个关键变量毛需求 GR、在途期 SR、计划订单发出 POR 涉及逾期量问题。

1. 毛需求的逾期量

毛需求 GR 逾期量有两种来源。若来源于独立需求部分则属于操作层反馈信息，应直接输入。此情况表示生产效率差，客户需求无法被满足。因为当客户订单出货时，其订单文件中会注明该订单已出货；若交期已过而仍有客户订单需满足，则该数量就落入毛需求的逾期时段。若来源于相关需求部分则属于逻辑运算的第一步，应由父件 POR 计算得出子件逾期 GR。如某物料某一直接父件在其 MRP 计算结果中 POR(逾期) 出现正值，该 POR(逾期) 引发此子件物料的相关需求通过 MRP 逻辑第一步的运算大多也将落入 GR(逾期)。

2. 在途量的逾期量

在途量 SR 都属于输入信息，其逾期量也不例外。SR 的逾期量表示供应商供货延迟或车间生产延迟，管理者必须时刻督促。MRP 处理时假定该逾期量能在当期 (第 1 期) 补足，若确定不能在当期补足，则应依实际情况修改订单的未来交期。

3. 计划订单发出的逾期量

计划订单发出 POR 的计算属于 MRP 逻辑运算最后一步，其逾期量也不例外，只是计算公式有所不同。这种情况表示 MRP 建议采购或制造的发单日期已过，可用时间少于预定的前置时间，管理者若不迅速发单、紧急采购或加班赶工，订单交期大多要延误。

（四）最低阶码

为确定计算先后顺序，系统将根据 BOM 自动计算各物料的最低阶码 (Low-Level Code，LLC)。在一个最终产品组成结构中，最顶层或最上阶材料最低阶码定为 0，其下各零部件依次定为 1，2，…，N 阶。一个材料可能出现在一个最终产品不同阶次或多个产品的多个阶次中，系统是以该材料在所有产品结构中最低的阶次码为其最低阶码，并以此决定其在 MRP 系统运算中的先后次序。例一：产品 A 由 B、C 和 D 制成，B 由 E 与 F 制成，C 由 D 与 H 制成，D 由 E 制成，则 A、B、C、D、E、F、H 最低阶码依次为 0、1、1、2、3、2、2，参见图 2-1。例二：产品 A 由 B、C 和 D 制成，B 由 E 与 F 制成，产品 K 由 E、C 和 D 制成，则物料 A、B、C、D、E、F、K 的最低阶码依次为 0、1、1、1、2、2、0，参见图 2-2。

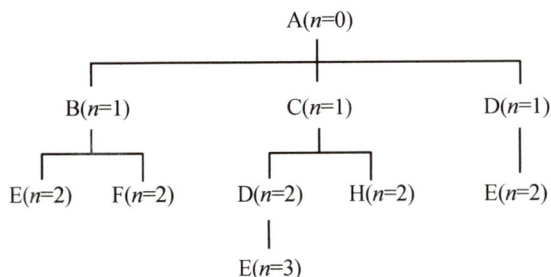

图 2-1　单一产品 LLC 案例　　　　图 2-2　多个产品 LLC 案例

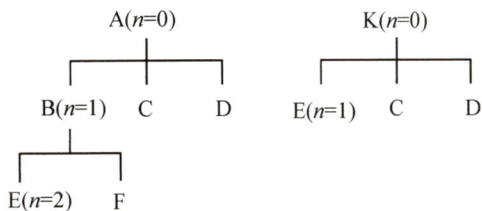

二、MRP 基本逻辑模型

（一）MRP 基本工作逻辑流程图

MRP 基本工作逻辑流程图参见图 2-3。

视频讲解

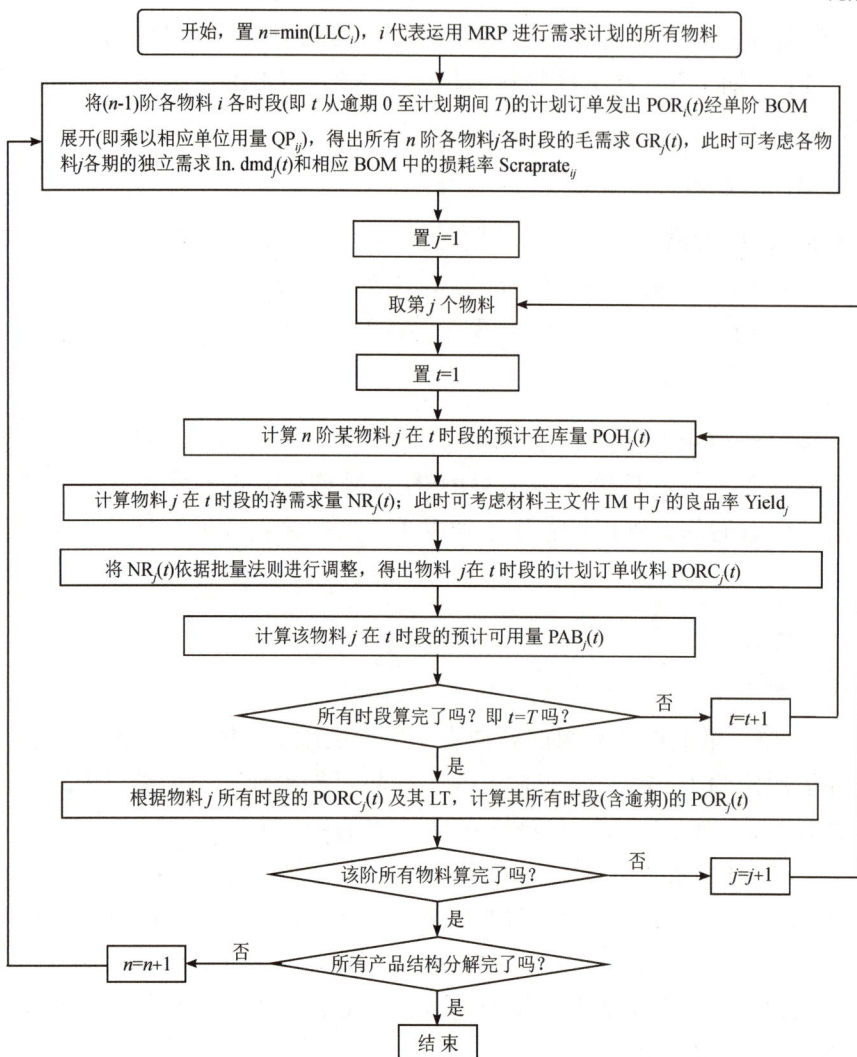

图 2-3 MRP 基本工作逻辑的流程图

（二）MRP 基本运算逻辑

针对上述 MRP 基本工作逻辑流程图，以下是相应基本运算逻辑，即各步骤的详细计算公式。计算过程中超出计划期间（简写为 T）的数值都无须考虑。

视频讲解

1. GR 的运算逻辑

GR 的运算逻辑如下：

$$GR_j(t) = \begin{cases} \sum_{i=1}^{m} \dfrac{POR_i(0) \times QP_{ij}}{1 - Scraprate_{ij}} \times In.dmd_j(0) & t = 0 \\[3mm] \sum_{i=1}^{m} \dfrac{POR_i(1) \times QP_{ij}}{1 - Scraprate_{ij}} \times In.dmd_j(1) + GR_j(0) & t = 1 \\[3mm] \sum_{i=1}^{m} \dfrac{POR_i(t) \times QP_{ij}}{1 - Scraprate_{ij}} \times In.dmd_j(t) & 2 \leqslant t \leqslant T \end{cases} \tag{2-1}$$

式中：$GR_j(t)$ 为子件 j 在 t 时段的毛需求；m 为子件 j 的所有直接单阶父件 i 的总个数；$POR_i(t)$ 为父件 i 在 t 时段的计划订单发出；QP_{ij} 为子件 j 组成父件 i 时的单位用量；$Scraprate_{ij}$ 为子件 j 组成 i 时的损耗率；$In.dmd_j(t)$ 为物料 j 在 t 时段的独立需求。

注释：若独立需求的客户订单交货日已过仍未完全满足，则欠交量记为 $In.dmd_j(0)$。

2. SR 的来源

$SR_j(t)$ 为物料 j 在 t 时段的在途量，其数据由系统记录档案直接给出。对应 $t = 0$ 的逾期量 $SR_j(0)$ 是"应到未到量"，即制令单或订购单不良执行情况的反馈结果；而对应 $t \geqslant 1$ 的 $SR_j(t)$ 则为排定在未来 t 时段将会取得的"已订未交量"。

3. POH 的运算逻辑

POH 的运算逻辑如下：

$$POH_j(t) = \begin{cases} OH_j + SR_j(1) + SR_j(0) - AL_j - GR_j(1) & t = 1 \\[2mm] PAB_j(t-1) + SR_j(t) - GR_j(t) & 2 \leqslant t \leqslant T \end{cases} \tag{2-2}$$

式中：$POH_j(t)$ 为物料 j 在 t 时段的预计在库量；OH_j 为物料 j 的当前在库量；AL_j 为物料 j 当前的保留量；$PAB_j(t)$ 为物料 j 在 t 时段的预计可用量。

4. NR 的运算逻辑

NR 的运算逻辑如下：

$$NR_j(t) = IF\left\{ POH_j(t) \geqslant SS_j,\ 0,\ \frac{SS_j - POH_j(t)}{Yield_j} \right\} \qquad 1 \leqslant t \leqslant T \tag{2-3}$$

式中：$NR_j(t)$ 为物料 j 在 t 时段的净需求；SS_j 为物料 j 的安全库存；$Yield_j$ 为物料 j 的良品率。

5. PORC 的运算逻辑

PORC 的运算逻辑如下：

$$PORC_j(t) = F(NR_j(t),\ LSR) \qquad 1 \leqslant t \leqslant T \tag{2-4}$$

式中：$PORC_j(t)$ 为物料 j 在 t 时段的计划订单收料；LSR 为批量法则 (Lot Size Rule) 的集合；$F(NR_j(t),\ LSR)$ 为由 $NR_j(t)$ 和 LSR 决定的函数 (具体形式主要取决于 LSR)。

(1) 对最小订购量法，即一旦有净需求，订购量最少应为某基准量 LS。

$$PORC_j(t) = IF(NR_j(t) > 0,\ Max\{NR_j(t),\ LS_j\},\ 0) \qquad 1 \leqslant t \leqslant T \tag{2-5}$$

(2) 对定量批量法，即一旦有净需求，订购量始终为某基准量 LS 的整数倍。

$$PORC_j(t) = IF(NR_j(t) > 0,\ CEILING(NR_j(t),\ LS_j),\ 0) \qquad 1 \leqslant t \leqslant T \tag{2-6}$$

式中：$CEILING(x,\ y)$ 为向上取整函数，即将 x 向上舍入为最接近的基数 y 的倍数。

6. PAB 的运算逻辑

PAB 的运算逻辑如下：

$$PAB_j(t) = POH_j(t) + PORC_j(t) \qquad 1 \leqslant t \leqslant T \qquad (2\text{-}7)$$

式中：$PAB_j(t)$ 为物料 j 在 t 时段的预计可用量。

7. POR 的运算逻辑

POR 的运算逻辑如下：

$$POR_j(t) = \begin{cases} \sum\limits_{k=1}^{LT_j} PORC_j(k) & t = 0 \\ PORC_j(t + LT_j) & 1 \leqslant t \leqslant T\text{-}LT_j \\ 0 & T\text{-}LT_j < t \leqslant T \end{cases} \qquad (2\text{-}8)$$

式中：$POR_j(t)$ 为物料 j 在 t 时段的计划订单发出；LT_j 为物料 j 的提前期。

（三）MRP 基本逻辑案例

1. 假设条件

本例中，工厂日历的时段长度与前置时间的单位相同，都设为周。计划期间至少涵盖 MPS 物料 X 和 Y 所需的制造和采购的累计提前期，假设 X 和 Y 自身的提前期都为 1 周，则由后面材料主文件和材料表资料可得最大累计提前期为 6 周，这里取计划期间 T 为 9 周。

视频讲解

2. 已知条件

已知条件参见表 2-1～表 2-6。

表 2-1　主生产计划 MPS 物料 X 和 Y 的 POR 数据（节选自 MPS 报表）

时段	0	1	2	3	4	5	6	7	8	9
X	0	200	0	100	0	200	0	100	0	200
Y	0	200	150	100	100	100	100	100	100	100

表 2-2　MRP 物料自有的独立需求（含逾期）

时段	0	1	2	3	4	5	6	7	8	9
B	20	20	0	10	10	0	10	10	0	10
C	0	10	0	10	0	10	0	10	0	10

表 2-3　材料主文件中各 MRP 物料的基本属性

件号	前置时间 LT	安全库存 SS	批量法则 LSR	批量大小 LS	良品率 Yield
A	2 周	10	最小订购量法	500	100%
B	1 周	10	最小订购量法	300	95%
C	2 周	20	定量批量法	600	90%
D	1 周	20	定量批量法	500	100%
E	2 周	30	定量批量法	500	100%

表 2-4 材料表 BOM 中的基本属性

父件件号	子件件号	序号	单位用量 QP_{ij}	损耗率 $Scraprate_{ij}$
X	A	10	1	3%
	B	20	2	5%
Y	A	10	2	5%
	C	20	2	6%
B	C	10	1	3%
	D	20	1	0%
C	E	10	0.5	10%

表 2-5 在途量 SR 信息（含逾期）

时段	0	1	2	3～9
A	0	500	0	0
B	100	300	0	0
C	0	600	0	0
D	0	500	0	0
E	0	500	0	0

表 2-6 在库量 OH 和保留量 AL 信息

件号	在库量 OH	保留量 AL
A	300	200
B	250	200
C	300	0
D	400	300
E	300	0

3. 计算

(1) LLC 计算：根据 BOM 系统将自动计算每一件号的最低阶码，通常将 MPS 物料最低阶码定为 0，故 X 和 Y 的 LLC 为 0，而 MRP 物料 A、B、C、D、E 的最低阶码 LLC 分别对应为 1、1、2、2、3。由此可知，对于运用 MRP 进行需求计划的物料，初始的 $n=\min(LLC_i)=1$。

(2) 模拟结果：此案例 MRP 基本逻辑的 Excel 模拟结果见图 2-4。

(3) 案例 MRP 基本工作逻辑流程图的解析：对照 MRP 基本工作逻辑流程图，其计算步骤解析如下：① 首先计算第 1 阶 MRP 物料 A 和 B 全部期别的毛需求。② 随机选取 A 或 B，此处假设选 A，按照 {POH(t)→NR(t)→PORC(t)→PAB(t)} 的顺序依次计算第 1 至第 9 期的数据。③ 然后一次性计算 A 所有期别的 POR 数据。至此 A 计算完毕。④ 接着选取 B，同样按照 {POH(t)→NR(t)→PORC(t)→PAB(t)} 顺序依次计算第 1 至第 9 期的数据。⑤ 然后一次性计算 B 所有期别的 POR 数据。至此第一阶 MRP 物料的计算全部结束。⑥ 接下来开始下阶（此时为第二阶）MRP 物料的 MRP 计算，并依此类推直至所有 MRP 物料计算完毕。

(4) 案例 MRP 基本运算逻辑的 Excel 模拟公式解析：此处主要以 MRP 物料 A 的计算为例讲解 MRP 基本运算逻辑的 Excel 模拟公式输入，读者可参照这些公式自己上机模拟。注意：逻辑相同的公式可通过复制公式功能来简化公式的输入量，其中，绝对引用有 "$" 符号，相对引用没有 "$" 符号。

C13 f_x =C2*$B7/(1-$B8)+C3*$D7/(1-$D8)+C12+B13

	A	B	C	D	E	F	G	H	I	J	K
1	时段	0	1	2	3	4	5	6	7	8	9
2	产品X的计划订单发出POR	0	200	0	100	0	200	0	100	0	200
3	产品Y的计划订单发出POR	0	200	150	100	100	100	100	100	100	100
4											
5	父件件号	X	X	Y	Y	B	B	C			
6	子件件号	A	B	A	C	C	D	E			
7	单位用量	1	2	2	2	1	1	0.5			
8	损耗率	0.03	0.05	0.05	0.06	0.03	0	0.1			
9											
10	A(LT=2)	OH=	300	AL=	200	SS=	10	Yield=	100%	LS=	500
11	Periods	0	1	2	3	4	5	6	7	8	9
12	独立需求In. Dmd.	0	0	0	0	0	0	0	0	0	0
13	毛需求GR	0	627.24	315.79	313.62	210.53	416.71	210.53	313.62	210.53	416.71
14	在途量SR	0	500	0	0	0	0	0	0	0	0
15	预计在库量POH		-27.24	156.97	-156.6	132.83	-283.9	5.5887	191.97	-18.56	64.731
16	预计可用量PAB		472.76	156.97	343.35	132.83	216.12	505.59	191.97	481.44	64.731
17	净需求NR		37.238	0	166.65	0	293.88	4.4113	0	28.557	0
18	计划订单收料PORC		500	0	500	0	500	500	0	500	0
19	计划订单发出POR	500	500	0	500	500	0	500	0	0	0

C26 f_x =C21+C25+B25-E21-C24

	A	B	C	D	E	F	G	H	I	J	K
20											
21	B(LT=1)	OH=	250	AL=	200	SS=	10	Yield=	95%	LS=	300
22	Periods	0	1	2	3	4	5	6	7	8	9
23	独立需求In. Dmd.	20	20	0	10	10	0	10	10	0	10
24	毛需求GR	20	461.05	0	220.53	10	421.05	10	220.53	0	431.05
25	在途量SR	100	300	0	0	0	0	0	0	0	0
26	预计在库量POH		-11.05	288.95	68.421	58.421	-362.6	19.612	-200.9	99.086	-332
27	预计可用量PAB		288.95	288.95	68.421	58.421	29.612	19.612	99.086	99.086	27.998
28	净需求NR		22.161	0	0	0	392.24	0	222.01	0	359.97
29	计划订单收料PORC		300	0	0	0	392.24	0	300	0	359.97
30	计划订单发出POR	300	0	0	0	392.24	0	300	0	359.97	0

C39 f_x =IF(C37>=$G32,0,($G32-C37)/$I32)

	A	B	C	D	E	F	G	H	I	J	K
31											
32	C(LT=2)	OH=	300	AL=	0	SS=	20	Yield=	90%	LS=	600
33	Periods	0	1	2	3	4	5	6	7	8	9
34	独立需求In. Dmd.	0	10	0	10	0	10	0	10	0	10
35	毛需求GR	309.28	744.81	319.15	222.77	617.14	222.77	522.04	222.77	583.86	222.77
36	在途量SR	0	600	0	0	0	0	0	0	0	0
37	预计在库量POH		155.19	-164	213.27	-403.9	-26.63	51.324	-171.4	-155.3	221.93
38	预计可用量PAB		155.19	436.04	213.27	196.13	573.37	51.324	428.56	444.69	221.93
39	净需求NR		0	204.4	0	470.96	51.813	0	212.71	194.78	0
40	计划订单收料PORC		0	600	0	600	600	0	600	600	0
41	计划订单发出POR	600	0	600	600	0	600	600	0	0	0

C51 f_x =IF(C50>0,CEILING(C50,$K43),0)

	A	B	C	D	E	F	G	H	I	J	K
42											
43	D(LT=1)	OH=	400	AL=	300	SS=	20	Yield=	100%	LS=	500
44	Periods	0	1	2	3	4	5	6	7	8	9
45	独立需求In. Dmd.	0	0	0	0	0	0	0	0	0	0
46	毛需求GR	300	300	0	0	392.24	0	300	0	359.97	0
47	在途量SR	0	500	0	0	0	0	0	0	0	0
48	预计在库量POH		300	300	300	-92.24	407.76	107.76	107.76	-252.2	247.79
49	预计可用量PAB		300	300	300	407.76	407.76	107.76	107.76	247.79	247.79
50	净需求NR		0	0	0	112.24	0	0	0	272.21	0
51	计划订单收料PORC		0	0	0	500	0	0	0	500	0
52	计划订单发出POR	0	0	0	500	0	0	0	500	0	0

B63 f_x =C62+D62

	A	B	C	D	E	F	G	H	I	J	K
53											
54	E(LT=2)	OH=	300	AL=	0	SS=	30	Yield=	100%	LS=	500
55	Periods	0	1	2	3	4	5	6	7	8	9
56	独立需求In. Dmd.	0	0	0	0	0	0	0	0	0	0
57	毛需求GR	333.33	333.33	333.33	333.33	0	333.33	333.33	0	0	0
58	在途量SR	0	0	0	0	0	0	0	0	0	0
59	预计在库量POH		466.67	133.33	-200	300	-33.33	133.33	133.33	133.33	133.33
60	预计可用量PAB		466.67	133.33	300	300	466.67	133.33	133.33	133.33	133.33
61	净需求NR		0	0	230	0	63.333	0	0	0	0
62	计划订单收料PORC		0	0	500	0	500	0	0	0	0
63	计划订单发出POR	0	500	0	500	0	0	0	0	0	0

图 2-4   MRP 基本逻辑的 Excel 模拟结果

特别注意：本书案例大多先在 Excel 中进行模拟计算，然后将结果直接复制至此。由于在固定宽度表格中，Excel 正、负值，小数位显示差异及四舍五入显示等原因，可能导致书稿显示结果与手工计算结果稍有出入，这些完全是正常合理的，请不要误以为是计算失误。

① B13=B2×\$B7/(1−\$B8)+B3×\$D7/(1−\$D8)+B12。

② C13=C2×\$B7/(1−\$B8)+C3×\$D7/(1−\$D8)+C12+B13。

③ D13=D2×\$B7/(1−\$B8)+D3×\$D7/(1−\$D8)+D12。

④ E13 至 K13 公式复制 D13 公式，即鼠标位于 D13 右下角变成实心十字时往右拖。

⑤ B24=B2×\$C7/(1−\$C8)+B23；C24=C2×\$C7/(1−\$C8)+C23+B24。

⑥ D24=D2×\$C7/(1−\$C8)+D23；E24 至 K24 可复制 D24 公式。

⑦ C15=C10+C14+B14−E10−C13；C17=IF(C15 ≥ \$G10，0，(\$G10−C15)/\$I10)。

⑧ C18=IF(C17>0，Max(C17，\$K10)，0)；C16=C15+C18。

⑨ D15=C16+D14−D13；D17=IF(D15 ≥ \$G10，0，(\$G10−D15)/\$I10)。

⑩ D18=IF(D17>0，Max(D17，\$K10)，0)；D16=D15+D18。

⑪ E15 至 K18 矩阵分行轮流复制第 2 期相应栏目的对应公式；或者一次性选中 D15 至 K15 单元格，当鼠标变成实心的十字形时往右拖，以便复制第二期所有公式。

⑫ B19=C18+D18；C19=E18；D19 至 I19 复制 C19 公式。

⑬ J19=K19=0；若表格 K 列后所有列都没有数据，也可以直接将 C19 公式复制给 D19 至 K19，这样 J19 和 K19 将导入默认无数据的 L18 和 M18，结果同样是零。

在上述物料 A 的 MRP 计算全部完成后，可按照此方法完成物料 B 的 MRP 计算。在第一阶的物料算完后，可从第二阶所有子件的毛需求开始重复上述步骤，需注意批量法则所致 PORC 变化和提前期所致 POR 变化。如物料 C 因采用定量批量法，故单元格 "C40" PORC 公式为 C40=IF(C39>0，CEILING(C39，\$K32)，0)；又如 B 物料 LT 为 1，故 B30=C29。

图 2-5 是 QAD 公司 ERP 软件 (本书默认 ERP 软件) 中某物料的 MRP 计划结果示意图，其中批量法则 FOQ(Fixed Order Quantity) 为定量批量法，相应的批量大小为 "订

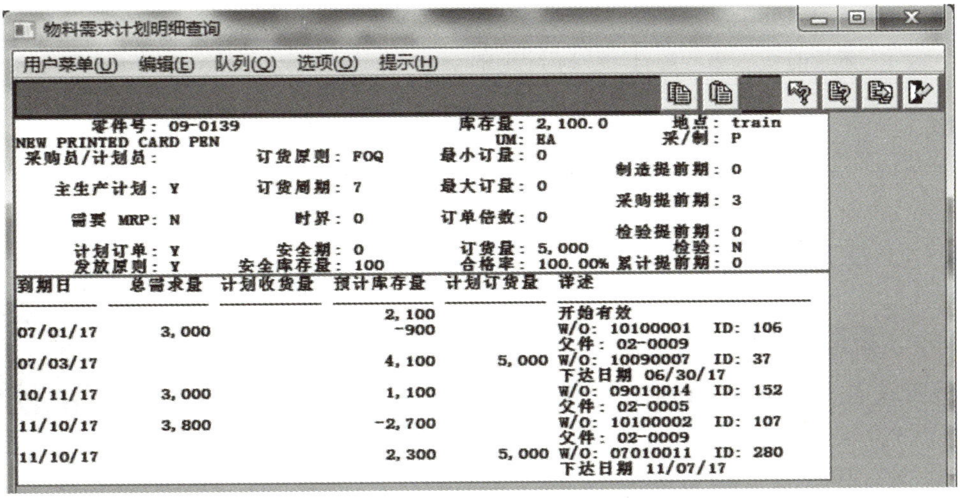

图 2-5　QAD 公司 ERP 软件中 MRP 物料的 MRP 计划结果示意图 (FOQ 法则)

货量"指示的 5000。本图需要注意几点：① 系统当前日期为 2017 年 7 月 1 日，周六；② 7 月 1 日的毛需求 3000 可理解为父件 02-0009 的 POR(逾期) 所致逾期毛需求，需纳入 7 月 3 日的第一期来处理；③ 7 月 1 日第一次 "–900" 的 "预计库存量" 实质对应该期 POH，周六的该 POH 应由 7 月 3 日的周一工作日处理，相应 7 月 3 日 "4100" 的 "预计库存量" 实质对应该期 PAB；④ 对于 11 月 10 日，"–2700" 的 "预计库存量" 实质为 POH(11/10)，而考虑了 "5000" 计划订单 PORC(11/10) 补充之后的 "2300" 的 "预计库存量" 实质为 PAB(11/10)，所以同一日期多行显示的 "预计库存量" 实际上指代不同 MRP 处理逻辑的关键变量。

第二节　静态批量法则与动态批量法则

实际环境中需求往往是不稳定的，决定批量时应该考虑到未来需求。表 2-7 介绍了九种 MRP 实用批量法则，前五种方法静态批量法分为定量的和定期的；后四种为动态批量法。因物料各自特性不同，适用的批量方法也不同，在选择合适批量法则时应比较各种法则总成本并尽量选择较低者。本节将使用一个案例来描述各种批量方法。案例已知条件为：每次订购活动成本 S 为 10 元，材料单位成本 C 为 2.08 元，年库存持有成本率 I 为 20%，每期时段长度为周，年工作时间为 52 周，1 至 12 期毛需求见表 2-8 中 GR 一栏，没有在途量。由此可计算出：12 期毛需求之和等于 1780，每期平均毛需求约等于 148.3，单位物料的每期库存持有成本为 CI/52=(2.08×20%) 元 /52=0.008 元。总成本计算公式如下：

总成本 = 总订购次数 × 每次订购成本 + 各期 PAB 之和 × 每期持有成本　　　(2-9)

表 2-7　MRP 批量法则分类

静态批量法则					动态批量法则			
定量的			定期的		最低单位成本法	最低总成本法	量期平衡法	瞻前顾后法
逐批法	定量批量法	经济订购量法	定期评估法	定期批量法				

一、静态批量法则

（一）逐批法 LFL

逐批法 (Lot-for-Lot，LFL) 使每期计划订单量与该期净需求相等，适用于单价较高的物料或订货生产环境。例子参见表 2-8。图 2-6 是 QAD 公司 ERP 软件中 LFL 法计算结果示意图。

视频讲解

表 2-8　LFL 批量法

A(LT=2)	OH=	300	AL=	0	SS=	30	Yield=	100%	LSR=	LFL		
Periods	**0**	**1**	**2**	**3**	**4**	**5**	**6**	**7**	**8**	**9**	**10**	**11**	**12**
GR	0	120	130	160	150	120	130	300	160	140	130	120	120
SR	0	0	0										
POH		180	50	−110	−120	−90	−100	−270	−130	−110	−100	−90	−90
PAB		180	50	30	30	30	30	30	30	30	30	30	30
NR		0	0	140	150	120	130	300	160	140	130	120	120
PORC		0	0	140	150	120	130	300	160	140	130	120	120
POR	0	140	150	120	130	300	160	140	130	120	120	0	0

```
物料需求计划明细查询
用户菜单(U)  编辑(E)  队列(Q)  选项(O)  提示(H)

    零件号: 10-0040        库存量: 2,080.0      地点: train
GLUE                                    UM: GM     采/制: P
采购员/计划员: LD    订货原则: LFL    最小订量: 1,000
  主生产计划: N      订货周期: 7      最大订量: 0      制造提前期: 0
    备耗 MRP: Y      时间: 0          订单倍数: 0      采购提前期: 5
  计划订单: Y        安全时间: 0                       检验提前期: 0
  投放原则: N        安全库存量: 100  合格率: 100.00%  累计提前期: 5

到期日      总需求量   计划收货量  预计库存量  计划订货量   详述
                                    2,080              开始有效
11/10/17    3,800                  -1,720            W/O: 10100002  ID: 107
                                                      父件: 02-0009
11/10/17                100         1,820           W/O: 08010013  ID: 376
                                                      下达日期 11/03/17
12/26/17    8,500                  -8,400            W/O: 08010002  ID: 364
                                                      父件: 02-0009
12/26/17    1,500                  -9,900            W/O: 07010002  ID: 339
                                                      父件: 02-0009
12/26/17                1,500      -8,400            W/O: 08010014  ID: 377
                                                      下达日期 12/21/17
12/26/17                100         8,500           W/O: 08010015  ID: 378
                                                      下达日期 12/21/17
```

图 2-6　QAD 公司 ERP 软件中 LFL 批量法则的计算结果示意图

（二）定量批量法 FOQ

若某期间出现净需求，定量批量法 FOQ 将计划订单的订单量定为某一依经验事先决定的量或其倍数，该法适用于受生产条件 (如一炉装载量)、运输或包装限制的情形。其例见表 2-9，由公式 (2-9) 可得总成本为 4×10+2800×0.008 = 62.4。图 2-5 为 FOQ 法计算结果。

表 2-9　FOQ 批量法

A(LT=2)	OH=	300	AL=	0	SS=	30	Yield=	100%	LSR=	FOQ	LS=	400
Periods	**0**	**1**	**2**	**3**	**4**	**5**	**6**	**7**	**8**	**9**	**10**	**11**	**12**
GR	0	120	130	160	150	120	130	300	160	140	130	120	120
SR	0	0	0										
POH		180	50	−110	140	20	290	−10	230	90	−40	240	120
PAB		180	50	290	140	420	290	390	230	90	360	240	120
NR		0	0	140	0	10	0	40	0	0	70	0	0
PORC		0	0	400	0	400	0	400	0	0	400	0	0
POR	0	400	0	400	0	400	0	0	400	0	0	0	0

（三）经济订购量法 EOQ

经济订购量法 (Economic Order Quantity，EOQ) 是一个订购量等于 EOQ 或其倍数的定量批量法，即 LS=INT(EOQ)，INT 为取整函数。年度使用量 U 由 GR 平均需求乘 52 周得来：(1780/12)×52=7713，EOQ=SQR(2×S×U/(C×I))=SQR(2×10×7713/(2.08×20%))=608.96，LS 取整后即得 LS=INT(608.96)=608。详细案例见表 2-10，总成本为 3552×0.008+3×10=58.42。注意：① 此例表明 EOQ 的使用并不能保证总成本最低，但有助于确定较合理的 LS 值；② 鉴于 EOQ 法与 FOQ 法除所定基准批量的大小不同外没有其他差别，即两种法则在 MRP 计算逻辑中所涉参数是一样的，故许多 ERP 软件中只有 FOQ 法而无需 EOQ 法，参见图 2-7。

表 2-10　EOQ 批量法

A(LT=2)	OH=	300	AL=	0	SS=	30	Yield=	100%	LSR=	EOQ	LS=	608	
Periods	**0**	**1**	**2**	**3**	**4**	**5**	**6**	**7**	**8**	**9**	**10**	**11**	**12**
GR	0	120	130	160	150	120	130	300	160	140	130	120	120
SR	0	0	0										
POH		180	50	−110	348	228	98	−202	246	106	−24	464	344
PAB		180	50	498	348	228	98	406	246	106	584	464	344
NR		0	0	140	0	0	0	232	0	0	54	0	0
PORC		0	0	608	0	0	0	608	0	0	608	0	0
POR	0	608	0	0	0	608	0	0	608	0	0	0	0

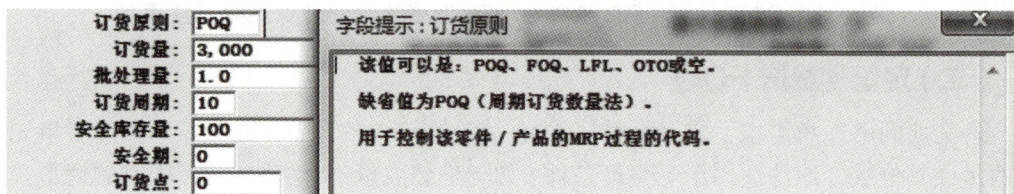

订货原则：	POQ
订货量：	3,000
批处理量：	1.0
订货周期：	10
安全库存量：	100
安全期：	0
订货点：	0

字段提示：订货原则

该值可以是：POQ、FOQ、LFL、OTO或空。

缺省值为POQ（周期订货数量法）。

用于控制该零件／产品的MRP过程的代码.

图 2-7　QAD 公司 ERP 软件中订货原则/批量法则的设定值

（四）定期批量法 POQ

定期批量法 (Periodic Order Quantity，POQ) 由定期评估法 (Periodic Review System，PRS) 演绎而来，PRS 法的批量大小等于订购时距 N 个时段内的毛需求之和，而 POQ 法的批量大小等于 N 个时段内净需求之和，常取 N = ROUND(EOQ/每期平均毛需求)，ROUND 为四舍五入函数。

视频讲解

注意：若当期 PORC 正好等于当期净需求，则该期 PAB 将正好等于安全库存 SS；随后各期毛需求除以良品率就是各期的净需求，故 N 期净需求之和等于当期净需求再加上其后 N−1 期毛需求之和除以良品率。如 PORC(3) = NR(3) + [GR(4) + GR(5) + GR(6)]/Yield = 140 + (150 + 120 + 130)/100% = 540。POQ 法则 Excel 范例见表 2-11，总成本为 48.08。图 2-8 是 POQ 批量法则的计算结果示意图。查询结果上半部分"订货周期" 40

天即为 N，而对 t =2017 年 10 月 11 日，PAB$(t-1)$ = 1000，POH(t) = 1000 + 0 − 3000 = −2000，NR(t) = [500−(−2000)]/100% = 2500，PORC(t) = NR(t) + [GR$(t + 1)$ + ⋯ + GR$(t + 39)$]/100% = 2500 + [3000 + 3000]/100% = 8500。

　　注意：上述几种静态的批量法则都可以编写成公式，进而可以直接写入 MRP 逻辑的开发程序；但是后续几种动态批量法则难以简单地编写成公式，所以许多 ERP 软件并未涵盖动态批量法则。此外，从信息系统角度来看，EOQ 法则和 FOQ 法则仅仅是批量大小有异，其属性设置无异，可以仅仅设置一个批量大小 LS 的属性，如图 2-8 中的"订货量"属性。

表 2-11　POQ 批量法

A(LT=2)	OH=	300	AL=	0	SS=	30	Yield=	100%	LSR=	POQ	N=	4
Periods	**0**	**1**	**2**	**3**	**4**	**5**	**6**	**7**	**8**	**9**	**10**	**11**	**12**
GR	0	120	130	160	150	120	130	300	160	140	130	120	120
SR	0	0	0										
POH		180	50	−110	280	160	30	−270	300	160	30	−90	30
PAB		180	50	430	280	160	30	460	300	160	30	150	30
NR		0	0	140	0	0	0	300	0	0	0	120	0
PORC		0	540	0	0	0	730	0	0	0	240	0
POR	0	540	0	0	0	730	0	0	0	240	0	0	0

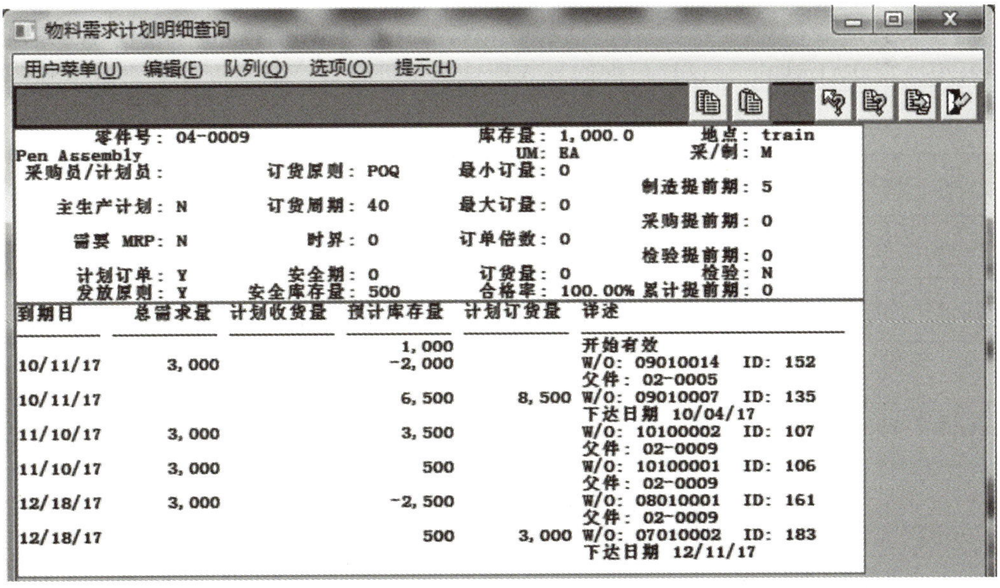

图 2-8　QAD 公司 ERP 软件中 POQ 批量法则的计算结果示意图

　　事实上，上述PORC的计算公式还不是最严谨。若后面N−1期中又出现SR非零信息，则该 N−1 期净需求应进一步调整为 N−1 期毛需求之和减去 N−1 期在途量之和后的值再除以良品率。这种不断严谨化的相关管理逻辑的实现过程对应的是 ERP 软件不断打补丁升级的过程。

● 二、动态批量法则

（一）最低单位成本批量法 LUC

最低单位成本批量法 (Least Unit Cost，LUC) 是一种动态批量法则，在某期出现净需求时，它将每一个试算批量的订购成本与存货持有成本相加后除以试算批量即得单位成本，以单位成本最低为标准来决定

视频讲解

批量大小。LUC 法的详细计算步骤为：① 确定首个试算期别/时刻 (即首个 NR＞0 期别) 和对应该时刻的各个试算批量；② 确定每个试算批量中每个对应满足某期 GR 的补充数量 (即表中"该期 GR") 相对于试算时刻的库存时间；③ 计算每个试算批量中每个"该期 GR"由库存时间引发的库存成本；④ 将上一步计算得出的"该期 GR"库存成本累加即可得到对应各试算批量的库存成本；⑤ 将各试算批量的库存成本加上一次订购成本即可得到各试算批量的总成本；⑥ 将各试算批量的总成本除以各自试算批量即可得对应各试算批量的单位成本；⑦ 选出其中最小的单位成本，它所对应的试算批量即为这个试算期别/时刻的 PORC；⑧ 运行 MRP 逻辑，直至又出现某期 NR＞0，重复第①至第⑦步，如此循环直至期末。LUC 案例见表 2-12 ～表 2-15，总成本为 2310×0.008+3×10=48.48。其中有些数据可能因四舍五入而显示有偏差。为避免四舍五入的显示有时难以直观地确定最低单位成本，故"最低单位成本"对应的单元格最好输入 MIN 函数，如 B20=MIN(E19:N19)。随后确定应选择的批量时输入判断函数，如在 E20 输入"=IF(E19=B20，E14，"")"，并将该公式复制给 F20 ～ N20。最后在将选定的试算批量返回给 ROPC 时，输入以下查找函数，如在 E9 单元格输入"=VLOOKUP(B20，E19:N20，2，FALSE)"，这样可准确导入所选批量。

表 2-12　LUC 批量法

A(LT=2)	OH=	300	AL=	0	SS=	30	Yield=	100%	LSR=	LUC		
Periods	**0**	**1**	**2**	**3**	**4**	**5**	**6**	**7**	**8**	**9**	**10**	**11**	**12**
GR	0	120	130	160	150	120	130	300	160	140	130	120	120
SR	0	0											
POH		180	50	−110	300	180	50	−250	190	50	−80	170	50
PAB		180	50	450	300	180	50	350	190	50	290	170	50
NR		0	0	140	0	0	0	280	0	0	110	0	0
PORC		0	0	560	0	0	0	600	0	0	370	0	0
POR	0	560	0	0	0	600	0	0	370	0	0	0	0

表 2-13 LUC 批量试算一

Periods	0	1	2	3	4	5	6	7	8	9	10	11	12
GR	0	120	130	160	150	120	130	300	160	140	130	120	120
试算批量				160	310	430	560	860	1020	1160	1290	1410	1530
该期 GR 的库存时间				0	1	2	3	4	5	6	7	8	9
该期 GR 的库存成本				0	1.2	1.92	3.12	9.6	6.4	6.72	7.28	7.68	8.64
试算批量的库存成本				0	1.2	3.12	6.24	15.84	22.24	28.96	36.24	43.92	52.6
总成本				10	11.2	13.12	16.24	25.84	32.24	38.96	46.24	53.92	62.6
单位成本				0.06	0.04	0.031	0.029	0.03	0.032	0.034	0.036	0.038	0.04
最低单位成本	0.029	选批量					560						

表 2-14 LUC 批量试算二

Periods		7	8	9	10	11	12
GR		300	160	140	130	120	120
试算批量		300	460	600	730	850	970
该期 GR 的库存时间		0	1	2	3	4	5
该期 GR 的库存成本		0	1.28	2.24	3.12	3.84	4.8
试算批量的库存成本		0	1.28	3.52	6.64	10.48	15.28
总成本		10	11.28	13.52	16.64	20.48	25.28
单位成本		0.03	0.025	0.0225	0.0228	0.024	0.026
最低单位成本	0.0225			600			

表 2-15 LUC 批量试算三

Periods		10	11	12
GR		130	120	120
试算批量		130	250	370
该期 GR 的库存时间		0	1	2
该期 GR 的库存成本		0	0.96	1.92
试算批量的库存成本		0	0.96	2.88
总成本		10	10.96	12.88
单位成本		0.0769	0.044	0.0348
最低单位成本	0.0348			370

（二）最低总成本批量法 LTC

最低总成本批量法 (Least Total Cost，LTC) 是另一种动态批量方法，其订购量的计算是将不同试算批量的订购成本与库存持有成本相比较，并选择两者最接近的试算批量为订购批量。因 LTC 法的详细计算逻辑步骤与 LUC 法类似，故不再详述。整个 LTC 的案例参见表 2-16 ～表 2-18，总成本为 2820×0.008+3×10=52.56。其中，因第三次批量试算时只剩下最后一期 GR，故直接取 PORC(12)=GR(12)=120。注意：对比表 2-17 与表 2-13、表 2-18 与表 2-14 可发现 LTC 法结果与 LUC 法结果有时相同有时又不同，这是因为两者逻辑毕竟不同。

表 2-16　LTC 批量法

A(LT=2)	OH=	300	AL=	0	SS=	30	Yield=	100%	LSR=	LTC		
Periods	**0**	**1**	**2**	**3**	**4**	**5**	**6**	**7**	**8**	**9**	**10**	**11**	**12**
GR	0	120	130	160	150	120	130	300	160	140	130	120	120
SR	0	0	0										
POH		180	50	−110	300	180	50	−250	440	300	170	50	−70
PAB		180	50	450	300	180	50	600	440	300	170	50	50
NR		0	0	140	0	0	0	280	0	0	0	0	100
PORC		0	0	560	0	0	0	850	0	0	0	0	120
POR	0	560	0	0	0	850	0	0	0	0	120	0	0

表 2-17　LTC 批量试算一

Periods	**0**	**1**	**2**	**3**	**4**	**5**	**6**	**7**	**8**	**9**	**10**	**11**	**12**
GR	0	120	130	160	150	120	130	300	160	140	130	120	120
试算批量				160	310	430	560	860	1020	1160	1290	1410	1530
该期 GR 的库存时间				0	1	2	3	4	5	6	7	8	9
该期 GR 的库存成本				0	1.2	1.92	3.12	9.6	6.4	6.72	7.28	7.68	8.64
试算批量的库存成本				0	1.2	3.12	6.24	15.84	22.24	28.96	36.24	43.92	52.56
订购成本				10	10	10	10	10	10	10	10	10	10
绝对偏差				10	8.8	6.88	3.76	5.84	12.24	18.96	26.24	33.92	42.56
最小偏差	3.76	选批量				560							

表 2-18　LTC 批量试算二

Periods	0	1	2	3	4	5	6	7	8	9	10	11	12
GR	0	120	130	160	150	120	130	300	160	140	130	120	120
试算批量								300	460	600	730	850	970
该期 GR 的库存时间								0	1	2	3	4	5
该期 GR 的库存成本								0	1.28	2.24	3.12	3.84	4.8
试算批量的库存成本								0	1.28	3.52	6.64	10.48	15.28
订购成本								10	10	10	10	10	10
绝对偏差								10	8.72	6.48	3.36	0.48	5.28
最小偏差	0.48	选批量										850	

（三）量期平衡批量法 PPB

量期平衡批量法 (Part Period Balancing，PPB) 是一种动态批量法则，其订购量的计算是将不同试算批量的累积量期与经济量期相比较并选择两者最接近的试算批量为订购批量。其中，量期 (part-period) 既是一种计量单位，又是考察库存的一个角度。作为计量单位的"量期"= 量 × 期；从考察库存角度出发，"量期"是指某数量的物料与其库存时间的乘积。经济量期 (Economic Part Period，EPP) 是一个特定数值，该数量的物料被储存一期的库存持有成本正好等于订购成本 S，即 EPP=订购成本/单位物料的每期库存持有成本。此处，EPP=10/0.008=1250。整个 PPB 案例见表 2-19～表 2-21，总成本为 2820×0.008+3×10=52.56。PPB 法与 LTC 法结果完全相同，差别在于是否乘以 0.008，因此两种法则逻辑实质相同。

表 2-19　PPB 批量法

A(LT=2)	OH=	300	AL=	0	SS=	30	Yield=	100%	LSR=	PPB	EPP=	1250	
Periods	0	1	2	3	4	5	6	7	8	9	10	11	12
GR	0	120	130	160	150	120	130	300	160	140	130	120	120
SR	0	0	0										
POH		180	50	−110	300	180	50	−250	440	300	170	50	−70
PAB		180	50	450	300	180	50	600	440	300	170	50	50
NR		0	0	140	0	0	0	280	0	0	0	0	100
PORC		0	0	560	0	0	0	850	0	0	0	0	120
POR	0	560	0	0	0	850	0	0	0	0	120	0	0

表 2-20　PPB 批量试算一

Periods	0	1	2	3	4	5	6	7	8	9	10	11	12
GR	0	120	130	160	150	120	130	300	160	140	130	120	120
试算批量				160	310	430	560	860	1020	1160	1290	1410	1530
该期 GR 的库存时间				0	1	2	3	4	5	6	7	8	9
该期 GR 的量期				0	150	240	390	1200	800	840	910	960	1080
累积量期				0	150	390	780	1980	2780	3620	4530	5490	6570
EPP				1250	1250	1250	1250	1250	1250	1250	1250	1250	1250
绝对偏差				1250	1100	860	470	730	1530	2370	3280	4240	5320
最小偏差	470	选批量					560						

表 2-21　PPB 批量试算二

Periods	0	1	2	3	4	5	6	7	8	9	10	11	12
GR	0	120	130	160	150	120	130	300	160	140	130	120	120
试算批量								300	460	600	730	850	970
该期 GR 的库存时间								0	1	2	3	4	5
该期 GR 的量期								0	160	280	390	480	600
累积量期								0	160	440	830	1310	1910
EPP								1250	1250	1250	1250	1250	1250
绝对偏差								1250	1090	810	420	60	660
最小偏差	60	选批量										850	

（四）瞻前顾后法 LALB

瞻前顾后法 (Look-ahead/Look-back，LALB) 是在 PPB 法基础上再调整以求改进排程的批量法则，即依据 PPB 法选出 PORC 订购批量后先不要确定，再考虑是否应将该订购批量涵盖期之外最近一期毛需求包含进来，或是否应将该订购批量涵盖的最后一期毛需求剔除掉，然后再决定最佳批量。也就是说：利用瞻前顾后法找出累计量期最接近 EPP 的期别后，估计该期别的当期毛需求和下一期毛需求对成本的影响，借此评估将它们记入此批量中是否符合经济效益。其理论依据是"局部最优往往不是全局最优"。该法则可以预防因涵盖后期高峰需求而造成太多存货长期滞留仓库，或预防需求低迷时发单频率过高。此处省略中间思考过程，只将瞻前顾后法的最后结果列入表 2-22 中，其总成本为 3420×0.008+2×10=47.36。事实上，这个结果是本例的真正最优解，它验证了"局部最优往往不是全局最优"。

视频讲解

表 2-22 LALB 批量法

A(LT=2)	OH=	300	AL=	0	SS=	30	Yield=	100%	LSR=	LALB			
Periods	**0**	**1**	**2**	**3**	**4**	**5**	**6**	**7**	**8**	**9**	10	11	12
GR	0	120	130	160	150	120	130	300	160	140	130	120	120
SR	0	0	0										
POH		180	50	−110	300	180	50	−250	560	420	290	170	50
PAB		180	50	450	300	180	50	720	560	420	290	170	50
NR		0	0	140	0	0	0	280	0	0	0	0	0
PORC		0	0	560	0	0	0	970	0	0	0	0	0
POR	0	560	0	0	0	970	0	0	0	0	0	0	

三、订货量的调整

九种批量法则的特性比较见表 2-23。其中，LFL 法可看成订购间距恒为 1。有时按某些批量法则确定的订货量只是一个基准量，还要考虑一些调整问题，参见表 2-24。

视频讲解

表 2-23 九种批量法则特性比较

批量法则	比 较 项 目	
	批量大小	订购间距
FOQ、EOQ	固定	可变
LFL、PRS、POQ	可变	固定
LUC、LTC、PPB、LALB	可变	可变

表 2-24 增量的倍数调整示意

增量倍数调整原则	最小订购量	需求量	实际订货量
倍数即是最小订购量	100	121	200
超出部分因需定量 (亦即倍数为最小单位 1)	100	121	121
按自设的倍数 (本例为 10) 增加	100	121	130

在 QAD 公司 ERP 软件中，LFL 和 POQ 法可能涉及最小订购量和增量的倍数调整问题。最小订购量的调整不用多说，表 2-24 显示了需求量大于最小订购量时增量的倍数调整还有三种情况。事实上，涉及最小订购量和增量倍数调整原则符合"倍数即是最小订购量"的 LFL 法就是 FOQ 法则；而涉及最小订购量和增量倍数调整原则符合"超出部分因需定量"的 LFL 法就是最小订购量法。注意：以上是批量法则的基础知识，各 ERP 软件中可能有所变化；实际应用时，操作人员需仔细研究手头 ERP 软件的开发/

应用手册，理解各个属性的真实含义及其对 MRP 逻辑流程实现的影响。此外，为应对物料部分自制、部分外包/采购情况，也可在 ERP 软件改进中对任何批量法则都允许调整最小值和倍数。如物料 A 自制时因工艺要求需用 FOQ 法则 (LS 为 20)；若企业自制能力是 100，并且外包/采购供应商要求订购量为 50 的倍数，则可将 A 的 LS 设为 20、最小订购量设为期望自制量 (供不应求时设 100 以求满负荷运转)、倍数需设为 50。若企业正常情况下是外包/采购，只有供应不足时 (供应商最大供应能力 200) 才对超出部分进行自制，则可将 A 的 LS 设为 50、最小订购量设为期望外购量、倍数设为 20。如此批量法则才能适应更多种的实际业务需求。

　　库存计划管理人员都十分关注物资短缺问题，特别是在需求不确定时。安全库存是应对需求不确定而对预期需求增加的库存，其目的是在控制库存成本前提下尽量预防因库存物资短缺而导致的生产中断。是否会发生物资短属于概率问题，故此产生了计算安全库存的概率方法。该计算方法根据对库存物资需求量超过规定数量这一事件发生的概率来确定 SS，如某目标表述为 "建立适当安全库存以使得需求量超过 200 单位这一事件发生的概率仅为 5%"。因此，该方法是有关缺货概率 (次数) 的。假设某需求服从 $N(100，20)$ 正态分布，若每月一次性订购 100 且月初到货，则一年中将有 6 个月可能缺货 (即有 6 个月需求会超过 100)，缺货概率为 50%。若仍一次性订购 100 单位但提前一些时间订货，使得当库存降至 20 单位时所订货物就入库，这就建立了相当于一个标准差大小的安全库存，查正态分布表可求得需求被满足概率为 0.8413(=0.5+0.3413)，缺货概率降至约 16%。若需建立缺货概率仅 5% 的安全库存，则意味着应建立 1.64 个标准差的安全库存，此为 33 个单位 (1.64×20=32.8)。需要注意的是：这并不是说我们每月应额外订购 33 单位货物，而是每次仍订购一个月使用量 100，但应安排好接收计划以便补充到货时仓库仍有 33 单位的库存。这种情况下每年大约只有 0.6 个月会缺货或 20 个月中仅有 1 个月发生短缺。再强调一次：安全库存是可被使用的库存。此外，库存计划管理人员也非常关注短缺的数量大小，这将引发求解安全库存 SS 的服务水平方法，该服务水平是指可以立刻用现有库存来满足需求的数量百分比。例如：若对某物资需求量为 1000 单位，则 95% 的服务水平意味着 950 单位的该物资可以立即从库存中得到满足，而短缺数量是 50 单位。应用服务水平方法求解安全库存时需区分定量定货模型与定期订货模型，这部分的具体计算方法详情参见 2020 年田军和刘正刚主编的《企业资源计划 (ERP)(第二版)》。

第三节　冲销时间与安全时间

一、冲销时间

　　冲销时间 (Offset Time，OT)，有些 ERP 软件称为 Lead Time Offset，它是材料表 BOM 中的一个属性。有时，某材料在制造某种父

视频讲解

件时需分散在不同时段使用，为避免占用资金或浪费仓储空间，该材料需分批进货，此时需在描述该父子关系的材料表中定义了多个 OT 值，其目的是使该父件的同一计划订单发出 POR(t) 产生该子件多个的毛需求 GR(t)，进而衍生出该子件的多笔 PORC(t) 及 POR(t)。例如，盖房时地基和每个楼层都使用相同钢筋，为避免积压可分多批采购到位，此时需在以房子为父件的 BOM 表中列出多笔钢筋子件资料，每笔设置不同的冲销时间。注意：因实际业务中既存在部分需求延后的可能，也存在部分需求提前的可能，所以 OT 是一个可正亦可负的属性。OT 为正，表示该子件在父件开始生产后延迟 OT 时间才需要到达；OT 为负，表示该子件在父件开始生产之前提前 OT 时间就需要到达。

（一）冲销时间 OT 的引例

盖房时每个楼层都要用到相同钢筋，但无须一开始就把所有钢筋购入，此处决定开始和期中分两批采购到位。假设采购钢筋提前期 1 个月，建房提前期 6 个月。若 8 月底需交付 2 栋楼房，最迟应于 2=(8-6) 月底下达开工指令。这时，将需要各一半钢筋分别于 2 月底和 5 月底采购到位；相应地，最迟应于 1 月底和 4 月底下达采购计划才能保证钢筋及时采购到位。用表格的规范形式表示冲销时间的影响，可以参见表 2-25～表 2-27。

表 2-25　材料主文件 IM 的基本属性

件号	提前期 LT	安全库存	批量法则	最小订购量	倍数 BS	良品率
房子 A	6 个月	0	LFL	1	1	100%
钢筋 B	1 个月	20	LFL	200	1	100%

表 2-26　材料表 BOM 的基本属性

父件件号	子件件号	序号	单位用量	损耗率	冲销时间
房子 A	钢筋 B	10	200	0	0
房子 A	钢筋 B	20	200	0	3

表 2-27　冲销时间示例

房子 A	Past	OH=0	AL=0	SS=0	LSR=LFL	MIN=1	BS=1	Y=1	LT=6
Periods	**0**	**1**	**2**	**3**	**4**	**5**	**6**	**7**	**8**
In.Dmd.	0	0	0	0	0	0	0	0	0
GR	0	0	0	0	0	0	0	0	2
SR	0	0							
POH		0	0	0	0	0	0	0	-2
PAB		0	0	0	0	0	0	0	0
NR		0	0	0	0	0	0	0	2
PORC		0	0	0	0	0	0	0	2
POR	0	0	2	0	0	0	0	0	0

钢筋 B	Past	OH=50	AL=0	SS=20	LSR=LFL	MIN=200	BS=1	Y=1	LT=1
Periods	**0**	**1**	**2**	**3**	**4**	**5**	**6**	**7**	**8**
In.Dmd.	0	0	0	0	0	0	0	0	0
GR	0	0	**400**	0	0	**400**	0	0	0
SR	0	0							
POH		50	−350	20	20	−380	20	20	20
PAB		50	20	20	20	20	20	20	20
NR		0	370	0	0	400	0	0	0
PORC		0	370	0	0	400	0	0	0
POR	0	370	0	0	400	0	0	0	0

（二）OT 对 MRP 基本工作逻辑流程图的影响分析及处理策略

冲销时间 OT 属物料间相互关系，故应在处理物料间相互关系的 GR 逻辑步骤中处理，所以 OT 对 MRP 基本工作逻辑的影响是在原 GR 步骤中增加考虑 OT 因素，见图 2-9。

> 将 (n−1) 阶各物料 i 各时段（即 t 从逾期 0 至计划期间 T）的计划订单发出 $POR_i(t)$ 经单阶 BOM 展开（即乘以相应单位用量），得出所有 n 阶各物料 j 各时段的毛需求 $GR_j(t)$。
> 注意：此时可考虑各物料 j 各期的独立需求以及相应 BOM 中的损耗率和冲销时间。

图 2-9 冲销时间对 MRP 基本工作逻辑的影响（仅修改步骤 GR 内容）

（三）OT 对 MRP 基本运算逻辑的影响分析及处理策略

OT 对基本运算逻辑的影响通过 GR 计算公式的改进即可完成，改进如下：

$$GR_j(t)=\begin{cases} \sum_{i=1}^{m}\sum_{k=1}^{n_{ij}}\dfrac{\left(\sum_{l=0}^{-OT_{ijk}}POR_i(l)\right)\times QP_{ijk}}{1-Scraprate_{ijk}}+In.dmd_j(0) & t=0 \\[2em] \sum_{i=1}^{m}\sum_{k=1}^{n_{ij}}\dfrac{POR_i(1-OT_{ijk})\times QP_{ijk}}{1-Scraprate_{ijk}}+In.dmd_j(1)+GR_j(0) & t=1 \\[2em] \sum_{i=1}^{m}\sum_{k=1}^{n_{ij}}\dfrac{POR_i(t-OT_{ijk})\times QP_{ijk}}{1-Scraprate_{ijk}}+In.dmd_j(t) & 2\leqslant t\leqslant T \end{cases} \quad (2\text{-}10)$$

式中：$GR_j(t)$ 为物料 j 在 t 时段的毛需求；m 为物料 j 所有直接父件 i 的总个数；$POR_i(t)$ 为父件 i 在 t 时段的计划订单发出；n_{ij} 为父件 i 中 j 的冲销时间个数；OT_{ijk} 为父件 i 中子件 j 第 k 个冲销时间的数值，k=1，2，⋯，n_{ij}；QP_{ijk} 为父件 i 中对应子件 j 第 k 个冲销时间的单位用量，k=1，2，⋯，n_{ij}；$Scraprate_{ijk}$ 为父件 i 中对应子件 j 第 k 个冲销时间的损耗率，$k=1$，2，$\cdots$，n_{ij}；$\text{In.dmd}_j(t)$ 为子件 j 在 t 时段的独立需求；T 为计划期间。

注： 若某 OT_{ijk} 为正，将导致 $-\text{OT}_{ijk}$ 为负，相应 $\text{GR}_j(0)$ 计算公式中的 $\sum \text{POR}_i(l)$ 不用再计算，直接等于 0；计算过程中出现未定义的值都默认为 0，如 $\text{POR}_i(-1)$ 为 0；溢出计划期间的值都不考虑。

（四）冲销时间 OT 案例

已知：父件 A 和 B 的 POR 数据见表 2-28；它们与子件 C 的相互关系属性见表 2-29；子件 C 独立需求数据见表 2-30；子件 C 的材料主文件中的主要基本属性见表 2-31；C 的库存状态信息 OH、AL 和各期 SR 参见表 2-32。求子件 C 的毛需求。

视频讲解

表 2-28　已知的父件 POR

期别	0	1	2	3	4	5	6
A 的	100	300	0	200	0	100	0
B 的	50	200	300	0	100	200	0

表 2-29　材料表 BOM 的基本属性

父件	子件	序号	QP	OT	损耗率
A	C	10	2	0	0
A	C	20	1	1	0
A	C	30	2	2	0
B	C	10	2	0	0
B	C	20	1	−1	0

表 2-30　物料 C 的独立需求数据

期别	0	1	2	3	4	5	6
In.Dmd.	100	100	100	0	0	0	0

表 2-31　C 的材料主文件中的基本属性

件号	LT	SS	LSR	LS	良品率
C	2 期	100	FOQ	1000	100%

解 由已知条件可知：j 指 C；i 指 A 和 B；$m=2$；$n_{AC}=3$，$n_{BC}=2$，$\text{QP}_{AC1}=2$，$\text{OT}_{AC1}=0$；$\text{QP}_{AC2}=1$，$\text{OT}_{AC2}=1$；$\text{QP}_{AC3}=2$，$\text{OT}_{AC3}=2$；$\text{QP}_{BC1}=2$，$\text{OT}_{BC1}=0$；$\text{QP}_{BC2}=1$，$\text{OT}_{BC2}=-1$；所有损耗率 Scraprate_{ijk} 都为 0。依上文 OT 分析及 GR 改进公式 (2-16)，可顺利得出 C 的 MRP 运算结果，见表 2-32。其中，GR 详细求解过程请参见表 2-33 和其下前两期 GR 公式的代入过程。**特别注意：** "冲销时间"属性在不同 ERP 软件中可能有不同的称谓(尤其是翻译版本)，有时正负含义也可能与此处定义正好相反，需认真理解所用 ERP 软件中相关字段注释。如国外的 SAP 公司和 QAD 公司汉化版本将冲销时间属性称为"提前

期偏置量"或"提前期余量";中国的用友公司、金蝶公司和鼎捷公司将之称为"偏置期""提前期偏置"或"投料间距";大多数软件中该类属性正负含义与本书相同。

表 2-32　子件 C 的 MRP 运算结果

C(LT=2)	OH=	500	SS=	100	LS=	1000	AL=	300
Periods	**0**	**1**	**2**	**3**	**4**	**5**	**6**	
In.Dmd.	100	100	100	0	0	0	0	
GR	$650_{(1)}$	$2150_{(2)}$	$1200_{(3)}$	$1100_{(4)}$	$600_{(5)}$	$1000_{(6)}$	$100_{(7)}$	
SR	1000	1000						
POH		$50_{(8)}$	$-150_{(12)}$	$-250_{(16)}$	$150_{(20)}$	$-850_{(24)}$	$50_{(28)}$	
PAB		$1050_{(11)}$	$850_{(15)}$	$750_{(19)}$	$150_{(23)}$	$150_{(27)}$	$1050_{(31)}$	
NR		$50_{(9)}$	$250_{(13)}$	$350_{(17)}$	$0_{(21)}$	$950_{(25)}$	$50_{(29)}$	
PORC		$1000_{(10)}$	$1000_{(14)}$	$1000_{(18)}$	$0_{(22)}$	$1000_{(26)}$	$1000_{(30)}$	
POR	$2000_{(32)}$	$1000_{(33)}$	$0_{(34)}$	$1000_{(35)}$	$1000_{(36)}$	$0_{(37)}$	$0_{(38)}$	

注：下标括号内数字代表运算步骤顺序。

表 2-33　子件 C 的 GR 计算解析

GR 来源	期　　别						
	0	1	2	3	4	5	6
$QP_{AC1}=2$，$OT_{AC1}=0$	200	600	0	400	0	200	0
$QP_{AC2}=1$，$OT_{AC2}=1$		100	300	0	200	0	100
$QP_{AC3}=2$，$OT_{AC3}=2$		0	200	600	0	400	0
$QP_{BC1}=2$，$OT_{BC1}=0$	100	400	600	0	200	400	0
$QP_{BC2}=1$，$OT_{BC2}=-1$	50+200	300	0	100	200	0	
Σ（相关需求总和）	550	1400	1100	1100	600	1000	
In.dmd$_C$(t)	100	100	100	0	0	0	
GR(t)	650	2150	1200	1100	600	1000	

$$GR_C(0) = \sum_{l=0}^{0} POR_A(l) \times QP_{AC1} + \sum_{l=0}^{-1} POR_A(l) \times QP_{AC2} + \sum_{l=0}^{-2} POR_A(l) \times QP_{AC3} +$$

$$\sum_{l=0}^{0} POR_B(l) \times QP_{BC1} + \sum_{l=0}^{-(-1)} POR_B(l) \times QP_{BC2} + In.dmd_C(0)$$

$$= POR_A(0) \times QP_{AC1} + 0 + 0 + POR_B(0) \times QP_{BC1} + (POR_B(0) + POR_B(1)) \times QP_{BC2} + In.dmd_c(0)$$

$$= 100 \times 2 + 0 + 0 + 50 \times 2 + (50 \times 1 + 200 \times 1) + 100$$

$$= 650$$

$$
\begin{aligned}
GR_C(1) &= POR_A(1-OT_{AC1})\times QP_{AC1} + POR_A(1-OT_{AC2})\times QP_{AC2} + POR_A(1-OT_{AC3})\times QP_{AC3} + \\
&\quad POR_B(1-OT_{BC1})\times QP_{BC1} + POR_B(1-OT_{BC2})\times QP_{BC2} + In.dmd_C(1) + GR_C(0) \\
&= POR_A(1-0)\times QP_{AC1} + POR_A(1-1)\times QP_{AC2} + POR_A(1-2)\times QP_{AC3} + \\
&\quad POR_B(1-0)\times QP_{BC1} + POR_B(1-(-1))\times QP_{BC2} + In.dmd_C(1) + GR_C(0) \\
&= POR_A(1)\times QP_{AC1} + POR_A(0)\times QP_{AC2} + 0 + POR_B(1)\times QP_{BC1} + POR_B(2)\times QP_{BC2} + 100 + 650 \\
&= 300\times 2 + 100\times 1 + 0 + 200\times 2 + 300\times 1 + 100 + 650 = 2150
\end{aligned}
$$

QAD 公司 ERP 软件中与冲销时间类似的“提前期余量”案例见图 2-10 至图 2-11。图 2-10 显示在父件 02-0009 的 BOM 中维护了两笔单位用量和提前期余量均不同的 04-0009 子件记录 (另需“参考”和“工序”做区分)。图 2-11 显示父件 02-0009 一个 1800 的 POR 数据 (W/O 号和 ID 号均同) 所引发的两笔子件 04-0009 的 GR 数据 (分别对应 POR 当期和延迟 2 天)。

视频讲解

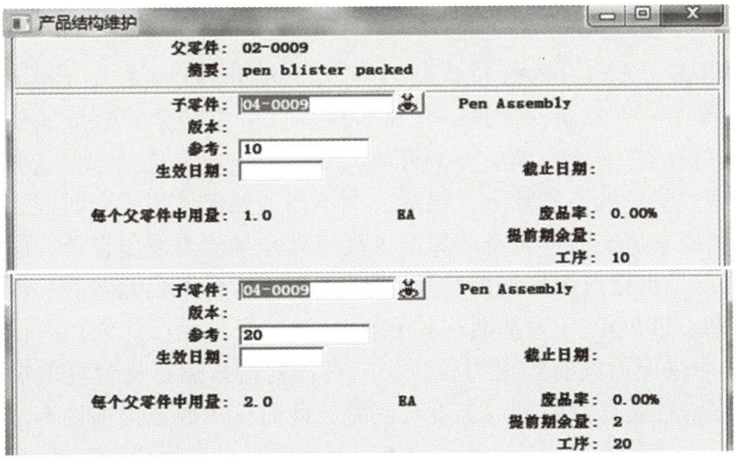

图 2-10　父件 02-0009 中维护子件 04-0009 两笔记录

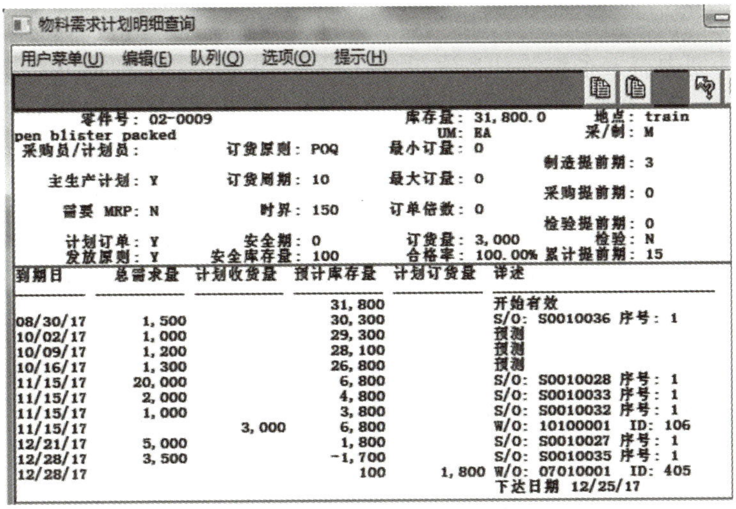

到期日	总需求量	计划收货量	预计库存量	计划订货量	详述
			31,800		开始有效
08/30/17	1,500		30,300		S/O: S0010036 序号: 1
10/02/17	1,000		29,300		预测
10/09/17	1,200		28,100		预测
10/16/17	1,300		26,800		预测
11/15/17	20,000		6,800		S/O: S0010028 序号: 1
11/15/17	2,000		4,800		S/O: S0010033 序号: 1
11/15/17	1,000		3,800		S/O: S0010032 序号: 1
11/15/17		3,000	6,800		W/O: 10100001 ID: 106
12/21/17	5,000		1,800		S/O: S0010027 序号: 1
12/28/17	3,500		-1,700		S/O: S0010035 序号: 1
12/28/17			100	1,800	W/O: 07010001 ID: 405 下达日期 12/25/17

图 2-11　子件 04-0009 不同提前期余量 (对应父件 02-0009) 的 MRP 结果

```
零件号: 04-0009                              库存量: 1,000.0        地点: train
Pen Assembly                                      UM: EA           采/制: M
采购员/计划员:              订货原则: LFL     最小订量: 0
                                                                  制造提前期: 5
  主生产计划: N             订货周期: 40     最大订量: 0
                                                                  采购提前期: 0
   需要 MRP: N               时界: 0        订单倍数: 0
                                                                  检验提前期: 0
   计划订单: Y             安全期: 0         订货量: 0             检验: N
   发放原则: Y           安全库存量: 500     合格率: 100.00%    累计提前期: 11
到期日        总需求量    计划收货量    预计库存量    计划订货量   详述
                                           1,000                开始有效
12/25/17     1,800                         -800                 W/O: 07010001   ID: 405
                                                                 父件: 02-0009
12/25/17                        500                    1,300    W/O: 07010002   ID: 406
                                                                 下达日期 12/18/17
12/27/17     3,600                        -3,100                W/O: 07010001   ID: 405
                                                                 父件: 02-0009
12/27/17                        500                    3,600    W/O: 07010011   ID: 414
                                                                 下达日期 12/20/17
```

图 2-11　子件 04-0009 不同提前期余量（对应父件 02-0009）的 MRP 结果（续）

二、安全时间

安全时间 (Safety Time，ST) 是将 MRP 逻辑各期 PORC(t+LT) 及相应 POR(t) 同时提前的一个非负时间值，用来保障在实际交货期超过原定前置时间的情况下仍能在需要日期前交割订单，其目的主要就是减少供货商迟交对生产所造成的影响。实际上，很多公司不知道如何使用安全时间，当自己的供应商经常迟交时，自身的第一个反应就是早一点发出订单，即将 POR 日期提前，也相当于增加提前期 LT。然而，这样做是无效的，因为供应商是以约定的交货日期（即 PORC) 为基准在其 ERP 系统中安排生产计划，而作为自身发单提示日期的 POR 对供应商没有约束力和意义。在提前期数据本身合理的情况下，供应商经常迟交的原因往往是自身管理或态度有问题。此时仅用放宽提前期方法来应对迟交问题根本无效，反而会陷入"迟交—延长 LT—还是迟交—再延长 LT—还是迟交"的恶性循环中，亦"前置时间并发症"。

前置时间 LT 必然是越短越好，因为这样才能最大限度地保持资源的弹性。举例来说：某月初 MRP 计划中有一个油漆任务需油漆工最晚 10 号完工（即 PORC 期别为 10)，油漆工正常完成该工作需 5 天（即 LT 为 5)，则管理人员下达这个任务日期最晚是 5 号（即相应 POR 期别为 5)，这样油漆工可用 6 至 10 号五天完成任务。但若现在油漆工正常完成该工作只需 3 天（即 LT 减至 3)，则管理人员下达这个任务日期最晚是 7 号（即相应 POR 期别为 7)，油漆工仅用 8 至 10 号三天即可完成任务，而油漆工 6 号和 7 号两天由"被占用"变为"空闲"，可以响应其他合适的新任务，这也就意味着资源具备了更大的弹性。所以，任何企业管理者应尽力缩短各种前置时间，这是企业获得竞争优势的法宝之一。

正确的安全时间使用方法是将配套的 POR 和 PORC 同时提前，也就是将与供应商约定的订单交货日期定在企业内部真正需要的日期之前，供应商不知企业内部实际需求日期，企业的催料人员也以这个提前的交货日期来催料，如此才可能暂时解决供应商交货延迟问题。之所以说"暂时解决"，是因为企业与各供应商之间应该建立相互信任的伙伴关系，使用安全时间的做法实在是不得已的权宜之计。若供应商迟交，企业则应辅导其改善，待问题解决之后，再将安全时间归为 0；若辅导后仍无法改善，则应更换更合格的供应商。

（一）ST 对 MRP 基本工作逻辑的影响分析及处理策略

当今，许多 ERP 软件将安全时间 ST 属性设置在材料主文件中，即将其作为物料自身属性之一。从上文对安全时间 ST 的应用分析来看，正确处理 ST 的策略应该为 "MRP 逻辑运算后再依 ST 调整计划订单 POR/PORC"，即在某 MRP 物料从 GR(0) 到 POR(T) 的所有计算全部结束之后，再直接依据该物料 ST 值单独调整各期 POR 和 PORC 数据。因此，ST 对 MRP 基本工作逻辑流程图的影响仅仅是在原图 2-3 中增加了一个判断调整步骤，见图 2-12。

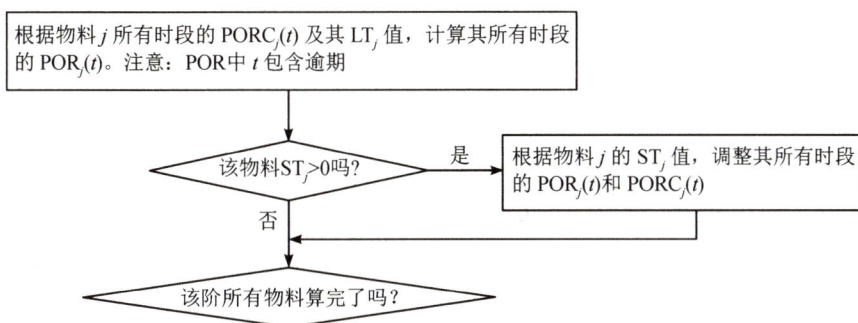

图 2-12　安全时间 ST 对 MRP 基本工作逻辑流程图的影响

注意：有些文献中的 "自身 PORC 逻辑计算中处理 ST 值"，即 PORC(t)=IF (NR(t+ST)>0, {NR(t+ST), 0)，以及 "由父件 POR 数据计算自身 GR 数据时处理 ST 值" 策略，如 "系统执行 MRP 时，以上阶件号计划定单的预定开工日视为下阶件号之毛需求日，但当下阶件号设有 ST 时毛需求日会提前 ST，在计算本阶计划定单时就会提前预订发单日及预订交货日"[叶宏谟, 2001]，都是错误的：① 前者错在 MRP 计划除了开始时 GR 和结束时 POR 是一次计算所有期别数据外，中间始终按照 {POH(t)→NR(t)→PORC(t)→PAB(t)} 顺序一期一期循环计算，不可能在 PORC(t) 还未计算出来时就知道因 ST 正值而滞后的 NR(t+ST) 的数据，这将形成死循环；② 后者错在 ST 值不属于物料间相互关系，不应该在主要是处理物料间相互关系的 GR 逻辑步骤中处理，这可能出错，参见表 2-34 和表 2-35 对比案例[刘正刚, 2005]。由于依据 ST 调整而导致逾期的 600 个毛需求在 MRP 程序运行时会自动并入第 1 期中，故 GR(1) 变为 700；而这在 MRP 自动算完全部步骤后将使实际 PORC/POR 结果与预想依据 ST 调整的 PORC/POR 结果不同。因此，上述安全时间 ST 的调整策略均不够严谨。

表 2-34　安全时间为零的子件 B 的 MRP 报表

Part=B	Past	OH=600	LT=2	SS=	0	AL=0	LS=	400	ST=0
Periods	**0**	**1**	**2**	**3**	**4**	**5**	**6**	**7**	**8**
In.Dmd.									
GR	0	600	100	800	0	500	400	400	400
SR	0	0	400						

续表

Part=B	Past	OH=600	LT=2	SS=	0	AL=0	LS=	400	ST=0
POH		0	300	−500	0	−500	−400	−400	−400
PAB		0	300	0	0	0	0	0	0
NR		0	0	500	0	500	400	400	400
PORC		0	0	500	0	500	400	400	400
POR	0	500	0	500	400	400	400	0	0

表 2-35　安全时间为 1 期的子件 B 的 MRP 报表

Part=B	Past	OH=600	LT=2	SS=	0	AL=0	LS=	400	ST=1
Periods	**0**	**1**	**2**	**3**	**4**	**5**	**6**	**7**	**8**
In.Dmd.									
GR 前移	600	100	800	0	500	400	400	400	0
GR▲	600	700	800	0	500	400	400	400	0
SR	0	0	400						
POH		−100	−100	300	−200	−200	−200	−200	200
PAB		300	300	300	200	200	200	200	200
NR		100	100	0	200	200	200	200	0
PORC		400	400	0	400	400	400	400	0
POR	800	0	400	400	400	400	0	0	0
PORC#		0	500	0	500	400	400	400	0
POR#	500	0	500	400	400	400	0	0	0

注：带 ▲ 的为根据 ST 调整后系统将自动计算出的实际结果，带 # 的为 ST 调整后所期望的计划订单结果。

（二）ST 对 MRP 基本运算逻辑的影响分析及处理策略

由图 2-12 可知，ST 对基本运算逻辑的影响就是如何将该调整步骤用公式来表达。若以 "PORC#" 和 "POR#" 分别表示调整后的 PORC 和 POR，则此时表格中显示的 PORC/POR 实际上就是这调整之后的 $PORC^{\#}$ 和 $POR^{\#}$。

$$PORC_j^{\#}(t)=\begin{cases} \text{空} & t=0 \\ PORC_j(t+ST_j) & 1\leqslant t\leqslant T-ST_j \\ 0 & T-LT_j<t\leqslant T \end{cases}$$

$$POR_j^{\#}(t)=\begin{cases} \sum_{t=0}^{ST_j}POR_j(t) & t=0 \\ POR_j(t+ST_j) & 1\leqslant t\leqslant T-ST_j \\ 0 & T-LT_j<t\leqslant T \end{cases}$$

注意：上述依据安全时间 ST 的调整本来会出现一个新值——$PORC_j$(逾期)$^{\#}$，但由于其值与原 POR_j(逾期) 正值含义相同，没有任何新价值，所以舍弃该值 (即令其为空)。$POR_j^{\#}(t)$ 各期 (包括逾期) 的含义与原有 $POR_j(t)$ 各期完全相同，而且公式也非常相似，此处就不再举例讲解。只有按照上述安全时间 ST 的处理逻辑，才能既保证所有变量原有正确运算逻辑的计算，又保证安全时间内涵的实现。这种"逻辑运算后再依 ST 调整计划订单 POR/PORC"的 ST 处理策略"基本上"是正确的。

（三）建议 ST 处理新策略

上述安全时间 ST 的处理策略虽然"基本上"是正确的，但可能还有一点考虑不周：现有大多 ERP 软件供应商将安全时间 ST 属性设定在材料主文件中，这意味着一个物料某时刻只能有一个 ST 值，其隐含假定就是该物料的供货情况不因供应商而异。实际上，一个物料可能因各种原因需要从多个供应商处采购，并且其中大多数能够正常供货，只有极个别供应商有迟交倾向，此时在材料主文件中设定唯一 ST 值并按照上述策略处理显然并不恰当。为解决这一问题，应该考虑将安全时间这一直接跟供应商相关的非负属性设定在采购管理中以物料 (件号) 为类别的厂商的采购基本资料里，正如某物料对应不同的供应商可能有不同的采购单价或数量 / 折扣属性。此时，若某物料的某个供应商有延迟倾向，可在采购管理的采购基本资料中将该物料对应的该厂商的 ST 值设为一个正值。此时对安全时间 ST 值的处理思路如下：首先，在 MRP 逻辑中不再直接处理 ST 值，而只对采购管理的采购基本资料中搜索到有 ST 正值的物料给出警示信号，将其附在采购物料的计划订单 PORC/POR 中并发送到采购管理部门；然后，执行相关事务的人员在采购发单作业时，对附有警示信号的计划订单 PORC/POR 应该特别关注，发单时尽量将订单分配给正常供应商，不得已时才将 (剩余部分) 订单分配给有 ST 正值的供应商，此时再将 (剩余部分) 订单的交货日期提前相应 ST 值；最后，(最迟) 在提前了 ST 值的相应发单时刻，将 (剩余部分) 订单发送给该 ST 对应的供应商，其中交货日期也已经提前了 ST 值。以上对安全时间 ST 值处理的新策略归纳起来就是：MRP 逻辑中不再直接处理 ST 值；而在采购发单作业时，才对可能分配给有 ST 正值供应商的 (剩余部分) 订单的交货日期提前相应 ST 值。特别注意：此时 MRP 基本工作逻辑和运算逻辑中都不再处理安全时间 ST 值。

（四）安全时间 ST 的 MRP 软件结果示例

安全时间ST的MRP对比结果参见图2-13和图2-14。原PORC (12/20)和配套POR(12/15) 的"W/O 07010003"与"ID423"，在 ST 改为 1 天之后调整为 PORC(12/19) 和配套 POR(12/14)。

视频讲解

图 2-13　未设置安全时间 ST(此处"安全期"=0) 时的 MRP 结果

图 2-14　仅修改安全时间 ST(此处"安全期"=1) 后的 MRP 结果

无论是安全时间原处理策略的"暂时解决"方案注重相互帮扶以巩固伙伴间的信任关系，还是新建议策略的深化原理的创新，都契合习近平新时代中国特色社会主义经济思想，尤其是其中创新和协调的新发展理念。习近平总书记强调："创新是引领发展的第一动力，协调是持续健康发展的内在要求，……"软件属性的提炼及其处理逻辑的创新是 ERP 系统不断跟随企业信息化管理的精细化发展而进化的关键，安全时间属性正是体现企业与供应商之间的协调管理，而协调管理的不断深化与创新是趋向开放模式的ERP 系统越来越智能的关键，亦是发展数字经济甚至数智经济的关键。

第四节　MRP 服务业案例与服务需求计划

一、MRP 服务业案例

（一）MRP 服务业案例原型

由于 MRP 实质是一种简化的网络计划法，所以它不仅可以运用于制造业，也完全可以应用于服务业。以下是一个机场航空服务的案例，请特别关注运用至服务业时有哪些特别之处。

视频讲解

当飞机抵达国际机场时，地面导引车会引导飞机固定在指定的登记口，而在飞机停留期内，机场服务公司将进行机坪服务及座舱服务。机坪服务包括洗手间的清理及燃料的补给等；而座舱服务则包含了餐点的准备及垃圾的清除等。图 2-15所示为简化后的航空服务流程。

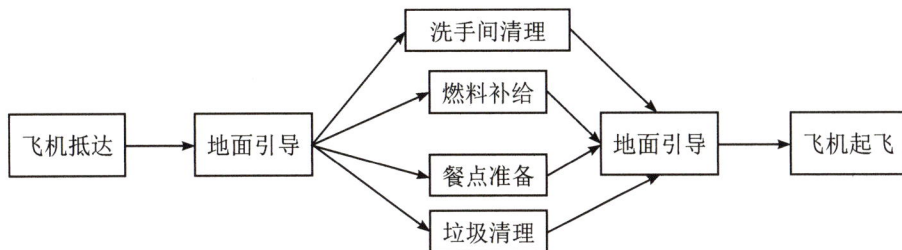

图 2-15 简化的航空服务流程图

因为飞机的抵达及起飞的时间/时刻是已经安排好的，因此地面引导作业时间也必须于事先定好的时刻进行，而其他的作业时间则可以安排在如图 2-16 所示的最早开始时间 (Earliest Start Time，EST) 和最迟开始时间 (Latest Start Time，LST) 之间进行。

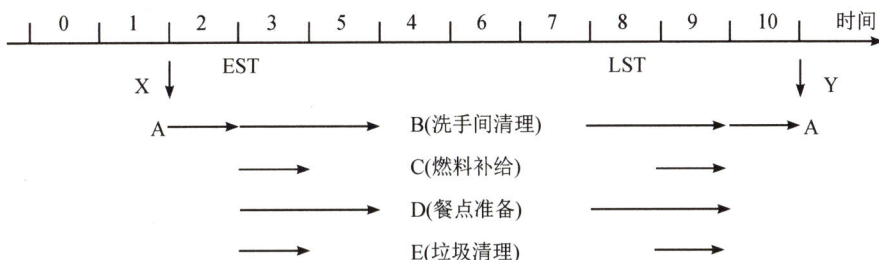

图 2-16 简化的航空服务排程

正如在制造业中将材料属性建立在材料主文件中一样，同样可将航空服务作业属性建立在如表 2-36 所示的"服务作业主文件"中。其中，飞机抵达 (X) 和飞机起飞 (Y) 为独立需求，正如制造业中完成品的独立需求一样，因为它们对应的都是时刻点，故前置时间均为 0。

表 2-36 服务作业主文件

件号	X	Y	A	B	C	D	E
作业名称	飞机抵达	飞机起飞	地面引导	洗手间清理	燃料补给	餐点准备	垃圾清理
前置时间	0	0	1	2	1	2	1

图 2-17 为案例的服务结构，类似于制造业产品的产品结构。注意：地面引导作业是由飞机起飞和抵达引发的服务，所以 A 既是 X 的子件，又是 Y 的子件。

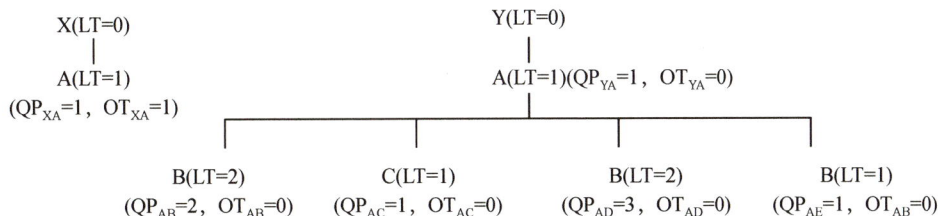

图 2-17 航空服务的服务结构图

一个产品结构由多个材料表 BOM 构成，一个服务结构同样也由多个服务表 (Bill of Service) 构成，见表 2-37。注意：① 因 MRP 为保留资源弹性，而只考虑最迟开工时间和最迟完工时间，并以最迟完工日期为时间基准倒排计划，所以 B、C、D、E 应皆为 Y 下阶 A 的子件，而不是 X 下阶 A 的子件；② 由于 X 子件 A 的需求在 X 需求时刻之

表 2-37　航空服务作业的服务表

父件	X	Y	A			
子件	A	A	B	C	D	E
序号	10	10	10	20	30	40
单位用量	1	1	2	1	3	1
冲销时间	1	0	0	0	0	0

后，故应设置相应 $O_{TXA}=1$；③ 此处单位用量是指进行服务时需同时使用的设备或人员。就 MRP 系统而言，服务表即材料表 BOM，二者在运用上并无不同。

因为直接面向客户的柜台服务或窗口服务无法存货，只有等客户到来时才可发生，所以这类服务业的 MRP 逻辑计算无须考虑安全库存 SS 和库存信息 OH、AL 与 SR，而批量法则必定为 LFL。此处 Y 的 LT=0，所以一架客机时段 10（末）起飞的独立需求"In. $dmd_Y(10)=1$"必然会得出将引发下阶相关需求的"$POR_Y(10)=1$"，参见表 2-38。特别注意：假设时段 9 是指 (8:15–8:20] 且时段 10 是指 (8:20–8:25]，一个 8 点 20 分起飞的 Y 事件应该放在时段 9。而飞机到达 X 事件的计算与 Y 事件类似，此处不再赘述。

表 2-38　Y 的 MRP 逻辑运算

Y(LT=0)	OH=	0	AL=	0	SS=	0	LSR=	LFL			
Periods	**0**	**1**	**2**	**3**	**4**	**5**	**6**	**7**	**8**	**9**	**10**
In.Dmd.	0	0	0	0	0	0	0	0	0	0	1
GR	0	0	0	0	0	0	0	0	0	0	1
POH		0	0	0	0	0	0	0	0	0	−1
PAB		0	0	0	0	0	0	0	0	0	0
NR		0	0	0	0	0	0	0	0	0	1
PORC		0	0	0	0	0	0	0	0	0	1
POR	0	0	0	0	0	0	0	0	0	0	1

现假设该机场只有一架客机预计在时段 1（末）抵达并在时段 10（末）起飞，时段长度为 5 分钟，则类似上表可得出相应 X 和 Y 的 POR 数据，见表 2-39。

表 2-39　预设航班的 POR（摘自 MPS)

Periods	0	1	2	3	4	5	6	7	8	9	10
X		1									
Y											1

根据表 2-39 数据，并运用已知 MRP 静态逻辑，就可以计算出下阶相关需求计划，其结果参见表 2-40。注意：因为只考虑相关需求，故舍弃了独立需求一栏；因服务没有在途量，故而舍弃了 SR 一栏。表 2-40 中，B 的"POR(7)=2"及对应"PORC(9)=2"表明：为应对飞机起飞前的引导活动，最迟需在第 7 期期末下达使用两组人员和设备立

即进行洗手间清理的指令，这样第 8 期期初开始清理活动，最迟至第 9 期期末结束，耗时 2 期。其他数据的含义与此类似。对照图 2-16 简化的航空服务排程，可以更好地理解以上内容。

（二）服务业的工作需求显示特性

由于直接面向客户的服务活动的提供和享用是同时发生，因此表 2-40 所示的这种服务需求的显示方法很容易让服务人员忽略某些该做的工作。比如：若将 B 的"PORC(8)=POR(8)=0"理解为无需安排人员服务，无疑将导致工作上的疏忽。为避免这种问题的发生，服务业需要采用另外一种更为醒目的服务需求显示方式，即希望在各个单位时段空格内都应明确地标注需不需要服务人员/设备以及需要多少服务人员/设备，如果某个(组)人员的值班时间跨越了多个时段，则希望在其中每个时段都显示相应的值班服务人员/设备名单。这样，服务计划管理人员更方便安排人员/设备班次，而且服务人员自身也更容易正确理解自己的工作安排。为适应服务业这种特性，需对 MRP 数据、运算和报表显示适当调整，形成服务需求计划。

表 2-40　航空服务作业的 MRP 报表

Periods	0	1	2	3	4	5	6	7	8	9	10
A(LT=1)	OH=	0	AL=	0	SS=	0	LSR=	LFL			
GR	0	0	1	0	0	0	0	0	0	0	1
POH		0	−1	0	0	0	0	0	0	0	−1
PAB		0	0	0	0	0	0	0	0	0	0
NR		0	1	0	0	0	0	0	0	0	1
PORC		0	1	0	0	0	0	0	0	0	1
POR	0	1	0	0	0	0	0	0	0	1	0
B(LT=2)	OH=	0	AL=	0	SS=	0	LSR=	LFL			
GR	0	0	0	0	0	0	0	0	0	2	0
POH		0	0	0	0	0	0	0	0	−2	0
PAB		0	0	0	0	0	0	0	0	0	0
NR		0	0	0	0	0	0	0	0	2	0
PORC		0	0	0	0	0	0	0	0	2	0
POR	0	0	0	0	0	0	2	0	0	0	0
C(LT=1)	OH=	0	AL=	0	SS=	0	LSR=	LFL			
GR	0	0	0	0	0	0	0	0	0	1	0
POH		0	0	0	0	0	0	0	0	−1	0
PAB		0	0	0	0	0	0	0	0	0	0
NR		0	0	0	0	0	0	0	0	1	0
PORC		0	0	0	0	0	0	0	0	1	0
POR	0	0	0	0	0	0	0	0	1	0	0

Periods	0	1	2	3	4	5	6	7	8	9	10
D(LT=2)	OH=	0	AL=	0	SS=	0	LSR=	LFL			
GR	0	0	0	0	0	0	0	0	0	3	0
POH		0	0	0	0	0	0	0	0	-3	0
PAB		0	0	0	0	0	0	0	0	0	0
NR		0	0	0	0	0	0	0	0	3	0
PORC		0	0	0	0	0	0	0	0	3	0
POR	0	0	0	0	0	0	0	3	0	0	0
E(LT=1)	OH=	0	AL=	0	SS=	0	LSR=	LFL			
GR	0	0	0	0	0	0	0	0	0	1	0
POH		0	0	0	0	0	0	0	0	-1	0
PAB		0	0	0	0	0	0	0	0	0	0
NR		0	0	0	0	0	0	0	0	1	0
PORC		0	0	0	0	0	0	0	0	1	0
POR	0	0	0	0	0	0	0	0	1	0	0

二、服务需求计划

（一）服务需求计划属性及其取值的合理调整

在服务需求计划中，因服务的提供和享用是同时的，所以需要将 PORC 和 POR 统一起来并重新命名为新术语"服务"；其含义类似于 PORC，即"立即需要提供以便满足当期需求 GR 的服务"。比如："服务 (3)=2"意味着第 3 期需要 2 组人员和设备进行服务以满足客户的相关需求。要将 PORC/POR 统一，就必须将相应服务活动的前置时间都设置为 0。这样，不仅 PORC 与 POR 的期别和数据能够完全对应，而且这样两者的内涵才能真正转变为"服务"。这时，原来通过设置 LT 值来表示服务活动持续 1 个或多个时段的内涵必须通过另一种方法来表达，而这种方法就是借助于 OT 值的合理设置，参见表 2-41、表 2-42 和图 2-18。

视频讲解

表 2-41　服务需求计划相应的服务作业主文件

件号	X	Y	A	B	C	D	E
作业名称	飞机抵达	飞机起飞	地面引导	洗手间清理	燃料补给	餐点准备	垃圾清理
前置时间	0	0	0	0	0	0	0

表 2-42　服务需求计划相应的航空服务作业的服务表

父件	X	Y	A					
子件	A	A	B	B	C	D	D	E
序号	10	10	10	20	30	40	50	60
单位用量	1	1	2	2	1	3	3	1
冲销时间	1	0	-1	-2	-1	-1	-2	-1

```
X(LT=0)                              Y(LT=0)
   |                                    |
A(LT=0)  (QP_XA=1, OT_XA=1)         A(LT=0)  (QP_YA=1, OT_YA=0)
```

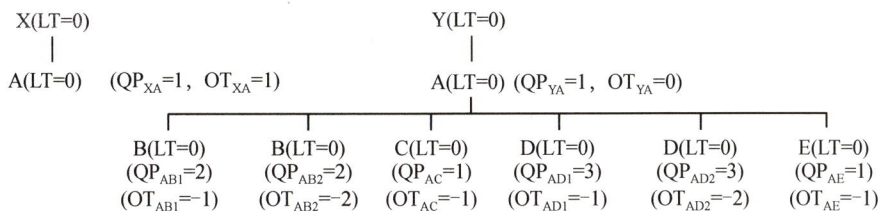

图2-18　服务需求计划相应的航空服务结构图

注意：对原 LT 值为 1 的子件，在做服务需求计划时，将其 LT 值修正为 0 后仅仅需要将相关 BOM 中该子件对应的 OT 值由 0 修正为 "–1" 即可。其原因有两点：① LT 值为 1 意味着该服务活动只持续 1 个时段，即不存在跨时段问题；② 在父件 POR 与 PORC 合并后，原本通过父件 POR 在其 PORC 基础上前移 1 期，来实现子件活动在父件活动开始之前就需要完成的意图，只能转化为通过在相关 BOM 中将该子件对应 OT 值由 0 修正为 "–1" 来实现。参见表 2-42 中的 "OT_AC=–1" 和 "OT_AE=–1"。

对原 LT 值大于 1 的子件，因其活动持续多个时段，故还需将原 BOM 中单笔父件与子件记录分解为多笔父件与子件记录并修正相关 OT 值。比如：将 B 的 LT 值由 2 转变为 0 之后，为体现作业 B 是作业 A 的紧前活动以及作业 B 自身持续 2 期的时间特性，需将原来 A 下单个子件 B 分解为冲销时间分别为 "–1" 和 "–2" 的两个子件 B，即原来一笔 "OT_AB=0" 的 A—B 记录，分为 "OT_AB1=–1" 和 "OT_AB2=–2" 的两笔 A—B 记录，相应的 QP_AB1=QP_AB2=2 则意味着两个时段都需要 2 组人员 / 设备。同样，如果某子件作业的 LT 值由 3 转变为 0，则需将原来的单笔 BOM 记录分解为 OT 值连续的 3 笔 BOM 记录。特别注意：表 2-43 中仅 OT_XA 和 OT_YA 保留原值，因为父件 X 和 Y 对应的是时刻点，而不是持续一段时间的活动，参见图 2-16。

由于直接面向客户的柜台服务或窗口服务无法库存，客户的毛需求 GR 就是净需求 NR，因此，除不用再考虑已有库存 OH、库存保留量 AL 和在途库存 SR 信息外，也可省略为方便求解 NR 而特设的中间库存状态变量 POH 和表明各期末预计库存数量的 PAB。这样，在 MRP 逻辑运算中，就完全可以省略 SR、POH、PAB 和 NR 四栏，并将 GR 和 NR 统称为 "需求"。

同样由于服务无法库存，决定补充数量的批量法则必为逐批法 LFL，相应各期服务（即原各期 PORC/POR）必定等于各期 NR，进而等于各期 GR，因此 MRP 逻辑运算只需保留 GR 和服务两个变量及其栏位即可。

（二）服务需求计划逻辑及其计算

如此简化之后的服务需求计划的工作逻辑和运算逻辑非常简单，只需注意由父件服务推导子件需求时同样按照前文 GR 公式处理 QP 和 OT 数值，最后服务需求计划结果见表 2-43。

表 2-43 中 B 的 "服务 (8)= 服务 (9)=2" 意味着第 8 期和第 9 期都需要两组人员 / 设备投入洗手间清理，其他数据的内涵也与图 2-16 简化航空服务排程对应的服务需求完全相同。再次提醒：X 和 Y 需标明时刻点，应该根据它们到底对应哪个时段末 / 中，将其放在适当期别中。

表 2-43　航空服务作业的服务需求计划

件号	期别	0	1	2	3	4	5	6	7	8	9	10
X	需求		1									
X	服务		1									
Y	需求											1
Y	服务											1
A	需求			1								1
A	服务			1								1
B	需求									2	2	
B	服务									2	2	
C	需求										1	
C	服务										1	
D	需求									3	3	
D	服务									3	3	
E	需求										1	
E	服务										1	

（三）服务需求计划案例说明

(1) 在服务需求计划中，不再强调“最迟开始时间”与“最迟结束时间”，而是强调这个时段内是否需要服务人员进行服务活动并且需要几个服务人员/设备进行服务。当然，对那些只对应某个时刻点的服务 (如此处的 X 与 Y)，需注意应将其设置在哪个时段最合理。

(2) 这个应用冲销时间的例子其实也是一个在能力有限情况下进行排程的 MRP 系统。需 2 个时段才能完成的洗手间清理作业 B，无论如何不能安排在一个时段中完成，故在引导作业 A 之下定义两个子件 B，其冲销时间分别为 −1 和 −2，这样就可达到有限能力下排程目的。

(3) 以上案例是假设只有一架飞机。在实际业务中，所有航班都会排入 MPS，再利用 MRP 逻辑计算所有服务作业的需求。MRP 计算出来的是最迟开始时间 (LST) 计划，而 ERP 系统的其他功能也能做出最早开始时间 (EST) 计划，管理者可以在 EST 及 LST 之间做调整，使整个排程计划的负荷及产量达到平衡。

(4) 本案例虽为服务业，但仍适用标准的企业资源规划系统，不需加以修改。其中，材料主文件相当于服务主文件，可以用来记录各项服务作业的属性；材料表对等于服务表，用于记录各项服务作业间的关系；主生产计划可用以记录最高阶服务作业的计划；根据服务需求规律可展开各阶服务作业的细节计划，计算的原则并无二致。

(5) 服务业要应用 MRP 或者更简单的服务需求计划时，要特别注意区分自身哪些活动符合此处所描绘的服务业特征，而自身又有哪些活动更符合制造业特征，以便更恰当地设置合理数值。比如：快餐行业中客户到来后的堂食窗口服务符合案例特征；而早早准备的买菜烧菜活动则更符合制造业特征，因此它们的采购数量肯定不适合采用 LFL 法则。

(6) 在表 2-43 中，由 X 导出的服务作业 A 在第 1 期的 POR 并没有进一步被展开为 B、C 等子件的 GR，而由 Y 导出的服务作业 A 在第 10 期的 POR 就进一步展开为 B、C 等子件的 GR，这是因为 X 下作业 A 并无子件，而 Y 下作业 A 有子件 B、C、D、E。MRP 程序如何具备这种"智能"呢？或者说 MRP 程序如何实现 X 下子件 A 不需要再展开至子件，而 Y 下子件 A 需要展开至 B、C、D、E 呢？这个关键问题将在详细讲解了基础数据材料主文件 IM 和材料表 BOM 之后再进行解答 (参见本书第六章)。

习　题

一、单选题

1. 计划订单收料 PORC 是指依据某种 (　　) 对净需求进行调整后在某期期末计划补充到位的物料数量。

(A) 批量法则 　　　　　　　　　(B) 安全库存
(C) 提前期 　　　　　　　　　　(D) 批量大小

2. 某物料的安全库存 SS=160；批量法则为定量批量法 FOQ，相应批量大小 LS=50；良品率 Yield 为 75%；现在已知第一期的毛需求 GR(1)=1100；第一期的在途量 SR(1)=600；第一期的预计在库量 POH(1)=100。那么第一期的净需求 NR(1)=(　　)。

(A) 80 　　　　　　　　　　　　(B) 0
(C) 60 　　　　　　　　　　　　(D) 100

3. 某物料的安全库存 SS=120；批量法则为定量批量法 FOQ，相应批量大小 LS=50；良品率 Yield 为 80%；现在已知第一期的预计在库量 POH(1)=100。那么 PORC(1)=(　　)。

(A) 50 　　　　　　　　　　　　(B) 0
(C) 20 　　　　　　　　　　　　(D) 25

4. 某物料提前期为 2 期，已知第 1 期预计在库量和预计可用量分别为 POH(1)=50 和 PAB(1)=150；第 1、2、3 期计划订单收料分别是 PORC(1)=100、PORC(2)=200 和 PORC(3)=250。那么逾期和第 1 期计划订单发出 POR(0) 和 POR(1) 分别是 (　　)。

(A) 300、250 　　　　　　　　　(B) 100、200
(C) 200、250 　　　　　　　　　(D) 300、450

5. 某物料的安全库存 SS=160；批量法则为定量批量法 FOQ，相应批量大小

LS=50；良品率 Yield 为 100%；现在已知第一期的预计在库量 POH(1)=100；第二期的毛需求 GR(2)=500；第二期的在途量 SR(2)=150。那么第二期的预计在库量 POH(2)=( )。

    (A) −150　　　　　　　　　　　　(B) −300

    (C) −190　　　　　　　　　　　　(D) −250

  6. 服务需求计划中因服务的提供和享用是同时的，因此需要将 ( ) 统一起来并重新命名为新术语"服务"；其含义类似于 ( )。

    (A) 计划订单收料 PORC 和计划订单发出 POR、计划订单收料 PORC

    (B) 预计在库量 POH 和预计可用量 PAB、预计在库量 POH

    (C) 预计在库量 POH 和预计可用量 PAB、预计可用量 PAB

    (D) 计划订单收料 PORC 和计划订单发出 POR、计划订单发出 POR

  7. 有时某材料在制造某种父件时需分散在不同时段使用，为避免占用资金或浪费仓储空间，该材料需分批进货，此时需在描述该父子关系的材料表中定义多个 ( )。

    (A) 冲销时间 OT　　　　　　　　(B) 安全时间 ST

    (C) 提前期 LT　　　　　　　　　(D) 前置时间 LT

  8. 正确的安全时间 (Safety Time，ST) 的使用方法是将 ( ) 提前。

    (A) 配套的 POR(t) 和 PORC(t+LT) 同时

    (B) 计划订单发出 POR(t) 数据

    (C) 计划订单收料 PORC(t+LT) 数据

    (D) 计划订单发出 PORC(t+LT) 数据

二、判断题

  1. ( ) 最终产品 A 由 B、C 和 D 制成，B 由 E 与 F 制成；另一最终产品 K 由 E、C 和 D 制成。则物料 A、B、C、D、E、F、K 的最低阶码依次为 0、1、1、1、2、2、0。

  2. ( ) 在 MRP 的基本运算逻辑中，计划订单发出 POR 的逾期量是计算得来的，若为正值表示 MRP 建议制造或采购的物料的可用时间少于预定的前置时间，管理者若不迅速发单、紧急采购或加班赶工，订单交付大多就会延误。

  3. ( ) 量期 (part-period) 既是一种计量单位，又是考察库存的一个角度。作为计量单位的"量期"= 量 × 期；从库存考察角度出发，"量期"是指某数量的物料与其库存时间的乘积。

  4. ( ) 在提前期 (LeadTime，LT) 数据本身合理的情况下，供应商经常迟交的原因往往是自身管理或态度有问题。此时仅用放宽提前期方法来应对迟交问题根本无效，反而陷入"迟交—延长 LT—还是迟交—再延长 LT—还是迟交"的恶性循环中，即陷入"前置时间并发症"中。

  5. ( ) 使用安全时间属性来解决供应商交货延迟问题只是"暂时方案"，因为企业与各供应商之间应建立相互信任的伙伴关系，使用安全时间的做法实在是不得已的权宜之计。

三、计算题

  1. 运用定期批量法 POQ 填写表 2-44，N 取 3 期。

表 2-44　静态批量法计算

C(LT=2)	OH=	500	SS=	100	AL=	360	Yield=	100%	LSR=	POQ	N=3 期
Periods	**0**	**1**	**2**	**3**	**4**	**5**	**6**	**7**	**8**	**9**	**10**
In.Dmd.	0	10	20	20	10	30	10	10	20	10	10
GR	300	1190	480	1180	370	1190	370	1170	380	370	370
SR	0	1200	0								
POH	X										
PAB	X										
NR	X										
PORC	X										
POR											

2. 已知每次订购活动成本为 10 元，材料单位成本为 2.08 元，年库存持有成本率为 20%，每期时段长度取为周，每单位物料的每期库存持有成本为 0.008 元/周。分别运用最低单位成本法和量期批量平衡法填写表 2-45 并计算订购总成本。

表 2-45　动态批量法计算

A(LT=1)	OH=	300	AL=	0	SS=	30	Yield=	100%	LSR=			
Periods	**0**	**1**	**2**	**3**	**4**	**5**	**6**	**7**	**8**	**9**	**10**	**11**	**12**
GR	0	150	140	160	150	140	130	250	160	150	130	130	120
SR	0	0	0										
POH	X												
PAB	X												
NR	X												
PORC	X												
POR													

3. 已知：父件 A 和 B 的 POR 数据见表 2-46；它们与子件 C 的相互关系属性见表 2-47；子件 C 独立需求数据见表 2-48；子件 C 的材料主文件中的主要基本属性见表 2-49；子件 C 的库存状态信息 OH、AL 和各期 SR 参见表 2-50。依照 MRP 静态逻辑模型进行计算并填写表 2-50，要求写出所有期别 GR 以及前两期其他栏的计算过程。

表 2-46　已知的父件 POR 数据

期别	0	1	2	3	4	5	6
A 的	50	200	0	200	0	100	0
B 的	100	100	100	0	100	200	0

表 2-47　材料表 BOM 的基本属性

父件	子件	序号	QP	OT	损耗率
A	C	10	1	0	0
A	C	20	2	1	0
A	C	30	1	2	0
B	C	10	2	0	0
B	C	20	1	−1	0

表 2-48　物料 C 的独立需求数据

期别	0	1	2	3	4	5	6
In.Dmd.	50	100	0	100	0	100	0

表 2-49　物料 C 的材料主文件中的基本属性

件号	LT	SS	LSR	LS	良品率
C	2 期	50	FOQ	600	100%

表 2-50　子件物料 C 的 MRP 报表

C(LT=2)	OH=	500	SS=	50	LS=	600	AL=	100
Periods	**0**	**1**	**2**	**3**	**4**	**5**	**6**	
In.Dmd.	50	100	0	100	0	100	0	
GR								
SR	600	600						
POH	X							
PAB	X							
NR	X							
PORC	X							
POR								

4. 根据以下 MRP 案例信息，针对不同批量法则填写 C21 单元格的公式内容。

	A	B	C	D	E	F	G	H	I	J	K	L	M	N
	C21													
14	A(LT=2)	OH=	300	AL=	0	SS=	30	Yield=	100%	LSR=		LS=	400	
15	Periods	0	1	2	3	4	5	6	7	8	9	10	11	12
16	GR	0	120	130	160	150	120	130	300	160	140	130	120	120
17	SR	0	0	0										
18	POH		180	50	−110	−260	−380	−510	−810	−970	−1110	−1240	−1360	−1480
19	PAB		180	50	−110	−260	−380	−510	−810	−970	−1110	−1240	−1360	−1480
20	NR		0	0	140	290	410	540	840	1000	1140	1270	1390	1510
21	PORC													
22	POR													

(1) 定量批量法则 FOQ，其中批量大小 LS 为 400。

(2) 定期批量法 POQ，其中 N 等于 4 期。

(3) 逐批法 LFL。

四、简答与思考题

1. 冲销时间对 MRP 基本逻辑模型的影响是什么，该影响说明了什么问题？

2. 安全时间对 MRP 基本逻辑模型的影响是什么，该影响说明了什么问题？

3. 简述在 ERP 软件中设置和应用冲销时间或安全时间两大属性的异同点，可从概念、目的、属性值、使用条件、影响变量等多个方面阐述。

4. 简述对于应该为不同供应商的供应物料设置不同安全时间的新建议，并为其构思出完整的处理策略以及相应的变量、流程和计算公式。

第三章　闭环式物料需求计划的滚动逻辑

本章要点

- 上次 MRP 计划后企业主要实际业务如何影响下次 MRP 计划的动态逻辑或滚动逻辑。
- MRP 的不安定性、化解它的溯源与固定计划订单技术以及重排计划建议功能。
- 闭环式 MRP 计划滚动式排程相关逻辑与功能的 Excel 仿真与 ERP 软件案例。
- 闭环式 MRP 系统运行方式和衍生活动。

第一节　闭环式物料需求计划的动态逻辑

物料需求计划 MRP 是定期被执行的滚动式排程。例如，假设某企业 MRP 系统的时段长度依行业特性取为周，计划期间 T 固定为 8 周，每周执行一次 MRP；若这次进行 MRP 计划时涵盖的是 2017 年 7 月 2 日至 2017 年 8 月 26 日的 8 周时间 (以星期天作为每周起点)，则下次 MRP 计划时实际涵盖的是 2017 年 7 月 9 日至 2017 年 9 月 2 日的 8 周时间。在滚动式排程模式下，前后两次 MRP 计划之间相应时段内企业各项实际业务执行情况的信息反馈都将影响后一次 MRP 计划，这正是图 1-8 所述闭环式 MRP 的主要发展之一。与编制一次 MRP 报表的 MRP 静态逻辑相对应，此处将有关编制前后两次 MRP 报表之间相互关联和影响的内容称为闭环式物料需求计划的动态逻辑或滚动逻辑。

参照上章 MRP 静态逻辑各个案例可以发现：除来自 MPS 的输入信息以及材料主文件和 BOM 中设置数据外，各个物料的库存状态信息 OH、AL 和 SR 也都作为已知条件之一。然而，实际业务中，除了系统初次实施时原始库存信息的录入和每次依实际库存盘点结果而直接调整了库存信息之外，每次 MRP 计划时各物料的多种库存状态信息都是建立在上次 MRP 计划资料基础上，结合该期间内实际业务并参照滚动逻辑形成的。故此处以库存状态信息为线索，通过案例讲解闭环式 MRP 的动态逻辑。

一、闭环式 MRP 第一次运作与第一周实际业务

闭环式 MRP 滚动逻辑很复杂，为此需先设定一些假设条件以便对案例进行简化。这些假设都有合理之处或有实务支持。在案例结尾处还

视频讲解

将对这些假设进行适当分析与解释。

（一）案例假设条件

(1) 系统计划期间为 12 周，计划时段为 1 周。

(2) MPS 物料的需求规划采用 MRP 逻辑，且前 4 期 GR 都仅取客户订单数量。

(3) 要求 POR 的正式发放和在途量 SR 的收货实现都必须由人工操作确认。

(4) 仅 POR(0) 和 POR(1) 被发放并转为下次计划的 SR，子件相应数量被保留。

(5) 只有在父件某期 SR 入库以补充 OH 的当期，才冲销原各子件相应部分的 AL。

（二）初始已知条件

相关初始已知条件如表 3-1 ～表 3-6 所示。

表 3-1　所有物料的材料主文件

件号	X	Y	A	B	C	D	E
前置时间 LT	1	1	2	2	3	2	2
安全库存 SS	150	100	0	0	0	0	0
批量法则	LFL	LFL	LFL	LFL	LFL	LFL	LFL
最小批量 MIN	400	180	180	800	800	400	600
增量 ZL	1	1	1	1	1	1	1
物料属性	MPS 物料	MPS 物料	MRP 物料	MRP 物料	MRP 物料	MRP 物料	MRP 物料

表 3-2　所有物料相关 BOM

父件	X	X	Y	Y	A	A	B
子件	B	C	A	C	B	E	D
单位用量	2	1	1	1	1	1	0.25

表 3-3　所有 MPS 物料的初始 GR 数量

期别	0	1	2	3	4	5	6	7	8	9	10	11	12
X	0	100	400	300	200	100	200	300	100	100	400	300	200
Y	0	100	200	100	200	100	200	100	200	100	200	100	200

表 3-4　所有 MRP 物料的初始独立需求

期别	0	1	2	3	4	5	6	7	8	9	10	11	12
C	0	10	10	10	10	10	10	10	10	10	10	10	10

表 3-5　所有物料的初始在途量

期别	物料						
	X	Y	A	B	C	D	E
第 1 期	400	180	0	800	800	400	600
其他所有期别	0	0	0	0	0	0	0

表 3-6　所有物料的初始在库量和保留量

物料	X	Y	A	B	C	D	E
初始在库量 OH	200	180	400	1200	1000	400	0
初始保留量 AL	0	0	180	800	580	200	0

注意：由假设条件 5 可知，在父件还没有验收入库时，子件的保留量不会被冲销掉，故表 3-6 中 AL 数据是由表 3-5 计算得来的。例如：子件 C 有父件 X 和 Y，故 $AL(C)=\sum SR(X)\times QP_{XC}+\sum SR(Y)\times QP_{YC}=400\times1+180\times1=580$。

（三）第一次 MRP 系统运作

现在可进行第一次 MRP 运作，得初始 MPS 和 MRP 报表，见表 3-7 和表 3-8。

表 3-7　初始（第一次）的 MPS 报表

Periods	Due	1	2	3	4	5	6	7	8	9	10	11	12
X(LT=1)	OH=	200	AL=	0	SS=	150	LSR=	LFL	MIN=	400	ZL=	1	
GR	0	100	400	300	200	100	200	300	100	100	400	300	200
SR	0	400	0										
POH		500	100	200	0	300	100	200	100	400	0	100	300
PAB		500	500	200	400	300	500	200	500	400	400	500	300
NR		0	50	0	150	0	50	0	50	0	150	50	0
PORC		0	400	0	400	0	400	0	400	0	400	400	0
POR	0	400	0	400	0	400	0	400	0	400	400	0	0
Y(LT=1)	OH=	180	AL=	0	SS=	100	LSR=	LFL	MIN=	180	ZL=	1	
GR	0	100	200	100	200	100	200	100	200	100	200	100	200
SR	0	180	0										
POH		260	60	140	−60	20	0	80	60	140	−60	20	0
PAB		260	240	140	120	200	180	260	240	140	120	200	180
NR		0	40	0	160	80	100	20	40	0	160	80	100
PORC		0	180	0	180	180	180	180	180	0	180	180	180
POR	0	180	0	180	180	180	180	180	0	180	180	180	0

表 3-8　初始（第一次）的 MRP 报表

Periods	Due	1	2	3	4	5	6	7	8	9	10	11	12
A（LT=2）	OH=	400	AL=	180	SS=	0	LSR=	LFL	MIN=	180	ZL=	1	
GR	0	180	0	180	180	180	180	180	0	180	180	180	0
SR	0	0											
POH		40	40	-140	-140	-140	-140	-140	40	-140	-140	-140	40
PAB		40	40	40	40	40	40	40	40	40	40	40	40
NR		0	0	140	140	140	140	140	0	140	140	140	0
PORC		0	0	180	180	180	180	180		180	180	180	
POR	0	180	180	180	180	180	0	180	180	180	0	0	0
B（LT=2）	OH=	1200	AL=	800	SS=	0	LSR=	LFL	MIN=	800	ZL=	1	
GR	0	980	180	980	180	980	0	980	180	980	800	0	0
SR	0	800											
POH		220	40	-940	-180	-360	440	-540	80	-900	-800	0	0
PAB		220	40	0	620	440	440	260	80	0	0	0	0
NR		0	0	940	180	360	0	540	0	900	800	0	0
PORC		0	0	940	800	800	0	800	0	900	800	0	0
POR	0	940	800	800	0	800	0	900	800	0	0	0	0
C（LT=3）	OH=	1000	AL=	580	SS=	0	LSR=	LFL	MIN=	800	ZL=	1	
In.Dmd	0	10	10	10	10	10	10	10	10	10	10	10	10
GR	0	590	10	590	190	590	190	590	10	590	590	190	10
SR	0	800											
POH		630	620	30	-160	50	-140	70	60	-530	-320	290	280
PAB		630	620	30	640	50	660	70	60	270	480	290	280
NR		0	0	0	160	0	140	0	0	530	320	0	0
PORC		0	0	0	800	0	800	0	0	800	800	0	0
POR	0	800	0	800	0	0	800	800	0	0	0	0	0
D（LT=2）	OH=	400	AL=	200	SS=	0	LSR=	LFL	MIN=	400	ZL=	1	
GR	0	235	200	200	0	200	0	225	200	0	0	0	0
SR	0	400											
POH		365	165	-35	365	165	165	-60	140	140	140	140	140
PAB		365	165	365	365	165	165	340	140	140	140	140	140
NR		0	0	35	0	0	0	60	0	0	0	0	0
PORC		0	0	400	0	0	0	400	0	0	0	0	0
POR	0	400	0	0	0	400	0	0	0	0	0	0	0
E（LT=2）	OH=	0	AL=	0	SS=	0	LSR=	LFL	MIN=	600	ZL=	1	
GR	0	180	180	180	180	180	0	180	180	180	0	0	0
SR	0	600											
POH		420	240	60	-120	300	300	120	-60	360	360	360	360
PAB		420	240	60	480	300	300	120	540	360	360	360	360
NR		0	0	0	120	0	0	0	60	0	0	0	0
PORC		0	0	0	600	0	0	0	600	0	0	0	0
POR	0	0	600	0	0	0	600	0	0	0	0	0	0

（四）第一周实际业务发生情况

在参考案例原有假设条件基础上，假设第一周实际业务发生情况如下：

(1) 各物料逾期和第 1 期 POR 将被正式发放。

(2) 各物料逾期和第 1 期 SR 正常收料，C、D、E 因质量缺陷报废 5、20、40。

(3) 物料 A、C、D、E 因意外使用而消耗的库存量分别为 5、10、20、5。

(4) 到期客户订单按时完成，并且客户已从仓库中足额提货。

(5) 客户要求将第 4 期和第 5 期产品 X 的所有订单提前至第 3 期交货。

(6) 客户紧急要求将第 2 期产品 Y 的所有订单取消。

(7) X 和 Y 的 GR 第 13 期都新增 200，而 C 的独立需求第 13 期新增 10。

二、MRP 滚动逻辑与第二次 MRP 系统运作

（一）逻辑讲解（此为第一周业务对第二次 MRP 的影响）

视频讲解

1. 各物料 POR 发放引发该物料 SR 及相应子件 AL 新增情形

根据第 1 项实际业务并参考以上 MPS 和 MRP 报表，由于各物料逾期 POR 数据都为 0，所以仅将各物料第 1 期的 POR 正式发放，此时与其对应的某期 POR_C 将转化为下次计划时该期的 SR。比如：将物料 C 的 $POR_C(1)=800$ 正式发放，故与 $POR_C(1)$ 对应的 $PORC_C(4)=800$ 将在下次 MRP 运作时转化为相应期别的在途量 $SRC(4)=800$。在各物料第 1 期的 POR 正式发放的同时，相应数量子件将被保留。比如：子件 B 有父件 X 和父件 A，$QP_{XB}=2$ 且 $QP_{AB}=1$，那么子件 B 将因 $POR_X(1)=400$ 的正式发放而新增保留量 800，并因 $POR_A(1)=180$ 的正式发放而新增保留量 180。所以，下次计划时，物料 B 保留量的新增总数为 980。各物料 POR 发放引发该物料 SR 及相应子件 AL 新增情形参见表 3-9。

表 3-9　第一周各物料 POR 发放引发该物料 SR 及相应子件 AL 新增情形

物料	X	Y	A	B	C	D	E
POR 发放详情	POR(1)=400	POR(1)=180	POR(1)=180	POR(1)=940	POR(1)=800	POR(1)=400	POR(1)=0
SR 新增详情	SR(2)=400	SR(2)=180	SR(3)=180	SR(3)=940	SR(4)=800	SR(3)=400	SR(3)=0
子件 AL 新增总量	—	—	180	980	580	235	180

2. 各物料 SR 收料及相应子件 AL 冲销的情形

根据第 2 项实际业务并参考以上 MPS 和 MRP 报表，各物料逾期 SR 都没有数据，而各物料第 1 期 SR 都正常入库以补充该物料 OH 值（后面有计算逻辑）。

根据第 5 项假设，各物料第 1 期 SR 正常收料入库的同时，将冲销掉子件原相应（部分）保留量。比如：子件 C 有父件 X 和 Y，$QP_{XC}=1$ 且 $QP_{YC}=1$，那么子件 C 将因

$SR_X(1)=400$ 正常入库而冲销原保留量 580 中的 400，并因 $SR_Y(1)=180$ 正常入库而冲销原保留量 580 中的 180。所以，下次计划时，子件 C 保留量被冲销的总量即为 580。各物料 SR 收料及相应子件 AL 冲销情形请参见表 3-10。

表 3-10　各物料 SR 收料及相应子件 AL 冲销情形

物　料	X	Y	A	B	C	D	E
SR 收料总量	400	180	0	800	800	400	600
收料中报废数量	0	0	0	0	5	20	40
子件 AL 冲销总量	—	—	180	800	580	200	0

3. 下次 MRP 运作时各物料库存状态信息 OH、AL 和 SR 的变化情况

由上述第 3 项和第 4 项实际业务，并依据以上各物料多种相关变量间的相互转换情况，可求出下次 MRP 运作时各物料库存状态变化情况。其中，SR 的增加与消减变化汇总至表 3-11，读者也可对照前后两次 MPS 和 MRP 报表以观察 SR 变化。OH 和 AL 结果由表 3-12 计算得来 (对任何物料以下两个逻辑公式都成立)：

$$本周 AL = 上周 AL - AL 冲销 + AL 新增 \tag{3-1}$$

$$本周 OH = 上周 OH + SR 收料 - SR 报废 - AL 冲销 - 意外消耗 - 订单取货 \tag{3-2}$$

表 3-11　下次 (第二次)MRP 运作各物料 SR 的增、减变化情况

物料	X	Y	A	B	C	D	E
新增	SR(2)=400	SR(2)=180	SR(3)=180	SR(3)=940	SR(4)=800	SR(3)=400	SR(3)=0
消减	SR(1)=400	SR(1)=180	SR(1)=0	SR(1)=800	SR(1)=800	SR(1)=400	SR(1)=600

表 3-12　下次 (第二次)MRP 运作各物料 OH 和 AL 取值情况

	上周 AL	上周 OH	SR 收料	SR 报废	AL 冲销	意外消耗	订单取货	本周 OH	POR 发放	AL 新增	本周 AL
X	0	200	400	0		0	100	500	400		0
Y	0	180	180	0		0	100	260	180		0
A	180	400	0	0	180	5	0	215	180	180	180
B	800	1200	800	0	800	0	0	1200	940	980	980
C	580	1000	800	5	580	10	10	1195	800	580	580
D	200	400	400	20	200	20	0	560	400	235	235
E	0	0	600	40	0	5	0	555	0	180	180

注意：对 MPS 物料，计算其库存 OH 与 AL 数据时无须考虑"AL 冲销"栏目；对仅具有相关需求的 MRP 物料，计算其库存 OH 与 AL 数据时无须考虑直接面向客户的"订单取货"栏目；而对同时具有相关需求与独立需求的 MRP 物料，计算其库存 OH

与 AL 数据时 "AL 冲销" 与 "订单取货" 栏目都需要考虑。由此可总结出如下重要性质：① 物料相关需求性质的库存补充来源于自身 SR (部分) 收料形成的 OH；其库存消耗来源于由其所有父件 SR 计算出的自身 AL 值的 (部分) 消耗。② 物料独立需求性质的库存补充也来源于自身 SR (部分) 收料形成的 OH；但其库存消耗来源于客户订单的 (部分) 提货。

4. MPS 物料 GR 变动的情况

根据第 5、6、7 项实际业务并参考表 3-3 的 MPS 物料初始 GR，可得下次 (第二次)MRP 运作时各 MPS 物料 GR，如表 3-13 所示，其中有变化部分加粗显示。第二次 MRP 运作时的 "第 1 期" 实际对应第一次 MRP 运作时 "第 2 期"，而滚入的新期别对应第一次 MRP 运作时的 "第 13 期"。为体现这种时间滚动关系，第二次 MRP 运作时，相关表格期别将依次显示为 "Due、2、3、…、12、13"。

表 3-13   第二次 MRP 运作时各 MPS 物料的 GR 数据

期别	Due	2	3	4	5	6	7	8	9	10	11	12	13
X	0	400	**600**	**0**	**0**	200	300	100	100	400	300	200	**200**
Y	0	**0**	100	200	100	200	100	200	100	200	100	200	**200**

5. MRP 物料独立需求变动的情况

依据第 7 项业务和表 3-4，可得下次运作时 MRP 物料的独立需求数据，如表 3-14 所示。

表 3-14   第二次 MRP 运作时 MRP 物料独立需求数据

期别	Due	2	3	4	5	6	7	8	9	10	11	12	13
物料 C	0	10	10	10	10	10	10	10	10	10	10	10	**10**

（二）第二次 MRP 系统运作

通过以上滚动逻辑的讲解，已经求得类似第一次 MRP 运作前所需各项数据。如此，就可以顺利进行第二次 MRP 系统运作，其结果参见表 3-15 和表 3-16。由于客户订单可能会发生紧急提前和取消情况，导致前后两次计划结果有很大的不同。仔细对照前后两次计划可以发现：物料所处层次越低，相应计划订单 PORC/POR 建议的期别和数量的改变就越显著。如果 MRP 系统不断变更自身计划订单建议，则计划的可信度将不断降低。这个问题的解决方案请参看下文 MRP 不安定性的讲解。

表 3-15   第二次 MRP 系统运作时的 MPS 报表

Periods	Due	2	3	4	5	6	7	8	9	10	11	12	13
X(LT=1)	OH=	500	AL=	0	SS=	150	LSR=	LFL	MIN=	400	ZL=	1	
GR	0	400	600	0	0	200	300	100	100	400	300	200	200
SR	0	400											
POH		500	−100	300	300	100	200	100	400	0	100	300	100

续表

Periods	Due	2	3	4	5	6	7	8	9	10	11	12	13
PAB		500	300	300	300	500	200	500	400	400	500	300	500
NR		0	250	0	0	50	0	50	0	150	50	0	50
PORC		0	400	0	0	400	0	400	0	400	400	0	400
POR	0	400	0	0	400	0	400	0	400	400	0	400	0
Y(LT=1)	OH=	260	AL=	0	SS=	100	LSR=	LFL	MIN=	180	ZL=	1	
GR	0	0	100	200	100	200	100	200	100	200	100	200	200
SR	0	180			0								
POH		440	340	140	40	20	100	−100	0	−20	60	40	20
PAB		440	340	140	220	200	100	100	180	160	240	220	200
NR		0	0	0	60	80	0	200	100	120	40	60	80
PORC		0	0	0	180	180	0	200	180	180	180	180	180
POR	0	0	0	180	180	0	200	180	180	180	180	180	0

表 3-16　第二次 MRP 程序运作时的 MRP 报表

Periods	Due	2	3	4	5	6	7	8	9	10	11	12	13
A(LT=2)	OH=	215	AL=	180	SS=	0	LSR=	LFL	MIN=	180	ZL=	1	
GR	0	0	0	180	180		200	180	180	180	180	180	0
SR	0	0		180									
POH		35	215	35	−145	35	−165	−165	−165	−165	−165	−165	15
PAB		35	215	35	35	35	15	15	15	15	15	15	15
NR		0	0	0	145	0	165	165	165	165	165	165	0
PORC		0	0	0	180	0	180	180	180	180	180	180	0
POR	0	0	180	0	180	180	180	180	180	180	0	0	0
B(LT=2)	OH=	1200	AL=	980	SS=	0	LSR=	LFL	MIN=	800	ZL=	1	
GR	0	800	180	0	980	180	980	180	980	980	0	800	0
SR	0	0		940									
POH		−580	980	980	0	−180	−360	260	−720	−900	0	−800	0
PAB		220	980	980	0	620	440	260	80	0	0	0	0
NR		580	0	0	0	180	360	0	720	900	0	800	0
PORC		800	0	0	0	800	800	0	800	900	0	800	0
POR	800	0	0	800	800	0	800	900	0	800	0	0	0
C(LT=3)	OH=	1195	AL=	580	SS=	0	LSR=	LFL	MIN=	800	ZL=	1	
In.Dmd	0	10	10	10	10	10	10	10	10	10	10	10	10
GR	0	410	10	190	590	10	610	190	590	590	190	590	10
SR	0	0	0	800									

Periods	Due	2	3	4	5	6	7	8	9	10	11	12	13
POH		205	195	805	215	205	−405	205	−385	−175	435	-155	635
PAB		205	195	805	215	205	395	205	415	625	435	645	635
NR		0	0	0	0	0	405	0	385	175	0	155	0
PORC		0	0	0	0	0	800	0	800	800	0	800	0
POR	0	0	0	800	0	800	800	0	800	0	0	0	0
D(LT=2)	OH=	560	AL=	235	SS=	0	LSR=	LFL	MIN=	400	ZL=	1	
GR	200	200	0	200	200	0	200	225	0	200	0	0	0
SR	0	0		400									
POH		125	525	325	125	125	−75	100	100	−100	300	300	300
PAB		125	525	325	125	125	325	100	100	300	300	300	300
NR		0	0	0	0	0	75	0	0	100	0	0	0
PORC		0	0	0	0	0	400	0	0	400	0	0	0
POR	0	0	0	0	400	0	0	400	0	0	0	0	0
E(LT=2)	OH=	555	AL=	180	SS=	0	LSR=	LFL	MIN=	600	ZL=	1	
GR	0	0	180	0	180	180	180	180	180	180	0	0	0
SR	0	0	0										
POH		375	195	195	15	−165	255	75	−105	315	315	315	315
PAB		375	195	195	15	435	255	75	495	315	315	315	315
NR		0	0	0	0	165	0	0	105	0	0	0	0
PORC		0	0	0	0	600	0	0	600	0	0	0	0
POR	0	0	0	600	0	0	600	0	0	0	0	0	0

三、闭环式 MRP 滚动逻辑的 Excel 仿真案例

闭环式 MRP 滚动逻辑的 Excel 仿真案例参见微课视频。

视频讲解

第二节　MRP 的不安定性与解决方案

一、MRP 的不安定性

　　MRP 系统每次新运作时，所有 MPS 物料的 GR 都将纳入一期新数据，由此展开的下阶 MRP 物料需求计划的结果必将有所改变。但由于 MPS 物料的这些 GR 新数据位于计划期间的最后一期，所以由此展开的下阶

视频讲解

MRP 计划结果的变化也将集中体现于最后几期，并且变化不会太大。因为每次计划执行时主要是处理当期以及最近几期的计划订单建议，故其远期订单建议数据几乎没有建议价值，所以这种滚动式排程模式下由于纳入新一期的数据而导致的 MRP 计划变更是很正常的。然而，如果客户突然调整、取消最近几期某些最终产品的订单，将导致这些产品主生产计划 MPS 前几期计划数据的意外变动。即使这些 MPS 物料最前面几期计划数据的变动比较细微，但由于 MRP 逐层展开的特性及各种批量法则的应用，这种高阶物料排程的小变动可能造成较低阶物料计划的大改变。如果 MRP 系统不断地异常变更，自身的可信度将会降低。这种 MRP 的过度变动称为 MRP 的不安定性 (Nervousness)，参见表 3-17 和表 3-18。

表 3-17　MPS 物料第 1 次与第 2 次运作时 GR 的差异

期别	Due	2	3	4	5	6	7	8	9	10	11	12	13
X	0	0	300	−200	−100	0	0	0	0	0	0	0	200
Y	0	−200	0	0	0	0	0	0	0	0	0	0	200

表 3-18　第二次 MRP 运作与第一次 MRP 运作之间各物料 POR 的差异

期别	Due	2	3	4	5	6	7	8	9	10	11	12	13
X	0	400	−400	0	0	0	0	0	0	0	0	400	0
Y	0	0	−180	0	0	−180	20	180	0	0	0	180	0
A	0	−180	0	−180	0	180	0	0	0	180	0	0	0
B	800	−800	−800	800	0	0	−100	100	0	800	0	0	0
C	0	0	−800	800	0	0	0	0	800	0	0	0	0
D	0	0	0	0	0	0	0	400	0	0	0	0	0
E	0	−600	0	600	0	−600	600	0	0	0	0	0	0

注意：表 3-17 中两 MPS 物料各期 (含逾期 Due)GR 的差值是由表 3-13 中各 MPS 物料的 GR 数量减去表 3-3 中该 MPS 物料相同期别的初始 GR 数量得来的。表 3-18 中各物料各期 (含逾期 Due)POR 差值数据是由表 3-16 中各物料各期 POR 数据减去表 3-8 中该物料相同期别 POR 数据得来的。综合表 3-17 和表 3-18 可知：由于客户要求将第 4、5 两期产品 X 的所有订单都提前至第 3 期交货，导致建议订单 $POR_X(3)=400$ 被往前提并转变成为 $POR_X(2)=400$ 的小变化，这又直接导致 X 下阶子件 B 原本可以正常发单的 $POR_B(2)=800$ 被往前提并转变成为逾期紧急订单 $POR_B(0)=800$。若再考虑因客户紧急要求而取消的产品 Y 第 2 期的所有订单，这将直接导致 Y 子件 A 的 $POR_A(2)=180$ 被取消，并且这或许也是 $POR_A(4)=180$ 被延迟至 $POR_A(6)=180$ 的影响因素之一。进一步分析，它还将间接影响 A 下面子件 B 的需求计划，即 B 的建议订单 $POR_B(3)=800$ 将被延迟为 $POR_B(4)=800$。如此这些都极大扰乱了物料 B 原本正常的需求与供应计划。可以想象，产品层次越多，则随着 MRP 程序的不断展开和各种批量法则的应用，底层物料需求计划的变更可能就越大。

同样，生产车间和供应商若交货延迟或交货品质不良，都会引发相关物料 SR 数据的异动，进而类似 GR 异动一样引发 MRP 的不安定性。另外，有关资料错误或其他意料之外的异动也可能引发 MRP 的不安定性。为降低 MRP 的不安定性，应该采取的策略有：寻找更好的客户沟通渠道以减少产品订单的不稳定性；与供应商维持更良好的关系；严格车间生产管理；制定更好的数据管理纪律并且监督执行等。此外，闭环式 MRP 系统还有两种方法或程序可用来减少 MRP 的不安定性，即溯源和固定计划订单。

二、闭环式 MRP 的溯源

一个 MRP 物料的毛需求包括所有直接父件导出的相关需求和自身独立需求。在 MRP 运作时这些需求按需求时刻归入各时段，因此一个时段内的毛需求可能由许多需求来源合并而来，从而导致在 MRP 报表中看不出某期毛需求的具体来源。而溯源 (Pegging) 是 MRP 系统中的一个程序，在 MRP 计算过程中，溯源程序将各期的相关信息存储在溯源文件 (Peg File) 中，这些信息有需求数量、期别、产生子件 GR 的父件 POR、产生 GR 的独立需求/外部订单、产生该物料 POR 的 GR 等。因此，溯源文件可帮助计划员层层往上追溯某子件某期需求的来源直至 MPS，即追寻某期某数量子件被什么父件所用，直至哪个时段的哪张客户订单或最终产品的生产计划产生对这个子件这期的需求。若某子件生产出问题，想知道它可能对客户订单交货造成何种影响以便及早应对时，溯源文件便可提供完整信息。

视频讲解

表 3-19 是物料 C 溯源示例，注意带星号 "*" 及加粗数据，而其中数据选自表 3-15 和表 3-16。因物料 C 的 LT=3，故 $POR_C(4)=800$ 由 $PORC_C(7)=800$ 引发；而 $PORC_C(7)=800$ 可溯源至 $GR_C(7)=610$；进一步往上溯源，可以发现 $GR_C(7)=610$ 是由物料 C 自身独立需求 $In.Dmd_C(7)=10$、父件 Y 的 $POR_Y(7)=200$ 和 X 的 $POR_X(7)=400$ 引发的相关需求合并而来；其中 Y 的 $POR_Y(7)=200$ 经 $PORC_Y(8)=200$ 又可溯源至顶层的 $GR_Y(8)=200$，而 X 的 $POR_X(7)=400$ 经 $PORC_X(8)=400$ 也可溯源至顶层的 $GR_X(8)=100$。

表 3-19　物料 C 溯源示例

Periods	Due	2	3	4	5	6	7	8	9	10	11	12	13
X(LT=1)	OH=	500#	AL=	0	SS=	150	LSR=	LFL	MIN=	400	ZL=	1	
GR	0	**400**	**600#**	**0**	**0**	**200#**	**300#**	**100***	100	400	300	200	200
SR	0	**400**											
POH		**500**	**−100**	**300**	**300**	**100**	**200**	**100**	400	0	100	300	100
PAB		**500**	**300**	**300**	**300**	**500**	**200**	**500**	400	400	500	300	500
NR		**0**	**250**	**0**	**0**	**50**	**0**	**50**	0	150	50	0	50
PORC		**0**	**400#**	**0**	**0**	**400**	**0**	**400***	0	400	400	0	400
POR	0	**400#**	0	0	400	0	**400***	0	400	400	0	400	0
Y(LT=1)	OH=	260	AL=	0	SS=	100	LSR=	LFL	MIN=	180	ZL=	1	
GR	0	0	100	200	100	200	100	**200***	100	200	100	200	200

续表

Periods	Due	2	3	4	5	6	7	8	9	10	11	12	13
SR	0	180			0								
POH		440	340	140	40	20	100	**-100**	0	-20	60	40	20
PAB		440	340	140	220	200	100	**100**	180	160	240	220	200
NR		0	0	0	60	80		**200**	100	120	40	60	80
PORC		0	0	0	180	180	0	**200***	180	180	180	180	180
POR	0	0	0	0	180	180	0	**200***	180	180	180	180	0
C(LT=3)	OH=	1195	AL=	580	SS=	0	LSR=	LFL	MIN=	800	ZL=	1	
In.Dmd	0	**10#**	10	10	10	10	**10***	10	10	10	10	10	10
GR	0	**410#**	10	190	590	10	**610***	190	590	590	190	590	10
SR	0	0	0	800									
POH		205	195	805	215	205	**-405**	205	-385	-175	435	-155	635
PAB		205	195	805	215	205	**395**	205	415	625	435	645	635
NR		0	0	0	0	0	**405**	0	385	175	0	155	0
PORC		0	0	0	0	0	**800***	0	800	800	0	800	0
POR	0	0	0	**800***	0	800	800	0	800	0	0	0	0

注意：以上所述是溯源程序的理想状态，实务中若要全部实现比较困难。这是因为：若某物料 GR 来源于独立需求则可通过溯源程序追踪到产生该 GR 的客户订单或销售预测；若该物料 GR 来源于相关需求则可通过溯源程序追踪到产生该 GR 的父件 POR/PORC；但是由于多种批量法则 LSR 的应用，导致该父件 POR/PORC 的数量可能由多个 GR 或 AL 引发，再加上可用量 OH 或 SR 可以满足部分但不确定哪一部分的需求，所以一般的溯源程序不再继续往上追溯。

此处仍以表 3-19 为例，观察其中带井号"#"及加粗数据。$GR_C(2)=410$ 是由自身独立需求 $In.Dmd_C(2)=10$ 和 X 父件 $POR_X(2)=400$ 所产生的相关需求合并而来；$POR_X(2)=400$ 是由 $PORC_X(3)=400$ 引发。但 $PORC_X(3)=400$ 到底满足哪些毛需求可有多种思路。

思路一：$OH_X=500$ 满足首期 $GR_X(2)=400$ 后还剩 100，这 100 加上第 2 期期末到货的 $SR_X(2)=400$ 共同满足 $GR_X(3)=600$ 中的 500，而 $PORC_X(3)=400$ 除满足 $GR_X(3)=600$ 中剩余的 100 之外，还可满足 $GR_X(6)=200$ 全部和 $GR_X(7)=300$ 的一部分。

思路二：第 2 期期末到货的 $SR_X(2)=400$ 正好满足首期的 $GR_X(2)=400$，而 $OH_X=500$ 满足 $GR_X(3)=600$ 中的 500，此时 $PORC_X(3)=400$ 除满足 $GR_X(3)=600$ 中剩余的 100 之外，还可满足 $GR_X(6)=200$ 全部和 $GR_X(7)=300$ 的一部分。

对思路一来说，$OH_X=500$ 满足首期 $GR_X(2)=400$ 后剩余的 100 是哪些呢？这 100 连同 $SR_X(2)=400$ 满足 $GR_X(3)=600$ 中哪部分的 500 呢？相应 $PORC_X(3)=400$ 满足 $GR_X(3)=600$ 中另外剩余的哪些 100 呢？$PORC_X(3)=400$ 继续满足 $GR_X(6)=200$ 后剩余的 100，满足的又是"$GR_X(7)=300$"中哪个 100 呢？对思路二来说，$OH_X=500$

满足 $GR_x(3)=600$ 中哪部分的 500 呢？相应 $PORC_x(3)=400$ 满足 $GR_x(3)=600$ 中另外剩余的哪些 100 呢？$PORC_x(3)=400$ 继续满足 $GR_x(6)=200$ 后剩余的 100，满足的又是 $GR_x(7)=300$ 中哪个 100 呢？所以，对以上任何一种思路，$PORC_x(3)=400$ 满足 $GR_x(3)=600$ 中哪部分 100，又满足 $GR_x(7)=300$ 中哪部分 100 呢？答案很难从溯源程序中知晓。

　　由上述分析可知：溯源程序大多只有单阶，只告知某物料 GR 的来源，参见第二章各 MRP 结果图 (如图 2-5 等) 中的"详述"内容。虽然只有单阶，但使用者还是可以逐阶往上大致追踪。一般来说，某物料 GR 的来源主要有客户订单、销售预测、和上阶父件之 POR 三大类，其中上阶父件 POR 所引发子件 GR 是不言自明。客户订单和销售预测主要用于求解 MPS 物料的 GR(这部分将在 MPS 一节详细讲解)，参见图 2-15 中上半部分父件 02-0009 的计算结果中的"详述"，其中"S/O"指示的为销售订单 (Sale Order)。此外，因为在计算所有子件的 POH(1) 时保留量 AL 类似于 GR(1) 也被减去，并且子件 AL 也是由父件 POR 发出后形成的 SR 引发的，故也有部分软件在设计思路中将上阶父件 SR 造成该子件物料的保留量 AL 也作为该物料 GR 的来源之一。比如图 2-15 中上半部分父件 02-0009 在 11 月 15 日的 3000 个"计划收货量"(即 SR)，它对应着制令单"W/O：10100001 ID：106"；而该制令单引发了图 2-5 中子件 09-0139 的 3000 个毛需求 GR(参见对应"详述"中的来源)，该毛需求之所以在 7 月 1 日，是因为这种制令单在 7 月 1 日就被下达了，即状态为"R"(Release) 且不能返回之前状态，参见图 3-1。注意：建议状态的 POR 数据在变为正式发放状态的 SR 之前，还有一个"固定计划订单"的中间状态；有些软件也将固定计划订单作为 GR 的来源。

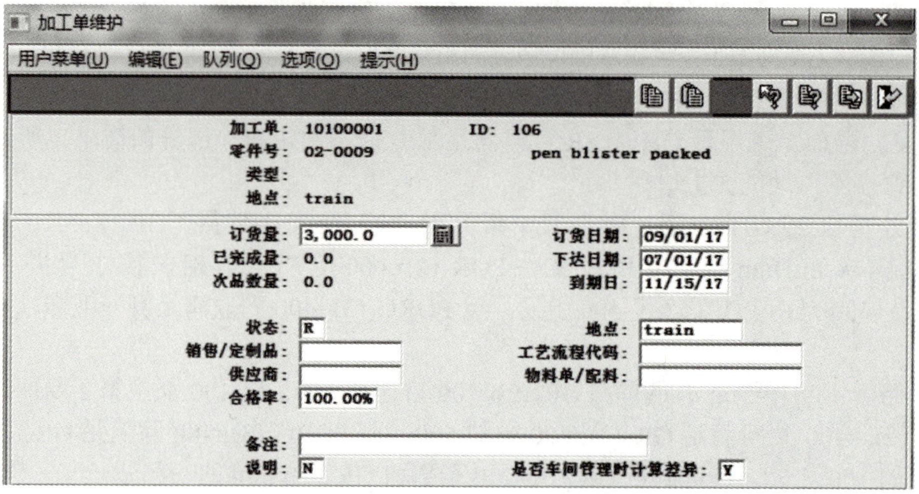

图 3-1　制令单/加工单发放状态使得 PORC 转为 SR 的设置

　　溯源概念需与用途表 (Where-used Report) 概念区分开来。用途表或"所用之处"查询，列出某物料的所有父件，是材料表的逆展；多阶用途表还可继续追踪出相关所有父件，直到顶层为止，参见图 3-2 和图 3-3。用途表与溯源的区别主要有三点：① 用途表追溯所有父件；溯源文件只追溯产生某个需求量的父件。② 用途表显示各阶父件的单位用量 QP；溯源文件则显示需求量。③ 用途表与和期别无关；溯源则包括件号、期别、数量和来源。

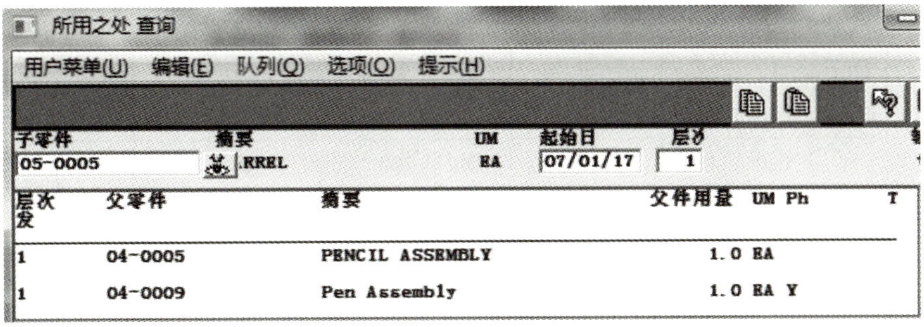

图 3-2　单阶的"所用之处"查询示例

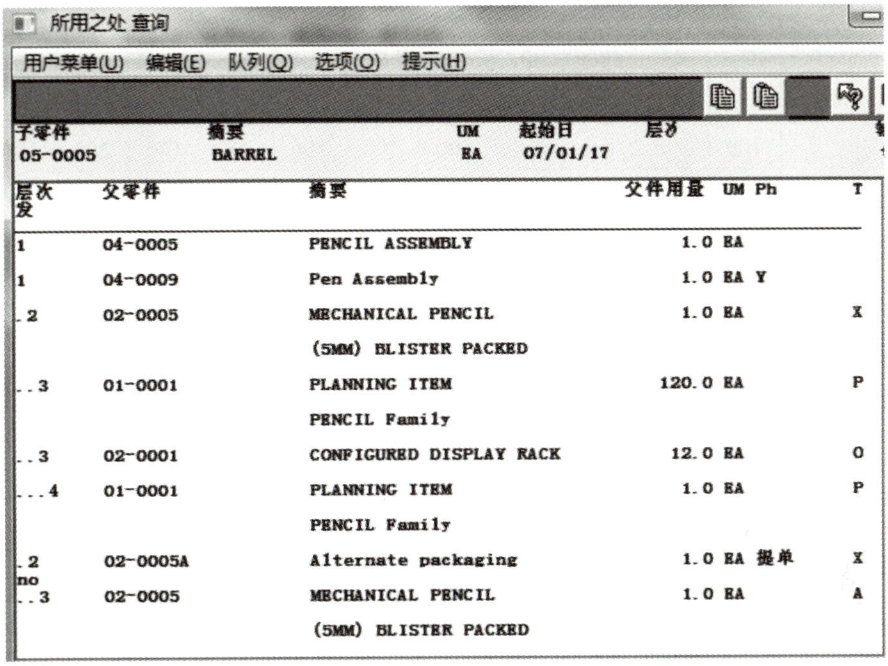

图 3-3　多阶的"所用之处"查询示例

三、固定计划订单原理

当某物料某期别的计划订单发出 POR(t) 被定义为固定计划订单 (Firm Planned Order，FPO) 时，它及对应计划订单收料 PORC(t+LT) 的数量和期别都将冻结，只有计划员才有权变更它；下次执行 MRP 时若它已被发出则相应 PORC(t+LT) 会转为同期同量在途量 SR(t+LT)；若尚未发出则不论该物料该期 NR(t+LT) 有无变化，PORC(t+LT) 都将维持不变。

视频讲解

（一）固定计划订单 FPO 案例

1. 第一周实际业务中新增 FPO 的设定

为降低前文案例的 MRP 不安定性，现在在第一周实际业务中增加如下 FPO 设定：将表 3-7 中 MPS 物料 X 和 Y 第 1 至第 3 期的 POR 都固定为 FPO，如表 3-20 所示。

表 3-20　设定 FPO 的初始 MPS 报表（以星号粗体 "*" 表示 FPO)

Periods	Due	1	2	3	4	5	6	7	8	9	10	11	12
X(LT=1)	OH=	200	AL=	0	SS=	150	LSR=	LFL	MIN=	400	ZL=	1	
GR	0	100	400	300	200	100	200	300	100	100	400	300	200
SR	0	400	0										
POH		500	100	200	0	300	100	200	100	400	0	100	300
PAB		500	500	200	400	300	500	200	500	400	400	500	300
NR	0	0	50	0	150	0	50	0	50	0	150	50	0
PORC	0		400*	0*	400*	0	400	0	400	0	400	400	0
POR	0	400*	0*	400*	0	400	0	400	0	400	400	0	0
Y(LT=1)	OH=	180	AL=	0	SS=	100	LSR=	LFL	MIN=	180	ZL=	1	
GR	0	100	200	100	200	100	200	100	200	100	200	100	200
SR	0	180	0										
POH		260	60	140	−60	20	0	80	60	140	−60	20	0
PAB		260	240	140	120	200	180	260	240	140	120	200	180
NR	0	0	40	0	160	80	100	20	40	0	160	80	100
PORC	0		180*	0*	180*	180	180	180	180	0	180	180	180
POR	0	180*	0*	180*	180	180	180	180	0	180	180	180	0

2. 第一周 FPO 的设定对第二次 MRP 系统运作的影响

第二次 MRP 系统运作前，物料 X 和 Y 的固定计划订单 $POR_X(1)=400$ 和 $POR_Y(1)=180$ 都已正式发放并转为第二次 MRP 系统运作时的 $SR_X(2)=400$ 和 $SR_Y(2)=180$。故对物料 X 和 Y 的 POR(1) 来说，设与不设 FPO 效果一样。但是第一周设定物料 X 和 Y 的剩余四个固定计划订单 $POR_X(2)=0$、$POR_X(3)=400$、$POR_Y(2)=0$ 和 $POR_Y(3)=180$ 对第二次 MRP 系统运作影响较大，不仅这四个 POR 固定不变，而且原本推导它们的相应四个计划订单收料也将维持固定不变，即 $PORC_X(3)=0$、$PORC_X(4)=400$、$PORC_Y(3)=0$ 和 $PORC_Y(4)=180$。

3. 设定 FPO 时的第二次 MRP 运作

在前文滚动逻辑讲解（即第一周原有业务对第二次 MRP 运作影响）基础上，结合上文第一周 FPO 设定对第二次 MRP 系统运作的影响，就可以顺利进行设定 FPO 情形下第二次 MRP 系统的运作，其结果参见表 3-21 和表 3-22。

表 3-21　设定 FPO 之第二次 MRP 运作的 MPS 报表（以星号粗体 "*" 表示 FPO)

Periods	Due	2	3	4	5	6	7	8	9	10	11	12	13
X(LT=1)	OH=	500	AL=	0	SS=	150	LSR=	LFL	MIN=	400	ZL=	1	
GR	0	400	600	0	0	200	300	100	100	400	300	200	200
SR	0	400											

续表

Periods	Due	2	3	4	5	6	7	8	9	10	11	12	13
POH		500	−100	−100	300	100	200	100	400	0	100	300	100
PAB		500	−100	300	300	500	200	500	400	400	500	300	500
NR		0	250	250	0	50	0	50	0	150	50	0	50
PORC		0	0*	400*	0	400	0	400	0	400	400	0	400
POR	0	0*	400*	0	400	0	400	0	400	400	0	400	0
Y(LT=1)	OH=	260	AL=	0	SS=	100	LSR=	LFL	MIN=	180	ZL=	1	
GR	0	0	100	200	100	200	100	200	100	200	100	200	200
SR	0	180											
POH		440	340	140	220	20	100	−100	0	−20	60	40	20
PAB		440	340	320	220	200	100	100	180	160	240	220	200
NR		0	0	0	0	80	0	200	100	120	40	60	80
PORC		0	0*	180*	0	180	0	200	180	180	180	180	180
POR	0	0*	180*	0	180	0	200	180	180	180	180	180	0

表 3-22　设定 FPO 之第二次 MRP 运作的 MRP 报表

Periods	Due	2	3	4	5	6	7	8	9	10	11	12	13
A(LT=2)	OH=	215	AL=	180	SS=	0	LSR=	LFL	MIN=	180	ZL=	1	
GR	0	0	180	0	180	0	200	180	180	180	180	180	0
SR	0	0	180										
POH		35	35	35	−145	35	−165	−165	−165	−165	−165	−165	15
PAB		35	35	35	35	35	15	15	15	15	15	15	15
NR		0	0	0	145	0	165	165	165	165	165	165	0
PORC		0	0	0	180	0	180	180	180	180	180	180	0
POR	0	0	180	0	180	180	180	180	180	180	0	0	0
B(LT=2)	OH=	1200	AL=	980	SS=	0	LSR=	LFL	MIN=	800	ZL=	1	
GR	0	0	980	0	980	180	980	180	980	980	0	800	0
SR	0	0	940										
POH		220	180	180	−800	−180	−360	260	−720	−900	0	−800	0
PAB		220	180	180	0	620	440	260	80	0	0	0	0
NR		0	0	0	800	180	360	0	720	900	0	800	0
PORC		0	0	0	800	800	800	0	800	900	0	800	0
POR	0	0	800	800	800	0	800	900	0	800	0	0	0

Periods	Due	2	3	4	5	6	7	8	9	10	11	12	13
C(LT=3)	OH=	1195	AL=	580	SS=	0	LSR=	LFL	MIN=	800	ZL=	1	
In.Dmd	0	10	10	10	10	10	10	10	10	10	10	10	10
GR	0	10	590	10	590	10	610	190	590	590	190	590	10
SR	0	0	0	800									
POH		605	15	805	215	205	−405	205	−385	−175	435	−155	635
PAB		605	15	805	215	205	395	205	415	625	435	645	635
NR		0	0	0	0	0	405	0	385	175	0	155	0
PORC		0	0	0	0	0	800	0	800	800	0	800	0
POR	0	0	0	800	0	800	800	0	800	0	0	0	0
D(LT=2)	OH=	560	AL=	235	SS=	0	LSR=	LFL	MIN=	400	ZL=	1	
GR	0	0	200	200	200	0	200	225	0	200	0	0	0
SR	0	0	400										
POH		325	525	325	125	125	−75	100	100	−100	300	300	300
PAB		325	525	325	125	125	325	100	100	300	300	300	300
NR		0	0	0	0	0	75	0	0	100	0	0	0
PORC		0	0	0	0	0	400	0	0	400	0	0	0
POR	0	0	0	0	400	0	0	400	0	0	0	0	0
E(LT=2)	OH=	555	AL=	180	SS=	0	LSR=	LFL	MIN=	600	ZL=	1	
GR	0	0	180	0	180	180	180	180	180	180	0	0	0
SR	0	0	0										
POH		375	195	195	15	−165	255	75	−105	315	315	315	315
PAB		375	195	195	15	435	255	75	495	315	315	315	315
NR		0	0	0	0	165	0	0	105	0	0	0	0
PORC		0	0	0	0	600	0	0	600	0	0	0	0
POR	0	0	0	600	0	0	600	0	0	0	0	0	0

表 3-21 中粗体数字体现了 FPO 设定对 MRP 运算的直接影响。例如：对物料 X，由于上周 FPO 设定，第二次 MRP 运作时 $POR_X(2)$ 已固定为 0；原本推导它的 $PORC_X(3)$ 相应固定为 0，而忽略该期实际有净需求 $NR_X(3)=250$；这进而又导致 $PAB_X(3)=POH_X(3)+PORC_X(3)=-100+0=-100<SS=150$，即出现 $PAB(t)$ 小于 SS 的情形。另外，$PORC_X(4)=400$ 也不是由 $NR_X(4)=250$ 推导得出，而是由上周 $POR_X(3)=400$ 的 FPO 设定得出。同理，对物料 Y，$PORC_Y(3)=0$ 也是由上周 $POR_Y(2)=0$ 的 FPO 设定得出；而 $PORC_Y(4)=180$ 也是由上周 $POR_Y(3)=180$ 的 FPO 设定得出，且忽略该期实际无净需求的事实，参见 $NR_Y(4)=0$。

设定 FPO 之第二次 MRP 运作与第一次 MRP 运作之间 POR 的差异比较见表 3-23。对照表 3-23 和表 3-18 可看出：第一周实际业务新增 MPS 物料前三期 POR 设定为 FPO 之后，第二周 MRP 系统运作时，物料 B 不再出现逾期的紧急发单建议；其他物料 POR

变化也趋缓和（下层 MRP 物料后几期 POR 变化属 MPS 物料新一期 GR 纳入引发的正常变化）；总之，MRP 系统的不安定性有所下降。

表 3-23　设定 FPO 之第二次 MRP 运作与第一次 MRP 运作之间 POR 的差异

别	Due	2	3	4	5	6	7	8	9	10	11	12	13
X	0	0	0	0	0	0	0	0	0	0	0	400	0
Y	0	0	0	−180	0	−180	20	180	0	0	0	180	0
A	0	−180	0	−180	0	180	0	0	0	180	0	0	0
B	0	−800	0	800	0	0	−100	100	0	800	0	0	0
C	0	0	−800	800	0	0	0	0	800	0	0	0	0
D	0	0	0	0	0	0	0	400	0	0	0	0	0
E	0	−600	0	600	0	−600	600	0	0	0	0	0	0

（二）固定计划订单 FPO 的应用讨论

1. 固定计划订单 FPO 的应用要点

对 FPO 应用需注意三点：① FPO 应用于某（些）物料的一些特定期别的计划订单 $POR(t)$ 上，而非其所有期别的整套计划订单排程。② 下次 MRP 系统运作时，设定为 FPO 之 $POR(t)$ 固定不变，并且原本推导该 $POR(t)$ 的 $PORC(t+LT)$ 不再是由净需求 $NR(t+LT)$ 推导而来，而是倒过来直接由 FPO 之 $POR(t)$ 推导而来。③ 因 FPO 设置导致 $PORC(t)$ 不再由函数 $F\{NR(t), LSR\}$ 计算得来，这可能导致某期有净需求时却没有恰当的建议订单来补货，进而可能导致该期预计可用量 $PAB(t)$ 小于安全库存 SS（该情形在不设置 FPO 的情况下绝不可能发生）。

2. 计划订单发出 POR、固定计划订单 FPO 和在途量 SR 的异同

固定计划订单 FPO、计划订单发出 POR 和在途量 SR 关联紧密。三者都是物料补充计划，但稳定性不同。POR 在 MRP 系统每次执行时都可能被自动改变，是最不稳定的资料；FPO 不能被 MRP 系统自动更改，而是由计划员决定要不要改变它，较为稳定；SR 是已经发出的订单，非经特定程序或主管同意，不能更改，是最稳定的资料。资料越稳定，其子件以及更下阶子件的物料需求计划就越不会变动，MRP 的不安定性就越低。$POR(t)$ 一经发出，相应的 $PORC(t+LT)$ 就转变为 $SR(t+LT)$。父件 POR 和 FPO 都会被 MRP 继续往下展开为子件的毛需求 GR；但父件 SR 不会展开为子件的毛需求，而是作为未来的供给去满足父件本身的毛需求。若无 FPO，计划员为降低 MRP 的不安定性，只有将 $POR(t)$ 发出以便将相应 $PORC(t+LT)$ 转变为 $SR(t+LT)$。但订单发出将会产生下阶子件的保留量 AL，其实质就是对子件资源的承诺。前文分析已知"资源的承诺越晚越好"，所以，FPO 是使 MRP 稳定性得以提高又不会造成资源太早被承诺的好方法。计算机会自动重排 POR 并且不会产生任何报告。在设定 FPO 情况下，由于 GR 变化导致相关预计可用量 PAB 可能会低于安全库存 SS 甚至出现负值，如表 3-21 中 $PAB_X(3)=$ −100<SS=150，此时 MRP 系统会产生例外报告（Exception Report）。在设定 FPO 且有

些 POR 已发出并转为 SR 情况下，若因毛需求改变而使该 SR 变得不恰当时，即使此时 PAB 仍在 SS 之上 (如表 3-21 中 $PAB_Y(2)=440>SS+LS=100+180=280$)，MRP 系统也将产生行动报告 (Action Report) 以建议计划员调整订单。有关重排计划建议、例外报告和行动报告的内容稍后将详细介绍。此处仅将 POR、FPO 和 SR 特性差异总结在表 3-24 中。

表 3-24　POR、FPO 以及 SR 的特性差异

特　性	项　目		
	POR	FPO	SR
计算机自动重排程	Y	N	N
展开为子件毛需求 GR	Y	Y	N
产生例外报告或行动报告	N	Y	Y
计划员控制发单 / 收料之日期和数量	N	Y	Y

固定计划订单的 Excel 仿真和 ERP 软件案例分别参见以下微课资源。

固定计划订单的
Excel 仿真

固定计划订单的
ERP 软件案例

第三节　闭环式 MRP 的重排计划建议

一、重排计划建议原理

在设定 FPO 情况下，如果某次 MRP 系统运作的结果中，存在因毛需求 GR 的改变致使出现有些物料某些期别的 PAB 低于其自身 SS 或超过其 SS 与 LS 之和的情形，则计划员应启动 "重排计划建议" (Reschedule Suggestion) 功能模块以调整计划实施决策。这时，计划员可以通过观察

视频讲解

新变量 "建议调整量" (Change Suggest) 的数值来决定采取何种调整措施，以使该物料所有期别 PAB 位于区间 [SS，SS+LS] 之内并尽量趋于 SS。在考虑这些调整建议后，计划员才会人工下达订单，这也是下一期滚动排程的资料来源之一。建议调整量的计算公式见公式 (3-3)，其计算结果、内涵及相应调整措施建议见表 3-25。

$$\text{Change Suggest}(t) = \begin{cases} SS-PAB(t) & PAB(t)<SS \\ 0 & SS \leqslant PAB(t)<SS+LS \\ SS-PAB(t) & PAB(t) \geqslant SS+LS \end{cases} \quad (3-3)$$

表 3-25　建议调整量的结果、内涵及相应调整措施建议

结果	内　涵	相应调整措施建议		
		前期 SR 或 FPO	当期 SR 或 FPO	后期 SR 或 FPO
正	希望当期增加供给	增加数量或减速延迟	增加数量	加速提前
零	希望当期维持不变	无	无	无
负	希望当期减少供给	消减数量	消减数量或延迟	无

由于在上文 FPO 案例中，$PAB(t)<SS$ 和 $PAB(t) \geqslant SS+LS$ 的情形都已经出现，故在进行第二周实际业务之前，计划员应该给出重排计划建议，并根据相应建议措施调整部分实际业务。但是请注意：假设因前面某期别 Change Suggest(t) 计算结果非零而采取了建议措施，此时，若后面期别 Change Suggest(t) 的计算仍仅依据上文公式 (3-3)，则无法及时体现新建议措施可能对 MRP 计划造成的影响；这意味着后面期别 Change Suggest(t) 的计算结果也将随之失真，不能真实反映在已采取前述建议措施基础上应该进一步采取何种措施。所以实际应用时，Change Suggest(t) 公式并非如此简单，而是前、后期数据紧密关联，参见公式 (3-4) 和公式 (3-5)。其中，将 Change Suggest 简写为 Cha.Sug；并且为与原 PAB 值区分，将采纳建议措施后应得 PAB 值定义为 "Sim. PAB"。注意：i 从 1 至 $t-1$ 意为 i 从首期至 $t-1$ 期。

$$\text{Cha.Sug}(t) = \begin{cases} SS - PAB(t) - \sum_{i=1}^{t-1} \text{Cha.Sug}(i) & PAB(t) + \sum_{i=1}^{t-1} \text{Cha.Sug}(i) < SS \\ 0 & SS \leqslant PAB(t) + \sum_{i=1}^{t-1} \text{Cha.Sug}(i) < SS + LS \\ SS - PAB(t) - \sum_{i=1}^{t-1} \text{Cha.Sug}(i) & PAB(t) + \sum_{i=1}^{t-1} \text{Cha.Sug}(i) \geqslant SS + LS \end{cases} \quad (3\text{-}4)$$

$$\text{Sim.PAB}(t) = PAB(t) + \sum_{i=1}^{t} \text{Cha.Sug}(i) \quad (3\text{-}5)$$

针对表 3-21 数据，用公式 (3-4) 和公式 (3-5) 可计算各 MPS 物料重排计划建议，见表 3-26。对于表 3-22 中的数据，同样可计算 MRP 物料重排计划建议，见表 3-27。在参考重排计划建议计算结果基础上，需仔细分析，并慎重采取相应措施调整部分与 SR 和 FPO 相关的实际业务。为凸显重排计划建议将会对第二周实际业务进行的调整以及对相应滚动逻辑和下次 (即第三次)MRP 运作的影响，此处将先依原本设想的第二周实际业务进行原本设想的第三次 MRP 的运作，以此作为对照。

表 3-26　设定 FPO 之第二次 MRP 运作后 MPS 物料的重排计划建议结果

Periods	Due	2	3	4	5	6	7	8	9	10	11	12	13
X(LT=1)	OH=	500	AL=	0	SS=	150	LSR=	LFL	MIN=	400	ZL=	1	
SR	0	400											
PAB		500	−100	300	300	500	200	500	400	400	500	300	500

续表

Periods	Due	2	3	4	5	6	7	8	9	10	11	12	13
PORC		0	0*	400*	0	400	0	400	0	400	400	0	400
POR	0	0*	400*	0	400	0	400	0	400	400	0	400	0
Cha.Sug		0	250	−400	0	0	100	0	0	0	0	0	0
Sim.PAB		500	150	150	150	350	150	450	350	350	450	250	450
Y(LT=1)	OH=	260	AL=	0	SS=	100	LSR=	LFL	MIN=	180	ZL=	1	
SR	0	180											
PAB		440	340	320	220	200	100	100	180	160	240	220	200
PORC		0	0*	180*	0	180	0	200	180	180	180	180	180
POR	0	0*	180*	0	180	0	200	180	180	180	180	180	0
Cha.Sug		−340	100	20	100	20	100	0	0	0	0	0	0
Sim.PAB		100	100	100	100	100	100	100	180	160	240	220	200

表 3-27 设定 FPO 之第二次 MRP 运作后 MRP 物料的重排计划建议结果

Periods	Due	2	3	4	5	6	7	8	9	10	11	12	13
A(LT=2)	OH=	215	AL=	180	SS=	0	LSR=	LFL	MIN=	180	ZL=	1	
SR	0	0	180										
PAB		35	35	35	35	35	15	15	15	15	15	15	15
PORC		0	0	0	180	0	180	180	180	180	180	180	0
POR	0	0	180	0	180	180	180	180	180	180	0	0	0
Cha.Sug		0	0	0	0	0	0	0	0	0	0	0	0
Sim.PAB		35	35	35	35	35	15	15	15	15	15	15	15
B(LT=2)	OH=	1200	AL=	980	SS=	0	LSR=	LFL	MIN=	800	ZL=	1	
SR	0	0	940										
PAB		220	180	180	0	620	440	260	80	0	0	0	0
PORC		0	0	0	800	800	800	0	800	900	0	800	0
POR	0	0	800	800	800	0	800	900	0	800	0	0	0
Cha.Sug		0	0	0	0	0	0	0	0	0	0	0	0
Sim.PAB		220	180	180	0	620	440	260	80	0	0	0	0

续表

Periods	Due	2	3	4	5	6	7	8	9	10	11	12	13
C(LT=3)	OH=	1195	AL=	580	SS=	0	LSR=	LFL	MIN=	800	ZL=	1	
SR	0	0	0	800									
PAB		605	15	805	215	205	395	205	415	625	435	645	635
PORC		0	0	0	0	0	800	0	800	800	0	800	0
POR	0	0	0	800	0	800	800	0	800	0	0	0	0
Cha.Sug		0	0	−805	590	10	0	0	0	0	0	0	0
Sim.PAB		605	15	0	0	0	190	0	210	420	230	440	430
D(LT=2)	OH=	560	AL=	235	SS=	0	LSR=	LFL	MIN=	400	ZL=	1	
SR	0	0	400										
PAB		325	525	325	125	125	325	100	100	300	300	300	300
PORC		0	0	0	0	0	400	0	0	400	0	0	0
POR	0	0	0	0	400	0	0	400	0	0	0	0	0
Cha.Sug		0	−525	200	200	0	0	25	0	0	0	0	0
Sim.PAB		325	0	0	0	0	200	0	0	200	200	200	200
E(LT=2)	OH=	555	AL=	180	SS=	0	LSR=	LFL	MIN=	600	ZL=	1	
SR	0	0	0										
PAB		375	195	195	15	435	255	75	495	315	315	315	315
PORC		0	0	0	0	600	0	0	600	0	0	0	0
POR	0	0	0	600	0	0	600	0	0	0	0	0	0
Cha.Sug		0	0	0	0	0	0	0	0	0	0	0	0
Sim.PAB		375	195	195	15	435	255	75	495	315	315	315	315

二、原本设想的第三次 MRP 运作

（一）原本设想的第二周实际业务

在设定 FPO 之第二次 MRP 运作结果基础上，原本设想的第二周实际业务为：

视频讲解

(1) 各物料首期 (即第 2 期)POR(含前次已固定为 FPO 之 POR) 将被正式发放。

(2) 各物料首期 (即第 2 期)SR 正常收料，且各物料均无因质量缺陷而报废的情形。

(3) 各物料均无因意外使用而消耗库存的情况。

(4) 到期客户订单按时完成，并且客户已从仓库中足额提货。

(5) 产品 X 和 Y 第 14 期新增 GR 都为 200，而 C 第 14 期新增独立需求 10。

(6) 不再增设新的固定计划订单。

（二）滚动逻辑讲解（原本设想的第二周实际业务对第三次 MRP 运作的影响）

(1) 各物料 POR 发放引发该物料 SR 及相应子件 AL 新增情况。根据上述第 1 项实际业务并参考设定 FPO 之第二次 MRP 运作结果的 MPS 和 MRP 报表 (即表 3-21 和表 3-22)，可知各物料发放对象 POR(2)(含 FPO 状态) 都为 0，相应 SR 新增及相应子件 AL 新增总量也都为 0，参见表 3-28。

表 3-28　原本设想的第二周各物料 POR 发放转 SR 详情及相应子件 AL 新增总量

物料	X	Y	A	B	C	D	E
POR 发放详情	POR(2)=0	POR(2)=0	POR(2)=0	POR(2)=0	POR(2)=0	POR(2)=0	POR(2)=0
SR 新增详情	SR(3)=0	SR(3)=0	SR(4)=0	SR(4)=0	SR(5)=0	SR(4)=0	SR(4)=0
子件 AL 新增总量			0	0	0	0	0

(2) 各物料原有 SR 收料及相应子件保留量 AL 冲销情况。依第 2 项实际业务并参考设定 FPO 之第二次 MRP 运作结果，只有物料 X 和 Y 的第 2 期 SR 正常入库且其中无残次报废，SR 收料详情及子件 AL 冲销总量见表 3-29。

表 3-29　原本设想的第二周各物料 SR 收料详情及相应子件 AL 冲销总量

物料	X	Y	A	B	C	D	E
SR 收料详情	SR(2)=400	SR(2)=180	SR(2)=0	SR(2)=0	SR(2)=0	SR(2)=0	SR(2)=0
收料中报废量	0	0	0	0	0	0	0
子件 AL 冲销总量			180	800	580	0	0

(3) 原本设想的下次 MRP 运作时各物料 OH、AL 和 SR 的变化情况。根据以上分析，可将各物料 SR 增、减变化汇总至表 3-30。再综合第 3 项和第 4 项实际业务，运用公式 (3-1) 和 (3-2) 即可求出下次 MRP 运作时各物料 OH 和 AL 值，见表 3-31。

表 3-30　原本设想的第三次 MRP 运作各物料 SR 的增、减变化情况

物料	X	Y	A	B	C	D	E
SR 新增	SR(3)=0	SR(3)=0	SR(4)=0	SR(4)=0	SR(5)=0	SR(4)=0	SR(4)=0
SR 消减	SR(2)=400	SR(2)=180	SR(2)=0	SR(2)=0	SR(2)=0	SR(2)=0	SR(2)=0

表 3-31　原本设想的第三次 MRP 运作各物料 OH 和 AL 取值情况

	上周 AL	上周 OH	SR 收料	SR 报废	AL 冲销	意外 消耗	订单 取货	这周 OH	POR 发放	AL 新增	本周 AL
X	0	500	400	0		0	400	500	0		0
Y	0	260	180	0		0	0	440	0		0
A	180	215	0	0	180	0	0	35	0	0	0
B	980	1200	0	0	800	0	0	400	0	0	180
C	580	1195	0	0	580	0	10	605	0	0	0
D	235	560	0	0	0	0	0	560	0	0	235
E	180	555	0	0	0	0	0	555	0	0	180

(4) MPS 物料 GR 变动的情况。依第 5 项业务更新表 3-13 得表 3-32。

表 3-32　原本设想的第三次 MRP 运作时各 MPS 物料 GR 数据

期别	Due	3	4	5	6	7	8	9	10	11	12	13	14
X	0	600	0	0	200	300	100	100	400	300	200	200	**200**
Y	0	100	200	100	200	100	200	100	200	100	200	200	**200**

(5) MRP 物料独立需求变动的情况。依第 5 项业务更新表 3-14 得表 3-33。

表 3-33　原本设想的第三次 MRP 运作时 MRP 物料独立需求数据

期别	Due	3	4	5	6	7	8	9	10	11	12	13	14
物料 C	0	10	10	10	10	10	10	10	10	10	10	10	**10**

(6) 固定计划订单 FPO 的变化。由第 1 项业务知 FPO 之 $POR_X(2)$ 和 $POR_Y(2)$ 已发放；又由第 6 项业务知不再新设 FPO，故下次 MRP 运作时只剩 FPO 之 $POR_X(3)$ 和 $POR_Y(3)$，参见表 3-34。

（三）原本设想的第三次 MRP 运作的 MPS/MRP 报表

原本设想的第三次 MRP 运作的 MPS 报表和 MRP 报表分别参见表 3-34 和表 3-35。

表 3-34　原本设想的第三次 MRP 运作的 MPS 报表

Periods	Due	3	4	5	6	7	8	9	10	11	12	13	14
X(LT=1)	OH=	500	AL=	0	SS=	150	LSR=	LFL	MIN=	400	ZL=	1	
GR	0	600	0	0	200	300	100	100	400	300	200	200	200
SR	0	0											
POH		−100	300	700	500	200	100	400	0	100	300	100	300
PAB		300	700	700	500	200	500	400	400	500	300	500	300

Periods	Due	3	4	5	6	7	8	9	10	11	12	13	14
NR		250	0	0	0	0	50	0	150	50	0	50	0
PORC		400	400*	0	0	0	400	0	400	400	0	400	0
POR	400	400*	0	0	0	400	0	400	400	0	400	0	0
Y(LT=1)	OH=	440	AL=	0	SS=	100	LSR=	LFL	MIN=	180	ZL=	1	
GR	0	100	200	100	200	100	200	100	200	100	200	200	200
SR	0	0											
POH		340	140	220	20	100	−100	0	-20	60	40	20	0
PAB		340	320	220	200	100	100	180	160	240	220	200	180
NR		0	0	0	80	0	200	100	120	40	60	80	100
PORC		0	180*	0	180	0	200	180	180	180	180	180	180
POR	0	180*	0	180	0	200	180	180	180	180	180	180	0

表 3-35　原本设想的第三次 MRP 运作的 MRP 报表

Periods	Due	3	4	5	6	7	8	9	10	11	12	13	14
A(LT=2)	OH=	35	AL=	0	SS=	0	LSR=	LFL	MIN=	180	ZL=	1	
GR	0	180	0	180	0	200	180	180	180	180	180	180	0
SR	0	180	0										
POH		35	35	−145	35	−165	−165	−165	−165	−165	−165	−165	15
PAB		35	35	35	35	15	15	15	15	15	15	15	15
NR		0	0	145	0	165	165	165	165	165	165	165	0
PORC		0	0	180	0	180	180	180	180	180	180	180	0
POR	0	180	0	180	180	180	180	180	180	180	0	0	0
B(LT=2)	OH=	400	AL=	180	SS=	0	LSR=	LFL	MIN=	800	ZL=	1	
GR	800	1780	0	180	180	980	180	980	980	180	800	0	0
SR	0	940	0										
POH		−620	180	0	−180	−360	260	−720	−900	−180	−180	620	620
PAB		180	180	0	620	440	260	80	0	620	620	620	620
NR		620	0	0	180	360	0	720	900	180	180	0	0
PORC		800	0	0	800	800	0	800	900	800	800	0	0
POR	800	0	800	800	0	800	900	800	800	0	0	0	0

Periods	Due	3	4	5	6	7	8	9	10	11	12	13	14
C(LT=3)	OH=	605	AL=	0	SS=	0	LSR=	LFL	MIN=	800	ZL=	1	
In.Dmd	0	10	10	10	10	10	10	10	10	10	10	10	10
GR	400	990	10	190	10	610	190	590	590	190	590	190	10
SR	0	0	800	0									
POH		−385	1205	1015	1005	395	205	−385	−175	435	−155	455	445
PAB		415	1205	1015	1005	395	205	415	625	435	645	455	445
NR		385	0	0	0	0	0	385	175	0	155	0	0
PORC		800	0	0	0	0	0	800	800	0	800	0	0
POR	800	0	0	0	800	800	0	800	0	0	0	0	0
D(LT=2)	OH=	560	AL=	235	SS=	0	LSR=	LFL	MIN=	400	ZL=	1	
GR	200	200	200	200	0	200	225	200	200	0	0	0	0
SR	0	400											
POH		525	325	125	125	−75	100	−100	100	100	100	100	100
PAB		525	325	125	125	325	100	300	100	100	100	100	100
NR		0	0	0	0	75	0	100	0	0	0	0	0
PORC		0	0	0	0	400	0	400	0	0	0	0	0
POR	0	0	0	400	0	400	0	0	0	0	0	0	0
E(LT=2)	OH=	555	AL=	180	SS=	0	LSR=	LFL	MIN=	600	ZL=	1	
GR	0	180	180	180	180	180	180	180	180	180	0	0	0
SR	0	0	180										
POH		195	195	15	−165	255	75	−105	315	135	135	135	135
PAB		195	195	15	435	255	75	495	315	135	135	135	135
NR		0	0	0	165	0	0	105	0	0	0	0	0
PORC		0	0	0	600	0	0	600	0	0	0	0	0
POR	0	0	600	0	0	600	0	0	0	0	0	0	0

三、第二次 MRP 运作后的重排计划建议方案

根据表 3-26 和表 3-27 中各物料前 (LT_j+2) 期 Cha.Sug，可得重排建议方案如下：

(1) 对 MPS 物料 X，观察前三期。$Cha.Sug_X(2)=0$ 意味着首期 (第 2 期) 希望维持不变，无需采取调整措施。$Cha.Sug_X(3)=250$ 意味着第 3 期希望能够增加供给 250。而 $Cha.Sug_X(4)=-400$ 意味着"在第 3 期增加供给 250 前提下，希望第 4 期能减少供给 400"。观察其 SR 和 FPO 有关设定发现：除 $SR_X(2)=400$ 外，还有设为 FPO 的 $POR_X(2)=0$ 和 $POR_X(3)=400$，相应的 $PORC_X(3)=0$ 和 $PORC_X(4)=400$

视频讲解

被固定。为达到第 3 期增加供给且第 4 期减少供给的意愿，参考表 3-25 相应调整措施建议，可考虑将原本第 4 期期末才应完工到货的 $PORC_X(4)=400$ 提前至第 3 期期末完成，因现已处于第 2 周周末且发单需要提前 1 周，所以现在需将原本最迟第三周周末发单的固定为 FPO 之 $POR_X(3)=400$ 提前至第二周周末，并与原 FPO 之 $POR_X(2)=0$ 合并发单。如此一来，下次 MRP 运作时，将不再剩有任何 FPO，并且第 3 期的 SR 将由原来的 $SR_X(3)=0$ 转变为 $SR_X(3)=400$。

(2) 对 MPS 物料 Y，前三期 Cha.Sug 数据表明"首期 (第 2 期) 希望减少供给 340，且第 3、4 期分别少量增加供给 100 和 20"。其 SR 仅有 $SR_Y(2)=180$；FPO 设定有 $POR_Y(2)=0$ 和 $POR_Y(3)=180$，相应的 $PORC_Y(3)=0$ 和 $PORC_Y(4)=180$ 被固定。为达到首期 (第 2 期) 大量减少供给并且第 3、4 期少量增加供给的目的，参考表 3-25，可考虑在 FPO 之 $POR_Y(2)=0$ 正常处理情况下，将本来第 2 期期末就应完工到货的 $SR_Y(2)=180$ 延迟至第 3 期期末完成，并取消 $POR_Y(3)=180$ 的 FPO 设置，相应 $PORC_Y(4)$ 取消固定。这样，下次 MRP 运作时不再剩有任何 FPO；$SR_Y(2)=180$ 延迟一期后与 FPO 之 $POR_Y(2)=0$ 正常处理 / 发单将合并形成 $SR_Y(3)=180$。

(3) 对 MRP 物料 A 和 B，它们前四期 Cha.Sug 都为 0，无需采取调整措施。

(4) 对 MRP 物料 C，前五期 Cha.Sug 数据表明"首期 (第 2 期) 和第 3 期希望维持不变，第 4 期希望减少供给 805，而第 5 又希望增加供给 590，第 6 期希望再增加供给 10"。其 SR 设定只有 $SR_C(4)=800$，并且无 FPO。为达到第 4 期减少供给并且第 5、6 两期增加供给的目的，参考表 3-25，可考虑将本应第 4 期期末完工到货的 $SR_C(4)=800$ 延迟至第 5 期期末完成。如此一来，$SR_C(4)=800$ 将在下次 MRP 运作时转变为 $SR_C(5)=800$。

(5) 对 MRP 物料 D，前四期 Cha.Sug 数据表明"首期 (第 2 期) 希望维持不变，第 3 期希望减少供给 525，而第 4、5 期都希望增加供给 200"。其 SR 设定只有 $SR_D(3)=400$，并且无 FPO。为达到第 3 期减少供给且第 4、5 两期增加供给，参考表 3-25，可考虑将本来第 3 期期末应完工到货的 $SR_D(3)=400$ 延迟至第 4 期期末完成。如此一来，$SR_D(3)=400$ 将在下次 MRP 运作时转变为 $SR_D(4)=400$。

(6) 对物料 E，前四期 Cha.Sug 数据都为 0，无须采取调整措施。

四、采纳重排建议方案后修正第三次 MRP 运作

（一）依据重排建议方案对原本设想的第二周实际业务进行的修正

视频讲解

由上述重排建议方案可知对原本设想的第二周实际业务还需补充以下修正：

(1) 将原 FPO 之 $POR_X(3)=400$ 提前至第二周周末前发单。

(2) 将原本第 2 期期末应完工到货的 $SR_Y(2)=180$ 延迟至第 3 期期末完成。

(3) 将原本第 4 期期末应完工到货的 $SR_C(4)=180$ 延迟至第 5 期期末完成。

(4) 将原本第 3 期期末应完工到货的 $SR_D(3)=400$ 延迟至第 4 期期末完成。

(5) 取消原 $POR_Y(3)=180$ 的 FPO 设定，取消相应 $PORC_Y(4)=180$ 的固定。

（二）滚动逻辑讲解（修正后第二周所有业务对第三次 MRP 运作的影响）

（1）各物料 POR 发放引发该物料 SR 及相应子件 AL 新增情况。在表 3-28 的基础上，依第 1 项修正业务可知：物料 X 第 2 周将发放 400，相应形成 X 第 3 周的 SR 并引发子件 B 的 AL 新增 800 和子件 C 的 AL 新增 400，修正后结果见表 3-36。

表 3-36　修正后的第二周各物料 POR 发放转 SR 详情及相应子件 AL 新增总量

物　料	X	Y	A	B	C	D	E
POR 发放详情	POR(2)=400	POR(2)=0	POR(2)=0	POR(2)=0	POR(2)=0	POR(2)=0	POR(2)=0
相应 SR 新增详情	SR(3)=400	SR(3)=0	SR(4)=0	SR(4)=0	SR(5)=0	SR(4)=0	SR(4)=0
子件 AL 新增总量	—	—	0	800	400	0	0

（2）各物料原有 SR 收料及相应子件保留量 AL 冲销情况。在表 3-29 基础上，依第 2 项修正业务延迟物料 Y 的 SR(2) 入库，只剩下物料 X 的 SR(2) 入库，相应只有子件 B 保留量被冲销 800 和子件 C 保留量被冲销 400，修正后结果见表 3-37。

表 3-37　修正后的第二周各物料 SR 收料详情及相应子件 AL 冲销总量

物　料	X	Y	A	B	C	D	E
SR 收料详情	SR(2)=400	SR(2)=0	SR(2)=0	SR(2)=0	SR(2)=0	SR(2)=0	SR(2)=0
收料中报废量	0	0	0	0	0	0	0
子件 AL 冲销总量	—	—	0	800	400	0	0

（3）修正后下次 MRP 运作时各物料 OH、AL 和 SR 的变化情况。对该环节来说，除了第 5 项修正业务之外，其他四项修正业务都将产生影响。

① 由表 3-36 知第 1 项提前发单的修正业务将引发物料 X 新增 SR(3)=400。

② 第 2 项修正业务对该环节的影响需特别注意：由表 3-37 可知第 2 项修正业务虽未影响原 $SR_X(2)=400$ 的收料及相应子件 AL 的冲销，但延迟了原 $SR_Y(2)=180$ 的收料及相应子件 AL 的冲销，这反映在 SR 增减变化上应是消减 $SR_Y(2)=180$ 但新增 $SR_Y(3)=180$，该消减是缘于延迟而非完工入库。若不做该消减，下次 MRP 运作时因首期已变成第 3 期，导致 $SR_Y(2)=180$ 易被误解为逾期量。前文指明 $SR_Y(0)=180$ 应该是第 2 周交货欠缺 180 的执行反馈数据，与此"故意推迟一周完工"内涵完全不同。故 $SR_Y(2)=180$ 必须被消减并且新增 $SR_Y(3)=180$。

③ 第 3 项延迟业务将导致物料 C 新增 SR(5)=180 且消减原 SR(4)=180。

④ 第 4 项延迟业务将导致物料 D 新增 SR(4)=400 且消减原 SR(3)=400。

以上分析结果汇总至表 3-38。读者也可以通过对比原本设想的第三次 MRP 运作与修正后的第三次 MRP 运作的最终结果，观察重排建议方案对该环节的影响。

表 3-38　修正后的第三次 MRP 运作时各物料 SR 的增、减变化情况

物料	X	Y	A	B	C	D	E
新增 SR	SR(3)=400	SR(3)=180	SR(4)=0	SR(4)=0	SR(5)=180	SR(4)=400	SR(4)=0
消减 SR	SR(2)=400	SR(2)=180	SR(2)=0	SR(2)=0	SR(4)=180	SR(3)=400	SR(2)=0

依上述分析，运用公式 (3-1) 和公式 (3-2) 可求出修正后各 OH 和 AL 值，见表 3-39。

表 3-39   修正后的第三次 MRP 运作各物料 OH 和 AL 取值情况

	上周 AL	上周 OH	SR 收料	SR 报废	AL 冲销	意外 消耗	订单 取货	本周 OH	POR 发放	AL 新增	本周 AL
X	0	500	400	0		0	400	500	400		0
Y	0	260	0	0		0	0	260	0		0
A	180	215	0	0	0	0	0	215	0	0	180
B	980	1200	0	0	800	0	0	400	0	800	980
C	580	1195	0	0	400	0	10	785	0	400	580
D	235	560	0	0	0	0	0	560	0	0	235
E	180	555	0	0	0	0	0	555	0	0	180

(4) MPS 物料 GR 变动情况。此项无修正业务，故表 3-40 与表 3-32 相同。

表 3-40   修正后的第三次 MRP 运作时各 MPS 物料的 GR 数量

期别	Due	3	4	5	6	7	8	9	10	11	12	13	14
X	0	600	0	0	200	300	100	100	400	300	200	200	**200**
Y	0	100	200	100	200	100	200	100	200	100	200	200	**200**

(5) MRP 物料独立需求变动情况。无修正业务，故表 3-41 与表 3-33 相同。

表 3-41   修正后的第三次 MRP 运作时 MRP 物料独立需求数据

期别	Due	3	4	5	6	7	8	9	10	11	12	13	14
物料 C	0	10	10	10	10	10	10	10	10	10	10	10	**10**

(6) 固定计划订单 FPO 的变化。修正前，保留为 FPO 的只有 $POR_X(3)$ 和 $POR_Y(3)$，相应 $PORC_X(4)$ 和 $PORC_Y(4)$ 被固定。现在依修正业务 1，FPO 之 $POR_X(3)=400$ 已提前发单，相应 $PORC_X(4)$ 提前一期转为 $SR_X(3)=400$；而依修正业务 5，$POR_Y(3)$ 取消 FPO，相应取消 $PORC_Y(4)$ 的固定。所以修正后的 MRP 运作中已不再有 FPO。

（三）依重排方案修正后第三次 MRP 运作的 MPS 和 MRP 报表

根据重排建议方案对原本设想的第二周实际业务修正的分析与计算，可修正第三次 MRP 运作，其 MPS 和 MRP 结果参见表 3-42 和表 3-43。观察表 3-34 和表 3-35 原本设想的第三次 MRP 运作结果，可以发现：在设定 FPO 之第二次 MRP 运作结果中已经存在某物料某期 $PAB(t)<SS$ 或 $PAB(t) \geqslant SS+LS$ 的情况下，如果除常规业务外不采取任何重排措施就直接进行下次 MRP 运作的话，将可能导致逾期紧急订单的产生或某期库存过多的情况发生。前者如表 3-34 中的 $POR_X(0)=400$ 以及表 3-35 中的 $POR_B(0)=800$ 和 $POR_C(0)=800$；后者如表 3-34 中的 $PAB_X(4)=700$ 与 $PAB_X(5)=700$，以及表 3-35 中的 $PAB_C(4)=1205$ 与 $PAB_D(3)=525$ 等。这些不良状况亟须改进。观察表 3-42 和表 3-43 修正后的第三次 MRP 运作结果可以发现：启用重排计划建议程序并采取相应适当修

正措施后，没有再出现逾期紧急订单，某期别库存过多情况也较少发生，此处仅剩 $PAB_Y(3)=340$ 和 $PAB_A(3)=215$ 两例。这说明重排计划建议程序确实是闭环式 MRP 系统应对外界多变商业环境 (如客户订单突变) 并且制订出优良计划的有力工具。

　　特别注意：上文案例中给出的重排计划建议并非最佳建议，因为仍存在 $PAB_Y(3)=340$ 和 $PAB_A(3)=215$ 两处库存过多情形。前者 $PAB_Y(3)=340$ 的库存过多可通过改善重排建议来降低，但是后者 $PAB_A(3)=215$ 的库存过多隐含了另一个深层原因。

表 3-42　依重排方案修正后的第三次 MRP 运作的 MPS 报表

Periods	Due	3	4	5	6	7	8	9	10	11	12	13	14
X(LT=1)	OH=	500	AL=	0	SS=	150	LSR=	LFL	MIN=	400	ZL=	1	
GR	0	600	0	0	200	300	100	100	400	300	200	200	200
SR	0	400											
POH		300	300	300	100	200	100	400	0	100	300	100	300
PAB		300	300	300	500	200	500	400	400	500	300	500	300
NR		0	0	50	0	50	0	150	50	0	50	0	
PORC		0	0	0	400	0	400	0	400	400	0	400	0
POR	0	0	0	400	0	400	0	400	400	0	400	0	0
Y(LT=1)	OH=	260	AL=	0	SS=	100	LSR=	LFL	MIN=	180	ZL=	1	
GR	0	100	200	100	200	100	200	100	200	100	200	200	200
SR	0	180											
POH		340	140	40	20	100	−100	0	−20	60	40	20	0
PAB		340	140	220	200	100	100	180	160	240	220	200	180
NR		0	0	60	80	0	200	100	120	40	60	80	100
PORC		0	0	180	180	0	200	180	180	180	180	180	180
POR	0	0	180	180	0	200	180	180	180	180	180	0	

表 3-43　依重排建议方案修正后的第三次 MRP 运作的 MRP 报表

Periods	Due	3	4	5	6	7	8	9	10	11	12	13	14
A(LT=2)	OH=	215	AL=	180	SS=	0	LSR=	LFL	MIN=	180	ZL=	1	
GR	0	0	180	180	0	200	180	180	180	180	180	180	0
SR	0	180	0										
POH		215	35	−145	35	−165	−165	−165	−165	−165	−165	−165	15
PAB		215	35	35	35	15	15	15	15	15	15	15	15
NR		0	0	145	0	165	165	165	165	165	165	165	0
PORC		0	0	180	0	180	180	180	180	180	180	180	0
POR	0	180	0	180	180	180	180	180	180	180	0	0	0
B(LT=2)	OH=	400	AL=	980	SS=	0	LSR=	LFL	MIN=	800	ZL=	1	

续表

Periods	Due	3	4	5	6	7	8	9	10	11	12	13	14
GR	0	180	0	980	180	980	180	980	980	180	800	0	0
SR	0	940	0											
POH		180	180	−800	−180	−360	260	−720	−900	−180	−180	620	620
PAB		180	180	0	620	440	260	80	0	620	620	620	620
NR		0	0	800	180	360	0	720	900	180	180	0	0
PORC		0	0	800	800	800	0	800	900	800	800	0	0
POR	0	800	800	800	0	800	900	800	800	0	0	0	0
C(LT=3)	OH=	785	AL=	580	SS=	0	LSR=	LFL	MIN=	800	ZL=	1	
In.Dmd	0	10	10	10	10	10	10	10	10	10	10	10	10
GR	0	10	190	590	10	610	190	590	590	190	590	190	10
SR	0	0	0	800									
POH		195	5	215	205	−405	205	−385	−175	435	−155	455	445
PAB		195	5	215	205	395	205	415	625	435	645	455	445
NR		0	0	0	0	405	0	385	175	0	155	0	0
PORC		0	0	0	0	800	0	800	800	0	800	0	0
POR	0	0	800	0	800	800	0	800	0	0	0	0	0
D(LT=2)	OH=	560	AL=	235	SS=	0	LSR=	LFL	MIN=	400	ZL=	1	
GR	0	200	200	200	0	200	225	200	200	0	0	0	0
SR	0	0	400										
POH		125	325	125	125	−75	100	−100	100	100	100	100	100
PAB		125	325	125	125	325	100	300	100	100	100	100	100
NR		0	0	0	0	75	0	100	0	0	0	0	0
PORC		0	0	0	0	400	0	400	0	0	0	0	0
POR	0	0	0	400	0	400	0	0	0	0	0	0	0
E(LT=2)	OH=	555	AL=	180	SS=	0	LSR=	LFL	MIN=	600	ZL=	1	
GR	0	180	0	180	180	180	180	180	180	180	0	0	0
SR	0	0	0										
POH		195	195	15	−165	255	75	−105	315	135	135	135	135
PAB		195	195	15	435	255	75	495	315	135	135	135	135
NR		0	0	0	165	0	0	105	0	0	0	0	0
PORC		0	0	0	600	0	0	600	0	0	0	0	0
POR	0	0	600	0	0	600	0	0	0	0	0	0	0

（四）重排计划建议案例讨论

寻求库存过多隐含深层原因前，先需简要分析 $PAB_Y(3)=340$ 库存过多的现象。对比表 3-34 和表 3-42，不难发现，将 $SR_Y(2)=180$ 延迟一周再收料的建议仅将在第三次 MRP 运作时应该已经转化为在库量的 $SR_Y(2)$ 仍保留为在途量状态 $SR_Y(3)$，就第 3 期的供应总量 $OH_Y+SR_Y(3)+SR_Y(0)$ 而言，重排建议方案采纳与否的结果是一样的，都是 440，所以必然会出现第 3 期库存仍然过多的现象。因此，若将原"$SR_Y(2)$ 延至第 3 期"重排建议更改为"$SR_Y(2)$ 延至第 4 期"就可解决此问题。

再来探讨 $PAB_A(3)=215$ 库存过多的现象。在表 3-27 中，物料 A 前四期 Cha.Sug 都为 0，这本意味前四期无需采取任何调整措施。遵循此建议为何仍然会出现 $PAB(t) \geq SS+LS$ 的情形呢？前文分析曾经指明 Cha.Sug(t) 计算公式考虑了前、后期数据的紧密联系，但它忽略了 MRP 物料父、子件之间的相关需求特性。试想：当父件采纳重排方案调整后，其 POR 结果可能改变，相关子件 GR 也将随之改变；此时各子件针对原 GR 数据计算得出的重排建议的参考价值也必然大打折扣。同样，由于调整时忽视相关需求特性，导致在将原 FPO 之 $POR_X(3)=400$ 提前至第二周发单时，未关注子件是否有足够的库存去满足这忽然提前的父件需求，从而出现 OH 居然小于 AL 的不当之处，参见表 3-43 中的 $(OH_B=400)<(AL_B=980)$。所以，高级 ERP 系统都具备模拟仿真功能，通过诸如 MPS 仿真或 MRP 仿真（调整措施针对 MPS 或 MRP 物料）等功能，借助于行动报告、例外报告或缺料报表等技术工具，让主计划员模拟各种建议方案并从中选优。行动报告分为两大类共七种：一类是对 SR 或 FPO 的重新排程建议，包括订单的提前、延迟、增加、减少和取消五种，正如上文所述。另一类是因物料的计划类属性设置而产生的对订单数量的调整，包括订单的倍数调整和最小订购量调整两种，这些在前文批量法则中有所讲解。例外报告是对 MRP 系统运作过程中，对基本资料正确性有疑问者的记录。MRP 系统例外报告包括下列信息：厂历资料不存在、件号不存在、缺少供货商或外包商资料、负的库存量、缺少制造物料的标准时间、缺乏制造或外包物料的材料表、订单数量超过最大订购量限度等。

以上详尽讲解了闭环式 MRP 复杂的动态逻辑。需再次特别提醒的是：为便于讲解案例，本节进行了一定简化。比如，"在父件某期 SR 收到入库的当期，才冲销原各子件相应部分的保留量"的假设，因为在企业实务中大多是子件领用的当期就冲销相应保留量，不过后文"倒冲入账作业"即是对应该假设情况。至于"MPS 物料的需求规划采用 MRP 逻辑，且前 4 期 GR 都仅取客户订单数量"的假设也是比较合理的，因为 MPS 物料的需求规划采用的逻辑与 MRP 逻辑非常类似，仅仅是 GR 的计算来源不同。这点在 MPS 章节讲解完之后非常容易理解。此处都将 MPS 物料的 GR 直接给出，故对案例无太大影响。

五、重排计划建议相关系列 Excel 仿真案例

重排计划建议原理的 Excel 仿真、原本设想的第三次 MRP 运作的 Excel 仿真以及重排修正后第三次 MRP 运作的 Excel 仿真的微课资源参见以下三个微课资源。

重排计划建议原理的 Excel 仿真

原设想第三次 MRP 运作的 Excel 仿真

重排修正后第三次 MRP 运作的 Excel 仿真

第四节　闭环式 MRP 系统的运行方法及衍生活动

一、闭环式 MRP 系统的运行方法

视频讲解

闭环式 MRP 系统运行方法指前后两次 MRP 运作时整体的关联方法，有再生法 MRP、净变法 MRP 和选择式 MRP 三种，参见图 3-4。从该图 MRP 程序界面可看出，与再生法 MRP 和净变法 MRP 只能选择特定 (范围) 的地点 (对应工厂) 不同，选择式 MRP 可让计划员选择特定 (范围) 的物料、

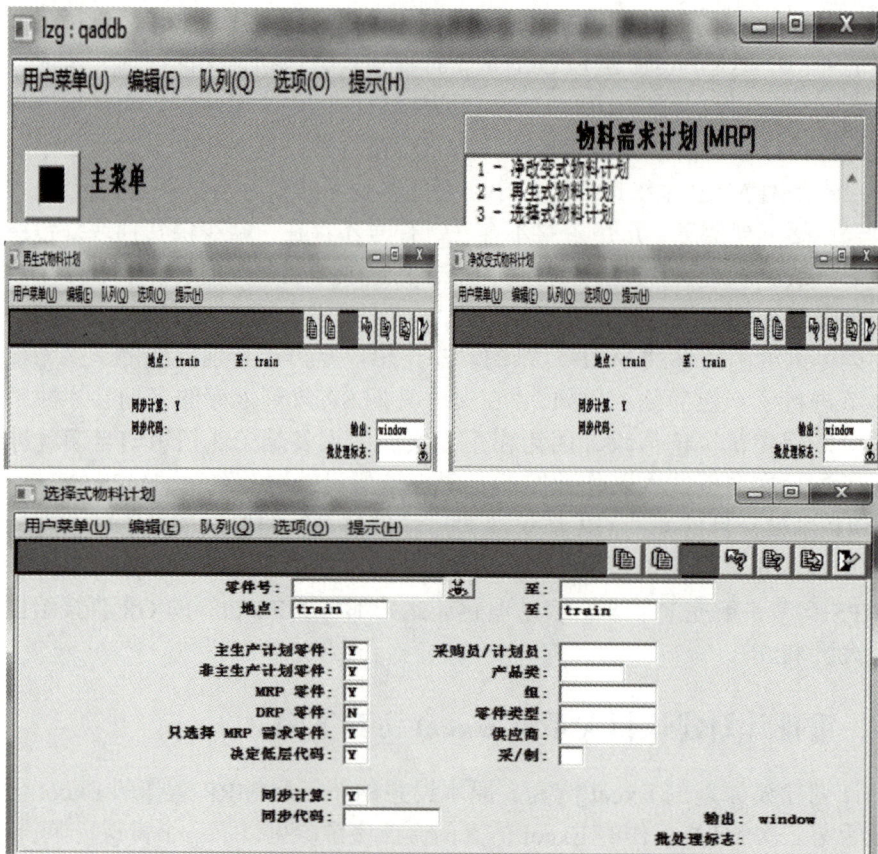

图 3-4　闭环式 MRP 系统的三种主要运行方法 (QAD 公司 ERP 软件示例)

特定 (范围) 的地点/工厂、特定种类的辅助选项等进行计划，尤其适合有多个计划员负责不同产品系列计划的复杂运作情形，或快速响应客户订单的情形。

以下重点分析再生法 MRP 和净变法 MRP 的异同。再生法 MRP 每次执行时，将所有 MPS 通过 BOM 展开计算所有下阶物料的需求计划并生成全新的 MRP 报表。净变法在每次执行时，都会在保留上次 MRP 结果的基础上，只处理两次 MRP 运作之间有变化的项目，并据此修改上次 MRP 结果为新的 MRP 报表。两者具体差异有以下三点，并因此通常结合起来使用。

(一) 再生法与净变法的主要差异

(1) 输入资料范围不同。再生法 MRP 每次执行时皆输入所有相关资料，如前文各案例。净变法 MRP 只处理上次 MRP 执行后有变动的资料，包括从上次到这次 MRP 运作之间任何有变动的 MPS、BOM、OH 和 SR，详情见后文。

(2) MRP 结果是否保留再使用。每次执行再生法 MRP，将重新产生一个全新的 MRP 报表，以往 MRP 报表将不会被系统保留使用。净变法 MRP 每次都会在保留上一次 MRP 报表的基础上，更新得到新的 MRP 报表。由于净变法 MRP 无法考虑次要小变化，故会给 MRP 结果带来不易察觉的小错误。虽然这些小错误对日常作业影响不大，但一旦错误积累超出可容忍范围，就需执行一次再生法 MRP 以消除错误。

(3) 执行频率不同。再生法 MRP 系统通常每周执行一次。而净变法通常每天或在异动发生时即刻执行。若每日批次执行，一天内所有变动资料须在净变法 MRP 执行前便搜集完成；若为实时处理，一有变动净变法 MRP 执行程序就会被触发。因净变法 MRP 处理数据范围很小，每次执行时间比再生法短得多，故其执行频率一般较高。在计算机性能越来越强大的今天，再生法 MRP 的执行也变得越来越频繁。

(二) 净变法 MRP 处理的变化

(1) 毛需求的改变。它既包括 MPS 物料的毛需求变动，也包括较低层次 MRP 物料因独立需求变动引发的毛需求变化。因 MPS 和 MRP 都是滚动式排程，每次执行时都有新一期滚入。只要新滚入数据不为零，就意味着毛需求有变化。另外，当客户订单改变或销售预测有修订时，MPS 物料毛需求也将改变。由于批量法则的应用，一个物料毛需求的变化并不一定导致其 POR 改变，该物料的子件及子件之子件的毛需求或许也可能保持不变。

(2) 在库量和在途量的变化。正常库存状态变动，如依制令单发料给现场，依外包单发料给供货商，计划订单发出时 POR 转为 SR，或收料时 SR 转为 OH 等，只是各种库存数量的冲转，并不会造成其他零件毛需求的改变。此时，个别材料的 MRP 报表可直接调整，故这些正常库存状态变动不在净变法考虑范围之内。但当发现库存中有瑕疵而需要调整 OH、供货商交货延迟而需要调整 SR、供应商订单交货数量有异常时，净变法 MRP 便要考虑这些变化。如果 OH 或 SR 等库存状态改变导致该材料 POR 和其他材料 GR 受到影响，这些变化在执行净变法时都要考虑在内。

(3) 材料表的变化。如果某物料 BOM 因设计变更而有了变化，整个计划期内，净变法 MRP 都会重新计算与 BOM 改变相关的物料的需求计划。比如，BOM 选用不同子件或更改单位用量，其下阶子件及子件之子件的需求计划都可能受到影响。

二、闭环式 MRP 系统的衍生活动

MRP 物料来源一般包括制造、采购、外包及调拨四种，MRP 报表依此衍生出相关活动。因采购和外包涉及供货与外包商管理，故先有请购活动。制造、采购、外包、调拨及请购五种活动使用的相关单据主要有如下八种：① 请购单 (Purchase Requisition，PR)；② 订购单 (Purchasing Order，PO)；③ 外包单 (Subcontracting Order，SC)；④ 制令单 (Manufacturing Order 或 Shop Order，MO)；⑤ 调拨单 (Transferring Order，TR)；⑥ 验收单 (Receiving Order，RC)；⑦ 领料单 (Picking Order，PK)；⑧ 完工单 (Manufacturing Finish Order，MF)。此处将使用数据流程图 (Data Flow Diagram，DFD) 说明上述各主要业务活动的数据流程。

1. 请购

请购是指相关部门授权采购部门在特定的时间内、购买特定数量的特定材料。闭环式 MRP 系统根据各物料 POR 产生请购建议表，通过工作流控制系统 (Work Flow Control，WFC) 传递给请购部门。请购人员据此修正和确认购买需求，然后再通过 WFC 将确认的请购资料传递至采购部门，其中每项请购资料即为一笔请购单 PR。

2. 采购

采购人员从 WFC 拿到请购单 PR 资料后，从数据库中的供货商价格文件中取得该材料的预设供货商及价格等。若采购人员决定改变供货商，可点选该文件中该材料的其他供货商，新报价将自动输入 PO 单 (不容许擅改价格)。采购部门确认数量、交期及供货商后转成订购单 PO 并传真至供货商。WFC 会将订购信息反馈给请购部门。此时，闭环式 MRP 系统中相关材料相应 PORC 转成 SR。供货商交料时，收料人员从 WFC 及闭环式 MRP 系统取得订购资料及质检规格，检验无误后完成验收程序。WFC 将验收资料传给闭环式 MRP 系统，更新库存状况，将 SR 转为 OH。采购作业相关数据流程图见图 3-5。

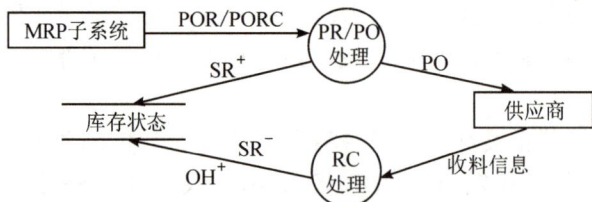

图 3-5 采购作业相关数据流程图

3. 外包

外包是将生产工作转包给外部厂商的一种作业。外包作业授权外包厂商在特定的时间内生产特定数量的特定产品。外包程序与采购程序相似，区别仅在于它有一个前期发料过程。发料过程中，系统对每张外包单 SC 产生一张领料单 PK，若有缺料则将缺料信息一并附在 PK 单上，其验收程序与采购收料相同。外包作业相关数据流程图参见图 3-6。

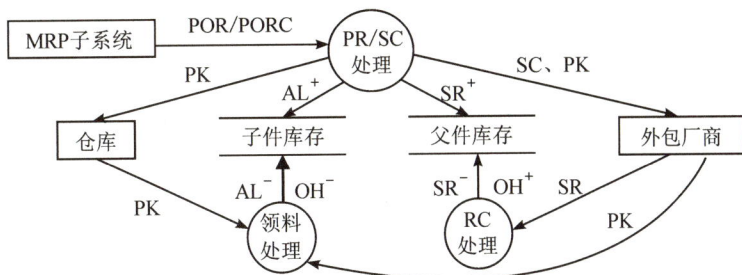

图 3-6 外包作业相关数据流程图

4. 调拨

调拨单是在特定时间内，将特定数量的特定零件从同一组织的某个单位调拨至另一个单位的文件。闭环式 MRP 系统根据 MRP 资料作出材料调入及调出的建议表，通过 WFC 系统经签核后通知调入及调出单位进行调拨作业。调拨作业相关数据流程图参见图 3-7。

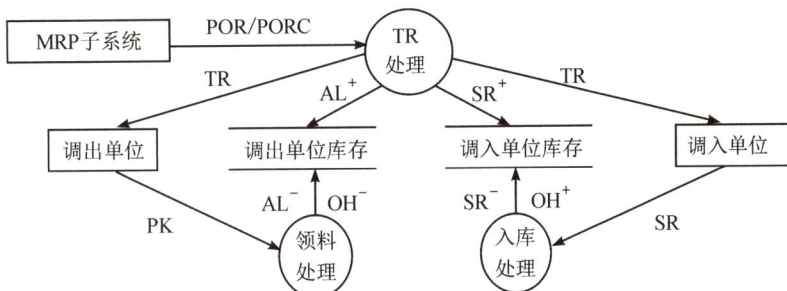

图 3-7 调拨作业相关数据流程图

5. 制令

制令单 MO 是授权制造单位在特定时间内制造特定数量的特定零件或产品的文件。系统依 MRP 自制物料的 POR 产生制造建议表，依据制造部门及计划日期顺序分类。制造部门利用制造建议表决定制令单的计划数量及开工、完工日期。系统同时对每一张制令单产生相关的领料单 PK，若有缺料则将缺料讯息一并附在 PK 单上。若需制造或检验规范，则由 WFC 系统一并附在 MO 上。以上所述单据及文件均为无纸化之电子文件。闭环式 MRP 系统发出 MO 时，系统在库存状态文件会增加父件的 SR 及子件的 AL 资料。领料时，系统减少子件的 OH 及 AL。制令单完工时，系统产生完工单 MF 并将父件 SR 转为 OH。制令作业相关数据流程图参见图 3-8。

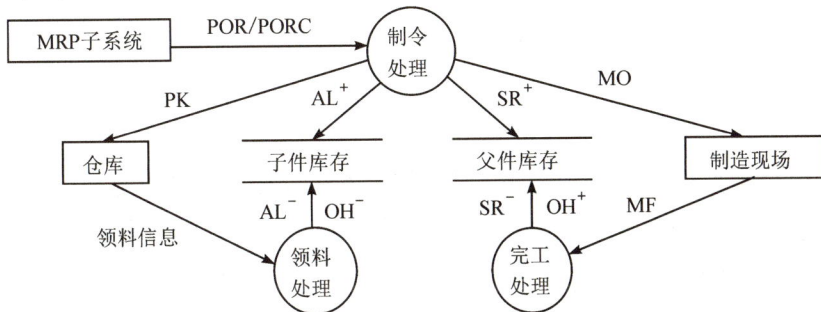

图 3-8 制令作业相关数据流程图

若制造前置时间足够短，例如在丰田公司常用的准时制生产 (Just-in-Time，JIT) 环境中，为了减少数据处理作业，可以采用倒冲入账的方法。也就是说，领料时不做数据处理，而在父件入库时，同时依 BOM 展开算出子件用量，再根据领料例外信息，更新子件的在库量。倒冲入账的相关数据流程图参见图 3-9。本章第一节案例中就采用了这种倒冲入账的方法。

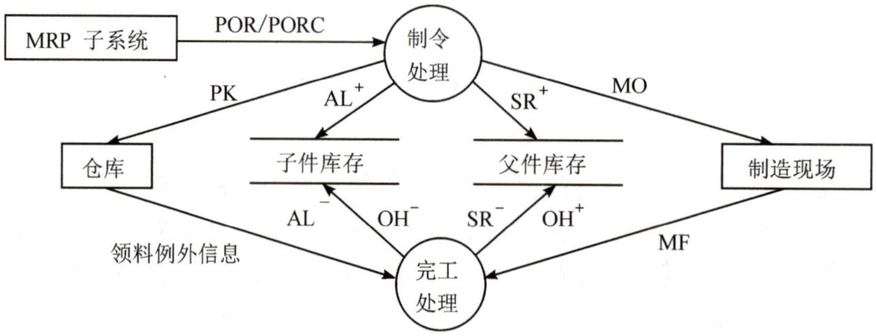

图 3-9　倒冲入账作业相关数据流程图

习　　题

一、单选题

1. 某子件 C 有直接父件 A 和 B，单位用量分别是一个 A 需要两个 C 以及一个 B 需要一个 C。若本周父件 A 和 B 分别有计划订单发出 POR 发放了 100 个和 150 个，请问子件 C 的保留量 AL 将新增（　　）个。

(A) 250　　　　　(B) 400　　　　　(C) 350　　　　　(D) 500

2. 某物料 A 上周在库量 OH 为 1000 个；本周该物料有在途量 SR 收货 500 个，其中报废品 20 个；另外该物料因订单交货而出库 600 个；那么本周物料 A 在库量 OH 是（　　）个。

(A) 900　　　　　(B) 880　　　　　(C) 1100　　　　　(D) 1080

3. 某物料 A 的上周在库量 OH 为 1000 个；本周该物料有在途量 SR 收货 200 个，其中报废品 10 个；另外，该物料在本周要因其父件的完工入库而消减掉保留量 AL 中的 300 个；该物料在生产父件过程中还有意料之外的消耗 20 个；最后该 MRP 物料 A 还有独立销售的 50 个货物出库，那么本周物料 A 的在库量 OH 是（　　）个。

(A) 850　　　　　(B) 840　　　　　(C) 820　　　　　(D) 900

二、判断题

1. (　　) 计划订单发出 POR、固订计划订单 FPO 和在途量 SR 都是材料补充计划；POR 一经发出就会变成 SR，同时产生下阶子件的保留量即对资源的承诺；而使用 FPO 技术可以使 MRP 稳定性得以提高的同时不会造成太早的资源被承诺。

2. (　　) 固定计划订单 FPO 应该用在一些特定计划订单 POR 上，而不是用在某个物料的整个计划订单排程，并可能导致预计可用量 PAB 小于安全库存 SS。

3. （ ）物料需求计划 MRP 是定期被执行的，每次执行时会产生新的材料需求文档，同时计划期间所涵盖时段往后平移一期，此即为滚动式排程。

4. （ ）实际业务中除了系统初次实施时原始库存信息的录入和每次依实际库存盘点结果直接调整了库存信息之外，每次 MRP 计划时各物料的多种库存状态信息都是建立在上次 MRP 计划资料基础上，结合该期间内实际业务并参照滚动逻辑形成的。

5. （ ）如果 MRP 系统不断异常变更，自身的可信度将会降低；这种 MRP 的过度变动称为 MRP 的不安定性。

6. （ ）用途表或"所用之处"查询列出某物料的所有父件，是材料表的正展。

7. （ ）当某物料某期别的计划订单发出 POR(t) 被定义为固定计划订单 FPO 时，它以及与它对应的计划订单收料 PORC($t+$LT) 的数量和期别都将被冻结，不允许计算机自动改变其内容，只有负责该物料的计划员才有权变更它。

8. （ ）对于"重排计划建议"功能模块来说，当某物料某期有负值的建议调整量结果时，意味着当期希望减少供给，相应的调整措施可以是前期的在途量 SR 或前期的固定计划订单 FPO 消减数量。

三、计算题

滚动逻辑案例：已知物料相互关系见表 3-44，请完全参照前文滚动逻辑案例（含隐含假设条件等），根据表 3-45 中的已知数据计算该表中其他空格的数据。

表 3-44 所有物料相关 BOM

父件	X	X	Y	Y	A	A	B
子件	B	C	A	C	B	E	D
单位用量 QP	2	1	1	1	1	1	0.25

表 3-45 下次 MRP 运作时各物料 OH 和 AL 取值计算

	上周 AL	上周 OH	SR 收料	SR 报废	AL 冲销	意外消耗	订单取货	本周 OH	POR 发放	AL 新增	本周 AL
X	0	200	400	0		0	100		400		
Y	0	180	180	0		0	150		180		
A	180	400	0	0		5	0		180		
B	800	1200	600	0		0	0		940		
C	580	1000	500	5		10	10		800		
D	200	400	400	10		20	0		400		
E	0	0	500	10		5	0		0		

四、绘图题

1. 绘制制令作业相关数据流程图。
2. 绘制倒冲入账作业相关数据流程图。

五、简答与思考题

1. 阐述用途表与溯源的区别。
2. 阐述计划订单发出 POR、固定计划订单 FPO 和在途量 SR 的异同。
3. 何时需要启动"重排计划建议"功能？其运作机理如何？
4. 阐述再生法和净变法之间的差异。

第四章　主生产计划 (MPS)

本章要点

- 主生产计划 (MPS) 相关的分期间订购点法、时区、时栅或时界的时间概念、可答应量。
- 单阶主生产计划的原理，尤其是"可答应量"的计算原理及其实现的算法流程。
- 多阶主生产计划的原理。
- 单阶/多阶 MPS 的 Excel 仿真与 ERP 软件案例。

第一节　单阶主生产计划

一、主生产计划 (MPS) 的原理

(一) 生产规划与主生产计划概述

主生产计划 (MPS) 是一种规划工具，主要用来协助管理者计划未来能做什么、该做什么。它是市场需求与工厂生产能力间的桥梁，可用来计划完成品的生产数量，使其一方面满足市场需求，另一方面也考虑工厂生产能力限制。如果能力与需求不匹配，它也能协助销售与制造单位的管理者在两者之间力求平衡，比如决定某些订单迟交或尽早建立某些库存。MPS 除规划完成品的生产时间和数量外，也可规划部件/组合件 (Assembly) 或模块 (Module) 的生产，例如订单组装 ATO 环境中的模块或关键部件，与产品群一样也是 MPS 的计划对象。MPS 除了能用来平衡生产能力与需求之外，也可作为各部门单位之间的协调工具，例如销售部门与制造部门协调生产负荷、在制造现场安排加班等。工厂中几乎所有部门的进程计划都源自 MPS，所以它才成为主生产计划。

在规模较大的公司，主生产计划未必是各种计划的源头，即在 MPS 之前可能还要先做生产规划 (Production Planning，PP)。生产规划 (PP) 是一种涵盖相当长时间，以产品群或标准产品/平均产品为规划对象，并考虑到市场趋势、产品设计、制程设计、设备扩充、资金需求、人力规模等策略性问题，用于准备资源以完成目标的总体规划

视频讲解

(Aggregate Planning)。其中针对产品群或标准产品/平均产品的内涵如下：首先，在一组相似产品组成的产品群中将销量最高的产品定义为标准产品，并依据生产其他产品与生产标准产品的难易程度对比来定义其他产品与标准产品的数量转换比，如将工时相对较多的某较难产品定义为 1.2 个标准产品；然后，根据市场需求规划未来每个时段产品群中各完成品所需数量；最后，将每个完成品数量乘以各自相对标准产品的转换比，合并后即得每个时段产品群或标准产品总需求。

除规划对象不同外，PP 与 MPS 在许多方面也有重大差异，参见表 4-1。

表 4-1　生产规划 PP 与主生产计划 MPS 的主要差异

	生产规划	主生产计划
规划对象	产品群或标准/平均产品	完成品或模块或部件
计划期间长度	一般至少一年以上	一季至一年
时段长度	月	周
对生产能力态度	视它为可变决策变量，可调整设备和人员	视它为约束限制条件，仅由加班或外包来微调
与何产能平衡	与资源需求规划相平衡	与粗能力需求计划相平衡

如何从生产规划的角度出发，制订出合理的主生产计划不在本书范围之内，有兴趣的读者可参考运营管理类书籍。注意：生产规划是一种总体规划(亦称集结计划)，故从生产规划到主生产计划的过程又称为散结过程。相对生产规划而言，主生产计划 MPS 是在考虑生产规划、预测、待交订单、关键材料、关键产能以及管理目标和政策的基础上，决定完成品(或者模块/部件)的生产排程及可答应量的程序，因此其应用的是分期间订购点法。

（二）分期间订购点法

分期间订购点法 (Time Phased Order Point，TPOP) 是一种处理独立需求性质产品库存补充的方法，它将未来时间分割成等长的时段，并依各期具体需求来规划补充订单。与同样是处理独立需求的再订购点法 ROP 相比，TPOP 更为优越。这是因为：① TPOP 将时间分割成许多时段，可考虑未来各期别的需求数量，并针对需求计划组织适当的生产补充订单，而 ROP 则只能考虑平均需求量；② 类似于 MRP 的 TPOP 可根据未来需求的变化重做计划，可确保计划跟踪变化，而 ROP 无法滚动编制计划以及时地应对需求变化；③ 有些材料同时有独立需求和相关需求，TPOP 可将这两种需求结合在一起处理，而 ROP 只适合处理独立需求。

此外，还需区分 TPOP 与 MRP。事实上，TPOP 逻辑与 MRP 逻辑绝大部分是类似的，但两者也有一个主要区别：TPOP 主要处理独立需求而 MRP 主要处理相关需求。TPOP 处理的各物料的 GR 来自于该物料自身的预测与订单，属独立需求来源；而 MRP 处理的各物料的 GR 来自于高阶父件 POR 的 BOM 展开，属相关需求来源。与 MRP 有时能在 GR 中处理自身独立需求一样，TPOP 有时也能在 GR 中处理相关需求。但不能因为这个就将 TPOP 与 MRP 混为一谈。详细的差异案例将在后文多阶 MPS 中进行讲解。

MPS 应用 TPOP 程序如何从预测与订单中得出 GR 值呢？这涉及 MPS 相关时间概念。

（三）MPS 相关时间概念

产品从计划、采购、投入到产出需要经历一个时间段，即存在提前期。而对计划的下达和修改会受到这个时间的约束，并且随着时间的推移，各个时间点对计划的影响力各有不同，因此，闭环式 MRP 系统引入了时区与时界概念。

1. 时区

时区是一段时间跨度。一般将整个计划期间分为三个时区：① 时区 1 是产品总装加工提前期的时间跨度，即从产品投入加工到产品加工完工的时间跨度；② 时区 2 是产品累计提前期内超过时区 1 之外的时间跨度，其中累计提前期为采购提前期与加工提前期之和，故它对应采购提前期；③ 时区 3 是整个计划期间 T 内超过时区 2 之外的时间跨度。

2. 时栅或时界

时栅或时界对应一时刻点。一般整个计划期间有需求时栅 (Demand Time Fence，DTF) 与计划时栅 (Planning Time Fence，PTF)。需求时栅是介于当前日期与计划时栅间的一个时刻点，常设于时区 1 与时区 2 的交界点或其附近。在 DTF 之前含确认的客户订单，只有经仔细分析和上级核准，MPS 计划才能更改。计划时栅又称计划确认时界 (Firm PTF，FPTF)，是介于 DTF 和计划末之间的一个时刻点，常设于时区 2 与时区 3 的交界点或附近。在 DTF 至 PTF 间包含实际及预测的订单，在 PTF 之后只取订单预测。以上变量关系见图 4-1。

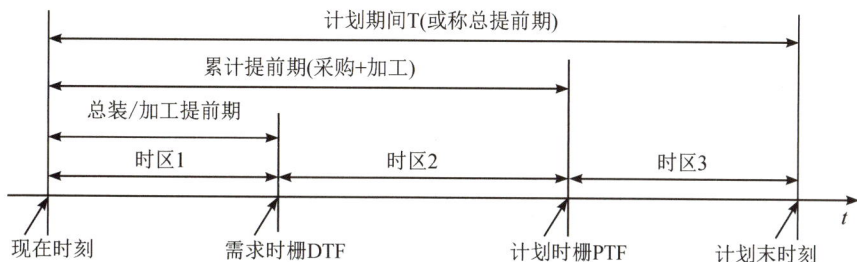

图 4-1　时区与时界关系图

在"现在时刻"，MPS 计划员一般不再接受交货日期在 DTF 之前的客户订单，因时间太紧迫，交货日期减去当前日期所得剩余加工时间小于正常生产所需时间。然而，计划员一般可接受交货日期在 DTF 之后的订单，因此时的时间还较充裕，剩余加工时间大于正常生产所需时间，若原料还有库存或去采购，可安排计划生产去满足订单。实际业务中大部分客户为避免过早预付订购资金，不会过早提交订单。所以，某次计划时计划员对 DTF 之后各期的预测常比已接收订单总量更能准确反映 DTF 之后各期别的真实需求。注意：也可能因为需求高涨原因导致交货日期在 DTF 至 PTF 之间的订单总量已经超过原有预测。所以，对 DTF 至 PTF 之间各期别，GR 取预测与实际订单总量的较大值。而对 PTF 之后的各期别，即使需求高涨，一般也不太可能在计划时订单总量就已超过预测。即使超过预测，也可在后续计划中等其期别移入 DTF 至 PTF 之间时再取订单总量这一较大值。所以，对 PTF 之后的各期别，GR 只取预测。通过以上分析可总结如下：① DTF 之前各期别的 GR 只取已确定的客户订单总量，因为现在已无法按时完成新订单 (除非有可答应量)；② DTF 至 PTF 之间各期别 GR 取预测与实际订单总量的较大值，若预测超过订单总量则表示可能尚有订单未到，若订单总量超过预测则表示预测偏低，可以按时完成订单总量；③ PTF 之后各期别 GR 只取预测，因为订单总量不太可能超过预测。除"现在时刻"视角外，计划员还可观察随着时间推移客户订单对预测的影响。此时，时间推移过程是实际客户订单逐渐取代或冲销预测数量的过程。

二、可答应量的原理与案例

（一）可答应量的原理

可答应量 (Available to Promise，ATP) 是公司库存及计划生产量中未被承诺的部分，通常显示在 MPS 报表中，以支持业务员，让他们能合理地向客户承诺订单的数量和交期。它仅出现在第 1 期以及所有"有 MPS 的期间"，而"有 MPS 的期间"是指某期至少出现一个大于 0 的 $SR(t)$、FPO 之 $PORC(t)$、$PORC(t)$ 的期间，MPS 计算见公式 (4-1)。

可答应量 ATP
原理与案例

ATP 的初始计算见公式 (4-2)，相关已承诺量的计算公式见公式 (4-3)。注意：各 MPS 报表中 MPS 的含义依软件设计思路不同可能会有不同，但都在 SR、FPO 之 PORC 和 PORC 的组合范围之内。

$$MPS(t) = SR(t) + FPO \text{ 之 } PORC(t) + PORC(t) \qquad 1 \leqslant t \leqslant T \qquad (4\text{-}1)$$

$$ATP(t) = \begin{cases} OH + SR(0) + MPS(1) - \text{逾期、第 1 期和其后连续无 MPS 各期的总承诺} & t=1 \\ IF(MPS(t) > 0, \ MPS(t) - \text{当期和其后连续无 MPS 各期总承诺} & 2 \leqslant t \leqslant T \end{cases} \qquad (4\text{-}2)$$

$$\text{已承诺量 } (t) = \begin{cases} \text{客户订单 } (0) + \text{调出 } (0) + \text{上阶计划订单展开量 } (0) & t = 0 \\ \text{客户订单 } (1) + \text{调出 } (1) + \text{上阶计划订单展开量 } (1) + AL & t = 1 \\ \text{客户订单 } (t) + \text{调出 } (t) + \text{上阶计划订单展开量 } (t) & 2 \leqslant t \leqslant T \end{cases} \qquad (4\text{-}3)$$

注意：已承诺量中的上阶计划订单展开量或 AL，针对的是非最终完成品但仍是 MPS 项目的物料 / 组件 / 模块 (后文双阶 MPS 中将讲解)。另外，以上只是 ATP 的初始计算公式，其后还有负数调整问题。若第一期之后某期 $ATP(t)(t \geqslant 2)$ 计算为负，通常会减去前面最近期 $ATP(t-n)(n > 0)$，直到该期 $ATP(t)$ 上升为 0，即通常用前面的"已有"去满足后面的"已承诺"。若前面一个 $ATP(t-n)$ 不够扣，再往前扣 $ATP(t-m)(m > n)$；依此类推。若扣到第一期 $ATP(1)$ 还不够，则第一期的 $ATP(1)$ 保留为负，此时其他涉及"扣"调整的 $ATP(t)$ 必定为 0；而这种情况表明业务员已超量承诺订单，但也可能是主计划员计划不周。

（二）MPS/ATP 案例

假设有两个 MPS 物料 X 和 Y，其独立需求的来源是客户的订货及销售预测。需求时栅 DTF 是第 4 期期末，计划时栅 PFT 是第 10 期期末。首先运用 DTF/PTF 确定 GR，再运用 TPOP 程序计算 POH、NR、PORC、PAB 和 POR 数据 (其算法与 MRP 逻辑中的相应算法相同)，最后运用公式 (4-1) ～公式 (4-3) 计算 MPS 与 ATP，见表 4-2。

表 4-2　主生产计划物料 X 和 Y 的 MPS 与 ATP

时段	0	1	2	3	4	5	6	7	8	9	10	11	12
X(LT=1)	OH=	55	SS=	0	LSR=	FOQ	LS=	40	DTF=	4	PTF=	10	
预测	0	18	21	17	17	15	15	29	28	25	25	20	20
客户订单	0	19	20	15	25	12	18	14	16	20	20	15	15
GR	0	19	20	15	25	15	18	29	28	25	25	20	20
SR	0	0											
POH		36	16	1	–24	1	–17	–6	6	–19	–4	16	–4
PAB		36	16	1	16	1	23	34	6	21	36	16	36
NR		0	0	0	24	0	17	6	0	19	4	0	4
PORC		0	0	0	40	0	40	40	0	40	40	0	40
POR	0	0	0	40	0	40	40	0	40	40	0	40	0
MPS		0	0	0	40	0	40	40	0	40	40	0	40
ATP		1			3		22	10		20	5		25
Y(LT=1)	OH=	10	SS=	5	LSR=	LFL	MIN=	20	DTF=	4	PTF=	10	
预测	0	20	20	20	20	15	15	15	15	20	25	15	30
客户订单	0	30	20	20	15	11	8	0	20	5	5	20	0
GR	0	30	20	20	15	15	15	15	20	20	25	15	30
SR	0	0											
POH		–20	–15	–15	–10	–5	0	5	–15	–15	–20	–10	–20
PAB		5	5	5	10	15	20	5	5	5	5	10	5
NR		25	20	20	15	10	5		20	20	25	15	25
PORC		25	20	20	20	20	20		20	20	25	20	25
POR	25	20	20	20	20	20	0	20	20	25	20	25	0
MPS		25	20	20	20	20	20		20	20	25	20	25
ATP		5	0	0	5	9	12		0	15	20	0	25

在上述案例中，已承诺量仅为客户订单。对 X：ATP(1)=55+0+0–0–19–20–15=1；ATP(4)=40–25–12=3；ATP(6)=40–18=22；ATP(7)=40–14–16=10；ATP(9)=40–20=20；ATP(10)=40–20–15 =5；ATP(12)=40–15=25。另请读者参照公式自行计算 Y 的 ATP。由此可见，可答应量 ATP 出现在第一期和那些排有 MPS 的期间，而 ATP 的数量表示销售人员还可答应客户从这次到下次排有 MPS 期别之间的订单总量。在计算 PORC 时必须使 PAB 高于安全库存 SS。但在计算 ATP 时并不考虑 SS，任何库存都可答应销售给客户。若现在突然接到客户订单，采购 30 个 X 并在第 7 期交货。因交货处于 DTF 与 PTF 之间，属于可接受订单，新 MPS 结果见表 4-3。注意：表 4-2 中 X 第 8 期无 MPS 而第 9 期有 MPS；但在表 4-3 中因第 7 期订单增至 44 个，导致第 8 期生成

MPS 并取消原第 9 期 MPS。初始 ATP 计算过程为：ATP(1)=55+0+0-19-20-15=1；ATP(4)=40-25-12=3；ATP(6)=40-18=22；ATP(7)=40-44=-4；ATP(8)=40-16-20=4；ATP(10)=40-20-15=5；ATP(12)=40-15=25。因为 ATP(7) 出现负数需要往前调整，所以 ATP(7) 上升为 0，而 ATP(6) 减少 4 个变成 18(=22-4)，如此形成表 4-3 中调整后的 ATP 最终结果。实际 ERP 软件可自动实现负数调整，参见后续 ATP 算法解析。

表 4-3　主生产计划物料 X 的 ATP 经负数调整后的 MPS 报表

时段	0	1	2	3	4	5	6	7	8	9	10	11	12
X(LT=1)	OH=	55	SS=	0	LSR=	FOQ	LS=	40	DTF=	4	PTF=	10	
预测	0	18	21	17	17	15	15	29	28	25	25	20	20
客户订单	0	19	20	15	25	12	18	44	16	20	20	15	15
GR	0	19	20	15	25	15	18	44	28	25	25	20	20
SR	0	0											
POH		36	16	1	-24	1	-17	-21	-9	6	-19	1	-19
PAB		36	16	1	16	1	23	19	31	6	21	1	21
NR		0	0	0	24	0	17	21	9	0	19	0	19
PORC		0	0	0	40	0	40	40	40	0	40	0	40
POR	0	0	0	40	0	40	40	40	0	40	0	40	0
MPS		0	0	0	40	0	40	40	40	0	40	0	40
ATP		1			3		18	0	4		5		25

（三）MPS/ATP 软件案例解析

图 4-2 ～图 4-6 是 MPS/ATP 软件案例解析。

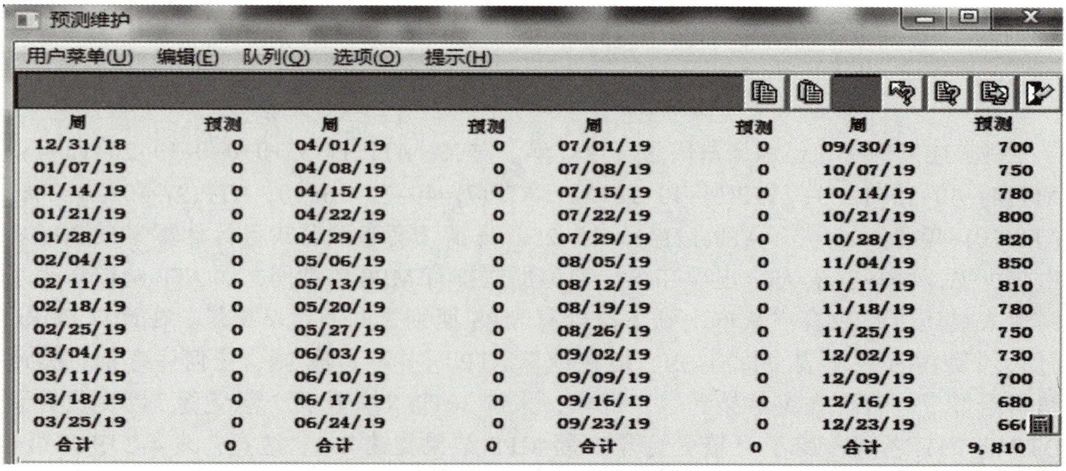

图 4-2　QAD 公司 ERP 软件中 MPS 物料 02-0010 的预测维护示例

客户订单查询

用户菜单(U)　编辑(E)　队列(Q)　选项(O)　提示(H)

零件号：02-0010　客户订单：　销往：
采购单：　地点：train　输出：

订单	销往	序	订货量	短缺量	UM	到期日	地点
S0010037	1001000	1	600.0	600.0	EA	10/02/19	train
S0010038	10010003	1	50.0	50.0	EA	10/04/19	train
S0010039	10010004	1	500.0	500.0	EA	10/07/19	train
S0010040	10010001	1	280.0	280.0	EA	10/09/19	train
S0010041	1012000	1	760.0	760.0	EA	10/15/19	train
S0010042	1003000	1	700.0	700.0	EA	10/23/19	train
S0010043	1012000	1	500.0	500.0	EA	10/30/19	train
S0010044	10010004	1	250.0	250.0	EA	10/31/19	train
S0010045	10010004	1	100.0	100.0	EA	11/06/19	train
S0010046	1003000	1	300.0	300.0	EA	11/18/19	train
S0010047	1001000	1	150.0	150.0	EA	11/26/19	train
S0010048	01000000	1	100.0	100.0	EA	12/03/19	train

图 4-3　QAD 公司 ERP 软件中 MPS 物料 02-0010 的订单查询结果

预测查询

用户菜单(U)　编辑(E)　队列(Q)　选项(O)　提示(H)

零件号：02-0010　地点：train　起始日期：09/30/19
ERASER REFILL PACK　输出：

Wk	起始日	预测	销售量	非正常需求	生产预测	净预测
40	09/30/19	700	650	0	0	50
41	10/07/19	750	780	0	0	0
42	10/14/19	780	760	0	0	20
43	10/21/19	800	700	0	0	100
44	10/28/19	820	750	0	0	70
45	11/04/19	850	100	0	0	750
46	11/11/19	810	0	0	0	810
47	11/18/19	780	300	0	0	480
48	11/25/19	750	150	0	0	600
49	12/02/19	730	100	0	0	630
50	12/09/19	700	0	0	0	700
51	12/16/19	680	0	0	0	680
52	12/23/19	660	0	0	0	660
	合计	9,810	4,290	0	0	5,550

` 图 4-4　QAD 公司 ERP 软件中“预测消耗重计算”后的预测查询结果

主生产日程汇总查询

零件号：02-0010　ERASER REFILL PACK　需要MRP：N
地点：train　制造提前期：3　计划订单：Y　采/制：M
库存量：2,100.0　EA
采购提前期：0　订货量：0
最小订量：100
订货原则：POQ　安全库存量：100　合格率：100.00%　最大订量：0
订货周期：7　安全期：0　时界：0　订单倍数：0

	过去 09/28/19	09/29/19 10/05/19	10/06/19 10/12/19	10/13/19 10/19/19	10/20/19 10/26/19	10/27/19 11/02/19	11/03/19 11/09/19
生产预测	0	0	0	0	0	0	0
预测	0	50	0	20	100	70	750
客户订单	0	650	780	760	700	750	100
总需求量	0	0	0	0	0	0	0
主日程	0	0	0	360	770	1500	910
预计库存量	2100	1400	620	200	170	850	910
可供货量	270	0	0	0	70	750	810

	过去 11/09/19	11/10/19 11/16/19	11/17/19 11/23/19	11/24/19 11/30/19	12/01/19 12/07/19	12/08/19 12/14/19	12/15/19 12/21/19
生产预测	0	0	0	0	0	0	0
预测	990	810	480	600	630	700	680
客户订单	3740	0	300	150	100	0	0
总需求量	0	0	0	0	0	0	0
主日程	3540	0	780	750	730	700	680
预计库存量	910	100	100	100	100	100	100
可供货量	1900	0	480	600	630	700	680

图 4-5　QAD 公司 ERP 软件中 MPS 物料 02-0010 的 MPS 和 ATP 结果

```
┌─────────────────────────────────────────────────────────────────────────┐
│ 主生产日程明细查询                                                      ─□ │
├─────────────────────────────────────────────────────────────────────────┤
│    零件号：02-0010                      库存量：2,100.0      地点：train   │
│  ERASER REFILL PACK                       UM：EA           采/制：M        │
│    采购员/计划员：            订货原则：POQ  最小订量：100                 │
│                                                          制造提前期：3     │
│      主生产计划：Y            订货周期：7    最大订量：0                    │
│                                                          采购提前期：0     │
│      需要 MRP：N              时界：0       订单倍数：0                     │
│                                                          检验提前期：0     │
│      计划订单：Y              安全期：0      订货量：0         检验：N      │
│      发放原则：Y              安全库存量：100                              │
│                                            合格率：100.00% 累计提前期：7   │
├─────────────────────────────────────────────────────────────────────────┤
│ 到期日    总需求量  主生产排程  预计库存量  计划订货量  详述               │
│                                                                            │
│                                  2,100          开始有效                   │
│ 09/30/19    50                   2,050          预测                       │
│ 10/02/19   600                   1,450          客户订：S0010037 项：1     │
│ 10/04/19    50                   1,400          客户订：S0010038 项：1     │
│ 10/07/19   500                     900          客户订：S0010039 项：1     │
│ 10/09/19   280                     620          客户订：S0010040 项：1     │
│ 10/14/19    20                     600          预测                       │
│ 10/15/19   760                    -160          客户订：S0010041 项：1     │
│ 10/15/19                           200    360   工单：09160005 标志：494   │
│                                                 下达日期 10/10/19          │
│ 10/21/19   100                     100          预测                       │
│ 10/23/19   700                    -600          客户订：S0010042 项：1     │
│ 10/23/19                           170    770   工单：09160006 标志：495   │
│                                                 下达日期 10/18/19          │
│ 10/28/19    70                     100          预测                       │
│ 10/30/19   500                    -400          客户订：S0010043 项：1     │
├─────────────────────────────────────────────────────────────────────────┤
│ 到期日    总需求量  主生产排程  预计库存量  计划订货量  详述               │
│                                                                            │
│ 10/30/19                         1,100   1,500  工单：09160007 标志：496   │
│                                                 下达日期 10/25/19          │
│ 10/31/19   250                     850          客户订：S0010044 项：1     │
│ 11/04/19   750                     100          预测                       │
│ 11/06/19   100                       0          客户订：S0010045 项：1     │
│ 11/06/19                           910    910   工单：09160008 标志：497   │
│                                                 下达日期 11/01/19          │
│ 11/11/19   810                     100          预测                       │
│ 11/18/19   480                    -380          预测                       │
│ 11/18/19   300                    -680          客户订：S0010046 项：1     │
│ 11/18/19                           100    780   工单：09160009 标志：498   │
│                                                 下达日期 11/13/19          │
│ 11/25/19   600                    -500          预测                       │
│ 11/25/19                           250    750   工单：09160010 标志：499   │
│                                                 下达日期 11/20/19          │
│ 11/26/19   150                     100          客户订：S0010047 项：1     │
├─────────────────────────────────────────────────────────────────────────┤
│ 到期日    总需求量  主生产排程  预计库存量  计划订货量  详述               │
│                                                                            │
│ 12/02/19   630                    -530          预测                       │
│ 12/02/19                           200    730   工单：09160011 标志：500   │
│                                                 下达日期 11/27/19          │
│ 12/03/19   100                     100          客户订：S0010048 项：1     │
│ 12/09/19   700                    -600          预测                       │
│ 12/09/19                           100    700   工单：09160012 标志：501   │
│                                                 下达日期 12/04/19          │
│ 12/16/19   680                    -580          预测                       │
│ 12/16/19                           100    680   工单：09160013 标志：502   │
│                                                 下达日期 12/11/19          │
│ 12/23/19   660                    -560          预测                       │
│ 12/23/19                           100    660   工单：09160014 标志：503   │
│                                                 下达日期 12/18/19          │
├─────────────────────────────────────────────────────────────────────────┤
│ 列表完毕                                                                   │
└─────────────────────────────────────────────────────────────────────────┘
```

图 4-6 物料 02-0010 在"主生产日程明细查询"中的结果

注意：用 QAD 公司 ERP 软件的该案例与前文所述 MPS 和 ATP 基本原理稍有不同：QAD 的 ERP 软件中"预测"指发货预测，虽然订单会冲销发货预测，但未被冲销的发货预测通过"预测消耗重计算"功能计算出的"净预测"无论什么时区，始终纳入毛需求 GR，参见图 4-4 和图 4-5。另注意：① 这两张图中的时段为"周"，一周内订单会合并；② "主日程"对应 MPS 数据；③ "可供货量"对应 ATP 数据；④ "生产预测"指相关需求所致的"上阶计划订单展开量"，详情见后文多阶 MPS。图 4-5 中第一排 ATP 数据分析：ATP(7)=910-100=810；ATP(6)=1500-750=750；ATP(5)=770-700=70；ATP(4)=360-760=-400；ATP(1)=2100-650-780=670；第 4 期 ATP 经负数调整后变为 0，而调整后的 ATP(1)=670-400=270。注意：该软件中即使某期 MPS 为 0，其 ATP 结果也显示为 0(肯定为 0 或计算出负数后调整为 0)。

在 QAD 之 ERP 软件的材料主文件 IM 中, 有一个"时界"属性与需求时栅 DTF 类似, 需阐明其使用方法。首先, 在"净预测"始终纳入毛需求 GR 情况下, 可以保证在需求时栅 DTF 与计划时栅 PTF 之间始终取订单或预测的最大值, 并在远期订单通常少于远期预测 (即有"净预测") 的情况下保证在计划时栅 PTF 之后仅取预测。其次, 如果全由 ERP 系统自动掌控 MPS 计划, 需将 IM 中 MPS 物料的"主生产计划"属性设为"Y", "计划订单"属性设为"Y", "订货原则"设为任何非空属性且不设"时界"值, MRP 程序将自动更新其 MPS。再次, 如果全由计划员掌控 MPS 计划 (即手工维护每张 MPS 加工单), 需将 IM 中 MPS 物料的"主生产计划"属性设为"Y", "计划订单"属性设为"N", "订货原则"设为任何非空属性且未设"时界"值, MRP 程序将只自动给出 MPS 物料的行动信息。最后, 如果是计算机辅助计划员运作 MPS, 需将 IM 中 MPS 物料的"主生产计划"属性设为"Y", "计划订单"属性设为"Y", "订货原则"设为任何非空属性且设置"时界"非零值 (至少等于该 MPS 物料的累计提前期), 此时 MRP 程序运算后只更新时界之后的 MPS 结果 (参见图 4-7), 并对时界范围内本应需要的 PORC/POR 给出相关的"行动报告"建议 (参见图 4-8)。由图 4-8 可知: 图 4-7 中 PORC(10/28)=360 本应调整至 PORC(10/15)=360, 而 PORC(10/28)=770 本应调整至 PORC(10/23), 相应两批 POR 也要提前。因此, 在计算机辅助计划员运作 MPS 情况下需要以下步骤: ① 对 MPS 物料运行"选择式 MRP"; ② 根据"行动报告"手工调整 MPS 计划; ③ 若有必要可以再次对 MPS 物料运行"选择式 MRP"; ④ 对相关的 MRP 物料运行"选择式 MRP"。在上述第 2 步中, 可通过手工调整"时界"内的预测数量来消减"时界"内实际已无必要的"净预测", 并通过"预测消耗重计算"确认"时界"内"净预测"删除, 实现需求时栅 DTF 之前只取订单的 MPS 原理。

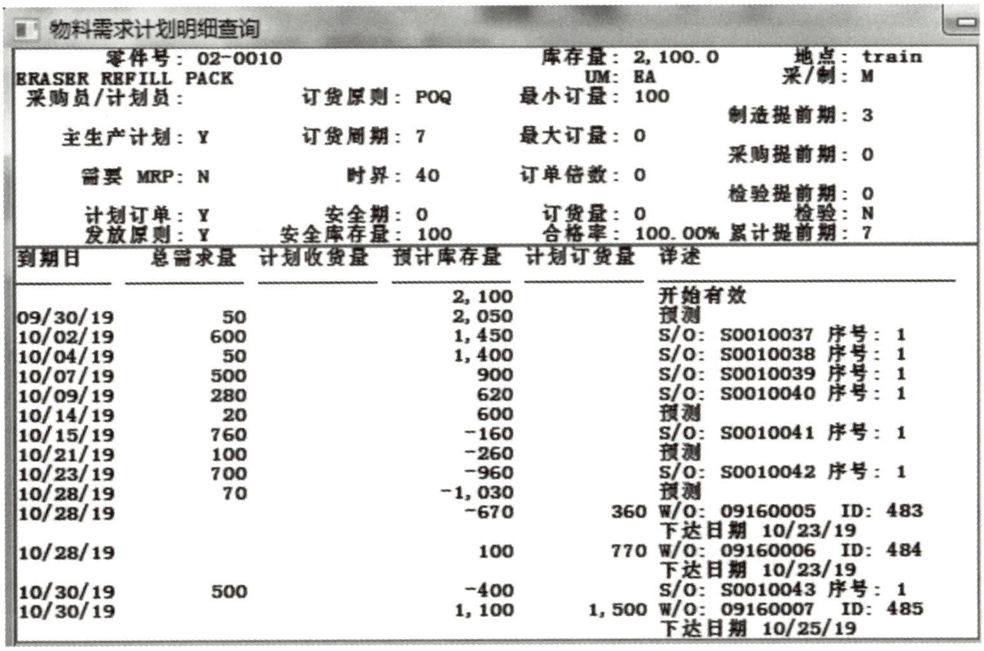

图 4-7　设置"时界"后 MPS 物料 02-0010 在 MRP 明细查询中的部分结果

图 4-8　MPS 物料 02-0010 在"时界"内应采取的"行动报告"信息

三、可答应量 ATP 算法解析

为自动实现 ATP 初始计算后可能出现的由后往前的调整，其流程图见图 4-9。其中，为实现"无 MPS 期别"的客户订单由前期 MPS 处理，设定"mpsprd(t)"标志区分该期有无 MPS；设定"accco(t)"来累积后期连续"无MPS 期别"的订单；设定"Insuf(t)"来体现需要往前

视频讲解 1　　视频讲解 2

扣的 ATP 负值。设置这些中间变量后，就可通过公式 (4-4) ～公式 (4-7) 实现 ATP 计算及负数的自动调整，其中 ABS(x) 是绝对值函数。

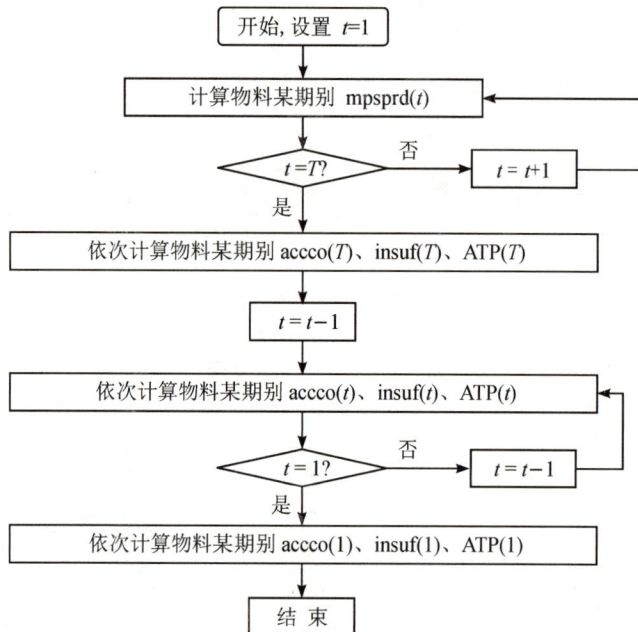

图 4-9　ATP 算法流程图

$$mpsprd(t) = IF(MPS(t) = 0，0，1) \qquad 1 \leq t \leq T \qquad (4\text{-}4)$$

$$accco(t) = \begin{cases} CO(0)+CO(1)+accco(2)\times ABS(mpsprd(2)-1)+insuf(2) & t = 1 \\ CO(t)+accco(t+1)\times ABS(mpsprd(t+1)-1)+insuf(t+1) & 2 \leq t \leq T-1 \\ CO(T) & t = T \end{cases} \qquad (4\text{-}5)$$

$$insuf(t) = \begin{cases} IF(mpsprd(1)=0，0，max(accco(1)-MPS(0)-MPS(1)-OH，0)) & t=1 \\ IF(mpsprd(t)=0，0，max(accco(t)-MPS(t)，0)) & 2 \leq t \leq T \end{cases} \quad (4\text{-}6)$$

$$ATP(t) = \begin{cases} OH+MPS(0)+MPS(1)-accco(1) & t=1 \\ IF(mpsprd(t)=0，" "，IF(insuf(t)=0，MPS(t)-accco(t)，0)) & 2 \leq t \leq T \end{cases} \quad (4\text{-}7)$$

以下通过表 4-4 所示的简单案例讲解 ATP 计算与负数调整的自动实现。案例中只需列出客户订单 (Customer Order，CO) 与 MPS 作为已知条件。读者参照表中下标括号内代表计算顺序的数字就可很好理解以上算法流程图与相应公式。

表 4-4　ATP 算法解析案例（下标括号内数字代表计算顺序）

期别	0	1	2	3	4	5	6	7	8	9	10	11	12
CO	0	19	20	15	25	12	18	44	16	20	20	15	15
MPS	0	0	0	0	40	0	40	40	40	0	40	0	40
mpsprd		$0_{(1)}$	$0_{(2)}$	$0_{(3)}$	$1_{(4)}$	$0_{(5)}$	$1_{(6)}$	$1_{(7)}$	$1_{(8)}$	$0_{(9)}$	$1_{(10)}$	$0_{(11)}$	$1_{(12)}$
accco		$54_{(46)}$	$35_{(43)}$	$15_{(40)}$	$37_{(37)}$	$12_{(34)}$	$22_{(31)}$	$44_{(28)}$	$36_{(25)}$	$20_{(22)}$	$35_{(19)}$	$15_{(16)}$	$15_{(13)}$
insuf		$0_{(47)}$	$0_{(44)}$	$0_{(41)}$	$0_{(38)}$	$0_{(35)}$	$0_{(32)}$	$4_{(29)}$	$0_{(26)}$	$0_{(23)}$	$0_{(20)}$	$0_{(17)}$	$0_{(14)}$
ATP		$1_{(48)}$	$_{(45)}$	$_{(42)}$	$3_{(39)}$	$_{(36)}$	$18_{(33)}$	$0_{(30)}$	$4_{(27)}$	$_{(24)}$	$5_{(21)}$	$_{(18)}$	$25_{(15)}$

第二节　多阶主生产计划

除最终完成品外，有些零部件也可能有大量独立需求。例如，空气压缩机在国内销售时常配备电动机和空气桶并称之为全套，但外销时因体积考虑往往只卖空气压缩机，电动机和空气桶则在当地装配。此时，压缩机既有大量相关需求也有大量独立需求。前文曾介绍少量服务性质的独立需求可以纳入 GR 的计算公式中直接进行处理。但对同时具有大量相关需求与独立需求的物料，则需采用多阶 MPS 程序进行处理。事实上，MPS 物料可能出现在任何阶次，所以称为多阶 MPS。此例中，全套和压缩机都是 MPS 物料，规划 MPS 程序时需同时考虑全套和压缩机，以此为例讲解多阶 MPS。

一、多阶主生产计划的原理与 Excel 仿真

（一）多阶 MPS 案例已知条件

全套和压缩机的材料主文件见表 4-5；全套的产品结构见表 4-6；国内销售的全套订单与预测 (Fore case，FC) 数据见表 4-7；海外独立销售的压缩机的订单与预测数据见表 4-8；各相关物料所需的库存状态信息见表 4-9。

视频讲解

表 4-5　材料主文件

件号	LT	SS	LSR	LS
全套	1	10	FOQ	100
压缩机	2	15	FOQ	100

表 4-6　产 品 结 构

父件	全套		
子件	压缩机	电动机	空气桶
QP	1	1	1

表 4-7　国内销售的全套订单与预测数据

期别	0	1	2	3	4	5	6	7	8	9	10	11	12
订单		80	50	100	60	80	70	60	40	20	10	0	0
预测		100	50	100	50	100	50	100	50	100	50	100	50

表 4-8　海外独立销售的压缩机的订单与预测数据

期别	0	1	2	3	4	5	6	7	8	9	10	11	12
订单		40	50	40	30	40	30	30	20	20	10	5	0
预测		50	40	40	40	30	40	50	40	40	40	30	40

表 4-9　各相关物料所需的库存状态信息

件号	OH	AL	SR												
			0	1	2	3	4	5	6	7	8	9	10	11	12
全套	50	0	0	100											
压缩机	120	100	0	100	100										

（二）多阶 MPS 案例 Excel 求解

为完成多阶 MPS，MPS 程序除必须能接收来自独立需求与相关需求来源的需求量之外，较高阶 MPS 物料还需在较低阶 MPS 物料之前做规划。对两个或多个 MPS 物料而言，可能存在加工或累计提前期时间跨度不同的情况，此时系统 DTF 与 PTF 的设置应取较大值为宜。因缺乏更多下阶子件 LT 数据，此处设 DTF=4 期(末)和 PTF=8 期(末)。求解过程如下：首先，计算全套的 MPS 计划，参见表 4-10；其次，将全套的 POR 数据通过 BOM 中单位用量展开得出国内销售引发的压缩机相关需求，参见表 4-11 "相关需求" 一栏；然后，对海外独立销售压缩机的订单与预测数据做 DTF/PTF 判断后确定其独立需求部分，参见表 4-11 "外销独立需求" 一栏；随后，再将相关需求与独立需求两者累加形成压缩机的 GR 数据，参见表 4-11 "毛需求 GR" 一栏；最后展开 MPS 运算，参见表 4-12。注意：此例中压缩机 ATP 计算涉及相关需求性质的上阶计划订单展开量及保留量 AL，而上阶计划订单展开量即为表 4-11 中的 "相关需求"，AL 为已知值，参照公式 (4-3) 可计算出压缩机各期已承诺量，再参照公式 (4-2) 可计算相应 ATP，参见表 4-13。注意：若希望用自动式 ATP 算法，需计算出单独应对外销部分的 "外销 MPS" 并在首期 ATP 公式减去相关需求性质 AL，参见表 4-14。为此需要调整两个公式：① 外销 MPS(t)=SR(t)+PORC(t)– 相关需求 (t)，$1 \leq t \leq T$；② ATP(1)=OH– AL+MPS(0)+MPS(1)–accco(1)。如此调整后才可实现多阶 MPS 的自动计算。

表 4-10　全套的 MPS 报表

期别	0	1	2	3	4	5	6	7	8	9	10	11	12
全套 (LT=1)	OH=	50	SS=	10	LSR=	FOQ	LS=	100	DTF=	4	PTF=	8	
订单 CO	0	80	50	100	60	80	70	60	40	20	10	0	0
预测 FC	0	100	50	100	50	100	50	100	50	100	50	100	50
GR	0	80	50	100	60	100	70	100	50	100	50	100	50
SR	0	100											
POH		70	20	–80	–40	–40	–10	–10	40	–60	–10	–10	40
PAB		70	20	20	60	60	90	90	40	40	90	90	40
NR		0	0	90	50	50	20	20	0	70	20	20	0
PORC		0	0	100	100	100	100	100	0	100	100	100	0
POR	0	0	100	100	100	100	100	0	100	100	100	0	0
MPS		100	0	100	100	100	100	100	0	100	100	100	0
ATP		20		0	40	20	30	0		80	90	100	

表 4-11　压缩机的 GR 计算详情

期别	0	1	2	3	4	5	6	7	8	9	10	11	12
相关需求	0	0	100	100	100	100	100	0	100	100	100	0	0
外销独立需求	0	40	50	40	30	40	40	50	40	40	40	30	40
毛需求 GR	0	40	150	140	130	140	140	50	140	140	140	30	40

表 4-12　压缩机的 MPS 报表

期别	0	1	2	3	4	5	6	7	8	9	10	11	12
压缩机 (LT=2)	OH=	120	SS=	15	LSR=	FOQ	LS=	100	AL=	100	DTF=4	PTF=8	
GR	0	40	150	140	130	140	140	50	140	140	140	30	40
SR	0	100	100										
POH		80	30	–110	–40	–80	–120	30	–110	–50	–90	80	40
PAB		80	30	90	60	20	80	30	90	50	110	80	40
NR		0	0	125	55	95	135	0	125	65	105	0	0
PORC		0	0	200	100	100	200	0	200	100	200	0	0
POR	0	200	100	100	200	0	200	100	200	0	0		
MPS		100	100	200	100	100	200	0	200	100	200	0	0
ATP		20	0	0	0	0	40		60	0	85		

表 4-13　压缩机的 ATP 计算详情 (AL=100)

期别	0	1	2	3	4	5	6	7	8	9	10	11	12
外销订单	0	40	50	40	30	40	30	30	20	20	10	5	0
相关需求	0	0	100	100	100	100	100	0	100	100	100	0	0
已承诺量	0	140	150	140	130	140	130	30	120	120	110	5	0
MPS		100	100	200	100	100	200	0	200	100	200	0	0
ATP		20	0	0	0	0	40		60	0	85		

表 4-14　压缩机的 ATP 自动计算详情 (AL=100)

期别	0	1	2	3	4	5	6	7	8	9	10	11	12
外销订单	0	40	50	40	30	40	30	30	20	20	10	5	0
外销 MPS		100	0	100	0	0	100	0	100	0	100	0	0
mps_period		1	0	1	0	0	1	0	1	0	1	0	0
acc-co		100	60	110	70	40	60	30	40	20	15	5	0
insufficient		0	0	10	0	0	0	0	0	0	0	0	0
ATP		20		0			40		60		85		

二、多阶 MPS 软件案例解析

视频讲解

图 4-10 至图 4-13 是多阶 MPS 软件案例解析，均由 QAD 公司 ERP 软件运作得来。由图 4-10 可知，与“上阶计划订单展开量”类似的相关需求性质的“生产预测”，不参与“净预测”计算；但在结合图 4-11 订单详情信息后，由图 4-12 和图 4-13 可知，源自父件 02-0010 的相关需求性质的“生产预测”纳入了 MPS 计算中每期 GR 的计算，但非 ATP 的计算。

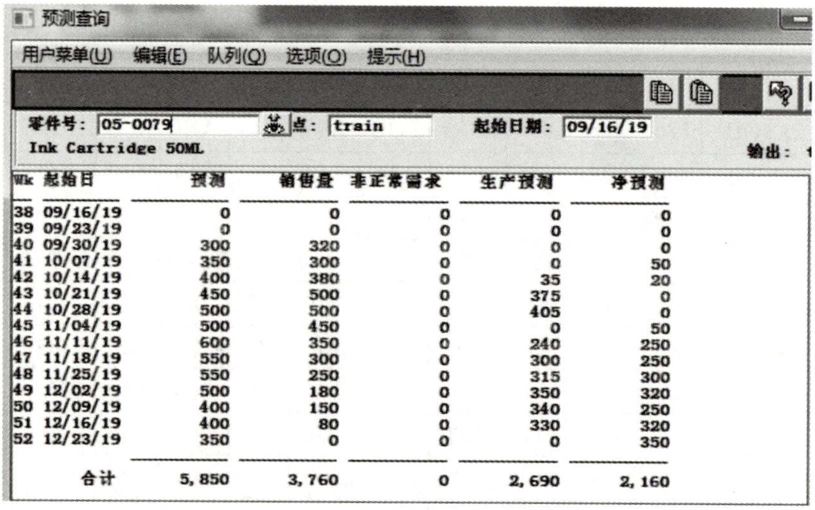
预测查询

用户菜单(U)　编辑(E)　队列(Q)　选项(O)　提示(H)

零件号：05-0079　地点：train　起始日期：09/16/19

Ink Cartridge 50ML　输出：

Wk	起始日	预测	销售量	非正常需求	生产预测	净预测
38	09/16/19	0	0	0	0	0
39	09/23/19	0	0	0	0	0
40	09/30/19	300	320	0	0	0
41	10/07/19	350	300	0	0	50
42	10/14/19	400	380	0	35	20
43	10/21/19	450	500	0	375	0
44	10/28/19	500	500	0	405	0
45	11/04/19	500	450	0	0	50
46	11/11/19	600	350	0	240	250
47	11/18/19	550	300	0	300	250
48	11/25/19	550	250	0	315	300
49	12/02/19	500	180	0	350	320
50	12/09/19	400	150	0	340	250
51	12/16/19	400	80	0	330	320
52	12/23/19	350	0	0	0	350
	合计	5,850	3,760	0	2,690	2,160

图 4-10　MPS 物料 05-0079“预测冲销重计划”后的预测查询结果

客户订单查询

用户菜单(U)　编辑(E)　队列(Q)　选项(O)　提示(H)

零件号：05-0079　　　　客户订单：　　　　销往：
采购单：　　　　　　　　地点：train　　　　输出：

订单	销往	序	订货量	短缺量	UM	到期日	地点
S0010049	01000000	1	200.0	200.0	EA	10/04/19	train
S0010050	1001000	1	120.0	120.0	EA	10/02/19	train
S0010051	10010001	1	300.0	300.0	EA	10/11/19	train
S0010052	10010003	1	500.0	500.0	EA	10/23/19	train
S0010053	10010004	1	280.0	280.0	EA	10/16/19	train
S0010054	1003000	1	100.0	100.0	EA	10/18/19	train
S0010055	1004000	1	500.0	500.0	EA	10/30/19	train
S0010056	1001000	1	450.0	450.0	EA	11/05/19	train
S0010057	10010001	1	350.0	350.0	EA	11/12/19	train
S0010058	10010003	1	300.0	300.0	EA	11/19/19	train
S0010059	10010004	1	250.0	250.0	EA	11/28/19	train
S0010060	1003000	1	180.0	180.0	EA	12/03/19	train
S0010061	1004000	1	150.0	150.0	EA	12/12/19	train
S0010062	1004000	1	80.0	80.0	EA	12/18/19	train

图 4-11　MPS 物料 05-0079 的订单查询结果

主生产日程汇总查询

用户菜单(U)　编辑(E)　队列(Q)　选项(O)　提示(H)

零件号：05-0079　　　　　Ink Cartridge 50ML　　　需要MRP：N
地点：train　　　制造提前期：2　　　计划订单：Y　　　采/制：M
库存量：2,000.0　　　　　EA
采购提前期：0　　　订货量：1,000
　　　　　　　　　　　　　　　　　　　　　　　　　　　　　最小订量：0
订货原则：POQ　　安全库存量：0　　合格率：100.00%　　最大订量：0
订货周期：7　　　安全期：0　　　时界：0　　　订单倍数：0

	过去 09/15/19	09/16/19 09/22/19	09/23/19 09/29/19	09/30/19 10/06/19	10/07/19 10/13/19	10/14/19 10/20/19	10/21/19 10/27/19
生产预测	0	0	0	0	0	35	375
预测	0	0	0	0	50	20	0
客户订单	0	0	0	320	300	380	500
总需求量	0	0	0	0	0	0	0
主日程	0	0	0	0	0	0	0
预计库存量	2000	2000	2000	1680	1330	895	20
可供货量	0	500	0	0	0	0	0

	过去 10/27/19	10/28/19 11/03/19	11/04/19 11/10/19	11/11/19 11/17/19	11/18/19 11/24/19	11/25/19 12/01/19	12/02/19 12/08/19
生产预测		410	405	0	240	300	315	350
预测	70	0	50	250	250	300	320
客户订单	1500	500	450	350	300	250	180
总需求量	0	0	0	0	0	0	0
主日程	0	1385	0	840	850	865	850
预计库存量	20	500	0	0	0	0	0
可供货量	500	435	0	490	550	615	670

图 4-12　物料 05-0079 "主生产日程汇总查询"中的 MPS 和 ATP 结果

特别注意：此处使用的 QAD 较早版本的 ERP 软件中"生产预测"的计算并非如多阶 MPS 原理讲解时那样直接源自父件的 POR 数据，而是源自父件 MPS 计划中的 ATP 数据，并且还有一个提前期影响要考虑，这是值得商榷之处。请结合图 4-14 中 BOM 信息和图 4-5 中 MPS 父件物料 02-0010 的 ATP 结果，核对图 4-10 中"生产预测"信息。在该软件中，若要多阶 MPS 开始运作生成"生成预测"，需要 BOM 中"结构"属性输入"O"(Option) 或"P"(Plan) 类型 (第六章将详解)，并在乘以"单位用量"后再乘以"预测"百分比。

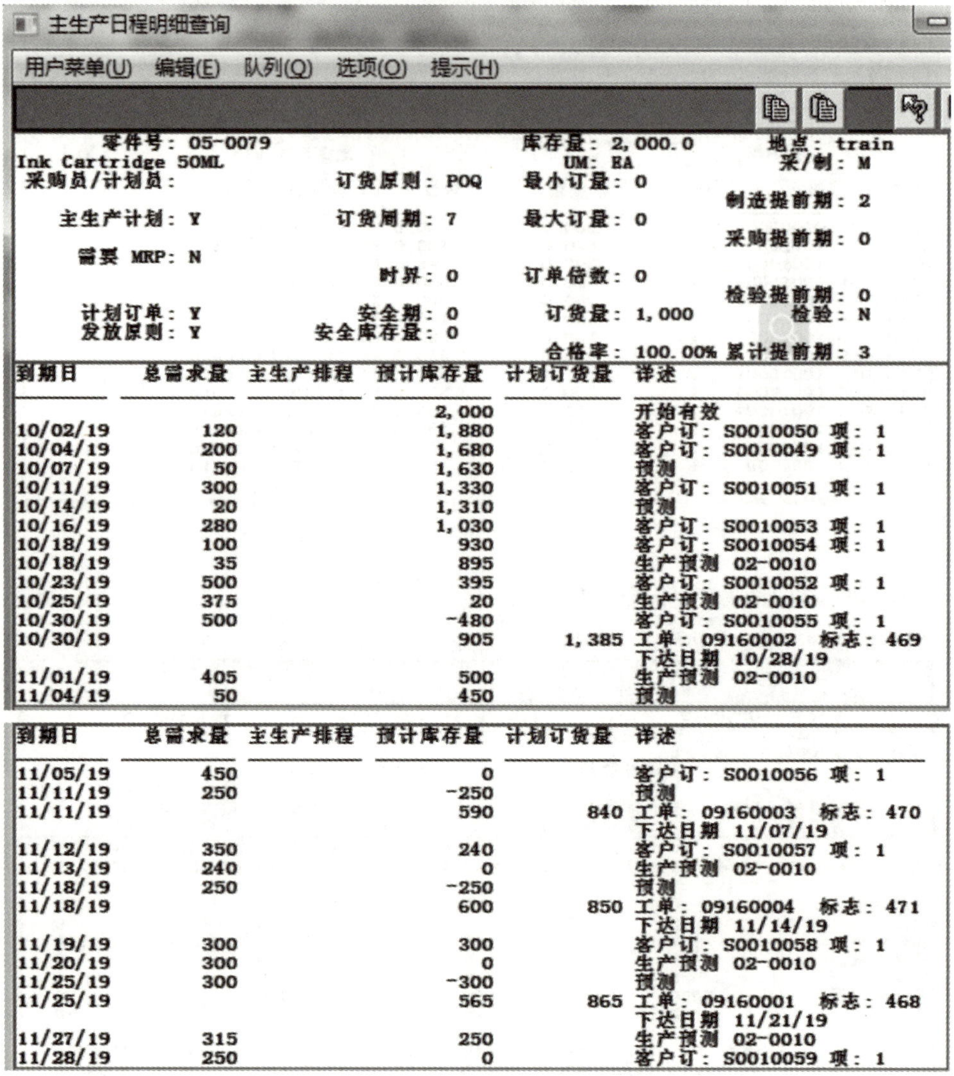

主生产日程明细查询

用户菜单(U)　编辑(E)　队列(Q)　选项(O)　提示(H)

零件号: 05-0079	库存量: 2,000.0	地点: train
Ink Cartridge 50ML	UM: EA	采/制: M
采购员/计划员:	订货原则: POQ 最小订量: 0	
主生产计划: Y	订货周期: 7 最大订量: 0	制造提前期: 2
需要 MRP: N		采购提前期: 0
	时界: 0 订单倍数: 0	检验提前期: 0
计划订单: Y	安全期: 0 订货量: 1,000	检验: N
发放原则: Y	安全库存量: 0	
	合格率: 100.00%	累计提前期: 3

到期日	总需求量	主生产排程	预计库存量	计划订货量	详述
			2,000		开始有效
10/02/19	120		1,880		客户订: S0010050 项: 1
10/04/19	200		1,680		客户订: S0010049 项: 1
10/07/19	50		1,630		预测
10/11/19	300		1,330		客户订: S0010051 项: 1
10/14/19	20		1,310		预测
10/16/19	280		1,030		客户订: S0010053 项: 1
10/18/19	100		930		客户订: S0010054 项: 1
10/18/19	35		895		生产预测 02-0010
10/23/19	500		395		客户订: S0010052 项: 1
10/25/19	375		20		生产预测 02-0010
10/30/19	500		-480		客户订: S0010055 项: 1
10/30/19			905	1,385	工单: 09160002 标志: 469
					下达日期 10/28/19
11/01/19	405		500		生产预测 02-0010
11/04/19	50		450		预测

到期日	总需求量	主生产排程	预计库存量	计划订货量	详述
11/05/19	450		0		客户订: S0010056 项: 1
11/11/19	250		-250		预测
11/11/19			590	840	工单: 09160003 标志: 470
					下达日期 11/07/19
11/12/19	350		240		客户订: S0010057 项: 1
11/13/19	240		0		生产预测 02-0010
11/18/19	250		-250		预测
11/18/19			600	850	工单: 09160004 标志: 471
					下达日期 11/14/19
11/19/19	300		300		客户订: S0010058 项: 1
11/20/19	300		0		生产预测 02-0010
11/25/19	300		-300		预测
11/25/19			565	865	工单: 09160001 标志: 468
					下达日期 11/21/19
11/27/19	315		250		生产预测 02-0010
11/28/19	250		0		客户订: S0010059 项: 1

图 4-13　物料 05-0079 在"主生产日程明细查询"中的部分结果

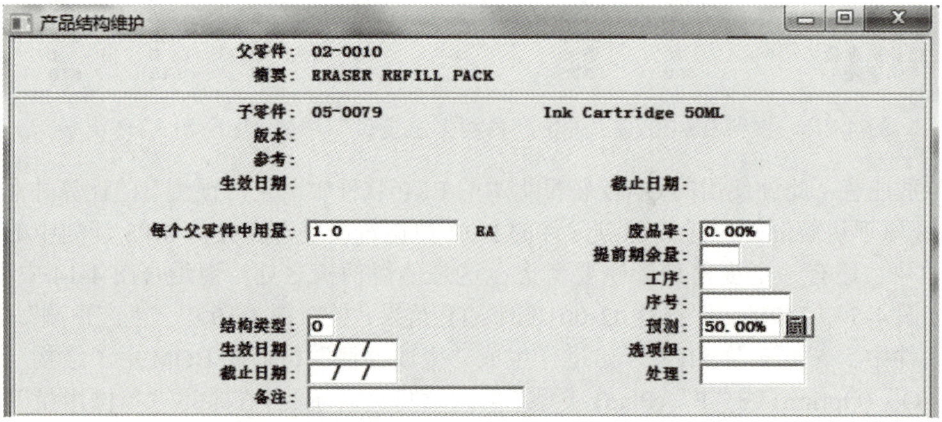

产品结构维护

父零件: 02-0010
摘要: ERASER REFILL PACK

子零件: 05-0079　　　　Ink Cartridge 50ML
版本:
参考:
生效日期:　　　　　　　　　　　　截止日期:

每个父零件中用量: 1.0　　EA　　废品率: 0.00%
　　　　　　　　　　　　　　　提前期余量:
　　　　　　　　　　　　　　　工序:
　　　　　　　　　　　　　　　序号:
结构类型: O　　　　　　　　　预测: 50.00%
生效日期: / /　　　　　　　　选项组:
截止日期: / /　　　　　　　　处理:
备注:

图 4-14　多阶 MPS 计划案例所对应的 BOM 信息

三、主生产计划员工作职责

主生产计划员负责管理、建立、接收并维护特定产品的 MPS 计划。他需要有极丰富的产品、制程、工厂、市场等知识，因为他的行动会影响到客户服务、材料计划以及能力需求计划。主生产计划员的责任包括：① 比较实际需求与预测需求，提出预测与 MPS 的修订建议；② 把预测与订单转成 MPS；③ 使 MPS 能配合出货与库存预算、行销计划以及管理政策；④ 追踪 MPS 阶层产品安全库存的使用；⑤ 分析 MPS 物料生产数量和最终组装排程 (Final Assembly Schedule，FAS) 消耗数量之间的差异。⑥ 将所有的改变资料输入 MPS 档案，以维护 MPS；⑦ 参加 MPS 会议、安排议程、事先预想问题、提交可能的冲突、备好可能解决方案；⑧ 评估 MPS 修订方案；⑨ 提供并监控对客户的交货承诺。

事实上，除主生产计划员外，企业内各部门均需对 MPS 负责，包括制造、营销、设计与财务部门等。相关职责包括：① 需求预测是营销部门责任，产品排程由制造部门负责；② 原材料、在制品及已完成的零部件库存责任在制造部门；③ 营销部门需对完成品的存货负责；④ 若选用零件高于总成本的某个比例，营销部门需负责规划选用零件的需求；⑤ 制造部门根据过去实际用量的统计分析来预测其他零件的需求；⑥ 工程设计不只考虑到产品功能，也要估计制造的方便性；⑦ 财务部门负责提供资金、估算存货以及提供决策所需成本资料。

MPS 必须要务实，不能一厢情愿地作出无法达成的计划。MPS 不是愿望表，而是要被用来计算物料需求计划、能力需求计划、资金需求计划等各种重要计划。若为了满足意愿而无视实际环境约束，将导致系统产生极为严重的误判。下一节中的粗能力需求计划能协助主生产计划员建立一个合乎实际的 MPS。

习　　题

一、单选题

1. MPS 物料的产品 A 的第一周至第十周预测分别是 20、23、20、18、17、16、20、22、20、20；第一周至第十周订单总量分别是 22、21、18、20、18、15、10、6、3、1。若该 MPS 物料的需求时栅 DTF 和计划时栅 PTF 分别是第 3 周和第 7 周，那么 A 的第一周至第十周的毛需求依次是 (　　)。

(A) 22、21、18、20、18、16、20、22、20、20

(B) 20、23、20、18、17、16、20、22、20、20

(C) 22、21、18、20、18、15、10、6、3、1

(D) 22、21、20、20、18、16、20、22、20、20

2. MPS 物料的产品 A 的第一周至第十周预测分别是 20、23、20、18、17、16、20、22、20、20；第一周至第十周订单总量分别是 22、21、18、20、18、15、10、6、3、1；第一周至第十周主生产计划 MPS 分别是 30、30、0、30、30、0、30、0、30、30。

若 A 的在库量是 10，所有逾期数据都是 0，需求时栅 DTF 和计划时栅 PTF 分别是第 3 周和第 7 周的周末，那么 A 的第一周至第十周的可答应量 ATP 依次是 (　　)。

    (A) 9、0、空、7、0、空、14、空、27、29

    (B) 18、−9、空、10、−3、空、14、空、27、29

    (C) 20、−13、空、12、−3、空、−12、空、10、10

    (D) −1、0、空、7、0、空、14、空、27、29

3. 生产规划 PP 与主生产计划 MPS 的主要差异不包括以下哪一点？(　　)

    (A) 生产规划 PP 的规划对象是产品群或标准/平均产品，主生产计划 MPS 的规划对象是完成品或模块或部件

    (B) 生产规划 PP 的计划期间长度一般至少一年以上，主生产计划 MPS 的计划期间长度一般涵盖一季至一年

    (C) 生产规划 PP 视生产能力为可变决策变量，可调整设备和人员的生产能力；但主生产计划 MPS 视生产能力为约束限制条件，仅由加班或外包来微调

    (D) 生产规划 PP 视生产能力为约束限制条件，仅由加班或外包来微调；但主生产计划 MPS 视生产能力为可变决策变量，可调整设备和人员的生产能力

    (E) 生产规划 PP 与资源需求规划相平衡；而主生产计划 MPS 与粗能力需求计划相平衡

二、判断题

1. (　　) 主生产计划 MPS 使用的时区 2 是产品累计提前期 (即采购提前期与加工提前期之和) 的时间跨度，即从产品开始采购到产品装配加工完工的时间跨度。

2. (　　) 在"现在时刻"，MPS 计划员一般不再接受交货日在需求时栅 DTF 之前的客户订单，这是因为时间太紧迫，交货日期减去当前日期所得剩余加工时间小于正常生产所需时间。

3. (　　) 进行主生产计划 MPS 时，在需求时栅 DTF 之前，某 MPS 计划物料的各期别的毛需求 GR 只取其在相应期别内的已确定客户订单的总量，因为现在已无法再按时完成要求 DTF 之前交货的新接订单，除非是有足够的可答应量 ATP 数据。

4. (　　) 对于同时具有相关需求与大量独立需求的物料，需要采用多阶 MPS 程序计算。

三、计算题

1. 主生产计划案例：产品 A 独立需求资料见表 4-15，DTF、PTF 分别为第 4、10 期期末。请计算完成表 4-16 与表 4-17(要求 ATP 过程)。注意：此处未用 FPO 技术。

表 4-15　最终产品 A 的独立需求资料来源

期别	0	1	2	3	4	5	6	7	8	9	10	11	12
预测 FC	0	20	22	18	17	16	16	30	28	26	25	22	21
订单 CO	0	25	23	17	16	17	18	20	18	15	12	8	2

表 4-16　产品 A 的 TPOP

期别	0	1	2	3	4	5	6	7	8	9	10	11	12
A(LT=1)	OH=	10	SS=	2	LSR=	FOQ	LS=	30	DTF=	4	PTF=	10	
GR													
SR	0	30	0	0	0	0	0	0	0	0	0	0	0
POH	X												
PAB	X												
NR	X												
PORC	X												
POR													

表 4-17　产品 A 的 MPS 与 ATP

期别	0	1	2	3	4	5	6	7	8	9	10	11	12
预测 FC	0	20	22	18	17	16	16	30	28	26	25	22	21
订单 CO	0	25	23	17	16	17	18	20	18	15	12	8	2
MPS	X												
ATP	X												

2. 多阶 MPS 案例：有一企业生产的空气压缩机在国内销售时常配电动机和空气桶，并称之为全套，但外销时只卖空气压缩机。现已知：全套和压缩机的材料主文件数据见表 4-18；产品结构 BOM 见表 4-19；国内销售全套的订单与预测数据见表 4-20；海外独立销售压缩机的订单与预测数据见表 4-21；相关库存信息见表 4-22。请参照案例进行多阶 MPS 求解并填写表 4-23～表 4-25。注意：全套和压缩机的 DTF、PTF 都分别取第 4 周 (末) 和第 8 周 (末)。

表 4-18　材料主文件

件号	LT	SS	LSR	LS
全套	1	10	FOQ	100
压缩机	2	15	FOQ	100

表 4-19　产品结构 BOM

父件	全套		
子件	压缩机	电动机	空气桶
QP	1	1	1

表 4-20　国内销售的全套的订单与预测数据

期别	0	1	2	3	4	5	6	7	8	9	10	11	12
订单		80	60	90	60	60	60	50	30	20	10	0	0
预测		100	50	100	50	100	50	100	50	100	50	100	50

表 4-21　海外独立销售的压缩机的订单与预测数据

期别	0	1	2	3	4	5	6	7	8	9	10	11	12
订单		45	45	43	38	36	30	25	18	15	10	5	0
预测		50	40	40	40	35	40	50	40	40	40	30	40

表 4-22　各相关物料所需的库存状态信息

件号	OH	AL	SR												
			0	1	2	3	4	5	6	7	8	9	10	11	12
全套	50	0	0	100											
压缩机	120	100	0	100	100										

表 4-23　全套的 MPS 报表

全套 (LT=1)	OH=	50	SS=	10	LSR=	FOQ	LS=	100	DTF=	4	PTF=	8	
时段	0	1	2	3	4	5	6	7	8	9	10	11	12
订单 CO													
预测 FC													
GR													
SR													
POH													
PAB													
NR													
PORC													
POR													
MPS													
ATP													

表 4-24　压缩机的 MPS 报表

压缩机 (LT=2)	OH=	120	SS=	15	LSR=	FOQ	LS=	100	DTF=	4	PTF=	8	
时段	**0**	**1**	**2**	**3**	**4**	**5**	**6**	**7**	**8**	**9**	**10**	**11**	**12**
GR													
SR													
POH													
PAB													
NR													
PORC													
POR													
MPS													
ATP													

表 4-25　压缩机的 ATP 计算详解 (AL=100)

期别	**0**	**1**	**2**	**3**	**4**	**5**	**6**	**7**	**8**	**9**	**10**	**11**	**12**
外销订单													
相关需求													
已承诺量													
MPS													
ATP													

四、思考题

1. 在学习了实现可答应量 ATP 负值自动调整的 ATP 算法解析的讲解之后，如何理解信息化管理人员深化 ERP 软件自动化程度的做法？

2. 如何理解多阶 MPS 对单阶 MPS 的发展？

3. 主计划生产计划员的工作职责主要是什么？

第五章 能力需求管理

本章要点

- 能力与负荷的基础资料及二者之间的相互平衡。
- 粗能力需求计划 (RCCP) 的资源表法、产品负荷表法与总体资源法，关键材料与关键作业。
- 能力需求计划 (CRP) 的按平均批量 (亦按 LT) 分配法与按实际批量分配法。

第一节 能力需求管理概述

能力需求管理主要是将各级生产计划转换为相应的能力需求计划，然后估计可用能力并确定应采取措施以协调能力需求即负荷 (Load) 和可用能力 (Capacity) 之间的关系。负荷与能力经常被混淆。负荷是一个工作中心在某特定时段所完成或计划要完成的工作量；能力则是一个工作中心在某个特定时段可处理的工作量。能力用于描述一个资源生产某产品的能力；而负荷则用于指出要完成某个已下达或已计划的订单所需的资源量。一个工作中心在某个特定时段的总负荷为这段时间内需要完成的所有已下达及已计划订单所需的总工时。

图 5-1 是负荷与能力关系示意图。其中，槽内的水量表示在制品 (Work-In-Process，WIP) 库存量，水的输入速率是负荷，而水的最大输出速率则是能力。使用"速率"一词是因为不论负荷还是能力，都是相对某个时段的数量。为了让在制品库存维持在一定的水平，能力必须与负荷相等。如果负荷超过能力，已下达及已计划的量会超过资源可以生产的量，那么在制品库存就会增加。相反，如果负荷小于能力且能力充分运作的话，在制品库存就会减少，甚至降为 0，资源便会闲置。水槽的输出速率，即能力，通常可

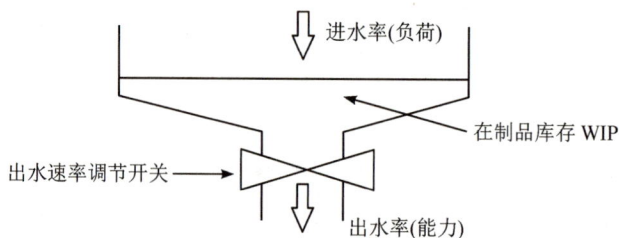

图 5-1 负荷与能力关系示意图

以调整，这样即使负荷有所浮动，在制品库存仍然能够保持稳定。

一、能力与负荷的基础资料

（一）工作中心

工作中心 (Work Center，WC) 是各种生产能力单元的统称，属于计划与控制范畴，而不属于固定资产或设备管理范畴。在传统手工管理进行能力平衡时，往往用各类设备组的可用小时数与负荷小时数进行对比。工作中心则把设备组概念扩大了，除设备外还可以是人员或特定区域等，参见图 5-2。工作中心可以是：一部功能独特的机器及所配备人力；一组功能相同的设备及所配备人力；一群联合作业的设备及所配备人力；一条生产线或装配线及所配备人力；一个成组单元及所配备人力；或者生产单一产品的封闭车间及所配备人力；对外包工序来说对应的工作中心则是一个外包单位的代码。

视频讲解

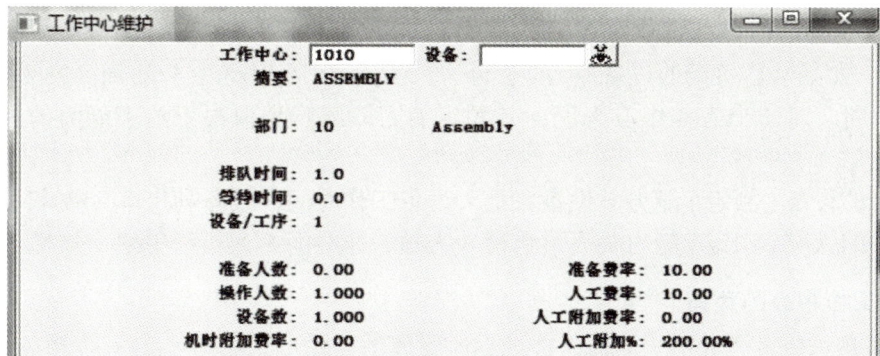

图 5-2　工作中心维护示例

设置工作中心是一项细致的工作，要充分考虑到设置的原则使其能起到以下四个方面的作用：① 作为平衡负荷与能力的基本单元，是运行和分析能力计划的计算对象；② 作为车间作业分配任务和编制详细作业进度的基本单元；③ 作为车间作业计划完成情况的数据采集点，也可作为 JIT 反冲的控制点；④ 作为计算加工成本的基本单元。另外，在编制工艺流程 (亦称途程表) 之前，先要划定工作中心。通常，工艺流程中每道工序要对应一个工作中心，也可几个连续工序对应一个工作中心 (这种情况往往出现在焊接、装配这类作业中)。

（二）工作中心有关能力与负荷相关数据的概念与计算

工作中心的基本数据有工作中心代码、名称及所属车间部门代码。而其能力数据则是能力需求计划的基础。工作中心文件记录了各种定额能力数据，如单台额定标准输出 (如 200 个 /h) 或者其倒数形式的单件额定工时 (如 0.05 h/ 个)；还有可用机器数、每日班次、每班操作人员数、每班小时数、工作中心利用率、工作中心效率等。另外，车间日历文件中记录了每周工作天数。

1. 利用率

利用率是指机器实际开动时间与计划工作时间之比，是一个统计平均值，通常小于

100%。它同设备完好率、工人出勤率、任务饱满程度及自然休息时间有关。若 8 小时工作制中机器能开动 6 小时，则利用率为 75%，参见公式 (5-1)。

$$利用率 = \frac{实际工作小时数}{计划工作小时数} \times 100\% \tag{5-1}$$

2. 效率

效率说明实际消耗台时/工时与标准台时/工时的差异。它与工人技术水平或机床使用年限有关，可大于 100%。若某机器额定输出为 200 个/h，实际输出为 250 个/h，则效率为 125%。其计算公式有两种形式，分别参见公式 (5-2) 和公式 (5-3)。

$$效率 = \frac{单件产品的额定加工时间}{单件产品的实际加工时间} \times 100\% \tag{5-2}$$

$$效率 = \frac{单位时间内的实际生产量}{单位时间内的额定生产量} \times 100\% \tag{5-3}$$

3. 工作中心的额定能力

工作中心的额定能力含设备额定能力和人员额定能力两类，参见公式 (5-4) 和公式 (5-5)。如某 WC 每周的设备能力 = 2 台 × 1 班/天 × 8 小时/班 × 5 天/周 × 75% × 90% = 54 台时/周。对一个工作中心来说，其额定能力取哪一种取决于约束能力的是设备还是人员。

WC 的设备 (额定) 能力 = 设备数量 × 设备工作时间 × 设备利用率 × 效率 (5-4)

WC 的人员 (额定) 能力 = 人员数量 × 人员工作时间 × 人员利用率 × 效率 (5-5)

4. 工作中心的负荷

负荷是指设备或人员为完成生产计划所需要的工作量，参见公式 (5-6) 和公式 (5-7)。如产品 A 的额定台时为 5 台时/单件，若计划产量为 1000，则设备负荷为 5000 台时。

计划所需人员负荷 = 计划产量 × 单位产品额定工时 (5-6)

计划所需设备负荷 = 计划产量 × 单位产品额定台时 (5-7)

5. 负荷率

负荷率是指生产负荷与生产能力的比率，其计算结果可大于 100%，参见公式 (5-8)。

$$负荷率 = \frac{负荷}{能力} \times 100\% \tag{5-8}$$

6. 其他能力修正概念

工作中心的能力应是能持续保证的能力，要稳定可靠。上文所述额定能力是一种预期的能力，也称为评估能力 (Rate Capacity)、计算能力 (Calculated Capacity) 或名义能力 (Nominal Capacity)。额定能力要对比过去某个有代表性时期能力的统计平均值进行修正 (如修订效率或利用率并确定允许偏差)，这个统计平均值可称为纪实能力或验证能力 (Demonstrated Capacity)。有时运行能力计划还要根据工作中心的具体情况做必要的调整，调整后的能力称为计划能力 (Planned Capacity)，然后再去同需用能力 (Required Capacity) 进行对比。为说明工作中心的理想能力，有时也要标明最大能力 (Maximum Capacity)，或称理论能力 (Theoretical Capacity)，即不考虑预防保养、跳机停机时间等因素的最大输出量。另有一个预算能力 (Budgeted Capacity) 用于财务系统，其含义是：在特定时段，一个设定财务预算及建立费用摊提率的制造系统，预计生产的产品组合的总量。

（三）工艺流程

工艺流程/途程表 (Routing) 是对制造某特定物料的方法的详细描述，包含需要执行的作业顺序、作业名称、使用的工作中心、每个工作中心所需的机器、机器或工作中心准备作业时间 (Setup Time) 与加工时间 (Run Time) 的标准值、人力配置和每次加工的产出量等，参见图 5-3。若一个员工需照顾多台半自动机器，那么每台机器都是配置一定比例的人力。若许多员工在一个工作中心进行作业，员工数目是配置在此工作中心的人数。有些工作中心在每一回合生产时能产出多个单位产品，则会记录"每回合输出量"。如铣床一次可装夹并加工 8 个零件，则 "每回合输出量" 为 8。下文案例使用的简化的工艺路线参见表 5-1。注意：QAD 公司该版本的 ERP 软件中未设计"每回合输出量"属性，图中的 "平行加工件数" 是考虑到前后工序可能有重叠而应用 "平行顺序移动法" 所致的平行加工件数。

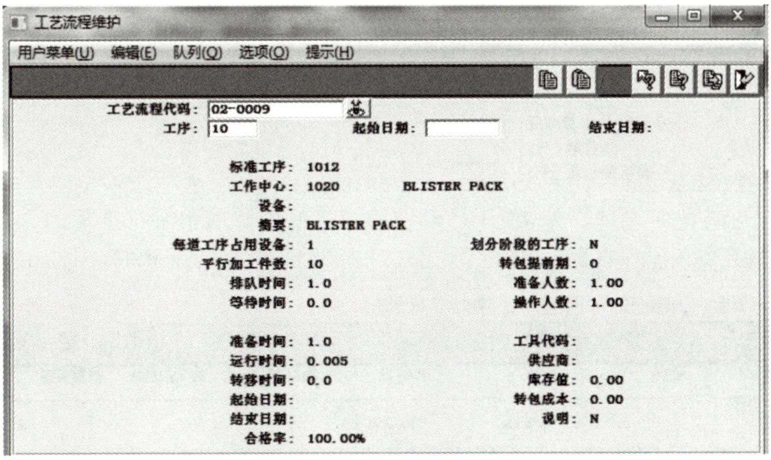

图 5-3　工艺流程维护示例

表 5-1　产品 X 的工艺流程/途程表

作业编号	作业名称	工作中心	准备时间	加工时间	人力	每回合输出量
10	预处理	Y1	10	2	2	2
20	车加工	C1	20	3	1	1
30	磨加工	M1	30	5	1	1

（四）资源清单/资源表与资源负荷表

资源清单/资源表 (Bill of Resource，BOR) 是制造一单位某产品或产品族所需关键资源的能力列表。在此基础上继续考虑资源需求之冲销时间因素的可称为产品负荷表。人力表 (Bill of Labor，BOL) 也是一种资源表，其资源就是人力。工作中心文件类似于材料主文件；资源表、产品负荷表和人力表类似于材料表。QAD 公司 ERP 软件中后三类表统一维护在 "零件资源清单维护" 或 "产品类资源清单维护" 中，参见图 5-4，注意资源 1000 是指人力 (Manpower)。

资源负荷表记录一个特定时段内某材料的计划生产量对某资源造成的负荷，常用于预测材料计划变动对关键资源负荷以及总体排程的影响。资源表说明制造一单位的某材料所需的资源负荷；资源负荷表说明某材料某些计划生产量在相应期别的资源负荷需求，参见图 5-5。

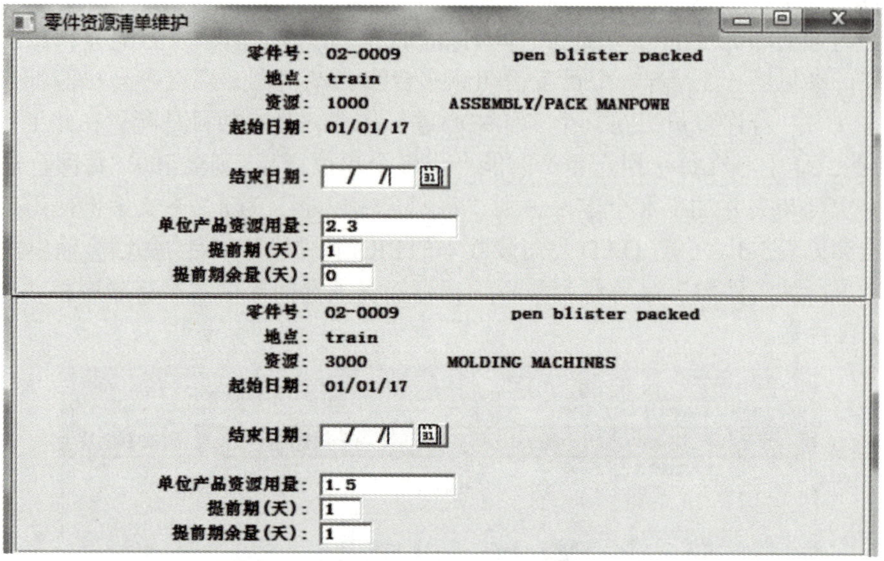

图 5-4 QAD 公司 ERP 软件中"零件资源清单维护"示例

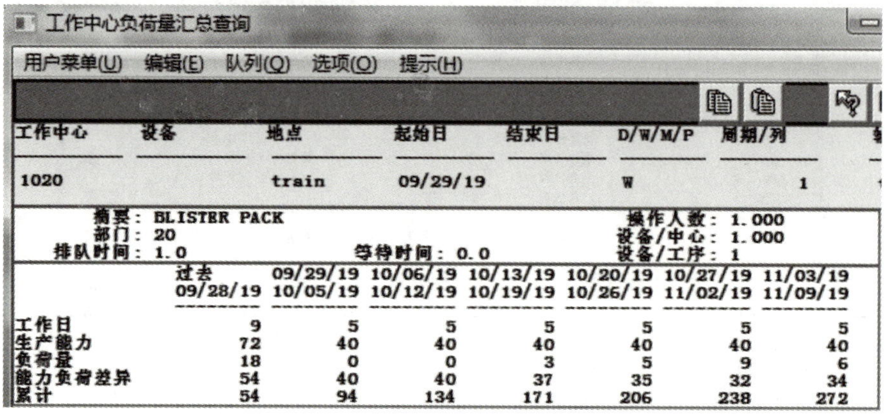

图 5-5 QAD 公司 ERP 软件中"工作中心负荷量汇总查询"示例

二、负荷与能力的平衡

优先次序定义了工作在时序上的相对重要性，即工作完成的先后顺序。在 MRP 报表中的 POR、PORC 和 SR 是优先次序计划。MPS 是完成品的 SR 和 PORC 的综合，因此也是优先次序计划。优先次序计划决定何时需要何种资源、数量多少，即决定对资源的负荷；只有当能力大于负荷时，优先次序计划才可行。对应生产规划 PP，有资源需求规划 (Resource Requirement Planning，RRP)；对应主生产计划 (MPS)，有粗能力需求计划 (Rough-

Cut Capacity Planning，RCCP)；对应物料需求计划 (MRP)，有能力需求计划 (Capacity Requirement Planning，CRP)。

与生产规划 PP 相对应的资源需求规划 RRP 是一个全局性能力需求计划，其生产资源指原材料、劳力工时、设备机时和资金，并以全厂、分厂或车间为能力核算单位。资源能力的描述方法是按每一个产品系列或产品族消耗 (关键) 资源的综合平均指标来计算的，如工时/件、吨/件、元/件。这一平均指标又可称为能力计划系数。用它乘以未来的生产规划数量就可得到未来的资源需求数量。如对学校而言，每个学生需要的关键资源即能力计划系数如下：师生比 1:10，生均住宿 5 m^2，生均教学 20 m^2，每生每年运作资金 1.5 万等。若在校生规模定为 1 万，可计算出各种资源需求如下：老师 1000 人，宿舍 50 000 m^2，教学楼 200 000 m^2，年运作资金 1.5 亿。与简单 RRP 相比，粗能力需求计划 RCCP 与能力需求计划 CRP 需详细讲解。

(一) RCCP 的编制、调整与评估

RCCP 通常是对生产中所需的关键资源进行需求计算和分析，基础是资源表或产品负荷表，编制的主要步骤如下：① 定义关键资源；② 在主生产计划中为每个产品族指定代表产品；③ 分析该产品 BOM 中零部件分别占用何种关键资源；④ 确定单位产品对关键资源的资源表或者产品负荷表；⑤ 确定每个关键资源的实际能力和最大能力；⑥依据资源表或者产品负荷表将 MPS 计划产量转换为所需总负荷；⑦ 负荷与能力不匹配时，进行适当调整。相关的调整方法如表 5-2 所示。RCCP 调整后再评估 MPS，若负荷与能力基本平衡则批准 MPS；若仍不平衡，主计划员应进一步调整力求平衡，此时除调整能力外还可改变负荷，参见表 5-3。

表 5-2　RCCP 能力调整方法

物料短缺			劳动力短缺					设备短缺				
增加采购	采用替代物料	减少总生产量	加班	雇佣临时工人	外协或者分包	减少总生产量	重新将计划安排到有可用资源期别	购买新的设备	现有设备升级改造	外协或者分包	采用其他工艺	减少总生产量	重新将计划安排到有可用资源期别

表 5-3　RCCP 与 MPS 平衡调整措施

改变预计负荷量					改变能力供给				
订单拆零	拖延订单	终止订单	重新安排订单	改变产品组合	加急	申请加班	雇佣临时工	外协或分包	改变生产工艺

(二) CRP 的编制与调整

CRP 的编制步骤如下：① 根据工艺路线和工作中心文件综合每道工序资料；② 根据 MRP 计算每道工序在每个工作中心上的负荷；③ 确定每道工序的交货日期和开工日期；④ 依实际批量计算每个工作中心的负荷；⑤ 给出每个工作中心的负荷图或负荷报告。

CRP 与 MRP 间的平衡属于微调，而微调能力与负荷的方法也是从略微增加能力以适应负荷或略微减少负荷以适应能力两方面入手，参见表 5-4。

表 5-4　CRP 与 MRP 的平衡调整措施

减轻负荷方法			增加能力措施			
集中批量生产，从而减少准备时间	取消、重排订单或者修改订单数据	并行作业，即将顺序移动改为平行移动或者平行顺序移动	安排加班或者分包	提高工作中心的效率和利用率	增加工人或者提高技术水平	采用替代工艺，将超负荷工作中心上任务安排到能力富余的替代工作中心

第二节　粗能力需求计划 (RCCP)

一、粗能力需求计划 (RCCP) 的两种主要计算方法

粗能力需求计划 (RCCP) 从主生产计划换算出对关键资源的需求，以便检查可用资源是否足以供应 MPS。此关键资源可以是关键工作中心的人力或设备工时、关键原材料或零配件。对关键资源的需求需要与计划能力或验证能力相平衡，使 MPS 合乎实际。RCCP 程序类似于资源需求规划 (RRP)；但 RRP 考察产品族而 RCCP 考察产品，并且有时 RCCP 会考虑冲销时间因素。编制 RCCP 有三种方法：资源表法、产品负荷表法和总体能力法。此处依托案例先主要分析前两种方法。

视频讲解

（一）单个产品粗能力需求计划 (RCCP) 案例

1. 案例已知条件

已知产品 A 的产品结构如图 5-6 所示，相应 BOM 见表 5-5。其中，H、I、G、D 是外购件，不在能力计算范围内 (若外购件因受市场供应能力或供应商生产能力限制而成为关键资源时，需在 RCCP 中考虑)。产品 A 的工艺路线资料见表 5-6，所需各物料的标准批量数据节选自材料主文件，见表 5-7，而产品 A 的 MPS 数据见表 5-8。

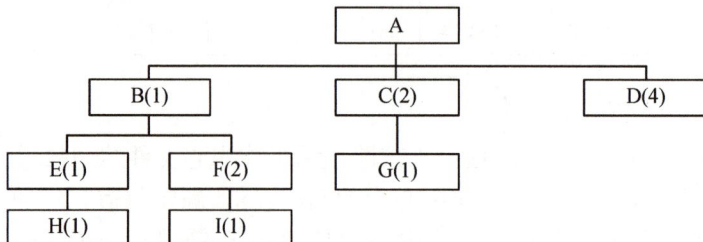

图 5-6　产品 A 的产品结构

表 5-5　产品 A 的相关 BOM

父件	A			B		C	E	F
子件	B	C	D	E	F	G	H	I
QP	1	2	4	1	2	1	1	1

表 5-6　产品 A 的相关工艺路线资料（含 A 之子件）

件号	作业编号	工作中心	准备时间	加工时间	人力	每回合输出量
A	10	WC5	0.2	0.1	1	1
B	20	WC4	0.4	0.1	1	1
C	30(先)	WC2	0.6	0.2	1	1
C	40(后)	WC3	0.6	0.1	1	1
E	50(先)	WC1	0.8	0.1	1	1
E	60(后)	WC2	0.8	0.2	1	1
F	70	WC1	1.0	0.1	1	1

表 5-7　各物料的标准批量（节选自材料主文件）

物料	A	B	C	E	F
标准批量	20	40	60	80	100

表 5-8　产品 A 的 MPS 数据

期别	**0**	**1**	**2**	**3**	**4**	**5**
A 的 MPS	0	20	20	30	30	40

在讲解求解 RCCP 方法之前，需要先求解各作业的单位总时间，即在某工作中心的某个作业处理一个单位物料的标准总工时。它其实是物料单件准备时间与单件加工时间之和。工艺路线中的准备作业时间是针对整个加工批量，加工时间是针对每回合输出量，单位总时间的计算公式见公式 (5-9)。

$$单位总时间 = \frac{准备作业时间}{标准批量} + \frac{加工时间}{每回合输出量} \tag{5-9}$$

根据表 5-6 和表 5-7 数据并利用公式 (5-9) 能够计算出各作业单位总时间，见表 5-9。

表 5-9　各作业的单位总时间

件号	A	B	C	C	E	E	F
作业号	10	20	30(先)	40(后)	50(先)	60(后)	70
工作中心	WC5	WC4	WC2	WC3	WC1	WC2	WC1
单位总时间	$T_{A-WC5}=$ 0.11	$T_{B-WC4}=$ 0.11	$T_{C-WC2}=$ 0.21	$T_{C-WC3}=$ 0.11	$T_{E-WC1}=$ 0.11	$T_{E-WC2}=$ 0.21	$T_{F-WC1}=$ 0.11

2. 资源表法（能力清单法）的案例求解

资源表 (BOR) 是描述制造一单位特定产品或产品族所需的关键资源列表，其父件是指产品或与产品紧密关联的工艺流程代码 (第六章将详述)，子件是指作为关键资源的工作中心，而单位用量是指生产一单位产品占用该工作中心的总工时，此处用"TP"(Time-Per) 表示。用资源表 (BOR) 进行粗能力需求计划的方法称为资源表法，有时也称能力清单法。

BOR 由 BOM 和各作业单位总时间计算得出。表 5-6 中，生产 A 过程中有 E 的头道作业 50 和 F 的作业 70 需要占用工作中心 WC1，则生产单个 A 需占用 WC1 的总工时 $TP_{A-WC1} = QP_{AB} \times QP_{BE} \times T_{E-WC1} + QP_{AB} \times QP_{BF} \times T_{F-WC1} = 1 \times 1 \times 0.11 + 1 \times 2 \times 0.11 = 0.33$。读者可对照表 5-10 中 BOR 的汇总结果试算其他数据。将表 5-10 资源表数据乘以表 5-8 的 MPS 数据，就可得到表 5-11 粗能力需求 (即负荷)，如 $0.33 \times 20 = 6.6$。

表 5-10 产品 A 的资源表 (BOR)

父件 (即产品)	A				
子件 (此处即工作中心)	WC1	WC2	WC3	WC4	WC5
单位用量 TP(单位：工时)	0.33	0.63	0.22	0.11	0.11

表 5-11 由资源表法计算得出的粗能力需求 (负荷)

工作中心	逾期	第 1 期	第 2 期	第 3 期	第 4 期	第 5 期	总计
WC1	0	6.6	6.6	9.9	9.9	13.2	46.2
WC2	0	12.6	12.6	18.9	18.9	25.2	88.2
WC3	0	4.4	4.4	6.6	6.6	8.8	30.8
WC4	0	2.2	2.2	3.3	3.3	4.4	15.4
WC5	0	2.2	2.2	3.3	3.3	4.4	15.4
总计	0	28	28	42	42	56	196

3. 产品负荷表法 (分时间周期的能力清单法) 的案例求解

上述资源表法没有反映制造提前期，故不能很好地体现能力需求的时间属性。而产品负荷表法则在考虑物料制造提前期的基础上 (即进一步考虑资源需求的冲销时间因素) 形成能力需求计划，故又称为分时间周期的能力清单法。

此处，假设物料 A、B、F 的 LT 值为 1 期，C 和 E 的 LT 值为 2 期，可以绘制冲销时间坐标轴上的工序横道图，如图 5-7 所示。

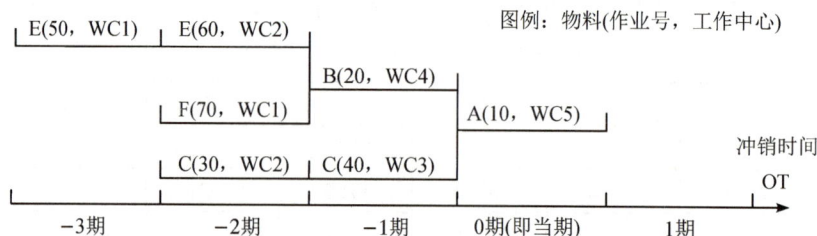

图 5-7 产品 A 在冲销时间坐标轴上的工序横道图

特别注意：在冲销时间坐标轴上的工序横道图中，A 的生产作业所对应的 OT 等于 0。分析如下：假设在产品 A 的 MPS 中第 3 期有一个计划生产量 50，由于前文曾指出"MRP 系统的期别都是指该期的期末"，故此计划意味着第 3 期期末需要产出 50 个 A；

又由于产品 A 的提前期 LT=1 期，所以从第 3 期期初开始进行 A 的生产可以恰好在第 3 期期末完工交货；这也就意味着：恰恰是第 3 期占用生产 A 所需的资源；因此，占用生产 A 所需资源的期别与 MPS 中需安排生产的期别是一致的；故在冲销时间坐标轴上的工序横道图中，A 的生产作业所对应的冲销时间 OT 应为 0。然后，根据 A 的产品结构可以接着在冲销时间坐标轴上倒着往前画出其子件系列的作业，相应冲销时间取负值。

以下考虑冲销时间影响。对 WC1，占用时间分别是提前 3 期的 E 的头道作业 50 和提前 2 期的 F 的作业 70，所以对 WC1 的单位用量 TP 计算需区分不同冲销时间，即 $TP(A\text{-}WC1, OT=-3)=QP_{AB}\times QP_{BE}\times T_{E\text{-}WC1}=1\times1\times0.11=0.11$ 和 $TP(A\text{-}WC1, OT=-2)=QP_{AB}\times QP_{BF}\times T_{F\text{-}WC1}=1\times2\times0.11=0.22$。但对 WC2，E 的后道作业 60 和 C 的头道作业 30 占用时间相对 A 出产日期而言都是提前 2 期，所以对 WC2 的单位用量 TP 的计算可合并考虑纳入同一冲销时间段，相应 $TP(A\text{-}WC2, OT=-2)=QP_{AB}\times QP_{BE}\times T_{E\text{-}WC2}+QP_{AC}\times T_{C\text{-}WC2}=0.63$。汇总结果见表 5-12。

表 5-12 产品 A 的产品负荷表

父件（即产品）	A					
子件（此处即工作中心）	WC1	WC1	WC2	WC3	WC4	WC5
单位用量 TP（单位：工时）	0.11	0.22	0.63	0.22	0.11	0.11
冲销时间	−3	−2	−2	−1	−1	0

同样，在求解粗能力需求（即负荷）时需考虑 OT 因素。此处以 WC1 负荷计算为例（与考虑 OT 的 GR 计算类似），见表 5-13。负荷汇总结果见表 5-14。

表 5-13 对 WC1 的粗能力需求（即负荷）计算过程示意

	逾期	第 1 期	第 2 期	第 3 期	第 4 期	第 5 期
A 的 MPS	0	20	20	30	30	40
TP(A−WC1, OT=−3)	20×0.11+20×0.11 +30×0.11	30×0.11	40×0.11			
TP(A−WC1, OT=−2)	20×0.22+20×0.22	30×0.22	30×0.22	40×0.22		
总计	16.5	9.9	11.0	8.8		

表 5-14 由产品负荷表法计算的粗能力需求（负荷）

工作中心	逾期	第 1 期	第 2 期	第 3 期	第 4 期	第 5 期	总计
WC1	16.5	9.9	11.0	8.8			46.2
WC2	25.2	18.9	18.9	25.2			88.2
WC3	4.4	4.4	6.6	6.6	8.8		30.8
WC4	2.2	2.2	3.3	3.3	4.4		15.4
WC5		2.2	2.2	3.3	3.3	4.4	15.4
总计	48.3	37.6	42.0	47.2	16.5	4.4	196

（二）多个产品粗能力需求计划 (RCCP) 案例

1. 案例已知条件

产品 X 和 Y 的相关简要工艺路线资料见表 5-15，其中已经省略了许多不必要的信息，但附带了案例所需的已计算好的单位总时间数据。相应的产品结构 BOM 见表 5-16，相应的主生产计划数据见表 5-17。

表 5-15　产品 X 和 Y 的相关工艺路线资料

件号	X	Y	A	A	B	C	D
作业号	10	20	30(先)	40(后)	50	60	70
工作中心	WC1	WC1	WC2	WC3	WC2	WC2	WC2
单位总时间	$T_{X-WC1}=$ 0.05	$T_{Y-WC1}=$ 1.3	$T_{A-WC2}=$ 0.6	$T_{A-WC3}=$ 0.2	$T_{B-WC2}=$ 0.1	$T_{C-WC2}=$ 0.1	$T_{D-WC2}=$ 0.0625

表 5-16　产品 X、Y 及其子件 C 的 BOM

父件	X		Y		C
子件	A	B	B	C	D
单位用量	1	2	1	2	2

表 5-17　产品 X 和 Y 的主生产计划

期别	0	1	2	3	4	5	6	7	8
产品 X	0	30	30	30	40	40	40	32	32
产品 Y	0	20	20	20	15	15	15	25	25

2. 资源表法（能力清单法）的案例求解

类似上文案例，资源表 (BOR) 可以通过 BOM 和工艺路线等资料计算得出。对产品 X：$TP_{X-WC1}=T_{X-WC1}=0.05$；$TP_{X-WC2}=QP_{XA}×T_{A-WC2}+QP_{XB}×T_{B-WC2}=1×0.6+2×0.1=0.8$；$TP_{X-WC3}=QP_{XA}×T_{A-WC3}=1×0.2=0.2$。对产品 Y：$TP_{Y-WC3}=0$；$TP_{Y-WC1}=T_{Y-WC1}=1.30$；$TP_{Y-WC2}=QP_{YB}×T_{B-WC2}+QP_{YC}×T_{C-WC2}+QP_{YC}×QP_{CD}×T_{D-WC2}=1×0.1+2×0.1+2×2×0.0625=0.55$。$TP_{Y-WC3}=0$ 是因为 Y 及其子件都没有作业占用 WC3。汇总结果见表 5-18。将表 5-18 与表 5-17 的 MPS 数据相乘即可得出粗能力需求，结果见表 5-19。

表 5-18　产品 X 和产品 Y 的资源表 (BOR)

父件（即产品）	X			Y		
子件（此处即工作中心）	WC1	WC2	WC3	WC1	WC2	WC3
单位用量 TP（单位：工时）	0.05	0.8	0.2	1.3	0.55	0

表 5-19　由资源表法得出的粗能力需求（负荷）

期别	0	1	2	3	4	5	6	7	8
WC1	0	27.50	27.50	27.50	21.50	21.50	21.50	34.10	34.10
WC2	0	35.0	35.0	35.0	40.25	40.25	40.25	39.35	39.35
WC3	0	6.00	6.00	6.00	8.00	8.00	8.00	6.40	6.40
总计	0	68.5	68.5	68.5	69.75	69.75	69.75	79.85	79.85

3. 产品负荷表法/分时间周期的能力清单法

假设各物料 X、Y、A、B、C、D 的 LT 值分别为 1、1、2、1、1、1，相应的冲销时间坐标轴上的工序横道图如图 5-8 所示。在计算 X 的产品负荷表时，需注意对 WC2 的计算要区分不同的冲销时间，即 $TP(X-WC2, OT=-1)=QP_{XB} \times T_{B-WC2}$ 与 $TP(X-WC2, OT=-2)=QP_{XA} \times T_{A-WC2}$。对 Y，也需特别关注 WC2 的计算。此时，都提前 1 期的 B 的作业 50 与 C 的作业 60 需合并纳入 OT=-1 期别，即只有父件、子件及对应冲销时间都相同的计算才能合并，故 $TP(Y-WC2, OT=-1)=QP_{YB} \times T_{B-WC2}+QP_{YC} \times T_{C-WC2}$；但提前 2 期的 D 的作业 70 需单独置于 OT=-2 期别，即 $TP(Y-WC2, OT=-2)= QP_{YC} \times QP_{CD} \times T_{D-WC2}$。汇总数据见表 5-20。

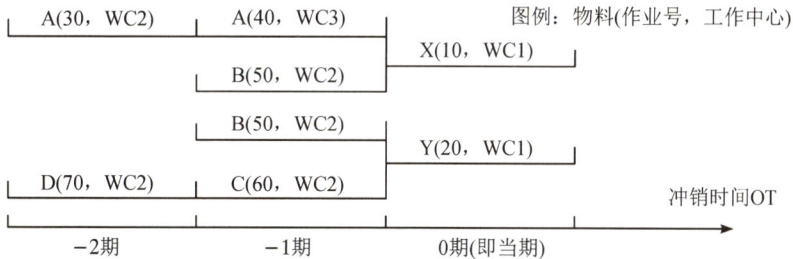

图 5-8　各物料在冲销时间坐标轴上的工序横道图

表 5-20　产品 X 和产品 Y 的产品负荷表

父件（即产品）	X				Y		
子件（此处即工作中心）	WC1	WC2	WC2	WC3	WC1	WC2	WC2
单位用量 TP（单位：工时）	0.05	0.2	0.6	0.2	1.3	0.3	0.25
冲销时间	0	-1	-2	-1	0	-1	-2

利用上表以及 MPS 数据可计算出粗能力需求，所有汇总结果参见表 5-21。其中冲销时间的影响与单个产品 RCCP 案例类似，有兴趣的读者请自行验证表中数据。

表 5-21　由产品负荷表法得出的粗能力需求（负荷）

期别	0	1	2	3	4	5	6	7	8
WC1	0	27.50	27.50	27.50	21.50	21.50	21.50	34.10	34.10
WC2	58.00	35.00	39.75	40.25	40.25	37.95	39.35	13.90	
WC3	6.00	6.00	6.00	8.00	8.00	8.00	6.40	6.40	
总计	64.00	68.50	73.25	75.75	69.75	67.45	67.25	54.40	34.10

二、RCCP 的总体资源法和关键材料与关键作业

（一）总体资源法

总体资源法是将所有关键资源视为总体资源。此例将 WC1、WC2 与 WC3 视为总体资源。另外还需补充一信息作为已知条件：由统计数据可知 WC1、WC2 及 WC3 的负荷占总负荷百分比分别为 30%、60% 与 10%。将表 5-18 资源表中的单位用量对应各产品分别求和即可得出各产品对总体资源的资源表，见表 5-22。利用表 5-22、MPS 以及分配比例可计算总体资源法的粗能力需求，见表 5-23。

视频讲解

表 5-22　产品 X 和产品 Y 对总体资源的资源表

父件 (即产品)	X	Y
子件 (此处即工作中心)	总体资源	总体资源
单位用量 TP(单位：工时)	1.05=0.05+0.8+0.2	1.85=1.3+0.55+0

表 5-23　利用总体资源法计算的粗能力需求（负荷）

期别	0	1	2	3	4	5	6	7	8
WC1	0	20.55	20.55	20.55	20.925	20.925	20.925	23.955	23.955
WC2	0	41.10	41.10	41.10	41.850	41.850	41.850	47.910	47.910
WC3	0	6.85	6.85	6.85	6.975	6.975	6.975	7.985	7.985

事实上，无论利用资源表法还是利用产品负荷表法展开 MPS 计算各关键资源的负荷量，其计算过程都与 MRP 中 GR 的计算过程类似，正如两者文件结构都与材料表 BOM 相似一样。两者计算粗能力需求的程序实际也只有一个，只是输入文件稍有差异。总体资源法与这两者的细微差别在于它还需补充各关键资源的负荷分配比率数据，并依此数据进行负荷分配。总体上来说：依照总体资源法、资源表法以及产品负荷表法的顺序，粗能力需求计划的精确度会越来越高。注意：以上对 RCCP 的讲解是将 BOM 结构全部展开以考虑所有工作中心的能力需求。而实际作业中 RCCP 只针对关键资源，如关键工作中心或关键材料，此时系统如何实现只对关键工作中心进行 RCCP 运作呢？接下来就讨论该问题。

（二）关键材料与关键作业

闭环式 MRP 系统首先会将材料表和工艺流程/途程表合并为材料途程表。其中，方形部分是材料表，圆形部分是途程表；方形中的符号是件号，圆形中的符号是作业代号；带斜线的方形代表关键材料，带斜线的圆形代表关键作业 (即该作业设备是关键约束)；参见图 5-9。

图例：　□ 件号　○ 作业　▨ 关键件号　◉ 关键作业

图 5-9　材料途程表

在图 5-9 中，P 和 Q 是关键材料，1 和 10 是关键作业，系统对 MPS 物料 A 做规划时，必须先找出关键材料表和关键途程表。除用户自行定义的关键材料外，途程表中包含关键作业的材料也被自动纳入关键材料途程表中（D 和 G 即是如此），参见图 5-10。系统将进一步分解关键材料途程表，以得到关键材料表和关键途程表，如图 5-11 和图 5-12 所示。

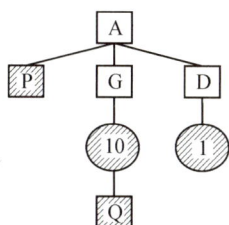

图 5-10　关键材料途程表　　图 5-11　关键材料表　　图 5-12　关键途程表

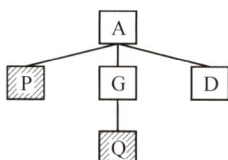

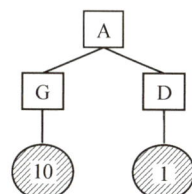

注意：在绘制关键途程表相应的工序横道图时，需要将中间非关键物料相应 LT 值或非关键作业持续的时间进行冲销。比如，由 A 展开至关键作业 10 时，需将中间 B 的 LT 进行冲销；由 A 展开至关键作业 1 时，需将 D 的作业 2 和作业 3 的持续时间冲销。其原因很容易从图 5-13 中的转化中看出。

同理，对关键材料也需要考虑冲销时间因素。比如，对父件为 A 子件为 P 的关键材料表，其冲销值应为中间物料 B 与 F 的 LT 之和；对父件为 A 子件为 G 的关键材料表，其冲销值应为中间物料 B 的 LT。此处对关键材料表中父件为 A 子件为 D 的记录无需设置冲销时间值。上例中若父件为 A 子件直接为 Q，则其冲销值应为中间物料 B 与 G 的

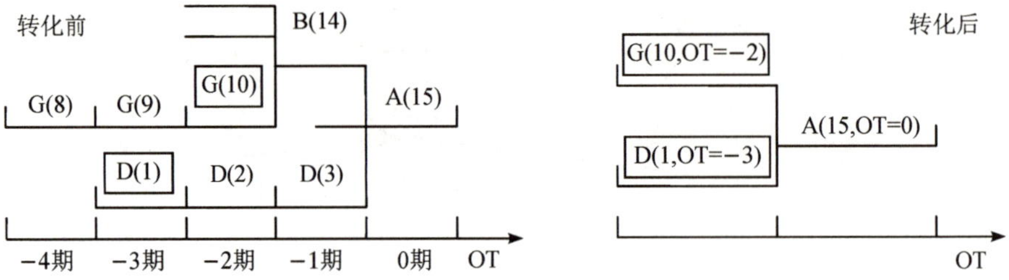

图 5-13　完整材料途程表转化为关键途程表的工序横道图

LT 之和。

在得出关键材料表与关键途程表后，再运用前文介绍的三种方法运作 RCCP。

第三节　能力需求计划 (CRP)

能力需求计划 CRP 是计算完成计划所需人力及设备的详细负荷的程序，通过输入 MRP 中自制品之计划订单收料 PORC 及在途量 SR 资料，利用工艺路线中的标准工时等资料，CRP 可以计算出每一个工作中心在每一期的工时需求。特别注意：SR 是预计的某期期末完工数量，在未完工前可能对某些设备还有一些剩余能力需求，需在相应期别中去满足。CRP 编制思路是按倒序排产方式，从订单交货日期开始倒排工序计划，即考虑移动时间 (是指加工完毕后的等待时间和从该工序到存放点或下一道工序的传送时间之和)、加工时间、准备时间和等待加工的排队时间来确定工艺路线上各工序的开工时间。CRP 编制方法有两种：按平均批量 (即按 LT) 或实际批量分配能力需求计算 CRP，详见前述 RCCP 案例基础上的扩展案例。

一、能力需求计划 (CRP) 的按平均批量分配法

（一）能力需求计划 (CRP) 案例

1. 案例已知条件

在图 5-6 的 A 产品结构基础上，截取自制部分相关信息并补充 LT 资料形成图 5-14。在表 5-8 中 A 的 MPS 数据基础上补充所需数据形成表 5-24；在表 5-6 产品 A 的工艺路线资料和表 5-7 各物料标准批量基础上，按工作中心顺序重排可得表 5-25。各子件 MRP 报表见表 5-26。

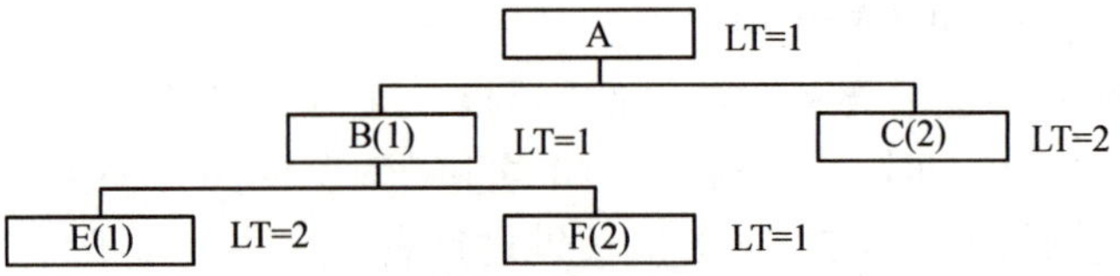

视频讲解

图 5-14　产品 A 自制部分的 BOM(附带 LT 信息)

表 5-24 产品 A 的 MPS 节选

期别（周）	0	1	2	3	4	5	6	7	8	9	10
SR	0	20	0								
PORC		0	20	30	30	40	40	50	50	60	60
MPS		20	20	30	30	40	40	50	50	60	60
POR	0	20	30	30	40	40	50	50	60	60	0

表 5-25 简要工艺路线资料

工作中心	件号	作业号	单件加工时间	平均批量	批量准备时间
WC5	A	10	0.1	20	0.2
WC4	B	20	0.1	40	0.4
WC3	C	40(后)	0.1	60	0.6
WC2	C	30(先)	0.2	60	0.6
WC2	E	60(后)	0.2	80	0.8
WC1	E	50(先)	0.1	80	0.8
WC1	F	70	0.1	100	1.0

表 5-26 各子件 B、C、E 和 F 的 MRP 报表

Period	0	1	2	3	4	5	6	7	8	9	10
B(LT=1)	Past	OH=	30	AL=	0	SS=	0	LSR=	PRS	n=	2
GR	0	20	30	30	40	40	50	50	60	60	0
SR	0	50									
POH		60	30	0	−40	0	−50	0	−60	0	0
PAB		60	30	0	40	0	50	0	60	0	0
NR		0	0	0	40	0	50	0	60	0	0
PORC		0	0	0	80	0	100	0	120	0	0
POR	0	0	0	80	0	100	0	120	0	0	0
C(LT=2)	Past	OH=	60	AL=	0	SS=	0	LSR=	PRS	n=	2
GR	0	40	60	60	80	80	100	100	120	120	0
SR	0	100									
POH		120	60	0	−80	0	−100	0	−120	0	0
PAB		120	60	0	80	0	100	0	120	0	0
NR		0	0	0	80	0	100	0	120	0	0
PORC		0	0	0	160	0	200	0	240	0	0
POR	0	0	160	0	200	0	240	0	0	0	0
E(LT=2)	Past	OH=	20	AL=	0	SS=	0	LSR=	PRS	n=	3

Period	0	1	2	3	4	5	6	7	8	9	10
GR	0	0	0	80	0	100	0	120	0	0	0
SR	0	0	80								
POH		20	100	20	20	−80	140	20	20	20	20
PAB		20	100	20	20	140	140	20	20	20	20
NR		0	0	0	0	80	0	0	0	0	0
PORC		0	0	0	0	220	0	0	0	0	0
POR	0	0	0	220	0	0	0	0	0	0	0
F(LT=1)	Past	OH=	100	AL=	0	SS=	0	LSR=	FOQ	LS=	200
GR	0	0	0	160	0	200	0	240	0	0	0
SR	0	100									
POH		200	200	40	40	−160	40	−200	0	0	0
PAB		200	200	40	40	40	40	0	0	0	0
NR		0	0	0	0	160	0	200	0	0	0
PORC		0	0	0	0	200	0	200	0	0	0
POR	0	0	0	0	200	0	200	0	0	0	0

2. 按平均批量 (LT) 分配能力需求计算 CRP 的案例求解

(1) 考察工作中心 5(WC5)：在 WC5 只有 A 的作业 10，而且 A(LT=1) 只有该道耗时 1 周的作业。因 SR(1) 的 20 件 A 应在第 1 周周末完成，故其加工正是在第 1 周进行，那么该 SR(1) 将对 WC5 产生能力需求，即负荷 (WC5，t=1)=20×0.1+0.2=2.2。同理，由 A 引发的对 WC5 能力需求的期别都应该与相应 A 的 PORC 期别一致。由表 5-26 可知，WC5 上第 1 至第 10 期都将有能力需求，其汇总结果见表 5-27。注意：在进行 CRP 的负荷计算时，批量准备时间不因加工数量的变化而变化，如负荷 (WC5，t=10)=60×0.1+0.2=6.2，这与 RCCP 中计算负荷时只是粗略地将加工数量乘以单件总时间的计算方法不同。

(2) 考察工作中心 4(WC4)：在 WC4 只有 B 的作业 20，而且 B(LT=1) 只有该道耗时 1 周的作业。因 SR(1) 的 50 件 B 应在第 1 周周末完成，故其加工正是在第 1 周进行，那么该 SR(1) 将对 WC4 产生能力需求，即负荷 (WC4，t=1)=50×0.1+0.4=5.4。同理，由 B 引发的对 WC4 能力需求的期别都应该与相应 B 的 PORC 期别一致。由表 5-25 可知，WC4 上第 1、4、6、8 期将有能力需求，其汇总结果见表 5-27。

(3) 考察工作中心 3(WC3)：在 WC3 只有 C 的后道作业 40。C 有先后两道作业且 LT=2，通常假设该后道作业大致耗时就是 1 周。因 SR(1) 的 100 件 C 应该在第 1 周周末完成，故正好在第 1 周进行后道作业 40 的加工，那么该 SR(1) 将对 WC3 产生能力需求，即负荷 (WC3，t=1)=100×0.1+0.6=10.6。同理，因 WC3 对应 C 的后道工序，所以由 C 引发的对 WC3 能力需求的期别应与相应 C 的 PORC 期别一致。由表 5-26 可知，WC3 上第 1、4、6、8 期将有能力需求，其汇总结果见表 5-27。

(4) 考察工作中心 2(WC2)：WC2 有 C 的前道作业 30 和 E 的后道作业 60，各耗时 1 周。其中，C 的 SR(1) 对应的前道作业 30 应该在过去时段已完成，不会再对 WC2 产生能力需求；而 E 的 SR(2) 对应的后道作业 60 恰好在第 2 周对 WC2 产生能力需求。相应地，因 WC2 上对应 C 的为前道作业，故由 C 引发的对 WC2 的能力需求的期别应比相应 C 的 PORC 期别提早 1 期；而因 WC2 上对应 E 的为其后道作业，故由 E 引发的对 WC2 能力需求的期别应与相应 E 的 PORC 期别一致。由表 5-26 可知，WC2 上第 2、3、5、7 期将有能力需求，其汇总结果见表 5-27。

(5) 考察工作中心 1(WC1)：WC1 有 E 的前道作业 50 和 F 的作业 70，各耗时 1 周。其中，E 的 SR(2) 对应的前道作业 50 和 F 的 SR(1) 的作业 70 都会在第 1 期对 WC1 产生能力需求，即负荷 (WC1，$t=1$)=(80×0.1+0.8)+(100×0.1+1.0)=19.8。相应地，因 WC1 上对应 E 的为前道作业，故由 E 引发的对 WC1 能力需求的期别应比相应 E 的 PORC 期别提早 1 期；而 WC1 上对应 F 的为本道作业，故由 F 引发的对 WC1 能力需求的期别应与相应 F 的 PORC 期别一致。由表 5-26 可知，WC1 上第 1、4、5、7 期将有能力需求，其汇总结果见表 5-27。

注意：在表 5-27 中，属性之"计划"代表针对 PORC 之能力需求；而属性之"在制"代表针对 SR 之能力需求。另外，表中有几个数据右边带有特殊符号，这是为方便对比两种 CRP 编制方法所得结果而特意设定的。

表 5-27 按 LT 分配能力需求计算得来的 CRP

工作中心	物料	作业	属性	1	2	3	4	5	6	7	8	9	10	小计
WC1	E	50	在制	8.8										8.8
	E	50	计划				22.8*							22.8
	F	70	在制	11										11
	F	70	计划					21		21				42
WC2	E	60	在制		16.8									16.8
	E	60	计划					44.8#						44.8
	C	30	计划			32.6		40.6^		48.6$				121.8
WC3	C	40	在制	10.6										10.6
	C	40	计划				16.6		20.6		24.6			61.8
WC4	B	20	在制	5.4										5.4
	B	20	计划				8.4		10.4		12.4			31.2
WC5	A	10	在制	2.2										2.2
	A	10	计划		2.2	3.2	3.2	4.2	4.2	5.2	5.2	6.2	6.2	37.6
总计				38	19	35.8	51	110.6	35.2	74.8	42.2	6.2	6.2	418

二、能力需求计划 (CRP) 的按实际批量分配法

各物料 LT 值是依据平均批量计算得出的提前期，它不随实际批量的变化而变化。因此，按 LT 计算 CRP 得到的工时需求与实际需求在时间上仍存在差异。为了更精确地反映实际加工对能力的需求，可采用时间倒推法来计算 CRP。这样的能力计划将精确到天，而不是周。当然，该法仍是在 MRP 计划基础上进行的，即以 MRP 计划完成日期为起点倒排各道工序 (即作业)，从而求出工序开工时间。工序开始时间到工序结束时间之差称为工序提前期，它与 MRP 的物料提前期 LT 并非完全一致。工序提前期计算得出工序 "实际" 最晚开工日期，而物料 LT 值计算得出物料 "平均" 最晚开工日期。二者之差是订单下达的可宽裕时间。当然，也可能由于实际批量大于平均批量导致工序提前期大于物料提前期。

视频讲解

（一）按实际批量分配法

这里仍以上文案例为研究对象，同时补充必要的工作中心文件和工作日历等资料。在工作中心文件中将给出计算工作中心定额能力的必要信息，以及计划排队时间 (即平均等待加工时间)、移动时间 (等待整批加工完毕的时间和将整批转移到存放点或下一道工序的传送时间) 等信息。工作日历将标明休息日、节假日、设备检修日等非工作日期，并能调整工作中心在不同日期的能力，比如周末或第三班加班。

此处假设各工作中心每周工作 6 天、每天 8 小时、效率 95%、利用率 85.3%，则每天各工作中心的能力 =8×95%×85.3%=6.48 小时/天。其他补充信息见表 5-28。假设每个物料加工的第 1 道手续都是为期 1 天的仓库取件，详细分析计算见下文。

表 5-28　产品 A 的制造信息（综合工艺路线和工作中心文件数据）

工作中心	件号	工序号	批量准备 / 小时	单件加工 / 小时	排队时间 / 天	移动时间 / 天
WC5	A	10	0.2	0.1	2	1
WC4	B	20	0.4	0.1	2	1
WC3	C	40(后)	0.6	0.1	1	1
WC2	C	30(先)	0.6	0.2	1	1
WC2	E	60(后)	0.8	0.2	1	1
WC1	E	50(先)	0.8()	0.1	1	1
WC1	F	70	1.0	0.1	1	1

1. 考察产品 A

A 只有 WC5 上的工序 10。对 SR(1)=20 有移动时间 1 天，加工时间约为 1 天 (20×0.1+0.2=2.2，2.2/6.48 ≈ 0.34)，排队 2 天，库房取料 1 天。若要第 1 周周末完工交付 20 件 A，最迟应在第 1 周第 2 天开工，参见图 5-15。

图 5-15　产品 A 的（最大）工序提前期

对最大批量 60，加工时间也约为 1 天 (60×0.1+0.2=6.2，6.2/6.48=0.96 ≈ 1)。同理，若要在某周末完工 60，最迟应在该周第 2 天开工。依图 5-15，可将对 WC5 的负荷精确到各周的"第 5 天"。因 A 各实际批量的工序提前期都未超其 LT 值，故反映在以"周"为时间单位的负荷报表上将无变化，参见表 5-27 与表 5-29。

表 5-29　依据实际批量分配能力需求计算得来的 CRP

工作中心	物料	工序	属性	1	2	3	4	5	6	7	8	9	10	合计
WC1	E	50	在制	8.8										8.8
	E	50	计划			9.84*	12.96*							22.8
	F	70	在制	11										11
	F	70	计划					21		21				42
WC2	E	60	在制		16.8									16.8
	E	60	计划				12.4#	32.4#						44.8
	C	30	在制	6.48										6.48
	C	30	计划			32.6	8.2^	32.4^	16.2$	32.4$				121.8
WC3	C	40	在制	10.6										10.6
	C	40	计划				16.6		20.6		24.6			61.8
WC4	B	20	在制	5.4										5.4
	B	20	计划				8.4		10.4		12.4			31.2
WC5	A	10	在制	2.2										2.2
	A	10	计划		2.2	3.2	3.2	4.2	4.2	5.2	5.2	6.2	6.2	37.6
总计				44.48	19	45.64	61.76	90	51.4	58.6	42.2	6.2	6.2	424.48

2. 考察物料 B

B 只有 WC4 上的工序 20。对其最大批量 120 同样需要移动 1 天，加工时间约为 2 天 (120×0.1+0.4=12.4，12.4/6.48=1.9 ≈ 2)，排队 2 天，库房取料 1 天，见图 5-16。依该图，可将对 WC4 的负荷精确到各周第 4、5 两天。因 B 各实际批量的工序提前期都未超其 LT 值，故反映在以"周"为时间单位的负荷报表上将无变化，参见表 5-27 与表 5-29。

图 5-16　物料 B 的最大工序提前期

3. 考察物料 C

C 有 WC3 上的后道工序 40 和 WC2 的前道工序 30。

(1) 对 C 的 SR(1) = 100，其在 WC3 进行的后道工序 40 占用的加工时间约为 2 天 $(100 \times 0.1 + 0.6 = 10.6, 10.6/6.48 = 1.64 \approx 2)$。WC2 进行的前道工序 30 占用的加工时间约为 4 天 $(100 \times 0.2 + 0.6 = 20.6, 20.6/6.48 = 3.18 \approx 4)$。加上两道工序移动各 1 天，排队各 1 天，以及取料 1 天，相应工序提前期总计 11 天，参见图 5-17。

图 5-17　物料 C 批量 100 的工序提前期

由图 5-17 可知，C 实际批量 100 的工序提前期没有超过其 LT 值并且其后道工序 40 落在相应 LT 第 2 周内，但前道工序 30 有一天加工时间滞后，导致落入 LT 第 2 周内。对此处考察的 SR(1)，后道工序 40 引发的能力需求在以"周"为时间跨度的负荷报表上将没有变化，但前道工序 30 因部分加工时间滞后将在 WC2 上第 1 周新增负荷 6.48(1 天)，这与 LT 计算 CRP 方法中"C 的 SR(1) 对应的前道作业 30 应在过去时段已完成，不会再对 WC2 产生能力需求"不同，参见表 5-27 与表 5-29。

(2) 对 C 的 PORC(4) = 160，在 WC3 上进行的后道工序 40 占用的加工时间约为 3 天 $(160 \times 0.1 + 0.6 = 16.6, 16.6/6.48 = 2.56 \approx 3)$。WC2 进行的前道工序 30 占用的加工时间约为 5 天 $(160 \times 0.2 + 0.6 = 32.6, 32.6/6.48 = 5.03 \approx 5)$。同样考虑两道工序的移动、排队及取料后，其工序提前期总计 12 天，参见图 5-18。

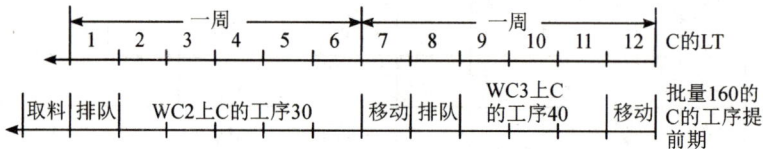

图 5-18　物料 C 批量 160 的工序提前期

C 实际批量 160 的工序提前期超过 LT 一天，但超期工作为不占用工作中心时间的取料(但需提前下达计划并提前开始工作)，而且两道工序都落在各自相应的一周内，故在以"周"为时间跨度的负荷报表上无变化，参见表 5-27 与表 5-29。

(3) 对 C 的 PORC(6) = 200，在 WC3 进行的后道工序 40 占用的加工时间为 4 天 $(200 \times 0.1 + 0.6 = 20.6, 20.6/6.48 = 3.18 \approx 4)$。WC2 上前道工序 30 占用的加工时间为 7 天 $(200 \times 0.2 + 0.6 = 40.6, 40.6/6.48 = 6.27 \approx 7)$。最终的工序提前期参见图 5-19。

C 实际批量 200 的工序提前期超过 LT 四天，并且 WC2 上前道工序 30 向前超期部

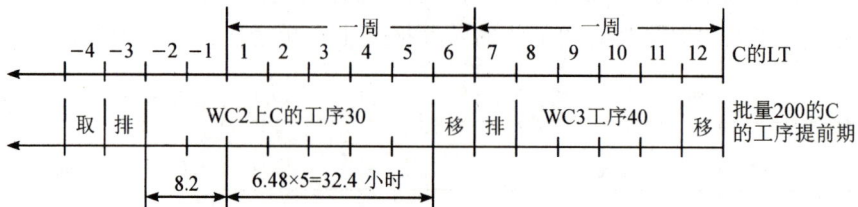

图 5-19　物料 C 批量 200 的工序提前期

分加工时间 8.2 h(=40.6−32.4)，这将反映在以"周"为时间跨度的负荷报表上，参见表 5-27 与表 5-29 中带"^"号数字的变化。另外，其 POR 应在 LT 基础上再提前 4 天下达并提前开工。

(4) 对 C 的 PORC(8)=240，在 WC3 进行的后道工序 40 占用的加工时间为 4 天 (240×0.1+0.6=24.6，24.6/6.48=3.8≈4)。WC2 上前道工序 30 占用的加工时间为 8 天 (240×0.2+0.6=48.6，48.6/6.48=7.5≈8)。最终的工序提前期参见图 5-20。

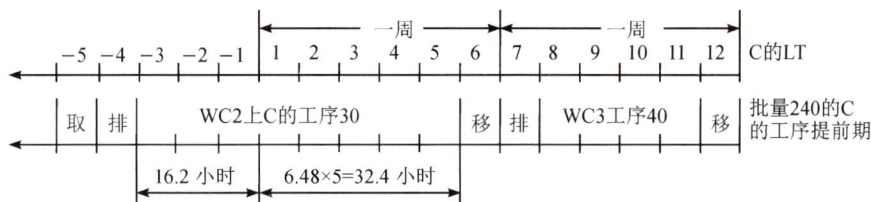

图 5-20　物料 C 批量 240 的工序提前期

C 实际批量 240 的工序提前期超过 LT 五天，并且 WC2 上前道工序 30 向前超期部分加工时间 16.2(=48.6−32.4)h，这将反映在以"周"为时间跨度的负荷报表上，参见表 5-27 与表 5-29 中带"$"号数字的变化。另外，其 POR 应在 LT 基础上再提前 5 天下达并提前开工。

4. 考察物料 E

E 有 WC2 上的后道工序 60 和 WC1 上的前道工序 50。

(1) 对 E 的 SR(2)=80，其在 WC2 上进行的后道工序 60 占用的加工时间为 3 天 (80×0.2+0.8=16.8，16.8/6.48=2.6≈3)。WC1 上前道工序 50 占用的加工时间为 2 天 (80×0.1+0.8=8.8，8.8/6.48=1.36≈2)。最终的工序提前期参见图 5-21。

E 实际批量 80 的工序提前期没有超出其 LT 值，而且两道工序都落在相应的一周内，所以在以"周"为时间跨度的能力需求上无变化，参见表 5-27 与表 5-29。

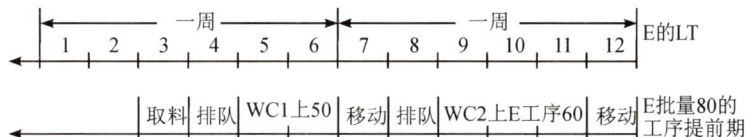

图 5-21　物料 E 批量 80 的工序提前期

(2) 对 E 的 PORC(5)=220，其在 WC2 进行的后道工序 60 占用的加工时间约为 7 天 (220×0.2+0.8=44.8，44.8/6.48=6.9≈7)。而 WC1 上前道工序 50 占用加工时间为 4 天 (220×0.1+0.8=22.8，22.8/6.48=3.5≈4)。最终的工序提前期参见图 5-22。

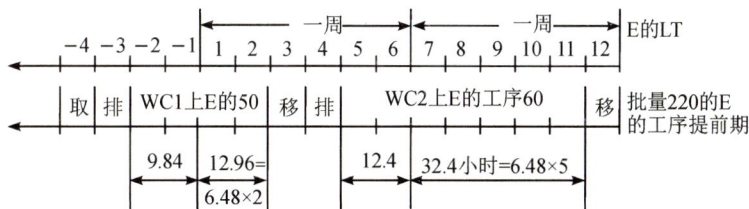

图 5-22　物料 E 批量 220 的工序提前期

E 实际批量 220 的工序提前期超过 LT 四天且前后两道工序都横跨两周。对 PORC(5)=

220，WC1 上前道工序 50 横跨第 3、4 周，第 4 周 12.96 h，第 3 周 9.84(=22.8−12.96)h；WC2 上后道工序 60 横跨第 4、5 周，第 5 周 32.4 h，第 4 周 12.4(=44.8−32.4)h。这些反映在以 "周" 为时间跨度的负荷报表上，参见表 5-27 与表 5-29 中带 "*" 和 "#" 号的数字变化。

5. 考察物料 F

F 只有工作中心 WC1 上的工序 70。此处仅考察最大批量 200，加工时间为 4 天 (200×0.1＋1.0=21，21/6.48＝3.24 ≈ 4)，相应工序提前期参见图 5-23。因它仅超 LT 一天的取料，故在以 "周" 为时间跨度的负荷报表上将没有变化，参见表 5-27 与表 5-29。

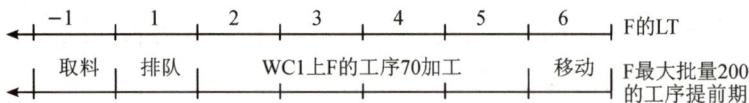

图 5-23　物料 F 最大批量 200 的工序提前期

以上所有分析、计算结果汇总至表 5-29，注意负荷总计比表 5-27 中的原始数值增长 6.48。

（二）CRP 的软件案例解析

图 5-24 至图 5-27 是 QAD 公司 ERP 编制 CRP 的案例结果解析。

图 5-24　工作中心 1020 上 CRP 求解的周汇总负荷结果

图 5-24 和图 5-25 是工作中心 1020 上 CRP 求解的周汇总和日汇总负荷；图 5-26 是工作中心 1020 上由 02-0010 所致的 CRP 求解的详细负荷结果；图 5-27 是产品 02-0010 工艺路线中第一道标准工序 1012。结合图 5-26 中的 "短缺量" 所代表的 PORC 计划量和图 5-27 中的 "准备时间" 和 "运行时间"，可应用 CRP(尤其是一次批量准备时间对应多种加工数量的 CRP 计算思路) 计算相应工作中心上的负荷。如负荷 2.8＝1＋360×0.005；负荷 4.9 ≈ 1＋770×0.005＝4.85；负荷 8.5＝1＋1500×0.005；负荷 5.6 ≈ 1＋910×0.005＝5.55；负荷 4.9＝1＋780×0.005；负荷 4.8 ≈ 1＋750×0.005＝4.75；负荷 4.7 ≈ 1＋730×0.005＝4.65；负荷 4.5＝1＋700×0.005；负荷 4.4＝1＋680×0.005。注意，

图 5-24 中的"负荷量"3、5、9、6、5、5、5、5、4 等是图 5-26 中 2.8、4.9、8.5、5.6、4.9、4.8、4.7、4.5、4.4 等数据四舍五入后的结果。

工作中心负荷量汇总查询

工作中心	设备	地点	起始日	结束日	D/W/M/P	周期/列	
1020		train	09/29/19		D	1	

摘要：BLISTER PACK　　　　　　　　　操作人数：1.000
部门：20　　　　　　　　　　　　　设备/中心：1.000
排队时间：1.0　　　　等待时间：0.0　　设备/工序：1

| | 过去 | 10/11/19 | 10/12/19 | 10/13/19 | 10/14/19 | 10/15/19 | 10/16/19 |
	10/10/19	10/11/19	10/12/19	10/13/19	10/14/19	10/15/19	10/16/19
工作日	16	1	0	0	1	1	1
生产能力	128	8	0	0	8	8	8
负荷量	35	0	0	0	0	3	0
能力负荷差异	93	8	0	0	8	5	8
累计	93	101	101	101	109	114	122

| | 过去 | 10/23/19 | 10/24/19 | 10/25/19 | 10/26/19 | 10/27/19 | 10/28/19 |
	10/22/19	10/23/19	10/24/19	10/25/19	10/26/19	10/27/19	10/28/19
工作日	24	1	1	1	0	0	1
生产能力	192	8	8	8	0	0	8
负荷量	38	5	0	0	0	0	0
能力负荷差异	154	3	8	8	0	0	8
累计	154	157	165	173	173	173	181

| | 过去 | 10/29/19 | 10/30/19 | 10/31/19 | 11/01/19 | 11/02/19 | 11/03/19 |
	10/28/19	10/29/19	10/30/19	10/31/19	11/01/19	11/02/19	11/03/19
工作日	28	1	1	1	1	0	0
生产能力	224	8	8	8	8	0	0
负荷量	43	9	0	0	0	0	0
能力负荷差异	181	-1	8	8	8	0	0
累计	181	181	189	197	205	205	205

图 5-25　工作中心 1020 上 CRP 求解的日汇总负荷部分结果

工作中心负荷量明细查询

用户菜单(U)　编辑(E)　队列(Q)　选项(O)　提示(H)

工作中心　设备
1020　　　　BLISTER PACK

工作中心：1020　　BLISTER PACK
设备：
部门：20　　　　　　　　　设备/工序：1　　　　排队时间：1.0
　　Packaging　　　　　设备/中心：1.000　　等待时间：0.0
　　　　　　　　　　　　　　　　　　　　　　操作人数：1.000

加工单	标志	状态	工序	状态	起始日	负荷时间	短缺量
09160005 02-0010	494	P	10		10/15/19	2.8	360
09160006 02-0010	495	P	10		10/23/19	4.9	770
09160007 02-0010	496	P	10		10/29/19	8.5	1,500
09160008 02-0010	497	P	10		11/06/19	5.6	910
09160009 02-0010	498	P	10		11/18/19	4.9	780

加工单	标志	状态	工序	状态	起始日	负荷时间	短缺量
09160010 02-0010	499	P	10		11/25/19	4.8	750
09160011 02-0010	500	P	10		12/02/19	4.7	730
09160012 02-0010	501	P	10		12/09/19	4.5	700
09190001 02-0010	545	P	10		12/16/19	4.4	680
09190002 02-0010	546	P	10		12/23/19	4.3	660

图 5-26　工作中心 1020 上由 02-0010 所致的 CRP 求解的详细负荷结果

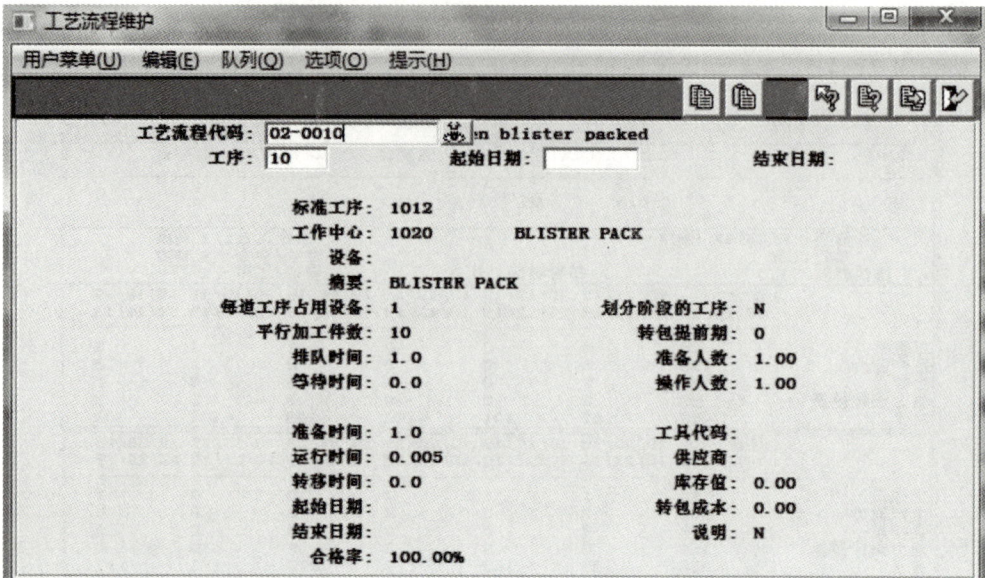

图 5-27　产品 02-0010 的工艺路线中第一道标准工序 1012 信息

习　　题

一、判断题

1. (　　) 能力表示一个资源在某个特定时段可以处理的工作量，而负荷则指出要完成某个已发出或已排定的定单所需的资源量。

2. (　　) 对应生产规划 PP 的有资源需求规划 RRP，对应 MPS 的有粗能力需求计划 RCCP，对应 MRP 的有能力需求计划 CRP。

3. (　　) 资源表 BOR 是描述制造一单位特定项目或产品族所需的资源列表，类似于物料清单 BOM，但此时其中的单位用量是在特定工作中心处理一单位材料的标准总工时。

4. (　　) 效率是指机器实际开动时间与计划工作时间之比，是一个统计平均值，它同设备的完好率、工人的出勤率、任务的饱满程度以及自然休息时间有关。

5. (　　) 工作中心 (Work Center，WC) 是各种生产能力单元的统称，属于固定资产或设备管理范畴，而不属于计划与控制范畴。

6. (　　) 无论利用资源表法还是利用产品负荷表法展开主生产计划 MPS 计算各关键资源的负荷量，其计算过程都与物料需求计划 MRP 中毛需求 GR 的计算过程类似。

7. (　　) 依照总体资源法、资源表法以及产品负荷表法的顺序，粗能力需求计划的精确度会越来越高。

8. (　　) 能力需求计划 CRP 的编制思路是按倒序排产方式，从订单交货日期开始，倒排工序计划，即考虑移动时间、加工时间、准备时间和等待加工的排队时间来确定工艺路线上各工序的开工时间。

二、单选题

1. 工作中心的额定能力包括设备额定能力和人员额定能力两类，对一个工作中心来说，其额定能力取（　　）。

(A) 设备额定能力和人员额定能力的最小值

(B) 设备额定能力

(C) 设备额定能力和人员额定能力的最大值

(D) 人员额定能力

2. 粗能力需求计划 RCCP 能力调整方法中针对物料短缺、劳动力短缺和设备短缺，（　　）是三种情况均可共用的一种解决方法。

(A) 减少总生产量　　　　　　(B) 增加物料采购

(C) 采用替代物料　　　　　　(D) 加班

三、计算题

1. 已知产品 X 和 Y 相关 BOM 见表 5-30，其中 M、N、K、H 为外购件；其他与能力需求规划有关的各物料 LT 值分别为 X=1 周、Y=1 周、A=2 周、B=2 周、C=1 周、D=1 周、E=1 周；简要工艺路线见表 5-31；主生产计划见表 5-32。请运用资源表法求解其能力需求并填写表 5-33 和表 5-34；注意表 5-33 要有过程。

表 5-30　物料清单 BOM

父件	X	A	X	B	X	E	Y	Y	C	D
子件	A	M	B	N	E	K	B	C	D	H
单位用量	1	2	2	1	3	2	1	2	2	1

表 5-31　简要工艺路线表

件号	X	Y	A	A	B	B	E	C	D
作业编号	10	20	30(先)	40(后)	50(先)	60(后)	70	80	90
工作中心	WC1	WC1	WC3	WC2	WC2	WC3	WC3	WC2	WC3
单件总时间	0.2	0.2	0.2	0.1	0.2	0.3	0.2	0.2	0.1

表 5-32　主生产计划 MPS

期别	0	1	2	3	4	5
X	0	0	0	30	40	30
Y	0	0	0	30	20	30

表 5-33　资　源　表

父件								
子件 (工作中心)								
单位用量 TP								

表 5-34　粗能力需求计划

期别	0	1	2	3	4	5
WC1						
WC2						
WC3						

2. 已知条件与计算题 1 相同，请运用产品负荷表法求解其能力需求并重新填写表 5-35 和表 5-36；注意表 5-35 要有过程。

表 5-35　产品负荷表

父件								
子件 (工作中心)								
单位用量 TP								
冲销时间								

表 5-36　粗能力需求计划

期别	0	1	2	3	4	5
WC1						
WC2						
WC3						

四、简答与思考题

1. 简述 RCCP 与 MPS 平衡调整措施以及 CRP 与 MRP 平衡调整措施，并对比两类措施的异同。

2. 如何理解能力需求计划不断由粗略到精细的发展？数智化时代这种发展会如何进化？

第六章 制造资源计划(MRP Ⅱ)

本章要点

- 制造资源计划 MRP Ⅱ 管理的基本逻辑、流程及其系统的特点。
- 制造资源计划 MRP Ⅱ 制造标准中的产品描述和生产工艺描述。
- 制造资源计划 MRP Ⅱ 的车间管理。

第一节 制造资源计划概述

一、MRP Ⅱ 管理的基本逻辑与流程

制造资源计划 MRP Ⅱ 是以物流和资金流集成管理为核心的闭环生产经营管理系统,它依托物料清单、工艺路线等基础数据和客户、供应商信息等外部接口管理,围绕经营规划、销售规划、生产规划、资源需求规划、主生产计划、物料需求计划、粗/细能力需求计划、采购管理和车间管理这条物流计划,与控制主线,以及成本管理、应付/应收管理和总账管理这条资金流主线,对企业的生产制造资源进行全面规划和优化控制,把企业产、供、销、存、财等生产经营活动连成一个有机整体,形成包括预测、计划、调度和生产监控在内的一体化闭环系统。MRP Ⅱ 由顶层的规划、衔接的 MPS、细化的 MRP 和相应能力需求计划组成的各计划层次体现了由宏观到微观、由战略到战术、由粗到细的深化过程;并且良好衔接了计划与执行。

视频讲解

(一)MRP Ⅱ 管理的基本逻辑

制造资源计划 MRP Ⅱ 着力提高企业生产计划的可行性、生产能力的均衡性、生产材料的计划性和生产控制的可靠性,从而使企业能适应多变的市场需求,满足现代化生产的需要。MRP Ⅱ 管理的基本逻辑如下。

(1) 以市场需求为导向。加强对企业赖以生存的外部信息的管理,强化了客户订单管理和市场需求预测管理,形成面向市场的决策支持模式。

(2) 以企业计划、调度为重点。追求提高生产率、缩短生产周期、降低库存及在制

品积压、均衡生产及按期交货、最终获得高额利润的目标，并通过合理的计划和计划执行中的有效测度控制来保证实施效果。

(3) 以物料需求为核心。通过强化物料需求计划的功能，抓住企业经营中物料需求这一变化最快、最影响生产的环节，合理安排制造和采购/外包，有效控制库存以及在制品。

(4) 以车间作业计划为基础。企业的生产活动集中在车间，根据主生产计划控制车间作业计划，使车间生产处于存活状态，保证企业资源的有效和合理地使用。

(5) 以全过程闭环为根本。扩展到生产的全过程，构成一个闭环系统，以使企业的运作分析处于 (准) 最佳状态。

（二）MRP Ⅱ 管理的基本流程

MRP Ⅱ 管理的基本流程是：① 由销售管理获得产品订单，并将订单交给生产计划管理进行生产安排；② 生产计划管理根据材料清单和库存状况，对需要外购的物资产生采购计划，对需要生产的物资安排生产；③ 采购来的物资，交给库存进行管理；④ 生产所需原材料从库存中获得；⑤ 生产出的产品交给库存管理；⑥ 采购的付款由应付账管理；⑦ 销售从库存中获得订单所需要的产品，销售款由应收账管理；⑧ 成本管理从车间、库存、总账中获得校对好的实际数据，进行成本计算；⑨ 由总账管理所有的资金运作。

二、MRP Ⅱ 系统的主要特点

制造资源计划 MRP Ⅱ 系统的主要特点可以归结为如下三点：

(1) 把企业中的各子系统有机地结合起来，形成一个面向整个企业的一体化的系统。MRP Ⅱ 是在闭环式 MRP 的基础上，将 MRP 的信息共享程度扩大，使生产、销售、财务、采购、工程紧密结合在一起共享有关数据的一个全面集成化生产管理模式。MRP Ⅱ 可有效克服 MRP 系统的不足，增强生产能力管理、生产活动控制、采购和物料管理计划三个方面的功能，并将以上一切活动与财务系统结合起来。

(2) MRP Ⅱ 的所有数据来源于企业的中央数据库，各子系统在统一的数据环境下工作。MRP Ⅱ 是建立在数据集上的系统。作为 MRP Ⅱ 核心的物料需求计划 MRP，是按产品的结构信息完整地分解主生产计划，按各加工中心的生产与技术参数进行能力平衡与成本计算，按库存信息确定物料的净需求等。因此，企业各种数据资源的正确性、一致性、科学性及时间性，是 MRP Ⅱ 系统能够有效运行的前提。

(3) MRP Ⅱ 系统具有模拟功能，它能模拟出将来的物料需求和能力需求，及时地为企业管理者提供必要的信息，以便提前安排。MRP Ⅱ 系统能够根据不同决策仿真模拟出各种可能的结果，因此它也是高层决策领导的决策工具。首先，它具有极强的动态应变能力，能对瞬息万变的外部变化及时做出响应，制定出相应的建议对策，从而及时把握经营动态。其次，它具有充分的模拟预见能力，能够回答诸如"What-IF"的问题，因此可以预见未来可能的变化，从而有效预防未来的短缺、不配套、能力利用不均、延期交货等问题。注意：MRP Ⅱ 并非代替人作决策的系统，而是把各种可能的情况及建议提供给管理者，在人机之间建立合理的分工，充分利用系统提供反映企业全貌的各种信息及多种工具，在各级人员的参与下发挥作用。

第二节　产品描述之材料主文件 IM

MRP Ⅱ 系统规划、控制着一个企业的主要制造资源。若输入系统的基本资料过多不正确，那么 MRP Ⅱ 系统必然失效。与 MRP Ⅱ 系统紧密相关的制造基础资料主要分为两大类：产品描述和生产工艺描述。前者主要包括材料主文件 IM 和材料表 BOM；而后者主要包括工作中心文件和工艺流程/途程表。由于实际 MRP Ⅱ 系统中该部分包含属性较多并且每个软件都有独特的描述方式，故此处仅讨论共有核心要点并遵循"重点、难点突出而易点简要或忽略"原则。本节所有范例主要运用美国 QAD 公司的 ERP 软件 MFG/PRO 单机版演示得来，必要时穿插 SAP 公司的 ERP 软件 R3 等演示。

一、材料主文件的常用属性

材料主文件 IM 描述一个公司所有材料的属性，包括原材料、在制品、半成品和完成品等。一个材料 (Item) 有很多属性，适当分类有利于数据管理和使用。在 MFG/PRO 汉译版中，Item 被翻译成了零件，实质上它是指包含所有类型的物料项目，参见图 6-1。

视频讲解

几乎每项功能都要使用零件号，因此零件主数据文件非常重要。有些零件数据属于静态的通用数据，这些数据出现在一些报表上 (零件号、描述、版本、图纸)，同时用于给零件分组以供计划和报表使用 (涉及产品类、零件类型和组)。注意：某物料上述静态数据是对所有地点通用的；如果不同地点中这些静态数据有不同就应将

图 6-1　QAD 公司的 ERP 软件 MFG/PRO 中材料主文件 IM 的首界面

其设为不同物料。此外，大多数零件的重要数据属于控制类数据 (含库存数据、计划数据和成本数据三类)，用于控制 ERP 功能。这些数据类别若因地点 (亦工厂) 不同而有相异信息时，便可以使用区分地点/工厂的"零件－地点 XXX 维护"功能分别进行维护。

（一）材料主文件的表头信息

(1) 零件号：作为零件/产品的唯一标识 (即唯一主关键字) 的零件号是 ERP 系统中首要的设置项目，它不仅指原料、采购或自制的半成品、最终零件或包装材料，也可标识计划零件、配置产品、现场服务项目及保修单。零件的工程信息对所有地点均相同；若希望不同地点的零件具有不同的信息，就需要给每个地点分配不同零件号。

(2) 单位：零件/产品被收入库存或被计划时所用的计量单位，它可以用于当前库存量、预测、产品结构、工艺流程、制造工单、制订计划和报表等。该计量单位作为该零件所有库存事务处理的默认计量单位显示，也可根据每个事务处理的需要加以变更。注意：在 MFG/PRO 中如果改变了一种零件的计量单位，整个系统均使用新计量单位，但系统不改变有关数量值 (如当前库存量) 以适应新计量单位，故需要自行修改库存、产品定义和计划信息。此外，基本加工零件的计量单位应该与它的物料清单/配料的计量单位相一致。"单位"值需要在"通用代码维护"中录入允许使用的代码，以便确保一致性。图 6-1 中当光标位于"UM"对应空格时，按下"Ctrl"和"F"键后，将在下方显示其字段名及其通用代码有效性核对字段"pt_um"。这意味着管理者需在系统"通用代码维护"功能模块中对"字段名"中"pt_um"输入合法的代码值。对任意零件，虽然所有库存余量的维护及所有计划的编制均使用该单位，但库存事务处理 (入库/出库/发货/退货/转移) 可使用任何计量单位，故需在事务处理中或永久地在"计量单位维护"中定义单位换算因子，它用于计算一个单位的替代计量单位零件等于多少库存保管的零件单位 (即 1 个替代计量单位 =1 个计量单位 × 单位换算因子)。有时不同的换算因子适用于不同的零件，如每箱中零件的件数常因零件而异，参见图 6-2。

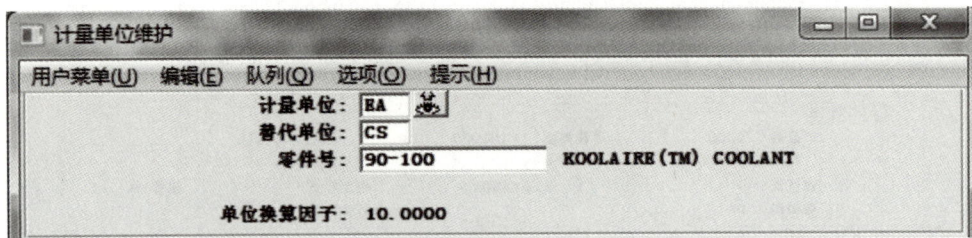

图 6-2 "通用代码维护"功能中"计量单位"的设置及其与"替代单位"关系设置

（二）零件通用属性

静态的通用属性广泛使用在 MRP Ⅱ 系统中，通常包含产品类、零件类型、图纸、日期、状态、版本、设计组、组、图纸位置、图号、推销组、价格折扣种类等，参见图 6-1。其中几个重要属性都需要在"通用代码维护"中录入预定值以便进行合法值验证，具体如下。

(1) 状态：一个用于标识零件/产品状态的可选代码，常用于标识零件的工程状态，

如 "A"（活动）、"I"（不活动）、"E"（工程设计）、"P"（原型）或 "O"（淘汰）。当处理一个零件的事务处理时，系统要验证这是否该零件状态受限制的事务处理。零件状态代码和受限制的事务处理用 "零件状态代码维护" 功能定义，参见图 6-3。

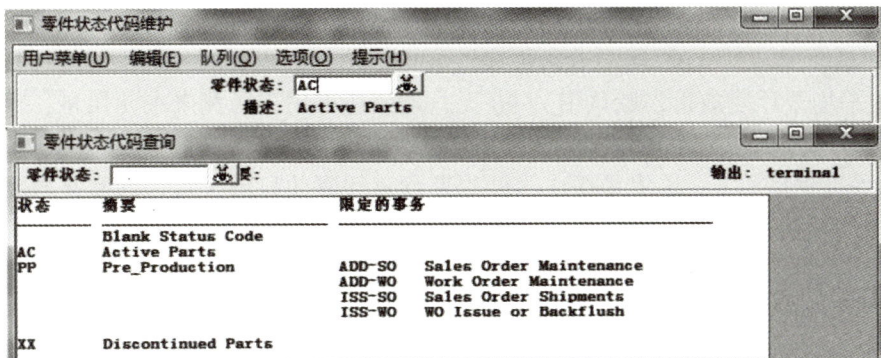

图 6-3　"零件状态代码维护" 功能及其查询结果

(2) 版本：标识零件工程版本的一个可选代码，每个地点的零件版本可不同。保持最新版本很重要，因其需要列入加工单、领料单和采购单。最好用 "工程变更单维护" 管理版本。

(3) 产品类、零件类型和组：产品类、零件类型和组都可用来将零件分类：产品类指明零件所属产品大类 (必选项)；零件类型和组可将产品类加以细分或交叉细分，以提供更多零件视图。零件常根据相似特性 (如制造方法) 分组；分组或类型可用于标识有类似配置或工艺流程的制造零件，以便同时下达这些零件的计划订单。另外，指定的分组或类型代码可以与子零件所在的产品结构中的层次相对应，以便在计划过程中像运行 MRP 那样一层层检查计划。通常可根据零件类型选择周期盘点零件。选择性 MRP 等可按零件分组及类型运行。

(三) 零件库存数据

(1) ABC 类型：ABC 类型代码决定每个零件/产品的盘点频率和容差，即周期盘点工作单根据 ABC 类型选择盘点的零件。ABC 类型还可确定零件的管理方式："A" 类零件常需更加严格的实际控制 (如带锁的仓库) 和更加严谨的计划参数，以及更加频繁的周期盘点。

(2) 批/序号控制：该值必须是空、L(Lot) 或 S(Serial)，用于指明物料使用或不用批/序号的情况。多数零件定义时该属性为无需批/序号管理的 "空"。若设为 "L"，表示每当发放或接收该零件时都必须输入批号，该批号适用于输入的该次全部事务处理的数量。若设为 "S"，表示每当接收或发放该零件时必须给每个零件输入唯一序号。如汽车发动机每个都有唯一序号。系统会保持对全部批/序号的跟踪能力，这样就能查看 "批/序号实际清单" 或 "何处使用批/序号" 之类的报表，进而使这种批/序号管理便于实现前文所述的溯源。

(3) 地点：通常是指生产或存放该零件的地点，也就是事务处理时默认显示的零件地点。该地点决定所使用的成本、制造方法及总账账户，但可以根据事务处理需要进行手工修改。

(4) **库位**：一个可选库位代码，用于默认指明该零件通常存放的实际库位。

(5) **库位类型**：用于标识该零件应存放库位类型的代码。这对于有特殊存储要求 (如特定温度或湿度要求) 的零件来说有用；库位类型可标出这种要求并用说明来描述确切要求。

(6) **平均间隔**："ABC 类型分析报表"使用该平均间隔计算平均销售发运量及按地点统计的平均合计发放量，默认值为 90 天。该值还可用于预测未来使用量，也可用于进行 ABC 分类。

(7) **周期盘点间隔**：该值是构成零件周期盘点间隔的日历天数，通常是根据零件的 ABC 类型规定的，可用"ABC 类型分析报表"自动更新该值。

(8) **保存期限**：该零件在变得不能使用前一般可以在库存中存放的日历天数。

(9) **单批备料**：该值指明客户订单或加工单是否总是由单批库存供货。当多批次的零件 (如不同批次的织物染料或不同效力的化学溶液) 不能混合时，单批备料非常有用。

(10) **关键零件**：该值指定在下达加工单前是否需要检查该零件为可供货的。被标为关键的零件通常是提前期很长或供货短缺的零件；当库存中缺少该关键零件时将显示警告。

(11) **采购单收货状态**：该值为采购单收货使用的库存状态代码。库存状态代码用于确定库存余量是否可供备料，是否可供 MRP 使用，以及是否允许负值。状态代码也可限制在指定库位进行的特定事务处理，如可限制检验库位上的零件出库。点击该属性右侧的"眼睛"图标，可看到备选的相关库存状态代码，参见图 6-4。

(12) **加工单收货状态**：该值是用于加工单收货的库存状态代码，其备选值类似于采购单收货状态的备选值，亦见图 6-4。

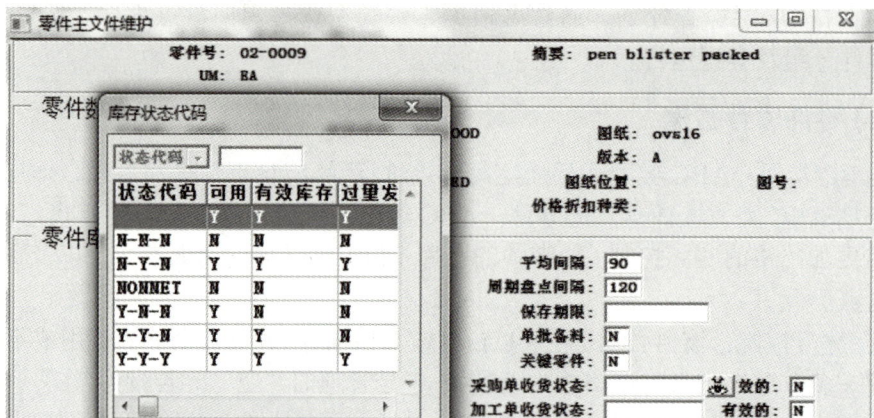

图 6-4　"采购单收货状态"和"加工单收货状态"备选的库存状态代码

（四）零件成本数据

零件成本维护可用于维护零件的价格、纳税状态和成本，参见图 6-5。每种零件至少有两个成本集：总账成本集和当期成本集。其他成本集可以用成本管理模块进行维护。生成总账会计账务的各项功能均使用零件的总账成本，默认值为标准成本，但可用成本集维护将它变更为平均成本。当然也可以手工修改标准成本，系统会在处理库存会计账务时维护平均成本。我们可以用当期成本与两个系统中的任何一个相结合以便进行比较。

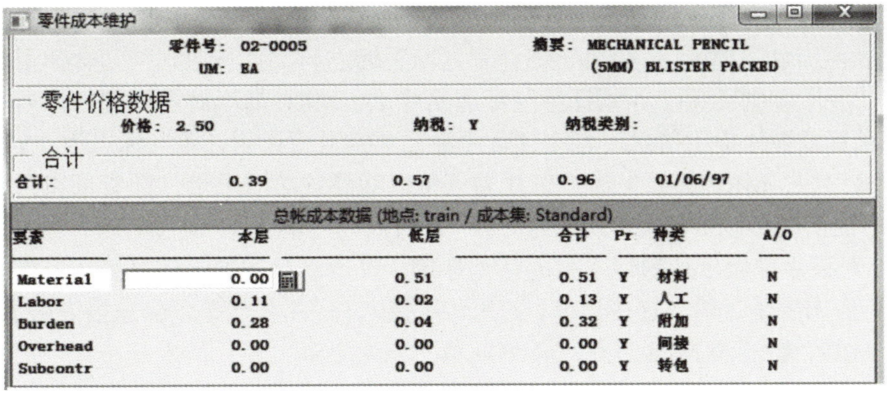

图 6-5　零件成本维护示意图

系统中保留的当期成本有两种，一种是平均采购成本或制造成本，一种是上次采购成本或制造成本。

二、材料主文件计划属性

零件计划数据描述的计划属性是决定何时及如何补充库存，其众多属性值将影响 MRP、采购、制造 (制令单、重复式排程和主生产计划)、配置产品和成本。核心属性参见图 6-6。

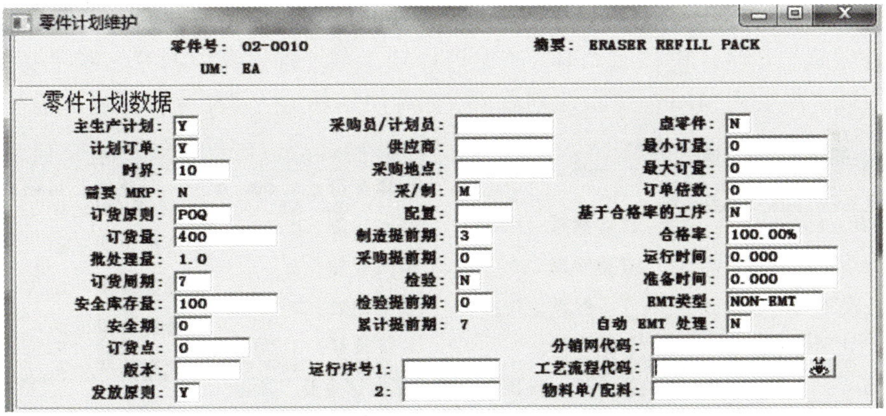

视频讲解

图 6-6　材料主文件 IM 的零件计划数据的设置界面示例

(1) 主生产计划：用于标识是否适用于 MPS 的 Y 或 N 选项。MPS 物料是指那些需由计划员控制的物料，即需要人的判断以便评价 MPS 及生产计划对生产能力、物料、成本和客户服务的影响。该标志设为"Y"，其物料可用"选择性物料计划"功能安排独立需求性质的 MPS 计划，然后再计划相关需求的零件。最高层次的最终产品一般是 MPS 物料；此外还有关键总成部件、关键备件/服务件等。制订主生产计划建议采取"计算机辅助"这一方法，即在累计提前期内的 MPS 计划用手工维护，而超过累计提前期的时段则由 MRP 维护计划。为顺利使用"计算机辅助"方法，设置 MPS 物料时应设置"主生产计划"=Y，"计划订单"=Y，"订货原则"= 非空的任意选项，"时界"= 物料累计提前期。其解析参见第四章"MPS/ATP 软件案例解析"。

(2) 计划订单：指明 MRP 是否应生成该零件计划订单的 Y 或 N 选项，即订货量和到期日是否均由 MRP 计算给出。"计划订单"标志与"订货原则"结合使用。若订货原则为"空"，则无论"计划订单"标志是什么，MRP 都不对零件进行计划安排，不生成需求量或操作提示信息。若"订货原则"非空且"计划订单"标志为"Y"，则每当净需求存在，MRP 都会生成一份计划订单以满足该净需求量，订货量和到期日由订货原则、提前期和订货量调整所决定。若"订货原则"非空且"计划订单"标志为"N"，则 MRP 对该零件做出计划但不生成计划订单，仅产生操作提示信息提示应投放何种订单，操作者需要手工输入这些订单。若用传统技术 (即用操作提示信息报表和手工维护) 来运作 MPS，则这类 MPS 零件"计划订单"应为"N"。

(3) 时界：时界大多用于 MPS 零件，是 MRP/MPS 不能自动对计划实施变更的日历天数。当"计划订单"标志为"Y"时，MRP 计算出净需求量并自动生成或调整计划订单以满足这些需求量。但如果想要在近期内制止 MRP 做这些工作，或在一段时间内手工控制日程，可设置时界天数。MRP 将时界天数加到系统日期上，并生成处于该时间周期之外的任何计划订单。针对时界内的固定计划 FPO，MRP 会生成一条执行提示信息以告知应执行什么操作；另外也生成"时界冲突"信息告知 MRP 为何未这样做。其案例参见"MPS/ATP 软件案例解析"。

(4) 需要 MRP：指明零件是否需要重新计划的系统自动维护的标志。"净改变式 MRP"功能根据该标志决定哪些零件包含在重新计划的范围之内，即它仅处理被标为"需要 MRP"="Y"的零件。每当对零件所作出的变更影响订货时间或数量时，零件便自动标上重新计划的标志。对零件的变更包括零件的计划数据、库存余量、产品结构、采购申请与订单、客户订单、加工单、主生产计划、重复排程或预测等。零件被"净改变式 MPS"或"再生式 MRP"重新计划后，该标志便重新置为"N" (参见图 6-7 ~ 图 6-9)。

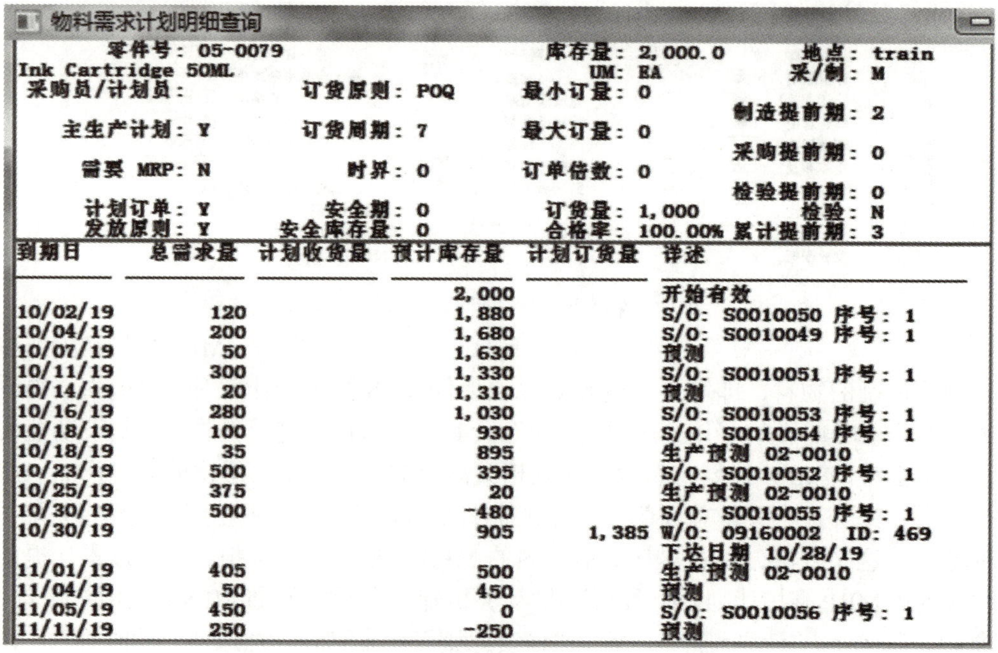

图 6-7　再生式 MRP 运作后"需要 MRP"="N"的正常结果

计划外出库

零件号: 05-0079	批/序号控制:　UM: EA
摘要: Ink Cartridge 50ML	
数量: 300.0	地点: train
UM: EA	库位: 200
换算因子: 1.0000	批/序号:

零件计划维护

零件号: 05-0079　　　摘要: Ink Cartridge 50ML
UM: EA

零件计划数据

主生产计划: Y	采购员/计划员:	虚零件: N
计划订单: Y	供应商:	最小订量: 0
时界: 0	采购地点:	最大订量: 0
需要 MRP: Y	采/制: M	订单倍数: 0
订货原则: POQ	配置:	基于合格率的工序: N

图 6-8　触发"需要 MRP"="Y"的业务及系统自动再设"需要 MRP"为"Y"

物料需求计划明细查询

零件号: 05-0079　　　　库存量: 1,700.0　　　地点: train
Ink Cartridge 50ML　　　　　　UM: EA　　　采/制: M
采购员/计划员:　　订货原则: POQ　最小订量: 0
主生产计划: Y　　订货周期: 7　　最大订量: 0　　制造提前期: 2
采购提前期: 0
需要 MRP: N　　时界: 0　　订单倍数: 0　　检验提前期: 0
计划订单: Y　　安全期: 0　　订货量: 1,000　　检验: N
发放原则: Y　　安全库存率: 0　　合格率: 100.00%　累计提前期: 3

到期日	总需求量	计划收货量	预计库存量	计划订货量	详述
			1,700		开始有效
10/02/19	120		1,580		S/O: S0010050 序号: 1
10/04/19	200		1,380		S/O: S0010049 序号: 1
10/07/19	50		1,330		预测
10/11/19	300		1,030		S/O: S0010051 序号: 1
10/14/19	20		1,010		预测
10/16/19	280		730		S/O: S0010053 序号: 1
10/18/19	100		630		S/O: S0010054 序号: 1
10/18/19	35		595		生产预测 02-0010
10/23/19	500		95		S/O: S0010052 序号: 1
10/25/19	375		-280		生产预测 02-0010
10/25/19		500		780	W/O: 09160002　ID: 469
					下达日期 10/23/19
10/30/19	500		0		S/O: S0010055 序号: 1
11/01/19	405		-405		生产预测 02-0010
11/01/19		500		905	W/O: 09200012　ID: 596
					下达日期 10/30/19
11/04/19	50		450		预测

图 6-9　净改变式 MRP 计算 05-0079 零件后"需要 MRP"="N"的正常结果

(5) 订货原则：用于控制该零件/产品的 MRP 过程的代码，其值可为 POQ(默认值)、FOQ、LFL、OTO 或空。若为"空"表明用再订购点法而非 MRP 方法，后续需设"订货点"；它适用于大批发放的零件(如钉子)、消耗性零件(如润滑油) 或大量订货的零件。OTO(One Time Only) 指"仅一次且一个"，应用于原型物料、仅一次的事件或计划项目活动。

(6) 订货量：对应订货原则为"FOQ"时零件的正常订货量。对于自制零件，该订货量还有其他用处：① 标识零件的正常或平均订货量；② 在用"按工艺流程成本累加"功能计算制造成本时，准备成本要除以该订货量；③ 计算制造提前期时，准备时间要除以该订货量。具体示例参见图 6-10，注意对 FOQ 法同一天中的每一份 PORC/POR 都确定一张建议工单号；同一日多行"预计库存量"指代多次不同的 POH 或 PAB。

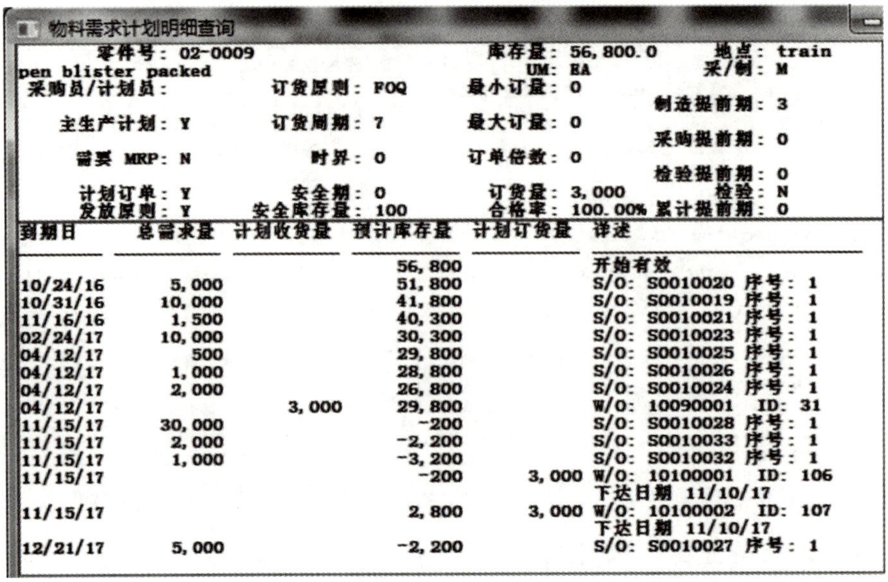

图 6-10　订货原则 FOQ 的计算示例 (订货量 LS 为 3000 个)

（7）批处理量：一个由系统维护的字段，仅用于"配料/加工过程"功能 (连续性生产/流程式生产相关)，用于记录一个零件的正常批处理数量，用"批处理数量变更"功能更新。

（8）订货周期：只有当订货原则置为 POQ 时该字段才起作用，是指一个 MRP 计划加工单所包含的日历天数 (默认值为 7 天)。具体示例参见第二章图 2-8。

（9）安全库存量：为防止需求和/或供应量的波动，在库存中应保留的零件数量。

（10）安全期：安全期即安全时间 ST，是为了避免供应商延期交货，MRP 安排提前接收零件订货的工作日天数。设置 ST 的 MRP 对比结果参见第二章图 2-17 和图 2-18。

（11）订货点：再订购点法中需要重新订购零件时的库存量水平。有些大批发放、消耗性或大量订货的零件仅由计划员通过订货点手工控制其订货，此时订货原则还需设为"空"。

（12）发放原则：用于指明该零件是否发放到加工单领料单上的 Y 或 N 选项。

（13）采/制：一个指明零件是制造类还是采购类零件的代码。采购类的零件用"P"(Purchased) 来标识，制造类的零件用"M"(Manufactured) 来标识，常对应永远线上在制品的用"R"(Routable) 来标识，为客户订单配置的用"C"(Configured) 来标识，常对应双阶 MPS 相关产品族的用"F"(Family) 来标识，常对应生产线上内部制造的用"L"(Line) 来标识。此外，还有"D"(Distribution) 意指从分销渠道获得的。系统默认此格为空等同于取制造属性"M"。注意：实务中零件/产品可能有多个来源，实际业务时键入的物料来源可与此处的来源不同。

（14）配置：表明配置类型 ATO(按订单装配) 的代码。此时，不能在发货程序中回冲子零件，而要用"加工单零件发放"生成最终的装配加工单并发放子零件。

（15）制造提前期：制造零件/产品所需的正常或平均工作天数，包括处理书面资料工作、发放子零件、检验它并将其接收入库的时间。

（16）采购提前期：从确认需要采购之日起，至零件被接收之日止，完成该零件采购周期所需的正常或平均日历天数 (其中不包括检验时间)。对"采/制"="P"的零件，MRP 使用采购提前期及检验提前期决定计划订单的建议下达日期。

(17) 检验：指明是否需要检验的 Y 或 N 选项。"检验"和"检验提前期"仅适用于采购零件。对制造零件，必须添加一个工序步骤用于自制零件的检验。

(18) 检验提前期：零件入库后对其进行检验所需的正常或平均工作天数 (非日历天数)。

(19) 累计提前期：一个由系统维护并由"累计提前期计算"功能进行计算的字段，用于记录用日历天数表示的零件累计提前期，即在子零件无库存情况下从开始生产至拥有零件所需的最长时间。执行累计提前期累加功能时，复合产品将用在它们基本加工零件上找到的制造提前期和累计提前期的值。副产品采用基本加工零件的累计提前期；不更新制造提前期。

(20) 虚零件：虚零件标志用于标识通常该零件是收入库存，还是简单地组装在一起作为高层装配件的一部分。虚零件="Y"常用于虚拟装配件或半成品，即始终是过渡用的组装材料。如果一个零件的工程图纸存在，那么它就可以被指定为虚零件；这意味着它是设计上存在，但管理上并不直接关注的物料。另外，当一类产品中有部分子件是共享的，亦可将共享部分的整体看成一个虚零件，即该虚零件是每个共享子件的虚父件。MRP 以与处理其他零件同样的方式处理虚零件，只是常常没有库存虚零件。此外，MRP 不对虚零件运算 POR/PORC 信息，进而无法展开后续实际运作，即对虚零件不可开立任何制令单等。万一库存中存在任何数量的虚零件，则计划系统首先使用这些虚零件。参见中间层次物料04-0009 设置为虚零件前后的图 6-11 ～图 6-14。

视频讲解

图 6-11　实零件 04-0009 的 MRP 查询结果

注意：原正常物料"04-0009"在 IM 中变为虚零件后，需在所有用到 04-0009 为子零件的 BOM(包括父件 02-0009 等的 BOM) 中将 04-0009 设置为虚子件 (此软件未自动实现此功能)。由这一系列图可以看出：04-0009 变成虚零件后 MRP 运算完全忽略它；而原 04-0009 子件的 05-0005 的毛需求现在直接源自 04-0009 的父件 02-0009。特别注意：

物料需求计划明细查询

零件号: 05-0005 　库存量: 7,100.0 　地点: train
BARREL 　　　　　　　　　　UM: EA 　采/制: P
采购员/计划员: JJ 　订货原则: LFL 　最小订量: 0
主生产计划: N 　订货周期: 7 　最大订量: 0 　制造提前期: 0
需要 MRP: N 　时界: 0 　订单倍数: 0 　采购提前期: 5
计划订单: Y 　安全期: 0 　订货量: 0 　检验提前期: 0 　检验: N
发放原则: Y 　安全库存量: 300 　合格率: 100.00% 　累计提前期: 5

到期日	总需求量	计划收货量	预计库存量	计划订货量	详述
			7,100		开始有效
11/03/17	4,000		3,100		W/O: 07010005 ID: 612 父件: 04-0009
11/07/17	9,000		-5,900		W/O: 07010006 ID: 613 父件: 04-0009
11/07/17		300		6,200	W/O: 07010013 ID: 620 下达日期 11/02/17
11/15/17	3,100		-2,800		W/O: 07010007 ID: 614 父件: 04-0009
11/15/17		300		3,100	W/O: 07010014 ID: 621 下达日期 11/10/17
11/17/17	6,200		-5,900		W/O: 07010008 ID: 615 父件: 04-0009
11/17/17		300		6,200	W/O: 07010015 ID: 622 下达日期 11/10/17
11/29/17	1,200		-900		W/O: 07010009 ID: 616 父件: 04-0009

图 6-12 　实零件 04-0009 之子件 05-0005 的 MRP 查询结果（溯源至 04-0009)

物料需求计划明细查询

零件号: 04-0009 　库存量: 1,000.0 　地点: train
Pen Assembly 　　　　　　　　UM: EA 　采/制: M
采购员/计划员: 　订货原则: LFL 　最小订量: 0
主生产计划: N 　订货周期: 40 　最大订量: 0 　制造提前期: 5
需要 MRP: N 　时界: 0 　订单倍数: 0 　采购提前期: 0
计划订单: Y 　安全期: 0 　订货量: 0 　检验提前期: 0 　检验: N
发放原则: Y 　安全库存量: 500 　合格率: 100.00% 　累计提前期: 12

到期日	总需求量	计划收货量	预计库存量	计划订货量	详述
07/01/17			1,000		开始有效

列表完毕

图 6-13 　零件 04-0009 改为虚零件后的净改变式 MRP 运作报表及其查询结果

物料需求计划明细查询

零件号: 05-0005 　库存量: 7,100.0 　地点: train
BARREL 　　　　　　　　　　UM: EA 　采/制: P
采购员/计划员: JJ 　订货原则: LFL 　最小订量: 0
主生产计划: N 　订货周期: 7 　最大订量: 0 　制造提前期: 0
需要 MRP: N 　时界: 0 　订单倍数: 0 　采购提前期: 5
计划订单: Y 　安全期: 0 　订货量: 0 　检验提前期: 0 　检验: N
发放原则: Y 　安全库存量: 300 　合格率: 100.00% 　累计提前期: 5

到期日	总需求量	计划收货量	预计库存量	计划订货量	详述
			7,100		开始有效
11/10/17	4,500		2,600		W/O: 07010001 ID: 608 父件: 02-0009
11/10/17	9,000		-6,400		W/O: 07010001 ID: 608 父件: 02-0009
11/10/17		300		6,700	W/O: 07010013 ID: 620 下达日期 11/03/17
11/22/17	3,100		-2,800		W/O: 07010002 ID: 609 父件: 02-0009
11/22/17	6,200		-9,000		W/O: 07010002 ID: 609 父件: 02-0009
11/22/17			-5,900	3,100	W/O: 07010014 ID: 621 下达日期 11/17/17
11/22/17		300		6,200	W/O: 07010015 ID: 622 下达日期 11/17/17
12/06/17	1,200		-900		W/O: 07010003 ID: 610 父件: 02-0009

图 6-14 　虚零件 04-0009 之实子件 05-0005 的 MRP 查询结果（溯源至 02-0009)

① 05-0005 的首次 GR 结果由图 6-12 中原 04-0009 引发的 4000 自动变换为图 6-14 中 02-0009 引发的 4500，这是去除了虚零件 04-0009 的库存量和安全库存量影响；② 图 6-14 中 05-0005 在同一时期的连续两个 GR 结果表明，部分地保留了父件 02-0009 下有两笔 04-0009 记录 (源于不同冲销时间) 的影响，因为图 6-11 和图 6-14 中"详述"内容均出现了父件 02-0009 两笔相同 W/O 和 ID，如均有两次"W/O：07010001"和"ID：608"；但 04-0009 两种冲销时间的影响消失了，因为相应成套的两笔 GR 记录落入同一天了。

(21) 最小订量：在一份订单上对零件的最小订货量，MFG/PRO 软件中该属性仅适用于订货原则 POQ 或 LFL。它常反映生产能力的考虑、包装或发运量。参见图 6-14 和图 6-15。

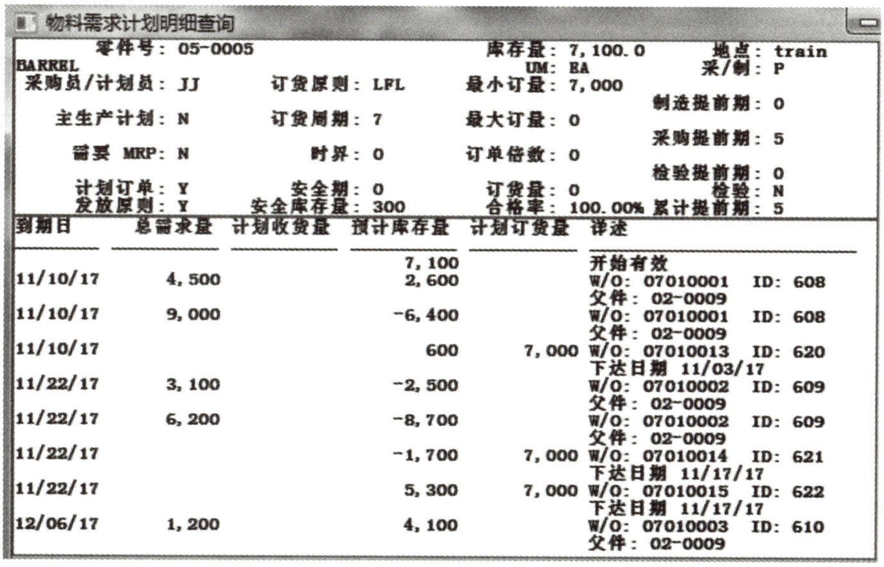

图 6-15　零件 05-0005 仅依据"最小订量"调整后的 MRP 查询结果

(22) 最大订量：零件在一份订单上的最大订货量；零表示无最大订货量。最大订货量并不妨碍实际订货超过此数量，届时 MRP 只会生成一条超出最大订量的警告信息。

(23) 订单倍数：对零件订货的数量倍数；零表示没有订单倍数。MFG/PRO 软件中该属性仅适用于订货原则 POQ 或 LFL。MRP 用订单倍数将净需求量圆整至该数量的倍数，以体现一些生产或包装的实际运作。图 6-16 是最小订量和订单倍数同时设置的示例；对比图 6-15，PORC 数量调整至最小订量后再依倍数 3 调整至 7002。注意：此图中的倍数调整并非是对超出基本订购量后的部分进行倍数调整，而是对整体订购量直接做倍数调整。

(24) 基于合格率的工序：说明零件的工序是否考虑合格率的 Y 或 N 选项。

(25) 合格率 (良品率)：预计订单中处于可使用状态的物料所占的百分比，它对采购零件和制造零件都适用且默认值为 100%。若合格率低于 100%，则 MRP 在安排订货计划时要使订货量高于需求量。可以用"工艺流程成本累加"功能自动更新合格率的百分比。合格率的计算方法是每道工艺流程/加工过程工序的合格率百分比相乘后得出的结果。若两道工序合格率分为 98% 和 99%，则零件合格率为 97.02%。合格率低于

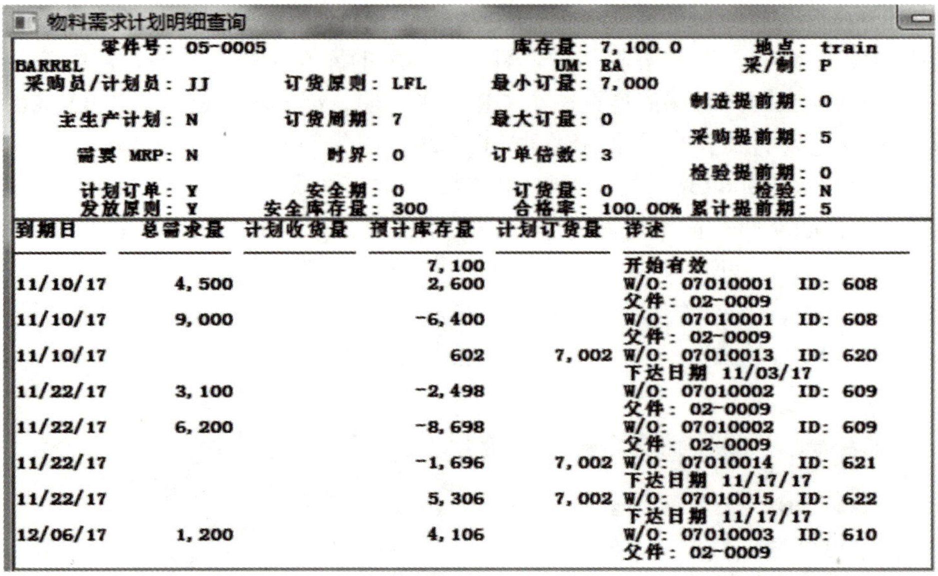

图 6-16　零件 05-0005 依据"最小订量"和"倍数"调整后的 MRP 查询结果

100% 可以引起系统做出带小数的订货量计划，此时最小订货量和订单倍数可对此加以调整。

(26) 工艺流程代码：一个用于标识制造零件通常所用的工艺流程或加工的代码，默认值为零件号本身。该代码使用工艺流程工序步骤计算产品成本，并对物料和生产能力做出计划。若零件的工艺流程代码为空 (通常为空)，则系统使用以等于零件代码的工艺流程代码存贮的工艺流程。工艺流程代码与零件号完全互相独立，这样，相同工艺流程就可用于多个零件的制造当中；还可以使同一零件具有多个工艺流程，尤其替代工艺流程。这些多个工艺流程中必须有一个作为用于成本核算和制订计划的基本工艺流程附加到零件上。本字段不用于复合产品。

(27) 物料单/配料：一个代码，用于标识制造该零件时通常使用的产品结构 BOM (适用于离散性生产)、配料和/或联合产品结构 (适用于连续性生产/流程式生产)。BOM 代码只对制造零件起作用，它访问子零件以计算产品成本并为物料需求安排计划。BOM 代码和零件号完全独立。这样，同一个产品结构或配料就可以用于多个零件。它也允许相同联合产品结构用于多个复合产品。使用独立的 BOM 代码后，同一个零件可有多种产品结构或配料；但其中一种产品结构或配料必须作为零件的主要 BOM 以便计算成本和安排计划，并可设置任何数量的其他 BOM 以便用作替代 BOM。产品结构或配料的父产品必须是个有效零件号或预定义的 BOM 代码。如果零件的 BOM 代码置空，系统将使用等于该零件代码的父零件的产品结构或配料。对于联合产品来说，这是基本加工零件的代码。联合产品结构的 BOM/配料或基本加工零件必须是一个有效零件号；它可以不是配置零件或联合产品的零件，但该零件不能有任何替代结构或作为非联合产品结构中的子零件存在；并且零件 BOM/配料必须与零件号相同或置空。对于联合产品来说，基本加工零件有一个零件主数据号和一个 BOM/配料代码与联合产品和子零件相连接；基本加工零件也可与工艺流程和加工工序相连接，但这不是必须的。基本加工零件作为联合产品的子零件输入系统；复合产品和副产品根据基本加工零件代码来生产。

第三节　产品描述之材料表 BOM

相对于零件主文件 IM 描述单个物料的属性，材料表 BOM 描述物料之间的直接关系。一个最终产品所含子件的层次结构往往比较复杂，ERP 软件通常只建立单阶 BOM，并通过关联相关 BOM 形成的多阶 BOM 展示完整的产品结构。如某产品由 m 个部件装配而成，而每个部件又由多个采购零件组成，则此产品共有 $m+1$ 个材料表。单阶 BOM 描述一个父件物料所用到的所有直接下阶子件物料及相关属性，参见图 6-17。

视频讲解

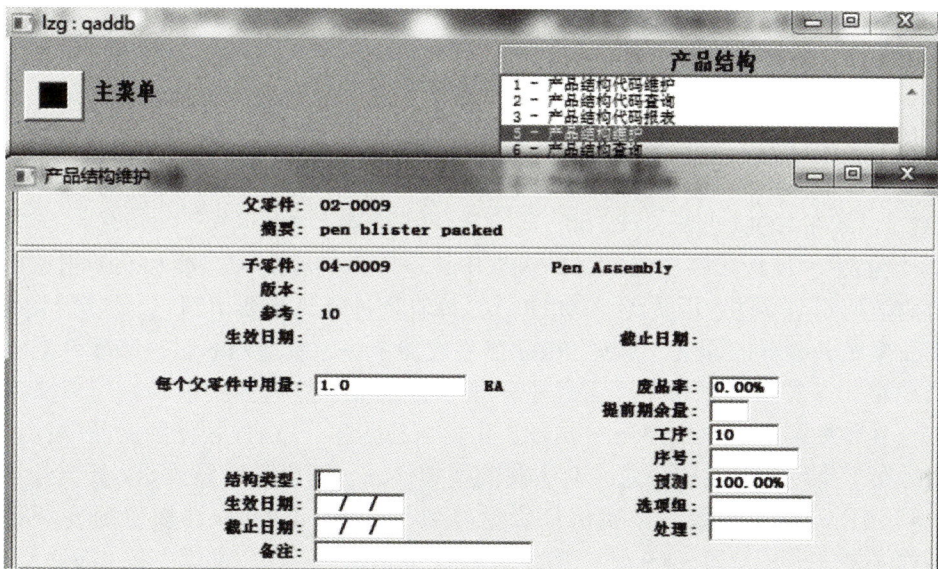

图 6-17　QAD 公司的 ERP 软件 MFG/PRO 中材料表 BOM 的维护界面

(1) 父零件：用于标识在该产品结构或配料中的父零件的代码。注意：该图中"父零件"其实应该翻译为"产品结构代码"，因为 BOM 代码和零件号已经完全独立。这意味着它可以是一个有效的零件/产品号 (即在 IM 中存在)，也可以是 IM 中不存在但在"产品结构代码维护"中存在预定义的 BOM 代码 (参见图 6-17 上半部分)。若它是配置零件 (即"采/制"属性选 C)，则必须是一个有效零件号。联合产品一般指该联合产品结构的基本加工零件代码。注意：正常情况下系统根据父件 IM 中的"物料单/配料"属性取得相应 BOM；但在执行等环节可以重新选择相关的特定 BOM(如替代 BOM)。

(2) 子零件：用于标识该产品结构/配料中的子零件的零件代码，它必须存在于 IM 中。

(3) 版本：父零件的合并工程变更单的零件版本代码，这是可选项目。

(4) 参考：用于唯一标识一种父零件/子零件关系的代码。每种父零件/子零件关系均由父零件、子零件和参考 (特征) 代码的组合作为其唯一标识。这使得相同的子零件在一份物料清单或配料中的同一层上可以多次出现，如满足不同冲销时间的设置。在一个装配产品的产品结构中，参考标志经常是一个位置指示符。例如在一个印刷电路板上，一个特定电阻可接在 4 个位置上，使用参考代码就可以把它们直接标在物料清单上；而领料单将子零件需求量加以汇总 (此例中数量为 4)。定义替代结构时也可输入参考号，以便标识替代所适合情况。这可以直观地将代用品与正常子零件分开，也可以将它们相互分开。

(5) 生效日期和截止日期：生效日期是该父零件/子零件关系开始生效的第一天；而截止日期是该父零件/子零件或 BOM/配料关系生效的最后一天。这两个日期可以有一个置空，也可以都置空。新增加到物料清单或配料中的零件有一个起始生效日期，代替现有子零件的新增子零件也有一个起始生效日期。旧的子零件在修改时要记录生效的截止日期。生效日期可以用于成本计算，可以对将来生效的产品结构进行变更，然后估计变更对成本带来的影响。

(6) 每个父零件中用量：生产一个单位父零件所需的子零件数量，使用的计量单位是在 "零件主数据维护" 功能中用于标识父零件的标准计量单位。每个父零件中的子零件用量和废品百分比用于整个系统的制造计划与控制。"产品结构成本累计" 功能也使用每个父零件中用量和废品百分比来计算父零件的成本。当输入一种流程型生产相关的配料，其子零件数量用每批父零件中用量或批百分比来表示时，系统自动计算每个父零件中用量。每个父零件中用量为零的子零件不打印在领料单上，这样就可以将杂项零件 (如工具) 记录在 BOM 上。

(7) 废品率：预计在制造父产品的过程中该子零件的废品率。要小心使用该属性，尤其对离散型制造零件，因为无论 MRP 还是库存回冲计算都要用到它。注意：QAD 软件中废品率相关解释的译文 "MFG/PRO 在生成父零件的制造需求时，子零件的需求量由下式确定：订货量乘以每个父零件中的子零件用量，然后加上该乘积与废品率的乘积"，与其软件结果不同，参见图 6-18。由此可以看出，QAD 软件的废品率计算实际遵循的是第二章废品率相关公式。对于离散型零件，若因废品率导致 GR 计算结果有小数位，可使用 "订单倍数" 以确保订货量整数。注意：ERP 软件属性的发展是随管理发展而不断完善的。如 SAP 公司 ERP 软件中细化出 "工序废品率" 和 "部件废品率" 两种，并多出一个 "净 ID" 标识用以确定是否以净值需求数量为基础计算子件的报废率，即是否不含 IM 中组件报废的需求数量 (SAP 中 IM 没有 "良品率" 属性而只有 "装配报废 (%)" 属性)；此外其公式遵循乘以 (1+ 废品率) 的算法而非第二章中的除以 (1- 废品率) 的算法，对 IM 中的 "装配报废 (%)" 亦如此，参见表 6-1 和图 6-19。

表 6-1　SAP 公司 ERP 软件两种废品率和 "净 ID" 属性设置所致子件 GR 结果

属性搭配分类	搭配 1	搭配 2	搭配 3	搭配 4	搭配 5	搭配 6
"部件废品"	5%	—	5%	5%	—	—
"工序废品"	6%	6%	—	—	—	—
"净 ID"	Y	Y	Y	N	N	Y
子件毛需求 GR	1113 =1060×1.05	1060 =1000×1.06	1050 =1000×1.05	1071 =1020×1.05	1020 =1000×1.02	1000

注：父件 POR 数据为 1000；父件 IM 中 "装配报废 (%)" 取值 2%；父件 BOM 中该子件单位用量为 1。

■ 物料需求计划明细查询

| 零件号: 04-0009 | | | 库存量: 1,000.0 | | 地点: train |
| Pen Assembly | | | UM: EA | | 采/制: M |

采购员/计划员:　　　　　订货原则: LFL　　最小订量: 0

主生产计划: N　　　订货周期: 40　　最大订量: 0　　　制造提前期: 5

需要 MRP: N　　　时界: 0　　订单倍数: 0　　采购提前期: 0

计划订单: Y　　　安全期: 0　　订货量: 0　　检验提前期: 0

发放原则: Y　　安全库存量: 500　　合格率: 100.00%　　检验: N　累计提前期: 12

到期日	总需求量	计划收货量	预计库存量	计划订货量	详述
			1,000		开始有效
11/10/17	4,500		-3,500		W/O: 07010001　ID: 608
					父件: 02-0009
11/10/17		500		4,000	W/O: 07010005　ID: 647
					下达日期 11/03/17
11/14/17	9,000		-8,500		W/O: 07010001　ID: 608
					父件: 02-0009
11/14/17		500		9,000	W/O: 07010006　ID: 648
					下达日期 11/07/17
11/22/17	3,100		-2,600		W/O: 07010002　ID: 609
					父件: 02-0009
11/22/17		500		3,100	W/O: 07010007　ID: 649
					下达日期 11/15/17
11/24/17	6,200		-5,700		W/O: 07010002　ID: 609
					父件: 02-0009
11/24/17		500		6,200	W/O: 07010008　ID: 650
					下达日期 11/17/17

父零件: 04-0009

摘要: Pen Assembly

子零件: 05-0005　　　　　　　　BARREL

版本:

参考:

生效日期:　　　　　　　　截止日期:

每个父零件中用量: 1.0　　　　EA　　废品率: 10.00%

■ 物料需求计划明细查询

| 零件号: 05-0005 | | | 库存量: 7,100.0 | | 地点: train |
| BARREL | | | UM: EA | | 采/制: P |

采购员/计划员: JJ　　　订货原则: LFL　　最小订量: 7,000

主生产计划: N　　　订货周期: 7　　最大订量: 0　　制造提前期: 0

需要 MRP: N　　　时界: 0　　订单倍数: 3　　采购提前期: 5

计划订单: Y　　　安全期: 0　　订货量: 0　　检验提前期: 0

发放原则: Y　　安全库存量: 300　　合格率: 100.00%　　检验: N　累计提前期: 5

到期日	总需求量	计划收货量	预计库存量	计划订货量	详述
			7,100		开始有效
11/03/17	4,444.444		2,655.556		W/O: 07010005　ID: 647
					父件: 04-0009
11/07/17	10,000.		-7,344.444		W/O: 07010006　ID: 648
					父件: 04-0009
11/07/17			302.5556	7,647	W/O: 07010013　ID: 620
					下达日期 11/02/17
11/15/17	3,444.444		-3,141.889		W/O: 07010007　ID: 649
					父件: 04-0009
11/15/17			3,860.111	7,002	W/O: 07010014　ID: 621
					下达日期 11/10/17
11/17/17	6,888.889		-3,028.778		W/O: 07010008　ID: 650
					父件: 04-0009
11/17/17			3,973.222	7,002	W/O: 07010015　ID: 622
					下达日期 11/10/17
11/29/17	1,333.333		2,639.889		W/O: 07010009　ID: 651
					父件: 04-0009

图 6-18　子件 05-0005 在父件 04-0009 的 BOM 中单位用量 1 且损耗率 10% 的 GR 结果

(8) 提前期余量：提前期余量即指冲销时间 OT，是从开始生产父零件至使用该子零件这段时间内所需的工作日天数。制造领料单和 MRP 用提前期以及提前期余量来决定需要子零件的天数。注意：为使提前期余量设置生效，QAD 中务必在"参考"和"工序"字段区分相同子件的两笔不同资料。其案例参见图 2-14 和图 2-15。注意：SAP 公司的 ERP 软件在以天为单位的"提前期偏置"之外，又细化出以小时为单位的"工序提前期偏置"，参见图 6-19。

图 6-19　SAP 公司 ERP 软件中的 BOM 属性示例

(9) 工序：使用该子零件或联合产品的工艺流程或加工工序。若是联合产品，它仅作为参考并可能出现在某些指定报表和查询表中。虽然加工单不需要工序，但它可用来选择在加工单零件发放功能中发放的子零件。如果使用合格率成本计算或重复加工模块，请勿置空。

(10) 序号：父/子零件关系的可选顺序号，常用报表中子零件是按子零件号顺序排列的。

(11) 结构类型：用于定义如何使用该父件/子件关系的结构代码；其值可以是"( )""A""D""X""P"或"O"，分别对应"标准件""替代件 (Alternate)""单据 (Document)""虚子件 (Phantom)""计划类子件 (Planning)"或"选择类子件 (Option)"。标准件表明零件是普通子件，没有特别属性。单据是不做计划安排、不分解且不计算成本的单据或工具。其他可选项的用途比较复杂，分述如下。

① 结构类型"A"。替代产品结构常指使用不同的子件集生产相同的父件；除了这种用一个等价替代的子零件组替代原子零件组之外，它也可以是针对不同批处理规模的不同配料/配方。当为一个父件设定了一种替代结构时，该替代结构的物料单/配料便作为该父件的子零件记录下来，并用结构类型"A"加以标识 (不可在该父件 BOM 中变更)，参见图 6-20。它们将出现在产品结构报表和查询表上，但不进行分解，不计算成本，也不进行计划。

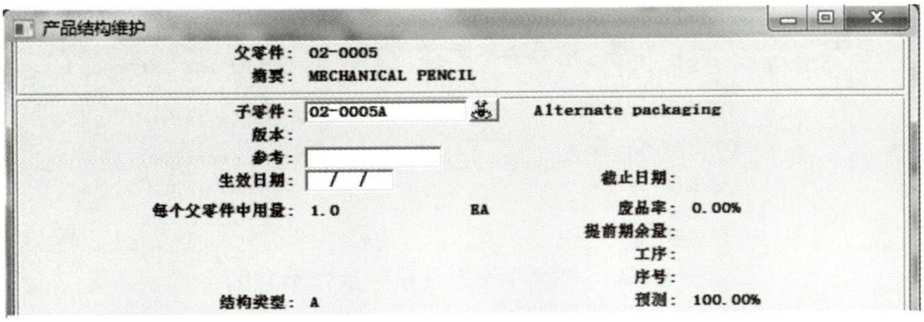

图 6-20 "产品结构维护"中替代结构类型"A"的示意图

替代分为三个步骤：首先用"产品结构代码维护"为替代结构输入一个物料单/配料代码，如图 6-21 中的 02-0005A；接着使用"产品结构维护"或"配料维护"将一个替代用子零件清单赋予该替代的物料单/配料，参见图 6-22；最后使用"替代产品结构维护"将批准替代物料单/配料赋予原零件，参见图 6-23；最终形成图 6-20 的结果。

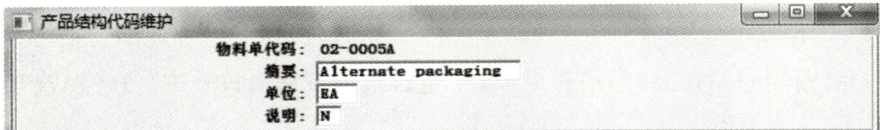

图 6-21 产品结构代码维护"建立替代结构代码 02-0005A 的示意图

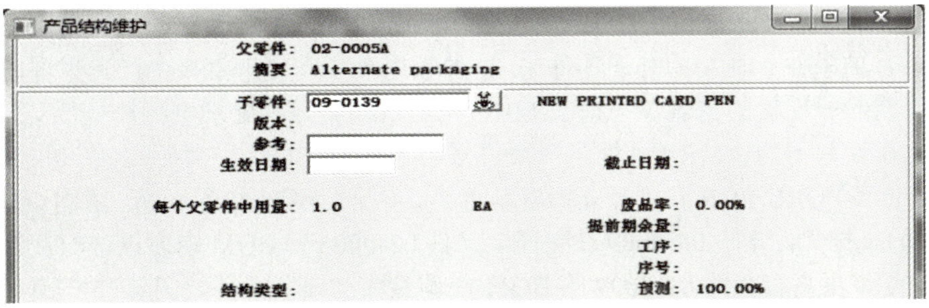

图 6-22 替代产品结构 02-0005A 的 BOM 资料维护界面

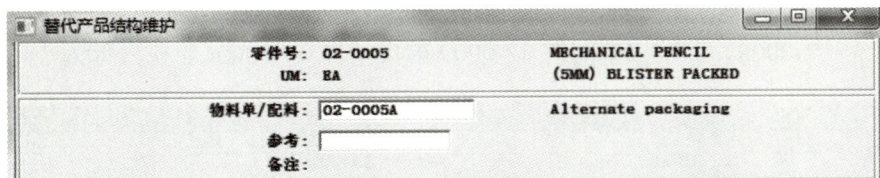

图 6-23 "替代产品结构维护"功能运作界面

MRP 和制造加工单总使用与"零件计划维护"或"零件 地点计划维护"中零件相关联的标准物料单/配料；不过执行环节可以手工将替代物料单/配料输入到加工单中。已批准的替代产品结构可用于任何地点，并与任何工艺流程或加工过程一起使用。若一个替代结构总与特定的替代工艺流程/加工过程一起使用，需要在"替代工艺流程维护"中对其进行定义。

特别注意：上述 BOM 结构的替代与单个零件的替代稍有不同，后者由"零件替代维护"功能完成，即当标准子零件出库时，若出现短缺或不合格时便可使用指定的替代零件，参见图 6-24。在 MFG/PRO 中替代子零件首先需在 IM 维护时将"主生产计划"

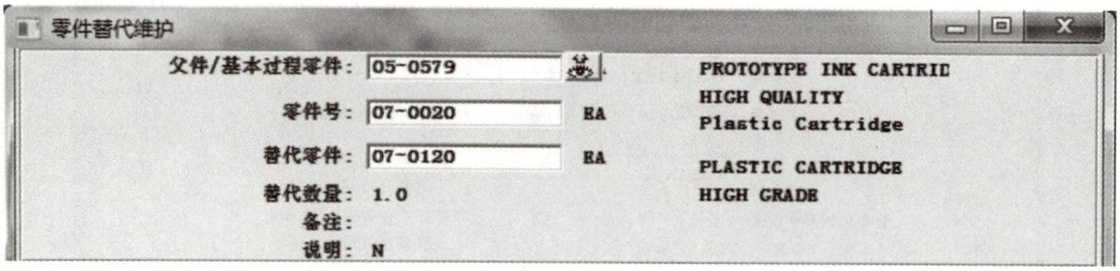

图 6-24 “零件替代维护”运作示意图

和“计划订单”均置为“N”(即用再订购点法);然后在“零件替代维护”程序中定义替代关系。实际运作时,手工将所缺的标准子零件的需求量转换为替代零件的需求量。当替代关系不适用于特定的父件或基本过程零件时,请将“父件/基本过程零件”置空;否则输入适当特定父件。

② 结构类型“X”。某些物料有时生产入库,有时又属于“线上生产零件”,即制造出来后立刻送入父件的生产线进行生产而非入库。为体现这种有时入库、有时又线上生产的特性,BOM 的“结构类型”新增“X”属性来体现这种局部的虚拟子件,即它在某些 BOM 而非全部 BOM 中是虚拟子件。这种情况下该物料应该在 IM 中置“虚零件”属性为“N”,并在相应的部分 BOM 中设置“结构类型”为“X”。当某父件 A 的加工单需要加快其中某部分的生产进度时,可以在其物料清单 BOM 中将相关子件调整为虚拟子件(如调整 B 为虚拟子件),这样系统将在该物料 A 加工单的领料单上直接列出虚拟子件 B 的子件(即 A 的孙子零件)。这种领用孙子零件来直接生产父零件的方法是缩短提前期的一种机动措施。与前文 MRP 计划系统实际不处理 IM 中永远线上生产零件的“虚零件”不同,MRP 系统将对虚拟子件在其他 BOM 中属于“实”的部分产生实际建议订单 PORC/POR 并可开立相应制令单,参见图 6-25 和图 6-26。由图 6-25 可知:05-0005 的直接父件之一 04-0009 在更高层父件 02-0005 的 BOM 中为正常的“实”子件,但 04-0009 在更高层父件 02-0009 的 BOM 中调整为“虚”子件。图 6-26 的 04-0009 之 MRP 结果显示了其仅对实子件所对应的父件 02-0005 展开了计算和相应制令单。图 6-27 和图 6-28 表明 05-0005 的毛需求 GR,一部分来自直接父件 04-0009;另一部分直接来爷辈的产品 02-0009,即跳过中间的 02-0009 的虚子件 04-0009(单位用量为 3)。

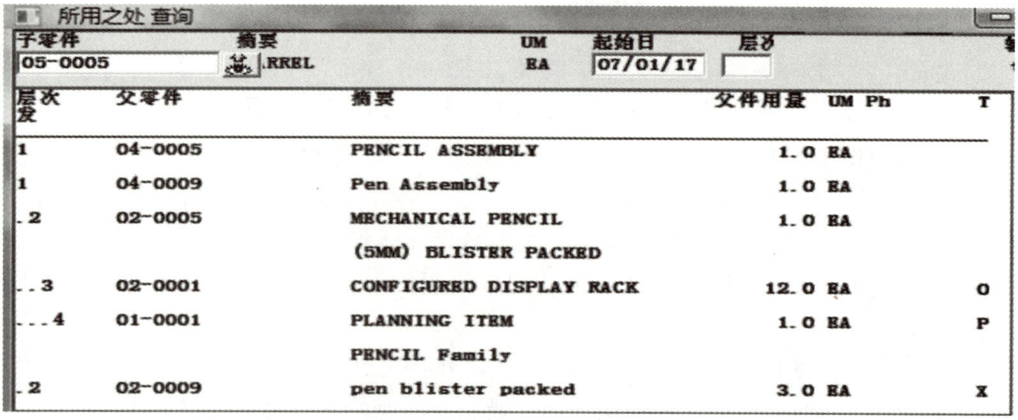
所用之处 查询

子零件: 05-0005　摘要: .RREL　UM: EA　起始日: 07/01/17　层次:

层次	父零件	摘要	父件用量	UM	Ph	T
1	04-0005	PENCIL ASSEMBLY	1.0	EA		
1	04-0009	Pen Assembly	1.0	EA		
.2	02-0005	MECHANICAL PENCIL (5MM) BLISTER PACKED	1.0	EA		
..3	02-0001	CONFIGURED DISPLAY RACK	12.0	EA		O
...4	01-0001	PLANNING ITEM PENCIL Family	1.0	EA		P
.2	02-0009	pen blister packed	3.0	EA		X

图 6-25 子件 05-0005 的多层“所用之处”查询结果

物料需求计划明细查询

零件号: 04-0009　　　　库存量: 200.0　　地点: train
Pen Assembly　　　　　　UM: EA　　　采/制: M
采购员/计划员:　　　订货原则: LFL　最小订量: 0　　制造提前期: 5
主生产计划: N　　　订货周期: 7　　最大订量: 0　　采购提前期: 0
需要 MRP: N　　　　时界: 0　　　订单倍数: 0　　检验提前期: 0
计划订单: Y　　安全期: 0　　　　订货量: 0　　　　检验: N
发放原则: Y　　安全库存量: 50　合格率: 100.00%　累计提前期: 12

到期日	总需求量	计划收货量	预计库存量	计划订货量	详述
			200		开始有效
09/15/17	400		-200		W/O: 07010005　ID: 663
					父件: 02-0005
09/15/17		50		250	W/O: 07010008　ID: 669
					下达日期 09/08/17

图 6-26　产品 02-0005 之实子件 04-0009 的 MRP 运作结果

物料需求计划明细查询

零件号: 02-0009　　　　库存量: 31,800.0　地点: train
pen blister packed　　UM: EA　　　采/制: M
采购员/计划员:　　　订货原则: POQ　最小订量: 0　　制造提前期: 3
主生产计划: Y　　　订货周期: 10　最大订量: 0　　采购提前期: 0
需要 MRP: N　　　　时界: 0　　　订单倍数: 0　　检验提前期: 0
计划订单: Y　　安全期: 0　　　　订货量: 100　　检验: N
发放原则: Y　　安全库存量: 1,000　合格率: 100.00%　累计提前期: 16

到期日	总需求量	计划收货量	预计库存量	计划订货量	详述
			31,800		开始有效
08/30/17	1,500		30,300		S/O: S0010036　序号: 1
10/02/17	1,000		29,300		预测
10/09/17	1,200		28,100		预测
10/16/17	1,300		26,800		预测
10/23/17	2,300		24,500		预测
10/30/17	2,500		22,000		预测
11/06/17	3,000		19,000		预测
11/15/17	20,000		-1,000		S/O: S0010028　序号: 1
11/15/17	2,000		-3,000		S/O: S0010033　序号: 1
11/15/17	1,000		-4,000		S/O: S0010032　序号: 1
11/15/17		3,000	-1,000		W/O: 10100001　ID: 106
11/15/17			3,500	4,500	W/O: 07010001　ID: 608
					下达日期 11/10/17
11/20/17	2,500		1,000		预测
11/27/17	2,100		-1,100		预测
11/27/17			2,000	3,100	W/O: 07010002　ID: 609
					下达日期 11/22/17

图 6-27　虚子件 04-0009 对应的父件 02-0009 的 MRP 运作结果

物料需求计划明细查询

零件号: 05-0005　　　　库存量: 7,100.0　地点: train
BARREL　　　　　　　　　UM: EA　　　采/制: P
采购员/计划员: JJ　　订货原则: LFL　最小订量: 0　　制造提前期: 0
主生产计划: N　　　订货周期: 7　　最大订量: 0　　采购提前期: 5
需要 MRP: N　　　　时界: 0　　　订单倍数: 0　　检验提前期: 0
计划订单: Y　　安全期: 0　　　　订货量: 0　　　　检验: N
发放原则: Y　　安全库存量: 300　合格率: 100.00%　累计提前期: 5

到期日	总需求量	计划收货量	预计库存量	计划订货量	详述
			7,100		开始有效
09/08/17	250		6,850		W/O: 07010008　ID: 669
					父件: 04-0009
11/10/17	13,500		-6,650		W/O: 07010001　ID: 608
					父件: 02-0009
11/10/17			300	6,950	W/O: 07010013　ID: 620
					下达日期 11/03/17
11/22/17	9,300		-9,000		W/O: 07010002　ID: 609
					父件: 02-0009
11/22/17			300	9,300	W/O: 07010014　ID: 621
					下达日期 11/17/17
12/06/17	3,600		-3,300		W/O: 07010003　ID: 610
					父件: 02-0009
12/06/17			300	3,600	W/O: 07010015　ID: 622
					下达日期 12/01/17
12/18/17	25,500		-25,200		W/O: 07010004　ID: 611
					父件: 02-0009

图 6-28　直接子件和跨层（孙辈）子件 05-0005 的 MRP 结果（含 GR 来源）

③ 结构类型"O"。为满足客户的个性化需求，制造商在较高阶开发出了供客户自由选择的必选件和可选附件，其结构类型为选择类"O"。客户通过对它们的选择组合出满意产品；其中的必选件属产品必备的基本部件，客户必须从有限选择中强制选择其一，而附件是可增强产品功能或外观等的非必备部件。这种选择设置通过类似"产品结构维护"的"配置结构维护"来设置，参见图 6-29。

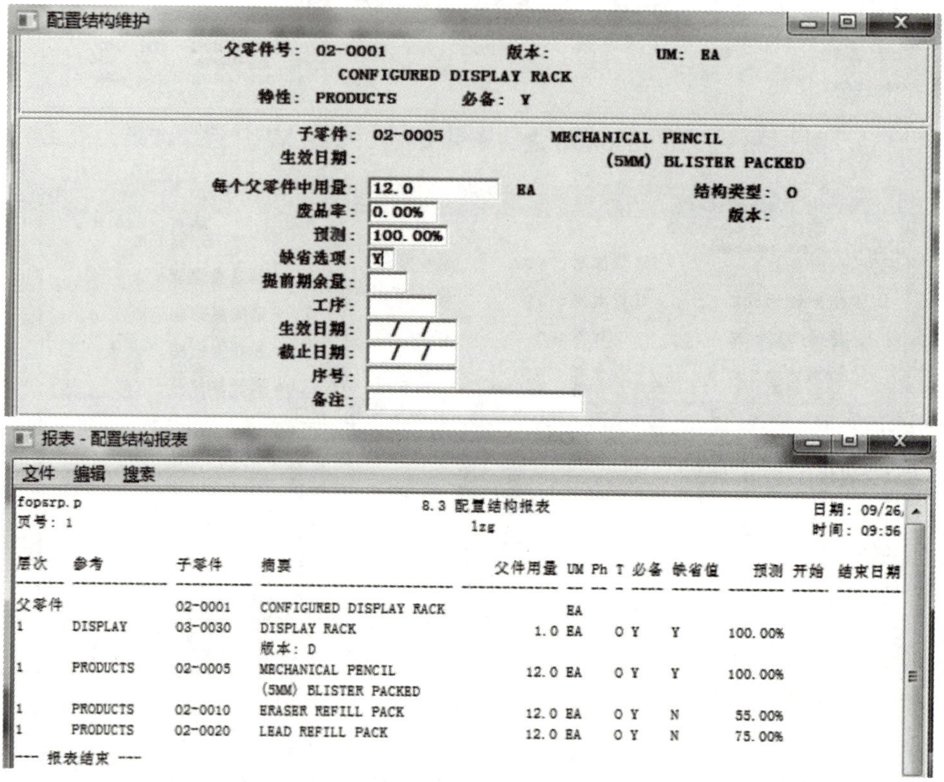

图 6-29　结构类型"O"相关"配置结构维护"的设置和报表示例

图 6-29 中，"默认选项"若设为"Y"表示该子件是必选件，相应"预测"需为 100%；若为"N"表示它是可选附件，其"预测"值需小于 100%。特别注意：表头"特性"属性用于标识一个配置产品中的特定特性集，即标识一组选项或附件；而特性集中的子零件均与该特性相关。如一份"汽车"配置清单的特性集可能包括"车身式样""发动机"及"附件"等；"车身式样"的子零件可以是"轿车"或"小型客车"。大多数报表按特性代码将子零件分组；在订单输入过程中系统提示用户从每个特性集中选择子零件，参见图 6-30 和图 6-31。

图 6-29 中"配置结构维护"形成的配置 BOM 亦称为选用材料表 (Optional BOM)。它是以产品族为父件并以各必选件及可选附件为子件的 BOM，而这种产品族是对必选件及可选附件的多种选择形成的所有产品的集合。选用材料表的结构类型均为"O"；而其中的单位用量为各种子件选择在单个产品中的实际用量。图 6-30 和图 6-31 都是在维护客户订单时针对选用材料表进行选配的过程示意图，相应结果是生成该张订单相关产品的制造材料表，制造材料表的结构类型均应为标准结构的"( )"。注意：图 6-29 中"配置结构报表"表明该版本 ERP 软件中暂未对配置设置进行适当的稽核。如

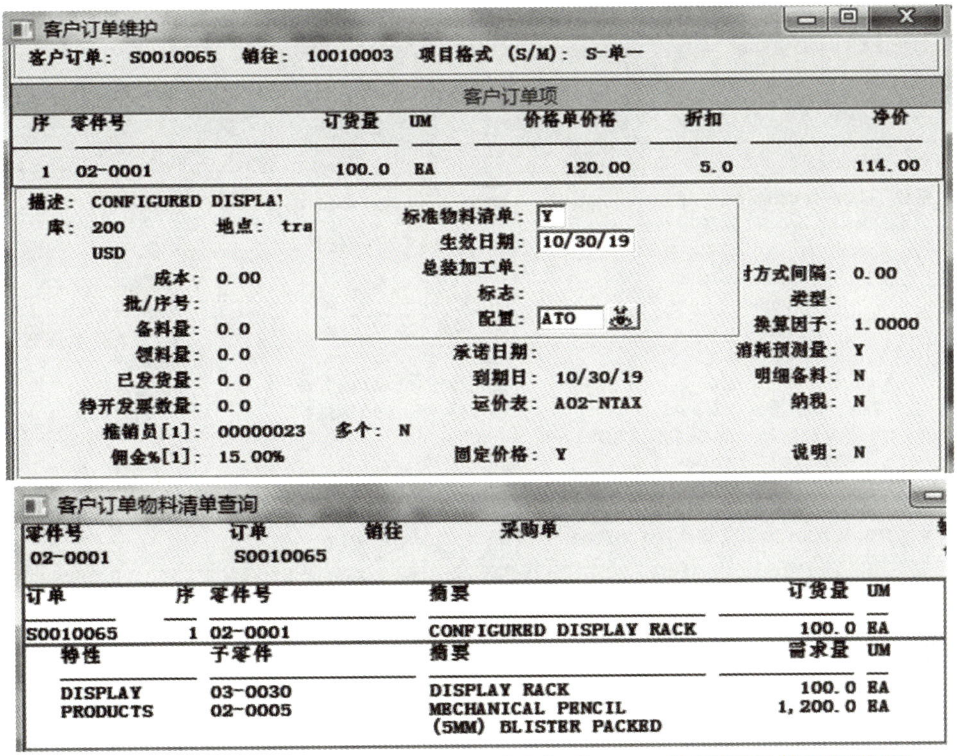

图 6-30 对配置产品维护客户订单时选定标准 BOM 的界面及其配置结果

针对某类"特性"，基于"每组必选件必选其一、每组可选附件可选其一或不选"的原则，应该实现必选件的预测之和等于 100% 且可选附件的预测之和小于 100%(差额即为客户不选的比例)的控制，对任何违反该原则及相关控制的选择，系统都应报错。本书所用 MFG/PRO 版本 BOM 中的"选项组"虽然是用于对产品结构上的子零件分组的一个可选代码，但暂未遵循上述原则且未实现这种控制。另外，"配置结构维护"所致配置 BOM 中"特性"属性的值将自动转为"产品结构维护"中的"参考"属性的值。配置产品的总账(标准)成本通常是零，因为产品结构成本累加不考虑产品的特性(子零件的结构类型为"O")。请用"产品结构维护"输入需要的子零件，这样这些子零件的成本将包含在产品的基本总账成本中。

④ 结构类型"P"。鉴于客户对较高阶的必选件和可选附件的多种选择可能导致最终产品有太多种规格，公司难以预测个别完成品的需求，只能预测整个产品族的需求以及各种必选件和可选附件的需求分配比例。以产品族为父件，并以各必选件、可选附件及共享件的集合为子件的材料表，称为超材料表(Super BOM)，其中将各必选件或可选附件的集合称为模块件号；将所有共享件的集合称为共享件件号。以模块件号为父件并以集合内必选件或可选附件为子件的材料表称为模块材料表(Modular BOM)。以共享件件号为父件并以各共享件为子件的材料表称为共享件材料表(Common Parts BOM)。超材料表、模块材料表和共享件材料表统称为计划材料表(Planning BOM)。产品族件号、模块件号及共享件件号在 IM 中均是虚的"幽灵材料"，故计划材料表也称为"虚材料表"(Pseudo BOM)。注意：无论哪种计划材料表，其中所有子件的"结构"属性都应设为计划的"P"。

客户订单维护

客户订单：S0010066　销往：1001000　项目格式（S/M）：S-单一

客户订单项

序	零件号	订货量	UM	价格单价格	折扣	净价
1	02-0001	200.0	EA	120.00	15.0	102.00

描述：CONFIGURED DISPLAY

库：200	地点：tra	标准物料清单：N		
USD		生效日期：10/18/19		
成本：0.00		总装加工单：		打方式间隔：0.00
批/序号：		标志：		类型：
备料量：0.0		配置：ATO		换算因子：1.0000
领料量：0.0				消耗预测量：Y
已发货量：0.0		承诺日期：		明细备料：N
待开发票数量：0.0		到期日：10/18/19		纳税：N
推销员[1]：00000005	多个：N	运价表：AO2-NTAX		
佣金%[1]：10.00%		固定价格：Y		说明：N

客户订单维护

客户订单：S0010066　销往：1001000　项目格式（S/M）：S-单一

客户订单项

序	零件号	订货量	UM	价格单价格	折扣	净价
1	02-0001	200.0	EA	120.00	15.0	102.00

描述：CONFIGURED DISPLAY

02-0001 特性

特性	务备		
DISPLAY	Y	销售账户：	
PRODUCTS	Y	贴现账户：	
		确认：N	支付方式间隔：0.00
		定价：09/26/19	类型：
		需求：	换算因子：1.0000

已配置零件：02-0001　　必备 特性：DISPLAY

零件号	需求	已选择	价格单价格	折扣账户销售	净价
* 03-0030	200.0	200.0	80.00	0.0	80.00

已配置零件：02-0001　　必备 特性：PRODUCTS

零件号	需求	已选择	价格单价格	折扣账户销售	净价
* 02-0005	2,400.0	2,400.0	2.50	15.0	2.125
02-0010	2,400.0	0.0	1.00	0.0	1.00
02-0020	2,400.0	0.0	0.75	0.0	0.75

已配置零件：02-0001　　必备 特性：PRODUCTS

零件号	需求	已选择	价格单价格	折扣账户销售	净价
* 02-0005	2,400.0	2,400.0	2.50	15.0	2.125
02-0010	2,400.0	2,400.0	1.00	0.0	1.00
02-0020	2,400.0	0.0	0.75	0.0	0.75

客户订单物料清单查询

零件号	订单	销往	采购单	
02-0001	S0010066			

订单	序	零件号	摘要	订货量	UM
S0010066	1	02-0001	CONFIGURED DISPLAY RACK	200.0	EA
特性		子零件	摘要	需求量	UM
DISPLAY		03-0030	DISPLAY RACK	200.0	EA
PRODUCTS		02-0005	MECHANICAL PENCIL (5MM) BLISTER PACKED	2,400.0	EA
PRODUCTS		02-0010	ERASER REFILL PACK	2,400.0	EA

图 6-31　对配置产品维护客户订单时选非标准 BOM 后的选配过程与结果

(i) 超材料表。超材料表是产品结构中最高层次的材料表，它把数个模块件号和一个共享件件号连在一起以定义一个产品族。超材料表中，若子件为模块件号，其单位用量表示每个必选件或可选附件的实际用量；若子件为共享件件号，则其单位用量必然为1。

(ii) 模块材料表。模块材料表是以模块件号为父件、该模块各必选件或可选附件为子件的材料表，其单位用量为各种选择在一个产品族中的需求预测百分比。必选件的预期需求百分比加起来为100%；可选附件的预期需求百分比之和则小于100%，不足部分为客户不选的。

(iii) 共享件材料表。产品中除了可供客户选择的各种必选件及可选附件外，其他客户不能选择的部件构成共享件件号。以共享件件号为父件，以所有最高阶的共享件为子件的材料表为共享件材料表，其单位用量为一单位实际最终产品中所需该共享部件的数量。比如一台计算机中共享的螺丝的需求数量为20个，则共享件材料表中子件螺丝的单位用量即为20。

(iv) 计划材料表案例。假设桑塔纳系列的汽车 STN-XX，其中发动机 (每车一台) 有 MOT1、MOT2 和 MOT3 三种选择，客户选择的大致比例依次为20%、30% 和50%；轮胎 (每车 4 个) 有 JINHU 和 CHAOYANG 两种选择，客户选择的大致比例依次为30% 和70%。高级音响 (最多一套) 有 YAMAHA 和 SHANHE 两种选择，客户选择的大致比例依次为20% 和40%。其他所有部件都被假定为共享部分 COMPART。全部计划材料表见表 6-2。对应的选用材料表见表 6-3。

表 6-2　产品族 STN-XX 的全部计划材料表范例

材料表类别	结构代码	序号	子件件号	单位用量	预测	结构类型
超材料表	STN-XX	10	MOTMODE	1	100%	P
		20	LUNTAIMODE	4	100%	P
		30	YINXIANGMODE	1	100%	P
		40	COMPARTMODE	1	100%	P
模块材料表	MOTMODE	10	MOT1	1	20%	P
		20	MOT2	1	30%	P
		30	MOT3	1	50%	P
	LUNTAIMODE	10	JINHU	1	30%	P
		20	CHAOYANG	1	70%	P
	YINXIANGMODE	10	YAMAHA	1	20%	P
		20	SHANHE	1	40%	P
共享件材料表	COMPARTMODE	10	COMPART	1	100%	P

表 6-3　产品族 STN-XX 对应的"配置结构维护"（即选用材料表）范例

结构代码	STN-XX							
特性	MOTMODE			LUNTAIMODE		YINXIANGMODE		COMMODE
必备	Y	Y	Y	Y	Y	N	N	Y
子零件	MOT1	MOT2	MOT3	JINHU	CHAOYANG	YAMAHA	SHANHE	COMPART
单位用量	1	1	1	4	4	1	1	1
结构类型	O	O	O	O	O	O	O	O
预测	20%	30%	50%	30%	70%	20%	40%	100%

(12) 预测：对该子零件的预测百分比（默认值为 100%），用于编制生产计划。若"结构代码"为 P(计划) 或 O(选项)，MRP 处理过程便用该百分比计算子零件的生产预测量。具体计算方法为：父零件的可供货量乘以每个父零件中子零件单位用量，再乘以对子零件的预测百分比。

(13) 生效日期：物料清单/配料可定义为一段时间内有效，该值指明生效的第一天。它可引入工程变更，也可联机维护 BOM 历史。制造计划和控制功能总是使用在该日期有效的产品结构信息。它可用于成本计算，允许修改将来生效的产品结构以评估 BOM 变化给成本带来的影响。添加的新零件有一个起始生效日期。替代现有零件的新零件按起始生效日期来输入。原零件修改时要记录其截止日期。若要修改一个现有的零件（如改单位用量），首先要修改现有零件以记录截止日期，然后用一个参考标志和生效日期将它再次添加到 BOM 中。

(14) 截止日期：该物料清单/配料有效的最后日期。生效日期与截止日期是可兼容的，但不能重叠；其中可以有一个置空，也可以两个都置空。

IM 和 BOM 是 MRP II 系统基础数据维护的重中之重。正确、灵活地设置它们，完整、准确地理解其属性以及各个属性对 MRP 逻辑实现流程的影响，是学好、用好 MRP II 系统从而让其发挥应有效益的关键之一。所以，请仔细阅读并充分地理解下文讲解的案例与知识点。

第四节　材料主文件 IM 和材料表 BOM 实践案例

一、MRP II 上线与 MRP 逻辑再探

（一）企业上线 MRP II 系统后 BOM 与 IM 数据灵活设置案例

视频讲解

某公司生产两种化工产品。其中，客户经常订购的产品 A 依销售预测和储存槽中的库存来生产，库存产品出货前根据客户订单要求分装在 1、2、3 三种容

器中。另外非经常订购的产品 B 只有在客户下单后才开始在反应槽和混合槽中生产并从混合槽中分装到指定的 1、2、3 三种容器中。安装 MRP Ⅱ 系统之前，因忽略分装过程而将完成的化工产品定义为最终产品，即每个化工产品和容器都有件号，但是已分装完成的产品却没有件号。此时，化工产品位于 BOM 顶层，而容器被当作包装材料而未列入 BOM 中。虽然化工产品实际上储存在储存槽及各种容器中，不过其单位一律是千克。由于存货是以千克为计量单位，因此盘点时员工必须手动计算化工产品的重量。安装 MRP Ⅱ 系统时，公司重新审阅基础数据，将最终产品定义为已分装完成的产品 (计量单位为"个")，将储存槽中的化学产品定义为半成品库存 (计量单位为"千克")，参见表 6-4 的 IM 和表 6-5 的 BOM。至于 A 和 B 自身的材料表 (即其子件)，则是各自具体的化学产品配方，此处省略。此时，半成品 A 是 MPS 计划的对象，预测也是以"千克"为准，生产制令单发给 A、B1、B2 及 B3，而对 A1、A2 及 A3 则发出包装制令单，盘点时可自动计算 A 的存货数量。

表 6-4　企业上线 MRP Ⅱ 系统后的材料主文件 IM

件号	A1	A2	A3	B1	B2	B3	A	B	包装1号	包装2号	包装3号
描述	20千克装A	50千克装A	200千克装A	20千克装B	50千克装B	200千克装B	化学品1	化学品2	20千克装容器	50千克装容器	200千克装容器
单位	个	个	个	个	个	个	千克	千克	个	个	个
MPS物料	N	N	N	N	N	N	Y	Y	N	N	N

表 6-5　企业上线 MRP Ⅱ 系统后的 BOM 文件

结构代码	A1		A2		A3	
子零件	A	包装1号	A	包装2号	A	包装3号
单位用量	20	1	50	1	200	1

（二）MRP 逻辑实现再探

在第二章服务业 MRP 案例结束部分曾提出了一个问题：MRP 程序如何实现 X 之子件 A 不需再展开至子件，而 Y 之子件 A 需要展开至 B、C、D、E 呢? 这个问题在学习了 IM 和 BOM 之后可以解答了，其原因就在于 IM 和 BOM 中还有一些其他属性的设置也会影响到 MRP 逻辑流程的计算机实现。例如，当 MRP 运作时，会检查 BOM 中某子件的"结构类型"属性。若为虚子件"X"，则对该虚子件进行 MRP 运算后会对该虚子件之子件继续进行 MRP 运算。若不是虚子件"X"，则系统会检查该子件件号在 IM 中来源性质的"采/制"属性。若为制造类 (含外包)，则在计算完该子件件号的 MRP 后会继续对该子件之子件进行 MRP 运算; 若为无需提供原料的采购类，则在计算完该子件件号的 MRP 后不会继续展开，这就意味着：该子件件号即使还有子件也不会再对该子件之子件进行 MRP 运算。参见图 6-32。

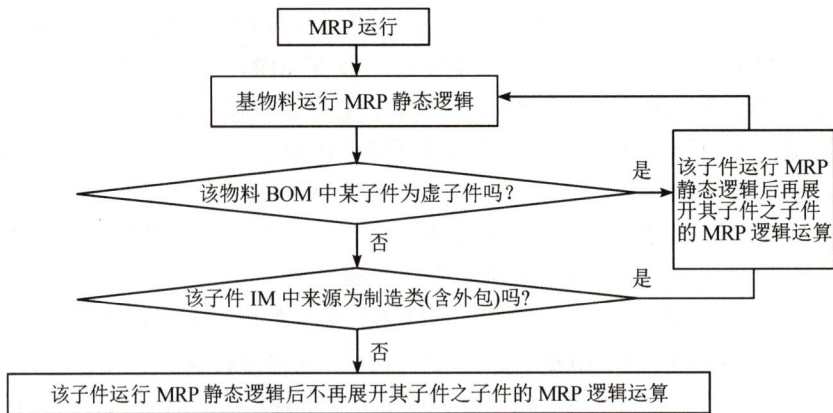

图 6-32　MRP 的部分实现逻辑

在服务业案例中，可将物料 A 在其 IM 中"采/制"属性设为"采购"，然后在父件 X、子件 A 的 BOM 中将子件 A 对应的"结构类型"属性定为标准的"( )"，而在父件 Y、子件 A 的 BOM 中将子件 A 对应的"结构类型"属性定为虚子件的"X"。如此一来，X 的 MRP 逻辑运算结束后，展开至子件 A；因为父件 X、子件 A 的 BOM 中 A 不是虚子件，继续进行下一个"采/制"属性的判断；此时由于 A 的来源为采购，故 A 运行自身 MRP 静态逻辑之后不再展开 A 的子件的 MRP 逻辑运算；而 Y 的逻辑运算结束后展开至子件 A，因为父件 Y、子件 A 的 BOM 中 A 为虚子件，故 A 的 MRP 逻辑运算结束后将会继续进行 A 的子件 B、C、D、E 的 MRP 逻辑运算。这样就可以实现 X 之子件 A 计算完成后不再继续展开，而 Y 之子件 A 计算完成后继续展开出 B、C、D、E 的 MRP 运算。事实上，MRP 的逻辑流程实现中还有其他 IM/BOM 属性要考虑。图 6-33 是一个考虑更多 IM/BOM 属性的范例，这个范例描述了由 NR 和批量法则相关属性确定 PORC 的计算机实现流程。注意：这个流程并不是 MRP II 软件的标准流程，因为每个软件商对共同的批量法则逻辑都有自己独特的实现流程，放在此处只为抛砖引玉，让读者理解 MPS/MRP 逻辑的完整实现需要考虑 IM 和 BOM 等基础资料以及一些执行记录中（如图中的 FPO 设定）每一个可能影响逻辑流程的属性。

二、双阶主生产排程案例

前文讲解计划材料表时介绍过：如果产品有相当多的必选件或可选附件时，通常很难针对个别产品做计划，而对整个产品族做计划则较为可行。此时，生产方式通常为订单组装 ATO，即用 MPS 规划产品族和必选件/可选附件的需求计划，再用 MRP 展开必选件/可选附件下各子件的需求计划，然后按计划生产一定的必选件/可选附件备用，一旦接到客户订单，立刻用最终组装排程 FAS 安排最后的组装并及时出货。因为在 MPS 程序中，不仅规划产品族，也规划必选件/可选附件，故称为双阶 MPS。双阶 MPS 比较复杂，请参考本案例的详细讲解。

（1）案例已知条件。对桑塔纳系列汽车 STN-XX，其发动机（每车一台）有 FDJA、FDJB 和 FDJC 三种选择，客户选择大致比例依次为 50%、30% 和 20%，轮胎（每车

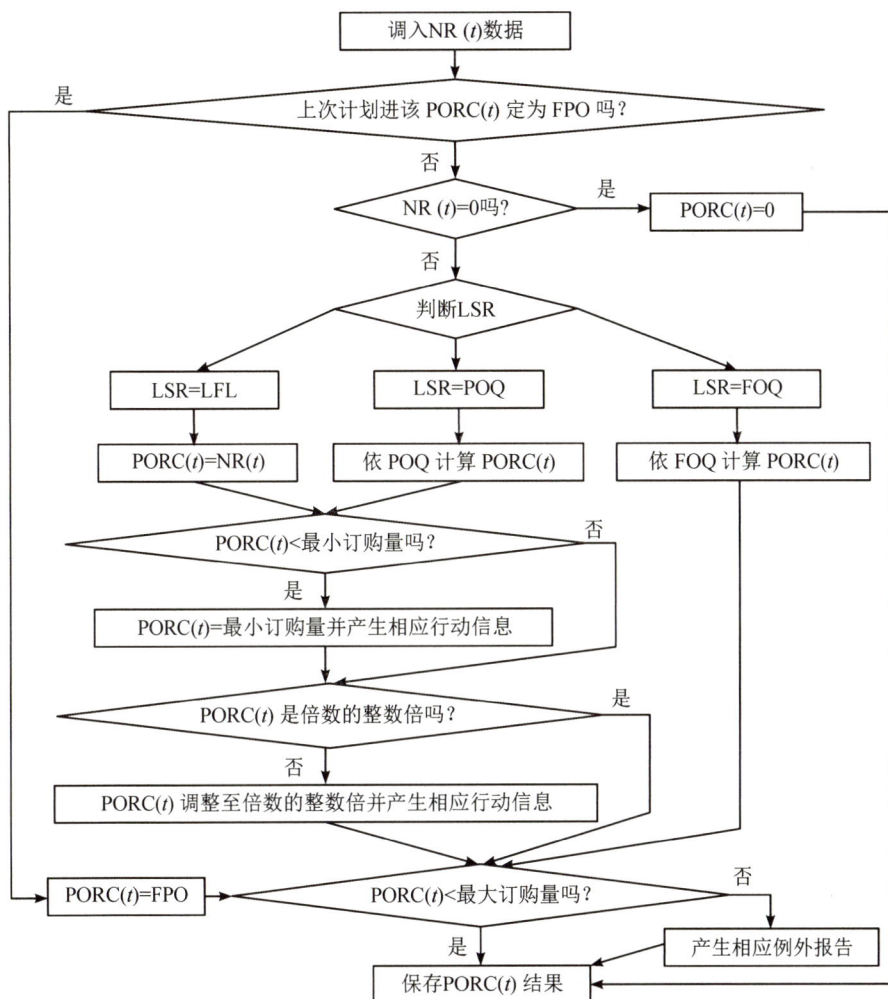

图 6-33　由 NR 和批量法则相关属性确定 PORC 的计算机实现流程示意图

四个且没有其他独立需求) 也有 JINHU、CHAOYANG 和 GOODYI 三种选择，客户选择大致比例依次为 30%、40% 和 30%，其他部件都假定为共享部件 COMPART。因发动机有三种选择，故含 JINHU 轮胎的产品个数应为 3 种，现假设其件号依次为 STN01、STN02 和 STN03，产品结构见表 6-6。相关的订单数据汇总至表 6-7。产品族 STNXX 的独立需求资料见表 6-8，计划材料表节选资料见表 6-9。相关物料计算所需 IM 和库存信息分别见表 6-10 和表 6-11。系统的 DTF 和 PTF 分别设为第 3 周周末和第 7 周周末。

表 6-6　所有含 JINHU 的汽车的制造材料表

结构代码	STN01			STN02			STN03		
子件件号	FDJA	JINHU	COMPART	FDJB	JINHU	COMPART	FDJC	JINHU	COMPART
单位用量	1	4	1	1	4	1	1	4	1

表 6-7　仅与 JINHU 相关的产品订单数据　　　　　　　单位：辆

期别	0	第 1 周	第 2 周	第 3 周	第 4 周	第 5 周	第 6 周	第 7 周	第 8 周	第 9 周	第 10 周
STN01	0	45	44	42	40	35	25	15	10	5	1
STN02	0	25	24	24	22	16	12	7	4	2	0
STN03	0	20	18	16	14	10	8	5	3	1	0

表 6-8　产品族 STNXX 的独立需求资料

期别	0	第 1 周	第 2 周	第 3 周	第 4 周	第 5 周	第 6 周	第 7 周	第 8 周	第 9 周	第 10 周
订单	0	300	280	280	260	200	150	110	70	30	5
预测	0	300	250	300	250	260	220	200	220	240	250

表 6-9　产品族 STNXX 的计划材料表节选

结构代码	STNXX			LUNTAIMODE		
子零件	FDJMODE	LUNTAIMODE	XUCOM	JINHU	CHAOYANG	GOODYI
单位用量	1	4	1	1	1	1
预测	100%	100%	100%	30%	40%	30%
结构类型	P	P	P	P	P	P

表 6-10　相关物料计算所需的 IM 资料

件 号	提前期	安全库存	批量法则	最小订购量	倍数	固定订购量
STNXX	1 周	30 辆	FOQ	—	—	10
LUNTAIMODE	0	0	LFL	—	1	—
JINHU	1 周	20	FOQ	—	—	400

表 6-11　相关物料计算所需的库存状态信息

件 号	OH	AL	SR										
			0	1	2	3	4	5	6	7	8	9	10
STNXX	100	0	0	300									
LUNTAIMODE	0	0	0	0									
JINHU	200	40	0	400									

(2) 案例已知条件注解。由于实际完成品 (如 STN01) 是由必选件/可选附件和共享件这些最高阶子件最终组装形成的，故其 LT 值就等于这段最终组装时间。此时，为保证接单后总装车间有足够时间进行最终组装排程，应设定产品族的 LT 值等于实际完成品的 LT 值，并且各虚拟模块的 LT 值都为 0。为保证在中间过渡的虚拟计划展开阶段不无端扩大需求或减少需求，故对各个虚拟模块 (如 LUNTAIMODE)，批量法则都应设为 LFL(最小订购量不设、但倍数为 1)；安全库存 SS 都应设为 0；库存状态信息 OH、

AL 和 SR 也都应设为 0。但是，对产品族 STNXX，其批量法则和安全库存最好是与产品族中代表产品 (如 STN01) 的批量法则和安全库存相同。此处，将其 LSR 设为 FOQ 且 LS=5，SS 设为 30。至于产品族的库存状态信息 OH 和 SR，则由所有最终汽车产品的数据合计得来。因最终产品为实际产品中最高阶物料，没有保留数量；所以，产品族也没有保留数量，即 AL=0。对客户当期该领取的订单，如果有货则直接从仓库中取货并消减该实际产品和产品族的 OH 值，如果没货则记录为该产品的逾期订单数量，这个记录将进一步影响产品族的逾期订单数量。注意：所有物料 (包括产品族) 的逾期订单数量都将形成逾期 GR 并转而纳入第 1 期的 GR 进行处理。对必选件 JINHU，批量法则、安全库存和库存状态信息 OH、AL、SR 都依实际而定；其保留量 AL 是由 STN01、STN02 和 STN03 的最终组装排程 FAS 有关生产指令引发的。

(3) 案例求解。类似前文多阶 MPS 案例，运作 MPS 前需先确定 DTF 和 PTF。此处，STNXX 和 JINHU 都取系统默认 DTF 和 PTF 值。随后的求解过程如下：首先计算 STNXX 的 MPS；其次将 STNXX 的 POR 通过计划材料表层层展开，计算得出 JINHU 的预测数据；最后结合由订单展开计算得出的 JINHU 的订单数据来规划 JINHU 的 MPS，参见表 6-12 ～表 6-17。

表 6-12　产品族 STNXX(LT=1) 的 MPS 报表

STNXX	OH=	100	SS=	30	AL=0	LSR=	FOQ	LS=	10	DTF=3	PTF=7
期别	**0**	**1**	**2**	**3**	**4**	**5**	**6**	**7**	**8**	**9**	**10**
订单	0	300	280	280	260	200	150	110	70	30	5
预测	0	300	250	300	250	260	220	200	220	240	250
GR	0	300	280	280	260	260	220	200	220	240	250
SR	0	300									
POH	100	−180	−250	−230	−230	−190	−170	−190	−210	−220	
PAB	100	30	30	30	30	30	30	30	30	30	
NR		0	210	280	260	260	220	200	220	240	250
PORC		0	210	280	260	260	220	200	220	240	250
POR	0	210	280	260	260	220	200	220	240	250	0
MPS		300	210	280	260	260	220	200	220	240	250
ATP		30	0	0	0	60	70	90	150	210	245

将 LUNTAIMODE 的 POR 数据乘以 LUNTAIMODE 模块材料表中子件 JINHU 的单位用量 1 和预测值 30%，得出的是对 JINHU 的需求。但请注意：这个由超材料表和模块材料表层层展开的需求仅代表我们对该选用件大致需求的预测数据，见表 6-14。

表 6-13   LUNTAIMODE 模块 (LT=0) 的 MRP 报表

LUNTAIMODE	OH=	0	SS=	0	LSR=	LFL	倍数	=1	AL=	0	
期别	**0**	**1**	**2**	**3**	**4**	**5**	**6**	**7**	**8**	**9**	**10**
GR	0	840	1120	1040	1040	880	800	880	960	1000	0
SR	0	0									
POH		−840	−1120	−1040	−1040	−880	−800	−880	−960	−1000	0
PAB	0	0	0	0	0	0	0	0	0	0	0
NR		840	1120	1040	1040	880	800	880	960	1000	
PORC		840	1120	1040	1040	880	800	880	960	1000	
POR		840	1120	1040	1040	880	800	880	960	1000	0

表 6-14   必选件 JINHU 的预测数据

期别	0	1	2	3	4	5	6	7	8	9	10
预测	0	252	336	312	312	264	240	264	288	300	0

在求解出 JINHU 的预测数据后，进行 JINHU 的 MPS 计划还需要其订单数据，这将由表 6-7 中 STN01、STN02 和 STN03 的订单汇总数据计算得来。计算时首先需要将表 6-7 订单汇总数据前移至实际完成品的 LT 期，此处即为前移 1 期，因为 JINHU 的需求日期应该对应最终实际完成品的生产计划下达日 POR，而非最终实际完成品的订单交货日或需求日 PORC。虽然 STN01、STN02 和 STN03 的生产计划与执行监控由另外的最终组装排程程序 FAS 完成，相应 PORC/POR 数据此处暂时无法得知，但鉴于解说重点为双阶 MPS，故简化处理为"仅将订单汇总数据前移适当 LT 期"。还有一点需要说明的是，对于前移后落入逾期的订单汇总数据忽略不计，因为，通常情形下这些订单已落入执行阶段，不再是计划的对象。前移适当 LT 期别之后再乘以表 6-6 中这些产品对子件 JINHU 的单位用量，即可得出已有客户订单对必选件 JINHU 的需求，即 JINHU 需求的订单数据，见表 6-15。

表 6-15   必选件 JINHU 的订单数据

期别	0	1	2	3	4	5	6	7	8	9	10
订单	0	344	328	304	244	180	108	68	32	4	0

表 6-14 的预测数据和表 6-15 的订单数据又汇总形成 MPS 物料 JINHU 的独立需求来源，见表 6-16。对表 6-16 中独立需求来源数据再次依 DTF 与 PTF 判断可得出 JINHU 的毛需求，从而可以进一步规划 JINHU 的主生产排程 MPS，见表 6-17。由必选件或可选附件之 MPS 报表中的 POR 可展开下阶子件的 MRP 报表。至此，我们就可以理解双阶 MPS 是如何规划产品族和实际必选件及可选附件的需求并与后续 MRP 集成的，它与多阶 MPS 是两种完全不同的方法。

表 6-16　必选件 JINHU 的独立需求来源

期别	0	1	2	3	4	5	6	7	8	9	10
订单	0	344	328	304	244	180	108	68	32	4	0
预测	0	252	336	312	312	264	240	264	288	300	0

表 6-17　必选件 JINHU(LT=1) 的 MPS 报表

JINHU	OH=	200	SS=	20	AL=40	LSR=	FOQ	LS=	400	DTF=3	PTF=7
期别	0	1	2	3	4	5	6	7	8	9	10
订单	0	344	328	304	244	180	108	68	32	4	0
预测	0	252	336	312	312	264	240	264	288	300	0
GR	0	344	328	304	312	264	240	264	288	300	0
SR	0	400									
POH		216	−112	−16	72	−192	−32	104	−184	−84	316
PAB		216	288	384	72	208	368	104	216	316	316
NR		0	132	36	0	212	52	0	204	104	0
PORC		0	400	400	0	400	400	0	400	400	0
POR	0	400	400	0	400	400	0	400	400	0	
MPS		400	400	400	0	400	400	0	400	400	0
ATP		140	0	0		220	224		368	396	

第五节　制造标准之生产工艺描述

生产工艺描述的建立顺序如下：先建立车间日历，再定义部门、工作中心和标准工序，最后描述工艺流程/途程表。

一、车间日历

在使用任何制造或计划功能前，必须设置一个车间日历。车间日历的维护参见图 6-34，它可以为一个地点以及该地点的工作中心甚至更细的设备定义标准工作周，还可定义正常日历中的例外日子，如计划加班或者停工周期。注意：首先给地点 (即公司/工厂) 设置一个总的车间日历，为整个公司/工厂定义一个正常情况下的工作周，此时工作中心和设备需置空。然后，输入例外情况。图 6-34 表明还可以为地点中每个工作中心或为生产线输入车间日历。若为一个给定的工作中心代码定义了多个设备代码，那么可为每个工作中心与设备特定组合设置一个日历。如果未给某个特定工作中心/设备定义车间日历，它将使用默认的车间日历。在流水生产线的日历上，设备将永远置空。

视频讲解

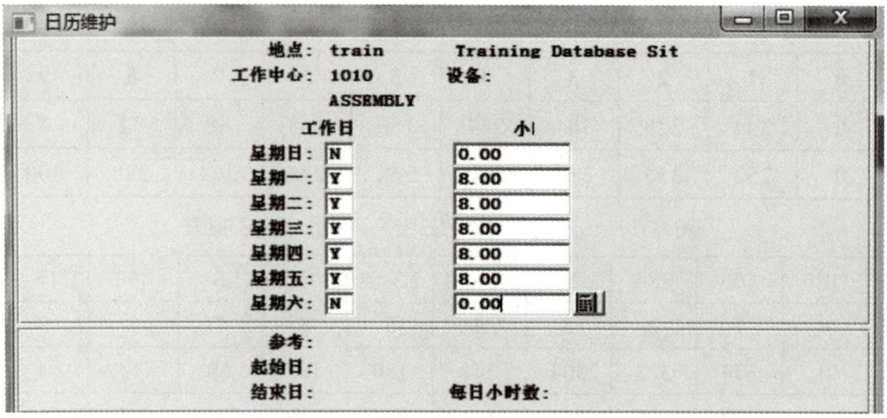

图 6-34　QAD 公司 ERP 系统中车间的"日历维护"功能界面

正常日历上的例外情况用一个参考代码和一个起止日期来标识,并配以每日小时数调整值;用以安排加班、增加或减少班次、预防性维护或停工。用于标识车间日历例外情况的一个参考代码,是描述各种例外情况类型。每日小时数是向指定日期范围中的正常计划工时增加或从中扣除的小时数;正数增加计划工时而负数减少计划工时。若通常每天工作 8 小时,则完全停工的日期需输入"–8"的"每日小时数"。若节假日只适用于某些工作中心,则例外情况只记录节假日。若节假日适用于所有工作中心,则使用"节假日维护"功能。

二、部门

输入工作中心或工艺流程前必须有一个部门。QAD 的"部门维护"功能界面参见图 6-35。

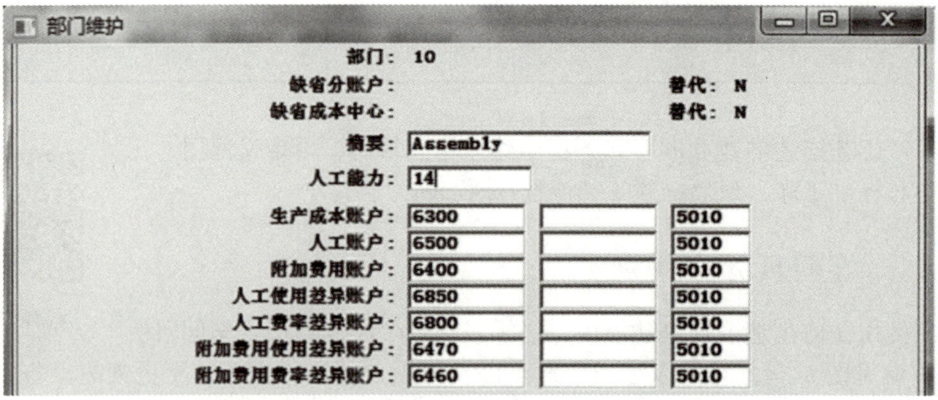

图 6-35　QAD 公司 ERP 系统中的"部门维护"功能界面

部门是指为了报告和会计核算的需要而设置的一组工作中心。每个工作中心必须归属于一个相应部门。为了给转包工作中心分组,也应设置一个部门。图 6-35 中各类账户后的空格指明相应分账户代码,而"5010"对应成本中心 (可置空)。尽管成本中心常用于跟踪部门的费用,但部门代码与成本中心代码并没有必然联系,一个成本中心可能跟踪多个部门。此外,各类账户不按地点分别维护,故而若需要按地点维护的不同账户,可为每个地点定义一个不同分组的部门代码。人工能力是在一个部门中每天能够完成的合计工作小时数，它等于部门中全部工作中心及设备的生产能力之和，需手工输入。

三、工作中心

工作中心是一个部门中用于制造计划与控制工作的基本生产单位，其维护信息参见图 6-36。注意：此处工作中心暂未涉及工作中心利用率和效率等。

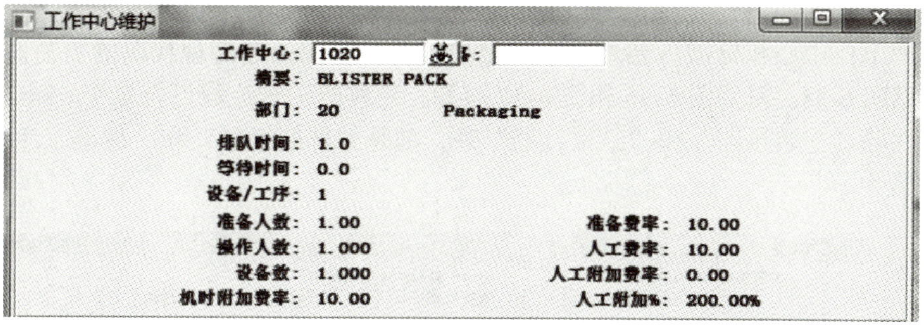

图 6-36　QAD 公司 ERP 系统中的"工作中心维护"功能界面

工作中心由一人或多人、一台设备或多台设备组成，也需标识为转包工序提供外协加工的每个供应商。然而，工作中心和设备的组合可确定一个工作中心。因为一个工作中心内的多名职工或多台设备若能互相替代使用 (即只有一类设备)，那么可将设备代码置空；若不能互相替代使用，则需进一步设置若干不同的设备代码以做区别。

四、标准工序

标准工序的维护参见图 6-37。相关属性解释如下。

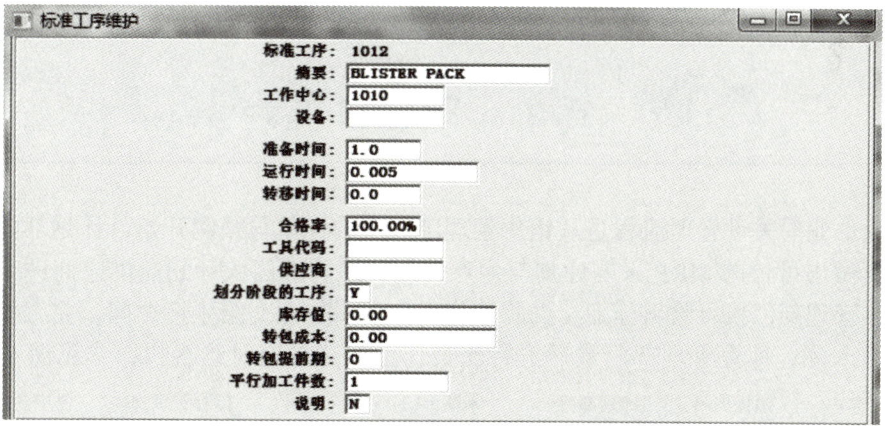

图 6-37　QAD 公司 ERP 系统中的"标准工序维护"功能界面

(1) 标准工序。标准工序代码必须唯一，用于标识一道标准工序，即几种产品通用的加工工序或适用于不同工序序列的不同工艺流程的加工工序。

(2) 合格率。该道工序的正常合格率百分比 (即工序的良品率)，是指执行该道工序后预计订单中合格零件的占比，默认值为 100%。

(3) 供应商。有时候可能将工序转包给外协供应商，这是该转包工序的正常 (或择优) 供应商的地址代码。为转包供应商设置的工作中心代码可以不同于供应商地址代码。

(4) 划分阶段的工序。一个只适用于重复式生产的 Y 或 N 判断值，用于规定是否可以报告本工序的完成。工序完成将启动对本工序和所有以前的非阶段性工序的回冲。

(5) 平行加工件数。在下道工序的工作开始前，本道工序必须完成的工件数。在排程计算法中要考虑工序重叠的问题，其作用是缩短总的制造提前期。

● 五、工艺流程/途程表

维护工作中心和标准工艺之后，可维护各物料或其工艺流程代码的工艺流程/途程表，参见图 6-38。对照图 6-36 和图 6-37 可知，物料的工艺流程可含多个 (标准) 工序；相关属性除"起始日期"和"结束日期"外，都是"部门维护"和"标准工序维护"功能中的属性。

图 6-38　QAD 公司 ERP 系统中的"工艺流程维护"功能界面

第六节　制造资源计划的车间管理

制造企业的关键管理流程是从销售管理部门中的订单与预测开始，计划部门按实际约束平衡做出可行的 MRP 采购计划与生产计划，采购部门依计划向供应商进行采购作业，库存管理部门执行收料作业，并将原材料由发料作业交给生产车间，完工后生产车间将产品入库，库存管理部门最后进行出货作业将成品交付给客户，参见图 6-39。以

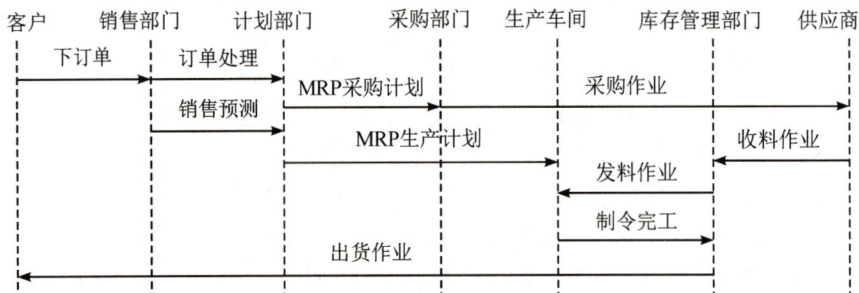

图 6-39　制造企业的关键管理流程

下将围绕车间管理展开讲解，并将销售、采购、库存相关的进销存管理及相应财会管理留至第七章讲解。

一、车间作业控制

车间作业控制 (Shop Floor Control，SFC) 是指管理者对生产作业按计划、调度、控制和评估等内容进行管理。它与采购作业管理同属计划执行层次。SFC 主要是针对离散机群生产方式的控制，若含重复式生产的控制，则统称为生产作业控制 (Production Activity Control，PAC)。

视频讲解

（一）车间作业计划的编制方法、流程与目标

SFC 信息来源是 MRP、加工中心文件和工艺路线文件，其关键在于根据以上信息编制作业计划。车间作业计划的编制有两种方法：① 根据是否考虑实际能力的限制，可分为无限负荷计划方法 (Infinite Loading) 与有限负荷计划方法 (Finite Loading)；② 根据排序时间的方向，可分为顺排法与倒排法。顺排法又称前向排序 (Forward Scheduling)，告知订单能完工的最早日期。倒排法又称后向排序 (Backward Scheduling)，告知为满足交货期要求，一个作业必须开始的最晚时间，即从未来某个日期约定的交货日期开始，按从后向前的顺序对所需作业进行排序。参考以上原则，MRP Ⅱ 系统可类似看成无限负荷、后向排序的例子，即首先由后向前排序求得物料需求的优先级计划 MRP，再运用无限负荷计划方法求解 CRP。注意：CRP 不能直接提供超/欠负荷的解决方案。要处理能力与负荷的矛盾，需要依靠计划人员的分析与判断，依靠计划人员对系统掌握和应用的熟练程度。有限顺排计划 (Finite Forward Scheduling) 是在考虑能力限制下向前排负荷。由于此功能完全由计算机自动编排，人的能动作用降低了，所以应注意它的适用范围和条件。对超负荷，可先调整能力 (如加班)，再调整后的可用能力进行顺排。车间作业计划编制流程依次为：作业分配，作业排序，作业调度，作业监控。编制车间作业计划的目的/目标有以下几个：① 满足交货日期要求，即提高准时完工的百分比；② 减少加班时间；③ 极小化提前期、准备时间或成本；④ 极小化/降低在制品库存；⑤ 极大化/提高工人和设备的利用率 (此目标有争议)。

（二）作业分配（即工作中心的负荷控制）

将作业分配到工作中心称为车间负荷分配，它决定了工作中心收到的作业内容。当几个工作中心都有能力执行同一作业且多个作业需加工时，负荷分配就比较困难，这时需要依据成本、对人员的技术要求或处理时间等，确定恰当的工作中心来接收作业。无限负荷分配和有限负荷分配是典型的负荷分配方法，后者须依据某些准则确定作业优先权。三种作业分配方法如下。

(1) 加权法。若多个工作中心都能完成同一作业但成本或时间不同，计划人员必须决定如何安排大量的作业以达到生产成本较低或处理时间较短的要求。加权法总是首先将作业分配到对成本或时间指标而言最理想的工作中心去。当因能力限制不允许做此分配时，再将此作业分配到次理想工作中心，参见表 6-18。加权法分配作业后可做人工调整以求改进。故它是一种既快速、代价又不高的解决负荷分配的启发式的近似优化方法。

表 6-18　加权作业分配示例

作业	WC1		WC2		WC3	
	工时	加权值	工时	加权值	工时	加权值
10C	(100)	100/100=1.00	150	150/100=1.5	125	125/100=1.25
20A	200	200/100=2.00	(100)	100/100=1.0	220	220/100=2.20
30G	25	25/20=1.25	50	50/20=2.5	(20)	20/20=1.00
40B	(40)	40/30=1.33	30	30/30=1.0	—	—
50E	60	60/50=1.20	50	50/50=1.0	(70)	70/50=1.40
计划	140	—	100	—	90	—
可用	160	—	110	—	150	—

注：括号代表在此工作中心选中的作业安排。

(2) 图表法。图表法种类繁多，有图形或列表，可手工也可信息化。在监控设备的实际负荷方面，图表法可计算各工作中心剩余能力。但对于多个工作中心都能完成同一个作业而需决定将作业安排到哪个工作中心的情况，图表法作用不大。

(3) 线性规划法。如果作业分配的已知条件等符合线性规划的要求，那么可以运用线性规划程序求得作业分配的最优方案，详情参见运筹学教材。

（三）作业排序（即工作中心上各作业的优先权控制）

作业排序常常又称为工作分派，一旦作业被分配到工作中心后，随后的任务是排列作业的执行顺序，这属于作业的优先权控制。一个加工车间是一个由作业等待行列组成的网络，相互竞争有限的资源。在等待行列里，各作业相对紧急程度不断变化。作业排序中主要考虑的对象是 N 个作业经过 M 个机床的加工。随着作业和机床的增加，作业排序变得更加冗长和复杂。从理论上讲，排序问题的难度随机床数量的增加而增大。

作业排序的常用方法有以下四种：① 图表法，如甘特图，只是记录，无法进行优化决策；② 优先权法则，如先到先服务 (First Come First Service，FCFS) 和最小松弛时间法，主要是启发式方法；③ 最优化方法，如对 $n/2$ 决策问题的约翰逊规则；④ 模拟仿真法，也称为高级计划排程，主要针对 n/m 决策问题，因为有多达 $(n!)^m$ 个备选排序方案，故大多用人工智能进行排序的优化。

（四）作业调度（即作业的修改与分发）

对已排序作业安排生产称为调度 (Dispatch)。由于加工车间的实际情况不断变化，计划可能很快就不切实际了。多作业的优先权随着时间的推移和作业之间相互关系的变化而必须加以修正。在生产控制系统中，重新计划和安排进度是很普遍的，所以采用的负荷分配和作业排序方法必须是灵活的，能随情况变化而加以修正。调度单是一种面向工作中心说明加工优先级的文件。它不仅说明工作中心在一个时期内要优先完成的生产任务，还说明哪些工件在正加工，已到达或将到达的状态，参见图 6-40。通过调度单，车间调度员和工作中心操作员对目前和将到达的任务一目了然，如果能力上有问题也容易及早发现并采取补救措施。

工作中心：8513　　名称：车床　　日期：05/05/17 至 05/05/17

物号	物料名称	加工单号	数量		工序	日期			剩余时间 /h		上工序	下工序
			需用	完成		开始	完成	订单	准备	加工	WC	WC
正加工的工件												
831	D	087	20	16	20	0504	0504	0506		1.0	1028	8601
501	C	098	50		20	0504	0506	0509	0.2	15.0	1028	8603
已到达的工件												
888	F	120	40		40	0506	0507	0512	0.2	10.0	8420	入库
877	G	376	20		30	0507	0507	0513	0.1	5.0	8510	8523
将到达的工件												
500	M	501	25		15	0510	0511	0530	0.1	8.0	7100	8200

图 6-40　调度单的典型格式

（五）作业监控

作业监控是指在作业进行过程中，检查其状态并控制其速度，如加快为期已晚的和关键的作业。作业监控的工具有甘特图、输入/输出报表、日常调度单以及各种状态和例外报告 (如作业总结报告、预计延期报告、废品报告、返工报告等)。

(1) 甘特图。甘特图是一种按时间绘制任务的横道图，它不仅用于协调已计划好的活动，还用于项目计划的制订。

(2) 输入/输出报表。输入/ 输出报表 (Input/Output Report) 用于控制能力计划执行，或者说用于衡量能力执行情况，参见图 6-41。它也可用来计划和控制排队时间，是需要逐日分析的。

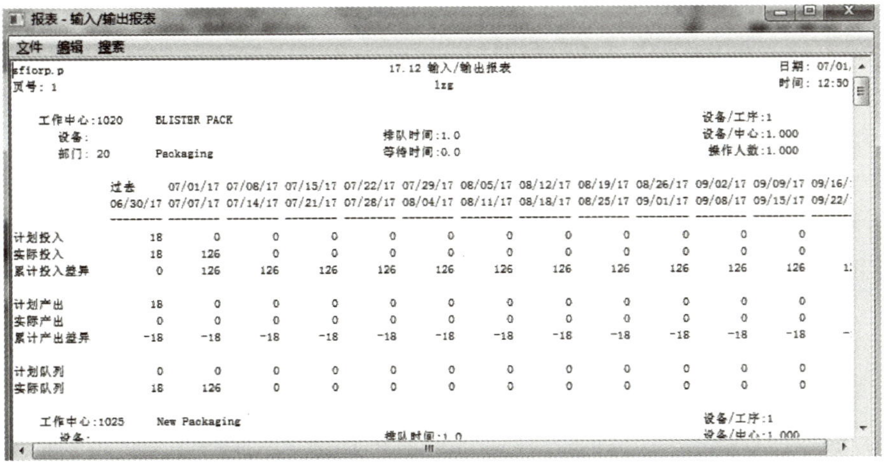

图 6-41　QAD 公司 ERP 系统中的输入/输出报表

计划投入需考虑工作中心真实可用能力并使高峰同低谷负荷趋于平缓。实际投入来自于加工单或派工单，在处理加工件送工作中心的移动事务时，把实际投入信息加在该工作中心。计划产出一般是工作中心可用能力产出率。实际产出是在处理工序完成事务时得到的信息。

分析输入/输出报表 (亦称投入/产出报表) 时，首先分析产出，通过对比来分析工作中心是否执行了能力计划。例如，实际产出小于实际投入，而实际投入又与计划投入相当，说明该工作中心在执行能力计划上存在问题，或是设定的工作中心能力偏大，或是以"工时/件"表示的工时定额偏小。这对于瓶颈工序来讲尤为重要。投入/产出报表不仅可以分析本工作中心的能力状态，还可以分析上道工序工作中心的能力状态。例如，当实际投入小于计划投入时可能是由于上道工序能力不足，不能按计划提供下道工序的投入量。如果用 I_p 和 I_a 分别表示计划投入和实际投入，O_p 和 O_a 分别表示计划产出和实际产出，通过对比，即可分析存在的问题，参见表 6-19。

表 6-19　输入/输出分析

结果	$I_p>I_a$	$I_p=I_a$	$I_p<I_a$	$I_a>O_a$	$I_a=O_a$	$I_a<O_a$	$O_p>O_a$	$O_p=O_a$	$O_p<O_a$
说明的问题	加工件推迟到达	加工件按计划到达	加工件提前到达	在制品增加	在制品维持不变	在制品减少	工作中心落后于计划	工作中心按计划进行	工作中心超前计划

投入/产出报表还可以用来分析物料流动和排队状况。排队时间相当于已下达订单但尚未完成的"拖欠量"，并不意味着一定是脱期。排队时间的变化可用公式 (6-1) 表示：

$$时段末的排队时间 = 时段初的排队时间 - 产出量 + 投入量 \tag{6-1}$$

如果要减少排队时间，就必须使产出量大于投入量。永远不要投入超过该工作中心可用能力的工作量。当拖欠量增大时，不加分析地用延长提前期 (放宽工时定额) 的办法，过早地下达过多的订单，增加投入，只会增加排队时间，积压更多的在制品，人为地破坏优先级，从而造成更大的拖欠量，形成恶性循环。由于能力问题造成的拖欠量只能从能力入手解决，即加大/加快产出。当某工作中心发生作业积压时，减少该瓶颈工作中心的输入是生产顾问通常推荐的解决方案的第一步。当然也可以努力提高瓶颈部位的生产能力。其他作业监控的详细内容可阅读更专业的生产运作书籍。

二、加工单管理

MRP 计划结果 PORC/POR 将依据物料 IM 中"采 / 制"属性 (即"采购"或"制造") 分别进入采购管理和生产车间管理。而生产车间管理的起始点源于加工单。加工单是指在指定日期生产指定数量的某种零件的授权单，参见图 6-42。

视频讲解

图 6-42　QAD 公司 ERP 系统中的"加工单维护"功能界面

（一）加工单的处理周期

加工单的处理周期参见图 6-43。

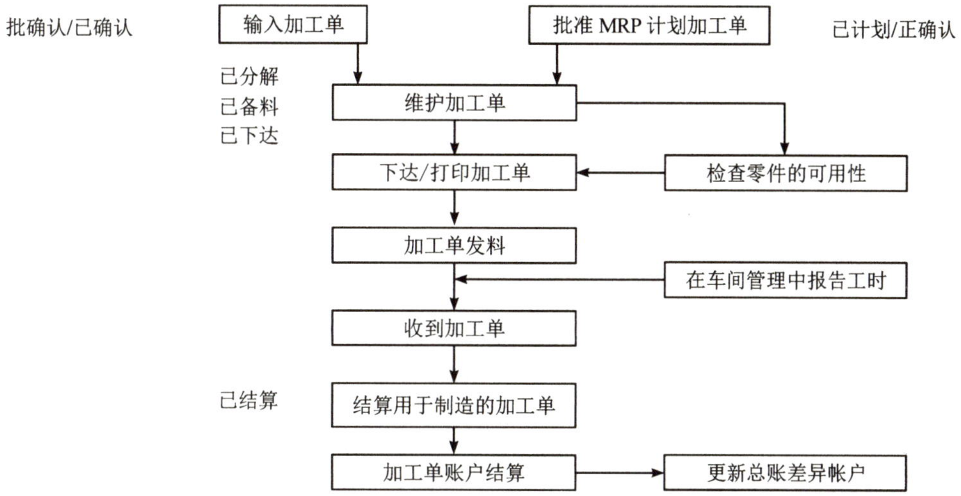

批确认/已确认　　　　　　输入加工单　　　　　　批准 MRP 计划加工单　　　已计划/正确认

已分解
已备料　　　　　　　维护加工单
已下达

下达/打印加工单　　←　　检查零件的可用性

加工单发料

在车间管理中报告工时

收到加工单

已结算　　　　　结算用于制造的加工单

加工单账户结算　　→　　更新总账差异帐户

图 6-43　加工单的处理周期

（二）加工单的状态代码

加工单的状态代码代表加工单处于处理周期的哪个阶段。该周期若由 MRP 结果 POR 开始，就以计划状态开始；若手动生成，就直接以确认状态开始。加工单一结算，周期也就结束了。

加工单的状态代码包括七种。① 计划加工单 (P)：由 MRP 生成的加工单；当需求发生变化时可以重新计划，除非它们已被批准。② 已确认计划 (F)：确认的计划加工单 (即固定计划订单 FPO) 由计划员批准，批准前计划员必须检查是否有足够的资源可用于生产零件；MRP 不会重新计划它，但会提供必要执行信息；加工单的物料清单和工艺路线都不会被冻结。③ 批量 (B)：当大量加工单需手工输入系统时，这是较好方式，此时不产生 MRP 需求，加工单的物料清单及工艺路线也不会生成，一直到状态改变为已分解、已备料或已下达时为止。④ 已分解加工单 (E)：若加工单状态为已分解，其物料清单重新计算后，物料清单及工艺路线都将被冻结。⑤ 已备料加工单 (A)：根据一个地点中零件的可用性来为加工单储备物料，这称作一般备料。⑥ 已下达加工单 (R)：此时冻结加工单的物料清单和工艺路线，并对物料做明细备料；然后按车间需求进行领料发放，其工序在加工单下达时也会做排程。⑦ 已结加工单 (C)：零件入库后就可关闭，在大多数情况下已结的目的是结束加工单生命周期，但此时工时信息还可报告出来，直到进行账户结清或在"车间管理"中关闭工序。总之，计划加工单由 MRP 控制，只要加工单状态为 P，就不能人为修改其数量、日期、物料清单或工艺路线。还可以对确认的加工单做一些维护改变：对状态为 F 的加工单，日期和数量都能改变；对状态为 E、A 或 R 的加工单，物料清单和工艺路线也能够修改；而经批准的可替换工艺路线或物料清单可以输入给状态为 F、E、A 或 R 的加工单。

（三）加工单的物料清单

生成一个加工单时，系统为标准 BOM 产生备份。当加工单在车间中进行处理时，任何变化都会在备份中维护和储存，以便必要时同标准 BOM 对比。特殊情况下，加工单的物料清单指明零部件按加工单数量进行的调整并维护这些已备料、已发放或已领料的数量。一旦加工单状态变成 E、A 或 R，加工单物料清单就冻结。此后若要修改就需使用"加工单物料清单维护"功能，参见图 6-44。对状态 A 或 R 加工单，领料库位可指定，子零件可增、删。

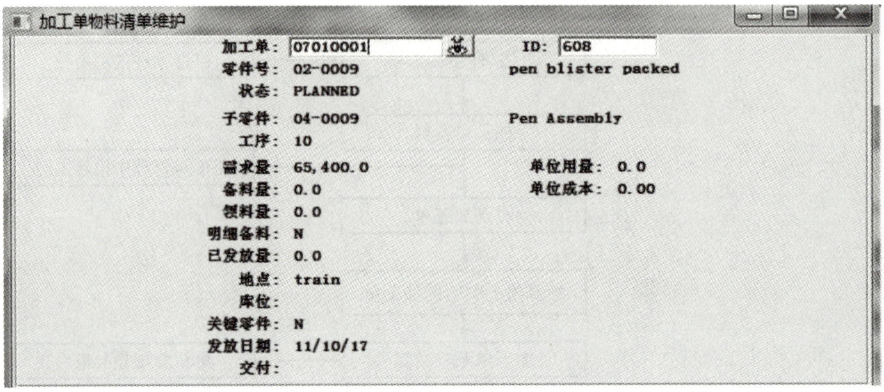

图 6-44　QAD 公司 ERP 系统中的"加工单物料清单维护"功能界面

（四）加工单的工艺流程

生成一张加工单时，标准工艺流程的备份会由系统生成。加工单的工艺流程对加工单来说是特定的，它不仅列出每道工序和工作中心，还包括工序数量、工具、标准工时等工艺流程的详细数据。当加工单在车间中进行处理而且有所变化时，就会在该备份中维护和储存，以便必要时同标准流程进行比较。车间反馈信息后可维护每道工序状态、实际的工时和加工数量。加工单工艺流程在加工单状态为 E、A 或 R 时冻结。"加工单工艺流程维护"同"加工单物料清单维护"类似，允许改变加工单工艺流程，参见图 6-45。加工单处于状态 E、A 或 R 时，可以增加或修改工序。按工序开始和结束日期排程的加工单可以改变，而且会在 CRP 和加工单调度报表中反映。但若运行"重新计算 CRP"，它会将日程安排返回到初始日期。为避免这种情况，不能重新计算 E、A 或 R 状态的加工单，也不要改变工序上排队或等待时间。

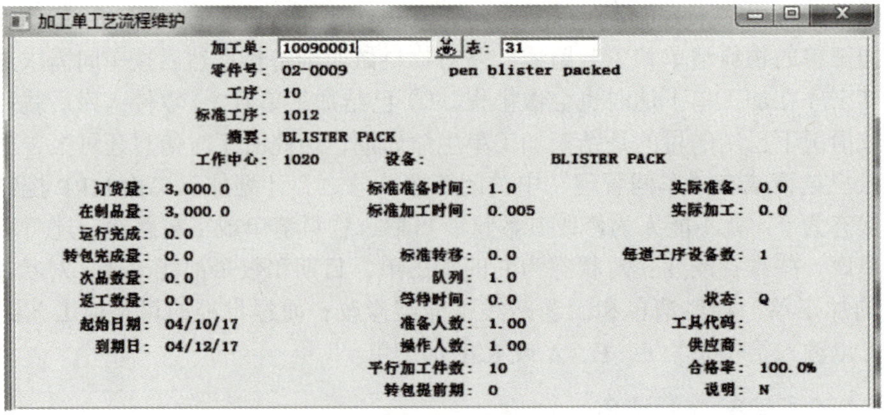

图 6-45　QAD 公司 ERP 系统中的"加工单工艺流程维护"功能界面

（五）加工单的下达与打印

当准备把一份加工单送到车间时，需改变其状态以准备让系统和实际车间能接收并开始制造。此过程称为加工单下达，此时其状态变成R。另外，进行加工准备时会发生以下活动：① 检查可用零件，参见图6-46；② 打印加工单，参见图6-47和图6-48；③ 将第一道工序转入排队状态。打印出的加工单上会写明物料清单和工艺流程代码。当加工单已下达且打印出领料单时，系统会对以前没有明细备料的所有物料做明细备料，生成一份明细备料记录显示已领料的库位和数量。领料逻辑和明细备料都由"库存控制文件"控制。领料原则允许根据多种标准做选择，包括库位、批/序号、生成日期、截止日期。若发放过程中物料未被发放，它会保留为已领料状态。为能再次查看未发放的领料数量，可将"重打印领料数量"设为"YES"。

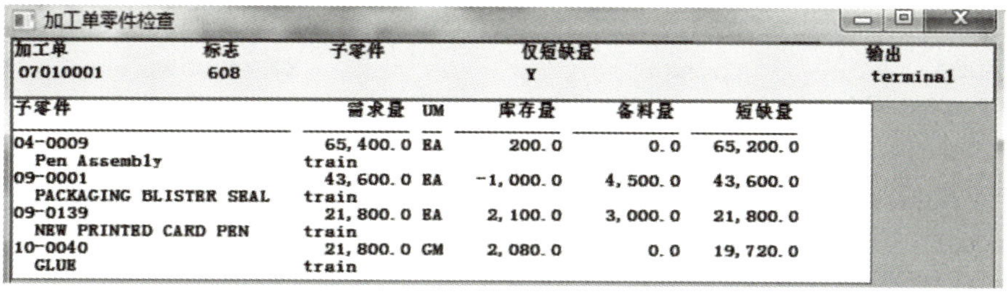

图6-46　QAD公司ERP系统中的"加工单零件检查"功能界面

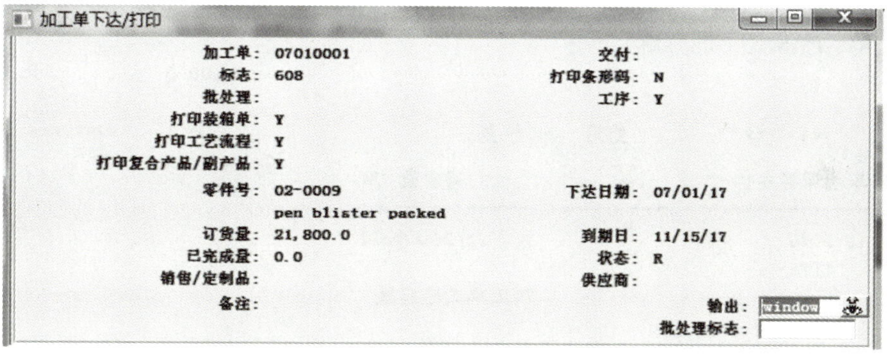

图6-47　QAD公司ERP系统中的"加工单下达/打印"功能界面

（六）加工单的零件发放

一旦加工单已经下达，必须从库存中发放需要的子零件。这可通过用"加工单零件发放"事务处理完成。此过程将实际原料发放量扣减库存量，取消备料量。为减少输入过程的操作量，可将"领料发放"置为"YES"，系统会默认明细备料的发放，参见图6-49。某些时候可能会用替代零件。有此需求时，替代品应首先在"替代结构维护"或"零件替代维护"中设立。当一种替代零件发放给加工单时，对原零件的需求会减少。在处理一张加工单时，备料数量由加工单下达来决定，此时允许发放零件。通过在"加工单零件发放"事务中将"包括发放备料"设成"Y"，也可快速发放零件。该项设置能确认已发放或已备料的数量已包括在待发放的数量中。当该加工单领料单打印出来时，已领料数量标志会复位，反映已备料的数量。

```
■ 报表 - 加工单下达/打印

 文件   编辑   搜索

woworl.p                    16.6 加工单下达/打印              日期：07/01/17
页号：1                           1zg                      时间：09:52:56
                            加工单领料单

     加工单：07010001                              发放日期：07/01/17
        ID: 608
     批处理：
     零件号：02-0009          版本：A            加工单到期日：11/15/17
           pen blister packed
     备注：                                      销售/定制品：
     订货量：21,800.0    EA                           交付：

                       地点    批/序号
                       库位    参考                     需发放量 UM 已发放量
零件号           Rv                                    ------------ -- ------
--------              ----  ----   --------            ------------ -- ------

04-0009                     train                      65,400.0 EA
   Pen Assembly
                            100                           1,000.0    (      )

      ********         数量   缺货：                    64,400.0    ********
09-0001                     train                      43,600.0 EA
PACKAGING BLISTER SEAL
      ********         数量   缺货：                    43,600.0    ********

09-0139                     train                      21,800.0 EA
NEW PRINTED CARD PEN
                            100                           2,100.0    (      )

      ********         数量   缺货：                    19,700.0    ********

   车间库存零件                    需求量 UM
----------------------       --------------- --

10-0040                      21,800.0 GM
   GLUE
                            加工单工艺流程

     加工单：07010001
        ID: 608
     批处理：
     零件号：02-0009          版本：A            加工单到期日：11/15/17
           pen blister packed
     备注：                                      销售/定制品：
     订货量：21,800.0    EA                           交付：

                                      工具     准备时间
   工序 工作中心                 标准工序 供应商  加工时间 实际    经办
   ---- ------------             -------- ----  -------- ------  ----
     10 1020                     1012            1.0 _____ (   )
        BLISTER PACK                           109.0 _____ (   )
        BLISTER PACK
     20 1030                     1013            0.0 _____ (   )
        INSPECTION                            109.0 _____ (   )
        INSPECT CARDED PRODUCTS
```

图 6-48   QAD 公司 ERP 系统中的"加工单下达/打印"后的输出结果

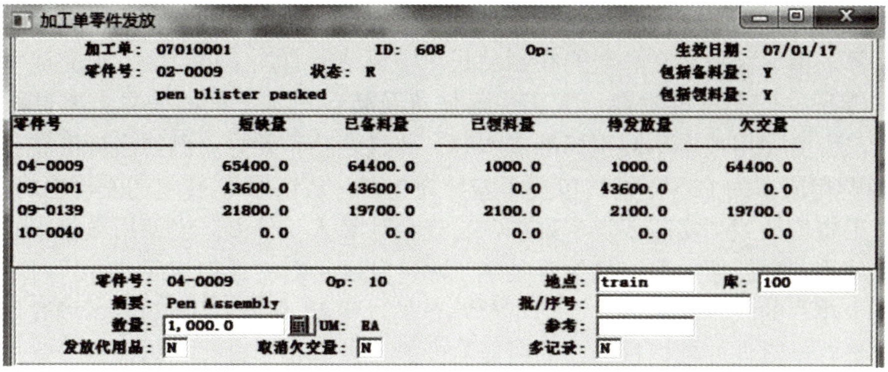

图 6-49 QAD 公司 ERP 系统中的 "加工单零件" 发放示例

（七）加工单的入库

当一张加工单在车间里完成后，成品必须送到仓库中去。"加工单入库"事务处理就是记录这项活动，参见图 6-50。注意：实际转移不一定真正发生，但要记录下入库以表示加工单已完成。加工单的入库会导致两种情况发生：① 根据入库数量增加库存；② 根据入库数量减少未完成加工单数量。在加工单入库过程中，可通过置结束标志为"Y"来关闭加工单。一旦加工单被关闭，就不能对其发料和入库。关闭一张加工单并不会结清在制品余额，这个过程要用"加工单会计结算"。而对于加工单入库的数量，则将其分配到已输入的库位中。所有次品的数量会记录到废品账户中，并且不会计入库存。加工单一旦入库就不能被修改或直接删除。一种纠正方法是输入该加工单数量的相反数以抵消不正确事务处理的影响。

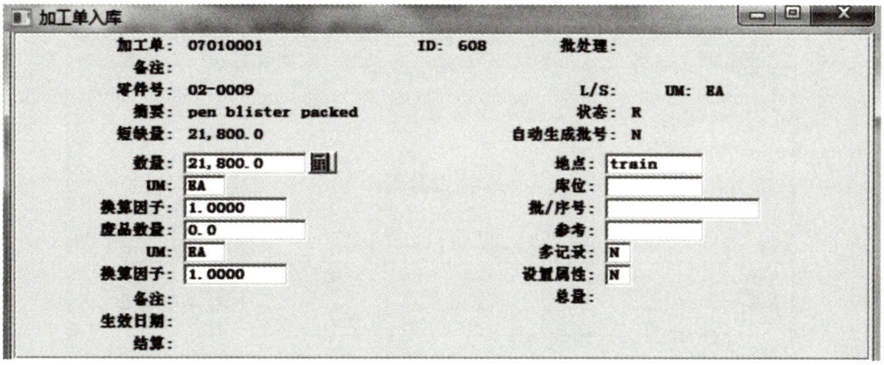

图 6-50 QAD 公司 ERP 系统中的 "加工单入库" 功能界面

当零件供应给一张加工单时，系统会自动从其当前库存余额中减去相应数量。在某些过程中，不经过发放事务处理，物料也可实际转入加工单，此时就要使用"加工单入库回冲"功能。这两种事务处理的不同之处主要在于库存余额被更新的时间。选择回冲会导致系统根据已入库父件数量来分解父件产品结构，从而计算出已使用的标准的子件数量，即用倒冲入库，原材料库存量减少是发生在成品入库时，而不是实际发料时刻。

（八）加工单的会计结算

关闭一项加工单并没有结清在制品或结算未完成工序。为了结算这些，就要进行加工单会计结算，参见图 6-51。这需要定期进行，至少每个月月末将已完成的加工单进行会计结算。会计结算将在总账的在制品账户中调节所有加工单余额。已完成零件的总账成本和零部件的总标准物料、人工、附加费及转包成本之间的差异，要过账到加工单差异账户。当使用成本不同于标准成本时，要过账费率差异。例如当标准转包成本是 10 元而采购单成本为 12 元，则转包费率差异为 2 元。在此，物料转包的差价也将被计算。若使用了工资模块或“实际工资率维护”，还会计算人工价差。当使用数量不同于标准成本时，使用差异就要过账。例如若某道工序应花 5 小时完成但实际花 6 小时才完成，则要过账 1 小时的人工使用差异。加工单差异被过账后，在制品余额就不能改变。所有车间库存量在结算期间都要过账，同时所有的剩余差异也要过账到相应差异账户。一旦会计结算完成就要删除加工单或将其存放在历史文件中。

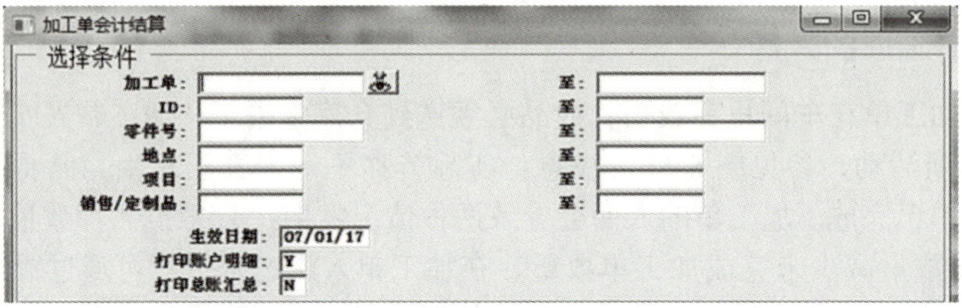

图 6-51 QAD 公司 ERP 系统中的“加工单会计结算”功能界面

（九）加工单的成本报表

加工单成本报表用于跟踪一张加工单上的零件和工序成本、在制品成本和已完成加工单的物料及人工事务处理。加工单成本报表能反映出加工单数量、成品数量和次品数量、加工单日期和加工单物料清单，以及详细的工艺路线，参见图 6-52。物料清单上

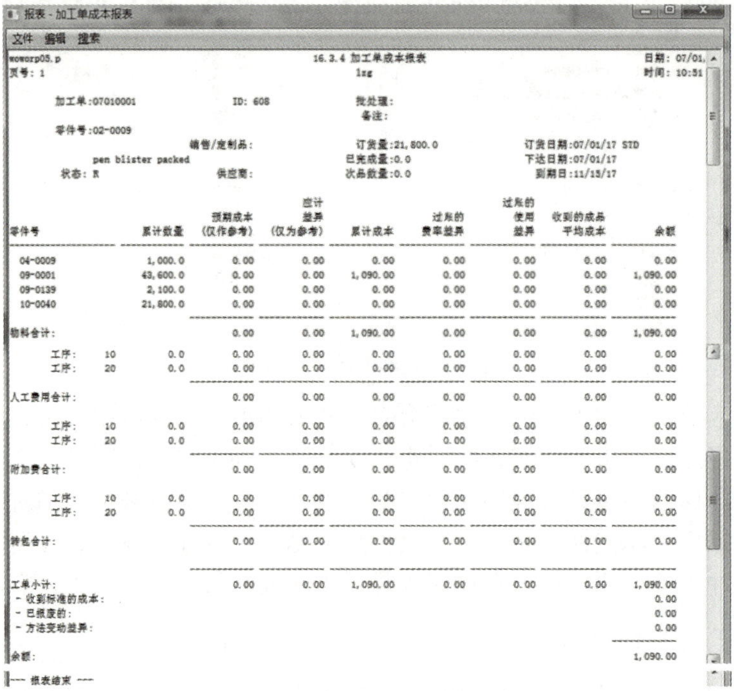
报表 - 加工单成本报表

文件 编辑 搜索

woworp05.p 16.3.4 加工单成本报表 日期：07/01.

页号：1 lzg 时间：10:51

加工单：07010001 ID：608 批处理：

备注：

零件号：02-0009

销售/定制品： 订货量：21,800.0 订货日期：07/01/17 STD

pen blister packed 已完成量：0.0 下达日期：07/01/17

状态：R 供应商： 次品数量：0.0 到期日：11/15/17

零件号		累计数量	预期成本（仅作参考）	应计差异（仅为参考）	累计成本	过账的费率差异	过账的使用差异	收到的成品平均成本	余额
04-0009		1,000.0	0.00	0.00	0.00	0.00	0.00	0.00	0.00
09-0001		43,600.0	0.00	0.00	1,090.00	0.00	0.00	0.00	1,090.00
09-0139		2,100.0	0.00	0.00	0.00	0.00	0.00	0.00	0.00
10-0040		21,800.0	0.00	0.00	0.00	0.00	0.00	0.00	0.00
物料合计：			0.00	0.00	1,090.00	0.00	0.00	0.00	1,090.00
工序：	10	0.0	0.00	0.00	0.00	0.00	0.00	0.00	0.00
工序：	20	0.0	0.00	0.00	0.00	0.00	0.00	0.00	0.00
人工费用合计：			0.00	0.00	0.00	0.00	0.00	0.00	0.00
工序：	10	0.0	0.00	0.00	0.00	0.00	0.00	0.00	0.00
工序：	20	0.0	0.00	0.00	0.00	0.00	0.00	0.00	0.00
附加费合计：			0.00	0.00	0.00	0.00	0.00	0.00	0.00
工序：	10	0.0	0.00	0.00	0.00	0.00	0.00	0.00	0.00
工序：	20	0.0	0.00	0.00	0.00	0.00	0.00	0.00	0.00
转包合计：			0.00	0.00	0.00	0.00	0.00	0.00	0.00
工单小计：			0.00	0.00	1,090.00	0.00	0.00	0.00	1,090.00
- 收到标准的成本：									0.00
- 已报废的：									0.00
- 方法变动差异：									0.00
余额：									1,090.00

--- 报表结束 ---

图 6-52 QAD 公司 ERP 系统中的“加工单成本报表”结果

每个零件的应计成本和每个工艺流程的零部件会显示出来。此外，加工单在制品成本报表可显示加工单的物料、人工、附加费和转包成本。同时，未完成数量和已完成数量也会显示出来。完成数量的平均单位成本也会被计算和显示。最后，要计算出已完成成本和在制品成本。

💡 习　　题

一、单选题

1. 在 QAD 公司 ERP 软件 MFG/PRO 中，制订主生产计划建议采取的方法是"计算机辅助"。为使用"计算机辅助"方法，设置 MPS 物料时应设置（　　　）。

　　A. "主生产计划"=Y，"计划订单"=Y，"订货原则"=非空的任意选项，"时界"=物料累计提前期

　　B. "主生产计划"=Y，"计划订单"=N，"订货原则"=非空的任意选项，"时界"=物料累计提前期

　　C. "主生产计划"=Y，"计划订单"=Y，"订货原则"=空，"时界"=物料累计提前期

　　D. "主生产计划"=N，"计划订单"=Y，"订货原则"=非空的任意选项，"时界"=物料累计提前期

2. 在 QAD 公司 ERP 软件 MFG/PRO 中，材料表中用于定义如何使用该父件/子件关系的"结构类型"属性取值"( )""A""D""X""P"和"O"分别对应（　　　）。

　　A. 标准件、替代件、单据、虚子件、计划类子件和选择类子件

　　B. 标准件、替代件、虚子件、单据、计划类子件和选择类子件

　　C. 标准件、虚子件、单据、替代件、计划类子件和选择类子件

　　D. 标准件、替代件、单据、计划类子件、虚子件和选择类子件

二、多选题

在 QAD 公司 ERP 软件 MFG/PRO 中，有关"虚零件"属性取"Y"，以下描述正确的是（　　　）。

　　A. 虚零件 = "Y"表示该物料及其产品结构为虚零件，常用于虚拟装配件或半成品

　　B. 如果一个虚零件 = "Y"的物料的工程图纸存在，这意味着该物料是设计上存在、但管理上并不直接关注的虚物料

　　C. 当一类产品中有部分子件是共享的，亦可将共享部分的整体看成一个虚零件，即该虚零件是每个共享子件的虚父件

　　D. MRP 程序不对虚零件运算计划订单相关 POR/PORC 信息，进而无法展开后续实际运作，即对虚零件不可开立任何制令单

　　E. 万一库存中存在任何数量的虚零件，则计划系统首先使用这些虚零件

三、判断题

1.（　　　）如果产品有相当多的必选件或可选附件时，通常很难针对个别产品做计划，

而对整个产品族做计划较为可行；此时生产方式通常为订单组装 ATO，即用 MPS 规划产品族和必选件 / 可选附件的需求计划，再用 MRP 展开必选件 / 可选附件下各子件的需求计划，然后按计划生产一定的必选件 / 可选附件备用，一旦接到客户订单，立刻用最终组装排程 FAS 安排最后的组装并及时出货；因为在 MPS 程序中不仅规划产品族也规划必选件 / 可选附件，故称为双阶 MPS。

2. (　　) 在双阶 MPS 中，为保证接单后总装车间有足够时间进行最终组装排程，应设定产品族的提前期 LT 值等于实际完成品的 LT 值，并且各虚拟模块的 LT 值都为 0。

3. (　　) 在双阶 MPS 中，为保证在中间过渡的虚拟计划展开阶段不无端扩大需求或减少需求，对各个虚拟模块，其批量法则都应设为 LFL，其安全库存 SS 都应设为 0，其库存状态信息 OH、AL 和 SR 也都应设为 0。

四、计算题

1. 运用加权法将表 6-20 中的作业分配到合适的工作中心。

表 6-20　加权法作业分配

作业	工作中心					
	WC1		WC2		WC3	
	工时	加权值	工时	加权值	工时	加权值
ZY1	100		130		125	
ZY2	110		100		120	
ZY3	35		40		40	
ZY4	40		35		30	
ZY5	60		50		70	
ZY6	50		60		70	
计划工时汇总						
可用工时	150		150		150	

2. 计算并分析表 6-21。

表 6-21　工作中心 WC1 的输入/输出报表

(单位：h；能力：16h/d；允许偏差：＋3 小时)

时段 (日)	当期	1	2	3	4	5
计划投入		16	16	16	16	16
实际投入		15	15	16	17	15
累计偏差						
计划产出		17	17	17	17	17
实际产出		17	15	18	16	18
累计偏差						
计划队列		34	33	32	31	30
实际队列	35					

3. 双阶 MPS 案例：考虑桑塔纳系列汽车 STNXX，发动机有 FDJA、FDJB 和 FDJC 三种，客户选择大致比例依次为 50%、30% 和 20%。轮胎 (每车四个) 有 JINHU、CHAOYANG 和 GOODYI 三种，客户选择大致比例依次为 40%、30% 和 30%，其他部件都假定为共享部件 COM。请据此编写全部的超材料表、模块材料表、选用材料表及仅与 JINHU 相关制造材料表 (已依上述发动机顺序定义最终产品为 STN01、STN02 和 STN03)，并填入表 6-22 至表 6-24。现已知与 JINHU 轮胎相关部分的产品订单数据 (见表 6-25) 和产品群 STNXX 的 MPS 报表结果 (见表 6-26)。注意：表 6-25 中第 1 周各产品订单的生产正在执行中，无须再计划。请计算 JINHU 预测和订单数据并填入表 6-27。假设 JINHU 的 DTF 和 PTF 分别为第 3、7 周周末，计算其 MPS 报表并填入表 6-28。注意此处未用 FPO 技术并要求写出 ATP 计算过程。

表 6-22　计划材料表 (不包括共享件材料表)

结构代码									
子零件									
单位用量									
预测									
结构类型									

表 6-23　选用材料表

结构代码									
特性									
必备									
子零件									
单位用量									
结构类型									
预测									

表 6-24　制造材料表

结构代码									
子件件号									
参考									
单位用量									
结构类型									

表 6-25　仅与 JINHU 相关的产品订单数据　　　　　　　　(单位：辆)

期别	0	1	2	3	4	5	6	7	8	9	10
STN01	0	50	45	42	40	35	25	15	10	5	1
STN02	0	30	27	24	22	16	12	7	4	2	0
STN03	0	20	18	16	14	10	8	5	3	1	0

表 6-26 产品群 STNXX 的 MPS 报表 (DTF=3，PTF=7)

STNXX(LT=1)	OH=	50	SS=	30	LSR=	FOQ	LS=	10	AL=	0	
期别	**0**	**1**	**2**	**3**	**4**	**5**	**6**	**7**	**8**	**9**	**10**
GR	0	300	280	280	260	250	220	200	220	240	250
SR	0	300									
POH		50	−230	−250	−230	−220	−190	−170	−190	−210	−220
PAB		50	30	30	30	30	30	30	30	30	30
NR		0	260	280	260	250	220	200	220	240	250
PORC		0	260	280	260	250	220	200	220	240	250
POR	0	260	280	260	250	220	200	220	240	250	0
MPS	X	300	260	280	260	250	220	200	220	240	250
定单	0	300	280	280	260	200	150	110	70	30	5
ATP	X	30	0	0	0	50	70	90	150	210	245

表 6-27 JINHU 的预测和订单数据 （单位：个）

来源	0	1	2	3	4	5	6	7	8	9	10
预测	0										
定单	0										

表 6-28 JINHU 的 MPS 报表 (DTF=3，PTF=7)

JINHU(LT=1)	OH=	200	SS=	20	LSR=	FOQ	LS=	400	AL=	0	
期别	**0**	**1**	**2**	**3**	**4**	**5**	**6**	**7**	**8**	**9**	**10**
GR	0										
SR	0	400	0	0	0	0	0	0	0	0	0
POH	X										
PAB	X										
NR	X										
PORC	X										
POR											
MPS	X										
ATP	X										

五、简答题

1. 阐述材料主文件 IM 中虚零件与 BOM 中虚子件的异同。

2. 阐述材料主文件 IM 中设置"物料单/配料"属性的用途与意义。

3. 阐述 BOM 中"结构类型"属性的几种类型及其对应内涵。

4. 阐释 ERP 与有限顺排计划的差异。

第七章 企业资源计划 (ERP)

本章要点

- 企业资源计划 (ERP) 的销售管理。
- 企业资源计划 (ERP) 的采购管理。
- 企业资源计划 (ERP) 的库存管理。
- 企业资源计划 (ERP) 的财务管理。

第一节 企业资源计划的销售管理

销售管理包含了创造企业利润的主要工作，是驱动整个企业运作的根源所在，因此，销售管理是企业一个重要管理环节，其核心功能包括预测、订单管理和销售业务管理。

视频讲解

一、预测管理

市场预测通常是对过去和现在的销售数据进行分析，同时结合市场调查的统计结果，对未来产品销售的市场情况及发展趋势做出推测，用以指导今后的销售活动和企业生产活动。

（一）预测的分类与步骤

按所涉期间长短可将预测分为三类。① 长期预测：用于工厂扩展与添置新机器设备，以便提前 5 年或更早地去计划资本投资。② 中期预测：用于长提前期物料的购买或制造的计划，提前 1 ~ 2 年考虑季节性或周期性的产品。③ 短期预测：用于为采购件或自制件确定恰当的订货量与订货时机，计划恰当的制造能力，并考虑提前 3 ~ 6 个月平整工作负荷是否值得。有的预测还包括近期预测，用于每周或每日的装配进度与成品库存的分配。

预测经常包含五个主要步骤：① 明确预测目的；② 准备数据；③ 选择预测方法；④ 作出预测 (包括估计的预测误差)；⑤ 跟踪预测，修正与调整预测。

（二）预测方法

1. 判断预测

判断预测，常为销售专家和/或销售人员所作的预测或预报，参见图 7-1。

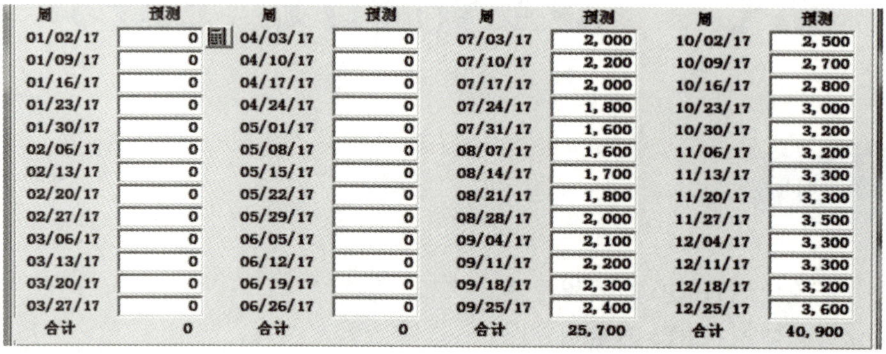

周	预测	周	预测	周	预测	周	预测
01/02/17	0	04/03/17	0	07/03/17	2,000	10/02/17	2,500
01/09/17	0	04/10/17	0	07/10/17	2,200	10/09/17	2,700
01/16/17	0	04/17/17	0	07/17/17	2,000	10/16/17	2,800
01/23/17	0	04/24/17	0	07/24/17	1,800	10/23/17	3,000
01/30/17	0	05/01/17	0	07/31/17	1,600	10/30/17	3,200
02/06/17	0	05/08/17	0	08/07/17	1,600	11/06/17	3,200
02/13/17	0	05/15/17	0	08/14/17	1,700	11/13/17	3,300
02/20/17	0	05/22/17	0	08/21/17	1,800	11/20/17	3,300
02/27/17	0	05/29/17	0	08/28/17	2,000	11/27/17	3,500
03/06/17	0	06/05/17	0	09/04/17	2,100	12/04/17	3,300
03/13/17	0	06/12/17	0	09/11/17	2,200	12/11/17	3,300
03/20/17	0	06/19/17	0	09/18/17	2,300	12/18/17	3,300
03/27/17	0	06/26/17	0	09/25/17	2,400	12/25/17	3,600
合计	0	合计	0	合计	25,700	合计	40,900

图 7-1　QAD 公司 ERP 系统中的"预测维护"功能界面

2. 统计预测

统计方法使用产品自身的需求史去确定未来销售的预测（使用内生因素，诸如平均值或历史趋势），或根据多元相关分析（使用外生因素，诸如 GDP、新住宅建筑数、汽油消耗等）去预测并非同这些活动直接关联的产品的销售。趋势外推是最简单的预测方法之一。长期趋势线可以帮助实现稳定的预测，而不致对短期事件做出过度的反应。这类常用的方法包括移动平均法、加权移动平均法、指数平滑法、最小二乘法等，参见图 7-2。

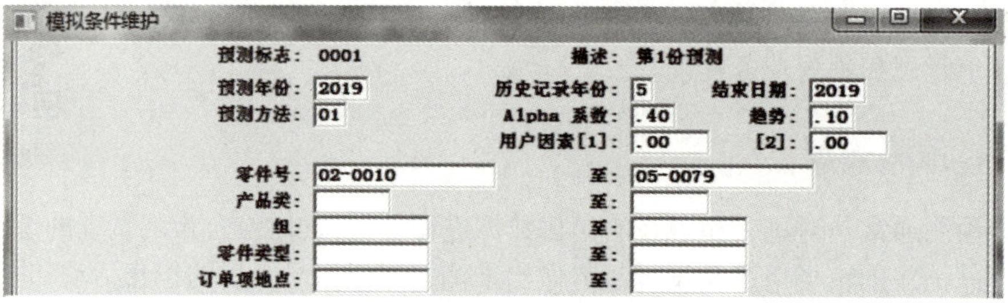

图 7-2　QAD 公司 ERP 系统中的趋势外推预测相关的"模拟条件维护"界面

季节性变动是指经济变量每年的定期变动，如与气候有关或与节假日有关的某些经济量（如羽绒服销量）的变化。其维护和结果参见图 7-3 和图 7-4。如果需要 10 月 1 日有另外的 600 件可供货量，可在前三个月以每月 200 件的速度制造出来。相关季节性制造预测量可输入：7 月 31 日 200 件；8 月 31 日 400 件；9 月 30 日 600 件；10 月 1 日 0 件。这时 MRP 只计划制造每个月的增量（即 200 件）。当制造数量从 600 减为 0，使 600 件列入了"可供货量"。

图 7-3　QAD 公司 ERP 系统中季节性预测相关的"季节性建立维护"界面

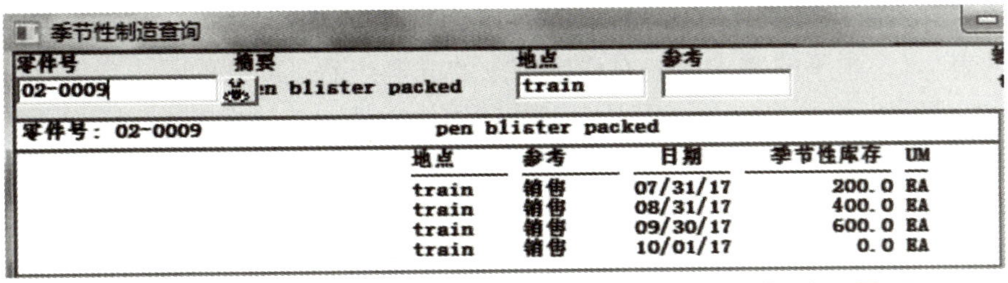

季节性制造查询

零件号 02-0009　摘要 pen blister packed　地点 train　参考

零件号：02-0009　pen blister packed

地点	参考	日期	季节性库存	UM
train	销售	07/31/17	200.0	EA
train	销售	08/31/17	400.0	EA
train	销售	09/30/17	600.0	EA
train	销售	10/01/17	0.0	EA

图 7-4　QAD 公司 ERP 系统中“季节性制造查询”结果界面

预测时除考虑趋势与季节性因素外，还有无法预测的随机性。但随机性范围可表达为一个误差百分数，使得预测需求的极大值与极小值可由平均值来确定。若随机因素大，生产计划与个别产品的订货点需包括足够大的安全库存。反之，随机性小时有较小安全库存就够了。人工神经网络、小波分析、模拟与仿真方法等智能预测法，可很好地针对随机性强的问题。

（三）预测的类型

按照预测业务量的多少，可以将预测分为以下三种类型：

(1) 总业务量的预测。要使详细的产品或其组合的预测有用，首先需对公司总业务量做预测。这类预测有许多方法，其中之一是以使用一个领先序列作为基础。如新住宅建筑动工数等信息被定期地公布在行业杂志中，统计局与民间研究机构也定期公布许多经济序列数据，它们可成为预测各种需求的基础。即使找不到一个领先序列，也往往可使用一个相关序列，其活动与某公司的销售量在时间上是重合的甚至是滞后的，根据它来预测该公司的销售量。

(2) 大类产品的预测。总业务量预测必须分解为更细的产品分类预测，才能对市场营销与生产产生重要意义。产品分类预测的重要目的是建立生产水平，参见图 7-5 及后续产品类计划。

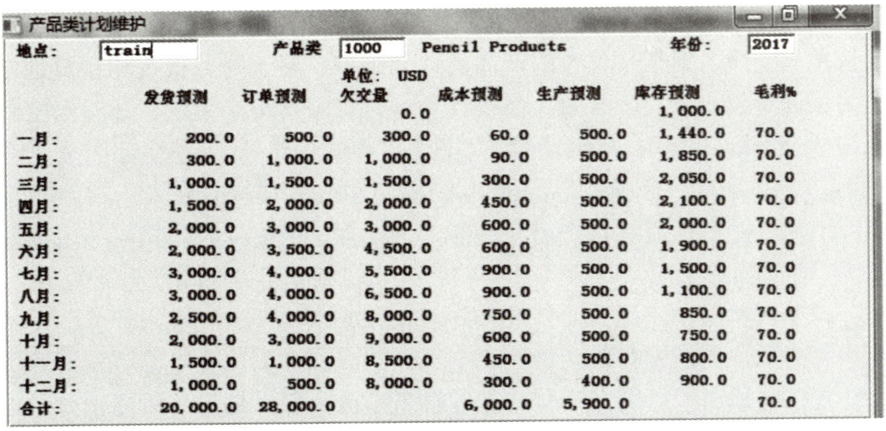

产品类计划维护

地点：train　产品类 1000 Pencil Products　年份：2017

单位：USD

	发货预测	订单预测	欠交量	成本预测	生产预测	库存预测	毛利%
			0.0			1,000.0	
一月：	200.0	500.0	300.0	60.0	500.0	1,440.0	70.0
二月：	300.0	1,000.0	1,000.0	90.0	500.0	1,850.0	70.0
三月：	1,000.0	1,500.0	1,500.0	300.0	500.0	2,050.0	70.0
四月：	1,500.0	2,000.0	2,000.0	450.0	500.0	2,100.0	70.0
五月：	2,000.0	3,000.0	3,000.0	600.0	500.0	2,000.0	70.0
六月：	2,000.0	3,500.0	4,500.0	600.0	500.0	1,900.0	70.0
七月：	3,000.0	4,000.0	5,500.0	900.0	500.0	1,500.0	70.0
八月：	3,000.0	4,000.0	6,500.0	900.0	500.0	1,100.0	70.0
九月：	2,500.0	4,000.0	8,000.0	750.0	500.0	850.0	70.0
十月：	2,000.0	3,000.0	9,000.0	600.0	500.0	750.0	70.0
十一月：	1,500.0	1,000.0	8,500.0	450.0	500.0	800.0	70.0
十二月：	1,000.0	500.0	8,000.0	300.0	400.0	900.0	70.0
合计：	20,000.0	28,000.0		6,000.0	5,900.0		70.0

图 7-5　QAD 公司 ERP 软件中预测相关的“产品类计划维护”功能界面

(3) 物品预测。确定订货点、订货量与主生产计划日程都要用到物品预测，参见图 7-1。它最好使用简单的、内生的（根据自身需求历史）统计方法。每一类产品中各单个物品预测之和应等于为计划生产水平而准备好的分类预测；但通常需经过调整才能使二者相等。

成功使用统计预测的关键是选择适于被测物品需求模式的方法。这些模式分为四大类，参见表 7-1。水平的需求代表有稳定需求的成熟产品；间歇的需求代表处于生命周期早期或晚期的低需求量物品，以及大多数的维修零件；趋势性需求显示较为稳定的增长或下降，而季节性物品每年要经历高峰与低谷。此外，还有正规的周期性需求和一年以上的周期需求等。

表 7-1   不同模式的需求

模式	月　份											
	一	二	三	四	五	六	七	八	九	十	十一	十二
水平的需求	45	55	35	55	60	40	65	50	45	60	40	50
间歇的需求	6	0	5	0	0	7	3	0	1	4	0	2
趋势性的需求	10	15	20	15	20	30	25	25	30	35	30	40
季节性的需求	65	60	50	40	25	30	35	50	60	70	75	70

(4) 特殊预测。为促销产品与新产品做预测比为稳定物品做预测要困难得多，这是因为其大多需要借助于某种类型的市场调查，以便在大规模投产前先确定产品的可接受性。

二、产品类计划与资源需求规划

（一）产品类计划

视频讲解

产品类计划对应第四章生产规划 (PP)。企业每年都需为下一年度建立发货、订单和生产的预测，产品类计划允许企业把来源不同的计划分别在系统的不同地方输入，并对它们之间的相互关系进行调整。在订单、发货和生产之间的联系有助于监控企业的毛利、库存量及订单欠交量。对于图 7-5 的产品类计划维护，鉴于财务报表和预算通常按产品类划分，为保证单位一致，所有的产品类计划均以本国货币为单位，标明年度内每月该产品类占用的金额。通常由三个管理部门提供输入的信息：① 销售部门提供客户订单预测并建立欠交量目标；② 执行部门提供发运/货和成本预测的预算；③ 生产部门提供生产和库存预测。随后，需综合平衡产品类计划，但平衡标准各不相同，主要取决于制造种类、制造者的当前余额及产品类计划的目标和限制，其目标通常根据销售、欠交量、生产、库存和毛利而定。注意：计划被分为收入和成本两部分，收入部分的发货预测、订单预测和欠交量预测以销售价计价，成本部分的成本预测、生产预测和库存预测以成本计价。计划员必须通过协调发货和成本预测来平衡全部计划以尽可能获得最佳毛利指标。而一旦已实现了收入和成本的平衡，就容易对两部分内部的预测进行平衡。企业既可调整订单预测和发货预测以平衡收入，也可调整成本预测和生产预测以平衡库存。一旦每个产品类的计划已制订完毕，汇总后的计划将根据销售预测、订单预测、欠交量预测、发货预测、生产预测和库存预测情况而影响公司每年、每月的财务计划。一旦产品类计划已输入并达到平衡，那些输入各部分计划的部门管理人员还需回到各自预测屏幕，

输入每月或每季的实际值，这将为未来的产品类计划提供一个更加现实的基础。

(二) 资源需求规划 (RRP)

与生产规划 (PP) 对应的资源需求规划 (RRP) 是一个全局性能力需求计划，它由产品类计划及每月生产预测来计算生产资源负荷，以保证有足够资源满足特定的生产。RRP 主要是对关键资源进行检查，关键资源是指生产中必须的、一旦短缺则不能立即进行生产的资源，包括像现金、人工、生产能力及特定物料等，其资源单位为元、人时、工时、磅等。如在"资源维护"模块中要输入资源名称或代码、生产地点、资源描述及计量单位，参见图 7-6。图中，每个资源第一个参考号应设定为工作日最基本、常用的资源数量，其开始日和结束日可分别定为 1 月 1 日和 12 月 31 日；其他的参考号可用于例外情况下的资源可用量的增或减。当系统计算生产预测所需的资源负荷时，会用该地点上的标准车间日历计算每月工作日，然后在基本资源量基础上，考虑其他参考行上加上或减去的资源量后确定该月总资源能力。

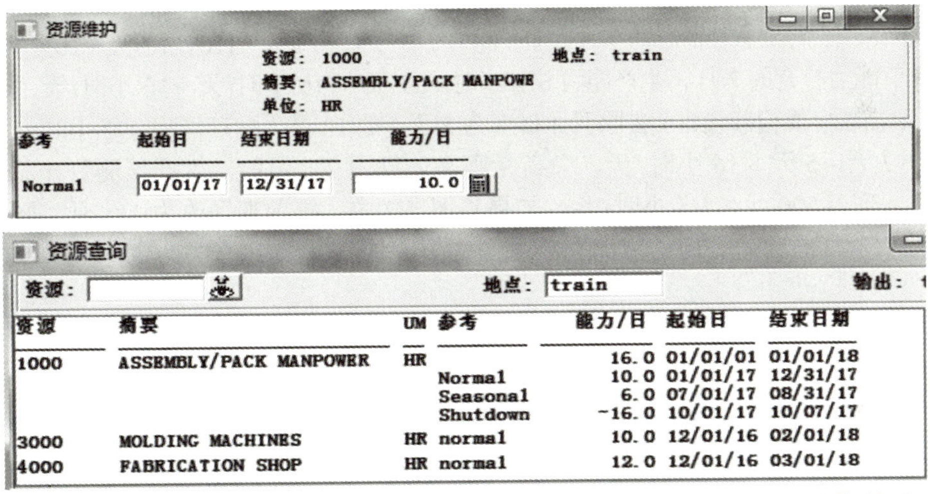

图 7-6　QAD 公司 ERP 软件中"资源维护"功能界面及其"资源查询"结果

每个资源都会随着来自产品类计划的生产预测被调用。为按同一单位进行处理，系统需确定一个转换因子以实现以货币为单位的生产向资源单位的换算，即确定生产一单位 (货币) 的产品类计划需要多少资源，该换算因子为图 7-7 中"单位产品用量"字段的值。如生产 1000 元的产品需投入 0.02 小时的人力，则 0.02 就为人力资源的换算因子。"资源提前期"表明需要该资源所持续的月份数，用它来除所需资源量便是单位周期 (即每月) 的需求量。

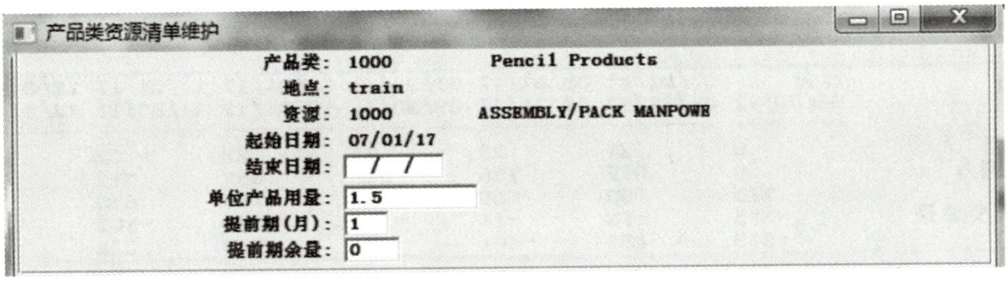

图 7-7　QAD 公司 ERP 软件中"产品类资源清单维护"功能界面

如果正确地设置了车间日历，并且已输入了所有的资源及其换算信息，那么就可用 RRP 计算产品类资源负荷，通过汇总查询查看特定产品类计划及对资源的负荷情况，参见图 7-8。该产品类资源负荷汇总中，能力减去负荷，其差值为正表明能力欠载，反之表明能力过载。

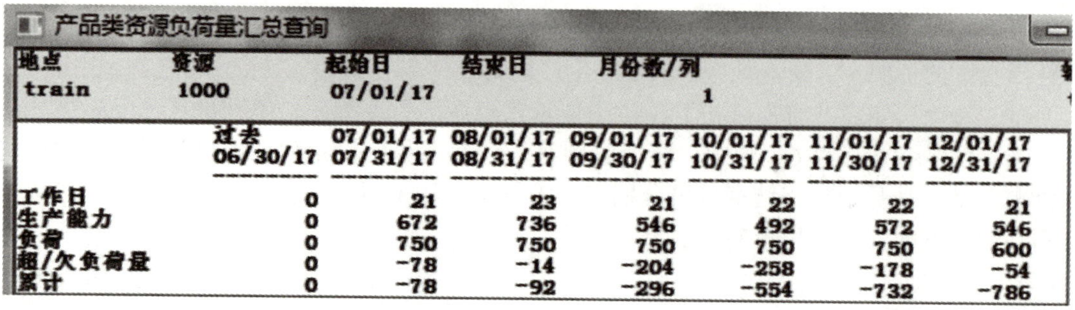

地点	资源		起始日	结束日	月份数/列		
train	1000		07/01/17		1		
		过去 06/30/17	07/01/17 07/31/17	08/01/17 08/31/17	09/01/17 09/30/17	10/01/17 10/31/17	11/01/17 11/30/17	12/01/17 12/31/17
工作日		0	21	23	21	22	22	21
生产能力		0	672	736	546	492	572	546
负荷		0	750	750	750	750	750	600
超/欠负荷量		0	-78	-14	-204	-258	-178	-54
累计		0	-78	-92	-296	-554	-732	-786

图 7-8　QAD 公司 ERP 软件中"产品类资源负荷量汇总查询"结果示例

图 7-8 中，对无意外情况的 9 月，生产能力 546 小时 = 21 天 × (16 小时/天 + 10 小时/天)；对有季节能力补充的 7 月，生产能力 672 小时 = 21 天 × (16 小时/天 + 10 小时/天 + 6 小时/天)；对需要一周检修设备 (去除双休日实为 5 天) 的 10 月，生产能力 492 小时 = 22 天 × 16 小时 / 天 – 5 天 × 16 小时 / 天。负荷量则是依据图 7-5 中的"生产预测"计算得出，如 750 小时 = 500 元 × 1.5 小时 / 元。如果将图 7-7 中"提前期"改为 2 个月，则均摊得出的另一个月的负荷是向前提的，参见图 7-9。注意：QAD 之 ERP 软件中"产品类资源清单维护"功能中"提前期余量"正负的影响方向正好与其 BOM 中"提前期余量"的影响方向相反，"提前期余量"(单位为月) 为正，表明生产开始前需用该资源的月份数；如果生产结束后才需要该资源，则月数为负值。将图 7-9 中"提前期余量"改为"–1"，则往后延迟的结果参见图 7-10。

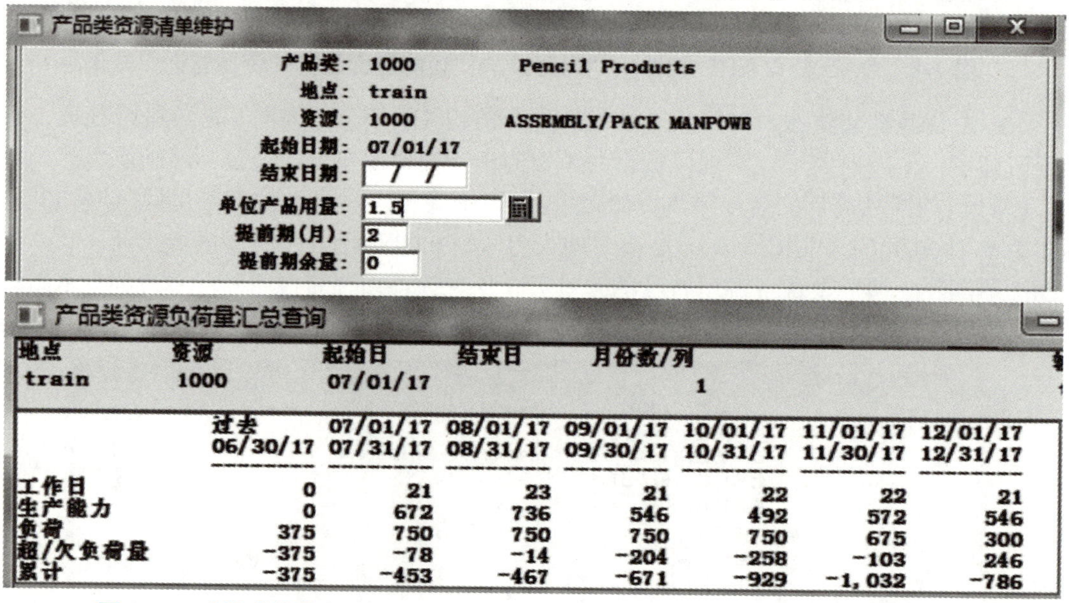

产品类资源清单维护

产品类：1000　　Pencil Products
地点：train
资源：1000　　ASSEMBLY/PACK MANPOWE
起始日期：07/01/17
结束日期：／　／
单位产品用量：1.5
提前期(月)：2
提前期余量：0

地点	资源		起始日	结束日	月份数/列		
train	1000		07/01/17		1		
		过去 06/30/17	07/01/17 07/31/17	08/01/17 08/31/17	09/01/17 09/30/17	10/01/17 10/31/17	11/01/17 11/30/17	12/01/17 12/31/17
工作日		0	21	23	21	22	22	21
生产能力		0	672	736	546	492	572	546
负荷		375	750	750	750	750	675	300
超/欠负荷量		-375	-78	-14	-204	-258	-103	246
累计		-375	-453	-467	-671	-929	-1,032	-786

图 7-9　"提前期"调整为 2 个月后的"产品类资源负荷量汇总查询"结果

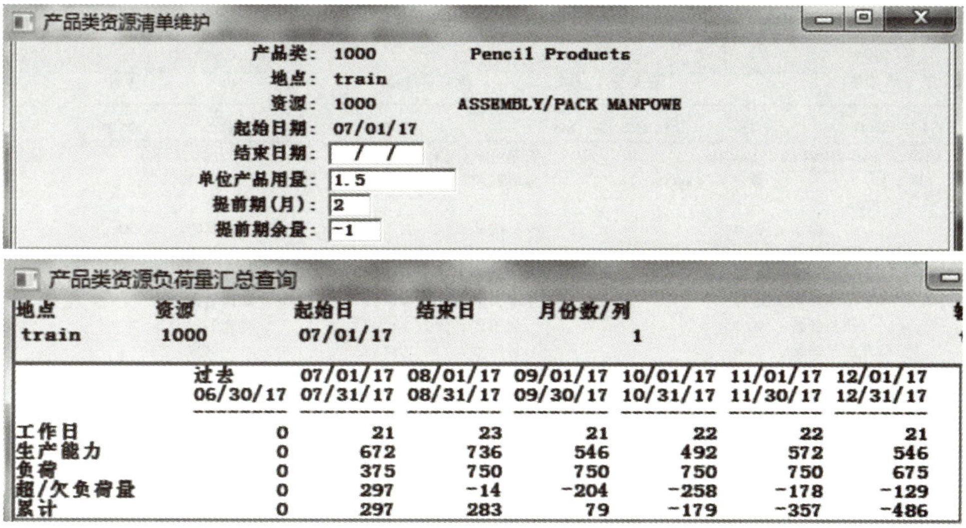

图 7-10　"提前期余量"再设为"–1"后的"产品类资源负荷量汇总查询"结果

三、订单管理

(一)销售订单维护

销售订单是企业销售活动最重要的一环,是企业生产、销售发货和销售货款结算的依据。对销售订单的管理,是销售工作的核心。客户订单维护参见图 7-11。

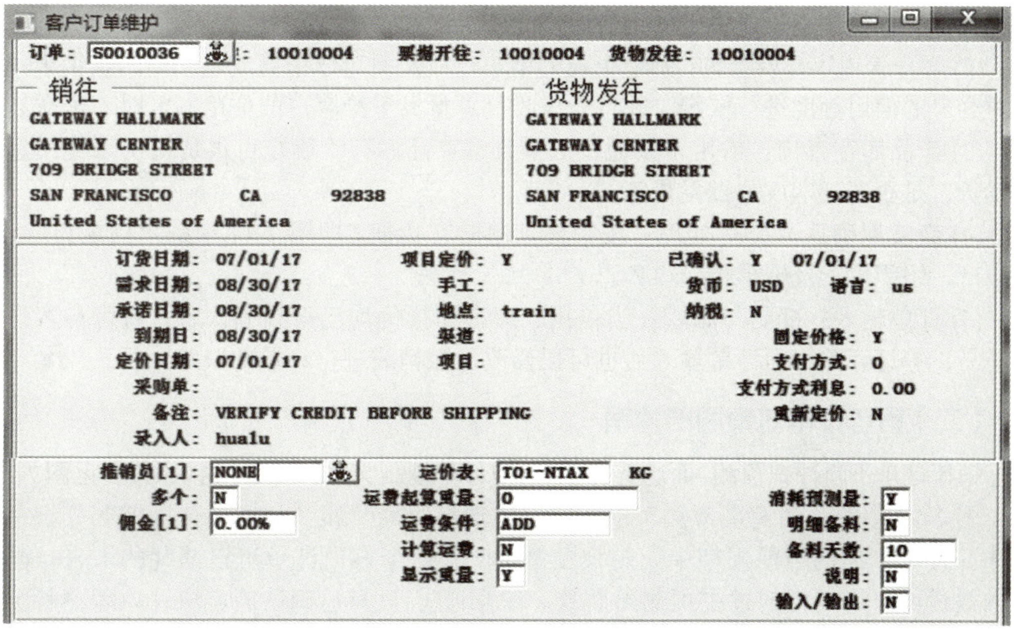

视频讲解

图 7-11　QAD 公司 ERP 系统中"客户订单维护"功能的连续运作界面

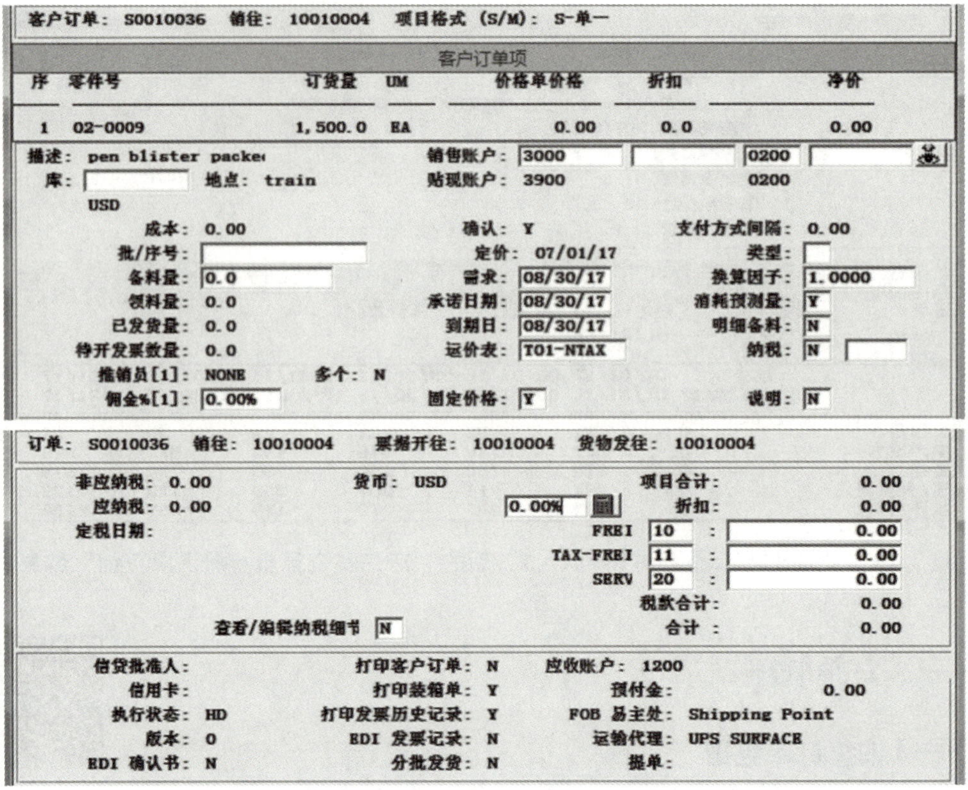

图 7-11　QAD 公司 ERP 系统中"客户订单维护"功能的连续运作界面（续）

订单管理一般应包括以下内容。

(1) 产品报价：企业可根据销售计划和开拓市场需要，针对不同客户群制定相应的价格策略，以便建立长期稳定的销售渠道。

(2) 客户信用审核及查询：制造企业的销售一般是面对分销商或代理商的赊销模式，需对客户的信用额度进行核定，并且当应收款总量大于给客户的信用额度时不予交易。

(3) 产品库存查询：信用审核通过后需查询产品库存，确定可供货情况以便决定何时发货、是否要延期或分批发货等。

(4) 交货期确认及交货处理：按销售订单的交货期 (即图 7-11 中的"到期日") 组织生产、组织发货及安排相应事务。

(5) 订单输入、变更与跟踪：当信用、库存和报价均已得到确认后，就可与客户进行交易，签订订单，而订单输入后也可以修改、撤销或进行订单的跟踪分析。

（二）销售订单对预测的冲销

销售订单不断冲销预测，而这首先要"客户订单控制文件"定义冲销规则，参见图 7-12。

图 7-12 中的"消耗量预测"中的"向前消耗周期"和"往回消耗周期"分别是指如果在订单到期的当前周期中无剩余预测量时，这个客户订单可以消耗的未来预测周期的数量或可以消耗的过去预测周期数。注意：① 只有已确认的客户订单才消耗预测量；② 先消耗邻近的往回周期、再消耗邻近的向前周期，再消耗次邻近的往回周期和向前周期；依此类推直至所有周期被使用了，若最后仍有未被冲销的订单则不再冲销；

③ 净预测量不包含生产预测量。参见图 7-13 冲销案例。其中，第 46 周的 23 000 个订单先冲销完本周的 3300，再依次冲销完第 45 周的 3200、第 47 周的 3300、第 44 周的 3200、第 48 周的 3500、第 43 周的 3000 和第 49 周的 3300，最后还剩余的 200 数量将冲销第 42 周预测的 2800 并使该周净预测由 2800 降至 2600。

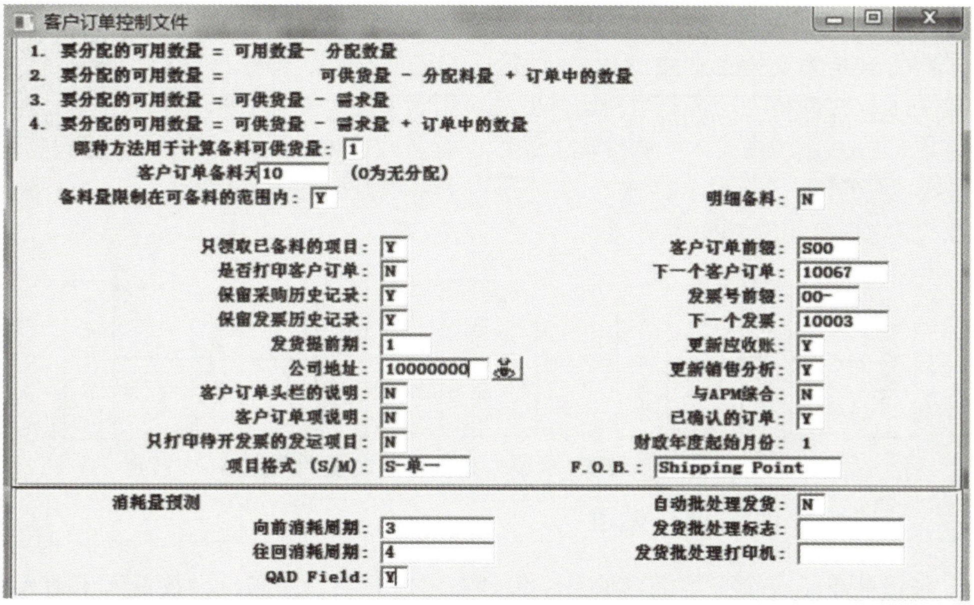

图 7-12　QAD 公司 ERP 系统中“客户订单控制文件”设置界面 (节选)

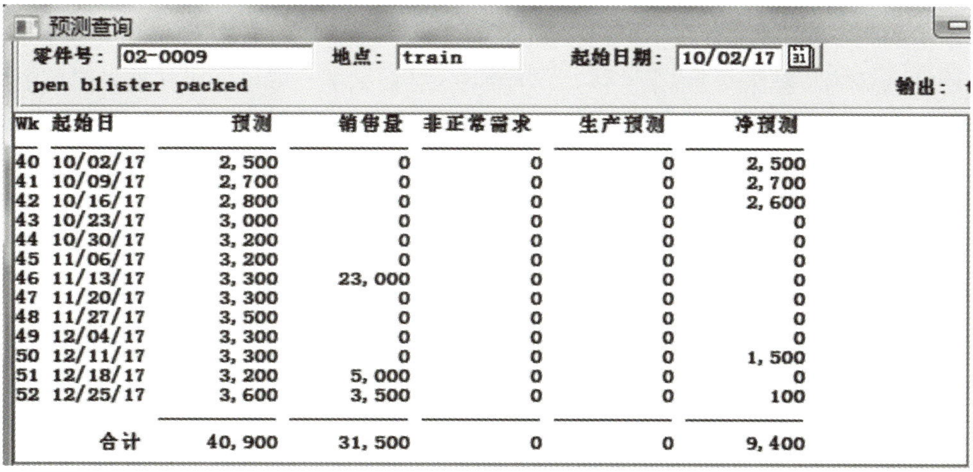

预测查询

零件号: 02-0009　地点: train　起始日期: 10/02/17

pen blister packed　输出:

Wk	起始日	预测	销售量	非正常需求	生产预测	净预测
40	10/02/17	2,500	0	0	0	2,500
41	10/09/17	2,700	0	0	0	2,700
42	10/16/17	2,800	0	0	0	2,600
43	10/23/17	3,000	0	0	0	0
44	10/30/17	3,200	0	0	0	0
45	11/06/17	3,200	0	0	0	0
46	11/13/17	3,300	23,000	0	0	0
47	11/20/17	3,300	0	0	0	0
48	11/27/17	3,500	0	0	0	0
49	12/04/17	3,300	0	0	0	0
50	12/11/17	3,300	0	0	0	1,500
51	12/18/17	3,200	5,000	0	0	0
52	12/25/17	3,600	3,500	0	0	100
	合计	40,900	31,500	0	0	9,400

图 7-13　QAD 公司 ERP 系统中订单冲销后“预测查询”结果界面

众多 ERP 软件遵循共同的 MRP/MRP Ⅱ 相关核心原理，因此在 MRP/MRP Ⅱ 计划子系统中差异很小，但各种 ERP 软件在进销存子系统方面差异明显。这些差异体现了各自 ERP 软件开发商不同的开发思路和对管理业务进行信息化的不同深化能力，这也是各种 ERP 软件的核心区别。鉴于各种 ERP 软件在进销存子系统方面差异较大且都在不断发展，尤其为对接电商业务所做的转型发展，此处限于篇幅不再展开，有兴趣的读者可参见各类介绍某 ERP 最新版本软件操作流程的教程或软件使用手册。

第二节　企业资源计划的采购管理

采购管理是为支持企业生产和/或销售而购进原材料、部件甚至产品的相关工作，也是决定企业顺利运作的关键因素所在。对需要采购的物料来说，ERP 系统需进入采购管理子系统进行采购，相关生命周期参见图 7-14。同样由于各种 ERP 软件在进销存子系统方面的差异明显，此处仅以 QAD 公司的 ERP 软件为例，进行简单示例。

视频讲解

图 7-14　ERP 系统中采购管理的生命周期

一、请购单的维护与批准

一张请购单是一个采购需求信息，包含需求的物料、需求日、数量和申请人等。QAD 公司 ERP 软件中的请购单需在"采购申请维护"中输入，参见图 7-15。如果请购单需要批准，则应将"采购单控制文件"中的"批准采购申请"字段置为"Y"，并建立规则类的"采购批准维护"，参见图 7-16。要完成"批准"事项，还需遵循规则做好"采购申请批准维护"操作，参见图 7-17。申请单一旦被批准，就可打印并被采购单引用，参见图 7-18。

采购申请也可来源于 MRP 采购物料的 PORC/POR，但必须人工进行确认，参见图 7-19。根据此图上半部的批准条件可知："计划采购单批准"在需要时也可应对自制零件的运作；而根据此图下半部不可修改的"订货量""发布日期"和"到期日"来看，这种源于 MRP 计划的采购物料 PORC/POR 已通过信息系统做好采购的控制。

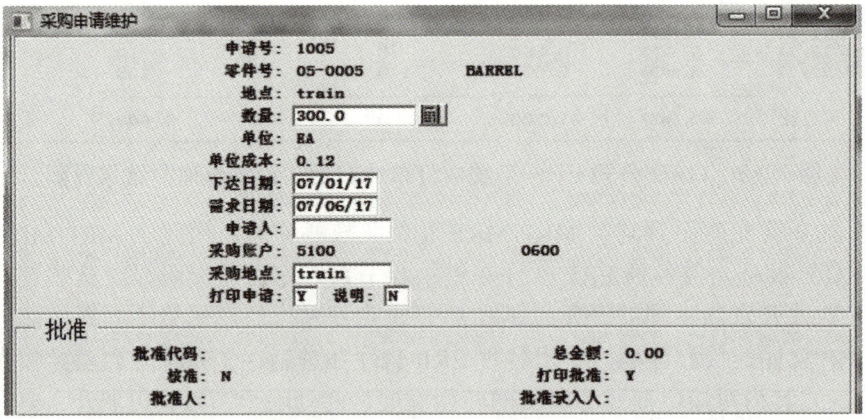

图 7-15　QAD 公司 ERP 系统中的"采购申请维护"功能界面

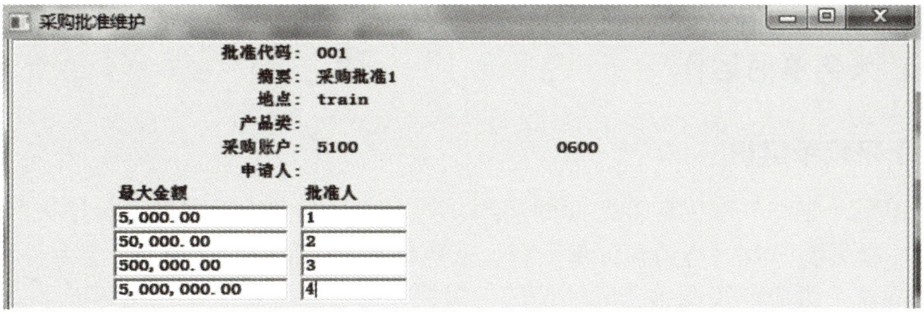

图 7-16　QAD 公司 ERP 系统中的"采购批准维护"功能界面

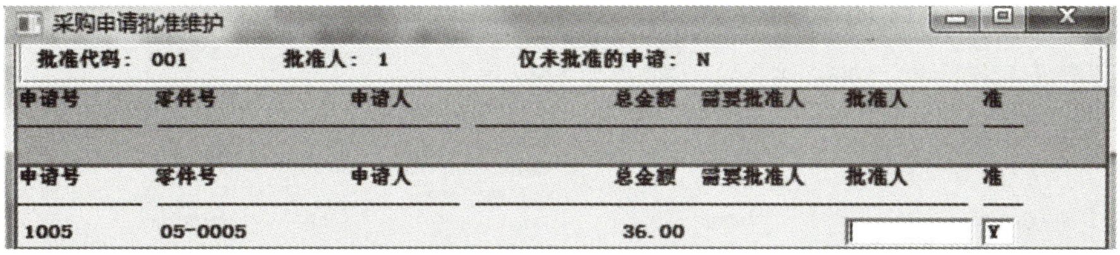

图 7-17　QAD 公司 ERP 系统中的"采购申请批准维护"功能界面

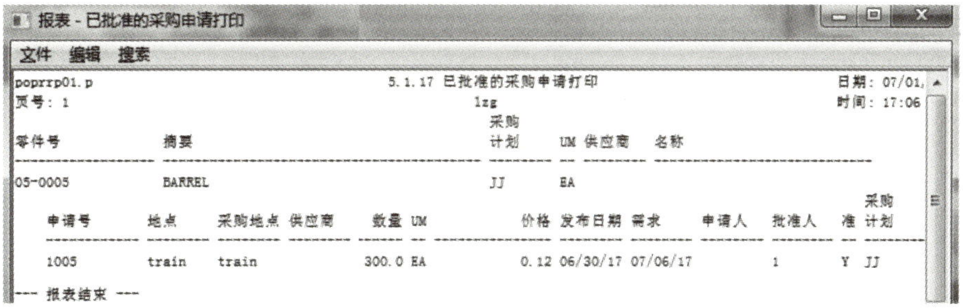

图 7-18　QAD 公司 ERP 系统中的"已批准的采购申请打印"功能界面

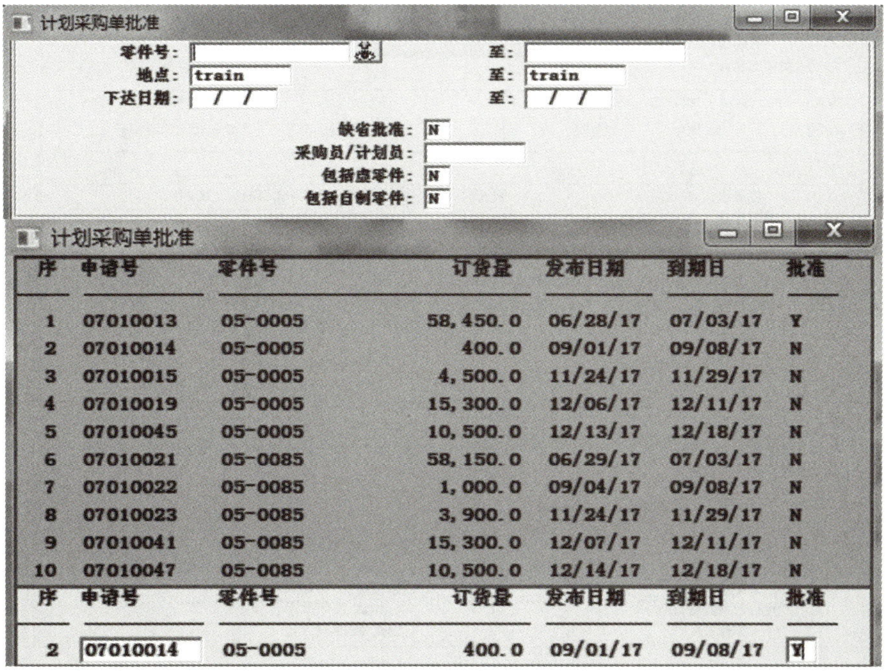

图 7-19　QAD 公司 ERP 系统中的"计划采购单批准"的条件选择和批准操作

二、采购单的运作

（一）采购单维护

采购单是一张与外部供应商之间的契约，约定在某个到期日以某个价格采购某数量的某产品，参见图 7-20。与销售订单一样，采购单有三个部分：订单头，行零件和费用。对于某次向某个供应商采购多个零件情况，需在"采购单维护"的后续界面中输入多行的采购详细信息。图 7-20 中还将之前批准后的请购单信息也勾选出来了。

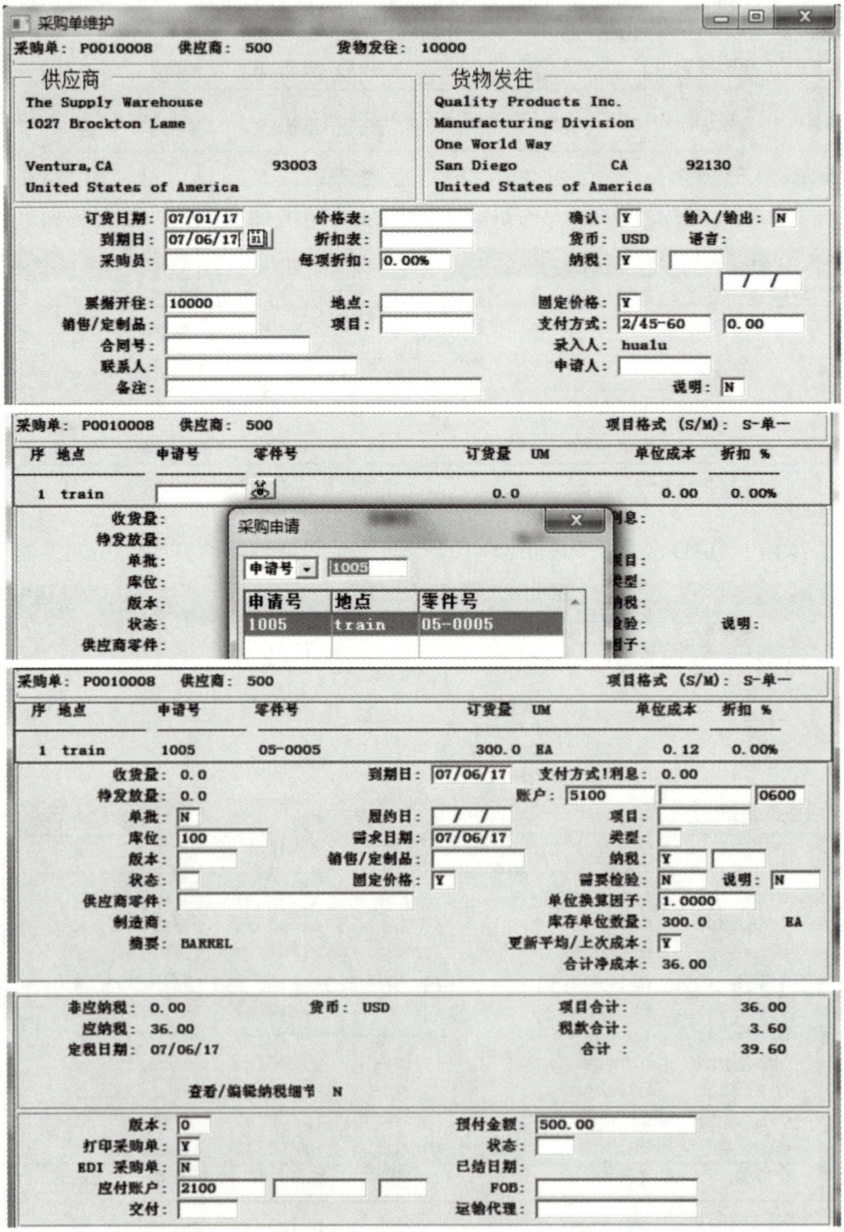

图 7-20　QAD 公司 ERP 系统中"采购单维护"的连续运作示例

当然，在输入采购单前，必须在"供应商维护"中建立供应商信息，包含地址、账户、价格、支付方式、纳税信息等。此外，可能还需在"供应商零件维护"中维护供应商提供的零件信息及其价格，并允许将供应商提供的零件信息与公司内部零件相关联。最后，"采购单控制文件"控制采购单的默认值，包括：票据开往/货物发往、全部接收、需要的价格表、需要折扣对照表、要求确认、检验库位、发货单类型、容差百分比等，参见图 7-21。

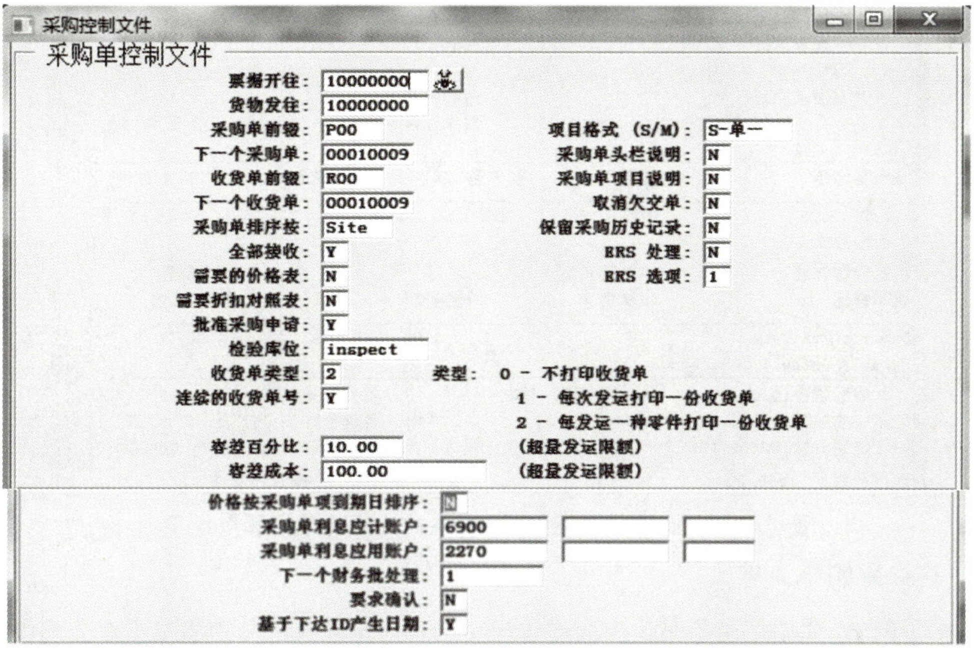

图 7-21　QAD 公司 ERP 系统中的"采购控制文件"维护示例

（二）采购单打印与发放

由于采购单是一个合法文件，所以它的复制必须被小心控制。在"采购单维护"的费用部分有一个采购单打印标志，默认值是"Y"。此时，可通过"采购单打印"打印采购单复印件，参见图 7-22 和图 7-23。打印完毕后，经相关人员签字后发放。

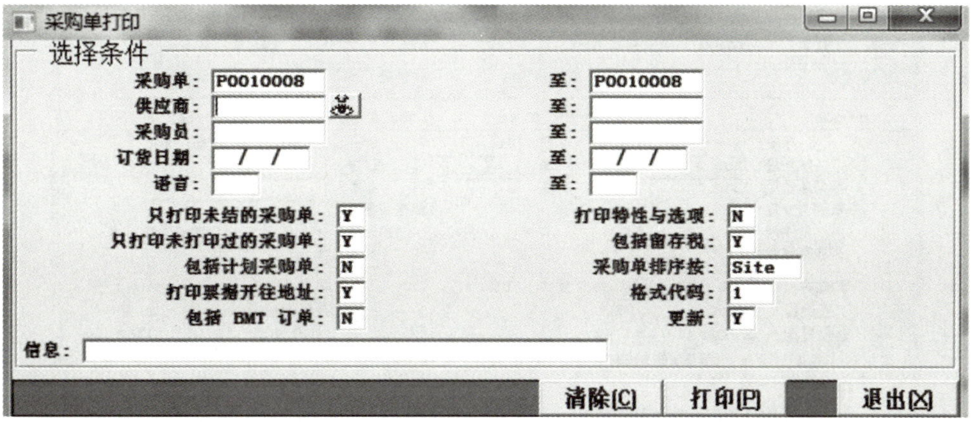

图 7-22　QAD 公司 ERP 系统中的"采购单打印"条件

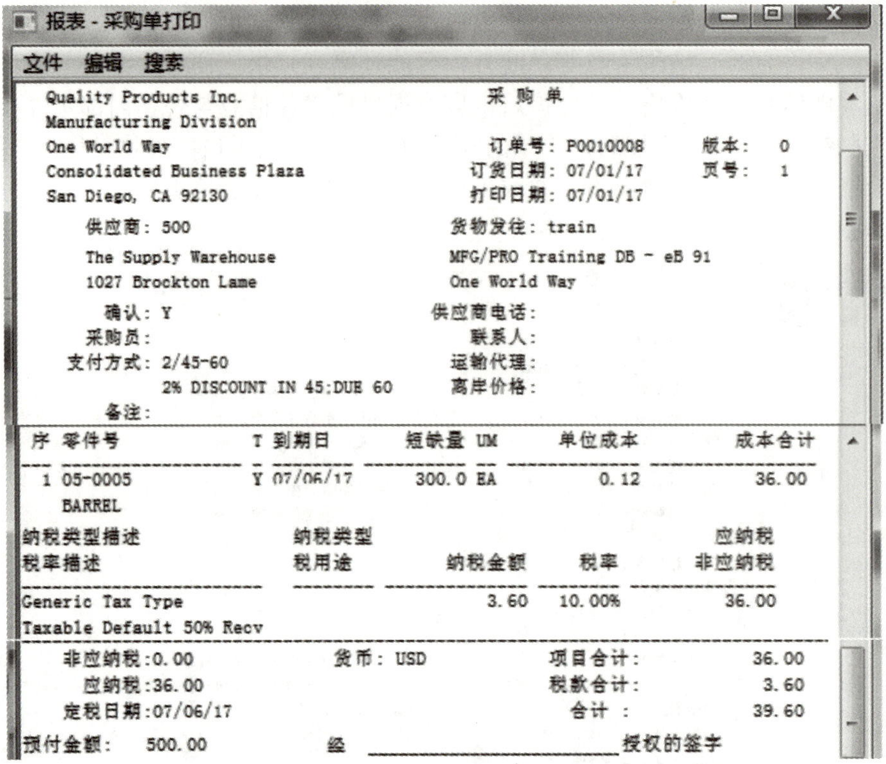

图 7-23　QAD 公司 ERP 系统中的"采购单打印"结果

（三）采购单入库

采购单的入库中记录了某供应商通过提交物料而全部或部分地满足了对公司供货承诺。对于库存零件来说，它自动地创建了总账事务处理并更新库存余额。用"采购单收货"程序，可以一次接收全部订单的零件，也可接收部分发货，参见图 7-24。其打印报表参见图 7-25。

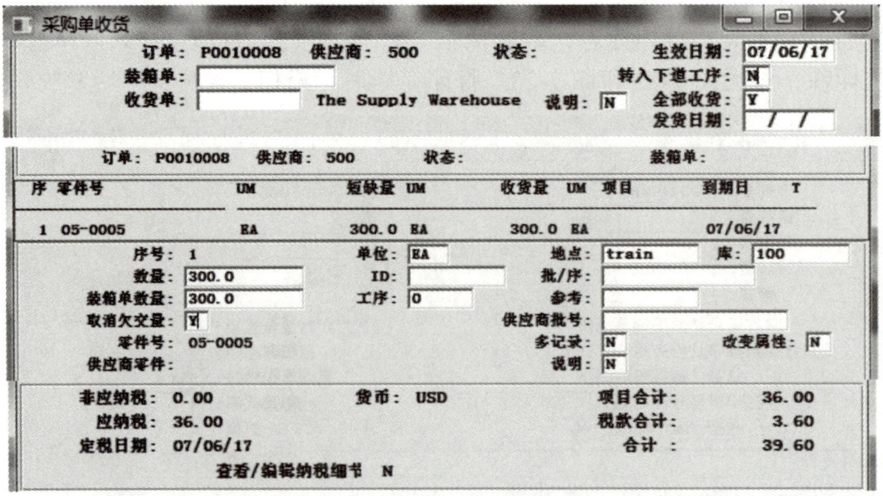

图 7-24　QAD 公司 ERP 系统中的"采购单收货"输入界面及其确认界面

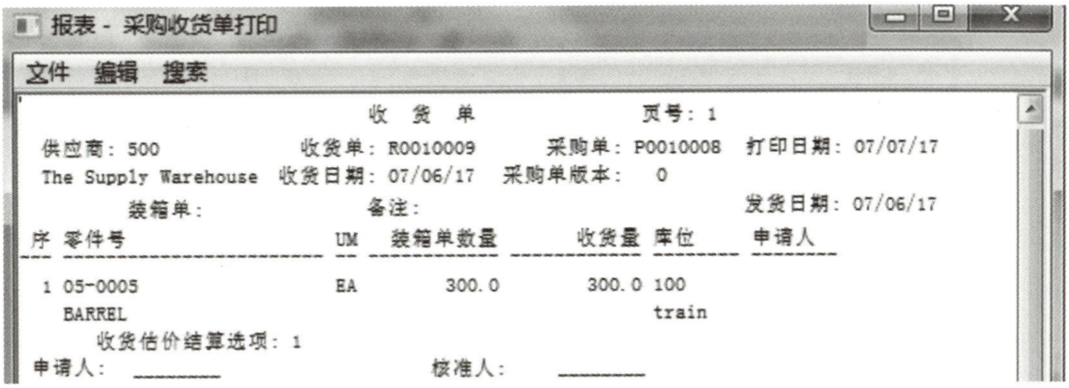

图 7-25　QAD 公司 ERP 系统中的"采购收货单打印"结果

（四）采购单退换货

采购单退货表示将物料退回给供应商，其原因也许是因为供应商超量送货，或是零件不合格。用户可以根据任何未结的或已结的采购单进行退货的处理，退货量最多可等于收货量。如果想更换零件，需将零件更换单输入采购单维护，或者增加未结采购单上的零件数量。退货将生成收货历史记录，以便与应付账中的供应商发票进行对照。退货还会影响供应商履行合同情况报表。采购单退换货运作参见图 7-26 至图 7-29。因收货单类型为 2 的收货单号由系统设置，故图 7-26 中关键"退货号"需先置空并在图 7-28 完成界面自动生成。

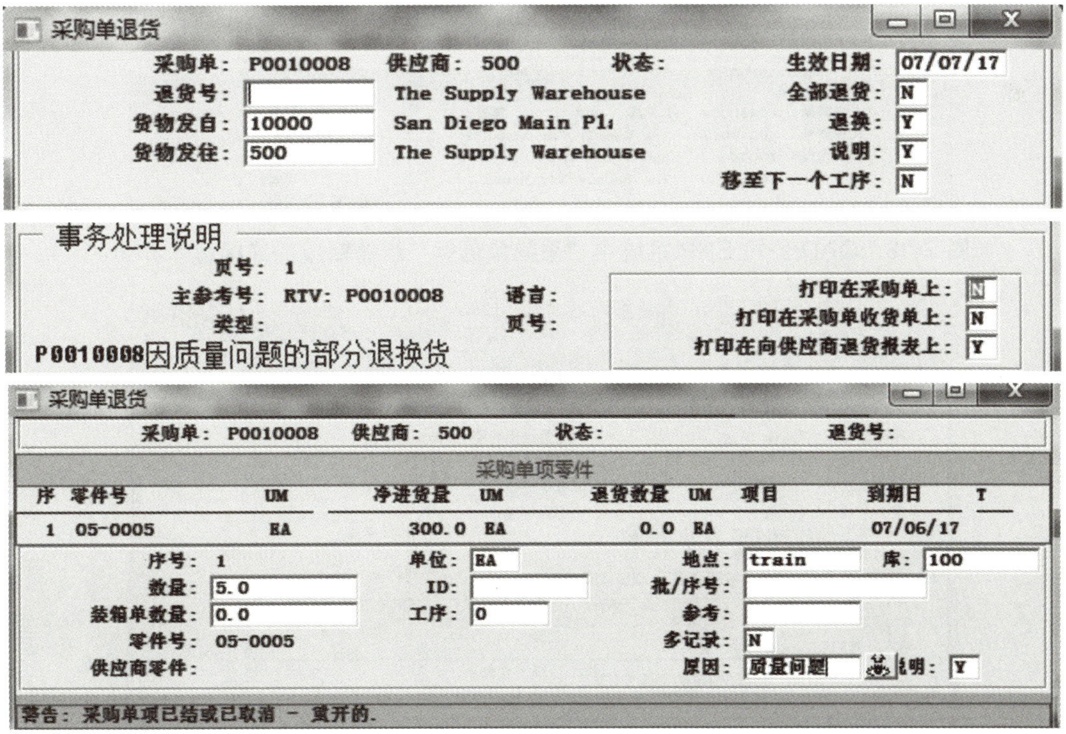

图 7-26　QAD 公司 ERP 系统中"采购单退货"主处理流程的连续运作界面

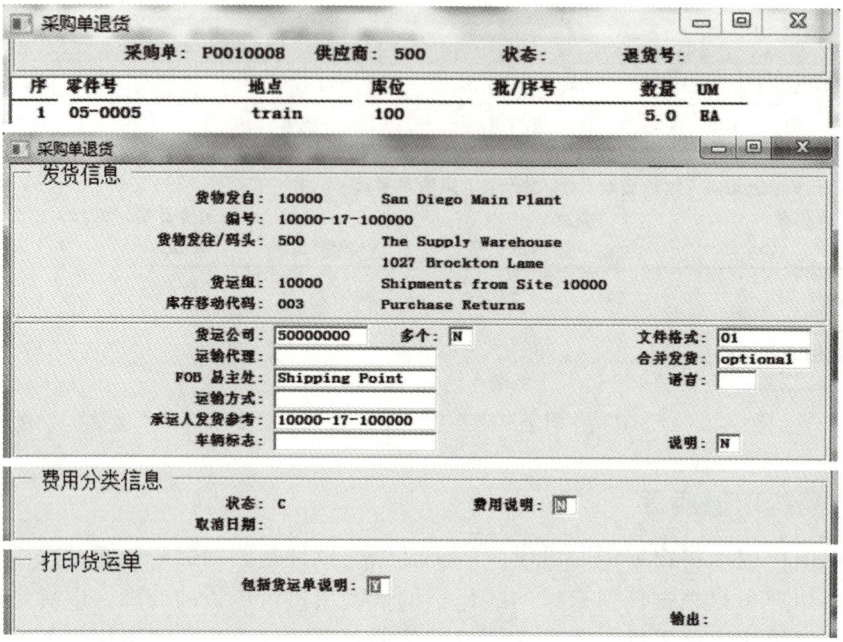

图 7-27　QAD 公司 ERP 系统中"采购单退货"详情处理流程的连续运作界面

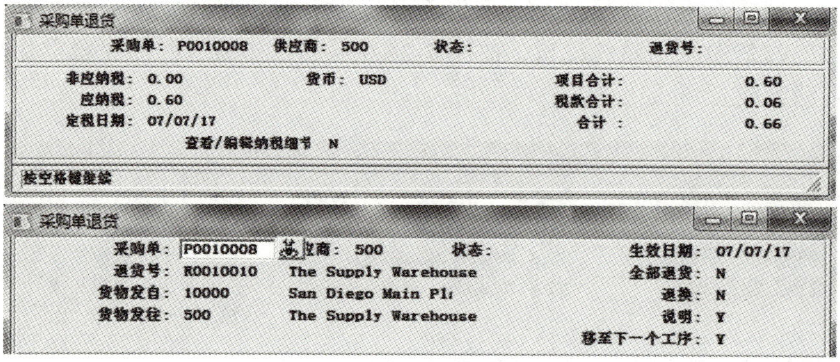

图 7-28　QAD 公司 ERP 系统中"采购单退货"最终完成的连续运作界面

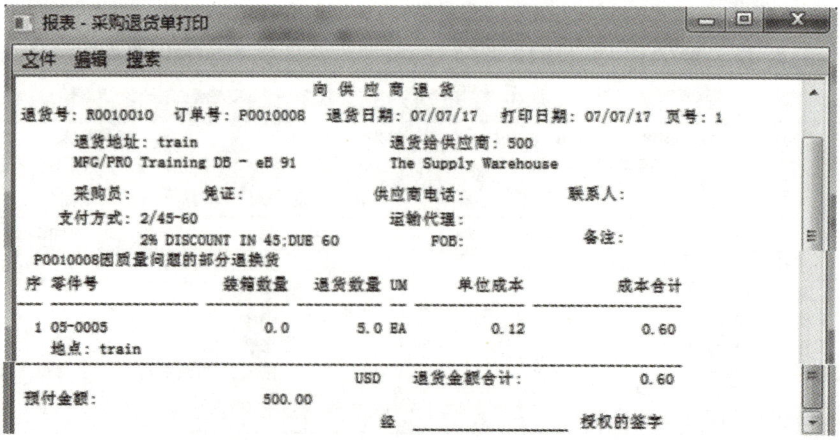

图 7-29　QAD 公司 ERP 系统中的"采购退货单打印"输出结果

（五）采购单结算

采购结算时一般需进行以下事务：采购订单成本更新、创建收货单与应付账、财务结算、总账过户、供应商履行合同情况评价。其中，两大非财会事务参见图7-30至图7-32。

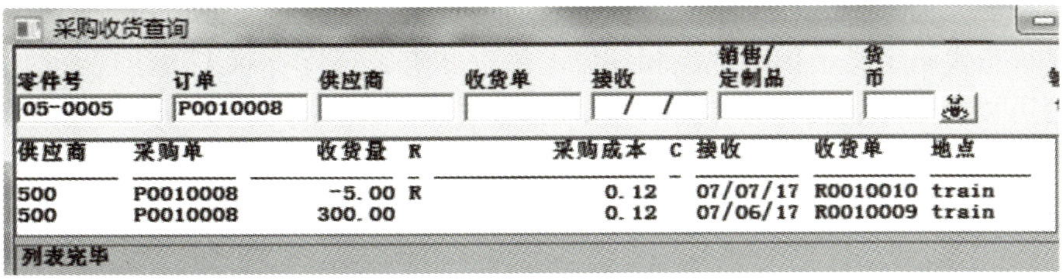

图 7-30　QAD 公司 ERP 系统中的"采购收货查询"条件与结果

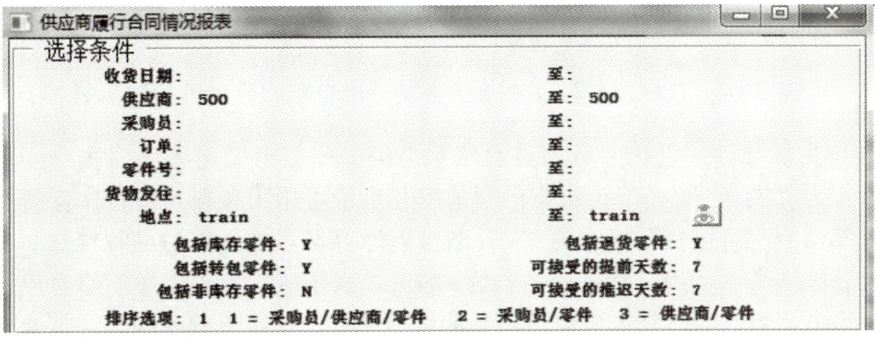

图 7-31　QAD 公司 ERP 系统中的"供应商履行合同情况报表"输入条件

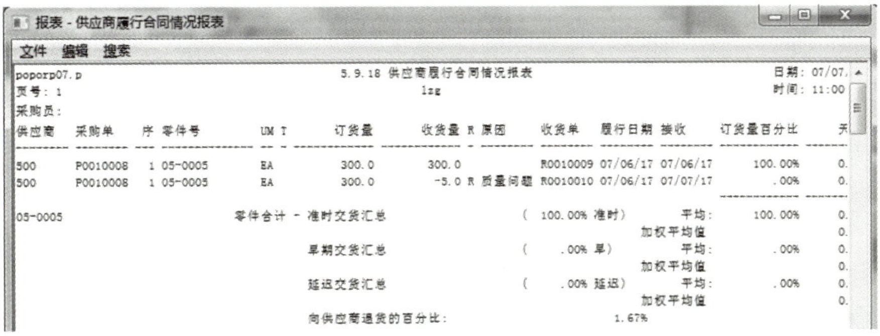

图 7-32　QAD 公司 ERP 系统中的"供应商履行合同情况报表"输出报表

第三节　企业资源计划的库存管理

库存管理的大致流程见图7-33。此处以 QAD 公司的 ERP 软件进行简单示例。

图 7-33　库存管理的大致流程

视频讲解

一、库存的基础与控制文件

（一）库存状态代码

库存状态代码定义了指定地点和库位的库存状态，该库存状态决定现有的指定库存余额是否可以分配给销售订单或加工单，是否可被 MRP 所用，是否允许出现负数，参见图 7-34。此处需要建立"空白"作为默认状态代码，表示零件可供货，是有效库存，没有限制事务。

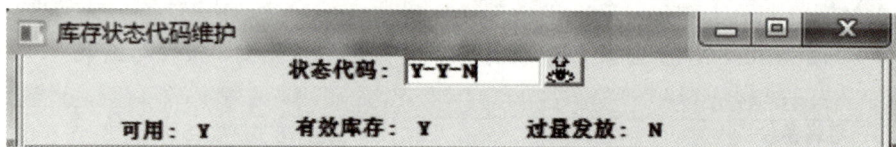

图 7-34　QAD 公司 ERP 系统中的"库存状态代码维护"示例

(1)"可用"属性。它用于标识具有该状态码的库存余量是否可为客户订单和加工单备料。若为"Y"，则处于该状态的当前库存余量可用于备料。进行库存备料时，系统将所有库位中"可供货"标志为"Y"的当前库存量累加，作为可备料量。大多数库存都将被分配一个"可用"状态码。若为"N"，表示该库存不能发运给客户，或不能在制造过程中使用；同时它也可以指用于测试的库存、待检验的库存以及需要报废或返工的不合格物料的库存。

(2)"有效库存"属性。它表示 MRP 是否将具有该状态码的库存余量视为当前库存量。在计划过程中，MRP 将所有库位中"有效库存"标志为"Y"的库存量累加得出当前的净库存，故计算中不考虑"有效库存"标志为"N"的库位。该属性为"N"表示库存不能发运给客户或不能在制造过程中使用，常指不合格或留作他用的库存。检验库位总是有效库位。

(3)"过量发放"属性。它指明该状态代码的库存余量是否可为负值。该属性若为"Y"，尽管发放的结果可导致当前库存量为负值，也可以从一个库位发放库存。当然，为防止此种情况发生，可将该标志设为"N"。此时，它将停止除"重复加工"回冲外的所有库存事务处理的过量零件发放。为什么允许过量发放呢？这是因为若库存是实际可供货的，即使库存收货数据输入被延迟（分批输入时常会出现失误），操作者也能记录下发料事务处理。在管理严格的仓库，多数零件可安全地进行过量发放。当进行事务处理时，库存余量可能暂变负值，但当输入了所有事务处理后，负值余量的问题便可解决。在一个有章可循的环境下，或零件由批/序号控制的情况下，也可将"过量发放"标志设置为"N"，同时制定一套数据输入程序以确保库存事务处理的及时输入。"使用平均成本计算法"时，"过量发放"字段始终都应置为 N。

（二）地点维护

"地点维护"参见图 7-35，其用于控制是否可以在一次库存事务中自动加入新库位。
"自动生成库位"指明是否必须为该地点预先定义库位。用户可以控制是否在库存事务处理之际自动增加新库位。若该标志置为"N"，必须用"库位维护"功能首先设

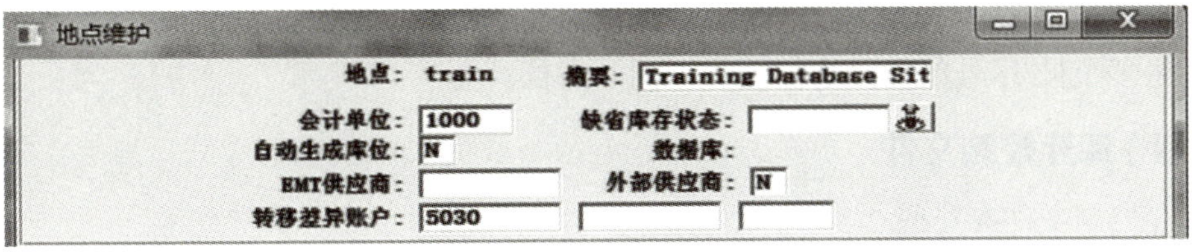

图 7-35　QAD 公司 ERP 系统中的"地点维护"功能界面

置新的库位。自动增加库位很方便；但若失误就可能会碰到麻烦，特别是如果选择允许超量发料的话，比如收到 100 个零件放入库位"STOCK"，自动增加库位时系统便会给"STOCK"增加一个新的库位记录；如果又收到 50 个同一零件，但不小心输入了库位"STOKC"，系统在警告"库位不存在"的同时，仍会给 STOKC 增加一个新库位，然后继续下去。在允许超量发料的情况下，如果用户后来从"STOCK"发出 150 个零件，那么最后库存量结果是：STOCK 中为 –50，STOKC 中为 +50。因此，如果只有很少库位，那么始终应把"自动生成库位"置为"N"。只有当库位识别方案很复杂、组合很多、无法进行预定义的情况下，自动库位才置为"Y"。但即使如此，也可以考虑把"自动生成库位"置为"N"，并预定义一些库位。然后使用批参考字段设定分库位，如排、架、箱、托盘或卷等。

（三）库位维护

库位用于标识库存的存贮地点中的一些物理区域，可以是整个库房、一个箱子、货架或通道；其参数用来标识那里可以贮存什么东西以及如何使用那里的库存品，参见图 7-36。如果为地点设定了自动生成库位，那么库位就设置为处理入库时输入的任何代码。只有当用户将零件分配到特定库位 (永久库位)，或者想要建立库位参数时，才必须预先定义库位。

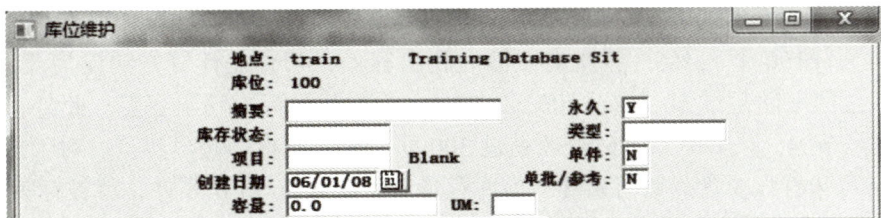

图 7-36　QAD 公司 ERP 系统中的"库位维护"功能界面

库存中的每个零件都与库位有关。一个给定零件可能存放在多个库位中。每项库存事务处理 (出库、入库、转移、盘点) 均须规定库位代码。此外，库位是地点的一个子集，所以不同地点可以有相同的库位代码。如果在多个地点使用同一种零件，建议用户为多个地点定义相同的库位代码。因为每种零件只有一个默认 (回冲) 库位，而不是每个零件和地点都有一个默认库位。选择库位编码方法时，首先要查看在库存控制文件中选择的领料顺序。

(1) 永久。"Y"表示库位是永久的，即使当前库存余量为零也要保留该库位；"N"表示库位是临时的，它由系统建立与删除，并且只有在当前库存余量大于零时才存在。
(2) 单件。指明该库位是否可存放多种零件或产品。"Y"可防止一个库位接收多种零件。

(3) 单批/参考。指明是否可以将多个批/序号的相同零件贮存在本库位。"N"可以防止将多个批/序号的相同零件接收入同一库位。

（四）库存控制文件

库存控制文件参见图 7-37。

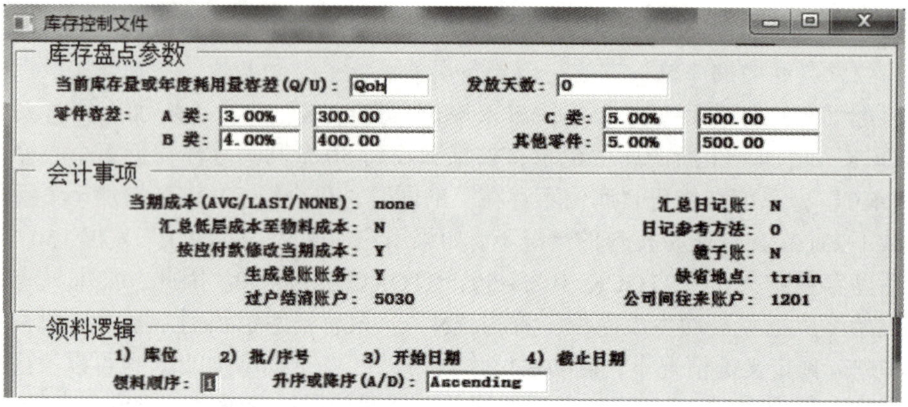

图 7-37　QAD 公司 ERP 系统中的"库位控制文件"功能界面

(1) 当前库存量或年度耗用量容差 (Q/U)。指明计算每个 ABC 类型中零件容差所使用的方法：Qoh(默认值) 或 Uoh。当输入的盘点数与系统中记录的当前库存量有出入时，周期盘点和实际库存功能使用本字段的值。计算出的容差用来决定是否接受输入的盘点数，还是将其注明有误。容差百分比和容差金额都要核实，盘点的差额必须在容差金额与容差百分比的范围内才可被接受。若容差计算方法为"Qoh"，零件容差按当前库存量的百分比来计算；若选择"Uoh"，则零件容差作为年度使用金额的百分比来计算。例如，一个 A 类零件，其当前库存量为 100 个，年度使用金额为 1000 元，总账成本为 10 元，容差水平设置为 3% 或 300 元。若容差计算方法设为"Qoh"，那么盘点数量差额超过 3 个 (=100 个 ×3%)，零件就被标为超出容差；若容差计算方法设为"Uoh"，那么盘点金额差额超过 30 元 (=1000 元 ×3%)，零件就被标为超出容差。此外，无论容差百分比是多少，只要盘点金额差额超过 300 元，也要被标为超出容差。对于总账成本 10 元，这意味着只要盘点数与系统当前库存量的差额超过 30 个零件，就被标为错误。

(2) 发放天数。具有保存期限的零件在到期前可领料或发料的日历天数。某些零件有一个根据其保存期限确定的到期日。

(3) 领料顺序。用于指定为加工单和客户订单明细备料时零件的领料顺序。明细备料用于"保留"一定的库存量给订单发运或发料。若从不同库存领料，需人工修改发料事务处理。

● 二、零件库存数据维护

零件库存数据维护除了 IM 中库存相关数据外，还有图 7-38 的"库存明细维护"。当用户为零件备料时，"检定 %"和"等级"十分重要。"等级"是与该库存量相关的等级，常用于标识零件的质量或物理特性；"检定 %"是与该库存量相关的检定百分比。

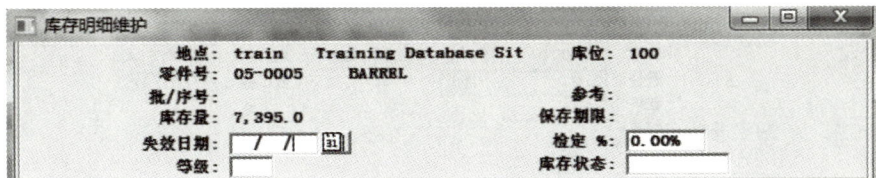

图 7-38　QAD 公司 ERP 系统中的"库存明细维护"功能界面

三、库存实施

从手工管理模式转为 ERP 管理时，各物料初始的 OH、AL、SR 等信息通过初始库存的实施输入信息系统。库存实施并非指一个特定模块或程序，而是管理中的一个概念，其活动涉及多个程序，如"计划外入库"(参见图 7-39) 和"计划外出库"(界面类似于图 7-39)。

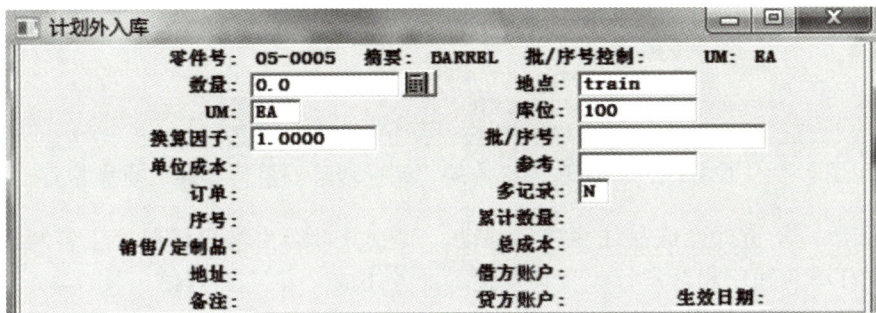

图 7-39　QAD 公司 ERP 系统中的"计划外入库"功能界面

一般来说，除初始库存实施外，库存实施活动比较少用，仅当需调整库存数量直至正确并且不影响其他模块时才能使用。例如，一旦设置了库存数量，就用"采购单入库"来替代"计划外入库"来接收增加的库存并对之实行跟踪。某些事务当代替它们的模块安装后是不被系统允许运行的。例如，安装采购模块后就不能执行"出库—向供应商退货"操作，因为系统想通过"采购单退货"来跟踪这一事务，此时若仍使用原操作向供应商退货来处理返工，将不能影响供应商履行合同的记录，也不影响应付账户；又如"计划外出库"允许额外发料给加工单，但未能将它记入该加工单成本。这其中多数是产生错误时才用到这些计划外的事务处理。

四、库存事务

物料从供应商处获得后，经检验、存储，送至车间，再作为产成品返回仓库，然后发货。大多数的移动以同样的方式改变着库存价值。下面的分类汇总了库存移动及相关事务处理。

(1) 转移。转移是从一个库位到另一个库位的移动，参见图 7-40 和图 7-41。

(2) 进出库。入库是指从供应商或车间那里收到零件；出库是指零件离开仓库的加工单发料。采购单收货入库参见图 7-24，加工单的领料出库和完工入库分别参见图 6-49和图 6-50。

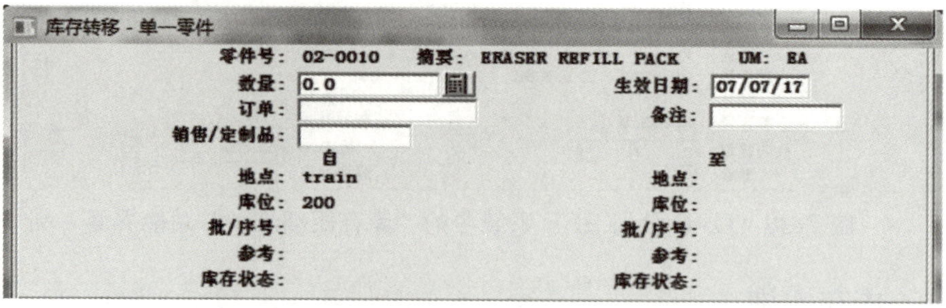

图 7-40　QAD 公司 ERP 系统中的"库存转移—单一零件"功能界面

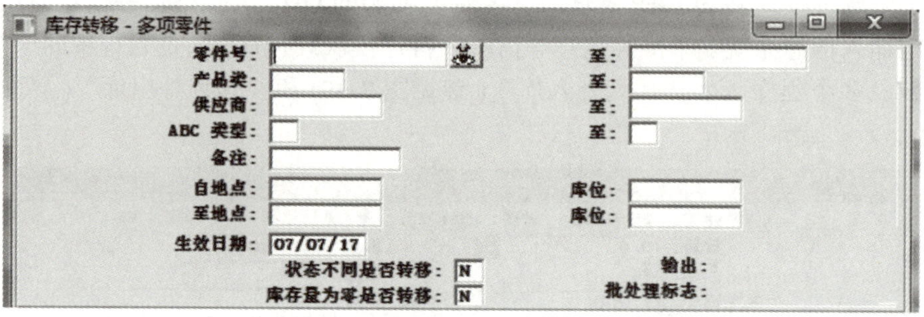

图 7-41　QAD 公司 ERP 系统中的"库存转移—多项零件"功能界面

(3) 发货。发货即产成品往客户的移动。其业务可经由客户订单手工备料或自动备料、客户订单装箱单和客户订单货物发运等业务组成，参见图 7-42～图 7-45。

(4) 调整。调整是库存某一库位的改变，由周期盘点或实际库存产生。

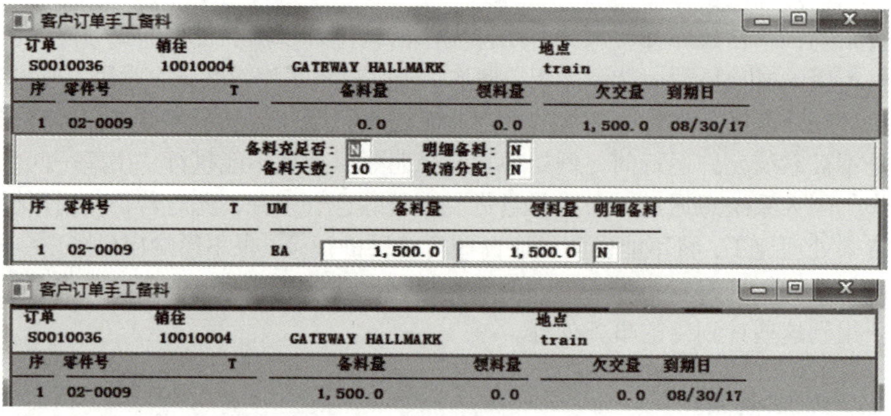

图 7-42　QAD 公司 ERP 系统中"客户订单手工备料"功能的连续运作界面

图 7-43　QAD 公司 ERP 系统中的"客户订单自动备料"功能界面

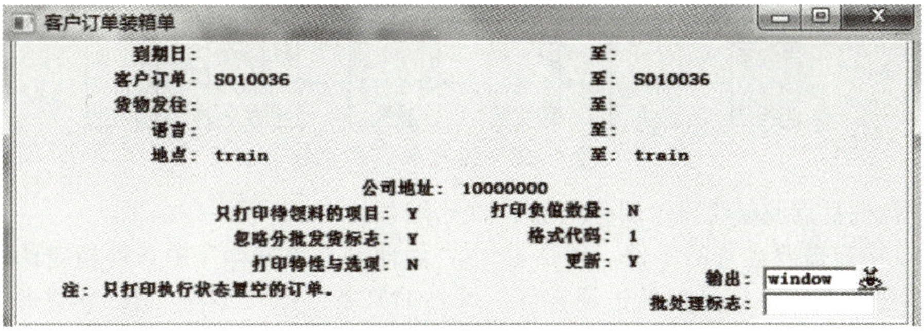

图 7-44 QAD 公司 ERP 系统中的"客户订单装箱单"功能界面

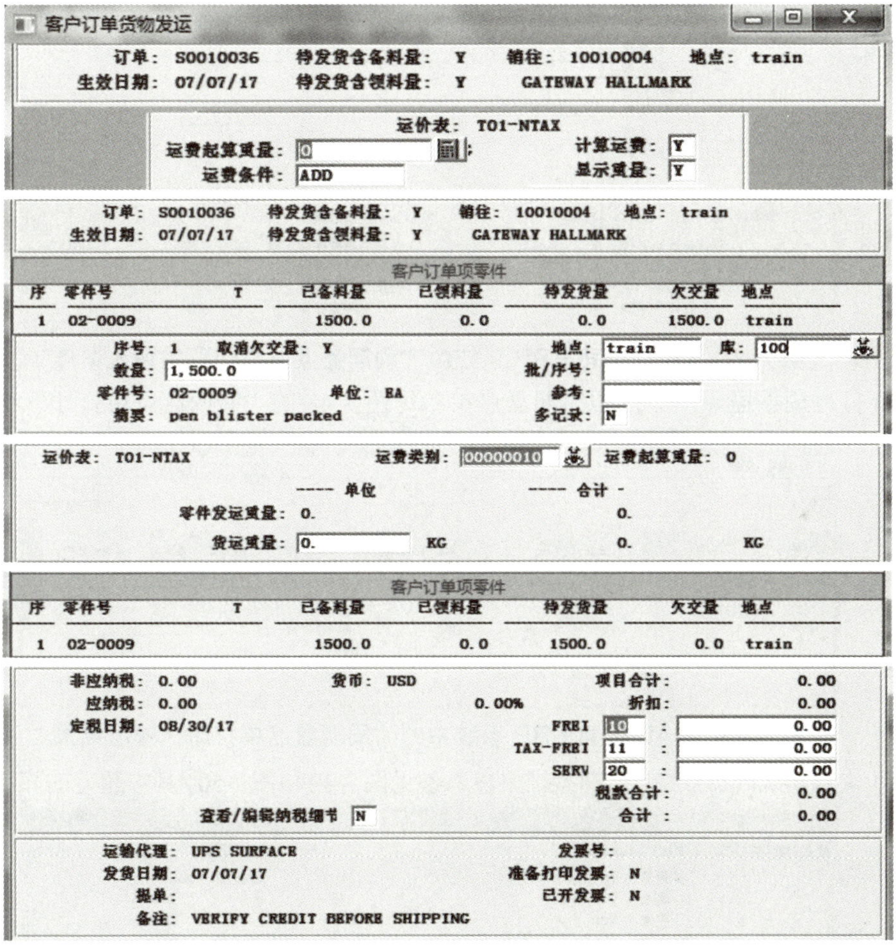

图 7-45 QAD 公司 ERP 系统中"客户订单货物发运"功能的连续运作界面

五、盘点与实际库存

盘点就是清点货物库存，周期盘点则是周期性的货物清点，其业务流程参见图 7-46。在盘点后，输入盘点数目并将之与可供货量比较。如果盘点数目在容差范围内，则可供货量将按盘点数量更新。如果不在容差范围内，系统将记录此次盘点，但不更新余额。在超出容差范围的数量被迫强制进入 ERP 系统以前，系统会重新进行盘点。详细的初

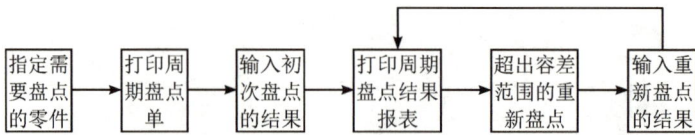

图 7-46 盘点的业务流程

盘和重盘的盘点业务流程示例参见图 7-47～图 7-55。

(1) 指定需要盘点的零件。图 7-47 中 "周期盘点单打印" 的条件指定的是需要盘点的零件。其中，"只包括过期零件" 属性的判断依据是零件 ABC 类型指定的周期盘点间隔。

图 7-47 QAD 公司 ERP 系统中 "周期盘点单打印" 的输入条件

(2) 打印周期盘点单。打印周期盘点单参见图 7-48 的 "周期盘点单打印" 结果界面。

图 7-48 QAD 公司 ERP 系统中的 "周期盘点单打印" 输出结果

(3) 输入初次的盘点结果。初盘结果输入参见图 7-49 和图 7-50，其中超差的库存量不变。

图 7-49 QAD 公司 ERP 系统中初盘结果超差的 "周期盘点结果录入" 示例

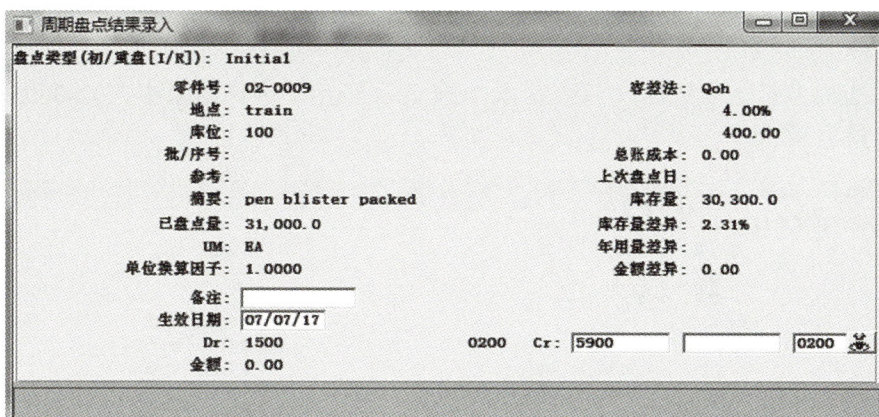

图 7-50　QAD 公司 ERP 系统中正常初盘结果的"周期盘点结果录入"示例

(4) 打印周期盘点结果报表。图 7-51 是周期盘点的结果报表。注意：有报错的初盘结果会有"ERR"错误标志并且其结果不能修改原库存记录结果，而容差范围内的将直接修改原有库存量，参见图 7-52。在图 7-52 库存可用性查询结果中，02-0009 的库存量已调为 31 000。

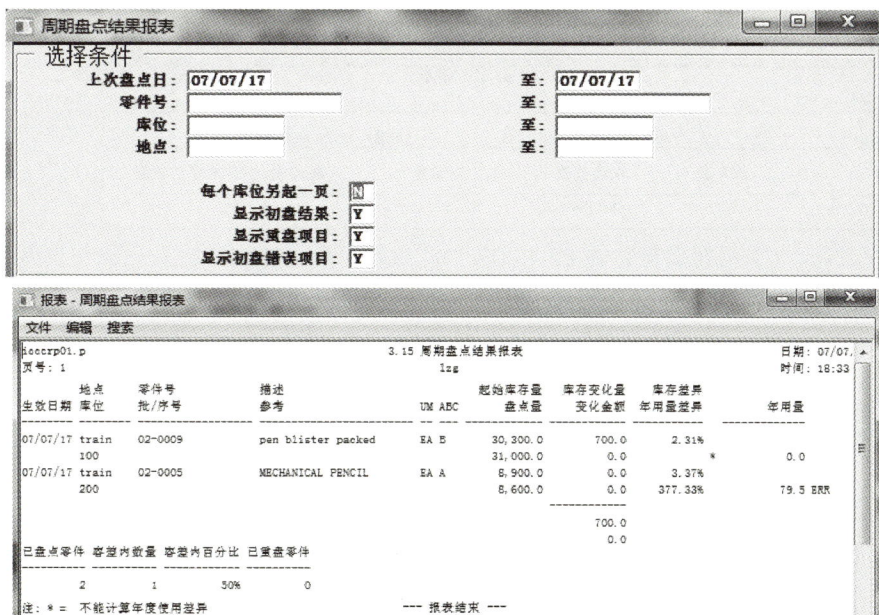

图 7-51　QAD 公司 ERP 系统中"周期盘点结果报表"的输入和输出示例

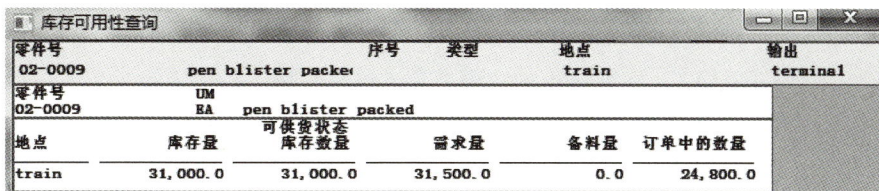

图 7-52　初盘时容差正常的 02-0009 的"库存可用性查询"输入和输出示例

(5) 重新盘点。针对初盘超出容差范围的物料，需要进行重新盘点，参见图 7-53。若重盘时仍旧超差，不再出现"当前库存量不再修改"警示，即将以重盘后的实际库存量修正原有库存量，参见图 7-54。在图 7-54 库存可用性查询结果中，02-0005 的库存量最终调整为 8600。

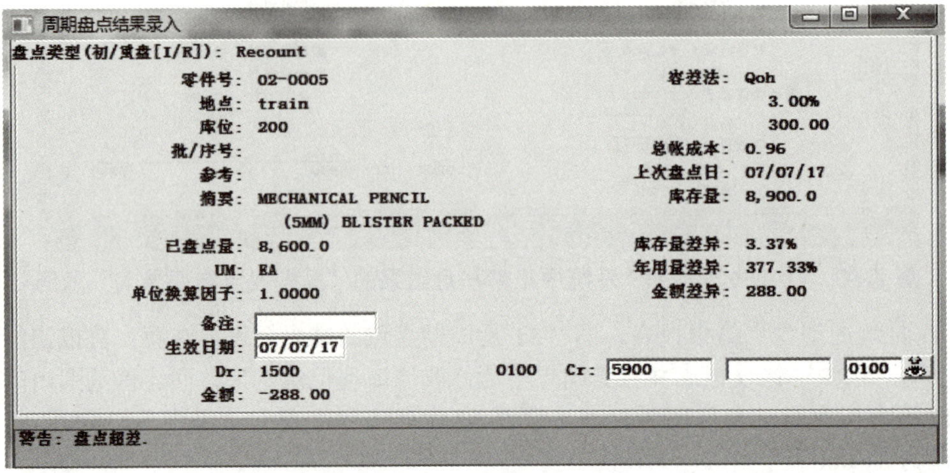

图 7-53　QAD 公司 ERP 系统中重新盘点的"周期盘点结果录入"示例

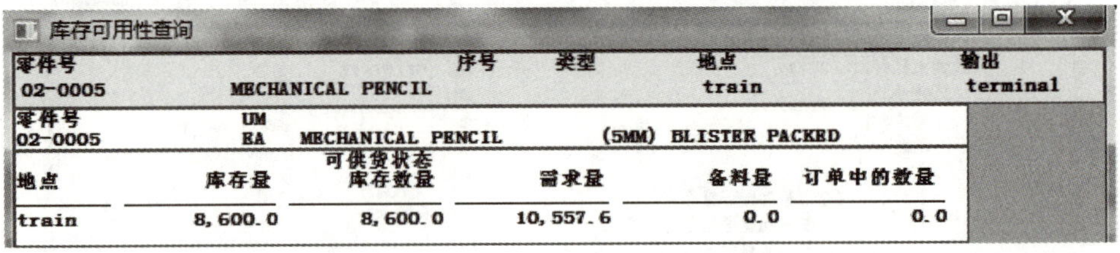

图 7-54　重盘时仍超差的 02-0005 的"库存可用性查询"输入和输出示例

(6) 重盘后的打印周期盘点结果报表。重盘后必修改原库存量的盘点结果报表见图 7-55。

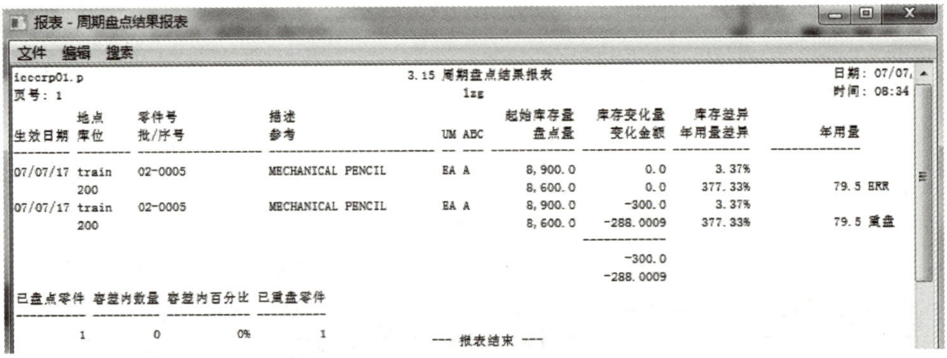

图 7-55　重新盘点的"周期盘点结果报表"输出示例

(7) 实际库存。一个完整的实际库存通常涉及以下几个步骤：① 对以前的实际库存标签进行删除 / 存档；② 冻结库存余量；③ 生成并打印盘点标签 (或者在冻结之前进行)；④ 输入初盘标签盘点量；⑤ 如果必要，应检查盘点结果并输入重盘数量；⑥ 使不用的标签无效；⑦ 更新库存余量。以上步骤参见图 7-56。

图 7-56　"实际库存"的业务流程

"实际库存"模块允许创建和打印多个零件标签。也可以创建不与任何实际零件或库位相关联的空标签，参见图 7-57。有些公司在进行实际库存业务时希望继续正常运转，这点可通过冻结库存余额实现，参加图 7-58 左半部分；而库存正在清点时所做的处理作为库存增加或减少将被记录，即库存事务可以在库存余量冻结后进行处理。但应记录冻结后的库存事务，因为盘点数量必须反映这些事务处理的情况。"库存余量更新"将加上或减去冻结库存零件数量与盘点的库存零件数量间的差异，而不是用盘点得出的数量来更新库存余量，参见图 7-58 右半部分。例如，若冻结量为 100，盘点量为 40，则库存调整量是 −60。但是，如果这 60 在冻结后已被发运，那么库存已经减少了 60。如果再用 −60 去调整库存量，这就重复计算了发运量，故需跟踪冻结后的库存事务。通常情况下最好是暂缓运转。在进行实际库存时，系统接受所有的盘点和差异，即使它们在容差范围之外。"库存差异报表"将注明所有容差范围之外的盘点。注意：在更新任何余额以前，小心运行和批准这一报表。

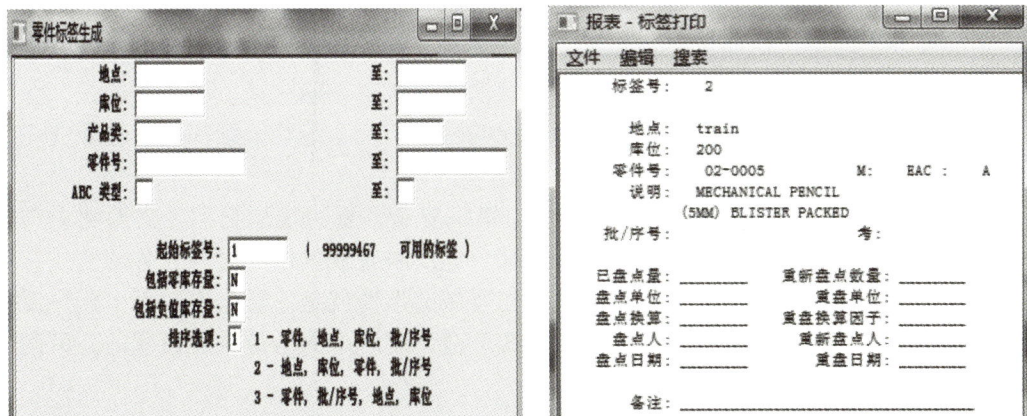

图 7-57　QAD 公司 ERP 系统中"零件标签生成"输入和"标签打印"输出示例

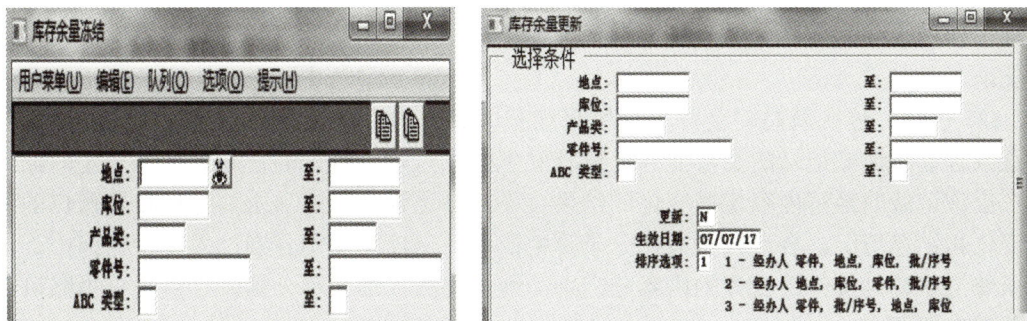

图 7-58　QAD 公司 ERP 系统中"库存余量冻结"和"库存余量更新"输入界面示例

第四节 企业资源计划的财务管理

　　财务管理是基于企业经营过程中客观存在的财务活动和财务关系产生的货币数值形式的资金运动。它是一种综合性管理，主要体现在通过统一货币计量进行价值形态管理并渗透企业全面的经济活动中。制造企业 ERP 财务管理与一般财务管理软件不同，因为它与复杂物流运作紧密集成。在制造企业 ERP 管理模式下，可由生产活动直接产生与财务活动有关数据，把实物形态的物流直接转换为价值形态的资金流，保证生产与财务数据的实时性和一致性，使财务部门得到及时、准确的资金信息，从而控制成本、参与决策、指导和控制生产经营等。

一、财务管理概述

　　制造企业 ERP 的财务系统通常包括会计核算和财务管理两部分，前者是后者的基础。

（一）会计核算

　　会计核算主要是记录、核算、反映和分析资金在企业经济活动中
的变动过程及其结果。它通过会计报告、会计账簿、会计凭证等会计资料向企业管理者提供管理上所需要的资料，以利于企业在经营活动中做出正确决策。更重要的是，企业通过财务报告向外部信息使用者提供诸如企业的财务状况、经营业绩和现金流量变化等财务信息。会计核算处理基本步骤如下所述。

　　(1) 设立账户。企业经济业务多种多样、错综复杂，要想描述它们，需要建立与之相适应的会计系统，以全面、连续、系统、综合地反映企业发生的经济业务的实质，为决策者提供有用经济信息。建立这个系统首先要做的事情就是设置账户。每个账户反映某一类经济业务。我国企业的账户是按国家统一会计制度中的会计科目设置的，可酌情增设、减少或合并科目。

　　(2) 编制会计分录。每一项经济业务发生后要编制会计分录，也就是分析该业务对哪些账户有影响，影响的数量是多少，影响的方式如何(增加或减少账户的余额)等。实际工作中，编制会计分录就是根据记载经济业务的原始凭证对经济业务做出相应的记账凭证。

　　(3) 过账。过账就是将会计分录所记载有关账户的金额登记到相应账簿中。因记账凭证或普通日记账记录的经济业务是按其发生的先后顺序登记的，并未体现一定时期某账户应该记载的经济内容增减变化的结果，不能满足管理上的需求。为反映各账户的增减变化和结存情况，会计人员需把分录簿中的业务事项按类别分别过入有关账簿中。由于所登记账簿是按经济业务的内容分门别类地反映的，故又称分类账，这种分类账可满足管理上的要求。

视频讲解

(4) 试算平衡。把会计事项编成会计分录并过入分类账后，就可编制试算平衡表。试算平衡表是检验各个分类账户借方余额合计与贷方余额合计是否相等的测算表格。任何情况下借贷金额都必须相等，故在试算表中所有借方余额的总和与所有贷方余额的总和总是相等，但这并不能保证在编制分录和过账程序中没有错误。科目记得不对、个别分录未计入分类账、重复过账等都能影响试算平衡表中的平衡关系。试算平衡也为后续会计程序做了进一步准备。

(5) 调整分录。把已发生经济业务全部登记到账簿后，根据会计原则需对是否归属本期的收入和费用做调整。一般每月月末对需调整的内容编制会计分录并过到有关账户。账项调整主要包括：① 确认应计而未入账的收入；② 确认应计而未入账的费用；③ 确认已支付但尚未计入本期的费用；④ 固定资产折旧的计提；⑤ 费用的分配。除此之外，企业可能还有外币的收入和支出，应按规定方法及时确认汇兑损益并做调整分录和过账。企业若有长期股票投资，年末应根据权益变化调整长期投资的账面价值，有时要提取坏账准备和各种资产减值准备。

(6) 结账。结账是在月末编制结账分录，将各临时性账户的余额转入永久性账户，以便能进行后续会计程序。临时性账户主要包括主营业务收入、其他业务收入、营业外收入、投资收益、主营业务支出、其他业务支出、营业外支出、财务费用、管理费用、销售费用等。

(7) 编制会计报表。结账程序结束后就可以进行会计报表的编制工作。会计报表是会计信息系统对企业会计信息的输出，同时也是反映企业财务状况、经营成果和现金交易情况的综合性文件。外部各界人士主要是通过会计报表来了解企业的情况，故会计报表对于投资人和债权人来说非常重要。会计报表包括主表和附表：主表包括资产负债表、利润表和现金流量表；附表包括资产减值准备明细表、股东权益增减变动表、应交增值税明细表、利润分配表等。

以上七个步骤需要在企业各会计周期内周而复始地不断进行，故又称会计循环。制造企业 ERP 中的会计核算是集成信息的会计核算，它不仅可以完成上述会计循环的全部账务处理，而且还与销售管理、采购管理、库存管理、生产管理等模块紧密集成，能够根据上述模块中各种业务单据自动生成会计凭证，从而实现物流与资金流的统一。

（二）财务管理

财务管理的功能主要是基于会计核算的数据加以分析，从而进行相应预测、管理和控制活动。它侧重于财务分析、财务预算和财务控制。

财务分析是指企业财务人员以财务报表和其他资料为依据和起点，采用专门方法，系统分析和评价企业过去和现在的经营成果、财务状况及其变动，目的是了解过去、评价现在、预测未来，帮助企业经营管理者进行决策。财务分析最基本的功能是将大量报表数据转换成对特定决策有用的信息，从而减少决策的不确定性。它所使用的数据主要来源于企业的财务报表，分析的结果包括企业的偿债能力、盈利能力和抵抗风险的能力，并做出评价或找出问题所在。

财务预算是一系列专门反映企业未来一定预算期内预计财务状况和经营成果，以及现金收支等价值指标的各种预算的总称，它具体包括现金预算、预计利润表、预计资产负债表和预计现金流量表等内容。在全面预算的体系中，经营预算和资本预算是财务预算的基础。

　　财务控制是在全面预算的基础上对影响企业财务活动 (即资金活动) 的各种因素加以管理。从控制论的角度看，控制的组成部分包括标准设定、信息反映、责任中心和纠正偏差。财务控制就是预先确定企业财务管理目标，将实际工作中的资金运行情况、成本、费用情况进行比较，以此来衡量管理的业绩，并对违反标准的情况及时采取措施加以纠正。制造企业 ERP 的财务管理功能主要用于事后收集和反映财务数据，相应模块主要侧重于财务报表和财务分析。在大数据分析支持下，其管理控制和决策支持的功能正在加强。

二、财务管理业务基础信息

(一) 系统/账户控制文件

　　系统/账户控制文件必须在向系统内输入信息之前就先设置。这是一个特殊的控制文件，其主要功能是定义账户参数，比如说货币、税收系统和总账账户的默认值，参见图 7-59。ERP 系统还需为买卖的零件和产品 (库存物料) 设置账户信息，关键是对物料所属产品类做好类似账户信息的维护，主要是按库存相关账户、销售相关账户、采购账户、加工单账户、服务账户重新归类，比如图 7-59 中的"差异"类账户信息重新分别归入上述账户。

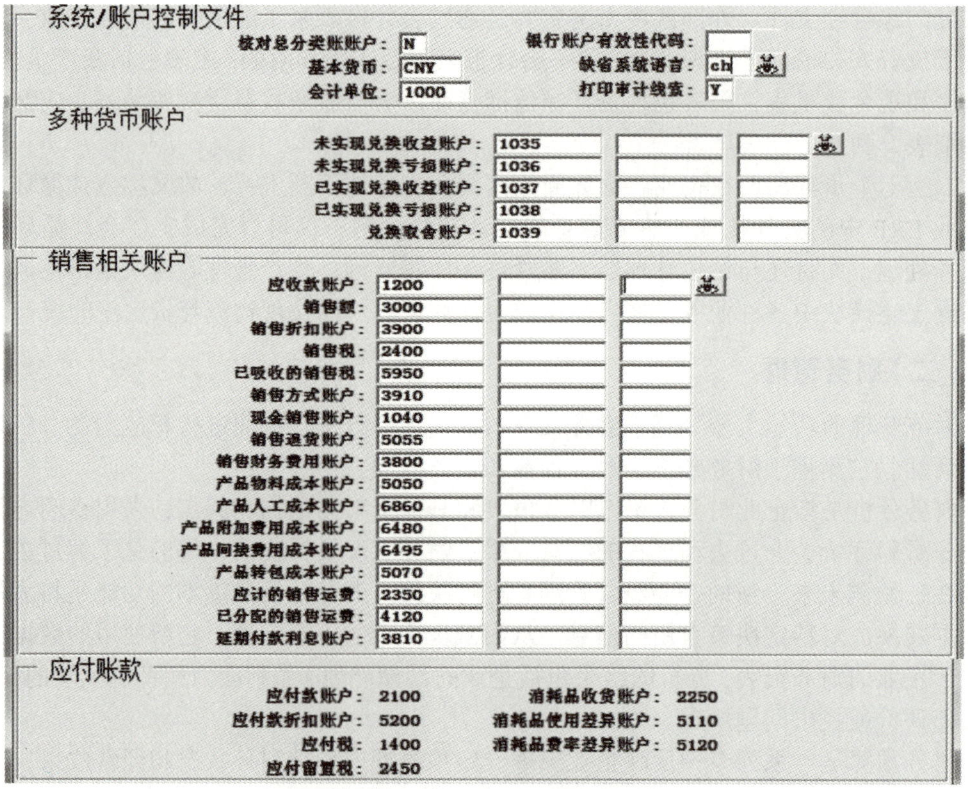

系统/账户控制文件

核对总分类账账户：N	银行账户有效性代码：
基本货币：CNY	缺省系统语言：ch
会计单位：1000	打印审计线索：Y

多种货币账户

未实现兑换收益账户：1035	
未实现兑换亏损账户：1036	
已实现兑换收益账户：1037	
已实现兑换亏损账户：1038	
兑换取舍账户：1039	

销售相关账户

应收款账户：1200	
销售额：3000	
销售折扣账户：3900	
销售税：2400	
已吸收的销售税：5950	
销售方式账户：3910	
现金销售账户：1040	
销售退货账户：5055	
销售财务费用账户：3800	
产品物料成本账户：5050	
产品人工成本账户：6860	
产品附加费用成本账户：6480	
产品间接费用成本账户：6495	
产品转包成本账户：5070	
预计的销售运费：2350	
已分配的销售运费：4120	
延期付款利息账户：3810	

应付账款

应付款账户：2100	消耗品收货账户：2250
应付款折扣账户：5200	消耗品使用差异账户：5110
应付税：1400	消耗品费率差异账户：5120
应付暂估款：2450	

图 7-59　QAD 公司 ERP 系统中的"系统/账户控制文件"功能连续运作界面

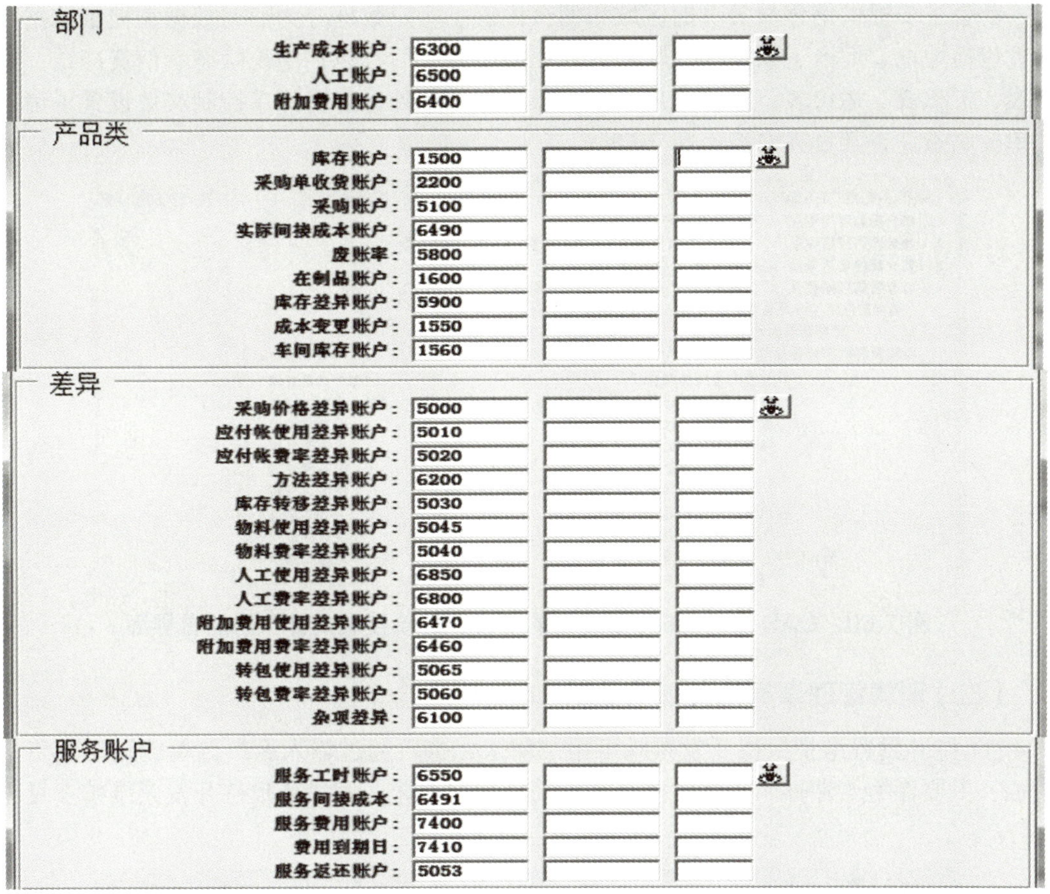

部门
生产成本账户:	6300
人工账户:	6500
附加费用账户:	6400

产品类
库存账户:	1500
采购单收货账户:	2200
采购账户:	5100
实际间接成本账户:	6490
废账率:	5800
在制品账户:	1600
库存差异账户:	5900
成本变更账户:	1550
车间库存账户:	1560

差异
采购价格差异账户:	5000
应付帐使用差异账户:	5010
应付帐费率差异账户:	5020
方法差异账户:	6200
库存转移差异账户:	5030
物料使用差异账户:	5045
物料费率差异账户:	5040
人工使用差异账户:	6850
人工费率差异账户:	6800
附加费用使用差异账户:	6470
附加费用费率差异账户:	6460
转包使用差异账户:	5065
转包费率差异账户:	5060
杂项差异:	6100

服务账户
服务工时账户:	6550
服务间接成本:	6491
服务费用账户:	7400
费用到期日:	7410
服务返还账户:	5053

图 7-59　QAD 公司 ERP 系统中的"系统/账户控制文件"功能连续运作界面（续）

（二）银行和支付方式

公司通过"银行维护"设置一个银行账户代码，并且维护其地址信息、支票存款账户、汇票账户、税标志等，确定用于应付账和应收账等的银行账户。而客户/供应商银行可记录用户给供应商电子付款的银行和从客户电子收款的银行。最后，在交易前必须建立支付方式。

（三）税收

公司税收参数需维护税收的类型、类别、用途、基数和圆整方法等信息。税管辖信息需维护国家代码、纳税区和纳税等级。此外，会计账务应同时按照公司和客户或供应商的纳税法规来纳税，故需要维护各自组合而成纳税集的纳税环境记录。最后，还需要维护税率。

三、销售管理相关财务业务

（一）销售管理相关财务基础数据

销售管理相关的财务基础数据主要是设置销售员档案和客户数

视频讲解

据。前者主要提供销售员负责的区域和佣金比例。客户数据分为静态数据和控制数据：前者包括地址、地区、联系人、联系方式和类型等；后者包括纳税状态、信贷冻结、价格表、折扣表、运价表、应收账户、银行账户等。此外，客户订单控制文件设置了诸多订单控制条件，其首界面参见图 7-60。

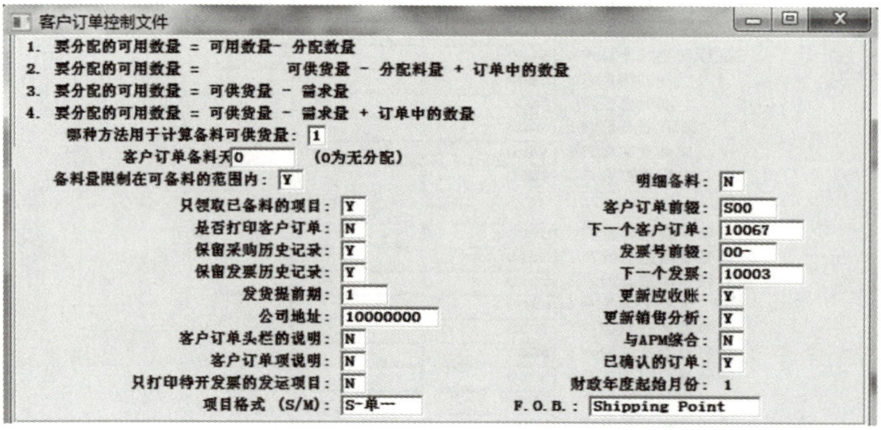

图 7-60　QAD 公司 ERP 系统中的"客户订单控制文件"功能首界面

（二）销售管理事务相关财务业务

(1) 待开发票维护。待开发票既可手工输入，也可通过输入客户订单或订单发货来生成；主要作为一种打印单据发送给客户并更新应收账。发货所致待开发票维护参见图 7-61。

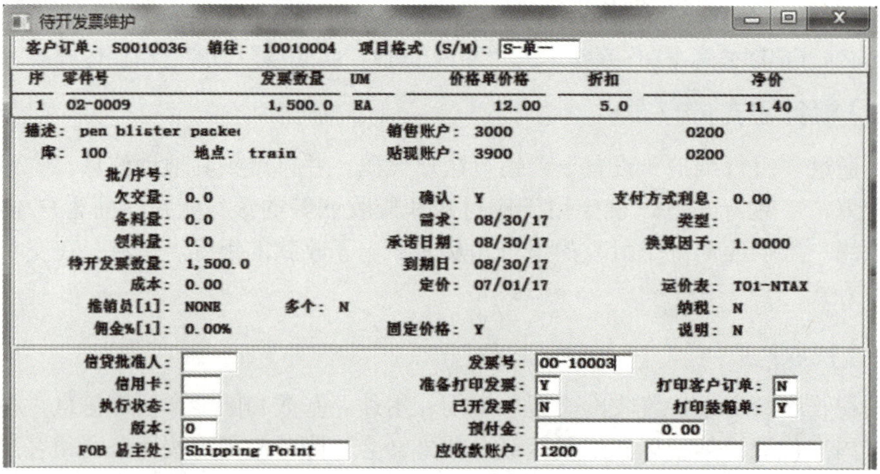

图 7-61　QAD 公司 ERP 系统中的"待开发票维护"功能节选界面

待开发票与客户订单间的唯一差异在于待开发票数量，即已发货但尚未开发票的数量。每次为客户订单进行一次发货，待开发票数量便会递增；而给发票打印和过账时，待开发票数量便会重置为零。一旦生成待开发票，就要进行检查并有选择地纠正错误，之后打印和过账。发票一旦过账就不能修改。如果出错，应重新生成并处理一份待开发票，以纠正其错误。当发票过账后，它便更新推销员佣金历史、销售分析历史、发票历史、纳税日记簿，并将发票金额过账到应收账和总账。用来控制待开发票打印和过账的是待开发票尾栏上的三个字段：发票号、准备打印发票和已开发票。输入客户订单时"发票号"为空，"准备打印发票"和"已开发票"均为"N"。零件发运时"准备打印发票"被置为"Y"，同时可输入"发票号"。打印发票时"发票号"存入发票号码，"准备打印发票"置为"N"，而"已开发票"置为"Y"，表示正准备过账。过账前若要重新打印发票，请用待开发票维护并将"已开发票"复置为"N"。

(2) 发票打印。发票打印将详细列出向客户发运产品后客户欠企业的款项；发票打印后通常要送往客户以供核实和付款时使用，参见图 7-62。当发票被打印或输出时，ERP 便将"已开发票"标志置为"Y"，将"准备打印发票"标志置为"N"，并记录被打印发票单据的发票号。只要发票尚未过账，就可重新打印发票。此时需在"待开发票维护"中将"已开发票"标志变为"N"，将"准备打印发票"置为"Y"，然后重新进行发票打印。除非删除"待开发票维护"中的发票号，否则重新打印发票时发票号相同。

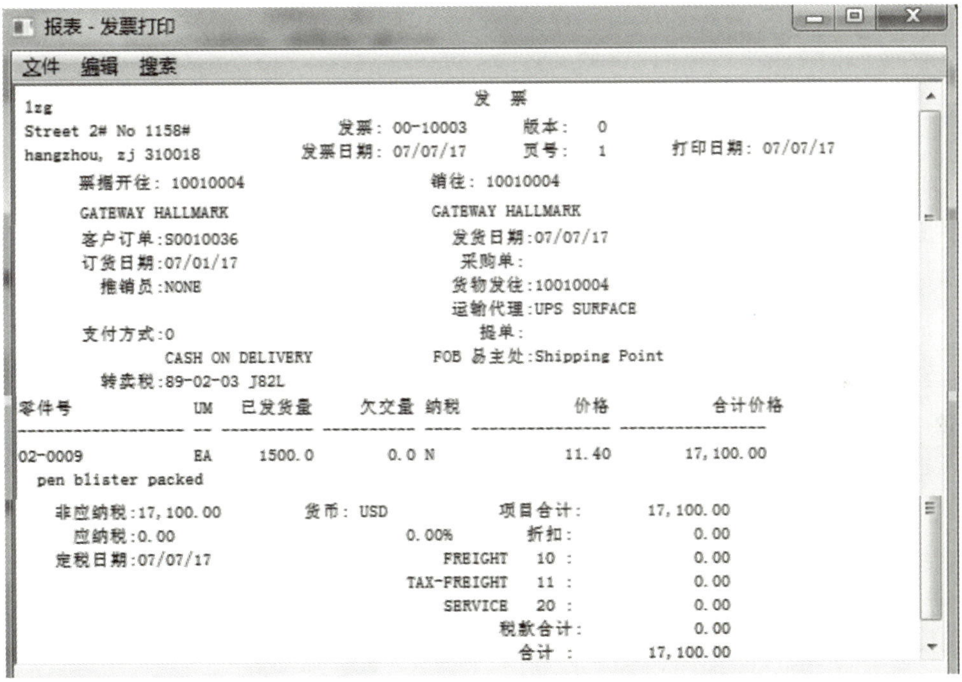

图 7-62　QAD 公司 ERP 系统中的"发票打印"功能输出界面

(3) 发票过账。如果将一份发票过账，那么它便执行以下操作：① 更新应收账，并为该发票生成一份借/贷项通知单，同时更新客户的未结余额；② 更新总账，并借记应收账和销售折扣账户，贷记销售账户、纳税账户和分类费用账户；③ 更新销售分析历史信息，包括推销员佣金和定额历史信息；④ 更新发票历史信息；⑤ 删除客户订单 (只有当订单上的所有项目栏均已发货时才予删除)。"发票过账"参见图 7-63。注意：其中的金额已经由美元按照一定的汇率 (此处 1 美元 =7.123 45 元) 转换为系统默认货币的人民币了。

(4) 借方/贷方凭证查询。应收账款的借方/贷方凭证查询参见图 7-64。

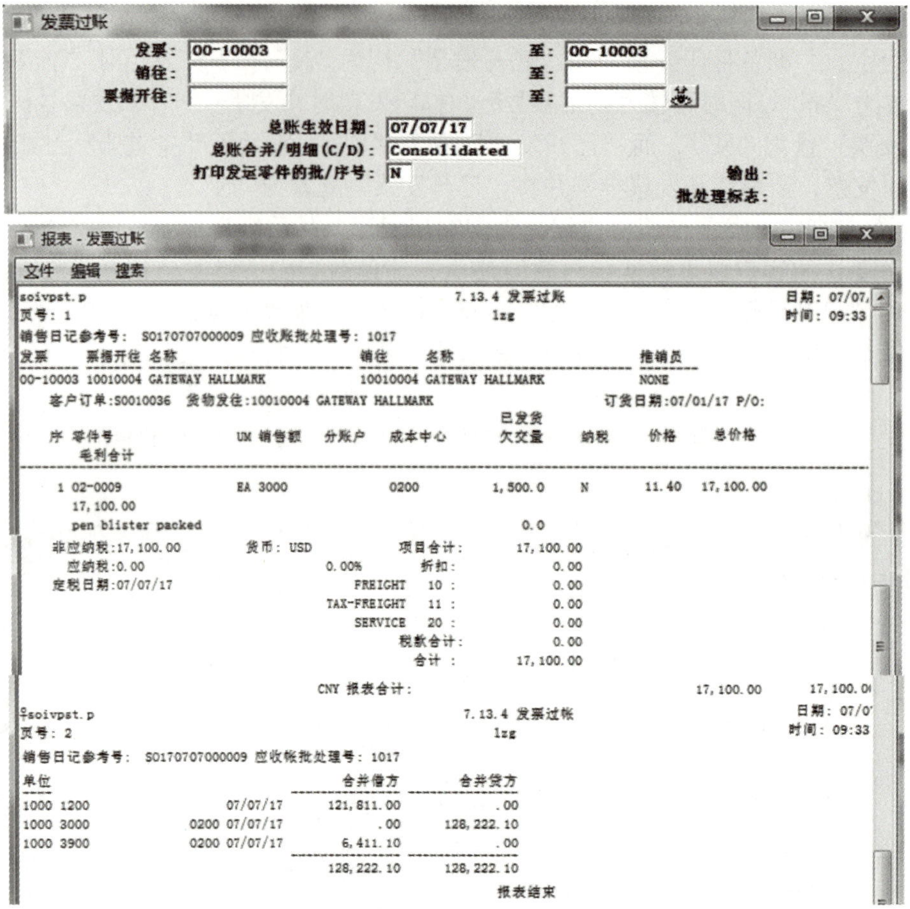

图 7-63　QAD 公司 ERP 系统中的"发票过账"功能输入和输出界面

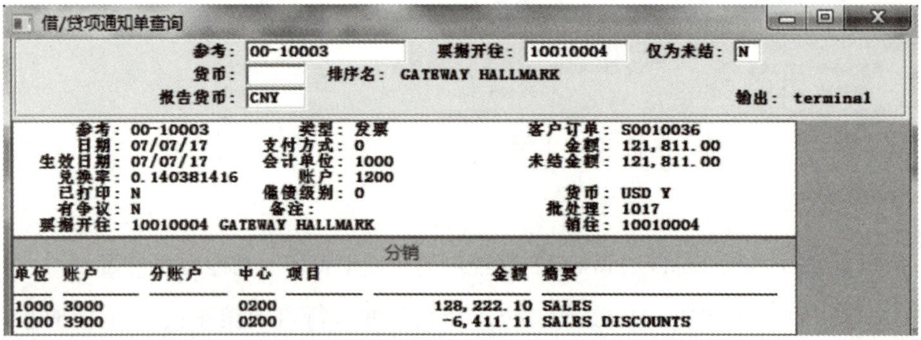

图 7-64　QAD 公司 ERP 系统中的"借/贷项通知单查询"功能输入和输出界面

(5) 借/贷项通知单维护。借/贷项通知单可说明客户欠企业一定的金额,它可以手工输入,但大多数由发票过账自动生成,参见图 7-65。客户付款或汇票被用于未结借/贷项通知单的付款并减少客户的余额和未结金额。一旦该金额变为零,借/贷项通知单便为已结并可删除。

(6) 付款维护。付款维护功能用于记录企业收到的款项,并相应地增加现金账户余额。针对前述发票 00-10003 的"付款维护"参见图 7-66,对应使用了支票 1007。相应的"付款查询"参见图 7-67,其中"未结金额"已为 0。

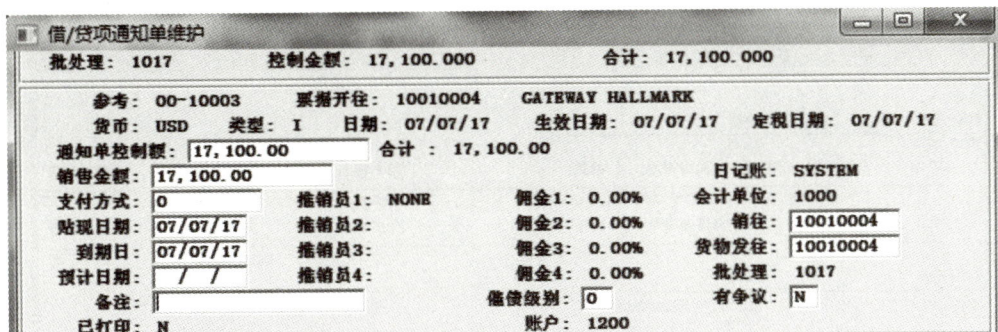

图 7-65　QAD 公司 ERP 系统中的"借/贷项通知单维护"界面

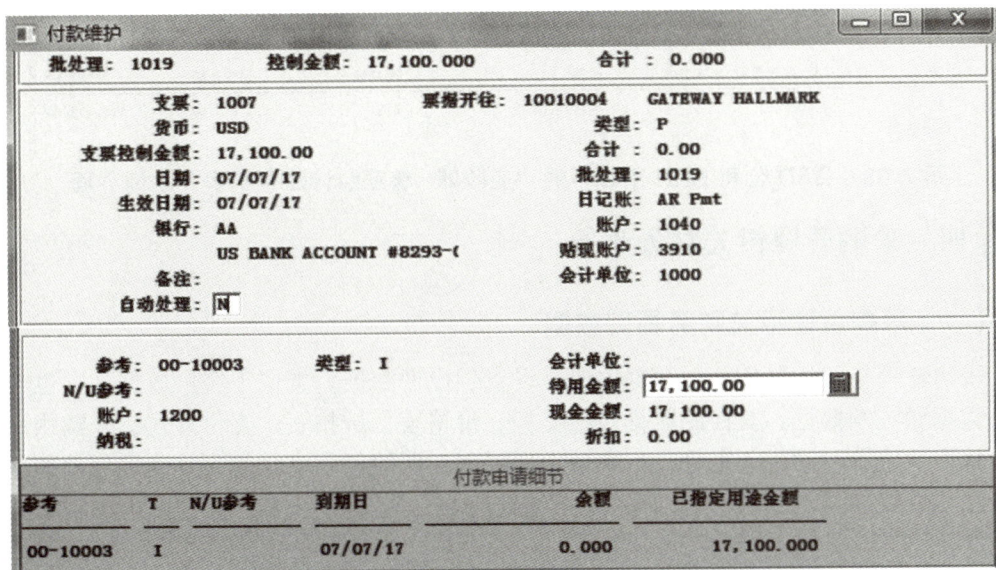

图 7-66　QAD 公司 ERP 系统中的"付款维护"功能连续运作界面

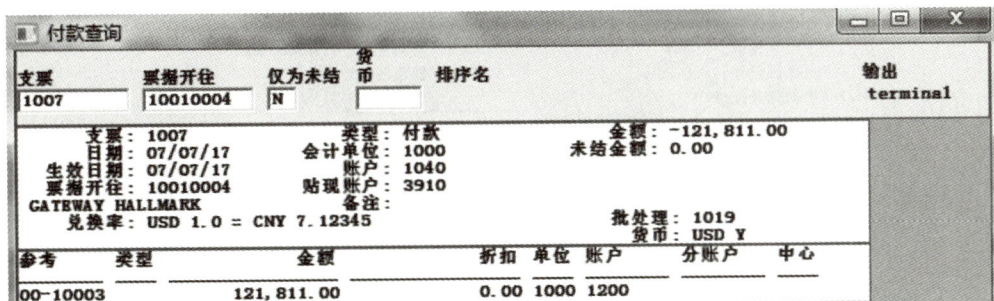

图 7-67　QAD 公司 ERP 系统中的"付款查询"的输入和输出界面

(7) 应收账-总账会计账务报表。打印"应收账-总账会计账务报表",可以审核已生成的会计账务,它是按会计单位、账户和成本中心汇总的,参见图 7-68。注意:涉多种货币时若有汇兑损益,需调整汇兑损益账户。至此,销售所致的应收及其付款的财务运作完毕。

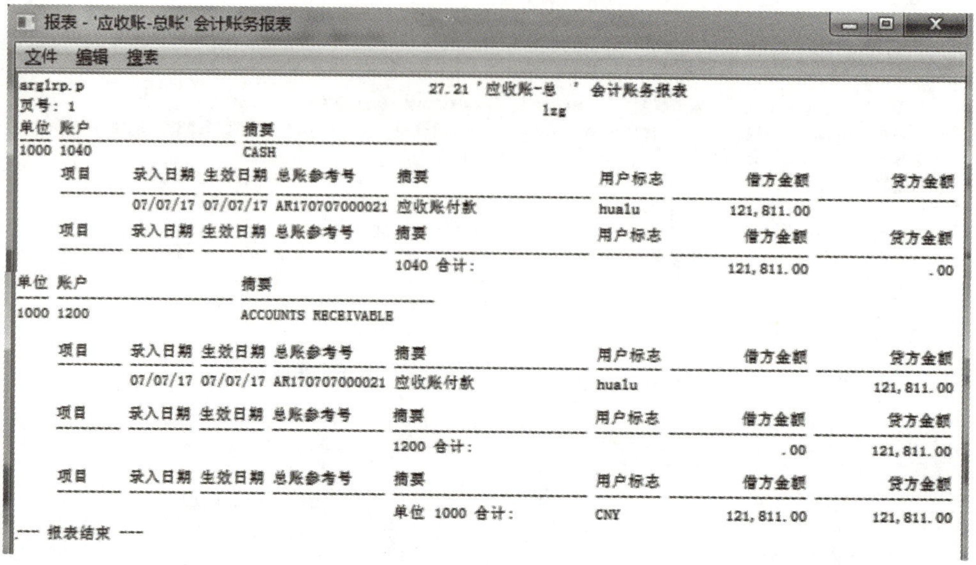

图 7-68　QAD 公司 ERP 系统中的"应收账-总账会计账务报表"功能界面

四、采购管理相关财务业务

（一）采购管理相关财务基础数据

采购管理相关的财务基础数据主要是设置供应商数据。类似于客户数据，它也分为静态数据和控制数据；其控制数据包括类型、价格表、折扣表、支付方式、采购账户、应付账户、银行、纳税状态等，用来确定何时和如何给供应商付款，并确定付款的金额和/或提前付款的折扣金额。此外，"采购控制文件"参见图 7-21，应付账控制文件参见图 7-69。

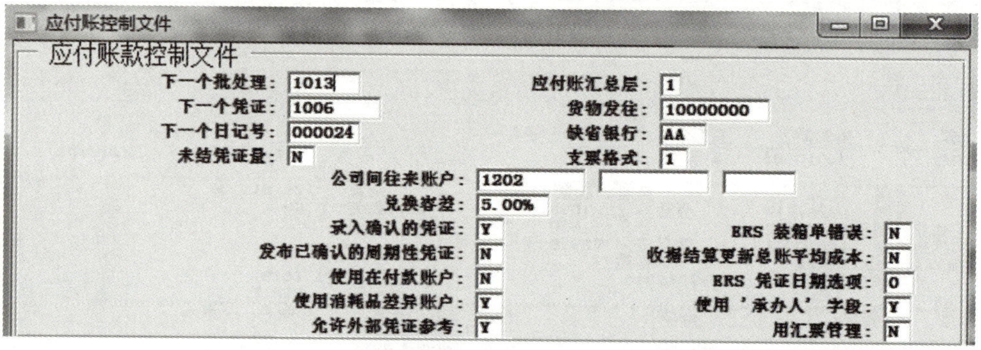

图 7-69　QAD 公司 ERP 系统中的"应付账控制文件"功能界面

（二）采购管理事务相关财务业务

此处采购管理事务相关财务业务基于一张新的采购单进行后续财务业务，参见图7-70。对其进行"采购单打印"签发后，按照与前文"采购单收货"不同的另一条路径做收货，即按货运单维护、货运单确认、采购单财务收货来衔接财务运作。

(1) 货运单维护。当货物离开供应商时,企业可能会提前收到一份发货通知的货运单。当货物抵达时,确认货运单完全将按货运单上规定的信息将产品接收入库,参见图7-71。

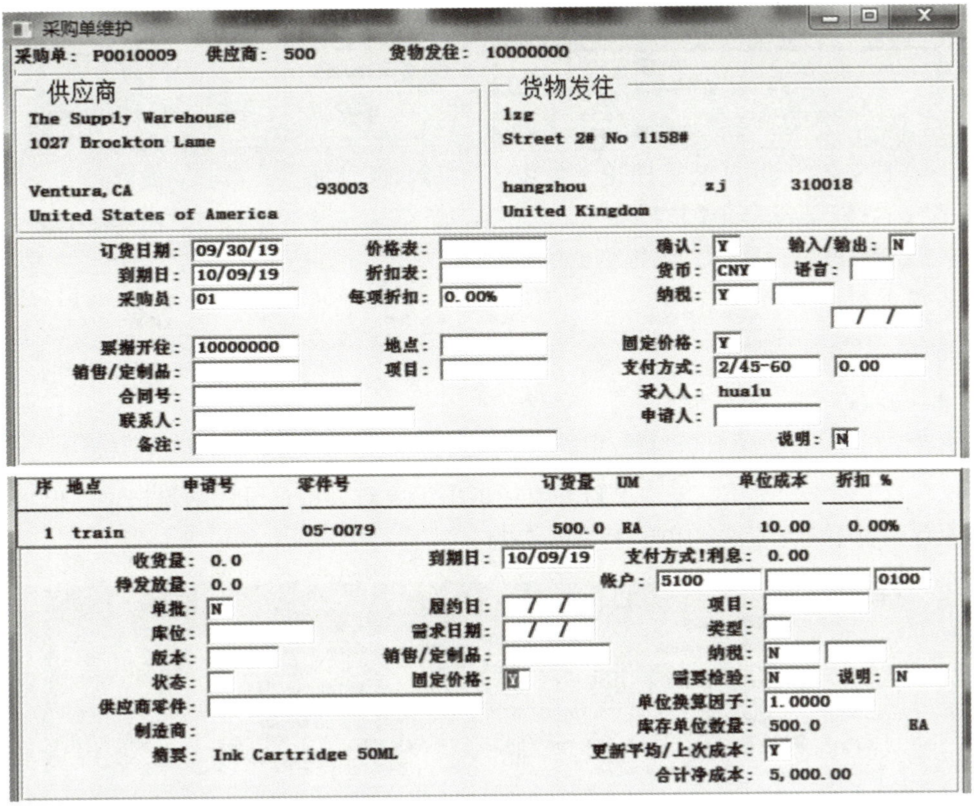

图 7-70　QAD 公司 ERP 系统中的"采购单维护"功能连续运作界面

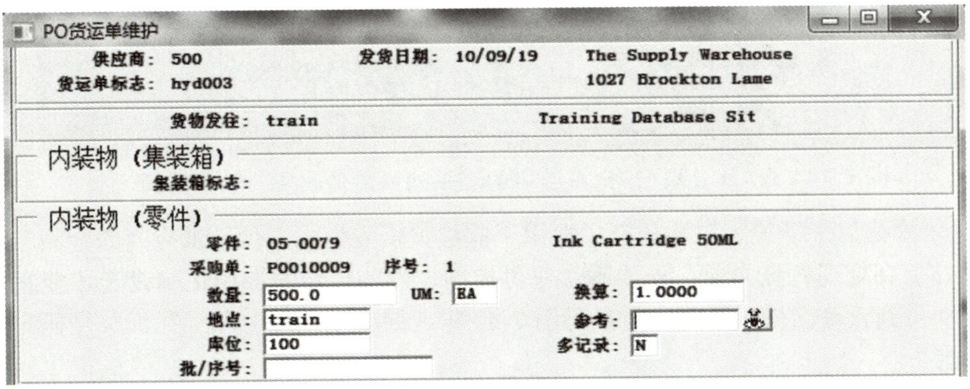

图 7-71　QAD 公司 ERP 系统中的"PO 货运单维护"功能界面

(2) 货运单确认。确认货运单可用于接收供应商的提前发货通知 (即货运单)，并将该批货物接收入库，参见图 7-72。若实际收到货物与货运单上数据不符，需在确认货运单前在"货运单维护"中修正发货数量，它可以修改或纠正 (但不能重新确认) 已确认的货运单。当确认货运单信息时，累计发货数量、累计总需求量和净需求量被更新，并用新日程发给供应商。确认货运单对库存的影响与采购单收货的影响完全相同，即用确认货运单可更新库存并生成总账会计账务 (参见图 7-73)，采购单执行完后其状态将置为已结"C" (参见图 7-74)。若要清除不正确的数量，需输入负数量的采购单收货，这将纠正库存量并调整累计收货量。

图 7-72　QAD 公司 ERP 系统中的"采购收货单收货"确认功能界面

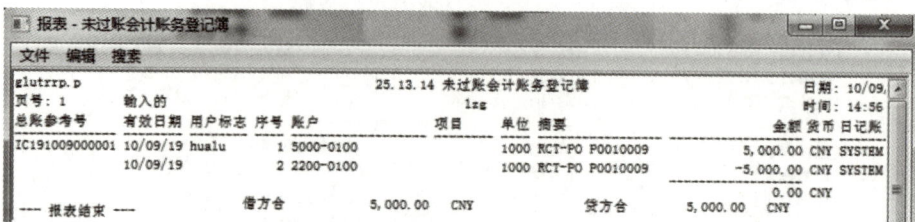

图 7-73　QAD 公司 ERP 系统中的"未过账会计账务登记簿"示例 (收货后)

(3) 采购单财务收货。采购单财务收货可用于更新采购记录和纳税记录，但它并不更新库存，也不能结算采购单，参见图 7-74。

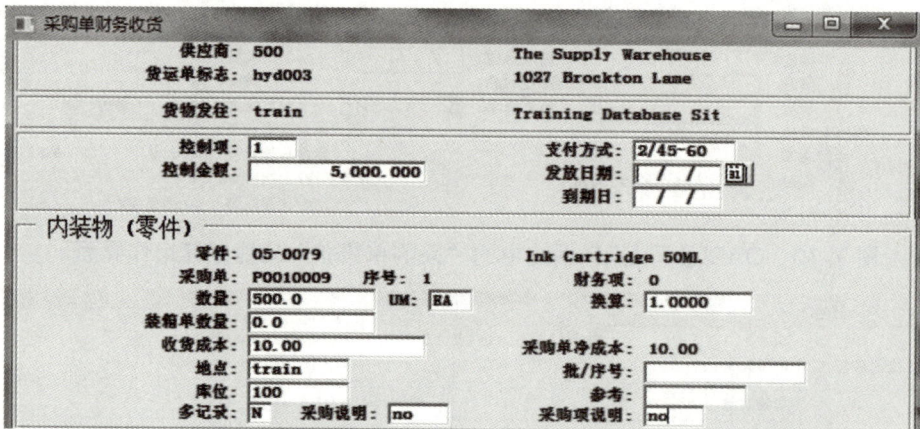

图 7-74　QAD 公司 ERP 系统中的"采购单财务收货"功能界面

(4) 采购凭证维护。采购凭证主要用于监控欠供应商或支付给供应商的金额，参见图 7-75。在处理凭证之前，先要确认应付控制文件的设定，参照正确设定才能在后续运作中得到正确结果。因此，需参见图 7-69 输入的"批处理"和"凭证"号码，才能正确维护。

(5) 采购凭证查询。以上确认过的采购凭证的查询参见图 7-76。此时，"未过账会计账务登记簿"参见图 7-77，注意其与图 7-73 相比产生的变化。

(6) 凭证确认。已确认的凭证是企业准备为之付款的凭证，通常这表示该凭证已由管理部门核实和批准。凭证确认分为手工确认和自动确认。图 7-75 中的凭证已经确认，参见图 7-78，注意其中的"未结金额"。

(7) 付款选择。付款过程的第一步是付款方式选择。对于手工付款是选择一些凭证逐个进行付款；对于自动付款是按某种标准选择一组凭证进行付款。使用自动付款方式时，在打印支票或生成电子资金转账文件前仍可进行手工修改。"付款选择-手工"参见图 7-79。

凭证维护					_ □ X

批处理: 1013 　　控制金额: 5,000.000 　　合计: 0.000

凭证
1006

	控制金额: 5,000.000	生效日期: 10/09/19	ERS: N
	合计 : 0.000	定税日期: 10/09/19	
	供应商: 500	Supply Warehouse.	1027 Brockton Lam
			Ventura, CA
	收款代码: 500	The Supply Warehou	
	货物发往: 10000000	1zg	

订单
P0010009

货币: CNY 　银行: AA
发票: 2019100901
日期: 10/09/19 　　账户: 2100
支付方式: 2/45-60 　　折扣账户: 5200
贴现日期: / / 　　会计单位: 1000
到期日: / / 　　备注:
预计日期: / / 　　供应商银行: BOA 　　单独的支票: N
　　　　　　类型: 　　支票格式: 1

预付金额: 0.00 　　　　　　纳税[1]:
暂留金额: 0.00 　　　　　　　 [2]:
无折扣金额: 0.00 　　　　　　 [3]:
日记帐: SYSTEM 　　　　自动选择: Y

收货单自动选择

收货日期: 10/09/19 　　　　至: 10/09/19
装箱单: 　　　　　　　　　至:
收货单: 　　　　　　　　　至:
地点: 　　　　　　　　　　至:
零件号: 　　　　　　　　　至:

采购员: 　　　　　　未结凭证量: N
批准人: 　　　　　选择全部 (*): N

收货单匹配细节					
收货单	序	采购单号	零件号	供应商零件	发票数量
R0010013	1	P0010009	05-0079		0.0

收货单匹配维护

收货单: R0010013 　采购单项: 1 　纳税: N 　日期: 10/09/19 项目:
零件: 05-0079 　　　　EA 　　　　　　类型: 已结项:
短缺量: 500.0 　　采购成本: 10.00 　　合计未结金额: 5,000.00
发票数量: 500.0 　发票成本: 10.00 　　　发票合计: 0.00
装箱数量: 0.0 　　总账成本: 0.00 　　合计费率差异: 0.00
收货量: 500.0 　合计采购价差: 0.00 　　使用差异合计: 0.00

收货单匹配细节					
收货单	序	采购单号	零件号	供应商零件	发票数量
R0010013	1	P0010009	05-0079		500.0

批处理/凭证

批处理: 1013 　　控制金额: 5,000.000 　　计: 5,000.000
凭证: 1006 　　CNY 　　　　　　　　计: 5,000.000
　　　　　　控制: 5,000.00 　　　　　　计: 5,000.00

分销								
序 账户 T	分账户	成本中心	项目	单位	税	摘要		金额
1 2200		0100		1000		PO RECEI		5,000.00

暂留金额: 0.00
确认: Y
承办人: 00000006

图 7-75　QAD 公司 ERP 系统中采购相关"凭证维护"功能连续运作界面（此例无税）

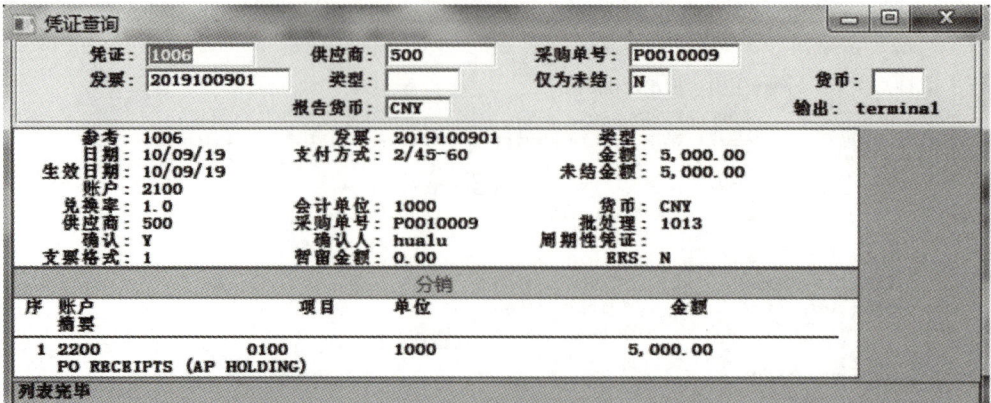

图 7-76　QAD 公司 ERP 系统中采购相关"凭证查询"功能界面（确认后且付款前）

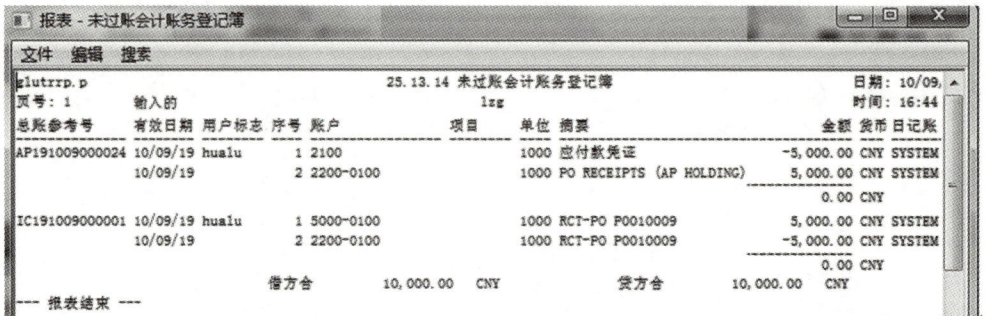

图 7-77　QAD 公司 ERP 系统中的"未过账会计账务登记簿"示例（制凭证后）

图 7-78　QAD 公司 ERP 系统中的"凭证确认－手工"功能界面

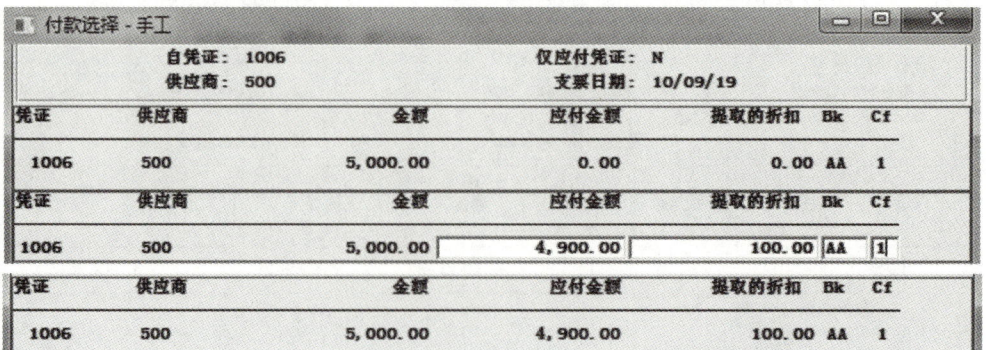

图 7-79　QAD 公司 ERP 系统中的"付款选择－手工"功能界面（运作前与后）

在"付款选择-自动"功能中若将"重写原选择"设置为"Y"，那么 ERP 系统首先会将所有被选凭证上的应付金额重新置为零；接着符合选择标准的凭证被逐个选出；只要没有超过设定的"最大金额"，凭证就被选出为之付款，此时只要将应付金额设置为未结金额减任何暂留金额即可。如果某项付款可以获得提前付款折扣，那么也应设置要提取的贴现的值。当达到最大金额时，上述选择过程便停止。

(8) 打印付款选择登记簿。运行"付款-自动打印支票"功能前，务必打印"付款选择登记簿"，参见图 7-80，以列出选择要付款的凭证和金额。简便做法是查看这份报表，修正选择的项目，而不是打印支票然后又将其作废，或在电子资金转账的单据送出后再去修改它。

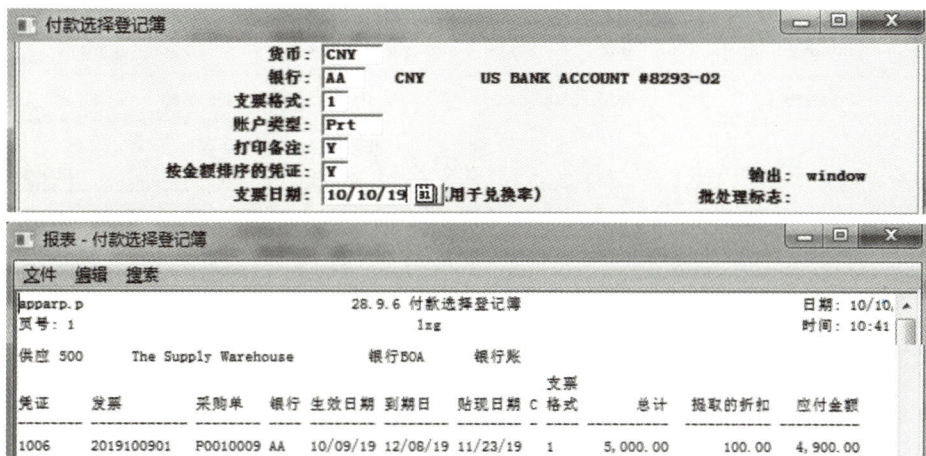

图 7-80　QAD 公司 ERP 系统中采购相关"付款选择登记簿"功能节选界面

(9) 支票付款。用支票向供应商付款的处理，既可以使用"付款-手工书写支票"一次处理一项付款，也可以使用"付款选择"功能以及"付款-自动打印支票"进行成批处理。"付款-手工书写支票"用于记录已经支付的金额，并会相应地减少现金余额，参见图 7-81。

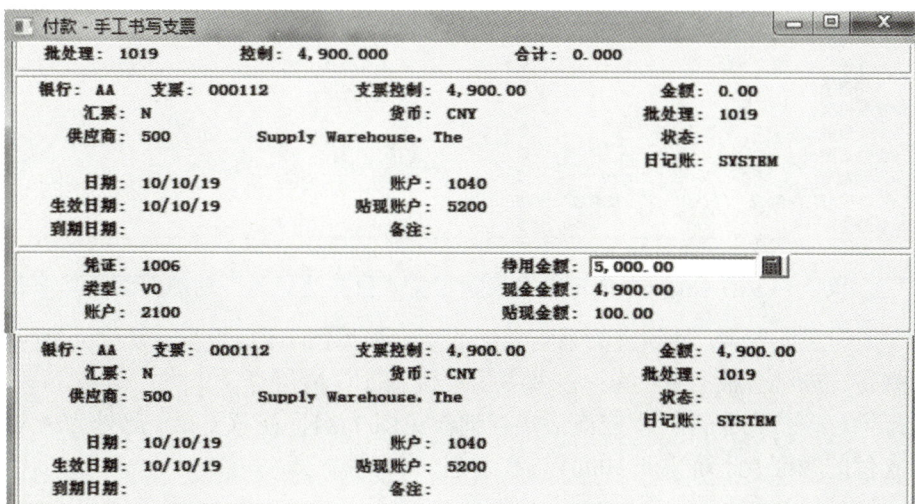

图 7-81　QAD 公司 ERP 系统中采购相关"付款-手工书写支票"功能界面

(10) 付款登记簿。采购凭证在付款后将从“付款选择登记簿”转入“付款登记簿”，此时可以查看总账明细，参见图 7-82。

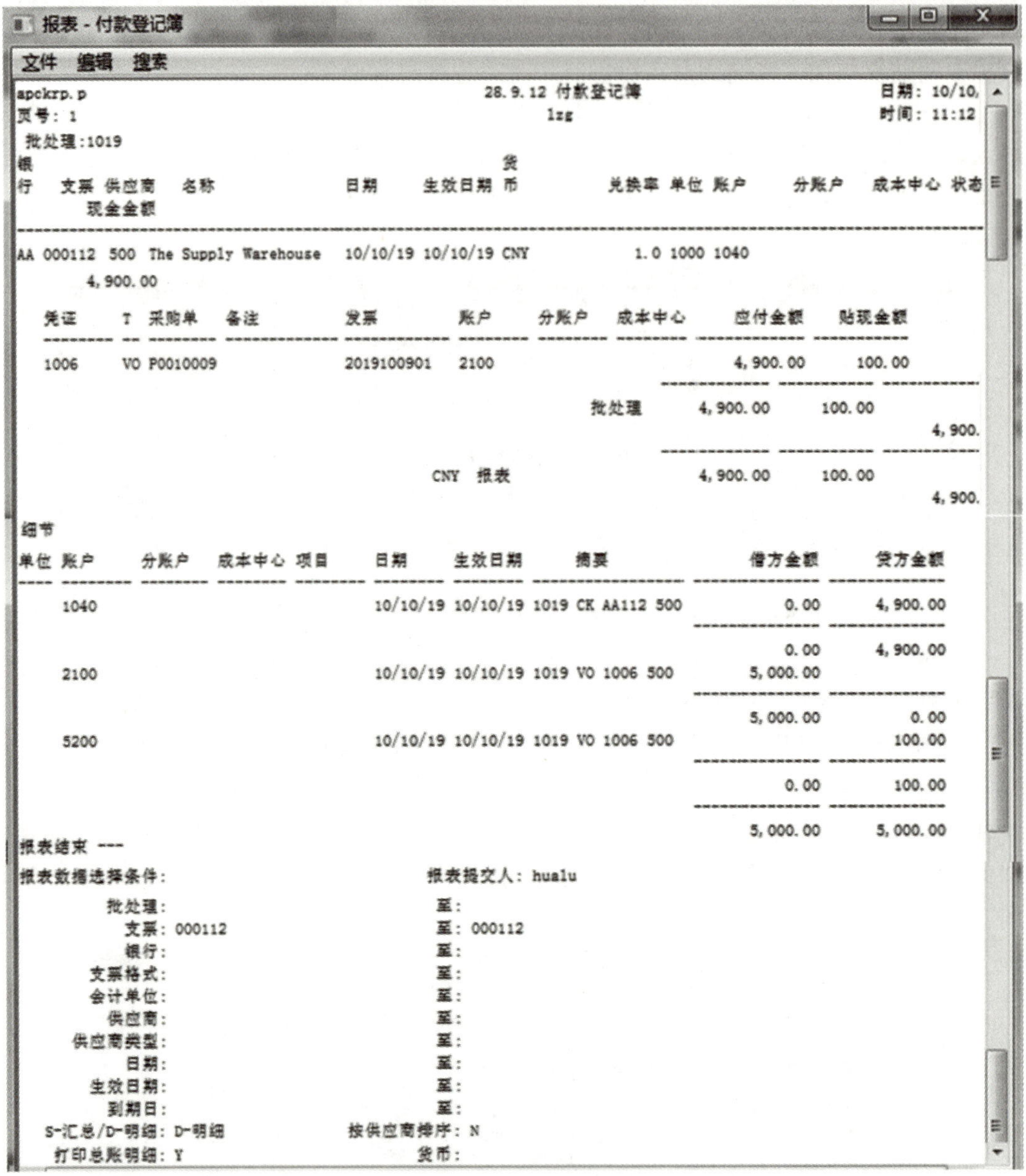

```
报表 - 付款登记簿
文件 编辑 搜索
apckrp.p                              28.9.12 付款登记簿                              日期: 10/10,
页号: 1                                    lzg                                        时间: 11:12
 批处理:1019
银                                                           货
行    支票  供应商    名称                  日期     生效日期 币        兑换率 单位 账户     分账户   成本中心 状态
          现金金额
-----------------------------------------------------------------------------------------------------------
AA 000112  500  The Supply Warehouse   10/10/19 10/10/19 CNY           1.0 1000 1040
         4,900.00

   凭证      T  采购单    备注          发票          账户      分账户   成本中心       应付金额      贴现金额
   --------  -- -------- ------------ ------------ --------  -------- --------  ------------  ----------
   1006      VO P0010009              2019100901   2100                              4,900.00      100.00
                                                                        ------------ ---------- ----------
                                                          批处理         4,900.00      100.00
                                                                                                 4,900.
                                                                        ------------ ---------- ----------
                                             CNY  报表                   4,900.00      100.00
                                                                                                 4,900.
细节
单位 账户      分账户    成本中心 项目     日期     生效日期  摘要                  借方金额       贷方金额
---- --------- -------- -------- -------- -------- -------- ------------------ -------------- ------------
     1040                                 10/10/19 10/10/19 1019 CK AA112 500           0.00       4,900.00
                                                                               -------------- ------------
                                                                                         0.00       4,900.00
     2100                                 10/10/19 10/10/19 1019 VO 1006 500        5,000.00
                                                                               -------------- ------------
                                                                                     5,000.00           0.00
     5200                                 10/10/19 10/10/19 1019 VO 1006 500                          100.00
                                                                               -------------- ------------
                                                                                         0.00         100.00
                                                                               -------------- ------------
                                                                                     5,000.00       5,000.00

报表结束 ---
报表数据选择条件:                              报表提交人: hualu
            批处理:                              至:
              支票: 000112                       至: 000112
              银行:                              至:
          支票格式:                              至:
          会计单位:                              至:
            供应商:                              至:
        供应商类型:                              至:
              日期:                              至:
          生效日期:                              至:
            到期日:                              至:
   S-汇总/D-明细: D-明细                  按供应商排序: N
      打印总账明细: Y                             货币:
```

图 7-82　QAD 公司 ERP 系统中采购相关“付款登记簿”功能界面及其报表

(11) 采购凭证查询。付款过的采购凭证的查询参见图 7-83。此时，其与付款前图 7-76 的变化就是“未结金额”变为 0，以及多了“付款”详情信息。

(12) 供应商活动查询。供应商活动查询参见图 7-84，注意支票 (此处为 AA112) 是怎样同支付的凭证 (此处凭证 1006) 连在一起的。

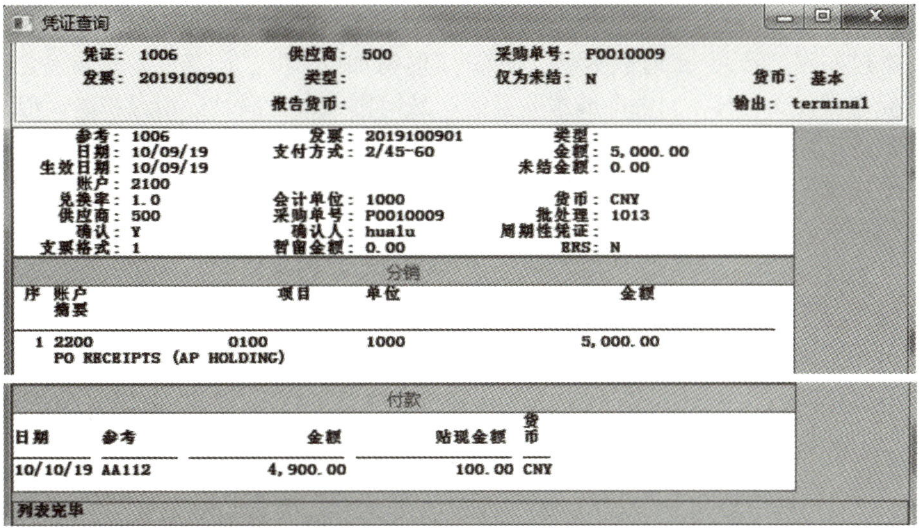

图 7-83　QAD 公司 ERP 系统中采购相关"凭证查询"功能连续运作界面（付款后）

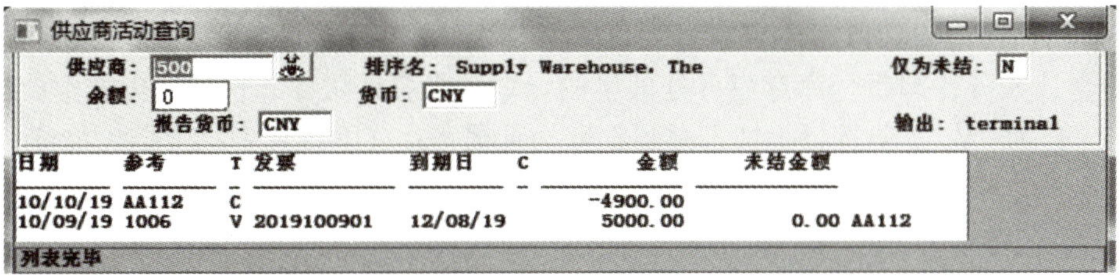

图 7-84　QAD 公司 ERP 系统中采购相关"供应商活动查询"功能界面（付款后）

五、库存管理相关财务业务

（一）库存管理相关财务基础数据

库存管理相关的财务基础数据主要是设置库存控制文件中的会计事项，参见图 7-85。

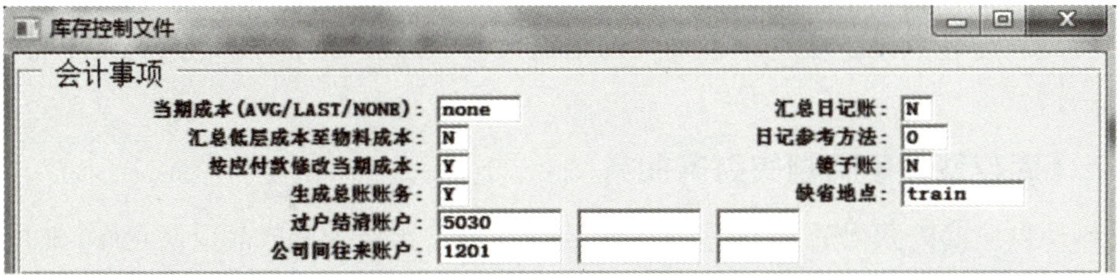

图 7-85　QAD 公司 ERP 系统中的"库存控制文件"功能节选界面

(1) 当期成本 (AVG/LAST/NONE)。表示当前物料、工时和工时附加成本在系统中是否要进行维护或如何维护的一个代码值，该值可为平均、上次或不。

(2) 汇总低层成本至物料成本。规定低层成本如何过账到产品销售成本。"N"表示对每个成本要素都将低层成本加到本层成本上，并将总成本过账到产品销售成本。如物料总成本 (本层加低层) 过账到"产品-物料成本"，工时总成本 (本层加低层) 过账到"产品-工时成本"，其余的 (本层加低层) 过账到相应的"产品-工时附加成本"、间接成本，转包合同等。"Y"表示将所有低层成本汇入"产品-物料成本"，只将本层的成本过账到"产品-工时成本""产品-工时附加成本"、间接成本及转包合同成本等。该标志常设为"N"，每个成本要素的产品销售成本金额是分别维护的。但有些公司认为最终产品的物料成本，除了包括直接物料成本外，还应包括所有与采购或制造零件有关的成本，此时应设为"Y"。

(3) **按应付款修改当期成本**。指明"应付账"模块中计算的采购价格差异是否影响当前成本。"Y"表示应更新当前物料成本以反映应付账中采购价格的差异，这是供应商发票成本与采购单成本间的差异。"N"表示这些价格差异不反映在当前成本中。当前成本可由系统自动维护，这反映了应计实际成本，并可与总账 (标准) 成本相比较。当前成本可更新为"上次"或"平均"成本。它可能会受采购零件的实际凭证成本的影响。

(4) **生成总账账务**。指明库存活动是否生成总账会计账务。默认值"Y"表示所有库存的出库、入库、盘点调整和转移均生成一项总账会计账务，以反映库存资产平衡的变化情况。另外，任何影响在制品库存的事务处理都将生成总账会计账务，其中包括加工单发料、收货和工时成本事务处理。"N"表示上述任何活动都不生成总账会计账务。

(5) **汇总日记账**。所有库存事务处理通常都会生成总账日记会计账务，它既可以生成明细会计账务，即每一库存事务处理生成一个总账会计账务，也可以按批生成汇总会计账务。若为"Y"，便按日生成汇总日记账会计账务；它可以只为每个会计单位、账户、分账户、成本中心和项目的组合生成一项会计账务。若为"N"，则生成明细会计账务。

(6) **日记参考方法**。所有的库存事务处理通常均生成总账日记会计账务。它们有一个以模块代码开头的日记参考号，后随年/月/日形式的日期，接着是六位数字的序号(系统自动递增)。根据处理库存事务所使用的功能，模块代码可为"IC""PO""SO"或"WO"。

(7) 镜子账。镜子账户仅用于有增值税的国家。当库存给在制品发料时，在制品的增加反映在损益表及资产负债表中。例如，当从库存给在制品发料时，需要两种会计账务：① 在资产负债表账户中借方为"在制品"，而贷方为"库存品"；② 在损益表账户中借方为"原料费用"，而贷方为"在制品的增加"。

(8) 默认地点。数据库中用户通常使用的地点代码。在大多数维护、查询和报表功能中，它作为默认值显示出来。若有需要可以手工修改该地点代码。若只有一个地点，该地点代码应与地点维护功能中所输入的地点代码一致。若有多个地点，则不可以将该默认地点置空。

（二）库存管理事务相关财务业务

物料从供应商处获得后，经检验、存储，送至车间，再作为产成品返回仓库，然后发货。大多数移动以同样方式改变着库存价值。分类汇总库存移动及相关事务处理过程如下：

(1) 转移。转移是从一个库存库位到另一个库位的移动，如从检验到存储，在同一地点内转移不影响库存价值。

(2) 入出库。入库是指从供应商或车间那里收到零件，它将增加库存值，库存账户为借方；出库是指零件离开仓库，如果是加工单发料，则在制品 WIP 账户为借方 (增加)，库存账户为贷方 (减少)。

(3) 发货。发货即产成品往客户的移动，库存为贷方，应收账户为借方。

(4) 调整。调整是库存某库位的改变，由周期盘点或实际库存产生，根据盘点或实际库存方式，调整库存借方或者贷方并对库存差异账户做相反的处理，它也可用来调整零件的总账成本。

任何库存处理都对总账有所影响，特别是计划外出库和入库，参见表7-2。限于篇幅，库存处理对总账的影响此处不再一一举例说明，有兴趣的读者可参见ERP财务软件操作手册。

表 7-2 库存处理对总账的影响

事 务	借方账户	贷方账户
计划外入库	库存	采购费用
计划内入库	销售成本	库存
销售退货	库存	销售成本
退货给供应商	采购费用	库存
退货至仓库	库存	在制品
退货-返工	库存	在制品
	在制品	库存
	在制品	人工
	在制品	附加
	在制品	加工单差异
周期盘点调整	库存	差异

六、生产管理相关财务业务

生产管理相关财务业务主要聚焦于成本管理。QAD公司ERP软件中成本管理的详细业务种类参见图7-86。其中，成本集维护参见图7-87。图7-88是一种成本累加的图示，而表7-3是相应成本物料单示例。更深入的生产管理相关财务参见ERP财务类操作手册。

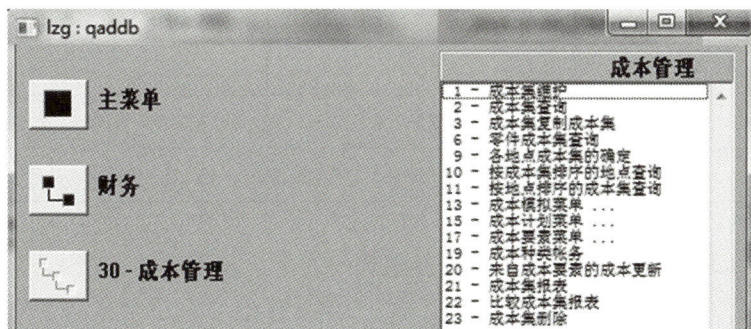

图 7-86 QAD 公司 ERP 系统中财务的"成本管理"相关功能界面

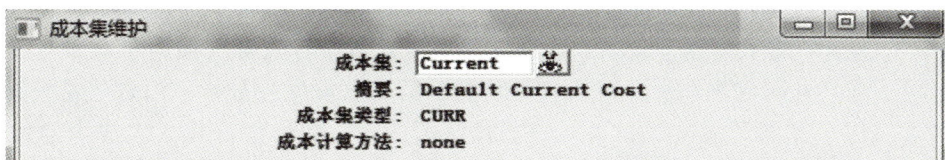

图 7-87 QAD 公司 ERP 系统中财务的"成本集维护"相关功能界面

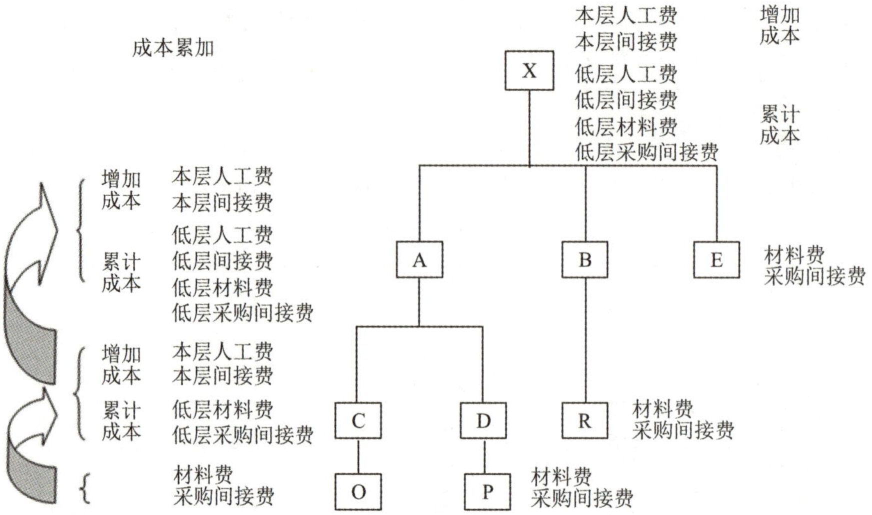

图 7-88　成本累加的方法示例

表 7-3　产品 X(编号 10000) 标准成本类型的成本物料单示例

层次	物料号	名称	单位	数量	材料费 /元	人工费 /元	变动间接费 /元	固定间接费 /元	合计 /元
本层					—	2.50	3.00	2.00	7.50
1	11000	A	件	1.0	—	1.95	1.90	2.00	5.85
.2	11100	C	件	2.0	—	0.80	1.00	0.60	2.40
..3	11110	O	件	2.0	8.25	—	—	—	8.25
.2	11200	D	件	1.0	—	1.50	2.00	1.00	4.50
..3	11210	P	件	0.5	6.00	—	—	—	6.00
1	12000	B	千克	1.0	—	1.00	1.20	0.80	3.00
.2	12100	R	件	1.0	5.50	—	—	—	5.50
1	13000	E	件	1.0	4.75	—	—	—	4.75
合计					24.50	7.75	9.10	6.40	47.75

(1) 成本集。成本集代码用于标识一组特定、唯一的产品成本。例如，用户可以在必备的标准成本集和当期成本集之外，考虑平均成本、本年度预算成本、上年度实际成本等。

(2) 成本集类型。该值可以是 GL、CURR(默认值) 或 SIM，指明存储在该成本集中的成本类型并决定它们如何使用。"GL"成本集包含可以用于生成总账会计账务的成本。"CURR"成本集包含当期成本，它不用于总账会计账务，但用于存储当日产品的实际成本。它还可用来与总账成本加以比较，以标识异常差异。"SIM"成本集包含模拟成本，用于存储预估或"如果—怎么样"的成本，如模拟计算人工成本增加 10%时的结果。

(3) 成本计算方法。用来标识更新该成本集中的成本的方法。如果成本集类型是 CURR，那么成本计算法必须是 AVG(平均值)、LAST(上次成本) 或 NONE(手工更新)。如果是 GL，成本计算法必须是 AVG(平均值) 或 STD(标准成本)。如果是 SIM，成本计算法自动置为 NONE(手工更新)。

除了以上销售管理、采购管理、库存管理和生产管理相关的财务业务外，ERP 系统的财务管理通常还包括总账、现金管理、固定资产。限于篇幅，这些业务相关财务运作不再一一详述，详细内容参见 ERP 财务类软件操作手册。类似地，ERP 系统常有的质量管理、人力资源管理、知识管理、电子商务管理等模块的内容，限于篇幅此处不再详述。

习　　题

一、绘图题

1. 绘制 ERP 系统中采购管理的生命周期。
2. 绘制库存管理的大致流程。
3. 绘制盘点的业务流程。
4. 绘制实际库存的业务流程。

二、思考题

分销需求计划 (Distribution Requirements Planning，DRP)，有时也称为配销需求计划或配送需求计划，它是一个计划系统，用来预测分销中心未来的需求并协助中央供应仓库和工厂做出优先次序计划，以安排不久的将来所需生产的完成品。除了响应客户的需求外，DRP 也能调节制造与分销的计划与控制：每个分销中心利用 TPOP 程序执行 DRP，将资料传回工厂，使用 MRP 逻辑展开代表分销关系的 BOM，计算中央供应仓库与工厂的计划订单发出 POR。在分销中心建立库存的目的有两个：一是可就近提供产品给客户，二是为了降低运输成本，即满载运输至分销中心后再由分销中心分别送货给客户。这可能比直接由距离遥远的工厂或中央供应仓库少量运送产品给个别客户有利。中央供应仓库不一定是一个实际仓库，它可将各分销中心的计划订单发出 POR 汇集成工厂的总的毛需求 GR，并将该 GR 输入工厂的 MRP 系统中。DRP 中的提前期指产品的运输时间。现在一个工厂中有产品 T 存放在分销中心 A、分销中心 B、分销中心 C 和中央供应仓库 K 中，为了计算中央供应仓库 K 和工厂的计划订单发出 POR 数据，需建立一个怎样的分销关系 BOM 来实现从各分销中心至工厂的计划联动？如果实际并无中央供应仓库，则虚拟的中央供应仓库中该产品 T 的提前期、在库量、在途量、保留量和批量法应该分别怎样进行设置？

第八章 先进制造理论与 ERP 发展

本章要点

- 准时制生产/精益制造理论的核心理念、内容与技术及其对 ERP 系统的影响。
- 最优生产技术/约束理论的核心理念、内容与技术及其对 ERP 系统的影响。
- 敏捷制造管理理论的核心理念、内容与技术及其对 ERP 系统的影响。
- 现有 ERP 系统的发展方向 (ERP Ⅱ、TEI、物联网 ERP、云计算 ERP)。

第一节 准时制生产与精益制造理论及其对 ERP 系统的影响

准时制生产 (Just in Time，JIT) 又称零库存、一个流或重复制造，是通过拉式系统力求实现只在需要的时间、按需要的数量、生产所需产品的管理理念与技术。它将材料从供货商到客户之间的流动平滑化以增加制程速度，目的是渐进改善制造系统从而达到如下目标：对客户更快的响应、部门和供货商间更好的沟通、更有弹性、更好的品质以及更低的产品成本。

一、准时制生产概述

准时制生产 JIT 的出发点就是要不断地消除浪费，进行无止境的改进。消除浪费的目的是降低成本，从而提高企业的竞争力。企业界有两种经营思想："价格 = 成本 + 利润"；"利润 = 价格 – 成本"。它们本质上代表两种截然不同的经营思想。前者为"成本主义"，即企业在给产品定价时是依据产品成本再加上企业期望的一定利润合并而成，它是围绕企业及其自身利益为核心的。后者认为产品价格是由市场形成的而非企业自身可以决定的；要想获得更多的利润只有不断降低成本，它是以市场需求 (即客户利益) 为导向的。在准时制生产理念中，只有客户眼中的价值才是真正的价值，从产品设计、材料采购、制造、组装、配送直到售后服务的所有活动，必须将焦点放在客户需求上，通过消除浪费 (即降低成本) 获得利润。因此，准时制生产遵循后一种经营思想，在竞争激烈时应用这种思维的企业更易生存。

视频讲解

准时制生产所指的浪费，比人们通常理解的浪费概念要广泛得多、深刻得多。丰田汽车定义凡是超过生产市场所需产品中绝对必要的最少数量的设备、原材料、零部件和工人 (亦工作时间) 的部分，都是浪费。具体来说，浪费可分成不良产品设计导致的浪费和制造方法不佳导致的浪费两大类。对于前者，客户眼中任何对产品没有附加价值的设计 (如花俏功能) 是浪费；产品设计造成制造的困难也是浪费。对于后者，丰田公司指出七种因制造方法不佳所导致的浪费。① 过量制造的浪费：为保持人和机器的忙碌(即高设备利用率) 而过量制造。② 等待的浪费：材料在制程前的排队等待；作业员等待材料或上级指示消耗的时间。③ 移动的浪费：工作中心应彼此靠近以减少移动距离并使得在制品没有存储空间。④ 存货的浪费：存货造成利息、空间、记录及过时等成本；存货会掩饰问题进而引发更多存货，总之存货不是资产而是浪费。⑤ 动作的浪费：任何对产品没有附加价值的动作都应该消除。⑥ 制作出不良品的浪费：报废品是一种浪费，而不良品造成的浪费比报废品要严重得多，因为不良品会打断材料在生产线上的流动，后续用此不良品会制造出更多的浪费。⑦ 制程本身的浪费：各种不良的制程设计都是浪费。准时制生产 JIT 是以渐进的减量方式来消除浪费，进而改善制造系统。这种渐进、连续性的减量改善在 APICS 字典中称为"一次减一点"，它是一种在制程中逐渐减少材料的批量以便揭露、排序并消除浪费的过程，参见图 8-1。

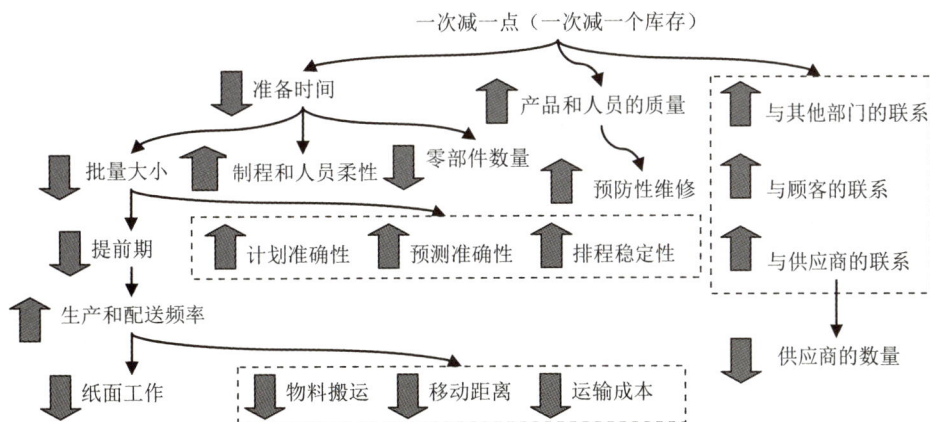

图 8-1　准时制生产 JIT "一次减一点"的影响

二、准时制生产的现场控制技术

（一）拉式系统

在传统大规模生产中，计划部门根据产品的市场需求预测和订单生成主生产计划，再按产品结构和实际能力制订相关零部件可行的投入产出计划，最后按计划发生产和采购指令。每个生产车间和采购部门都应按照计划指令执行生产和采购，并将执行情况反馈给计划部门。其中，各环节都按计划指令完成自身工作，并将采购的原材料或制造的零部件/产品推入下一个对应环节，无论下一个环节是否确实需要该原料/零部件/产品。这是推式 (Push) 系统，参见图 8-2。在这种系统中，计划部门对未按时完工的实际业绩或突发故障等引发的能力变动，无法做到随时响应并及时应变，即会出现物流与 (计划) 信息流的暂时脱节。

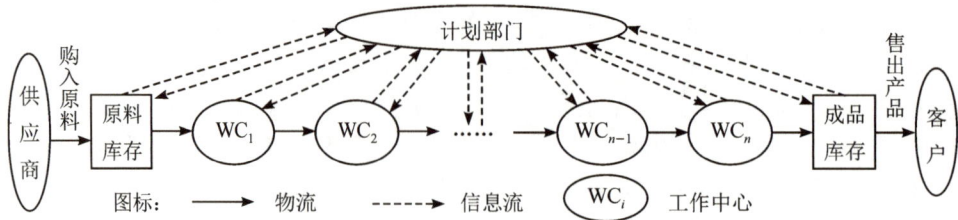

图 8-2　大规模生产对应的推式系统示意图

在准时制生产中，客户从成品库中提货，该信息将拉动总装车间总装作业以便补充货物，该总装信息又将拉动前道工序的部件生产以便补充被总装消耗的在制品库存，该生产信息又将拉动前道工序的零部件生产，以便补充被后道工序消耗的零部件库存，这样一直拉动到原料库存的消耗，继而又将拉动供应商的原料补充。这就是拉式 (Pull) 系统，参见图 8-3。

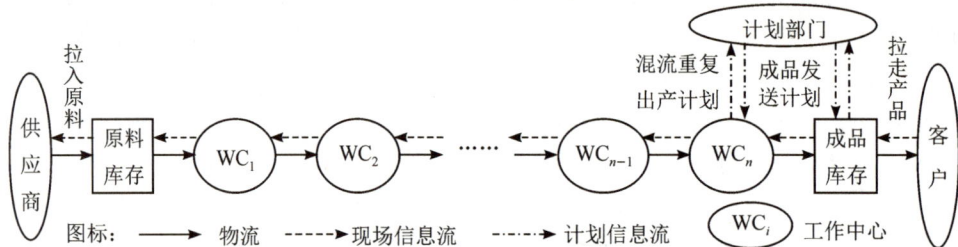

图 8-3　准时制生产对应的拉式系统示意图

拉式系统中企业内部计划大大简化，只聚焦与客户交互处的产品发送计划及总装处的混流重复出产计划。因为物流与现场信息流时刻相伴，故而两者的暂时脱节情况将大大减少，这使得拉式系统能够及时应对生产现场各种复杂干扰，形成有良好计划和强大执行力的准时制造系统。

（二）生产均衡化

生产均衡化是指总装配线应该均衡地使用各种零部件以便及时出产各种产品。这种混流出产计划，能够很好地及时应对个性化、多样化的市场需求。如按照多样化的众多客户订单，某厂 6 月份 (25 个工作日) 需出产 4000 个 A、3000 个 B、2000 个 C 和 1000 个 D。按大规模生产思路，为节省转换时间和转换成本，可按顺序一次性地生产 A、B、C 和 D。但这将导致无法在月初生产 A 时提供部分 D 产品给部分客户。鉴于企业的产品大多面向多个客户，每个客户对产品的详细规模均有所差异，具体交货日期也有先后不同。此种情况下企业应在尽可能短的时间内提供尽可能多的品种。若转换时间和转换成本可缩减，按照"AAAA-BBB-CC-D"顺序在一个月内重复 100 次，则及时满足客户需求的情况会好很多。JIT 这种生产均衡化的出产计划也称混流重复出产计划，它配合均衡的成品发送计划可满足个性化、多样化的市场需求。

（三）生产同步化

生产同步化是指工序之间不设中转仓库，前一道工序的加工结束后加工件立即转入下道工序，装配与机械加工几乎平行进行，产品被连续地生产出来。其中，对铸造、锻造、冲压等必须成批生产的工序，通过尽量缩短作业更换时间来压缩生产批量。为实现生产同步化，需要进行工序同期化，它是通过技术组织措施调整流水线各工序时间与节拍相等或者是成节拍的倍数。节拍是流水生产线上连续出产两个相同产品的时间间隔，其计算方法参见公式 (8-1)。生产同步化/工序同期化的实质是调整设备和人工的能力以便匹配计划产量。如果市场需求变化导致计划产量变化，将导致节拍变更，就需重新进行工序同期化。这将导致设备和工人工作内容的调整。因此，准时制生产 JIT 要求设备具有一定的柔性能力和多能工。

$$节拍 = \frac{计划期内的有效工作时间}{计划期内的计划产量} \tag{8-1}$$

三、精益制造理论及其对 ERP 系统的影响

美国麻省理工学院"国际汽车计划"专家总结丰田准时制生产方式为精益制造 (Lean Production，LP)，用"Lean"是因为与大规模生产相比，精益制造只需要一半的人员、一半的场地、一半的投资、一半的新产品开发时间和少得多的库存。精指少而精，不投入多余的生产要素，只在适当时间生产必要数量的市场急需产品；益指所有经营活动都要有

精益制造理论对 ERP 系统的影响

经济效益。精益制造比准时制生产在理论上更为深入，在内容上更为广泛。其"精益"从生产领域扩展至市场预测、产品开发、销售服务、财务管理、供应链管理等各领域，贯穿企业管理活动的全过程。其指导思想是通过制造过程整体优化，改进技术，理顺物流，杜绝超量生产，消除无效劳动与浪费，有效利用资源，降低成本，改善质量，达到用最少的投入实现最大产出的目的。除准时制生产外，精益制造的两大支柱是并行工程的开发设计和稳定快捷的供应链。这两大支柱的精髓依然是 JIT 减量/简化，如产品要设计得易于制造、安装及维修，而材料表只应管理 2～3 阶即可。为了对汽车这样复杂产品做 BOM 简化管理，丰田一方面减少对在制品的管理，如将没有出入库业务的在制品视为生产线上虚零件；另一方面通过制造任务的层层分包形成一个金字塔型汽车制造产业群。在供应链方面，丰田利用日本团队合作文化，通过与少数供应商深入合作来构建互信互利的新型供应商合作关系。为满足 JIT 混流重复出产计划与拉式系统运作，以及使整个供应链达到稳定快捷要求，丰田实施了与供应商共享需求及计划信息、就近采购、连续小批量补货，甚至供应商供料到生产线而非仓库等一系列革新的措施。以上革新形成了一种新的以"物流迅速化"为命题的生产范例，同时也是一种与大规模生产的以"资源的最大运转"为命题的生产范例差异明显的范例。

精益制造的范例转变对制造企业 ERP 系统产生了巨大影响。首先，这种影响主要集中在车间管理和采购管理两大执行系统，它降低了车间调度活动，简化了在制品管理，减少了常用标准车间报告，并支持更紧密、简捷的采购管理。比如：① JIT 运行过程中订单的生产通过各种生产和领用看板在厂内转移得相当之快，以至于不必再使用一套复杂的生产活动控制系统去跟踪进展；② 材料存放在使用点而无需领料单；③ 当生产的物料被消耗时工作中心就生产该产品，故而不需要制令单。对于采购物料亦是如此：若采购物料在收到的几小时或几天之内就转化为成品，就不必把它们送入库房进行清点并检查与供应商往来的详细资料；此时供货商定期提供材料可不需要订购单。此外，现场

材料的库存等成品完工入库后才被更新，这被称为倒冲入账，使得 JIT 不再使用基于车间订单事务的在制品账务模块。当前，大多数 ERP 系统都包括支持准时制生产/精益制造的模块，并提供两者的混合体系，参见图 8-4。

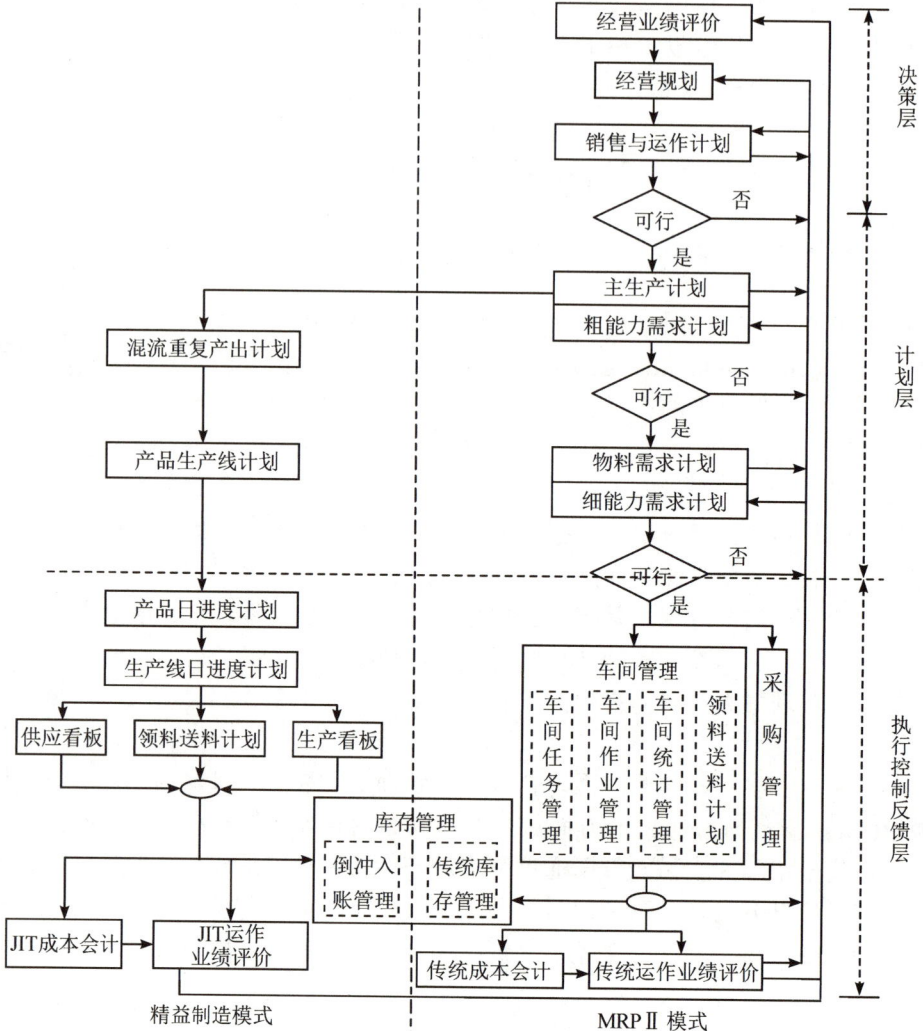

图 8-4　精益制造与 ERP 的混合体系

此外，精益制造对 ERP 系统的影响扩展至其他模块。如通过精益产品开发设计模块减少了计划涉及的零部件数量和 BOM 层次。精益制造的生产计划要求有相对平衡的负荷能力，以保证平稳的车间重复运行。多数情况下这是一个基于速率的计划，更稳定且平衡的小时或日混流重复出产计划。最后，在精益制造模式中随着工人开始自己维护设备以及其他自主生产活动，直接人工成本与间接人工成本的区分已经变得很模糊而意义不大了，可去掉直接成本的分类而只简单地使用"人工"会计科目。传统的成本会计与 JIT 成本会计之间的主要区别在于 JIT 系统中管理费用的核算是基于产品的生产时间，而不是基于直接人时或机器工时。

第二节　最优生产技术与约束理论及其对 ERP 系统的影响

无论是大规模生产还是准时制生产/精益制造，成功的关键因素就是计划与能力的相互平衡。然而，最优生产技术/约束理论追求的不是生产能力的平衡而是物流的平衡。

一、最优生产技术

（一）追求能力平衡的生产理论的缺陷

考虑一条由几个工作站组成的简单加工生产线。该生产线的节拍一经设定，生产人员就要想方设法使各工作站生产能力一致。要达到该目的，就要调整所使用的机器设备、工作量、上岗工人的技能与类型、使用的工具以及加工时间等。然而，平衡各工序的生产能力是一个糟糕的主意，因为这种平衡只有在各工作站的加工时间为常数或波动很小情况下才可能实现。当上游工作站加工时间延长时，下游工作站就会出现空闲时间；相反当上游工作站加工时间变短时，工作站之间就会产生库存，而且这种波动产生的影响还会累积。因为当统计波动发生在相互依赖的工序且工序之间没有库存时，若某道工序加工时间比平均加工时间长时，其下道工序不能弥补上道工序丧失的时间，这就会丧失获得平均产出的机会。比如要加工 5 件产品，顺序是从工序 A 向工序 B，两者之间无库存。工序 A 平均加工时间为 10 小时，标准差为 2 小时，故加工时间有 95.5% 的概率落在 6 小时与 14 小时间；工序 B 加工时间为常数的 10 小时。由表 8-1 左边部分可知：最后一件产品完工时间为 66 小时（注意其中加粗数字），产品平均产出时间为 13.2 小时；而期望完工时间为 60 小时，期望平均产出时间为 12 小时（已考虑工序 B 加工第一件产品前的等待时间）。现假设颠倒一下，即由工序 B 向工序 A 流动。为说明可能的延误将工序 A 操作时间也颠倒一下，见表 8-1 右边部分。此时最后一件产品完工时间仍是 66 小时（注意其中加粗数字），平均产出时间还是 13.2 小时，不是期望的 12 小时。故操作延迟的根源是无法弥补第二道工序因空闲失去的时间。

表 8-1　前后两道工序的加工与完工时间

第一道工序 A			第二道工序 B				第一道工序 B			第二道工序 A			
产品号	开始时间	加工时间	结束时间	产品号	开始时间	加工时间	结束时间	产品号	开始时间	加工时间	结束时间	产品号	开始时间	加工时间	结束时间
1	0	14	14	1	14	10	24	1	0	10	10	1	10	6	16
2	14	12	26	2	26	10	36	2	10	10	20	2	20	8	28
3	26	10	36	3	36	10	**46**	3	20	10	30	3	30	10	40
4	36	8	44	4	**46**	10	**56**	4	30	10	40	4	40	12	**52**
5	44	6	50	5	**56**	10	**66**	5	40	10	50	5	**52**	14	**66**

视频讲解

消除以上案例中波动影响的方法是增加在制品数量，或者是增加下游工序的生产能力来补偿上游工序加工时间的拖延。前者不是一个好的选择，因为在买方市场中企业应千方百计减少在制品。由后者看来，工序之间生产能力就不应平衡到同一水平，而是仅应平衡物流。

（二）追求物流平衡的解决方案——"鼓、缓冲器与绳子"机制

物流的平衡可通过"鼓、缓冲器与绳子"机制来实现。每个生产系统都需要一些控制点来控制系统中的物流。若系统中存在瓶颈，瓶颈就是最好的控制点；它被称为鼓，因其决定系统其余部分发挥作用的节奏。瓶颈是实际生产能力不能满足需求的资源，用其作控制点的原因在于确保其上游作业不过量生产，以便预防瓶颈因不能处理过量在制品而致过多库存。若系统没有瓶颈，设置鼓的最佳位置是次瓶颈，即运行时间接近生产能力，但若计划得好还有适当剩余能力的资源。若一个系统既无瓶颈也无次瓶颈，控制点的位置可任意选择；常见的最好位置是物流分叉点，即该处资源的产出流向好几个下游作业。

图 8-5 为一个从 A 到 H 的线性流程。假如加工中心 E 是一个瓶颈，这意味着 E 上下游的生产能力都比 E 的生产能力大。如果不对这个线性流程加以控制，那么加工中心 E 前面必然会出现大量库存，而其他地方基本上没有库存，当然也没有多少成品库存（因为市场不是瓶颈）。有两件与瓶颈有关的事情要做：① 在瓶颈的前面设置缓冲库存确保瓶颈连续工作，这是因为瓶颈的产出决定了系统产出（类似整个木桶水容量由木桶中最短一块木板决定）；② 将 E 的已加工信息传递给上游作业 A 以便 A 按需生产，这样才能避免库存的增加。这种信息传递被称为绳子（正式或非正式的）。瓶颈作业前的缓冲库存是一种时间缓冲，因为它希望的是加工中心 E 总在工作。若瓶颈前任务序列提供 96 小时的缓冲库存，意味着即使瓶颈 E 的上游作业在正常波动或发生意外而暂时中断供应的情况下，E 还有另外 96 小时来保护系统产销率。至于时间缓冲的数值设定，可利用过去数据统计获得，也可模拟获得。如果鼓不是瓶颈，而是有少量空闲时间的次瓶颈，则可设置两个缓冲库存：一个设置在次瓶颈前面，另一个是成品缓冲库存，参见图 8-5 中加粗部分。成品库存能够保证满足市场需求，而次瓶颈前面的时间缓冲则保护系统的产销率。这种情况下，市场不能买走企业所能生产的所有产品，因此企业希望只要市场决定购买我们的产品，企业就能确保有产品可以供应。这种情况下企业需要两根绳子：一根绳子把信息从成品缓冲库存传到鼓点，以便鼓点增加或减少其产品；另一根绳子则把信息从鼓点传到原材料发放点，指明需要多少原材料。图 8-6 是一个复杂的只有一个瓶颈的网络流程，它不仅在瓶颈前面设置库存，而且在非瓶颈资源后面也设置了库存，以确保产品离开瓶颈后的流动速度不会降低。

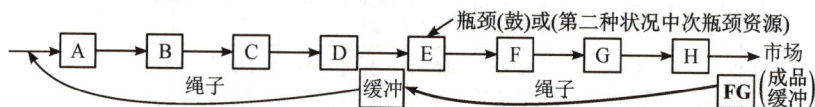

图 8-5　有一个瓶颈或者带有次瓶颈资源的线性流程

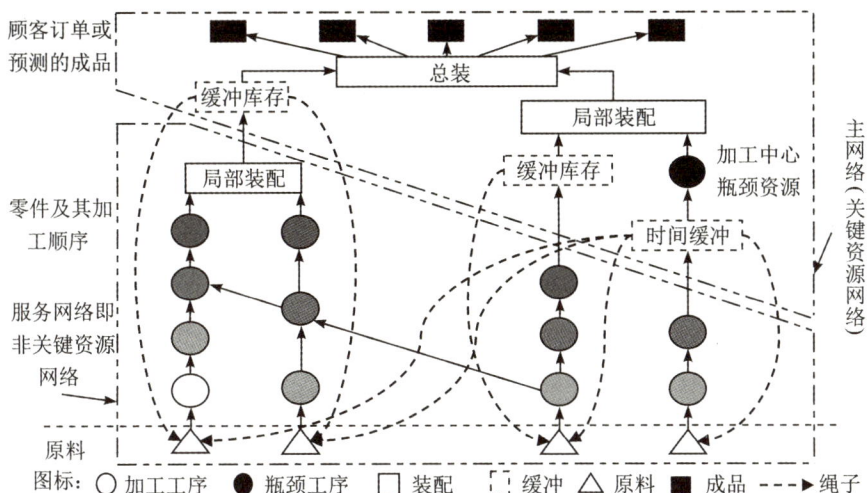

顾客订单或预测的成品

缓冲库存

总装

局部装配

局部装配

缓冲库存

加工中心瓶颈资源

零件及其加工顺序

时间缓冲

服务网络即非关键资源网络

主网络（关键资源网络）

原料

图标：○ 加工工序　● 瓶颈工序　□ 装配　▢ 缓冲　△ 原料　■ 成品　→ 绳子

图 8-6　具有一个瓶颈的网络流程

（三）最优生产技术的核心原则与核心理念

"鼓、缓冲器与绳子" 解决机制促成新的最优生产技术 (Optimized Production Technology，OPT) 诞生。高德拉特提出九条 OPT 生产作业计划制订原则：① 平衡物流而不要平衡生产能力；② 非瓶颈资源的利用程度不是由自身潜力决定的，而是由系统中的约束决定的；③ 资源的 "利用" 与 "活力" 不是一码事，"利用" 是指资源应该利用的程度，"活力" 是指资源能够利用的程度；④ 瓶颈损失 1 小时相当于整个系统损失 1 小时；⑤ 非瓶颈上节约 1 小时无实际意义；⑥ 瓶颈制约了系统的产销率和库存；⑦ 运转批量可以不等于 (而且在大多数情况下应该不等于) 加工批量；⑧ 加工批量不是固定的，应该随时间而变化；⑨ 优先权只能根据系统的约束来设定，提前期是作业计划的结果，而不应是预定值。

高德拉特从常识出发创立的最优生产技术，解决了制造企业错综复杂的内部矛盾与混乱。这种常识的巨大力量源自于高德拉特对制造企业目标的深刻认知及对绩效评价系统的发展。高德拉特在《目标》一书中指出任何制造企业的真正目标只有一个：现在和将来都能赢钱。但衡量一个企业是否能赢钱通常采用以下三个指标：① 净利润，即一个企业赚钱多少的绝对量；② 投资收益率，即一定时期的收益与投资的比率，这个评价投资效果的相对量可以弥补仅以净利润这个绝对量考察收益的不足；③ 现金流量，即短期内收入和支出的钱，体现对企业生存状况的评价。上述三个指标同时使用才能对企业的经营业绩做出正确的综合评估。鉴于上述三个财务评价指标不能直接应用于指导生产，高德拉特提出三个运作指标 (仍以货币价值表示) 以便深化财务指标：① 有效产出 (Throughput，T)，通过销售获取资金的速率，衡量进入系统的钱；② 存货 (Inventory，I)，投资在采购上的金钱，衡量停留于系统的钱；③ 营运费用 (Operating Expenses，OE)，为了把存货 I 转为有效产出 T 而花费的钱。有效产出明确指向售出的商品而非库存的产品。如此定义才能防止企业在产品可能销售不出去的错觉中持续生产。存货 (不论是在制品还是产成品) 只以其所包含的原材料成本来估计，劳动力成本和机器工时应该被忽略。这种观点与传统成本会计中资金耗费即被视为附加值增加截然不同。营运费

用包括生产成本 (如人工成本、存储成本) 和管理费用，它与传统费用划分的主要区别是省略烦琐的直接人工成本和间接人工成本的区分。从运作角度来看，制造企业的真正目标就是在降低存货和营运费用的同时提高有效产出，唯有如此，企业才能在买方市场中生存与发展。

二、最优生产技术 (OPT) 软件系统

（一）OPT 系统与 MRP 系统的主要区别

视频讲解

在主生产计划 MPS 确定后，MRP 系统采用后向排序方式，通过物料清单扩展来编制生产作业计划，即从指定的完工日期开始，从后向前对所需作业进行安排。此外，MRP 系统需要一个能力需求计划，来生成各工作中心的负荷表。当工作中心负荷过载时，要么调整 MPS，要么调用预留的松弛能力以便局部消化过载负荷；想借助 MRP 来平衡生产能力与负荷是非常困难的。OPT 系统运用的是前向排序方法，其思路是关键资源的作业计划优先制订，以确保其负荷不超过其生产能力；接着制订非关键 (非瓶颈) 资源的作业计划，以便支持关键资源的连续运作；此时为了使得库存持有时间最短，非关键资源的作业计划可采用后推式的方法来制订。OPT 系统这种制订作业计划的方式可以确保作业计划切实可行。为减少生产提前期和在制品，OPT 系统中的加工批量和转运批量是变化的，这点 MRP 系统是无法做到的。

（二）OPT 软件

20 世纪 80 年代高德拉特创办的 Creative Output 有限公司首先开发了一个在考虑设备、机器、人员、工具、原材料以及其他必要影响因素的约束条件基础上，对整个制造过程编制作业计划的最优生产技术 (OPT) 软件，参见图 8-7。从模块构成来看，它主要由 BUILDNET、SPLIT、SERVE 和 BRAIN 几个模块构成，算法的核心在于识别瓶颈和对瓶颈排序。

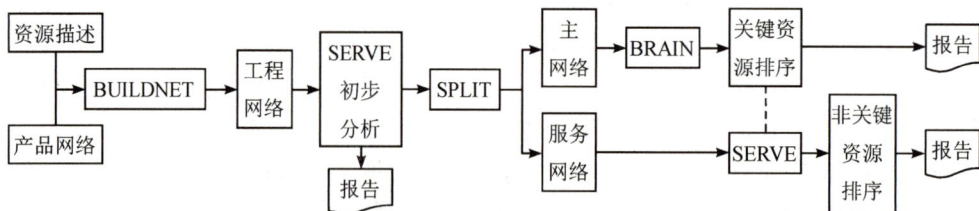

图 8-7 最优生产技术 (OPT) 软件的信息系统框架

图 8-7 中的 "产品网络" 用于准确描述一个产品是怎样制造出来的。与一般企业基本信息资料将这部分描述内容分为产品结构文件和加工工艺路线文件两部分不同，OPT 中这两部分的信息通过网络结合形成一个文件。对于企业现有各种资源的具体描述是在 "资源描述" 这个模块完成的，其中包括每种资源及其替代资源和替代相互影响、允许加工时间、用于加工的某种资源的数量等。BUILDNET 模块是将 "产品网络" 和 "资源描述" 模块中的信息结合起来生成一个工程网络，其强大之处在于能精确描述生产制造中大量数据的模型化语言，可成功完成 OPT 对企业的模型化构造。在工程网络中可

对各种可选择的作业甚至可选择的 BOM 进行详细描述 (完全描述各种关系只需 24 个数据字段)。BUILDNET 还具有提示数据逻辑错误的功能，如物料清单未与工艺路线连接。工程网络建成之后，就要确定瓶颈。这由 SERVE 模块通过运行工程网络以及采取类似 MRP 的倒排方法来完成。SERVE 模块的一个输出是各个资源的负荷率。资源的负荷率一般参差不齐，而解决方法是通过将超量的负荷前移或后移来实现能力平衡。但这大多会涉及产品结构的所有层次，因此实现难度极大。在计算各种资源负荷率的基础上，SERVE 模块还计算每种资源的平均负荷率并以此来确定瓶颈，即平均负荷率最高的资源就是 (次) 瓶颈。当 (次) 瓶颈确定之后，SPLIT 模块将工程网络分成两部分：主网络 (亦关键资源网络) 和服务网络 (亦非关键资源网络)。前者由瓶颈作业及其下游作业构成 (包括客户需求在内)，后者为其余剩下的部分，参见图 8-6。对于主网络，可以通过 BRAIN 模块采用有限能力顺排的方法编制作业计划，目标是使瓶颈上的空闲时间为零，即有效产出最大。所生成的计划不仅包括生产计划，还需确定相关的传送批量和加工批量。对服务网络，再通过 SERVE 模块采用无限能力倒排的方法编制作业计划。此时，不是从订单上的完工日期开始倒排，而是从 BRAIN 模块确定的完工日期开始倒排。在生成生产计划之后，还应再设置安全库存 (缓冲库存) 或时间缓冲等 "缓冲器"。其设置的位置一般在两个关键地方：瓶颈前或来自非瓶颈资源与来自瓶颈资源加工路线的交叉点 (参见图 8-6)。以上步骤一旦完成，如果系统中没有其他瓶颈，OPT 的结果也就生成了。通常在第一个循环的最后会发现其他瓶颈，此时应重复上述步骤 (可能多次)，直到所有约束都转移到关键资源网络部分为止。

三、约束理论及其对 ERP 系统的影响

在继《目标》之后的《绝不是靠运气》一书中，高德拉特将研究视角从企业内部制造环节扩展至与客户交互的市场销售环节。为解决企业与市场的供需矛盾，高德拉特依据瓶颈解决思路发展出制造服务化解决方案，即在需求饱和的市场中，制造企业只有将销售思路从出售商品转变为出售服务解决方案，才能破解销售困局以便维护企业的生存与可持续发展。在此突破过程中，高德拉特将最优生产技术扩展为约束理论 (Theory of Constrains，TOC)。TOC 的核心内容为五个步骤：① 识别系统的约束 (只有发现系统约束或最薄弱环节时才能对系统进行改善)；② 想方设法开发利用系统的约束 (使约束尽可能高效运行)；③ 使其他一切事情服从以上决定 (即使会牺牲非瓶颈资源的利用效率，也要这样做)；④ 打破系统约束 (如果产出能力还不足，则需要获得更多的资源来解除约束)；⑤ 通过以上步骤，若约束被打破或解除，则回到步骤 1，不要让惯性成为系统约束。

视频讲解

在《绝不是靠运气》一书中，高德拉特将关键的制造企业目标从唯一的赚钱目标扩展为三个：赚钱、为员工提供安稳及满足的工作环境、满足市场需求。虽然企业和市场客户对产品价值的认知存在冲突，但是市场客户对产品价值的不同理解使得有效利用 "市场区隔" 可实现上述三个目标的共赢。"市场区隔" 就是依据不同客户对同一产品的价值有不同理解，将貌似统一的市场区隔为不同的市场，定以不同的价格，从而保证整体获利。虽然最优生产技术与准时制生产同属以 "物流迅速化" 为命题的生产范例，但约

束理论作为一种解决问题的通用思想与方法，不再局限于生产环节，如销售、项目管理等众多商业领域都可应用它。约束理论发展出的制造服务化方案，以及冲突图和逻辑树状图等冲突矛盾分析方法，都为制造企业的价值管理提供了新方案与分析工具。而精益制造的最新发展——精益解决方案，即集成"精益供应"和"精益消费"方案，亦集成供应过程中价值流和消费过程中价值流管理的方案，也是借鉴约束理论的制造服务化思想以及矛盾冲突的分析与解决方式，力求实现从"生产更好的产品"向"提供更满意的消费"的转变。

传统 ERP 的计划制订是一个串行过程，有明显不足。ERP 首先根据预测和实际订单制订主生产计划 (MPS)，接着应用粗能力需求计划 (RCCP) 核对 MPS 计划的大致可行性；待调整 MPS 并核对大致可行后，应用 MRP 倒推中间半成品/部件和原材料的完工/到货计划和开工/采购计划；然后再应用细能力需求计划 (CRP) 核对 MRP 中各自制计划的可行性；若执行 MRP 自制计划有难度，则适当地微调并用 CRP 核对微调后 MRP 计划的可行性；至于 MRP 中采购计划的可行性，ERP 通过采购管理来协调。以上 ERP 串行计划过程可参见图 1-8 和图 1-9。该传统 ERP 串行计划制订过程存在以下明显不足。① MPS/MRP/RCCP/CRP 等是批处理运行方式，通常需在休息时段冻结数据做批处理，故结果只有在下一工作时段才能看到；若在工作时间内能力发生问题，常导致计划难以执行，而串行计划的调整则费时费力。② ERP 计划时对所有的客户、产品和原材料都以同样重要的程度对待，但实际业务常有重要的客户、产品或原材料需要赋予更高优先级别。③ ERP 中计划时提前期是已知固定的，没有努力缩短提前期的优化机制；也缺乏其他更多决策因素的优化。

鉴于上述 ERP 缺陷，在供应链管理 SCM 兴起的背景下，并在常驻内存计算技术支持下，并行运作的高级计划排程 (Advanced Planning and Scheduling，APS) 软件发展起来，参见图 8-8。它在 MRP Ⅱ /ERP 计划系统中利用 OPT 技法，在"基于制约因素"的理念下，设计了"瓶颈计划进度"和"现场作业管理"功能模块，在更广阔的供应链范围内应用并发展约束理论 (涉及成百上千约束条件的求解)。APS 是真正优化的计划，定义了各种计划问题的选择、目标和约束，使用精确或启发式优化算法，尽量以最低成本满足客户 (服务) 需求。APS 通过设置供应链中形成能力约束、供应约束及运输约束等的硬约束 (如供应链中工厂、分销中心、委外加工商、客户、供应商、物料清单、工艺路线、分销路径、提前期，以及每个供应链经营或资源的成本和软约束 (如客户或优先区域、安全库存、批量等)，结合供应链中的所有需求 (如销售预测、客户订单、补充订单) 和所有供货渠道 (包括原材料/半成品/成品库存、确认的分销订单/生产订单/采购订单)，进行供应与需求的对比及约束下的平衡; 通过智能平衡来优化供应链上的需求、供应和各种约束，帮助决策者重新计划以自动解决问题。作为计划和排程优化程序的 APS，虽然比 ERP 在制订计划时考虑了目标函数以及多种约束并因此增强了计划的可行性和效益，但它不能代替 ERP。因为 APS 不能处理许多基础数据的维护 (如物料主文件的维护、BOM 的维护、工艺路线的维护、货源和设备的维护、能力表以及供应商/客户/资源的优先级的维护)；也不能对许多业务进行日常管理 (如收发货、收发单、开发票和文档管理)。因此，APS 决策所需的重要数据都来自于 ERP 系统。ERP 是 APS 的基础，而 APS 则是 ERP 系统强有力的补充。

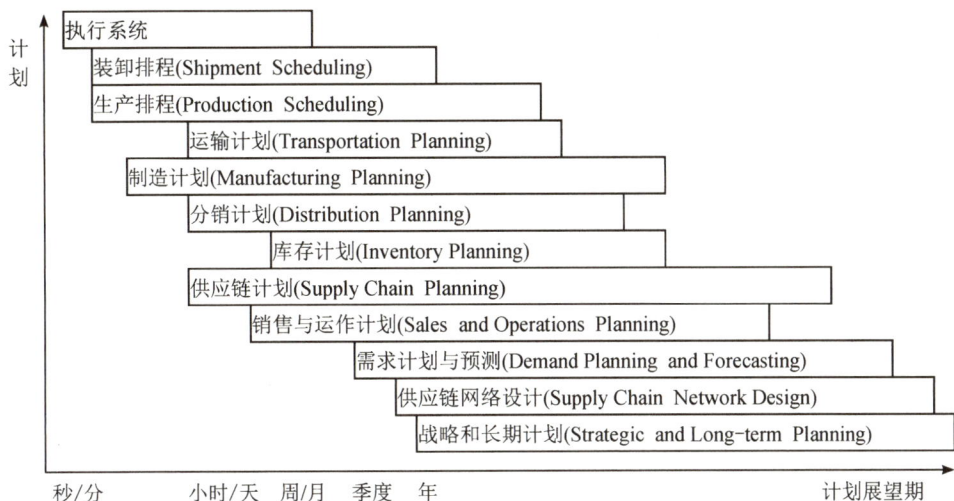

图 8-8　APS 主要功能及其相应的计划展望期

虽然 APS 将聚焦企业视角的约束理论进行了供应链视角的扩展，但是 APS 并没有对约束理论中的制造服务化这种面向制造企业可持续发展的解决对策进行良好的融合。当然，约束理论本身并未针对企业三大矛盾目标的动态平衡 (亦面向可持续发展的平衡) 提供良好的定量解决方案。因此，APS 与约束理论都过于聚焦约束思维，对企业三大目标的动态平衡 (亦面向可持续发展的平衡) 并没有提供好的定量解决方案，相应最优生产技术的定量分析只停留于战术层面而非企业战略层面。此外，虽然约束理论侧重从企业的整体而非局部来优化企业的运作，但其成功案例都是分析只有一个 (系列) 产品的企业，其实质是面向产品 (更准确是面向产品服务系统) 而非企业。因此，约束理论和 APS 都有待进一步发展，即需融合更多供应链管理成果和制造服务化定量思考，以便为制造企业的可持续发展提供更好的战略定量方案。此时，融合更多供应链管理、服务化和绿色化思考的敏捷制造方式有着重要借鉴价值。

第三节　敏捷制造理论及其对 ERP 系统的影响

一、敏捷制造理论

(一) 敏捷制造的产生背景与核心理念

20 世纪 80 年代后期美国意识到必须重夺制造业的优势才能保持国际领先地位。美国向日本学习准时制生产/精益制造方式，但美国的文化背景及其依托标准成本会计和预算控制进行组织整合的管理机制等，阻碍了应用时需融合"志向、俯视、深耕"三要素的精益系统的推广。为发展适于自身环境的先进制造系统，理海大学亚科卡 (Iacocca) 研究所分析了美国工业界 400 多篇优秀报

视频讲解

告，在 1991 年"21 世纪制造企业战略"报告中提出"敏捷制造 (Agile Manufacturing，AM)"概念，核心理念是：面对全球化激烈竞争的买方市场，制造企业应基于互联网的信息开放、共享与集成，依托虚拟企业或动态联盟，采用可快速重构的生产单元构成扁平的组织结构，以充分自治的、分布式的协同工作代替金字塔式的多层管理结构，从而实现以资源整合的快速应变有效应对市场的快速多变；其间，敏捷制造注重发挥人的创造性，变企业之间你死我活的竞争关系为既有竞争又有合作的"共赢"关系。

（二）敏捷制造的定义及敏捷制造企业的基本特征

敏捷制造还没有一个公认定义，但敏捷性是其根本特征。敏捷性与产品的生产过程联系起来可以表示快速响应，与虚拟企业 (Virtual Organization)/动态联盟 (Dynamic Alliance) 联系起来可表示畅通的组织间沟通/合作，与大规模定制 (Mass Customization，MC) 联系起来可表示适应性，与再工程/重构 (Reengineering) 联系起来可表示生产过程的持续改善，与精益制造联系起来可表示更高的资源利用率，与供应链管理联系起来可形成敏捷供应链。敏捷似乎可以通过它的字面意义和所有表示高竞争力的特点联系起来。总而言之，敏捷性可归纳为驾驭变化的能力，它允许企业以高速且低成本/低耗的方式完成所需的调整，同时还意味着高度的开拓性和创新能力。正因为如此，日本的敏捷制造研究又称自治与分布制造系统，而长期的自治与分布制造系统又称生物制造系统 (Bionic Manufacturing System，BMS)。

亚科卡研究所提出敏捷制造企业的 18 条基本特征。

(1) 并行工作：企业内各部门都能并行工作，以最快响应抓住市场机遇。

(2) 继续教育：为保持活力必须不断提高雇员的全面技能，重点是新技术、新思想方面"知其所以然"的"教育"，而非单纯的"知其然"。

(3) 重建组织机构以快速服务用户反应：从对用户需求及市场竞争做出迅速反应出发，"牵"出对新的企业组织各方面的要求，并据此重建组织结构。

(4) 多方动态合作：从竞争走向合作以共同满足市场需求。

(5) 珍惜雇员：雇员的知识和创造性是企业最宝贵财富。

(6) 向工作小组及其成员放权：为快速满足客户需求，企业应向一线工作小组及其成员放权，通过组织结构扁平化快速响应市场变化。

(7) 对环境仁慈：为响应人们不断强化的环保需求，企业要对生产过程及其产品整个生命周期对环境造成的影响负责任，不应采用消极防御式的"减少污染"，而应"仁慈"，即不仅不要造成伤害，而且要主动关心环境并在生产过程和产品生命周期中创造改善环境的条件。

(8) 重新组合配置的柔性：不仅技术系统应是模块化，可根据产品变化在短时间内重新组合配置，而且员工也应能根据任务需要灵活重构各种职能部门。

(9) 信息的积极沟通：鉴于多方合作模式带来的经济效益大于信息保密的好处，敏捷制造应积极扩展各方之间的信息沟通。

(10) 知识面广的雇员。

(11) 开放的体系结构：敏捷企业的任务、产品、组织、技术系统等都可能变化并需与其他企业相应层次进行合作，故敏捷企业体系结构应该是开放的。

(12) 产品设计一次成功：完善分析与仿真工具，在充分利用计算机辅助设计软件加快设计速度的同时，保证产品设计一次成功。

(13) 产品终身质量保证。

(14) 缩短交付周期。

(15) 技术的领先作用：几个技术各有所长的公司组合在一起，才能互相取长补短形成互利共生，故每个公司一定要有自己的独占技术。

(16) 对技术要有敏感性。

(17) 整个企业集成：在向工作小组和员工放权的同时，还要为实现企业全局战略目标取得更高水平的全局协调，通过整个企业的集成提高企业的柔性。

(18) 基于远景蓝图的管理与领导。

（三）敏捷制造的三大支柱

敏捷制造是为了适应"无法预测的持续、快速变化的竞争环境"而提出的一种新概念和制造模式。支撑敏捷制造的三大支柱是人、管理与技术。与大规模生产理论将员工视为生产系统中的附属/奴隶不同，敏捷制造树立以"人"为中心的思想。近年随着无人化工厂实践失败，适度自动化概念逐渐被认同，相应逐渐形成在人-机协同 (Human-Machine Synergism) 中以"人"为中心的思想，即重视人在企业活动中的地位，以及人的智能、经验、情绪及自我价值观在生产与服务过程中的作用。相应敏捷制造中的员工应该具有更高素质，如能够充分发挥主动性和创造性，反应迅速灵活，得到授权后能自我组织与管理并做出适当决策，具备协作精神和共赢思想。仅仅采用计算机集成制造系统与技术而不重视人因管理，难以获得制造企业的成功改造。成功的经营理论须整合 F 系列（面向非人因因素）的经管知识与 I 系列（面向人因因素）的经管知识。有鉴于此，在良好管理非人因因素的计算机集成制造系统基础上，再加上以"人"为中心的人因管理，才是解救制造企业于困境之中的良方。

为达到敏捷这一高要求，敏捷制造在人员、组织、技术方面需要更加统一、协调的管理，这种管理是一种综合性管理，除了本企业外，上下游合作伙伴、客户等都要纳入管理的范畴，涉及的范围也包括物料、设备、资金、人员等全部资源。其中，最关键的外部合作管理包括供应链合作、系列化制造合作、产品合作三种主要形式。供应链合作通常是采购与供应的合作关系，难以通过与合作伙伴的这种浅层合作改进产品设计，故而对客户的需求反应能力较有限。系列化制造合作要求合作伙伴承担一定的模块化的设计开发任务，此时合作伙伴之间的关系更加密切，集成性更高。产品合作是更高级的合作，也是更短暂、更具柔性的合作，该合作为一个产品而联合，当产品完结时就自动解散，其间涉及新产品的共同开发与风险共担。此外，对于与客户的关系，敏捷制造有新的发展。传统观念认为销售活动总是要以赚客户的钱为目的。敏捷制造则有两个新理念，一是"使客户富裕 (Enriching the customer)"；二是销售的是"解决方案 (Solution)"而不是"产品 (Product)"。对于产品，客户支付的费用是产品的成本再加上企业的一定利润，对于解决方案（满足客户需求的个性化产品和服务的综合体），客户支付的费用是一个在供应商和客户之间都认可的价值，这个价值可以让客户自己也觉得"我赚了"。"使客户富裕"必然将强化双方的合作，进而也将保证企业/供应商的盈利。

二、敏捷制造理论对 ERP 系统的影响

作为 21 世纪具有竞争力的一种制造系统，敏捷制造的基于互联网"项目"驱动的生产运行模式和"动态联盟"的生产组织方式对 ERP 提出了新的要求，并带来了一系列新的决策优化问题。汪定伟 (2003) 列举了敏捷制造对 ERP 的五方面新功能需求：对基于互联网的项目管理的功能支持、对动态联盟的功能支持、对动态联盟异地制造的功能支持、对敏捷化产品开发的功能支持、对电子商务的功能支持。图 8-9 是汪定伟开发的一套面向敏捷制造的 ERP 软件系统——AM/ERP 的主要功能结构与数据联系。AM/ERP 系统的八大特点对理解敏捷制造对 ERP 的影响有帮助：① 以"项目管理"代替"订单管理"，以便支持敏捷制造的机遇驱动的经营运作方式；② 增设动态联盟组成、监控、分配与清算功能；③ 以财务为中心替代以物料准备为中心，加强财务成本对物流计划的控制；④ 具有供应链管理的功能；⑤ 能够支持企业经营战略决策；⑥ 具有丰富的优化模型和算法；⑦ 具有与互联网的方便的接口；⑧ 插件式模块设计。

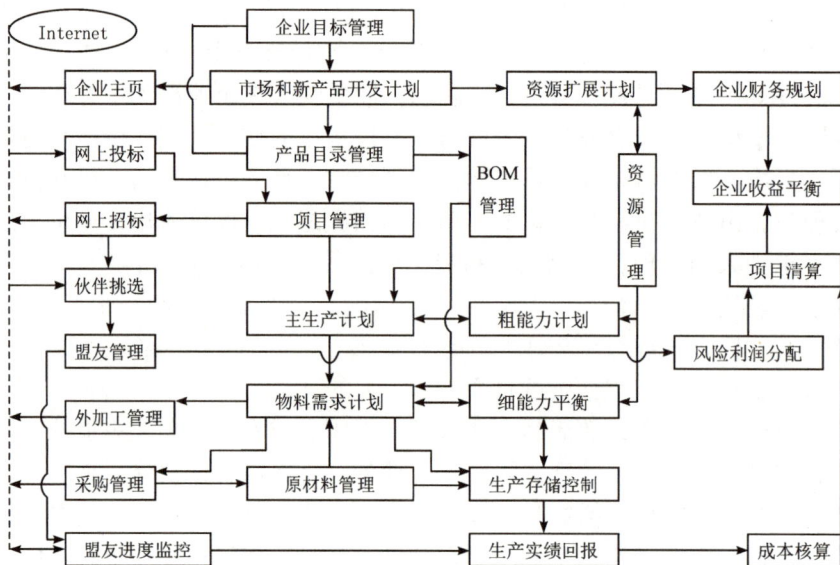

图 8-9 敏捷制造相关的 AM/ERP 系统主要功能结构与数据联系

第四节 现有 ERP 系统的发展方向及其展望

一、ERP Ⅱ 和全面集成系统

（一）从 ERP 到 ERP Ⅱ

ERP 作为一种现代企业管理信息系统，在企业得到了广泛的应用并

视频讲解

取得了一定的效果。虽然 ERP 将资源概念扩大到整个供应链的资源 (即将供应链上供应商、客户等外部资源也作为可控的对象进行集成)，但随着全球经济的形成和网络的发展，客户关系管理与供应链管理在许多功能的可行性问题上发生了质的改变，企业之间的互动今非昔比。市场和管理都在呼唤新的 ERP，以使网络的信息交互功能能得到充分体现并实现最优的企业资源规划。因此，信息交换的无边界、实时效应、内外部系统的互动等，已成为新一代 ERP 最主要的需求。

电子商务时代的来临给传统 ERP 系统带来许多新课题，其中协作商务模式的影响巨大。虽然对于电子商务至今还没有规范统一的定义，但此处本着"商务为本，电子为辅"理念，将其视为企业内部、企业与企业之间、企业与客户之间以电子信息化方式完成的商务活动。协作商务是指在企业内部员工之间、业务伙伴之间、企业与客户之间通过电子化方式协同工作的商业社区，这个商业社区可以是某个行业或行业段，或供应链或供应链段。从概念上来看，协作商务比电子商务多出协作之义。其来源在于当前许多企业正在将自身业务从纵向高度集成的、注重内部功能优化的大而全模式，向更灵活、更专注于核心竞争力的实体模式转化。在电子商务时代，一对一的市场方法、个性化订单和需求及在线客户服务等新的企业运作和服务模式，是传统 ERP 系统不曾料到且无法良好应对的。协作商务比电子商务在外向信息共享与处理能力上要求更高。在协作社区内，企业不仅仅依靠各自产品或服务的质量、成本和交付速度来竞争，而且还需要依赖为其他协作伙伴提供的信息质量来获得竞争优势。这一变化使得企业客户或解决方案供应商需要重新考虑和设计企业管理信息系统，以便涵盖更多外向型系统元素。但 ERP 支持的外向信息共享与处理的水平还远不能适应这种商务模式，致使先进的商业模式与信息化能力之间产生了矛盾，这容易导致管理和业务失控。此外，在激烈竞争市场中企业不能只关心客户和供应商等协作伙伴的信息，还要重点关注竞争对手的动态信息。因此，对相关竞争对手的信息的搜集/监视与管理/分析，也必须纳入新型 ERP 的管理范畴。

为满足上述新一代 ERP 最主要需求，新一代管理信息系统应运而生。按照 Gartner Group 的定义，这就是具有全新概念的 ERP Ⅱ 系统。ERP Ⅱ 的定义是一种新的商业战略，它由一组行业专业化的应用组成，通过它们建立和优化企业内部和企业之间的流程、协作运营和财务运作流程，从而优化客户和股东价值。按照 Gartner Group 的定义，ERP Ⅱ 系统包含了六个基本特征，分别从业务、应用和技术方面定义了其战略取向。这六个基本特征如下：

(1) 应用角色：ERP Ⅱ 不仅服务于企业内部资源的优化和业务处理，而且还利用利益社区内企业间协作运营的资源信息，参与整条价值链的资源规划，以便优化整条链。

(2) 应用领域：ERP Ⅱ 的领域已经扩展到非制造业，如金融、政府部门、服务性行业、高科技企业等。而原 ERP 比较侧重于制造业和分销。

(3) 系统功能：在 ERP Ⅱ 所涉及的行业领域中，其功能不仅包括传统的制造、分销和财务部分，还包括那些针对特定行业或行业段的业务所要求的功能，如设备维护、工程项目管理、工厂设计等。

(4) 系统流程：从注重企业内部流程管理发展到也同时注重外部联结。

(5) 系统结构：传统 ERP 系统结构是封闭的单一整体，而 ERP Ⅱ 系统结构是基于 Web，面向对象，扩展的、完全组件式的开放式系统。

(6) 系统数据处理：与 ERP 系统将所有数据存储在企业内部不同，ERP Ⅱ面向分布在整个商业社区的业务数据进行处理，存储在企业内部的数据通过因特网进行发布，以便整个协作社区内能使用同样的信息。

从 ERP Ⅱ 系统的特征可以看出，ERP Ⅱ 除了系统结构与 ERP 不同之外，其他特征都是 ERP 的延伸和扩展。系统结构的不同是由 ERP Ⅱ 重视"协作商务"所导致的。ERP Ⅱ 的定义强调未来的企业更注重行业、专业的深度分工和企业间的交流，而不仅仅是企业业务流程的管理。因此，ERP Ⅱ 的系统结构应该是开放的、动态的、集成的和组件的。表 8-2 清晰对比了从 ERP 到 ERP Ⅱ 的发展趋势，另外也从技术层面说明了 ERP 和 ERP Ⅱ 的不同之处。

表 8-2　ERP 与 ERP Ⅱ 的比较

比较项目	ERP	ERP Ⅱ
作用	企业内部管理优化	参与价值链/协作商务
领域	制造业/分销	所有行业
功能	制造、销售、财务等	跨行业、行业段和特定行业
处理	内部业务	内部业务和外部联结
结构	封闭的、单一整体的	开放的、组件化的
数据	内部产生和使用	内、外部发布和采用

也有些学者将电子商务时代的"ERP"理解成"eERP"(extended ERP)，即"扩展的 ERP"，这样就会更加认识到企业资源计划在这个时代的重要性。"扩展的 ERP"是企业通过将其内外部资源一起整合、协同运作，以便更好、更有效地适应电子商务的必要手段。企业实施"ERP"是实现电子商务的基础，而企业通过实现"eERP"将在电子商务环境中立于领先主导地位。

（二）从 ERP 到 TEI

Gartner 公司在定义 ERP 功能时曾经提出两个集成：内部集成 (产品研发、核心业务和数据采集的集成) 和外部集成 (企业与供需链上所有合作伙伴的集成)。20 世纪 90 年代，一些 MRP Ⅱ 软件供应商在采纳 Gartner 最初对 ERP 提出的技术要求 (如 4GL、RDBM、GUI、C/S、CASE 等当时较领先技术) 的基础上，增加了 Gartner 最初提出的一些外扩功能，如 EDI 接口、分销资源计划、运输、仓库、设备、质量、实验室及项目管理、现场服务及维修管理和人力资源管理等之后，纷纷把 MRP Ⅱ 产品易名为 ERP，虽然这种易名当时未完全实现 Gartner 对 ERP 系统管理整个供应链的基本定义和设想。

20 世纪 90 年代以来出现的一连串的各种系统，实质上都是实现 Gartner 最初对广义 ERP 定义的补充。这些补充可以分为两类：一类是实现产品研发与生产制造集成的，如产品数据管理 (Product Data Management，PDM) 和产品生命周期管理 (Product Lifecycle Management，PLM)；一类是实现企业内外业务集成的各种系统，如供应链管理 SCM、供应链事件管理 (Supply Chain Event Management，SCEM)、供应商关系管理 (Supplier Relationship Management，SRM)、电子采购 (e-Procurement)、仓库管理系统 (Warehouse Management System，WMS)、客户关系管理 (Customer Relationship

Management，CRM)、合作伙伴关系管理 (Partner Relationship Management，PRM) 等。另外近些年还出现了的一种跨上述两类的集成系统——协同产品商务 (Collaborative Product Commerce，CPC)。它可以看成是互联网时代更大范围的 "同步 (并行) 工程"。早期同步工程多限于计算机辅助设计 (Computer Aided Design，CAD) 和计算机辅助制造 (Computer Aided Manufacturing，CAM)，但是现在要扩大到与选择供应商和与客户沟通的同步，以体现精益制造的精神。

事实上，不同类系统是由不同公司开发的，功能是相互重叠、相互渗透的，你中有我，我中有你，没有极其明确的界线。这些系统中有些虽然可以独立运行一时，但毕竟不是一个完整的 "管理整个供需链" 的系统。以国外为例，最早的 ERP 系统软件公司有 SAP、ORACLE、Baan、PeopleSoft 等，侧重于事务处理。而最早的 SCM 系统软件公司有 i2 Technologies、Manugistics 等，侧重于整体计划 (即需求、分销、生产、运输)、预测方法、同步分析、决策和优化；但是在具体的事务处理方面还要依靠其他应用系统。从发展趋势来看，前一类公司已在强化整体计划、分析和优化功能，向 "整体套件" 方向发展，把 SCM 和 CRM 等系统的功能都囊括进来以形成 "一体化解决方案"；后一类公司开始做与前者的接口，然后逐渐强化自己的配套体系。这种 "相向趋同" 的现象，说明各种系统单独运行都不能覆盖企业的全部业务，最终必将日益趋同与整合，成为一个覆盖企业所有管理流程和供需链的大系统。对于这样的系统，APICS 称之为企业全面集成系统 (Total Enterprise Integration，TEI)，Aberdeen Group 公司称之为企业业务集成系统 (Enterprise Business Integration，EBI)。从中不难看出，大集成是发展趋向的实质。TEI 的最大优势并不在于它久已存在的各个组成部分，其最大优势在于集成的优势。这种集成注重创造战略优势，而非仅仅提高运营绩效。

TEI 可被视为 20 世纪 60 年代 MRP、70 年代 MRP Ⅱ 和 90 年代 ERP 后产生的第四代系统。通过图 8-10 中 MRP、MRP Ⅱ、ERP 和 TEI 的比较，可以看出 TEI 集成了更多的功能。

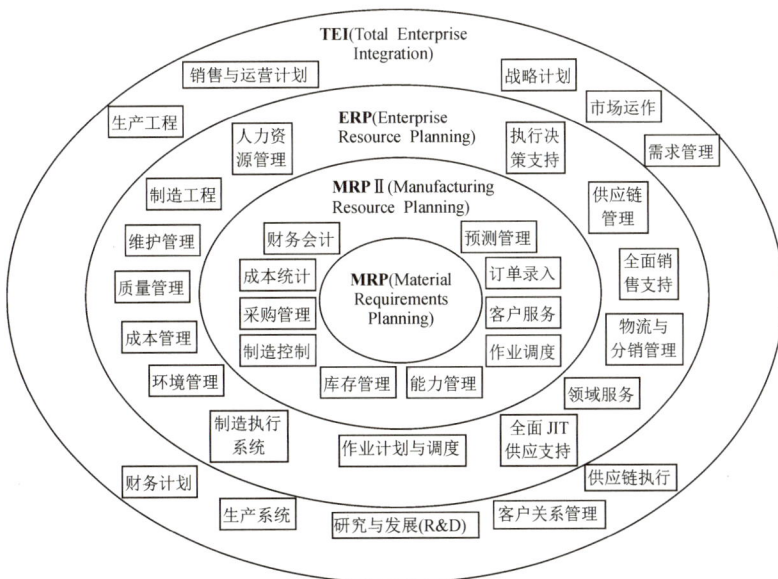

图 8-10　MRP、MRP Ⅱ、ERP、TEI 的比较

除图 8-10 中的新增功能外，未来 TEI 需注重以下进一步的扩展和深化：① 支持集多种生产类型、多种经营方式和多种产业为一体的、跨区域的 SCM 模式；② 支持以协同商务、协同竞争和双赢原则为商业运作模式的 SCM 体系；③ 支持市场分析、销售分析和客户关系管理；④ 支持包括先进计划与排产技术在内的多种计划和优化排产方法；⑤ 支持电子商务；⑥ 支持物流和配送体系管理；⑦ 支持集团的资本运作管理；⑧ 支持更大范围的信息集成和系统开放。正是这种强大的功能和集成优势，使得 TEI 的开发和实施都存在很大困难。因为随着整合层级的提高，特别是面向非结构化问题的战略层次管理的更多集成，技术上的困难会更加严重。正因如此，至今还没有哪家供应商开发完成一个实际的 TEI 系统。此外，实施 TEI 需要企业流程重组和组织结构的变革，这会遇到很多巨大的障碍并需要很长时间。因此，大多数企业并不愿意冒险实施 TEI。因此，TEI 的实现还需要更多深入研究与探索。

纵观 ERP 的发展 (从再订购点法 →MRP→ 闭环式 MRP→MRP Ⅱ →ERP→ERP Ⅱ / TEI)，每个阶段的发展与完善都与当时的市场环境及企业管理模式的变革紧密关联、相辅相成。以下将结合新的信息技术从技术方面阐述当前 ERP 的发展趋势。

二、物联网 ERP 与云计算 ERP

视频讲解

当今越来越多先进技术促进上述 ERP Ⅱ 与 TEI 系统的发展，是以基于射频识别和云计算的物联网 ERP 与云计算 ERP 为代表的。射频识别 (Radio Frequency Identification，RFID) 电子标签是 20 世纪 80 年代逐步成熟的一项自动识别技术。相比目前盛行的条形码，采用 RFID 读取速度要快得多，比如人工和机器读取一个条形码分别需要 10 秒和 2 秒，而读取 RFID 只需要 0.1 秒。与传统的接触式的磁卡、IC 卡相比，射频卡通过非接触式双向通信交换数据即可完成自动识别。通过装置在各类物体上的 RFID、传感器、二维码等经过接口与无线网络相连，可给物体赋予"智能"。云计算 (Cloud Computing) 是基于互联网的计算方式，借助其共享的软硬件资源和信息可以按需提供给计算机和其他设备。物联网由云计算的分布式中央处理单元、传输网络和感应识别末梢组成。它有三个应用技术层次：一是依托 RFID、传感器、二维码等实现"物"识别的传感网络；二是依托现有互联网、广电网络、通信网络实现数据传输的传输网络；三是依托输入/输出控制终端 (如手机、个人电脑、平板电脑等) 和中央处理信息系统 (如云服务器) 完成信息计算、处理、操作与管理的应用网络。IBM "智慧地球"的技术层面就是物联网的行业解决方案之一，也是未来世界智能化基石之一。

物联网 ERP 是指将物联网技术应用于 ERP 中，使得传统 ERP 功能扩展为具有物联网特征，相应 ERP 管理范围也由企业内部扩展到与企业经营活动相关的物联网能够响应的商业社区。比如，RFID/条码等先进自动识别技术与 ERP 的集成，有助于实现物流与信息流的真正集成，该集成不仅存在于企业内部 (如出入库管理、盘点管理、物料管理)，更存在于企业之间的供应链中 (如采购管理、销售管理、客户关系管理)。物联网的发展为敏捷的一对一的客户管理和供应商管理提供了可能性。

ERP 应用程序迁移到云计算中是一个非常重要的趋势。通过云计算，更多的应用能够以互联网服务的方式运行和交付。例如可将云计算模式比喻为发电厂集中供电模

式，用户借助云计算可以不必购买新的服务器且不用部署软件，就可以得到应用环境以及应用程序本身。其技术基础之一是面向服务的架构 (Service-Oriented Architecture，SOA)。SOA 是一个组件模型，它将应用程序的不同功能单元 (称为服务) 通过这些服务之间定义良好的接口和契约联系起来；其中，接口采用中立方式进行定义，它应独立于实现服务的硬件平台、操作系统和编程语言，这使得构建在其中的服务可以以一种统一和通用的方式进行交互。SOA 通过企业中众多细化服务的标准化，使得 ERP 软件支持异构集成以及随企业发展的动态演化。

云计算 ERP 是指 ERP 软件运行在云计算服务器集群之中，用户不再在自己机器上安装与部署 ERP 软件，而是通过浏览器访问 Internet 上的云计算中心获取所需的 ERP 功能服务。云计算 ERP 的基本特征可概括为四点：① 服务导向：云计算 ERP 提供的是服务，该服务的实现机制对用户透明，用户无须了解云计算具体机制就可获得所需要 ERP 服务；② 分布式的存储与计算特性：云计算 ERP 采用分布式的存储与计算这种高可靠性的数据中心架构，从而实现系统均衡负载、实时备份、异地容灾备份等功能；③ 高扩展性与用户友好性：云计算 ERP 提供大量 SOA 的组件编程模型，用户通过简单学习就可编写基于 SOA 的功能扩展程序，通过在云计算系统上执行扩展程序满足 ERP 用户个性化需求；④ 良好的经济性：云计算 ERP 的用户不必自行购买、安装、维护 ERP 的硬件与软件，只需要按照自身功能需求获取相应等级的 ERP 功能服务，云计算 ERP 供应商可以很准确地按照所提供的服务以及所花费的时间来收费，如此服务有望为用户提供更好的经济性服务。云计算 ERP 集成数以千计的功能模块。企业可通过模板进行业务功能组合，随时使用与扩展，并按使用付费。云计算 ERP 可根据不同行业实现模块的可视化授权组合，依据权限生成个性化菜单，支持多种自定义设置，从而满足用户的个性化应用需求。云计算 ERP 能够实现客户服务、产品管理、供应链服务的有效协同和解决方案通过网络的实时交付，从而实现高效的一对一的供应链管理与客户关系管理。

高德拉特在 2000 年的《仍然不足够》中预见了 ERP 产业发展的巨大困境，比如 ERP 软件越做越大、越做越复杂，复杂到软件开发方难以控制开发进度以满足开发目标，复杂到软件的实施伙伴难以应对实施问题，复杂到软件应用客户难以应用，更难以从中获利。为将服务提升至合理水平，必须将 ERP 系统简化，但为回应市场需求，又必须不断将系统复杂化，这真是左右为难。没有专注于盈利效应，这又令 ERP 系统无故复杂了多少呢？高德拉特指明：ERP 产业的发展道路只有从 (先进) 技术导向的 ERP 及时转变为价值导向的 ERP，从出售先进的系统集成解决方案转变为出售价值。事实上，发达国家的制造业已经在赚取价值方面发展出制造服务化、产品服务化等新方向。约束理论、精益解决方案和敏捷制造都很清晰地显示了这一点。然而，面向制造业的 ERP 还没有为制造业价值管理的重大新趋势做出足够的应变，目前并没有提出一个令人满意的新的价值导向的解决方案框架。ERP 行业并非已发展成熟的行业，它恰如一个正处于即将迈入中年期的青年，正面临着电子商务带来的重大发展契机。对企业制造系统服务发展尤其依托电商服务发展的分析，对于未来价值导向 ERP 的研发来说，具有至关重要的影响。

延伸阅读 3

制造企业价值导向的云制造 ERP 研究

云制造融合了现有信息化制造技术以及云计算、物联网、面向服务、高性能计算、智能科学技术等信息技术，将各类制造资源和制造能力虚拟化、服务化，构成制造资源和制造能力池，并进行统一的、集中的智能化管理和经营，实现多方共赢、普适化和高效的共享和协同，通过网络和云制造服务平台为用户提供可以随时获取的、按需使用的、安全可靠的、优质廉价的制造全生命周期服务。鉴于先进制造理念和管理模式研究的重要地位，张霖等人系统分析了云制造与现有几种先进制造模式 (即敏捷制造、网络化制造和面向服务制造) 之间在理念和应用模式等角度的关联，明确了云制造的特点和内涵，最终指出：云制造以实现敏捷化、服务化、绿色化、智能化为目标，是网络化制造的一种新发展，是面向服务制造理念的具体体现。云制造模式和技术的研究与应用，将会加速推进我国制造业信息化向"敏捷化、绿色化、智能化、服务化"方向发展，进而加快我国制造业实现敏捷制造、绿色制造、服务型制造、中国创造的目标。

云制造需研究其服务平台与企业资源规划 ERP、客户关系管理 CRM、供应链管理 SCM、产品数据管理 PDM、企业管理解决方案软件等异构系统的"即插即用"式集成，以便提供云端 ERP、云端 CRM、云端 SCM、云端 PDM 服务。但当前利用公共 APS(Appli-cation Service Prorider，应用服务提供者) 所提供服务的上述企业管理信息化研究，侧重于提高生产和管理的效率，缺乏深入的价值/效益的思考。

现有 ERP 系统的集成效果不佳，其根源在于河田信指出的"生产逻辑和会计逻辑在企业内的整合管理难题"。它使得现有 ERP 仍停留于对物 (流) 管理与对资金 (流) 管理的部分割裂状态，没有实现资金 (流)/货币价值 (流) 管理对物 (流)/非货币价值 (流) 管理的完全指挥，没有实现真正的全面价值 /效益导向。

现有 ERP 系统的价值集成缺陷还源于依托平衡计分卡 (Balanced Score Card，BSC) 的商务智能系统发展有缺陷。现有各种商务智能系统的关键绩效指标管理多采用平衡计分卡进行评价。BSC 实践近二十年来其不足逐渐被人们所认识，这主要表现在以下四方面：首先建立指标体系特别是非财务指标部分较困难，其根源在于指标数量过多且指标之间因果关系难以明确；其次，定量特性不好，其根源在于部分指标难以量化以及各指标权重的分配难以达到平衡目标；再次，实施成本大并且实施难度大；最后，对供应链管理思考不足。因为聚焦企业内部的平衡计分卡 BSC 难以给出充分融合 (供应链) 环境考虑的定量平衡方案，故现有 ERP 系统及其中的商务智能系统仍不是价值导向 ERP 的终极方案。

一、制造企业面向云制造的价值管理——企业产品服务系统管理

20 世纪末联合国环境规划署提出产品服务系统 (Product Service System，PSS) 理念，其关键思想是企业提供给消费者的是产品的功能或结果，用户可不拥有/购买物质形态产品，是"产品服务化"与"服务产品化"的融合。李晓等将侧重企业与客户间交易环

节及其资源节约/物质减量化的狭义 PSS，扩展为侧重企业相关内、外各运作环节及其更高资源生产力的广义 PSS。这种广义 PSS 思路基于波特和林德在《绿色竞争力》中指明的资源生产力模式而非污染控制模式才应是环保决策主导角色的论证。制造业服务化包含投入服务化和业务服务化 (即产出服务化)，后者从三阶段说、四阶段说 (即产品、产品和附加服务、产品－服务包、基于产品的服务或功能) 演变为产品—服务连续区理论。广义 PSS 不仅借助全面分类 (即产品、产品导向的服务、使用导向的服务、结果导向的服务、整合解决方案)，实现与产出服务化之间的完整映射，而且借助更多环节 (含供应环节)、更多模式的运作思考，连接投入服务化与产出服务化。

面向可持续发展的制造企业还需研究企业产品服务系统 (Enterprise Product Service System，EPSS) 的管理：EPSS 管理是企业围绕 PSS 核心构建的完整企业系统，其总目标是通过连续不断多个 PSS 的协调发展和企业与外部利益相关群体的协同发展，实现企业自身的可持续发展并以此促进人类与自然环境的和谐发展。而企业的 PSS/EPSS 管理与云制造具有众多相同特性：① 相同广义服务内涵：云制造实质将"软件即服务"拓展为"制造即服务"，这种广义服务不仅面向产品全生命周期，而且服务对象还扩展至企业；广义 PSS 管理亦将相关全生命周期运作都纳入服务范围之内，EPSS 管理通过内共生管理服务于企业整体。② 相同资源节约核心议题：云制造目标是在低碳经济趋势下盘活社会制造资源存量、优化配置；广义 PSS 进而 EPSS 管理是聚焦资源生产力式的资源节约。③ 相同全面网络聚焦："私有云"和"公有云"表明云制造既涉及集团内各企业和/或企业内各经营单位组成的网络关系，也涉及企业与外部利益相关组织所组成的网络关系；而考虑客户和供应商的 PSS 的跨企业网络，与"公有云"关联；企业 EPSS 内的多 PSS 网络，与"私有云"关联。④ 相同协同特色：协同是云制造"服务"特色之一，包括面向制造的多用户协同及大规模复杂制造任务的协同；探讨多个 PSS 在企业内协调关系的 EPSS 内共生研究，与企业内大规模复杂制造任务的协同紧密关联；涉及客户/供应商管理议题的 EPSS 外共生研究，与云制造的多用户协同紧密关联。⑤ 相同异构集成特色：异构集成是云制造"服务"特色之一；多个不同类型、不同运作管理模式 PSS 在企业内的集成，是异构集成；某 PSS 内企业与客户和供应商间的业务集成，也是异构集成。⑥ 相同敏捷快速响应能力特色：云制造"服务"特色之一就是敏捷快速响应能力；EPSS 融合多层次 (从诞生经成熟至消亡) 的战略生命周期思考，其目标也是实现对动态市场需求和环境的敏捷响应能力。⑦ 相同全生命周期智慧制造特色：全生命周期智慧制造是云制造的"服务"特色之一；而商业物种个体 PSS 同样关注制造的全生命周期，且 EPSS 内、外共生研究将智慧从 PSS 扩展至 EPSS 这一人类独有的商业混合种。

总而言之，EPSS 管理是制造企业面向云制造的价值管理，该创新分析强调了协同/协调、绿色、开放与共享的有机集成，是习近平新时代中国特色社会主义思想中贯彻"创新、协调、绿色、开放、共享"新发展理念的最佳抓手之一。这里的绿色不仅兼顾物质减量化视角的狭义 PSS 管理模式，一种与自然界的客观资源生产力共通的资源生产力；二者相辅相成，共同构造面向可持续发展的经济、社会和生态三位一体。

二、制造业服务化导向 ERP 基石——面向 PSS 的 ERP 子系统

注重企业 (制造、服务) 单元动态互动、自发聚集和自下而上协同的服务型制造，

促进 (网络) 分布式、智能式、自治式 ERP 的兴起。该发展源自 PDM 至 PSS 拓展及其与 ERP 融合。PDM 技术不仅与 ERP 计划功能相互渗透，而且向整体集成解决方案和全企业级方向发展。此外，PDM 在融合全生命周期管理思想后又发展为产品生命周期管理 (Product Lifecycle Management，PLM)。伴随制造/产品服务化，PLM 开始融合产品服务的管理，如产品服务的全生命周期管理系统是信息管理角度的 PLM 系统和产品服务角度的 PSS 系统的集成。相对于 ERP 主要涉及业务层和订单层，PLM 涉及订单层、计划层/产品 (型号) 系列层、产品族层和行业层，未来 PLM 应延伸至业务层以便跟踪整个生命周期。鉴于服务的不可存储性和不可分离性，PSS 管理将强化业务层的处理；而鉴于对战略生命周期和可持续发展的关注，PSS 管理将强化行业层的业务。与格里夫斯的 PLM、CRM 和 SCM 分别聚焦产品、客户和供应商以及 ERP 纵贯产品、客户、员工和供应商四大知识领域的认知不同，服务的不可分离性和即时性要求客户、员工和/或供应商的同时参与，故 PSS 应与 ERP 一样纵贯产品、客户、员工和供应商四大知识领域。伴随绿色设计/制造、逆向/绿色供应链等议题，CRM、ERP 和 SCM 需从原部分职能领域 (即工程阶段、生产阶段和销售与服务阶段)，扩展至含设计与开发阶段和回收阶段的全部职能领域，形成与处理全部职能领域的 PLM 的有效对接，最终促进 ERP/CRM/SCM 与 PSS 的融合。PLM 的信息建模发展为 PSS 信息建模，需面向服务的 CAD/CAPP/CAE/CAM、面向服务的架构 SOA、云计算和物联网等各种先进信息技术的支撑，参见结合服务支撑技术的工业产品服务系统关键技术研究。只有如此，PSS 建模才能贯穿所有信息粒度并涵盖所有职能领域和知识领域。事实上，当前侧重产品层次而非企业层次运作的 ERP 非常盛行。约束理论相关 ERP 在计划时将产品结构 BOM 和工艺路线的信息集成为一个文件。基于广义 PSS 内涵，其工艺路线描述的是与 BOM 配套的内部服务。BOM 应扩展为产品服务结构，以便 ERP 制订计划时除考虑工艺路线所示内部服务外，还考虑与客户或供应商的外部服务互动。这不仅发展了约束理论关于 ERP 软件的物流与服务集成思考，而且为 PSS 层次的 ERP 子系统提供了凝聚服务化的可持续发展思考。PSS 层次的 ERP 需要借助战略生命周期思考来形成分布式、智能式、自治式 ERP 组件。鉴于云制造和 EPSS 管理相同的异构集成特色，对于企业内不同类型、不同运作管理模式的 PSS，企业层次的 ERP 系统内应具有不同版本的 PSS 层次的 ERP 子系统，此时可参照易飞 ERP 软件中针对不同管理模式设置并套用不同管理单别的管理思路。按照战略生命周期思想，PSS 运作在初生/成长、成熟、衰退等不同战略生命阶段应分别套用大规模定制/大规模生产、精益制造、同步制造、敏捷制造、制造服务化等不同的制造管理模式。在企业 ERP 中将不同管理模式做成类似单别性质模板的不同主流程模板，可让管理者根据 PSS 战略生命周期等选用恰当的制造管理模式，发展为更具智能自治的分布式 PSS 层次的 ERP 子系统。

● 三、制造企业价值导向的云制造 ERP——面向 EPSS 管理的 ERP

借鉴 PLM 支撑的企业信息子模型，PSS 层次的企业组织结构信息子模型 (纵向切面) 并列起来，才能形成企业的完整结构信息模型。图 8-11 所示为衔接 PSS 与 EPSS 层次的 ERP 体系，图中下面部分是 PSS 层次 ERP 子系统的特征描述，它体现了 PSS 层次 ERP 子系统对原产品层次 ERP 子系统的三大发展；上面部分指明 EPSS 层次的 ERP 需

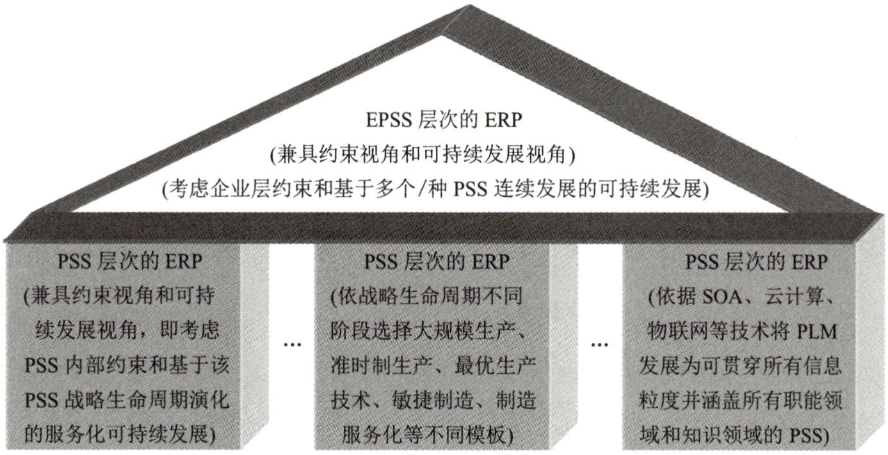

图 8-11　衔接产品服务系统 PSS 与企业产品服务系统 EPSS 层次的 ERP 体系

考虑企业层约束和基于多个/多种 PSS 连续发展的可持续发展。只有这样才能将已集成内部服务的约束理论相关 ERP 软件，发展为充分考虑 PSS 并且能够同时给出可执行战术计划和面向可持续发展战略方案的企业层次 ERP 软件。如此兼具约束视角 (保证计划实际可行性) 与可持续发展战略视角的 EPSS 层次的 ERP，才能将 ERP 计划扩展至行业层，从而提升 ERP 管理可持续发展战略问题的能力。面向 EPSS 的 ERP 体系框架是一个有机整体，而如何将 PSS 层次 ERP 子系统合理融入 EPSS 层次 ERP，需要具有更高级商务智能的决策支持系统研究。

为了解决企业内生产逻辑和会计逻辑的集成难题，制造企业价值导向 ERP 需要有机集成企业战略绩效评价系统与战术层的运作管理，这种集成需要发展包含商务智能系统在内的更全面的决策支持系统。基于严谨隐喻生命系统/生态系统中通用能量 (流) 模型的商业系统中供需双向通用货币价值 (流) 模型，李晓研究有机集成的跨供需链的企业战略绩效评价系统和 EPSS 内、外共生管理。跨供需链的企业战略绩效评价系统以商业之海中企业之船的形式呈现，该企业之船的平衡试图借鉴物理学平衡知识来解决反映企业经营最终结果的财务指标的后视问题。企业之船的驾驶舱通过观察企业内外各核心利益相关群体的财务指标对企业之船平衡的影响，实现财务指标的前瞻与预测性，故该驾驶舱实质是类似决策仪表盘的商务智能系统，而借鉴物理平衡的财务平衡研究需进一步开发相应决策支持系统。该企业之船立足于两大支点：企业与客户群的竞合支点和企业与供应商群的竞合支点。这两类支点的竞合涉及各 PSS 中企业与客户及企业与供应商之间的价值定量分配 (即 EPSS 外共生议题)。企业之船的整体平衡还涉及各 PSS 之间的价值竞争与共生 (即 EPSS 内共生议题)。EPSS 内共生定量研究所依托的约束理论/约束模型和描述竞争与共生的 Lotka-Volterra 定量模型，都属于极其复杂的优化难题，需要深入的决策支持系统研究。EPSS 外共生的定量研究需要在对各个客户和供应商仔细评价基础上做好货币价值的分配，这种多方利益博弈也迫切需要决策支持系统的支持。EPSS 内外共生集成案例研究指出价值视角的系统复杂性研究 (含 PSS 层次和 EPSS 层次) 有机衔接 EPSS 内外共生研究，是分析制造服务一体化和服务专业化矛盾策略的关键。因此，有机衔接 EPSS 内外共生的价值视角层次系统复杂性和 PSS 层次系统复杂性的关联研究，同样需要决策支持系统方面更深入的研究。以上商务智能系统/决策支持系统的集成，构成制造企业价值导向 ERP 的决策支持系统内核。基于云制造最为关键的供需多对多同时匹配的管理特征，制造企业价值导向 ERP 的决策支持系统内核，进一步集成供应视角和需求视角中货币价值流、物流、服务流的管理系统、利益相关者关系管理系统等外围系统和 PSS 层次的 ERP 系统，参见图 8-12。有机集成的企业战略绩效评价系统与战术性运作管理，紧密关联货币价值流管理与物流 / 服务流的非货币价值流管理。以 PSS 层次 ERP 内核为神经中枢、以各种职能子系统为支撑骨架、以 EPSS 决策支持系统为企业大脑，才能在缩减 ERP 规模的基础上，强化对客户/供应商的"一对一"云模式管理能力，从而以此面向 EPSS 管理的 ERP 真正构建制造企业价值导向的云制造 ERP。

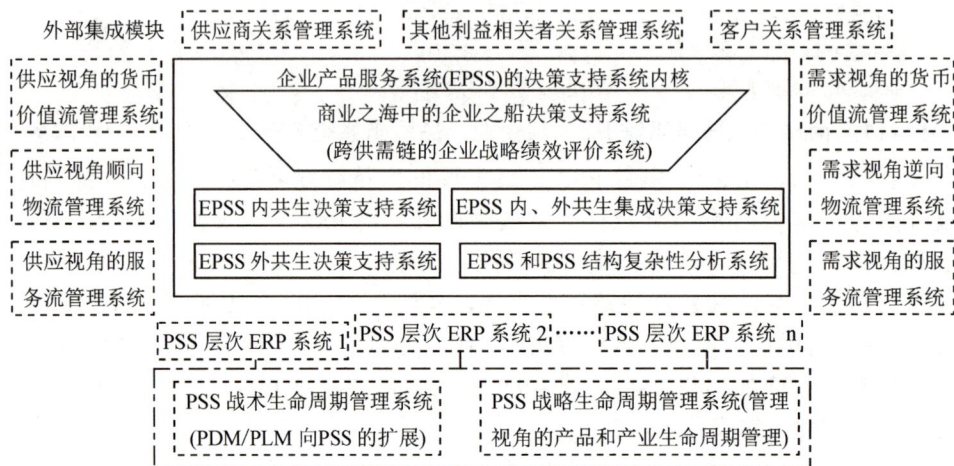

图 8-12　制造企业价值导向的云制造 ERP 完整体系

借助李晓发展的 PSS 粒度供需链 / 网价值结构，多种价值流管理的生命周期视角集成可合理衔接 PSS 管理、企业管理及供需链 / 网络管理。请参考表 8-3 多种价值流管理、价值网分析及其与大规模生产相对应的价值链分析的对比，这有助于深化价值导向 ERP 理解。

表 8-3　制造企业主要价值管理 / 分析理论的对比总结

名称/作者	核心观点/理念	与价值链关联
价值链分析 波特 (1985/1997) (前者原文时间 / 后者译文时间，以下相同)	① 企业价值链由独特方式联结在一起的九种基本活动类别构成。 ② 企业是各种活动的集合；将其作为一个整体来看无法认识竞争优势；竞争优势源于各个活动。 ③ 价值链是相互依存活动构成的系统；内部联系可经最优化和协调一致带来竞争优势；企业与供应商/渠道/买方间有纵向联系。 ④ 形成价值链结构和经济性的细分景框 (依产品种类和买方做细分)、纵向景框、地理景框和产业景框对企业竞争优势影响巨大	—

续表一

名称/作者	核心观点/理念	与价值链关联
货币价值流管理 高德拉特 (1984/2006)	① 任何企业最终唯一目标都是赚钱，即增加有效产出 (整个系统通过销售获得金钱的速度)，但同时减少存货 (整个系统投资在采购上的金钱) 和营运费用 (为了把存货转为有效产出而花费的钱)。 ② 面对必然的依存关系和统计波动，依据系统科学原理企业应该平衡流量与需求，而非产能与需求。 ③ 组织是一环链 (Chain)；以有效产出为最重要衡量指标，故必须考虑环链强度，强度由最弱一环 (瓶颈) 决定，瓶颈从根本上决定企业运作	价值链将竞争优势立足于分离出的各功能活动；货币价值流管理追求企业整体效益，而非局部效益
冲突价值流的管理 高德拉特 (1994/2006)	① 企业目标是赚钱，为员工提供安稳及满足的工作环境，并同时满足市场需求。 ② 公司和市场客户对产品价值的认知存在冲突；两者或多者之间的冲突是问题存在的必然条件。 ③ 市场客户对产品价值的不同理解使得有效利用市场区隔，可实现上述三个目标的共赢	冲突价值流管理深化货币价值流管理，使约束理论与企业内部价值链分析实现衔接
价值流管理 沃麦克 (1996/2008)	① 生产者很难确切定义自己创造的价值；价值只能由最终客户来确定；价值只有在由满足客户需求的特定产品来表达时才有意义；应让客户从企业方面拉动价值。 ② 价值流是使特定产品 (商品、服务或两者结合) 通过商务活动 3 个关键管理任务时所需一组特定活动；它在服务业和制造业中无区别；它须超出企业范畴贯穿于所有各方组成的 "精益企业"。 ③ 要使经过价值流图消除浪费后创造价值的各个步骤流动起来	价值流是对某特定产品从原料到成品全部活动而言，并从最终客户立场寻求整体最佳；而价值链分析把有关范围内的产品活动集中起来，探讨如何获利最大
消费和供应双视角一体价值流管理 沃麦克 (2005/2006)	① 重大挑战是从 "生产更好的产品" 转为 "提供更满意的消费"。 ② 供应过程中价值流和消费过程中价值流 (那些为解决消费者问题确实必要的、客户心甘情愿为之付费的活动) 应结合为一体价值流；集成 "精益消费" 和 "精益供应" 提供精益解决方案	
价值流管理的分析 乔治 (2004/2006)	① 输赢唯一的决定因素在于是否能够驾驭复杂性，这需要量化复杂性对 "产品 / 服务" 的影响，即聚焦多个 "产品/服务" 管理复杂价值流。 ② 应依复杂性准则 (取消客户不愿意为之支付的复杂性；利用客户愿意为之支付的复杂性；使产品和服务当中的复杂性成本最小化) 创造客户和股东价值	多 "产品/服务" 系统的复杂性价值流图，可以深化企业内部的价值链分析

续表二

名称/作者	核心观点/理念	与价值链关联
跨供需链的通用的货币价值流管理 Li(2009) 李晓和刘正刚(2013)	① 基于竞争与合作永恒共存，矛盾的供应链和需求链应融合为供需链；即使企业内部也应同时管理好这两种视角及相应的价值流。 ② 供需链的 (货币价值) 结构立足于 PSS 粒度而非企业粒度。 ③ 跨供需链及企业内部都一致的通用货币价值流模型 (含供应链和需求链中两个模型) 研究，有助于企业实现与供需链及内部 PSS 系统的协同演化，有望在企业层次实现可定量的动态平衡	贯穿供需链、企业及 PSS 的通用货币价值流管理，实现微观与宏观价值链分析有机集成
价值网管理 桑福德(2006/2008)	① 基于组件化发展，企业应依靠价值网络并寻求开放式成长模式，即随需要而改变的商业平台；该商业平台需兼具高速性、灵活性、适应性、协调性、合作性、改革性和成本可选择性。 ② 创建价值网络需遵循以下管理原则：商业组件化；以端到端的方式整合组件；通过合作来扩张成长空间；解放成本结构；培养有创新精神领导层；推动生产力；适当地组合	组件化/模块化将传统价值链分解开；企业在一系列供应商之间寻找可被使用的组件

延伸阅读 4

基于区块链技术的供应链智能治理机制

价值导向 ERP 的发展除了要为制造服务化和产品服务化推出解决方案之外，还急需为多企业良好合作提供解决方案的供应链治理的快速发展，而这种发展有望借助于区块链技术的发展获得突破。

当前供应链失败率高的原因既源于利益独立企业之间存在信息不对称，又源于决策者有限理性所致的不完整契约；这些根源可引发参与者的机会主义行为，即面临信任问题。鉴于治理有缓解机会主义风险的可行性和效能，供应链治理 (Supply Chain Governance，SCG) 研究逐渐兴起，以期更好解决事后"敲竹杠"以及相应再谈判和利益分配问题。随着互联网信息传输和共享的加速，供应链治理问题一方面因为信息不对称的消减而有所缓解，另一方面又因为技术双刃剑所致新的机会主义风险和信任问题而有所加剧 (如电商相关刷单和假货产业链问题)。

为促进信息互联网向价值互联网进化，伴随基于点对点 (Peer-to-Peer，P2P) 比特币等虚拟货币 (亦区块链 1.0) 的快速发展，支撑其后的区块链技术凭借机器制造信任的机制和可自动执行的智能合约等特性得到全球各类组织的高度关注与积极探索，形成在货币领域外 (如金融、数字版权、物联网、供应链管理、公共管理领域) 的广阔应用 (亦区块链 2.0/3.0)。区块链的去中心化和去信任 (Trustless) 的技术特点为互联网上供应链治理塑造了全新环境，而物联网上立足智能合约的智能设备/代理者，更是为原有关注人/组织之间信任的供应链治理开辟了一个与人无涉的智能运作新层次，并映射出供应链智能治理研究新课题。基于博弈多智能体关注行业标准联盟运作的企业标准联盟治理研究，为供应链智能治理的研究提供了范例。区块链首先在点对点的价值交换上发力，若扩展至社会可形成新型全自动智慧型契约社会。鉴于现有供应链治理研究中制度观和结构观强于行为观，发展智慧型的互联网社会，亟须行为观为主、制度观和结构观为辅的基于区块链的供应链智能治理研究。

一、区块链相关互联网治理机制体系及其与供应链治理的集成

狭义的区块链 (Blockchain) 是一种按照时间顺序将数据区块以链条的方式组合成特定数据结构，并以密码学方式保证的不可篡改和不可伪造的去中心化共享总账，能够安全存储简单的、有先后关系的、能在系统内验证的数据；广义的区块链技术则是利用加密链式区块结构来验证与存储数据，利用分布式节点共识算法来生成和更新数据，利用自动化脚本代码 (亦智能合约) 来编程和操作数据的一种全新的去中心化基础架构与分布式计算范式。在去中心化/去中介的结构下如何达成信任和共识是关键，中本聪首创的比特币结合了博弈论、分布式 IT 以及密码技术，并以工作量证明链 (亦最长链) 解决了"拜占庭将军问题" (亦分布式数据的全局一致性/共识问题) 和"双重支付" (亦数字货币的双花问题)，建立了一整套基于密码学而去信任的互联网治理机制体系。表 8-4 总结了斯万、唐塔普斯科特、穆贾雅和纳拉亚南的区块链书籍中区块链的相关治理机制，形成了一个较为完整的互联网治理机制体系。

区块链技术为供应链治理奠定了新的基础和方向。高效、可靠的全球信息传输系统必然要求相匹配的高效、可靠的价值传输系统，这是区块链兴盛之根本。货币作为流动性过滤掉或忽略掉了价值的使用特征 (即认知上具体的、空间上本地的、时间上当下的、必定呈分布式的特征)；区块链 1.0 抓住了货币的流动性之分布式特征，虽然早期会用作一般等价物的记账簿，但是最终必然需要发展出一种情境化使用的估值功能。实际上区块链 1.0 ～ 3.0 的发展过程就是不断在实现点对点交换价值的基础上更多融合使用特点及其使用价值的考量，如可编程脚本技术支持的智能合约在相关系统的后期运行中可根据使用情况来自动调整利益分配，而协作机制时常采用按使用量 (次) 计费法。当前，针对立足产业供应链 (主要是各方商流、物流和信息流的运营集成) 的供应链金融，区块链基于其技术优势 (如分布式去中心化、无需信任/去信任、不可篡改和加密安全性) 改进了互联网供应链金融中的支付清算和数字票据等金融活动，以及权益证明和物流运作证明等产业活动，从而实现对业务情境化的融合。这种区块链与供应链治理在网络上借助信息系统集成实现的集成还有数字供应链、供应链动态多中心协同认证、以"智能合约"程序研发促进多方的商务合作。该集成继续借助物联网深化集成智能，如结合物联网技术形成"数字智能资产"以实现灵活的供应链治理，并且区块链与物联网的集成和共享经济结合越来越紧密，而点对点的共享经济 (如 Uber 和 Airbnb) 正是侧重集成使用价值和交换价值。总之，区块链为供应链治理奠定了新的互联网基础以及集成使用价值和交换价值考量的方向。

表 8-4　区块链相关互联网治理机制体系

区块链范畴			机制	子机制/技术/原理	子机制/技术/原理的内涵
区块链 2.0 是合约	区块链 3.0	区块链 1.0 是货币与支付：聚焦分布式系统中广义共识与（算法式）信任机制	共享机制	公开透明点对点链接	无需第三方中介、无需中心的点对点直接链接与全网广播（有助于以货易货）
				分布式账本的一致性	全网只有一个总账本，各节点均有相同备份并有相同的记账权利
			狭义共识机制	工作量证明机制 POW (proof-of-work)	是确保正确答案很难被获取但又很容易被验证的哈希算法计算证明；各节点每次根据计算工作量的大小（亦挖矿）抢夺唯一的记账权和比特币奖励
				最长链原理	只要诚实节点群（亦矿工/矿池）控制过半（亦超51%）计算能力，最长链就是真实结果；节点可随时离开或重入网络，最长链是离线期间所有交易证明
			奖励机制	区块/代币奖励制度	赢者将区块记入链中并获取一定比特币（其总量呈 S 形分布且有限）
				交易费奖励制度	创建区块的赢者可获得交易制造者提供的交易输入与输出之差值
			狭义安全透明信任机制	网络加密技术	公/私钥匙加密和数字签名对个人隐私信息进行匿名加密保护
				透明技术	账号全网公开但户名匿藏，公匙全网公开但私匙仅由用户保管
				时间戳溯源技术	依时间戳忠实记录每笔交易至首尾衔接区块链中，各节点可查
				基于哈希算法的不可篡改技术	忠实记录每笔交易；除非欺诈节点群控制过半计算能力（亦称为 51% 攻击），否则结果不可能被篡改；随记录的变长篡改成本呈指数激增故不值得
		合约将区块链 1.0 拓至金融和市场的全面应用	狭义新型共识机制	权益证明机制 POS (proof-of-stake)	类似"股权证明"，以节点持有比特币的比例和币龄等比例地降低证明难度，以便加快答对速度并激励用户持续供给解题计算力
				储量/可恢复性证明	需要存储大量数据被运算的解谜算法，以便存储有价值的大文件
				混合机制	多种证明混合（如 POS+POW 的活动证明）以应对矿池的负面效应
			智能合约契约机制	可编程脚本技术	用一种特定描述性语言编写的可自主执行代码（含可编程货币）
				多重签名技术	由签名的多方全体或部分同时签名或延时签名以期生效的技术，两人同签可对应担保交易、三人中任意两人同签可对应联名账户
				图灵完备技术	完善脚本而能计算图灵可计算 (Turing-computable) 函数的技术

区块链范畴		机制	子机制 / 技术 / 原理	子机制 / 技术 / 原理的内涵
区块链 3.0	区块链 3.0 深化区块链 2.0 并同时向更广领域推广应用，比如政府、健康、科学、文学、文化和艺术领域	共享机制	三式记账法（亦第一个狭义的公司治理创新）	在复式账基础上增加第三项，以便让需做检查的内外利益相关者及监管者根据不同权限即时访问账本（亦可审计、可搜索和可验证的分类账）
		分层结构机制	侧链技术（解决必要的隐私问题）	与主链双向楔入满足个性化应用的侧链，在公有区块链外衍生私有区块链，如私有或半公开账本（其机密交易可以对交易的金额保密）
			闪电网络技术	解决比特币的交易规模、实时性和小额支付问题的微支付渠道
		自治机制	自主运作代理人技术（亦智能预言机）	可分析环境并有能力独立做决定（含收/支决定）的智能设备/系统，为物联网和分布式自治企业/组织的智能运作提供智能代理者
		协作机制	更正式声誉度机制	与代币衔接的声誉度机制提升社会生产（如 Linux 商业生态系统）协同质量
			按量（次）计费机制	不涉产权而按（使用）量计费的去中心化的分享/共享协作经济，如中心化 Uber/Airbnb 对应去中心化版 Uber/Airbnb 将依智能激励更好地协调节点用户
			产销者一体的机制	产销者一体的节点以更充分的互动/博弈而发展更协作的平台
			新范式/层次的云机制	点对点范式下与传统云并行的新层次上的政府公有云和私有应用云

虽然区块链为供应链治理奠定了新网络基础和集成方向，但相关集成研究仍亟待深入，其原因有两方面：在区块链方面，现有研究过于推崇互联网技术而轻视其他科学，如过于推崇区块链算法信任；但是在区块链存在 51% 攻击隐患情况下，仅立足此种算法信任存在巨大风险。在供应链治理研究方面，虽然当前已有综述文章指明集成交易属性、主体属性、结构属性和环境属性分析的体系以及融合交易成本、资源主义和社会关系三大学派的发展路径，但是当前集成使用价值与交换价值的分析还不够深入，因此缺乏更好应对情境化的供应链治理，尤其是智能治理研究。鉴于区块链和物联网凭去中心、去信任、易共享且含智能的治理机制体系为供应链治理提供了全新的互联网环境、组织形式和治理工具，以下将围绕供应链治理（尤其信息技术相关治理）研究现状的剖析，分析基于区块链技术的供应链智能治理，进而为发展全自动智慧型契约社会探索清晰路径。

二、信息技术相关供应链治理研究现状

基于区块链技术的供应链治理研究需要借鉴 SCG 研究尤其信息技术相关 SCG 研究。本文参照李维安从交易成本、资源主义和社会关系三大学派对 SCG 综述路径，简要分析如下。

（一）单一视角的供应链治理研究

与治理研究最初以交易成本理论为基础并以双方"交易"作为分析单元稍有不同，交易成本视角的供应链治理研究大多扩展至三方以上并包含更多运作环节 (尤其是信息及其技术相关运作环节) 的使用特点/使用价值分析。比如：供应链上游中两种治理机制 (即供应商资质认证和基于抵押品/专用资产的激励设计) 对制造商在其与下游客户关系中适应不确定这一治理程序的影响；三类因素 (即交易复杂程度、对交易编码的能力和供应端供应能力) 对五种全球价值链治理结构 (即层级型、被俘型、关系型、模块型和市场型) 的影响；两类质量标签 (即私有商标和原产地/地理标志保护) 及质量增强机制 (即声誉自增强和公共第三方认证) 与 SCG 治理结构的一致性/匹配性；不同生命周期阶段中生产及投资成本 (即固定投资、可变生产成本和规模经济) 和交易成本节约 (涉及治理和机会主义行为) 对超市生鲜采购模式的影响；结合逆向物流特征编码的 SCG 治理结构的演化。这些研究的核心观点可总结为：集成供应链运作的交易虽各有特点但匹配的是不同的 SCG 结构，即聚焦供应链运作方法、SCG 交易特征及 SCG 结构三者间的匹配，实质是集成使用价值与交换价值分析的 SCG 研究。

社会关系视角的供应链治理研究主要关注供应链中的正式和非正式社会关系及其网络结构对 SCG 的影响以及相应复杂系统/复杂网络的动态演化。比如：不同事后风险等级下三种关系保障措施 (即双边特定资产投资、目标一致性和人际间信任) 对保护跨组织绩效和持续合作的功效；三种企业关系导向 (亦长期导向、资产专用性和交互程序) 对致力于供应链协调的信息流集成/信息共享的影响；契约与议价能力对信任的影响和四种信任 (即计算型、能力型、诚实型和可预见型) 对信息共享/协调所致供应链协调的影响；从行为心理学平衡理论和结构洞理论出发研究买家—供应商—供应商三方之间关系；不确定环境中非正式治理机制 (含增加信任的关系质量治理) 和正式治理机制在供应链网络形成之初期和后期的互动，利益相关者效用视角的全球供应链自愿治理机制研究 (涉及行为规范和社会标准)，尤其发展中国家供应商及后续多级分包商阶段中传统自愿治理机制的逐渐崩塌。

资源主义视角供应链治理研究实为管理视角 (另含能力视角、运作视角、战略视角等) SCG 研究的一部分，侧重分析供应链信息技术及相关运作方式/方法的直接影响和间接影响。比如：多层网络 (物流层—信息层—财务层) 视角中供应链各环节企业以及整体网络都均衡的动态演化研究；供应链中企业管理控制系统与供应链治理结构的互动；影响电子化合作工具的供应链三大因素 (即信任、产品复杂度及产品规模与交易频率) 研究；三类驱动因素、供应链治理结构以及协调机制 (含信息与 IT 设施的资源共享结构、决策风格、控制等级和风险/奖励共享机制) 的互动；供应链价值集成之基础框架及流程对有效供应链关系和供应链绩效的影响；内部成本管理、信息系统集成和吸收能力对供应链组织间成本管理的影响；依托生命周期评价的供应链治理工具；通过平衡供应链透明信息所需相关细节与规模的折中方案/方法，改善农业产品的供应链治理。

（二）集成视角的供应链治理研究

鉴于供应链治理问题的复杂性，SCG 研究更多采用集成视角，早期这种集成多以两种视角集成为主。第一，在集成交易成本和社会关系视角方面，有网络治理适用的交易条件和力求协调与保护交易的社会机制研究；边界交易者之亲密度和中介变量"契约治理/关系治理"对企业间服务绩效的影响研究；不同类型信息技术投资与交易类 SCG/关系类 SCG 的关系研究。第二，在集成社会关系和管理运作视角方面，有从结构化理论 (从矛盾的动态平衡着手聚焦结构及形成结构的进程的迭代互动) 出发，研究企业间网络的效益与网络进程的互动匹配；整体网络之网络结构、网络治理、网络演化和网络结果的互动研究；全球供应链之软、硬属性两层网络 (关注信息流、物流和财务流的硬属性企业网络和关注态度、行为等个人互动的软属性个人及社会关系网络) 间的互动匹配研究；可持续发展供应链治理的各演化阶段中不同类型政府介入对治理的影响研究。第三，在集成交易成本和管理运作视角方面，有集成了交易成本理论和学习/行动相关组织理论，以便考察供应商使用供应链管理信息系统对供应链关系的成效研究。

近期涌现了集成三个或更多视角 (如可持续发展视角) 的供应链治理研究。比如：强调企业网络之多种视角间的平衡 (如差异化与集成的平衡) 以及相关协调机制与网络形式 (分社会网络、官僚网络和产权网络) 的匹配研究；集成了交易成本视角、关系视角和管理运作视角的供应网络治理五大驱动因素的研究；集成战略管理之波特价值链分析、新经济社会学之嵌入型网络社会关系分析、"行动者—网络"分析以及交易成本视角全球商品链/全球价值链分析的全球生产网络治理研究；组织间/组织内横向关系 (以知识/信息共享及合作与竞争共存等为特征) 的最小治理包 (涉及经济、制度、社会和技术四类结构)，该最小治理结构还留点空间给应对新情况的策略以便平衡稳定性和弹性；环境不确定情况下集成契约治理 (含市场契约和生产契约) 和关系治理 (涉合作规范和信任) 的供应链治理及其对供应链绩效的影响；集成多视角和环境分析，并且依据供应链密度和焦点组织中心度区分的四类可持续发展供应链治理模型 (即交易型、默认型、独裁型和参与型) 研究；三种三方结构 (即桥角色、边缘角色或全联通) 和三种管理机制 (即集成三种视角的协调机制、信任机制和市场机制) 对合作绩效的影响；面向可持续发展的闭环供应链中社会层/治理层、供应链和个人行动者三层之间的互动；供应网络治理"情境—介入 (治理工具)—机制—产出"的逻辑集成框架强调正式治理工具 (含契约、标准、进程和正式结构) 和非正式治理工具 (含规范、价值、社会结构和信息共享) 对情境的适用问题和对产出 (涉及创造力、生存力、控制、协调、绩效和合法性) 的不同侧重效果；集成了目标、利益体、六种 SCG 结构、四种可持续发展 SCG 模型、七种因素 (即利益相关者三类特征相关因素) 和两类机制 (即效率机制和合法性机制) 的可持续治理框架；不同供应链成熟阶段最小治理结构(涉经济/制度/社会/技术结构)的演化。

虽然供应链治理多用集成视角，但如何有效集成还未达成共识，目前更多从集成相关供应链绩效角度展开研究，基本理念是治理相关因素之间越匹配则供应链绩效越好。如电子商务能力 (分别侧重于需求方、供应方或协作) 经由两类生产信息集成 (亦供应商集成或客户集成) 对供应链运作绩效 (涉及成本、质量、弹性和交货) 的影响；基于以匹配为核心的结构权变理论和依赖于族群分类的构型理论，考察供应链集成 (分客户集成、供应商集成和内部集成) 对供应链绩效 (分运作绩效和商业绩效) 的影响，并考察供应链模式 (依据集成执行力度和平衡性划分的两类非平衡模式和三类平衡模式) 对其绩效的影响；供应链集成的促进因素 (涉及协调、交流、结构、定量和相互依赖) 和障碍因素 (即单向性、不一致和内化) 对供应链绩效 (涉服务有效性和成本效率) 的影响；组织间治理机制 (亦关系专用资产和信任等社会关系增强器、输出控制和行为控制) 对组织学习以及对供应链绩效 (含有效性和效率) 的影响；供应链的协调一致/匹配 (含实质指做事效率的股东一致和实质指做事效益的客户一致) 对供应链商业绩效的显著影响。信息技术如何实现契约治理与关系治理的平衡研究，该平衡既指以技术灵活性弥补契约治理的不完备和以技术规范性弥补关系治理的过度灵活，又包括契约与关系两种治理模式在信息技术作用下实现互补和替代的动态演化过程。

纵观上文，供应链治理研究虽较全面，但集成多种视角的匹配/协调一致研究有待深化，尤其是在多种对立/矛盾因素共存的情况下。如多种匹配与供应链绩效和与供应链之整体均衡或整体优化的衔接均有待发展，均衡结构如何协同系统整体价值结构演化的动态分析亦有待深化。区块链凭借技术上的去中心/去中介、去信任且易共享的全新互联网运作环境和一整套治理机制，既为互联网环境下的供应链治理研究提供全新机遇，也带来更多挑战。如个人和组织的信任/效用无关的物联网层次的智能自治与注重信任/效用的社会层次供应链治理的衔接难题，又如为避免区块链 51% 攻击而与社会关系视角乃至集成视角 SCG 研究的衔接挑战。

三、基于区块链技术的供应链智能治理研究

在供应链治理研究的使用价值与交换价值集成趋势引导下，在李维安等区分供应链管理和供应链治理的研究基础上，供应链治理尤其是智能治理研究更需强调与供应链管理的有效集成。在区块链与物联网紧密结合构造出一个无人为因素涉及的客观运作层次网络的实践情况下，鉴于 (智慧型) 物联网在供应链管理中应用越来越广泛，基于区块链技术的供应链智能治理需在区分无人因因素涉及的"去信任"客观运作层次和涉及人因因素的主观治理层次的基础上，实现两个层次的有效衔接。此外，顺应供应链治理研究中多学科视角的集成趋势，基于区块链技术的供应链智能治理研究还需探明多学科视角集成的有效路径以便指导实践。最后，鉴于上述供应链治理研究综述指明其关键是 SCG 相关因素与结构等之间的匹配研究 (进而有良好绩效)，与可控的供应链管理追求各类极值不同，立足各方协调的供应链治理正在研究追求匹配的适度化 (进而良好绩效)，而其智能治理则追求匹配适度化的智能实现。

图 8-13 是基于区块链技术的供应链智能治理框架体系。该图首要关键是左边应对 SCG 复杂根源的两层次、多视角的耦合匹配。为应对不确定性环境的挑战 (如因果链模糊、整体性割裂威胁及需求快速多变等) 和知识经济所致高度复杂管理现象，和谐管理理论提出"优化设计"与"人的能动作用"双规则的互动耦合机制：即借助"和则"(力求不确定性的消减/利用) 与"谐则"(力求确定性情况下的理性优化设计) 的耦合，体现目的导向下的适应性演化。传统经济管理理论中许多关键悖论的破解急需关注矛盾统一体中双方间的耦合机制研究。和谐管理理论因对"人的因素"的考察而只接受过程取向而非变异取向的组织研究策略，相应多采用仿真研究而较少采用以操作化的变量和精细的变量间关系为主的实证方式。然而，当前关注"优化设计"的管理耦合机制研究既有仿真研究又有统计实证研究，并聚焦结构及相关绩效影响。源自物理和生物耦合的复

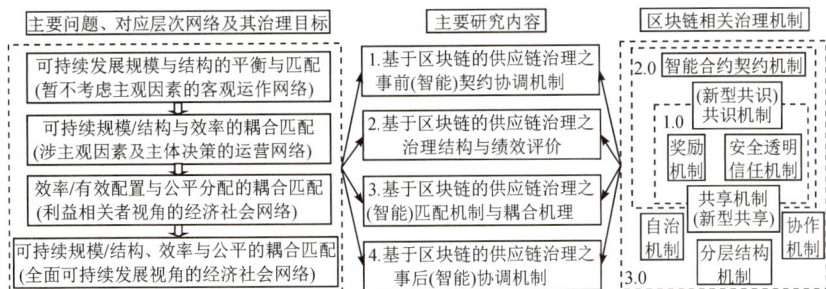

图 8-13　基于区块链技术的供应链智能治理框架体系

杂系统科学发展出多种耦合机制研究，如与计量经济学中 Granger 因果分析相似的转移熵可解析 Granger 因果分析无法捕捉的高阶非线性因果关系/因果结构；多变量转移熵和符号转移熵均可定量分析因果耦合，联合符号转移熵可分析多尺度时间数据间的因果互动。符号转移熵亦成功用于经管研究。当前企业价值创造已从要素型发展到关系型再发展至结构型。故供应链智能治理的问题聚焦于各层次相应核心矛盾的耦合匹配，除效率与公平矛盾外，还有可持续规模/结构与效率的矛盾以及三方间矛盾。事实上，为了弥补罗宾斯经济科学仅聚焦主观效用的缺陷，出现了同时关注特定情境中物质稀缺性相关规模/结构议题的新经济科学，并据此确立了暂不考虑主观因素的客观运作层次网络研究的科学议题。相关立足客观成本与收益的企业产品服务系统内、外共生定量管理模型研究，为耦合的各方利益互动及其互利/偏利/偏害共生状态提供了定量分析基础 (尤其适用于无人涉及之物联网的利益决策)。相应云模式下的 ERP 管理信息系统 (含商务智能系统和决策支持系统)，为众多利益体间智能治理提供了所需信息系统框架。如此可以在客观运作层次和主观运作/治理层次中围绕多视角各种矛盾因素展开的复杂耦合匹配研究，为供应链智能治理指明了关键问题与分层治理目标，并且指明了分析非线性因果关系/结构的有力工具，一种借助结构尤其价值结构分析来集成"优化设计"与"人的能动作用"的工具。

　　图 8-13 中基于区块链技术的供应链智能治理研究的主要内容需按 (事前) 契约协调机制与事后协调机制、治理结构、相关绩效评价、治理匹配机制和耦合机理几个方面展开细化，形成图 8-14 所示的智能治理机制体系。

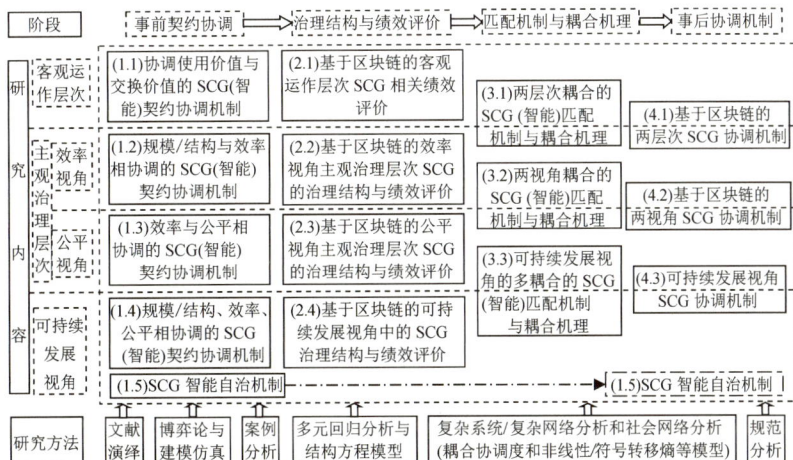

图 8-14　基于区块链技术的供应链智能治理机制体系

限于篇幅此处不再展开，详情见论文《基于区块链技术的供应链智能治理机制》。总而言之，基于区块链技术的供应链智能治理的发展是贯彻习近平新时代中国特色社会主义经济思想中创新、协调和共享三大新发展理念的抓手之一；这种以智能治理做好企业间或企业与消费者之间协调和共享的创新，也是发展习近平新时代中国特色社会主义数字经济甚至数智经济的关键支撑。

习　　题

一、名词解释

1. 协同产品商务　　　2. 全面集成系统　　　3. 准时制生产
4. 最优生产技术　　　5. 云计算

二、简答与思考题

1. 简述 ERP Ⅱ 的定义及其基本特征。
2. 简述 ERP Ⅱ 和 ERP 的不同之处。
3. 简述精益制造对 ERP 系统的影响。
4. 简述 OPT 系统与 MRP 系统的主要区别。
5. 简述敏捷制造对 ERP 系统的影响。
6. 简述云计算 ERP 的基本特征。
7. 精益制造的两大支柱是什么？两大支柱的精髓是什么？依据这种精髓分析精益制造理论对 ERP 系统的影响。
8. 谈谈你对未来价值导向 ERP 发展的理解。

第九章 高级计划排程 (APS)

- 高级计划排程 APS 的发展历程、概念与特征、体系架构与系统功能。
- 高级计划排程 APS 的算法逻辑、规则与常规计划排程。
- APS 软件的建模深化，以及 Asprova APS 的参数化制造 BOM 和表达式。
- APS 软件的计划排程高级功能，以及 Asprova APS 的自动执行排程和循环排程。

第一节 高级计划排程 (APS) 概述

第一章阐明了制造企业面临的管理难题，其中计划排程是最大难题。一是因为相互冲突的生产计划排程目标，如满足客户交货期与生产成本之间的矛盾，产能最大化与浪费最小化之间的矛盾，库存成本最小化与客户需求优先满足之间的矛盾，批量采购与库存最小化之间的矛盾。二是因为复杂多约束的生产现场，如复杂工艺路径对各种设备特殊需求各

视频讲解

不相同，有限的生产设备、物料、库存和人员的约束，小批量多品种生产模式，精益生产多品种混排模式。三是因为动态变动的生产环境，如因临时订单改变而紧急插单，产品流程变化和新产品研制流程的不确定性，以及机器设备故障检修或员工生病请假。为解决上述种种难题，高级计划排程 APS 应运而生。

一、高级计划排程 (APS) 的发展历程

高级计划排程 APS 不是单纯的计划方法或系统，而是融合各种先进的现代管理思想与信息技术的产物。对 APS 的主要贡献来自于运筹学、生产运作管理和工业工程等管理科学，以及管理信息系统、决策支持系统和人工智能等计算机科学两大领域。

(一) 20 世纪 90 年代以前 APS 的诞生

1. 20 世纪 50 年代以前 APS 理论基石的萌芽阶段

APS 的主要理论基石早在计算机出现前就已存在。一是在 20 世纪初出现的甘特图，它让人们可以直观地看到事件进程的时间表并且可进行交互式更新。二是从 20 世纪 40

年代以来用数学方法进行精确计算来安排计划和生产进度的计划表,这个传统的管理科学研究课题诞生了数学规划模型,主要是最优化的线性规划 (Linear Programs,LP)。这些理论基石对 APS 萌芽起到了奠基性的作用。

2. 20 世纪 50 至 80 年代与计算机技术结合并伴随 MRP Ⅱ 发展而进化的 APS 思想

在 50 年代后期和 60 年代初期,大公司开始用计算机来研究计划时有问题的部分,通过优化少数关键材料来平衡对产品的需求,其中考虑能力约束或为产品寻找最低的费用路径。此时,线性规划普遍被用在小型计算机的计划试算表中,而相关对"最优化"追求促进了 APS 思想发展。在 60 年代中期到 80 年代初,大型公司尤其跨国公司的发展使得制造业的问题越来越复杂,得益于计算机的发展及其在管理中的应用,诞生了 MRP 并不断发展至 MRP Ⅱ。由此,生产计划管理领域就形成 MRP 法和数学解析方法的两种计划方法、思想和哲理并存。

模拟技术发展深化 APS 思想。虽然线性规划等技术也扩展成可处理更加复杂问题,但仍不能满足企业需要。此时模拟技术开始进入计划领域,相关基于模拟的计划工具始于 70 年代初并在 70 年代中期的联邦快递公司应用系统中体现出了较好效果。另一方面,在 80 年代中期一种快速 MRP 模拟技术将生产作业模拟在独立计算机上以常驻内存方式进行,这脱离了当时占支配地位的主机计算,使制造企业完成生产计划排程只用几分钟而非当时普遍的 20 多个小时。虽然当时的尝试并未考虑计划的约束条件,但它已经成为一种新的计划与排程方法的开端。

3. 20 世纪 80 年代伴随 OPT 发展而正式诞生并随计算机技术发展而激发的 APS

在 20 世纪 80 年代初,高德拉特的最优生产技术 OPT 应用一系列处理瓶颈约束的运算法则在离散型制造业的优化排序中获得许多成功。OPT 及相应约束理论是按照解决资源瓶颈约束的思路进行计划排程的。这种考虑有限能力情况下聚焦最大化关键工作瓶颈的产出,并依托"鼓—缓冲器—绳子"机制来协调其他工作中心以便追求企业最终产出最大化的理论、技术与相应系统,促使第一批 APS 公司和基于常驻内存运行的交互式 APS 产品的诞生。

1984 年 AT&T 公司 Narendra Karmarkar 提出的 Karmarkar's 算法成为线性规划的突破性进展,该法则被广泛应用于现代线性规划程序中。1980 后期出现的人工智能 (Artificial Intelligence,AI) 和专家系统,被许多公司应用到制造的计划和排程。如杜邦公司和 IBM 把 AI 和已有 APS 技术与应用结合起来,开发了批处理的排程系统。AI 也对基于约束的规划和应用遗传算法的运算法则做出重要贡献。80 年代后期的图形用户界面 (Graphical User Interfaces,GUI) 技术,促使交互式图形用户界面变成预测、计划、排程工具的标准之一。这些算法与信息技术上的创新极大促进了 APS 系统的发展与应用,比如包含电子甘特图的有限能力计划 FCP 系统,亦 APS 典型系统之一。

(二) 20 世纪 90 年代以后的 APS 发展

1. 20 世纪 90 年代后与供应链管理融合并被计算机新技术进一步提升的 APS

20 世纪 90 年代开始,跨企业组织的供应链管理 (Supply Chain Management,SCM) 的思想逐渐为大型企业接受并大量涌现 SCM 软件系统或模块,而 APS 因能够统一和协调企业间的长、中、近期计划而成为 SCM 系统的核心。90 年代中期，由 MRP Ⅱ 进化来的 ERP 虽增强了与客户和供应商业务的交互和网络化能力，但无论在计划技术基础或功能方面都不具备协调多个企业间资源的观念和能力，彼时 ERP 本质仍旧是面向企业内部的事务处理系统。供应链观点是新的管理哲理的基础，它认为从供应商到企业自身到分销商到最终用户之间的关系是合作、协同、信息共享、全程优化、相互利益的认同和共同赢利的。由于 APS 是一种在资源约束前提下的优化技术，既可用于单个企业内部的短期的计划与排程，又可用于在已知条件下的长期预测和在企业间进行计划，因此很快成为改进和优化企业供应链管理的有力工具。所以自 APS 成熟之日起，就将它的应用范围与供应链联系在一起。

另一方面，80 年代末开始标准化并在 90 年代初快速扩展的结构化查询语言 (Structured Query Language，SQL) 对 APS 发展助力很大，允许 APS 工具更动态地和关系型数据库交互。90 年代中期 APS 厂商把用户界面转向 Windows 环境或把整个应用移到 Windows NT 环境中，这提供更加直观的接口和报告能力之外，计算机能力快速增加还使得 APS 应用费用更低。相应遗传算法等优化技术也逐步成熟，进一步助力 APS 提升。在新一代计算机支持下，能瞬间生成优化计划的软件包 (称为 APS 引擎) 迅速诞生，使理论的数学解析的计划方法达到实用程度。

2. 21 世纪多路并进的 APS

学术界越来越多研究人员意识到要解决任何现实问题必须放弃分析方法，转而采用寻求"好的"(但不是最优的) 解决方案的技术。计算机性能越来越强但价格越来越便宜，使得针对现实问题的解决方案空间太过巨大的问题，在合理时间内找到一个很好解决方案的搜索技术越来越可行。管理决策学派的创始人之一的诺贝尔经济学奖得主赫伯特·A·西蒙指明：由于信息的不完全性和处理信息费用的存在，经济主体不可能完全理性地追求最大化的收益和效用；经济主体是有限的理性，他们只能在一个小概率上集中做出一个"理性"决策，即在不可能大量处理为达到最优决策所需全部信息的情况下，经济主体并不追求最优化，而是追求"满意化 (Satisfice)"，一个特意区别于通常意义上"满意 (Satisfy)"的概念。"最优化"的概念只有在纯数学和抽象的概念中存在，在现实生活中是不存在的。按满意化的标准进行决策显然比按照最优化原则更为合理，因为它在满足要求的情况下，极大地减少了搜寻成本和计算成本，简化了决策程序。因此，满意化的标准是绝大多数决策所遵循的基本原则，西蒙据此研究了生产计划和排程。一些 APS 公司，如亚洲的 Asprova 公司开发了一种让决策者自行调整相关规则并决定满意方案的 APS 软件包。因为满意化模式中的 APS 可以多次调整规则而试验不同方案，直至管理决策者满意为止，这类 APS 系统应用越来越广泛。

除上述新管理理念的新型 APS 发展外，伴随着云计算、物联网、微服务、数字孪生等新 IT 技术以及智能制造的发展，许多研发 ERP 或制造执行系统 (Manufacturing Execution System，MES) 的公司也加入 APS 研发并形成多种 APS 发展路径，如传统 ERP 厂商多用封装 APS 算法的黑箱模式，而 MES 厂商多用定制开发模式。图 9-1 对比总结了现有四种 APS 的主要开发路径，这些 APS 共同促进了 APS 行业的发展。

软件包	黑箱+开发	纯定制开发	理论研究+开发
• 一般都有一定历史积累。 • 参数设置的建模为主，开发为辅。 • 入门简单，复杂场景设置时难度上升。 • 整体逻辑清晰，后期调整成本低。 • 有一定IT基础的客户可以自行学习开发。 • 后期维护成本低。	• 注重黑箱中的底层算法。 • 以算法为基础开发必不可少。 • 门槛高，开发量非常大。 • 底层逻辑很难说明且底层逻辑无法修改。 • 后期维护成本巨大。	• MES公司或一些新入行者。 • 根据客户需求开发。 • 前期能比较柔性地应对客户需求。 • 后期修改比较困难，维护困难。 • 无法做复杂逻辑的排产。	• 学院派、海归学者等理论技术人员为中心。 • 与纯定制开发相同存在优秀的技术和理论。 • 理论、现实与开发容易脱节。 • 最终将沦为纯开发产品。
对基础数据都有着非常高的要求			
作为引擎可对应简单复杂多种场景		可以作为入门尝试，难以实现计算引擎功能	

图 9-1　四种 APS 主要开发路径对比图 [Asprova，2022]

二、高级计划排程 (APS) 的概念与特征

截至目前还没有 APS 统一定义，也没有就其特征取得完全共识。究其原因，APS、ERP 和 MES 三者之间都有交集且容易混淆。为此，首先要注意三者之间交互，参见图 9-2 和图 9-3。其次，又需要区分三者差异，参见表 9-1。在理顺三者之间区别与关联基础上，APS 更易于理解。广义 APS 是涵盖整个供应链的 APS 系统，狭义 APS 主要是工厂内的 APS 系统。APS 是基于能力约束、原料约束、需求约束、运输约束、资金约束等资源约束条件，均衡生产过程中各种生产资源，并通过超高速模拟能力在不同的生产瓶颈阶段给出优化的生产排程计划；它对现实需求变化能够做出快速反应，相应地，不论是长期或短期计划都具有优化和可执行性。

相比于内核同样聚焦于计划及其执行与反馈的 ERP 系统，APS 将时间粒度由天细化至秒，这将引起制造企业计划与执行反馈系统的重大变革。另一方面，比 ERP 更注重集成供应链管理的广义 APS，有时被称为供应链计划与优化 (Supply Chain Planning

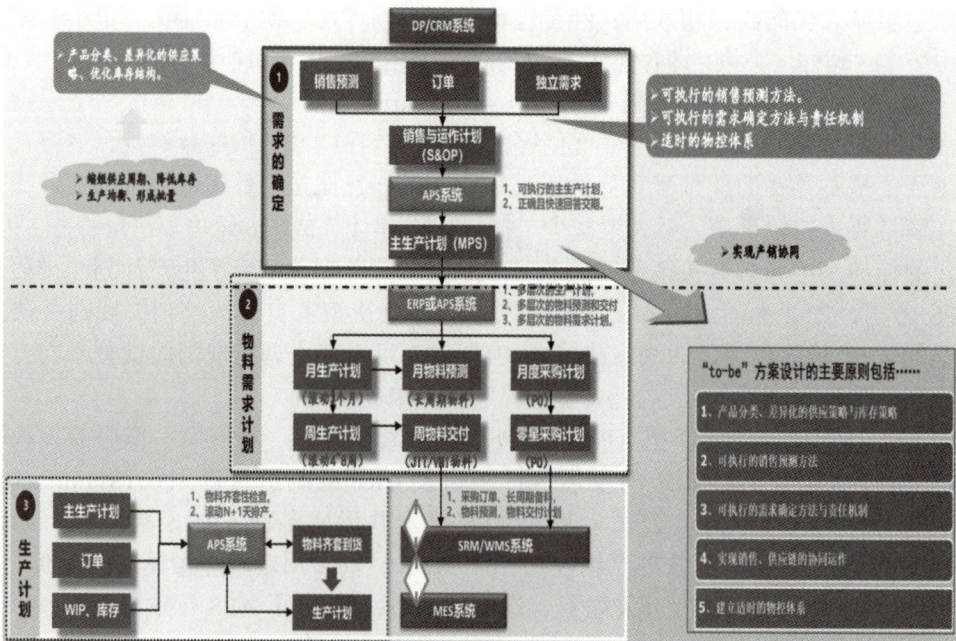

图 9-2　APS、ERP 和 MES 等系统的交互总体框架 [Asprova，2022]

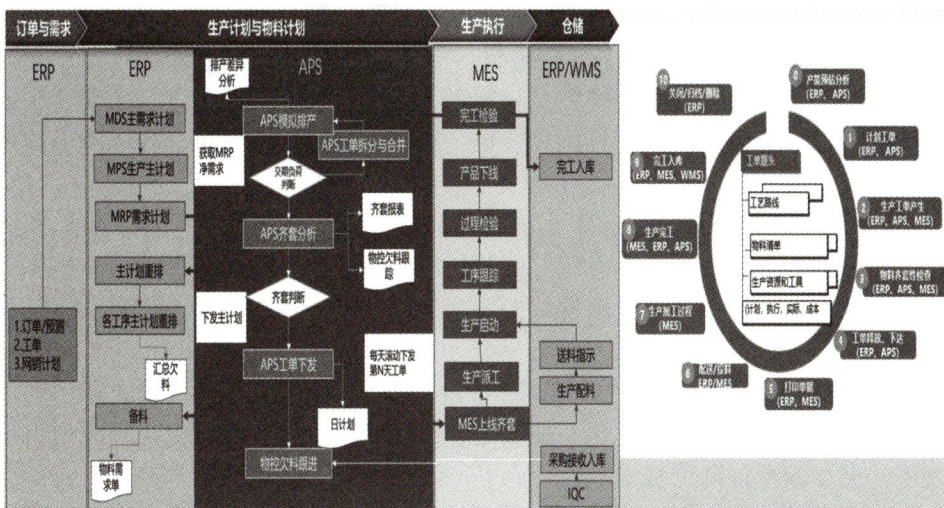

图 9-3　计划及其执行动态交互视角中的 APS、ERP 和 MES 的互动 [Asprova，2022]

表 9-1　APS、ERP 和 MES 的区别

系统	计划范围	主要解决问题	约束条件	资源粒度	时间粒度
APS	1. 长期计划 2. 主生产计划 3. 日调度计划 4. 实时派工 5. 物料齐套欠料分析	1. 数量 2. 顺序 3. 资源选择 4. 物料齐套	1. 有限能力 2. 全约束 (机台、模具、物料、人力等) 3. 数量 4. 顺序	机台	秒
ERP	1. 主生产计划 2. 物料需求计划 3. 粗 / 细能力需求计划 4. 车间生产计划 5. 物料采购计划	数量	1. 无限能力或者部分粗略能力限制 2. 无约束 3. 数量 4. 不考虑顺序	工作中心	天
MES	简单派工	顺序	1. 有限能力 2. 顺序	机台	秒

and Optimization，SCP&O)。APS 系统实际由高级计划 (Advanced Planning，AP) 和高级排程 (Advanced Scheduling，AS) 两部分组成。高级计划 AP 面向天、周、月和年这些粗粒度的问题做计划与规划，而高级排程 AS 则面向天、小时、分钟和秒这些细粒度的问题做排程优化。典型来讲，AP 要解决的是 M 天 $+N$ 周 (N 通常取值 $10 \sim 50$) 的问题，而 AS 解决连续 X 天中每天各时间段优化生产排程内的问题。AP 目标是解决做什么和做多少这两大核心问题。待 AP 解决后，就轮到 AS；AP 并非 AS 必然前提，部分面向订单生产 MTO 为主企业可跳过 AP。APS 粒度细化带来算法、模型、理念的巨大差异。总体来说，APS 的特点可概括为以下八点：

(1) 以需求计划和排程的模型为基础。APS 系统必须针对有形产品或服务做决策，其模型要能及时、准确地表达产能需求端 (如订单) 到供应端 (如机器、操作员和物料)

的计划任务。

(2) 以算法和规则为核心并以数据为驱动。APS 系统核心不断采用最先进的算法与规则，如约束理论、线性规划、整数混合规划、优先级、启发式规则、仿真算法等，针对实时数据做深入、及时的数据分析和挖掘，提供多种解决方案供选择以实现计划和排程的优化。

(3) 对外以提高客户满意度和优化供应链的资源分配与协同为目标。APS 系统以协同算法来合理分配供应链的各种资源并强化供应链各利益主体之间的协同合作，全力提高交货速度和产品质量，并尽量降价以提升客户满意度，通过利益共享和风险共担实现供应链整体目标。

(4) 对内以提高资源利用率并降低成本为目标。APS 系统通过智能的算法对企业内部生产过程中的资源分派进行优化，在满足客户需求前提下，尽量提高资源利用率和资金周转率并减少浪费以降低成本。

(5) 实时基于约束的计划、报警与调整功能。APS 系统对建模的硬性和软性约束做出实时的计划并对违反约束的情形给出报警；此外，能够根据生产过程中的实际变化进行实时调整，以应对生产延误、供应中断、紧急插单等特殊情况，从而确保计划与排程满意的优化状态。

(6) 全面性与集成性。APS 系统覆盖供应链的各个环节，包括采购、生产、仓储、运输和销售等，实现全方位的规划和管理；相应地，APS 系统与企业其他信息系统 (如 ERP、MES 等) 无缝集成，实现信息共享和业务流程的协同，提高企业整体运营效率。

(7) 适应性强且决策支持强。APS 系统能够适应不同企业的生产特点和管理需求，提供定制化的满意解决方案；此外，APS 系统通过高效的及时数据分析为决策者提供强力支持，包括预测未来的市场需求和产能规划，助力企业制定更精确、更前瞻的战略与战术决策。

(8) 常驻内存的计算。APS 将许多信息存储在内存中以便能够快速计算或重新计算计划，这种技术特性使得 APS 能够成为交互式计划决策的支持工具。参见图 9-4。假设需排产工作数为 10 万个排产对象工作 (= 未完成订单 20 000×5 道工序)，每次计算约 20

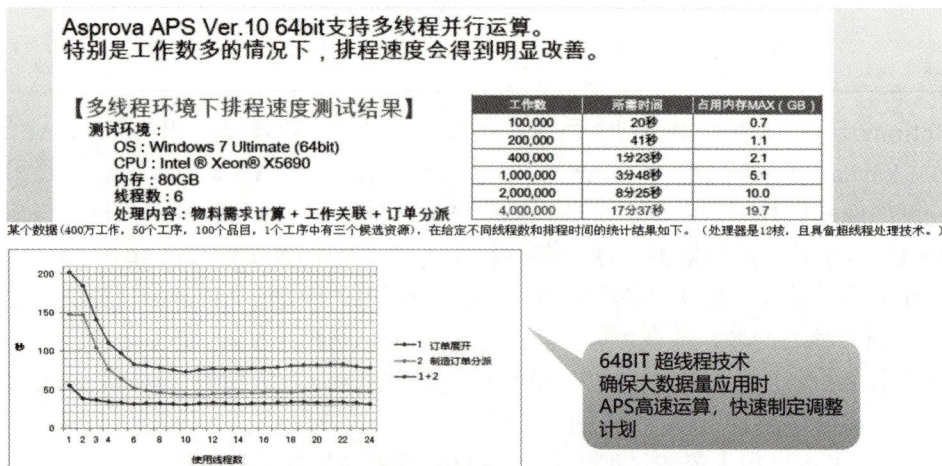

图 9-4　Asprova APS Ver. 10 版的快速计算测试结果 [Asprova,2022]

秒至 1 分钟；如果 1 天排产计算 (含模拟和计划变化重算)5 次，预计计算总共花费时间约为 10 分钟。

特别注意：APS 提供的高级计划与排程逻辑是嵌入 ERP 而非取代 ERP 系统的。相较于"黑箱 + 开发"、纯定制开发和"理论研究 + 开发"三种 APS 主要开发路径，以 Asprova 公司 APS 产品为代表的软件包开发模式，对使用者完全开放软件参数和底层的逻辑规则；企业可自行以规则和参数的设置为主并辅以定制开发来运作 APS，形成一种自主可控的白箱运作。因侧重软件参数的使用与定制开发，这种 APS 软件包的教学更适于从事 APS 运维与研发的信管人才培养，而这种 APS 人才培养也为另外三种 APS 开发路径的人才培养奠定了良好基础。

三、高级计划排程 (APS) 的体系架构

图 9-5 是 APS 与 ERP、MES 和过程控制系统 (Process Control Systems，PCS) 的关系。

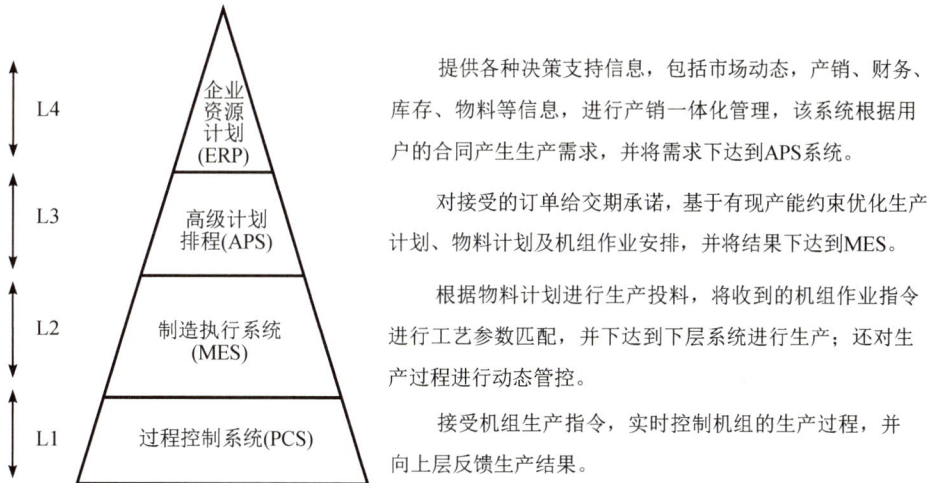

图 9-5　APS 与 ERP、MES 和过程控制系统 PCS 的决策层次关系 [Asprova，2022]

（一）APS 与 ERP 和 MES 交互的体系架构

从信息管理角度来看，APS 与 ERP 和 MES 的交互有集中排程和分层排程两种模式，分别适于单个制造企业和集团型制造企业，从而形成图 9-6 的仅单个 APS 和图 9-7 的有主、从 APS 的不同体系架构。

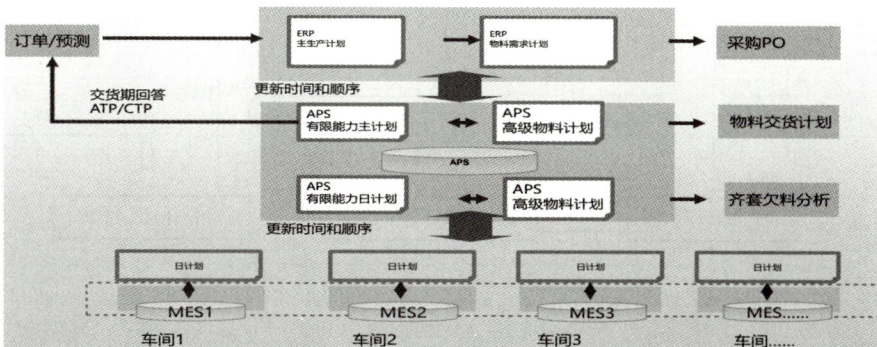

图 9-6　集中排程式的 APS、ERP 和 MES 交互体系架构 [Asprova，2022]

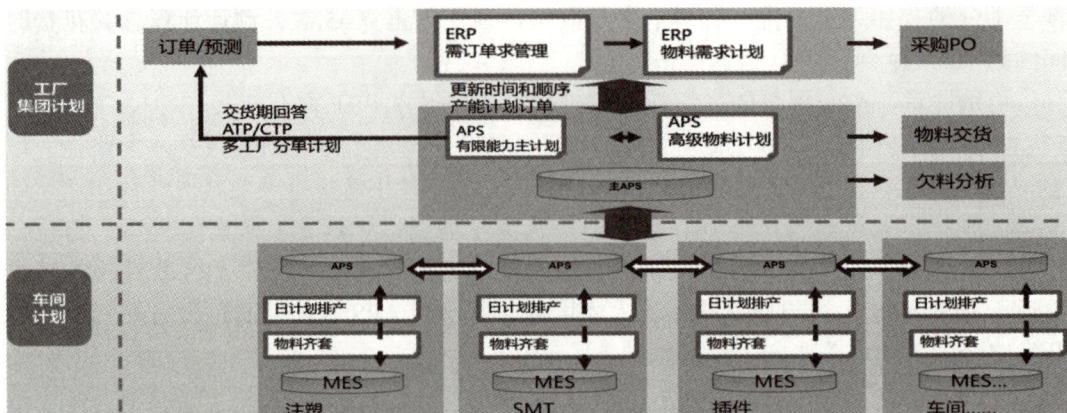

图 9-7 分层排程式的 APS、ERP 和 MES 交互体系架构 [Asprova，2022]

（二）APS 自身体系架构

图 9-8 所示为 APS 供应链计划体系，它由需求计划 (Demand Planning，DP) 为总起源，经净预测的计算，展开至以周为粒度的销售运作计划 (Sales and Operation Planning，S&OP) 和以天为粒度的订单计划以及以天为粒度的生产计划与排程；销售运作计划、订单计划 (含承诺情况) 及其进一步展开的物料需求计划 MRP 以及生产计划与排程，将继续推导实时的供应链协同 (Supply Chain Collaboration，SCC)，其可支持供应商管理库存 (Vendor Managed Inventory，VMI) 模式。考虑订单承诺时会计算可承诺能力

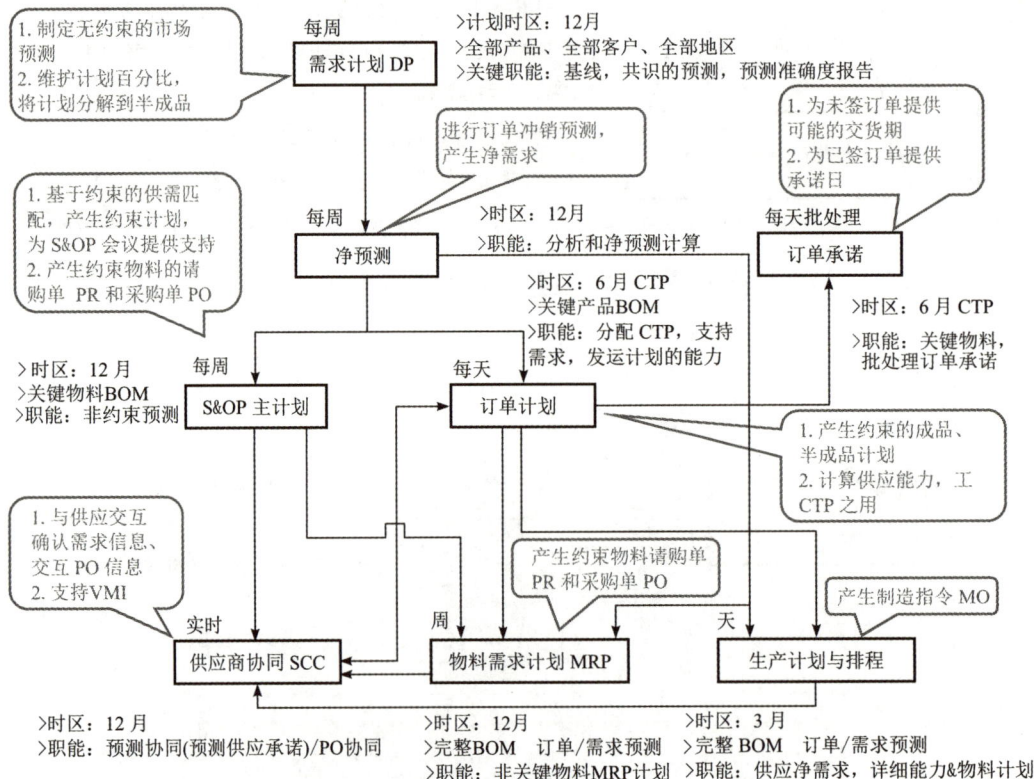

图 9-8 APS 供应链计划体系 [Asprova，2022]

(Capacity to Promise，CTP)。CTP 通过考虑能力信息来扩充可承诺量。相较于可答应量 ATP 仅考虑物料可用性并假定资源的能力是无限的，可答应能力 CTP 则同时考虑物料和资源能力的可用性，因此 CTP 在指定时间范围内更能满足实际需求。

APS 在进行生产任务的计划与排程时要考虑四大约束 (物料库存、设备产能、员工技能和工装模具的约束)，还需考虑加权多目标的优化，目标涉及生产成本、任务优先级、生产时间、设备利用率、按时交单率等多个方面。然后，进行模拟仿真与分析评估，若方案可行，则进入操作任务展开派工单管理；若方案不行，则反馈回到制定计划策略的环节，通过调整优化目标的权重再次进行计划与排程，直至获得满意方案。图 9-9 是高级排程 AS 细化体系，聚焦于基础数据、排程规则、排程分析以及排程的模拟与优化调整四部分。其中，排程规则包含作业下达规则、顺序规则、选择规则和资源组选择规则。排程器和分析器聚焦于分析资源和资源组的负荷图、需求的明细与汇总、资源甘特图以及资源利用率。排程的模拟与优化调整则聚焦于作业单的优先级、作业单的状态变更以及时间或数量的变更、作业批次的分割与合并、设备人力调整以及负荷的灵活分割。

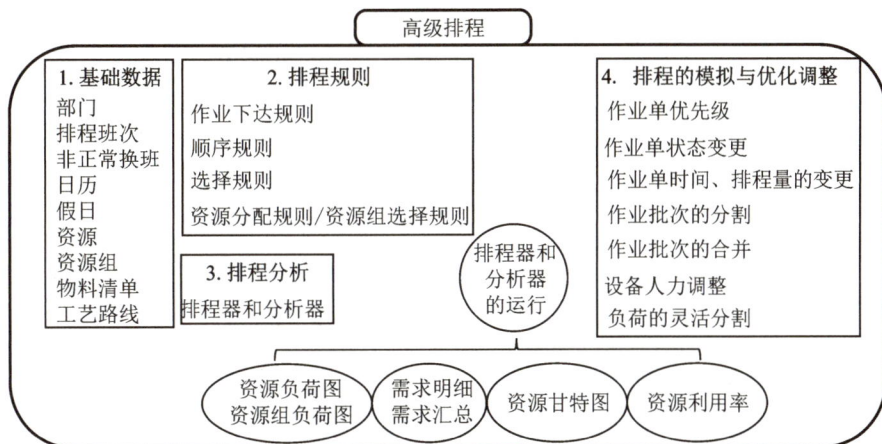

图 9-9　APS 高级排程细化体系 [Asprova，2022]

四、高级计划排程 (APS) 的系统功能

APS 系统主要解决"在有限产能条件下，交期产能精确预测、工序生产与物料供应最优详细计划"的问题。相应主要功能需包括：① 基于业务规则的资源和物料优化；② 模拟仿真使用内存驻留技术来提供快速计算和多个假设场景；③ 制造过程运作同步；④ 有限能力排程；⑤ 约束管理；⑥ 动态提前期计算；⑦ 同时考虑物料和能力的约束以确保两者均可用；⑧ 惩罚式成本管理，使用最小化成本优化工艺路径或设备的使用。首先，在供应链范围内，供应链 APS 软件主要模块包括：① 网络优化设计；② 供应链计划；③ 库存计划；④ 需求计划；⑤ 全局订单承诺；⑥ 供应链平台；⑦ 制造排程；⑧ 运输与配送计划。图 9-10 是 Asprova 公司衔接其他 ERP 系统的供应链 APS 系统。表 9-2 阐明各层次计划的主要功能，涵盖中长期产能分析计划、多工厂/单工厂的主生产计划 MPS、物料齐套欠料分析 (Clear to Build，CTB)、车间日计划详细排程 (Daily Production Schedule，DPS) 和车间实时派工计划 (Real-time Dispatch，RTD)。

图 9-10　Asprova 的供应链 APS 系统（虚线框中为 APS 重点功能模块）[Asprova，2022]

表 9-2　APS 系统各层级计划的主要功能 [Asprova，2022]

各层次计划	计划的主要功能
中长期产能分析计划	中长期产能预估；瓶颈能力分析；设备人力投资；能力检讨；事业计划达成分析；长周期物料模拟
多工厂/单工厂主生产计划 (MPS)	ATP&CTP Whatif 插单模拟；多工厂产能负荷；订单投产顺序、合批、分批均衡排产；分单、外发分析；长周期物料约束；库存策略排程；人员出勤排班
物料齐套欠料分析 (CTB)	物料欠料分析 (按天/整单)；物料送货和备料计划；物料 CTB 齐套分析 (循环/整单)；取替代物料与多供应商；有效期与关联锁定；成组替代与质量档位关联
车间日计划详细排程 (DPS)	JIT 物料送货计划；多工序联动排产；日计划小时排产 (MES 集成)；生产顺序优化；设备、人力优化选择；班次滚动排产
车间实时派工计划 (RTD)	工序实时滚动排产 (MES 集成)；生产异常实时再计划；顺序和设备的实时优化选择；任务池优化排程

第二节　APS 系统的算法逻辑、规则与计划排程

一、APS 系统的算法逻辑

（一）APS 系统的算法概述

视频讲解

APS 算法发展经历了四代。第一代是基于约束理论 TOC 的有限产能算法。第二代是基于规则的算法，包括基于优先级等规则的算法、线性规划 LP、基于启发式规则的算法和专家系统。第三代是智能算法，指需要快速收敛寻优的 APS 算法，

包括遗传算法、模拟退火算法、蚁群/粒子群算法和神经网络。第四代是智能算法和人工智能动态调整算法，以智能算法进行静态排程，多智能体系统 (Multi-Agent System，MAS) 的智能体协商做动态调整。线性规划和混合整数规划等数学规划适用于网络选址或寻源等战略计划。约束传播 (Constraint Propagation，CP) 等启发式算法适用于战术计划或生产排程等运作计划。遗传算法和人工智能等适用于有大量可能方案的选择。遗传算法是模仿生物进化原理进行网络权值的学习，这类运筹优化与规则启发优化不需要大量数据，擅长启发优化与权衡决策，适用于运作层与现场调度优化。机器学习算法中的神经网络 (尤其是深度学习) 主要模仿了生物脑神经的结构和功能，其中一种重要学习算法的反向传播 (Back Propagation) 算法需大数据进行网络权值学习；因其善于识别与预测，故这类 AI 算法适于有大数据的决策分析，如战略问题相关的高层决策分析与现场传感层相关的战术问题识别。2020 年 AI 算法就能对 8 条生产线、涉及交期为 1～30 天的 4300 个订单、92 个机型和 3 万多台机器，只用 1.5 分钟就能完成 APS 排程优化。人工智能 AI 在高级计划排程 APS 中有着广阔应用前景。① 需求预测：通过对历史数据进行深度学习和机器学习，AI 可识别潜在需求趋势并对未来需求进行预测；这有助于企业提前调整生产计划和库存策略，以降低库存成本和缺货风险。② 模型参数优化：自动提供 APS 计划排程相关参数 (如提前期、优先级、良品率等) 以及参数的动态优化 (如标准工时的优化)。③ 供应链断点预判：预判供应链中未来的风险与断供，如缺货、断料等。④ 细分供应链：考虑各种因素对供应链的影响并做自动分类；对产品有能力判定其属于哪一种细分供应链类别。⑤ 自动化解决问题：自动判定供应链例外状况的优先级；并有自动提供建议解决方案的能力。

APS 多种算法各有优劣，实际过程中使用合适算法非常重要。AP 高级计划主要算法包括线性规划、规则算法和遗传算法等，时间跨度为天、周、月等，主要针对问题是批量大小和资源调配，此资源可以是资源组或具体资源。AP 高级计划算法优点是：① 可适应多目标优化且目标可以有优先级；② 技术成熟；③ 适合大规模问题；④ 可以找到最优值或者较好的次优值。AP 高级计划算法缺点是：① 对于次序问题较难求解；② 动态重排的频率不能太快；③ 大规模商用成熟优化器较昂贵。AS 高级排产主要算法包括经验规则和约束传播等启发式算法，时间跨度为小时、分、秒等，主要针对的是派工和排序。AS 高级排产算法的优点是：① 可处理次序问题；② 可处理复杂工序问题；③ 能够快速找到可行的满意解。AS 高级排产算法的缺点是：① 较难实现多目标同时优化；② 可处理的变量数和复杂程度的限制较高；③ 算法个性化程度较高而开发难度大。从另一角度来看，经验规则算法的优点是运算速度快、开发简单且容易理解；缺点是找到的多为可行的满意解而非最优解，因此对规则的质量要求很高，并且无法实现多目标同时优化。启发式算法的优点是可以较快运算速度找到较好解决方案。但其缺点是：① 可处理的变量数量和复杂程度的限制较高；② 算法个性化程度较高而开发难度大；③ 方案的稳定性随问题不同而有较大差异。有鉴于此，下文主要介绍经验规则算法。

（二）APS 系统算法基本逻辑

APS 系统运作三种基本模式是基于模拟仿真模式、基于 TOC 的模式及其扩展、基于数学建模模式。其中，TOC 模式前文已经介绍，数学建模依赖于具体问题，故此处介绍模拟仿真模式的基本逻辑，包括基于订单任务 (Job-based) 和基于事件 (Event-based) 两种。基于订单任务的排序使用一次一个订单任务 (Job at a Time) 的排产法，便于做好对订单优先级的优化。基于事件的排序使用一次一个操作/工序 (Operation at a Time) 的排产法，便于做好资源利用率的优化并缩短生产周期。无论采用基于订单任务的排序还是基于事件的排序，都还存在一个顺排计划 (亦前向排序) 或倒排计划 (亦后向排序) 的选择。前者从当前时刻开始，按正常加工顺序对所需订单或工序依次进行排序，直至订单或工序排序完成，进而能告知订单能完工的最早日期。后者从未来某个日期约定的交货日期开始，按加工顺序的逆序从后向前对所需订单或工序进行排序，进而能告知为满足交货期要求所致一个订单或工序必须开始的最晚时间。

基于订单任务的排序和基于事件的排序，以及顺排法和倒排法各有优劣和适用的场景。由于基于事件的排程使用的是比订单更细小的操作/工序粒度，它通常比基于订单任务的排程具有更高的资源使用效率以及更短的完工时间。参见图 9-11，一个顺排法视角的基于订单任务的排序和基于事件的排序对比图。然而，对于企业必须更注重订单优先级管理与满足而非更注重资源利用效率的情形，基于订单任务的排序具有更现实的价值。另一方面，顺排法优势是始于可行的开始时间并根据正常工作时长来决定相应的结束时间，但这可能会违反订单需达成的完工日期从而造成违约；倒排法的优势是总能产生一个不会因迟交而违约的计划，但计划的开始时间可能会因突破现在时刻落至逾期而变为不可行。注意：因为基于订单任务的倒排法是在满足所有订单任务要求完工日期的前提下，尽可能地延迟其开工时间 (即需等到最后必要时刻才开工相应订单)，这就意味着如果系统没有预留出时间缓冲，此时任何中断 (如机器故障或物料延迟等) 将会导致订单延迟。因此，APS 计划员在用倒排法时尤其需要注意预留缓冲时间，其缓冲

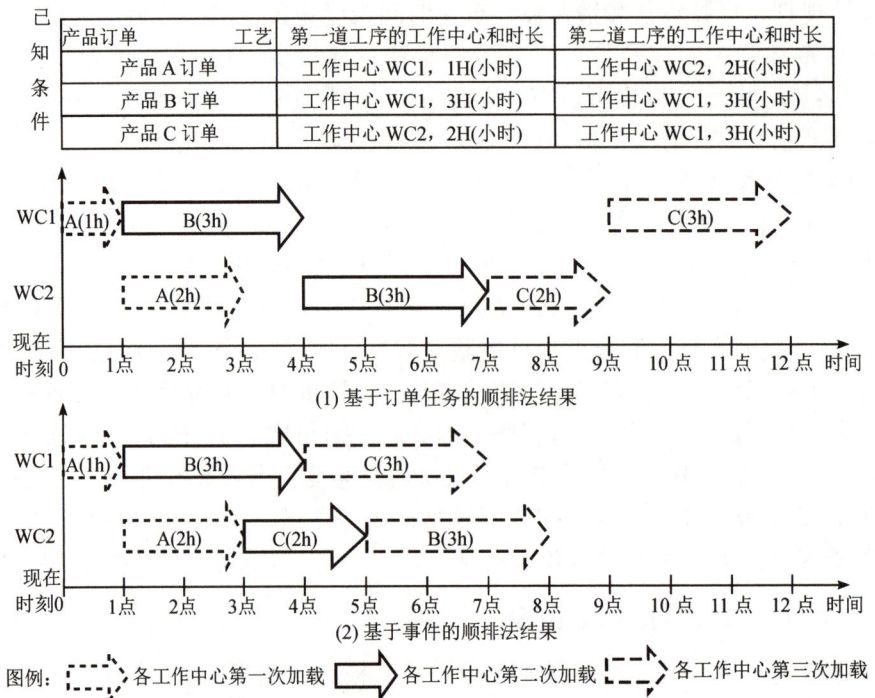

已知条件	产品订单 工艺	第一道工序的工作中心和时长	第二道工序的工作中心和时长
	产品 A 订单	工作中心 WC1，1H(小时)	工作中心 WC2，2H(小时)
	产品 B 订单	工作中心 WC1，3H(小时)	工作中心 WC1，3H(小时)
	产品 C 订单	工作中心 WC2，2H(小时)	工作中心 WC1，3H(小时)

(1) 基于订单任务的顺排法结果

(2) 基于事件的顺排法结果

图例： ⇢ 各工作中心第一次加载　⇨ 各工作中心第二次加载　⇨ 各工作中心第三次加载

图 9-11　顺排法视角的基于订单任务的排序和基于事件的排序对比图

长短视产品工艺而定，该参数日后可借助 AI 算法来优化确定。

二、APS 系统的排程规则

　　APS 算法排程器是一个简单且快速地把一套任务加载在计划板上的方法，计划的结果完全是由规定任务的订单和使用资源的规则所决定的。APS 主要规则包含生产作业下达规则、顺序规则、选择规则和资源分配规则四类，参见图 9-12 的 APS 影响排程的条件和图 9-13 的规则设置示例。当多个作业具有相同开工日期/时间时，作业下达规则使用户能够控制下达这些同步作业的顺序，以解决哪个作业先下达。对订单，一般按交货日期或订单优先级确定下达顺序。当资源不够用时，生产订单及其负荷在排队，需顺序规则来解决排队的先后顺序。比如可使用最小的加工时间或工序数决定先后顺序。当资源需动态选择以完成加工时，包括对顺序规则重新选择时，需通过选择规则完成资源选取，它包括工序选择规则和资源选择规则。当涉及资源组中的多个资源或替代资源的选择时，需应用资源分配规则 (亦资源组选择规则)，如组内资源利用率最小的资源优先。

　　注意：制造工厂的 APS 计划排程需要考虑优先级，升序时数越小则优先级越高 (此

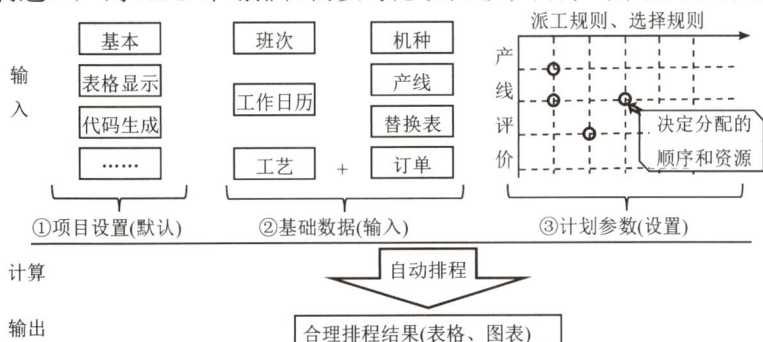

图 9-12　Asprova APS 影响排程的条件 [Asprova，2022]

图 9-13　Asprova APS 软件包中规则设置 (含自定义分派规则表达式) 示例

时 0 和 999 分别是最高和最低优先级）。一般 APS 首先可以根据规则自动识别订单的优先级，当然也可手工定义订单的优先级；然后对优先级高的订单采用顺排法，对优先级低的订单采用倒排法，若对相关瓶颈可采用 TOC 双向排顺序；最后若需压缩工作时长以满足优先级要求，可采用并行排程或重叠排程，此时涉及工序的顺序移动转变为平行移动或者平行顺序移动。动态优先级可用重要性-紧迫性模型分析，重要性是考虑任务性质而紧迫性是考虑时间性。

APS 计划排程的 10 个优先规则详情如下：

(1) 先到先服务：按作业到达的先后顺序来安排作业。

(2) 最短操作时间：优先处理完成时间最短的工作订单。

(3) 交期优先：交期最早的工作优先处理。

(4) 最早开始时间：作业开始日期最早的先处理。

(5) 最小剩余宽裕时间：计算交货时刻减去剩余加工时间的差额即可得到剩余宽裕时间，该值最短的订单优先处理。

(6) 最小每项作业之剩余宽裕时间：计算每项作业的剩余宽裕时间，该值最短的订单作业优先处理。

(7) 最小重要比率：计算交期减去当前日期的差额后再除以剩余工作天数，所得就是重要比率，该值最小的订单优先处理。

(8) 最小等候比率：计算排程中剩余之闲置时间除以预计等候时间，所得就是等候比率，该值最小的订单优先处理。

(9) 后到先服务：最后到达作业部门的作业反被最先安排完工服务。

(10) 随机或随性：作业人员通常选择任何他们喜欢的工作开始作业。

上述排程规则的使用一般遵循以下规律：

(1) 预先确定任务批量类的规则，主要适用于面向库存生产的环境。

(2) 最小化任务延迟类的规则，主要适用于面向订单生产的环境。

(3) 最小化任务加工时间类的规则，主要适用于提高工时利用率的环境。

(4) 最大化设备能力类的规则，主要适用于提高设备效率的环境。

注意：排程规则的使用要注重满足行业需求。比如注塑行业侧重的是成型机设备的利用效率，故而多用最大化设备生产能力的规则。

APS 系统还有一些规则是关于工艺有效条件、资源有效条件、物料替代顺序、占料顺序以及分派方向的启发式规则。注意：APS 系统中分派顺序键有两类。一类是有明确含义和特定逻辑的分派键，比如订单优先度、订单余裕度、或订单最迟结束时间等。另一类是自定义的分派键,通过自定义分派规则键设置的表达式解析出来的分派规则键。通过排程方案的资源选择策略设置，可选择不同的评估指标方案综合计算各资源的评估得分。APS 的评估方案有两类。一类是评估逻辑固化的内部评估方案，涉及逻辑比如负荷均衡化、资源优先度、等待时间最小化等。另一类是自定义评估方案，以便人工扩展追加或者修改。

三、Asprova APS 软件的常规计划排程

Asprova 公司的 APS 软件可以超高速地建立多品种、多工序生产计划的生产排程系

统。它常规计划的排程过程为：① 创建制造 BOM；② 确认出勤模式和生产日历；③ 创建客户订单；④ 排程；⑤ 修改计划；⑥ 输出工作指令；⑦ 输入生产实绩。如果接到紧急订单的插单，APS 计划排程将重排模拟以响应交货日期。

（一）创建制造 BOM

Asprova APS 的制造 BOM 为制造工艺 BOM。制造 BOM 表输入数据主要包括：品目、工序编号、工序代码、指令种类、指令代码、品目/资源、前设置、制造、后设置、接续方法、移动时间 MIN、移动时间 Max、备注、资源优先度等。其中，第一个 "品目" 指父件。指令种类包括输入指令、使用指令和输出指令三种。输入指令行中设定需输入的子件品目的信息，包括 "制造" 字段代表的制造父件所需子件的单位用量；工序之间的接续方法；移动时间 MIN 和移动时间 Max 的时间制约值等相关信息。使用指令可指定制造父件品目时该工序使用的资源 (如设备、模具、作业员等) 及其能力值等；此时需设置的相关字段及其内涵包括前设置 (输入前设置所需要的时间)、制造 (输入该资源生产该产品的能力值与能力单位)、后设置 (输入后设置所需要的时间)、接续方法、移动时间 MIN(设定工序之间需要间隔的最小时间值)、移动时间 Max、备注以及资源优先度。输出指令设定该工序制造品目的相关信息，但大部分情况下可以不设定而由系统自动生成。输入指令的指令代码默认为 In；使用指令的指令代码若为 M 指代主资源，即该工序所需设备或作业者；若为 Sn(n=0 ～ 9) 表示附属主资源的副资源，如模具、夹具或辅助作业者等。接续方法用于表示前、后工序之间的时间错位关系，包括 ES(End-Start)、SS(Start- Start)、SSEE(Start-Start、End-End)、EES(End-Each-Start)、ESE(End-Start-Each)，其内涵参见表 9-3。制造 BOM 示例参见图 9-14。

表 9-3　工序接续方法及其解释与用法

方法	解　释	用　法
ES	表达前工序的结束时间和本工序的开始时间之间的关系	为了隔开前工序与本工序使用
SS	表达前工序的开始时间和本工序的开始时间之间的关系	前工序与本工序重叠进行时使用
SSEE	表达前工序的开始时间和本工序的开始时间以及前工序的结束时间和本工序的结束时间的关系	使前工序和本工序重叠进行，缩短本工序的制造时间使其比前工序更快地结束时使用
EES	表达前工序的任何时间和本工序的制造开始时间的关系	在本工序的工作被分割的情况下，分割工序的制造数量和前工序的任何时间的时间关系
ESE	表达前工序的制造结束时间和本工序的任何时间之间的关系	在前工序的工作被分割的情况下，分割工序的制造数量与后工序的任何时间的时间关系
SSEEE	把本工序的制造开始时间及制造结束时间关联到前工序的任意时刻 (本工序为分割工作)	在本工序工作被分割情况下，分割工序各自制造数量以 SSEE 与前工序的任意时刻关联
ESSEE	把本工序的任意时刻关联到前工序的制造开始时间及制造结束时间 (前工序为分割工作)	在前工序工作被分割情况下，分割工序各自制造数量以 SSEE 与后工序的任意时刻连接

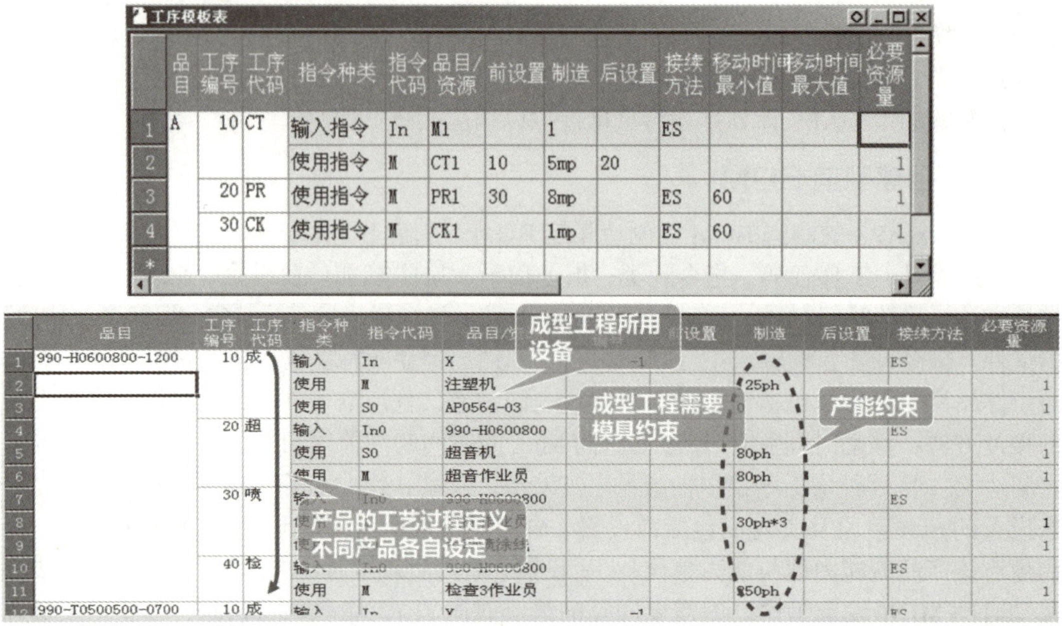

工序模板表

	品目	工序编号	工序代码	指令种类	指令代码	品目/资源	前设置	制造	后设置	接续方法	移动时间最小值	移动时间最大值	必要资源量
1	A	10	CT	输入指令	In	M1		1		ES			
2				使用指令	M	CT1	10	5mp	20				1
3		20	PR	使用指令	M	PR1	30	8mp		ES	60		1
4		30	CK	使用指令	M	CK1		1mp		ES	60		1
*													

	品目	工序编号	工序代码	指令种类	指令代码	品目/资源	前设置	制造	后设置	接续方法	必要资源量
1	990-H0600800-1200	10	成	输入	In	X		-1		ES	
2				使用	M	注塑机		25ph			1
3				使用	SO	AP0564-03		0			1
4		20	超	输入	In0	990-H0600800				ES	
5				使用	SO	超音机		80ph			1
6				使用	M	超音作业员		80ph			1
7		30	喷	输入	In0	990-H0600800				ES	
8				使用				30ph*3			1
9				使用				0			1
10		40	检	输入	In0	990-H0600800				ES	
11				使用	M	检查3作业员		50ph			1
12	990-T0500500-0700	10	成	输入	In	X		-1		ES	

图 9-14　Asprova APS 软件中制造 BOM 的两个示例

(二)确认出勤模式和生产日历

Asprova APS 出勤模式和生产日历参见图 9-15。出勤模式用于设定一天中工作时间段的模式,它为横线连接的工作时间段,多个工作时间段需用分号隔开。生产日历用于设定每个资源/每天的出勤模式。资源用于设定生产日历中设定对象的资源代码,星号 * 表示全部的资源代码。优先级用于设定日历的顺序,优先级高的会被优先采用。出勤模式代码设定适用于资源代码和日期的出勤模式。

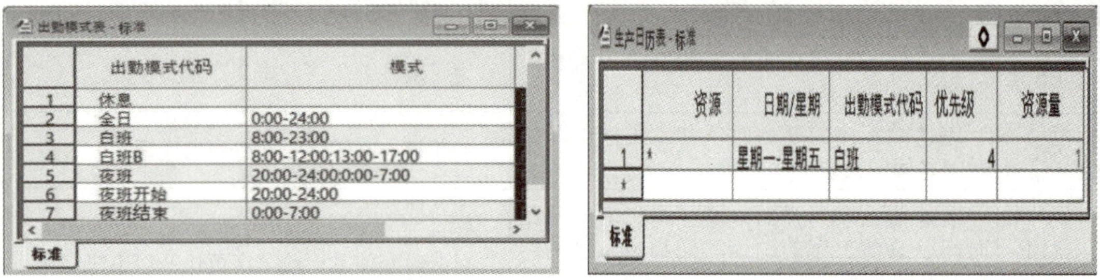

出勤模式表 - 标准

	出勤模式代码	模式
1	休息	
2	全日	0:00-24:00
3	白班	8:00-23:00
4	白班B	8:00-12:00;13:00-17:00
5	夜班	20:00-24:00;0:00-7:00
6	夜班开始	20:00-24:00
7	夜班结束	0:00-7:00

生产日历表 - 标准

	资源	日期/星期	出勤模式代码	优先级	资源量
1	*	星期一-星期五	白班	4	1
*					

图 9-15　Asprova APS 软件中出勤模式和生产日历的示例

(三)创建客户订单

创建客户订单参见图 9-16。订单在 Asprova 中的单位对应每个真实的生产单位。订单可以直接设定,也可以将订单分割后再进行设定,还可以将几个订单合并后进行设定。图中的优先度用数值设定哪个订单可以进行优先分派。优先度的设定使用大于 0 小于 100 的数字,一般情况下(即降序思维)数字大的优先考虑。根据优先度的值决定以下订单的分派方向。优先度大于 90 且小于 100 的属于特急订单,一般应选择顺排法正向分派;大于 50 且小于 90 的属于重视交货期订单,一般应选择倒排法逆向分派;大于 0 且小于 50 的为填补甘特图上空隙的填空订单,一般选择顺排法正向分派。

订单表 - 标准

	订单代码	品目	交货期	订单数量	优先度	客户
1	01	产品A	2020/07/01 17:00:00	50	55	客户A
2	02	产品A	2020/06/12 17:00:00	30	99	客户A
3	03	产品B	2020/06/08 17:00:00	25	91	客户A
4	04	产品A	2020/06/24 17:00:00	60	80	客户A
5	05	产品C	2020/06/23 17:00:00	100	60	客户A
6	06	产品B	2020/06/27 17:00:00	30	60	客户A
7	07	产品D	2020/06/10 17:00:00	90	93	客户A
8	08	产品C	2020/06/25 17:00:00	80	20	客户A
9	09	产品D	2020/07/01 17:00:00	35	53	客户A
10	10	产品C	2020/07/01 17:00:00	50	10	客户A
11	11	产品D	2020/07/01 17:00:00	60	80	客户A
12	12	产品D	2020/07/01 17:00:00	50	80	客户A
13	13	产品D	2020/07/01 17:00:00	50	80	客户A
14	14	产品C	2020/07/01 17:00:00	50	80	客户A
15	15	产品D	2020/07/01 17:00:00	50	80	客户A

标准

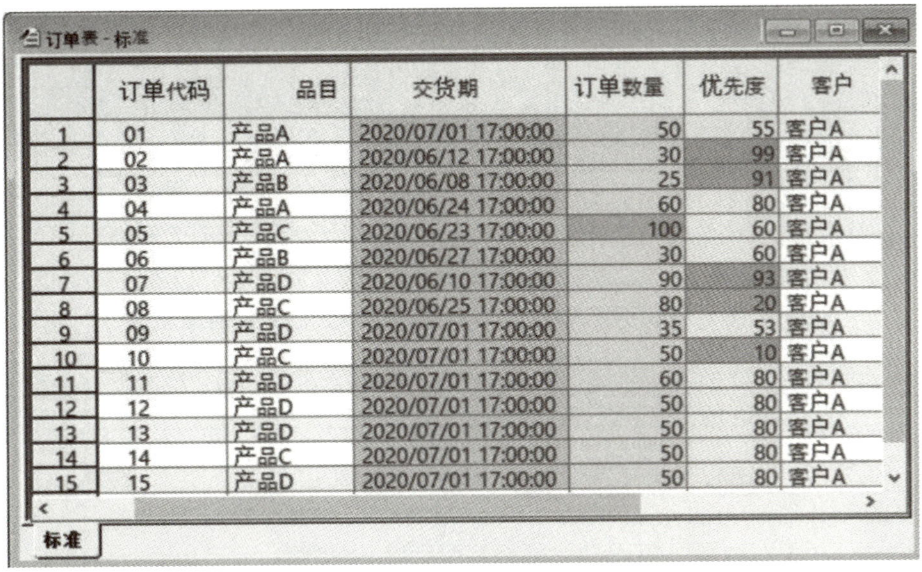

图 9-16 创建客户订单的示例

(四)排程

Asprova APS 单击工具栏中“排程”按钮就将根据常规计划参数并进行高速自动排程，相应结果主要为一系列甘特图，涉及资源、订单、负荷和库存等，参见图 9-17 至图 9-20。资源甘特图需要重点解说。在图 9-17 中，蓝色线为计划开始日期，右侧为分派计划期间，左侧为过去时间(即逾期时段)；图中“①”标识工作/工序，本例中 1 个产品有 3 个工作/工序，相同订单的工作/工序可设为相同颜色；图中“②”所指工作与工作之间或工作之前的细棒实际指设置时间/准备时间；工作/工序上面有 3 行显示信息(亦使用指令棒文字)，第一行表示订单代码，第二行表示所制造的品目，第三行表示制造数量；当鼠标点击工作/工序时会显示“③”所指的工作连接线，用于连接同一订单的工作/工序，由此分辨出同一订单前后的工作/工序被分派在什么地方；观察在检查 1 上订单 07 的工作/工序，其文字变成红色且右下方有红色标志，这表示将发生逾期/超期；订单 03 显示后两道工序也逾期了。

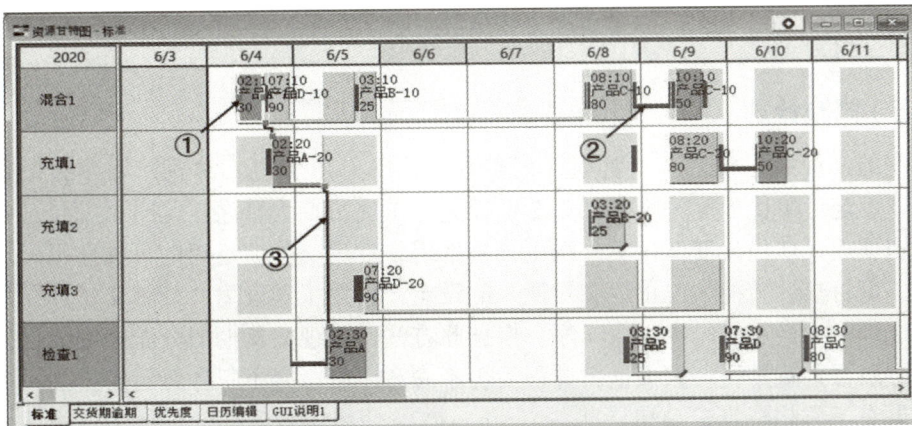

图 9-17 Asprova APS 软件中排程结果之资源甘特图示例

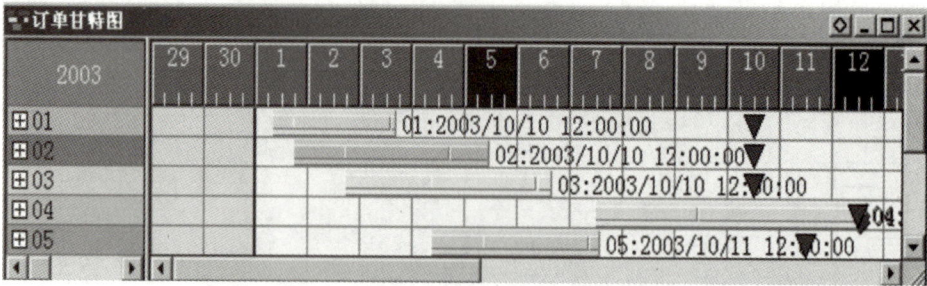

图 9-18　Asprova APS 软件中排程结果之订单甘特图示例

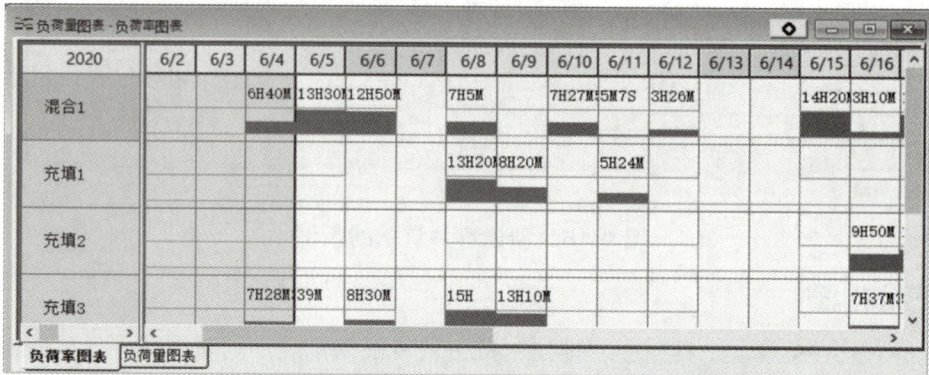

图 9-19　Asprova APS 软件中排程结果之负荷甘特图示例

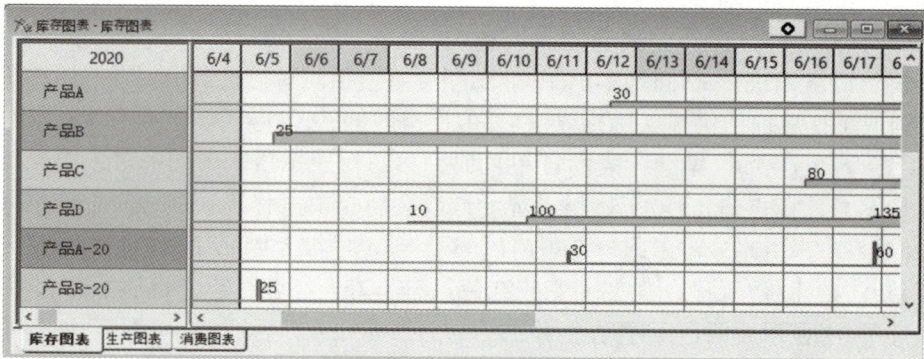

图 9-20　Asprova APS 软件中排程结果之库存甘特图示例 [Asprova，2022]

（五）修改计划

现在的排程结果使用了"常规计划参数"，参见图 9-21。常规计划参数中分派规则第 1 键设定订单优先度为降序，第 2 键设定订单交货期为升序。此时，如果某张订单的交货期早或订单优先度低，其分派也会被推迟，发生交货期延迟的可能性很大。调整规则时，可将参数转换为"重视交货期"的设定，即第 1 键设为"订单交货期"且取升序，第 2 键设为订单优先度且取降序。根据此方法，重视交货期的分派规则便已经设定完成，之后可重新排程。如果重新排程后仍不满意，可以变更工作日历安排加班。排程期间如果有工作想指定资源和日期，Asprova 支持使用键盘的操作进行工作拖动，选择工作后用 "Ctrl+ 箭头键" 将工作拖动到其他资源以及其他时间段上面。

（六）输出工作指令

制订好的满意计划向现场传达工作指示，一般工作指示是利用从 Asprova 输出到外部 ERP/MES 等系统的计划结果制作的。在资源甘特图上选择一个以上资源行，点击鼠标右键，选择弹出菜单中的"制作工作指示"将显示工作指示制作对话框。调整制作工作指示的开始时间和结束时间；然后取消"变更工作为已下指令状态"并点击"确认"。工作指示是以表格的形式显示的，其内容是每个资源每天的工作一览。以上内容参见图 9-22。

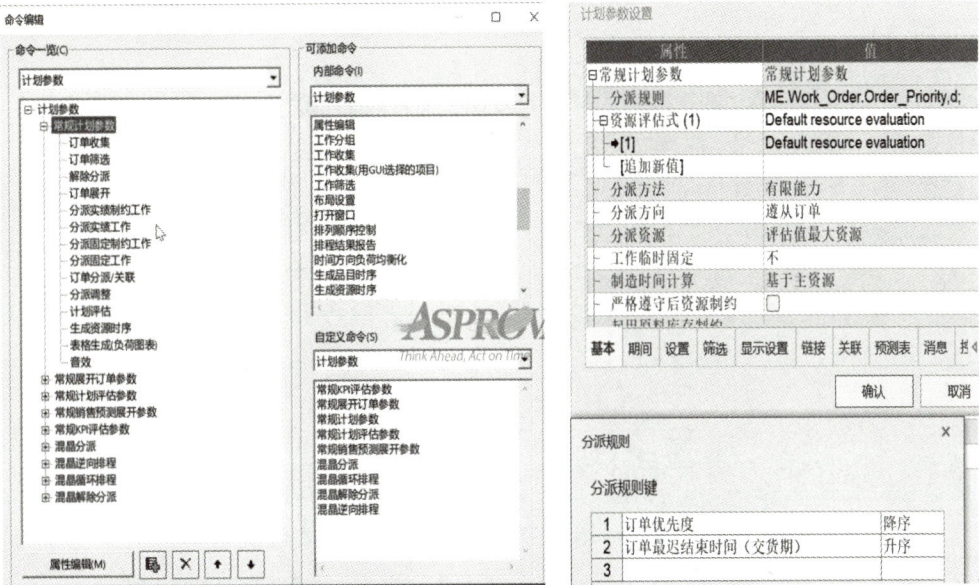

图 9-21　Asprova APS 软件中常规计划参数所涉内容的示例

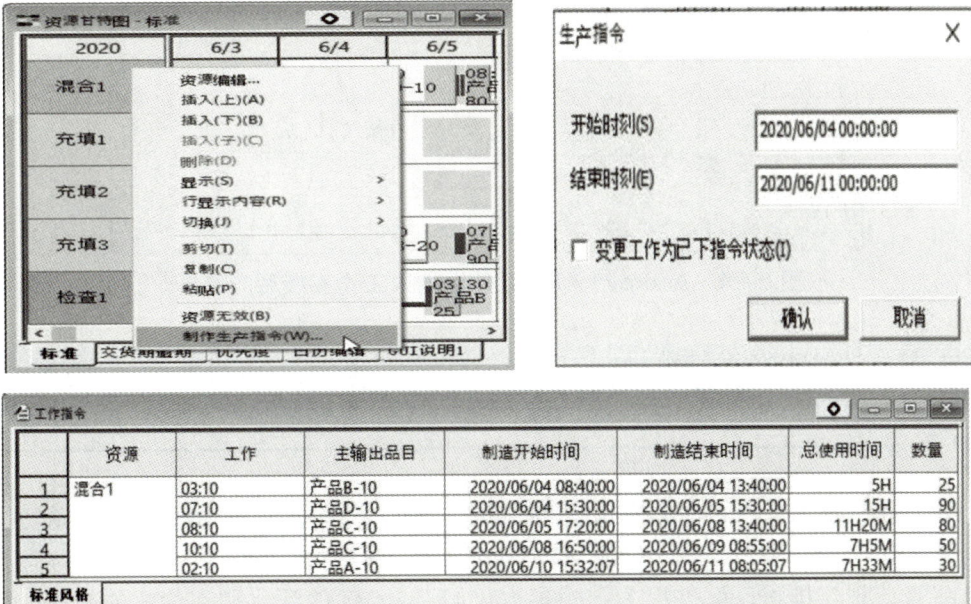

图 9-22　Asprova APS 软件中输出工作指令的示例

（七）输入工作实绩

在资源甘特图中，对工作/工序单击右键，选择 [工作] 中的"工作实绩"便可以输入此工作的实绩，参见图 9-23。将其中的"任务/工作状态"设为"开始生产"或"结束"，在"实绩数量"中输入此工作中制造的数量。输入实绩数量后将"状态"设定为"结束"，则甘特图上会立刻反映出输入的结果，工作的下方将出现淡灰色线条，而且工作上面会出现斜线。灰色的下线表示工作取得了实绩，斜线表示完成的部分，参见图 9-24。图 9-24 中，订单 3 的材料混合工作的 25 个计划数量，现已全部完成；订单 7 的材料混合工作的 90 个计划数量，现已完成 10 个；订单 3 的充填工作的 25 个计划数量，现已完成 23 个。

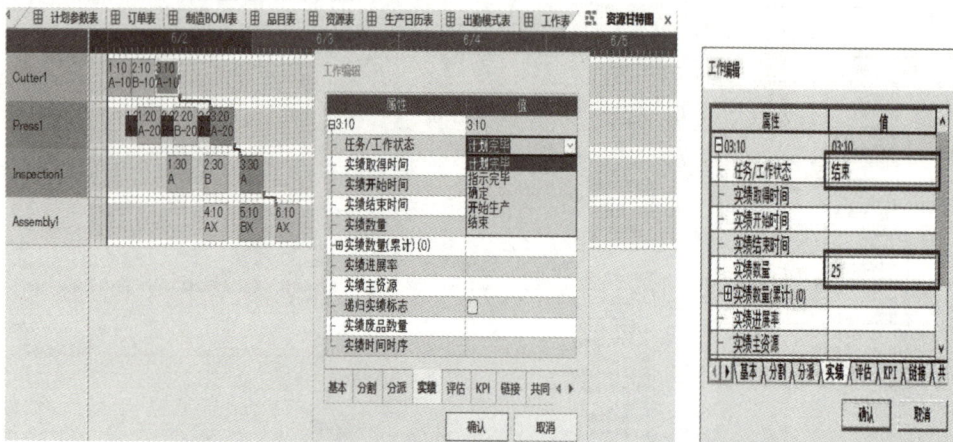

图 9-23 Asprova APS 软件中输入工作实绩的示例

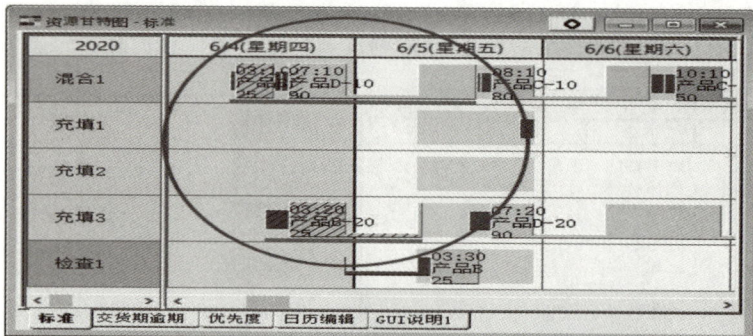

图 9-24 Asprova APS 软件中输入工作实绩后的结果

第三节 APS 软件的建模深化

APS 软件的建模在 ERP 软件模型基础上进行了大量深化，以便快速完成从以天为粒度的 ERP 计划，深化为最小粒度细至分或秒且更好衔接 MES 生产现场实际运作的 APS 高级计划与排程。此处以关键的参数化制造 BOM 的深化和表达式的介绍，展示 APS 软件的建模深化。

一、Asprova APS 的参数化制造 BOM

视频讲解

参数化制造 BOM 适用于多工厂有不同工艺、订单有不同工艺、工艺有多条加工路线以及资源组类工艺等制造场景。这些场景应对 APS 实践时的许多常见 BOM 问题，如需根据订单的要求来决定是否需包含某道工序或决定某道工序的加工时长，又如有的订单产品需根据工艺参数与产线参数的匹配程度来选择产线，再如同类产线却有不同工装要求。从软件角度来看，这些问题可以归结为怎么搭建参数化 BOM 或参数化体现在哪些方面。Asprova 的 APS 软件中 BOM 参数化体现在工序选定器、任务选定器及相关各类有效条件的控制点。与一般制造 BOM 涵盖树形逐层展开的品目 (产品 / 零部件)、工序、指令和资源不同，参数化制造 BOM 新增的工序选定器和任务选定器以及相关的五个有效条件，使得参数化制造 BOM 可满足各类复杂制造需求的设置，参见表 9-4 中两种制造 BOM 的异同和图 9-25 中参数化制造 BOM 的设置内容和适用场景。

表 9-4　一般制造 BOM 与参数化制造 BOM 的异同 [Asprova, 2022]

	层级	工序	物料	工时	资源
一般制造 BOM	树形	串行	各工序投料	人、机器、实际工时	无
参数化制造 BOM	树形	串行、并行、交叉	各工序投料	前设置、制造、后设置、移动	主、副资源

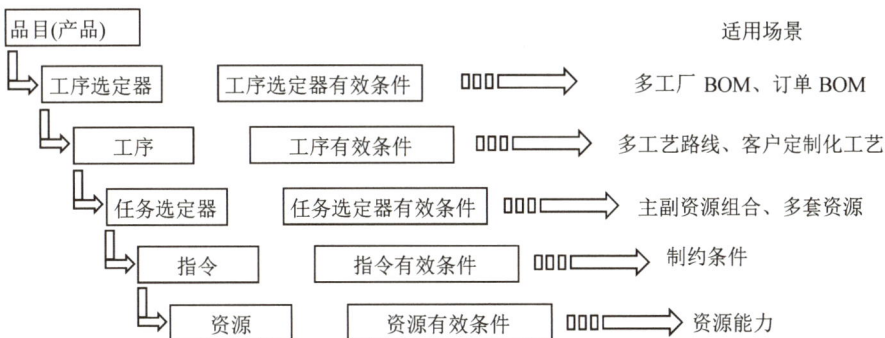

图 9-25　Asprova 软件中参数化制造 BOM 的设置内容和适用场景

（一）工序选定器及其有效条件

工序选定器适用于两种制造场景：一是各工厂 (含外协单位) 的制程不同；一是有订单工艺，即同类订单产品有不同工艺路线。工序选定器及其有效条件设置参见图 9-26。其中，在工序选定器 "1" 的有效条件中，此时参数 "ME" 指代订单，属性 "ME.Spec1" 指代订单中的温度；这种参数及其属性都可因管理者的新需求而重新设定。图 9-27 对比了两张产品 A 的差异化订单在温度工序环节有无处理要求的结果差异，一张订单在温度处理设备 HTG 上有加工，而另一张订单在所有温度处理设备 (此处即 HT1 和 HTG) 上都无加工。

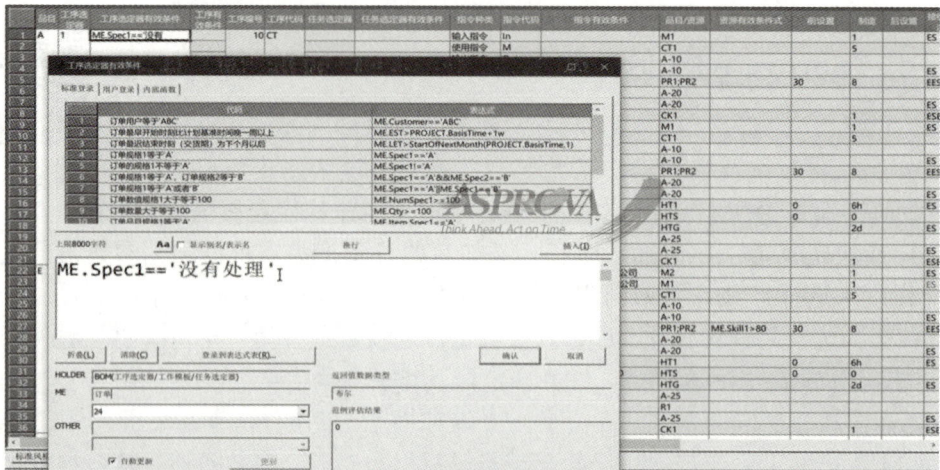

图 9-26　Asprova 软件中工序选定器及其有效条件的设置示例

注：对于温度两张订单分别设置了有操作和无操作，相应温度处理设备 (HTI 和 HTG) 上分别有、无负荷。

图 9-27　Asprova 工序选定器有效条件差异导致两订单的差异化负荷结果

（二）工序有效条件

当工艺中某道或某些工序需控制生效或工序顺序需调整时，可以启用工序有效条件。工序有效条件有时可实现与工序选定器及其有效条件相同的效果，内容详见视频。

（三）任务选定器及其有效条件

当工艺中有部分工序的加工方法受设备影响导致在不同设备上加工时需要配套使用

的资源不同时，可以启用任务选定器及其有效条件。可适用场景包括手工生产线和自动生产线的生产方式及所需资源不同、单人作业与多人作业的作业模式不同。任务选定器及其有效条件的设置示例参见图 9-28，运作结果参见图 9-29。因示例产品 A 订单的数量等于 100，所以启用了满足大于 10 个数量的外包条件，同时也相应占用了外包加工商的 HTG 高温处理设备。

图 9-28　Asprova 软件中任务选定器及其有效条件的设置

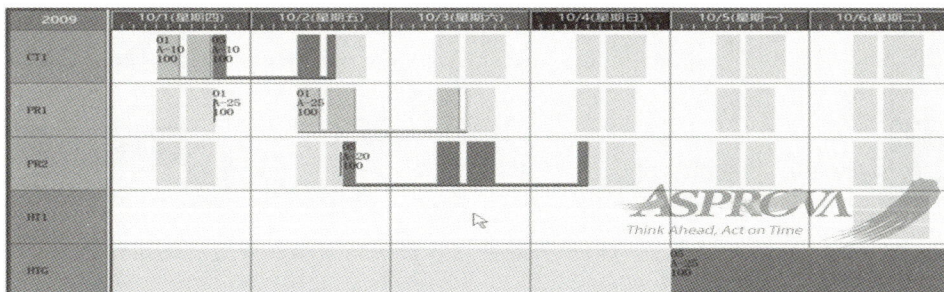

图 9-29　Asprova 软件中任务选定器及其有效条件设置后的运作结果

（四）指令有效条件和资源有效条件

当工艺制程上要求产品只能在对应能力值范围的设备上生产时，可以启用指令有效条件和/或资源有效条件。这可能适用场景如粗铣和精铣工序选择不同机床集群。相关两个有效条件的设置和结果见图 9-30 和图 9-31，注意图 9-30 中参数"ME"每次指代的对象会有变化。

	品目	工序选定器	工序选定器有效条件	工序有效条件	工序编号	工序代码	任务选定器	任务选定器有效条件	指令种类	指令代码	指令有效条件	品目/资源	资源有效条件式
1	A	1	ME.Spec1=="没有"		10	CT			使用指令	M		CT1	
2					20	PR			使用指令	M		PR1;PR2	
3					30	CK			使用指令	M		CK1	
4		2	ME.Spec1!="没有处		10	CT			使用指令	M		CT1	
5					20	PR			使用指令	M		PR1;PR2	
6					25	HT	内部制造	ME.Order.Qty<100	使用指令	M		HT1	
7									使用指令	S0		HTS	
8							外包	ME.Order.Qty>=10	使用指令			HTG	
9					30	CK			使用指令	M		CK1	
10	E				10	CT			使用指令	M		CT1	
11					20	PR			使用指令	M		PR1;PR2	ME.Skill1>80
12				M	25	HT	内部生产	ME.Order.Qty<100	使用指令	M		HT1	
13									使用指令	S0	ME.Order.Qty>100	HTS	
14							外包	ME.Order.Qty>=10	使用指令			HTG	
15					30	CK			使用指令	M		CK1	

资源有效条件式

标准登录 | 用户登录 | 内部函数

	代码	表达式
1	资源技能1为大于0	ME.Skill1>0
2	资源的技能1大于或等于1	ME.Skill1>=1
3	相同工序的候补资源	Sum(ME.UseBomInst_Resource_Rev,TARGET.Bom.ObjectI
4	资源组	FValid(ME.GroupContents)

上限8000字符　Aa　☑ 显示别名/表示名　　　换行　　　插入(I)

ME.技能1>80

折叠(L) | 清除(C) | 登录到表达式表(R)... | 确认 | 取消

HOLDER　使用指令模板　　　返回值数据类型
ME　资源　　　　　　　　　错误：无法计算表达式

图 9-30　Asprova 软件中指令有效条件和资源有效条件的设置

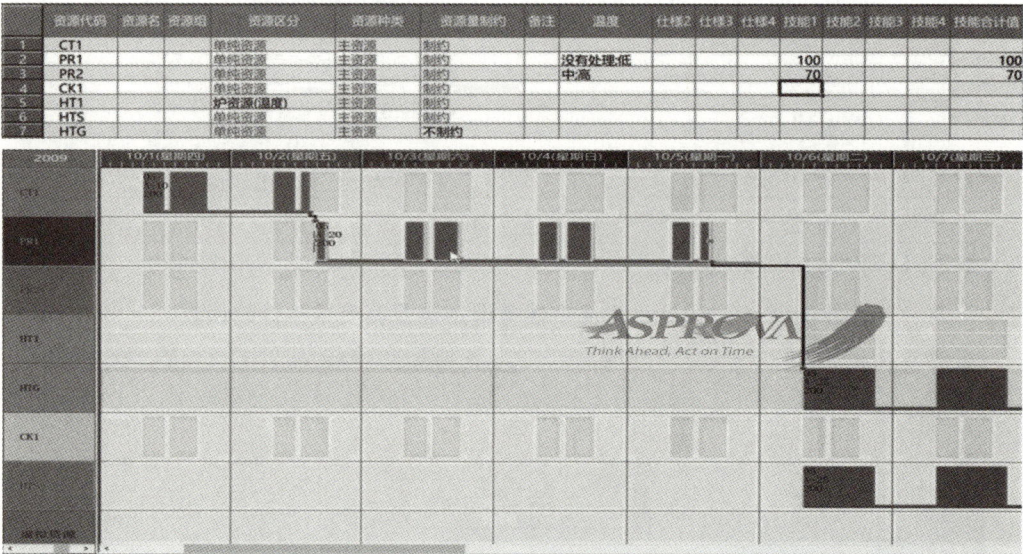

	资源代码	资源名	资源组	资源区分	资源种类	资源量制约	备注	温度	仕样2	仕样3	仕样4	技能1	技能2	技能3	技能4	技能合计值
1	CT1			单纯资源	主资源	制约										
2	PR1			单纯资源	主资源	制约	没有处理低					100				100
3	PR2			单纯资源	主资源	制约	中高					70				70
4	CK1			单纯资源	主资源	制约										
5	HT1			炉资源(温度)	主资源	制约										
6	HTS			单纯资源	主资源	制约										
7	HTG			单纯资源	主资源	不制约										

图 9-31　Asprova 软件中指令有效条件和资源有效条件设置后的运作结果

　　特别注意：工序选定器和任务选定器以及相关的五个有效条件是从左至右依次生效，即若某行工序中左边一个有效条件未满足则不会再考察右边剩余的有效条件是否满足。另外，参数化制造 BOM 的适用前提是企业工艺相关数据参数化的基础水平要好，相应地要求工艺制程共性强、工艺制程标准化状况良好、相对完整的基础数据以及良好的系统支撑。最后，除了参数化制造 BOM 之外，Asprova APS 还有很多参数是高度配置化的，从而赋予该 APS 软件强大的客户化建模能力，使其适用于更多复杂制造环境的快速建模与仿真。

二、Asprova APS 的表达式

（一）APS 表达式的概述

表达式是一种描述语言，用于扩展表示逻辑处理、字符串操作、条件设定、界面设置、导入导出接口的筛选、自定义排序等操作。表达式常用于以下九类操作：代码生成、有效条件、筛选、属性编辑、排序、时间取值（新建字段相关的）虚拟属性表达式、数量以及字符串格式。如何设置和活用表达式是成功应用 Asprova 高度配置化 APS 软件的关键之一，参见图 9-32。

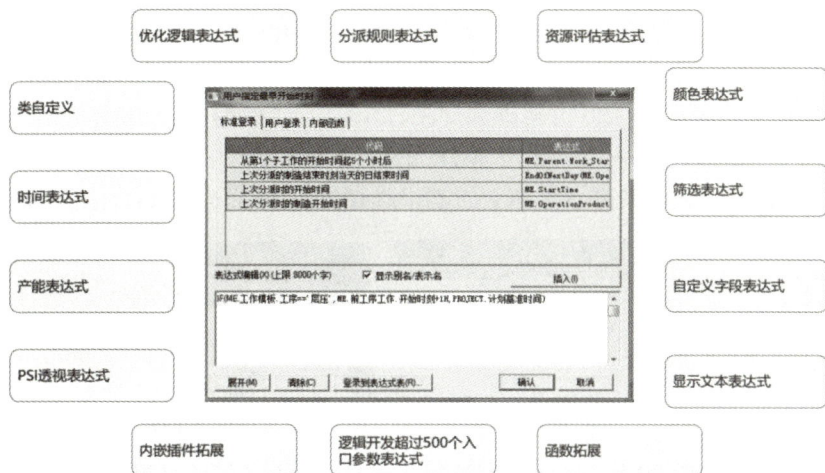

图 9-32　Asprova 的 APS 平台高度配置化的丰富的表达式功能

表达式由属性、值、运算符和函数的组合来描述。属性名有全名和缩略名，如表示订单数量时，Qty 是缩略名而 Order_Qty 是全名（基本是在缩略名前加类名和下划线）。关于值，在字符串的前后要加单引号（'），在日期前后要加井号 (#)。运算符号与常用运算符号相同。单位包括常用的秒 (s)、分 (m)、时 (h)、日 (d)、周 (w) 和月 (month) 等指示的时间单位，以及"秒/个" (sp)、"分钟/个" (mp)、"小时/个" (hp) 及其倒数形式的"个/秒" (ps)、"个/分钟" (pm)、"个/小时" (ph) 指示的能力单位等。表达式所涉对象类型（亦称关键字）常包括：① ME，指明表达式类型属性所属表单；② OTHER，指明关联对象；③ HOLDER，指明持有该表达式的对象；④ PROJECT，指明当前项目；⑤ DELETE，指明删除属性值；⑥ INPUT，指明对象单元格里输入的字符串；⑦ WORKSPACE，指明工作空间；⑧ TARGET，指明内部函数的第一参数所指定的对象。内部函数的第一参数指定对象，其后的参数就可用 TARGET，此时 TARGET 指向第一参数所指定对象。如内部函数 Sum（'Order'，TARGET.Qty）中 TARGET 指向 Order。在使用 TARGET 的内部函数 A 中若又嵌套了使用 TARGET 的内部函数 B，那么内部函数 B 中 TARGET 会是内部函数 B 的第一参数所指定的对象。

表达式的常见应用场景包括父子订单根据项目进行关联、专料专用、资源选择。父子订单根据项目进行关联是指在父订单存在多个子件的情况下，要和父订单项目相同的子件进行关联排程。专料专用是指用户的采购物料在系统层面要区分专用料和通用料。

资源选择是指在用户企业对资源部分的数据未整理到理想结构的情况下，需要通过对资源属性进行选择来达到特定管理目的，如报税的产品不能在非报税的设备上加工或使用非报税的物料。

（二）APS 表达式的应用

1. 父子订单关联

父子订单关联的案例参见图 9-33 和图 9-34。图 9-33 中，产品 1200046 下需要部件 12001，但 12001 又有单独的订单 M00003 和 M00004，这实质上是对应了多阶 MPS 原理。图 9-34 中，未将具有相同项目号 CJ01K 的订单 M0001 和 M0002 设置为父子订单时，订单 M0001 中 100 个的 1200046 将错误关联到订单 M00003 和 M00004 的 120001。虽然这两个数量 50 订单的累计产量 100 个也能满足订单 M0001 中产品 1200046 对子件 120001 的 100 个需求数量，但正确设为父子订单后，订单 M0001 中父件对子件 120001 的 100 个需求正确调用了同属项目 CJ01K 的订单 M0002 的 100 个子件 120001。父子订单关联通过品目—关联条件式实现，此处为 ME.Order. 项目 ==OTHER.Order. 项目。

图 9-33　Asprova 中的制造 BOM 信息和订单信息（父子订单有相同项目）

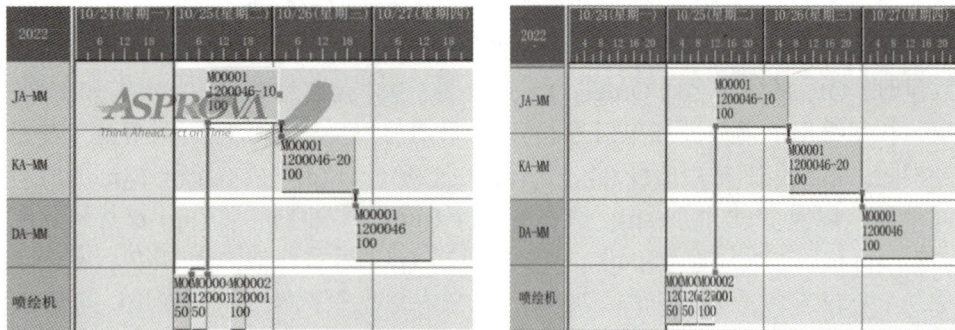

图 9-34　Asprova 中无父子订单的排程结果（左边）和有父子订单的排程结果（右边）

2. 专料专用

专料专用的案例参见图 9-35 和图 9-36。在图 9-35 中，产品 1200046 下需要部件 12001 和原料 MK0001 及 MK0002，其中 MK0002 需要专料专用。在图 9-36 中，未合理设置专料专用且库存采用先进先出法时，订单 M0001 中 100 个 1200046 将错误扣减对应项目号 CJ02K 的 MK0002 所含 1000 个库存中的 100 个；但合理设置专料专用后，订单 M0001 中 100 个 1200046 将正确扣减对应项目号 CJ01K 的 MK0002 所含 200 个库存中的 100 个。专料专用关联通过品目—关联条件式实现，此处为 If(OTHER. 输入指令模板 . 专用物料标识 == 'ZY'，ME.Order. 项目 ==OTHER.Order. 项目，TRUE)。

	品目	工序编号	工序代码	指令种类	指令代码	品目/资源	制造	专用物料标识
1	1200046	10	JA-MM	输入指令	In3	MK0001	1	
2				输入指令	In2	MK0002	1	ZY
3				输入指令	In1	120001	1	
4				使用指令	M	JA-MM	18H	
5		20	KA-MM	使用指令	M	KA-MM	18H	
6		30	DA-MM	使用指令	M	DA-MM	18H	
7	120001	10	HP11	使用指令	M	喷绘机	4H	

	订单代码	项目	订单种类	品目	交货期	订单数量
1	M00001	CJ01K	制造	1200046	2022/10/31 00:00:00	100
2	M00002	CJ01K	制造	120001	2022/10/31 00:00:00	100
3	M00003	DD02K	制造	120001	2022/10/30 00:00:00	50
4	M00004	DD03K	制造	120001	2022/10/30 00:00:00	50
5	KC001	CJ01K	库存(	MK0002	2022/10/24 00:00:00	200
6	KC002	CJ02K	库存(	MK0002	2022/10/23 00:00:00	1000
7	KC002		库存(	MK0001	2022/10/23 00:00:00	200

图 9-35　Asprova 制造 BOM 信息 (含专用物料标识) 和订单及库存信息 (注意相同项目)

	订单(右)	代码	工作(左)	扣减数量	订单数量
1	M00001	120001	M00002:10	100	100
2	M00001	MK0002	KC002:10	100	1000
3	M00001	MK0001	KC002:10	100	200

	订单(右)	代码	工作(左)	扣减数量	订单数量
1	M00001	120001	M00002:10	100	100
2	M00001	MK0002	KC001:10	100	200
3	M00001	MK0001	KC002:10	100	200

图 9-36　Asprova 中未用专用料的排程结果 (左) 和使用专用料的排程结果 (右)

3. 资源选择

资源选择的案例参见图 9-37 和图 9-38。针对图 9-37 中相同产品 1200046 的有不同保税需求的订单，图 9-38 显示了有保税需求的订单 M00001 被安排在一套保税的设备 BS-JA-E、BS-KA-D 和 BS-KA-H 上，而无保税需求的订单 M00002 被安排在一套非保税设备 JA-MM、KA-MM 和 DA-MM 上。资源选择通过制造 BOM 之指令有效条件来实现，此处为 HOLDER. 设备属性 ==ME. 订单 . 订单属性。

	品目	工序编号	工序代码	指令种类	指令代码	品目/资源	制造	设备属性	专用物料标识	指令有效条件
1	120001	10	HP11	使用指令		喷绘机	4H			HOLDER. US
2	1200046	10	JA-MM	使用指令	M	JA-MM	18H			HOLDER. US
3				使用指令	M	BS-JA-E	18H	保税		HOLDER. US
4		20	KA-MM	使用指令	M	BS-KA-D	18H	保税		HOLDER. US
5				使用指令	M	KA-MM	18H			HOLDER. US
6		30	DA-MM	使用指令	M	BS-KA-H	18H	保税		HOLDER. US
7				使用指令	M	DA-MM	18H			HOLDER. US

	订单代码	项目	订单种类	品目	交货期	订单数量	订单属性
1	M00001	CJ01K	制造	1200046	2022/10/31 00:00:00	100	保税
2	M00002	CJ01D	制造	1200046	2022/10/31 00:00:00	100	

图 9-37　Asprova 制造 BOM 信息 (含更多资源) 和订单 (注意不同项目和保税需求)

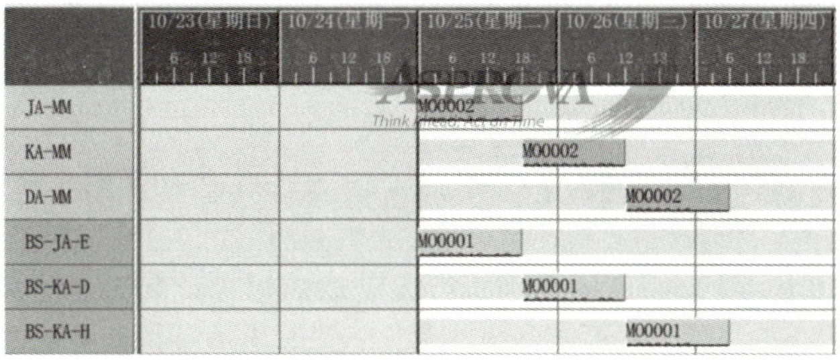

图 9-38　Asprova 中资源选择的排程结果 (有保税需求的订单 M00001 被安排在保税设备)

第四节　APS 软件的计划排程高级功能

一、Asprova APS 自动执行排程功能插件

Asprova 的 APS 软件可以通过插件实现自动执行排程，但这需要企业具备较好的基础。首先，企业应是一个 APS 已经上线并经过一段时间优化的企业，具备较强的计划执行力。其次，企业车间以自动设备为主，车间计划的异常情况相对较少。最后，企业通过 MES 系统，可实时反馈报工/完工的实绩及车间设备的异常情况。企业应用自动执行排程的插件，希望 APS 可以实时获取车间报工以及设备的异常情况，自动刷新车间计划；而车间则按随时接收的计划更新，来实现无人值守的车间执行。

Asprova 的 APS 自动执行排程插件实现数据同步、排程命令和数据导出的自动循环执行。数据同步涉及生产工单、库存数据、实绩报工、发料数据、设备异常和生产日历等基础数据。排程命令涉及成熟的排程计划参数并充分考虑产线的有限能力及合理的排程逻辑。数据导出则将更新的计划下发给 MES 或其他执行系统。其中，自动执行设定包括计划开始时间的实时刷新和自动执行插件的设定。前者通过自定义字段取到当前时间，参见图 9-39。后者是自动执行排程插件三个步骤的设定，参见图 9-40。设定好之后，需在命令编辑中选择"执行处理钩子"（先前称为"插件功能"）命令中的"EventTimer"（即事件时间处理插件），将自动执行排程加入命令中并设定执行间隔，参见图 9-41。如此设置后，APS 会按照"数据同步 → 计划排程 → 计划下发"循环执行。具体的自动执行排程详细介绍和案例参见本小节视频。

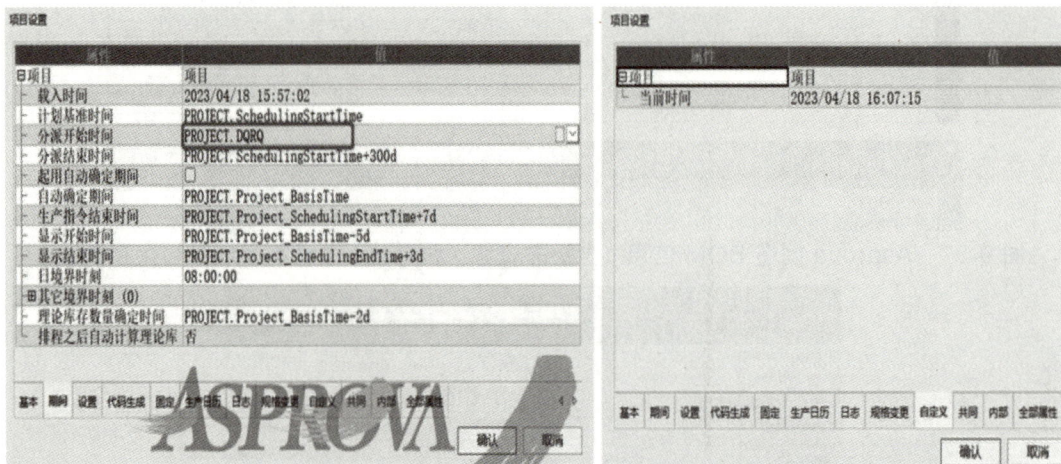

图 9-39 Asprova 的 APS 中自动执行设定功能相关计划开始时间实时刷新的设定

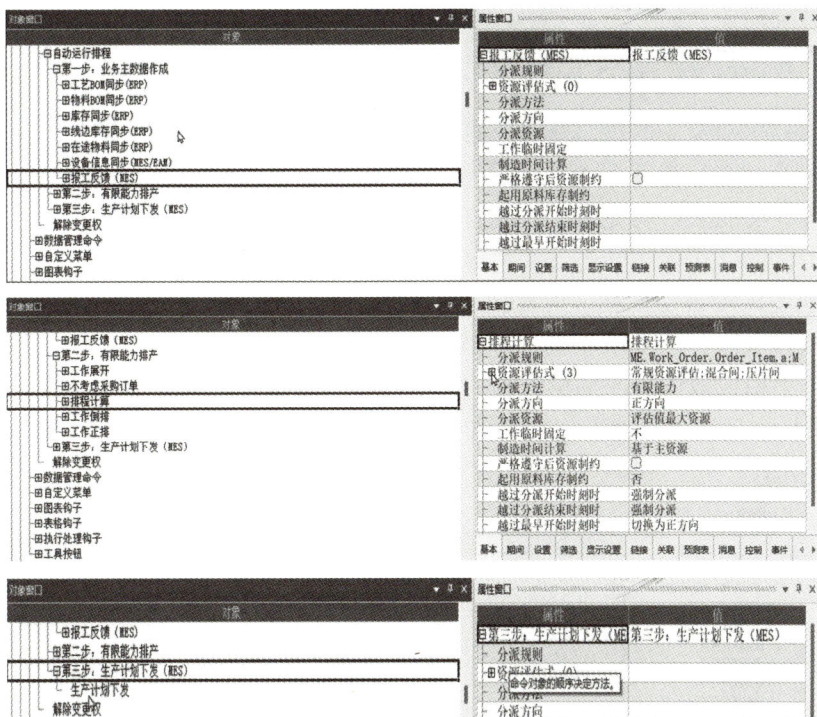

图 9-40　Asprova 的 APS 中自动执行排程插件三个步骤的设定

图 9-41　Asprova 的 APS 中执行处理钩子中 EventTimer 新增的自动运行排程插件

二、Asprova APS 循环排程功能插件

视频讲解

Asprova 的 APS 中的循环排程功能采用计算机科学中的循环功能来实现特殊排程目的，参见图 9-42。鉴于 APS 可通过常规计划参数设置后的一键排程功能来自动完成一系列排程动作，那么为何还需循环排程呢？实际上，循环排程功能一方面可以满足一些企业的特殊业务需求，另一方面是其灵活应用可实现排程自动优化。前者如化工行业要求同样产品的一些订单形成串行/串线排程，含液体中间品的工序不能在某道液体工序未结束之前（比如因能力不足时）就安排其他新订单相关液体工序插单，因为需液体中间品留在反应罐中直至处理完毕才能移出。而常规计划参数设置通常因提高设备利用率而不能实现串行/串线排程，参见图 9-43

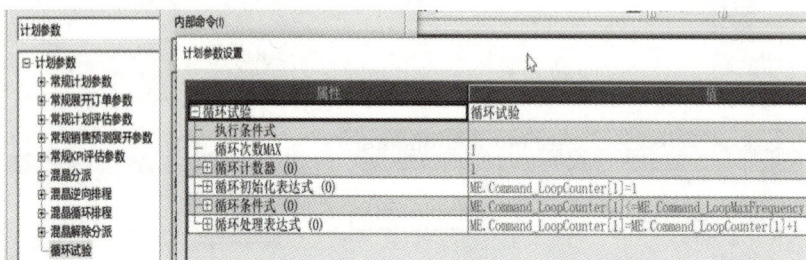

图 9-42　循环实验插件的计划参数设置示例

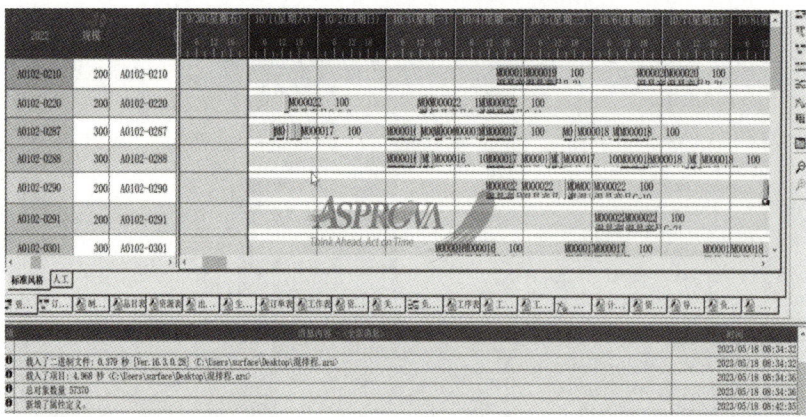

图 9-43　混晶循环排程的原非串行排程结果、循环属性设置和循环排程后的串行排程结果

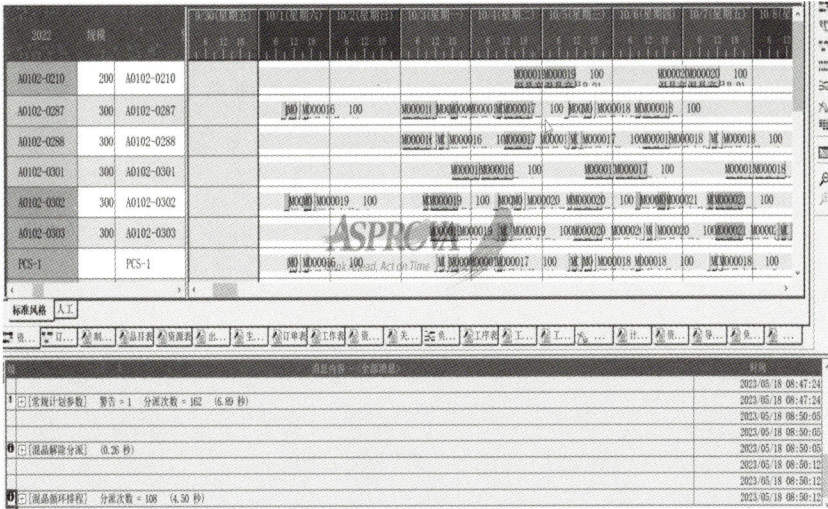

图 9-43　混晶循环排程的原非串行排程结果、循环属性设置和循环排程后的
串行排程结果（续）

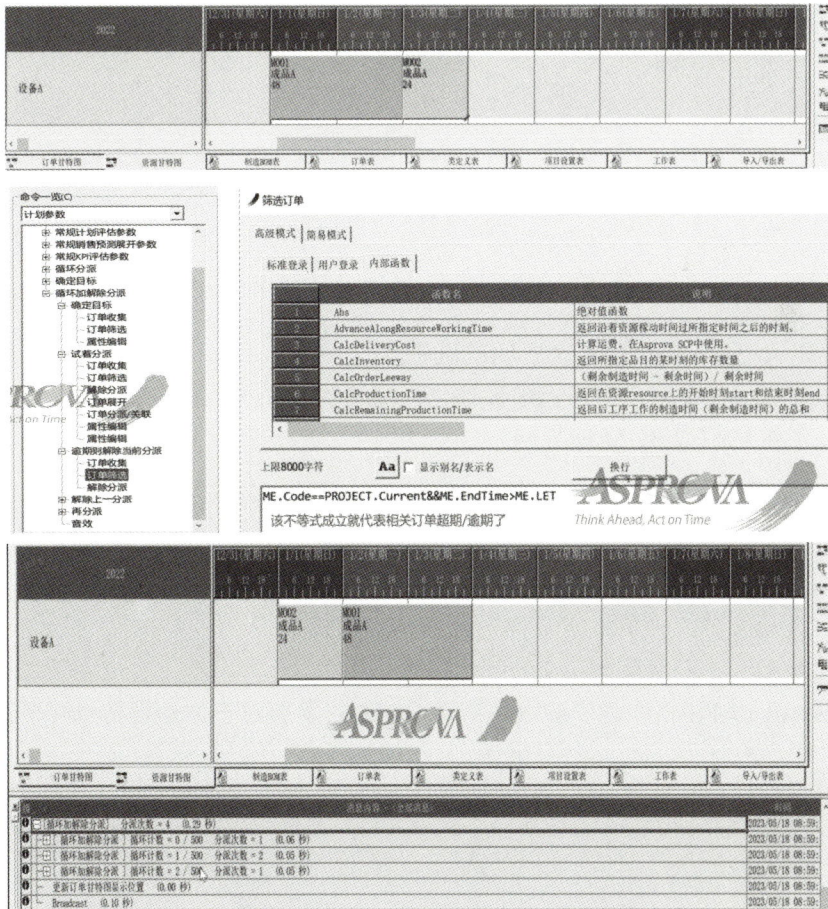

图 9-44　Asprova 的 APS 中含超期订单 M002 结果、
循环加解除分派功能和化解超期后结果

的两者排程结果对比。后者的一个示例是通过践行循环排程的循环加解除分派功能，在不改变原有排程规则的情况下化解原含 (红字显示) 超期订单 M002 的结果为无订单超期的满意结果，参见图 9-44。两案例详情参见本小节的视频。

习　　题

一、名词解释

1. 高级计划排程 APS　　　　2. 有限能力计划 FCP　　　　3. 可承诺能力 CTP

二、简述题

1. 详述图 9-45 所示的资源甘特图中所包含的信息。

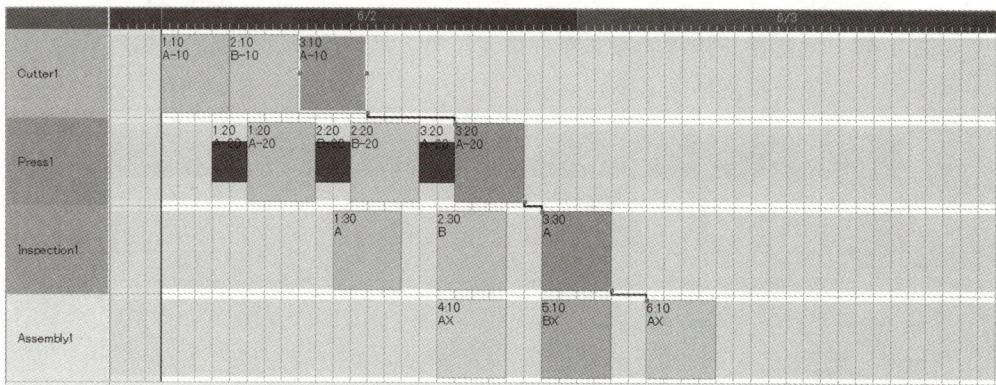

图 9-45　资源甘特图

2. 简述 APS、ERP 和 MES 之间的区别。

3. 简述 Asprova APS 软件包中参数化制造 BOM 的适用场景，并简要对比一般制造 BOM 与该参数化制造 BOM 的异同。

三、简答与思考题

1. 如何理解两蒙提出的"满意化"决策理念？如何看待"满意化"决策视角的 APS 发展？

2. 简述 APS 的八大特点以及你对这些特点的理解。

3. 介绍 APS 中高级排程 AS 的细化体系。

4. Asprova APS 软件包中参数化制造 BOM 的发展对于你理解信息化管理工作有什么启发？

5. Asprova APS 软件包中 APS 表达式的发展对于你理解信息化管理工作有什么启发？

第二篇　分析设计篇

第十章　MRP 教学计划系统的分析、设计与实现

视频讲解

- MRP 教学计划系统的系统分析，重点是 MRP 自动计算相关属性对其计算流程的影响分析。
- MRP 教学计划系统的系统设计，主要是系统功能结构设计和输入输出设计。
- MRP 自动计算中最关键的 BOM 算法的设计。
- MRP 教学计划系统的系统实现。

全球范围 ERP/APS 系统的一次和二次开发需求都非常强烈。这对 ERP 人才提出了很高要求，需加强开发能力，无论是在 ERP 软件商或实施伙伴处，还是在客户企业处。ERP 系统原理的讲解都有助于使用者对 ERP "知其所以然"，侧重某 ERP 软件操作的讲解有助于对 ERP 软件 "知其然"。但对于管理者与计算机开发人员之间桥梁的信管学员来说，"知其然并知其所以然" 仍不够，还应将 ERP 原理开发为 ERP 软件过程中的系统分析、设计甚至开发方面的新知识掌握。这种 ERP 开发 (含二次开发) 能力就是信管学员入门 ERP 行业需具备的关键能力。听百遍或看十遍都不如做一遍，本书配套 ERP 原理教学系统是由信管团队与计算机开发团队合作完成第一版和第二版的循序开发，将 ERP 系统原理知识到成型软件之间经历的知识衔接解析出来。本篇通过对两版 ERP 教学计划系统的系统分析、设计与实现的展示与讲解，培养学员 ERP(二次) 开发相关的系统分析、设计与实现能力。本书最后附录包括相关表设计和程序。

第一节　MRP 教学计划系统的分析

一、MRP 教学计划系统的目标与功能需求

对系统初始分析的阶段，开发人员需要对系统所需要实现的功能有一个明确认识，需要了解使用者希望看到的结果是怎样的以及需要实现哪些功能，各个功能模块需要

怎样良好地划分界限。此处开发的是一个 ERP 教学计划系统，摒除复杂的财务、人力等功能模块，同时简化了 MPS 和 MRP 等的功能，在参照所学 ERP 软件基础上，结合 ERP 教学计划系统实际教学需求的特点，即结果显示需要直观、简洁，功能点清晰的特点，完成对系统初步需求分析。

本 MRP 教学计划系统的系统目标是实现商用 ERP 常用的三种静态批量法则下的 MRP 完整逻辑，并且满足 MRP 原理教学的简洁性以及中间教学过程显示等教学特性。鉴于第一版 ERP 教学软件中进销存系统与 MRP/MPS 计划系统之间联系与集成并非十分紧密、合理，尤其基础数据模块并未完全独立出来，故与 MRP 计划紧密关联的基础数据维护部分 (涉及材料主文件和 BOM 等) 仍在此处考虑，以下为 MRP 教学计划系统的 4 个功能需求：

(1) 基础数据维护：维护材料主文件、BOM、库存主文件、物料在途文件等基础数据，为系统的自动计算流程操作提供基本数据的支持。

(2) 订单合计处理：该部分主要处理销售部门已接收的订单，在本 MRP 系统内计划周期以周为单位，每轮计划分 8 期 (即 8 周)，将每周一设置为一个时间点 (即 "周起始日")，把已接收的订单按照接收日期倒序合计至各周周一的需求，以便计算毛需求。

(3) 基于动态 BOM 结构的 MRP 运算：本 MRP 教学计划系统需实现动态 BOM 结构的计算，且该动态 BOM 相关计算需要实现冲销时间 OT 等更多 BOM 属性的运算逻辑。

(4) MRP 报表查询：需具有更充分的 MRP 报表显示以满足教学需要，如毛需求计算过程中考虑冲销时间 OT 的中间计算过程的显示。

二、MRP 教学计划系统的业务流程分析

(一) 现有 MRP 计划逻辑的深入教学需求分析

选择式 MRP 与再生法 MRP 和净变法 MRP 一样，都是闭环式 MRP 系统运行方法之一。弹性且务实的选择式 MRP 为无法确切掌控营业预测状况的中小型企业提供了另外一种物料需求的计算方法。与选择式 MRP 这种局部、粗略的物料需求计划方法类似，APS 也可选择一些订单后展开高级计划排程；两者也可看作产品层次的 ERP。为降低开发难度，此处 MRP 教学计划系统的开发将侧重于产品层次的 ERP。这种面向产品层次的 ERP 需要以顶层 MPS 物料的 MPS 计划为起点，展开为下层 MRP 物料的 MRP 计划。这种计划模式若结合计划材料表和双阶 MPS 排程的讲解，可以实现对产品族的计划管理。

(二) MRP 教学计划系统的业务流程

MRP 教学计划系统的业务流程如图 10-1 所示。MPS 系统将 MPS 结果中的计划订单数据传递给 MRP 系统，MRP 系统根据父件计划订单数据可以计算出子件毛需求中父件引发的相关需求部分的数据，而销售数据则是 MRP 毛需求中独立需求数据的来源。在计算完 MRP 的毛需求数据之后，则开始进行 MRP 计划订单计算的业务流程 (此业务流程和 MPS 模块中计划订单所采用的流程模式类似，限于篇幅，详情请参考第十一章)。最后对 MRP 生成的建议计划订单 PORC/POR 根据物料不同来源方式 (自产或从外部购

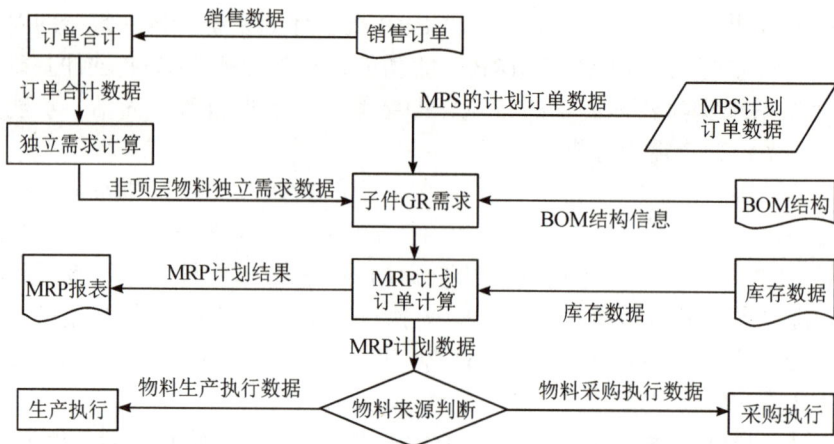

图 10-1　MRP 教学计划系统的业务流程图

买) 进行分类，将需自产的物料信息传递给生产管理部门，而将需要从外部采购的物料的计划订单信息传递给采购部门进行采购执行。

三、MRP 教学计划系统的数据流程分析

（一）数据流程图概述及 PowerDesigner 软件简介

数据流程图 (Data Flow Diagram，DFD) 是结构化系统分析方法中的重要工具，它以图形的方式描绘数据在系统中流动和处理的过程。由于它只反映系统必须完成的逻辑功能，所以它是一种功能模型。使用 DFD 图建模一般的工作顺序是从顶层设计开始，通过对模块的不断展开和细化，将系统的功能模块由抽象到具体，直至完善底层各个子模块的功能，以及数据流、数据项的描述足够细致。当然，在系统边界比较大、功能比较复杂或系统设计是分步骤完成的时候，DFD 图支持设计人员将系统分为较小的若干个子系统分别做设计，然后再通过系统整合成一张完整的 DFD 图。

本次系统分析尤其是 DFD 图的绘制采用 PowerDesigner 15(简称 PD 15) 作为建模工具。PowerDesigne 是全球数据库巨擘 Sybase 公司 (2010 年被 SAP 公司收购) 推出的可涵盖需求模型、企业架构模型、业务处理模型、概念数据模型、逻辑数据模型、物理数据模型、XML 模型、面向对象模型的全方位系统分析与建模工具。PD 15 加强了横贯所有建模技术元数据集成，在设计时使用诸如对象 / 关系映射及 "链接和同步" 技术可将任何模型内的改动同步至所有模型，从而实现企业应用的无缝集成。PD 15 与 BPEL4WS、SOA、ebXML、J2EE、.NET 等语言和平台完全兼容并能将 Rational Rose、ERwin、Visio 模型导入为 PowerDesigne 模型。本书用 PD 15 绘制 DFD 图是借鉴其可进行正确性检验与错误提示，参见图 10-2 和图 10-3。图 10-3 中含上、下层数据流不平衡这种高难度错误的提示并提供修正帮助。DFD 图四种基本图形元素为数据流、加工 (处理)、文件 (数据存储) 和数据池 (数据源或终点)。但在 PD 15 所绘图中，外部实体以矩形框表示；加工 (处理) 用上下两个矩形框表示，上矩形框中标注处理编号，下矩形框中标注处理名称；数据存储用左右两个矩形框表示，在右边矩形框中标注数据存储名称；数据流用箭头线表示，线上标注数据流名称。特别注意：① 为清晰显示数

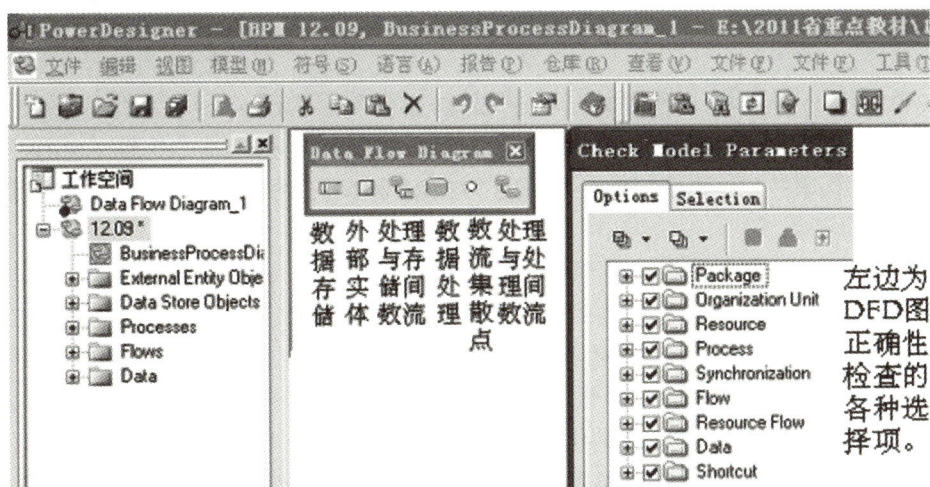

图 10-2　PD 15 绘制数据流程图 DFD 的示意图（含图例和模型检验界面）

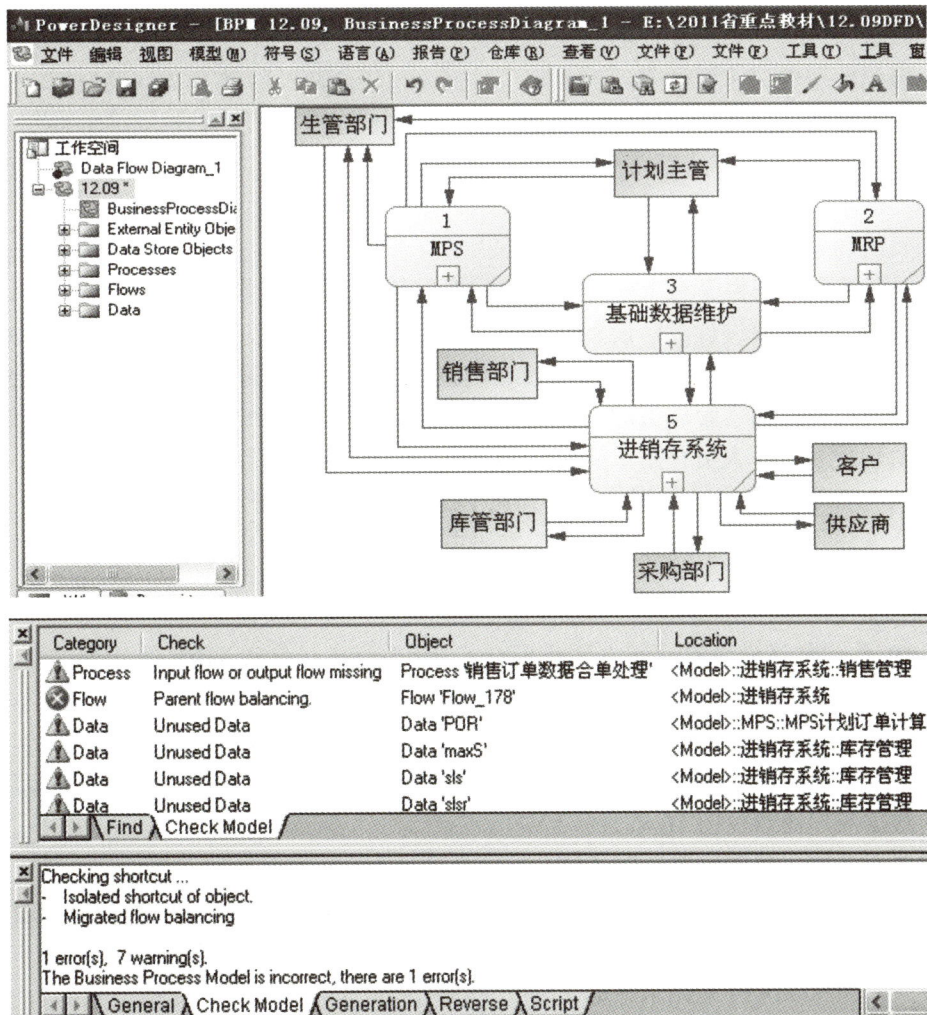

图 10-3　PowerDesigne15 检查 DFD 模型时的报错与报警提示信息示意图

据流合并与分流，PD 15 的 DFD 图在四种基本图形元素之外新增小圆点表示数据流的合并或分流；② 数据流区分出处理与存储间的数据流和处理与处理间的数据流；参见图 10-2 中间的六个图标。而图 10-3 中的 DFD 图修改好错误 error 后 (此处对应为去掉进销存系统输出给生产管理部门的数据流以便简化教学系统)，基本为整个 ERP 原理教学系统的总图。其中，计划部门此处被细分为 MRP 和 MPS 两部分，并且"基础数据维护"独立成为一个子系统。

采用 PD 15 进行 ERP 教学系统的分析非常适于培养信管学员的 ERP 开发能力。由于信管学员对 ERP 软件接触有限，其对 ERP 系统中一些数据项的认识更多停留在那些可以在界面上看得到的和一些比较常见的计算公式内所包含的数据，却缺乏对系统内的数据以及数据传递的深刻理解和认识，特别是对一些与直接计算联系不大的数据项，比如 BOM 表版本号、计划订单的编号和一些后台数据项，都没有一个完整的认识和了解。因此使用 DFD 图对数据建模可以加深信管学员对系统数据项和数据流的认识。采用 PD 15 进行 DFD 图绘制有以下好处：首先，PD 15 对 DFD 图的数据流、数据处理和数据存储等实体的约束比较严格，这可以帮助初次使用者在没有较多绘制经验的情况下较快地完成系统 DFD 图的框架绘制。其次，PD 15 支持分析人员自行修改对数据流、数据处理和数据存储等实体的约束规则，这又确保了粗略、快速、灵活的出图活动成为可能，进而帮助开发人员加快分析速度。再者，PD 15 采用的是对数据项分层定义和管理的方式，对于一些子模块内的内部处理数据项，分析人员可以在该子模块中进行定义，则内部数据项将只在所属的模块内可见，这样就更进一步在数据项层面上明晰了系统功能点之间的边界定义，同时也方便了分析人员在分析过程中对于数据项的管理。总之，PD 15 对于初学者来说具有上手容易、实体图例简单清晰、对数据的规范约束可以根据需求分析的实际需要进行灵活设置等优点。这有助于初学者根据实际情况和要求来把握对整个系统的功能结构的划分和模块接口的设计。因此，学习使用 PD 15 绘制 DFD 图的方式恰恰可以帮助信管学员对系统的完整性和复杂性有一个更完整的认识和了解，同时也有助于帮助分析人员在用户需求基础上更进一步地细化业务流程，完善各子业务流程所含的内部数据和接口数据信息。利用 PD15 绘制 DFD 图示例见本章第一个二维码中第一个视频和后面两章各自第一个二维码中的两个视频。

（二）MRP 教学计划系统第一层数据流程图

MRP 系统内部模块的功能主要体现在 MRP 毛需求计算和 MRP 的计划订单计算模块。与其交互的外部实体有计划主管 (审阅计划订单信息)、MPS 子模块 (提供相关需求数据来源)、进销存模块 (提供独立需求数据来源并接收 MRP 模块计算得到的可答应量数据) 和基础数据维护模块 (提供计划订单计算的规则等)。MRP 教学计划系统第一层次的数据流程图参见图 10-4。

数据流名称：基础数据读取条件。

数据流描述：在进行 MRP 的相关计算时，需要来自基础数据维护的基础数据提供各种处理规则的支持，而此数据流表示的是读取相应物料规则的条件。

数据来源：(MRP) 毛需求计算。

数据终点：MRP 所需基础数据输入。

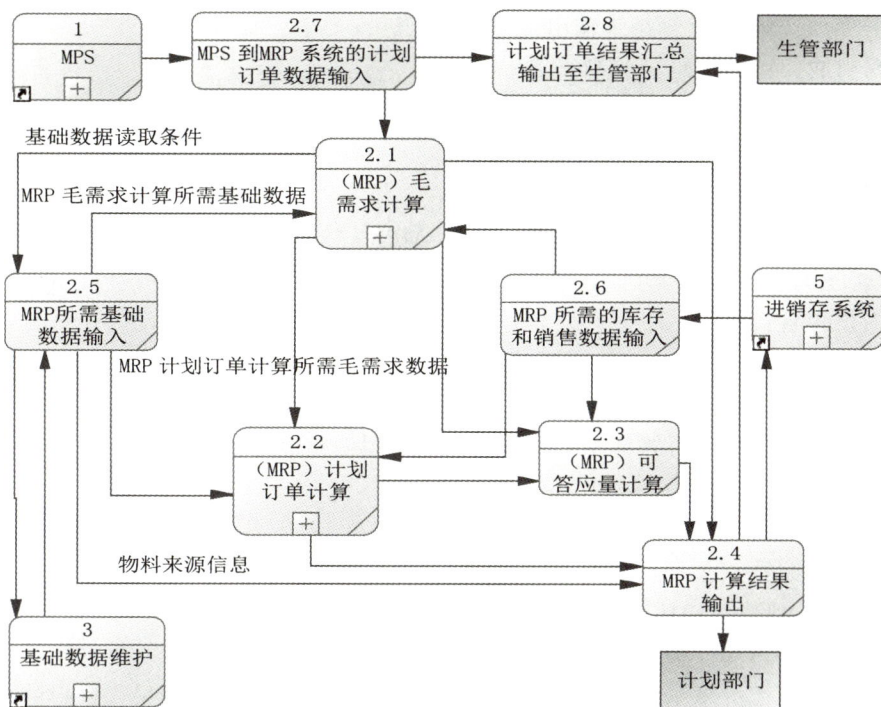

图 10-4 MRP 计划教学系统第一层次的数据流程图

数据组成：物料代码。

数据流名称：MRP 毛需求计算所需基础数据。

数据流描述：为 MRP 毛需求计算提供规则约束和计算法则的基础数据。

数据来源：MRP 所需基础数据输入。

数据终点：(MRP) 毛需求计算。

数据组成：子件物料代码 + 结构代码 + 父件物料代码 + 冲销时间 + 单位用量 + 计量单位 + 损耗率 + BOM 版本。

数据流名称：MRP 计划订单计算所需毛需求数据。

数据流描述：在 MRP 计划订单计算时，部分批量法则 (在本系统中是 POQ) 需要使用物料毛需求的数据。

数据来源：(MRP) 毛需求计算。

数据终点：(MRP) 计划订单计算。

数据组成：物料代码 + 毛需求 + 周起始日 + 计量单位。

数据流名称：物料来源信息。

数据流描述：非完成品物料的来源有两种形式 (制造/采购)，当非顶层物料的计划订单计算完成之后，需要判断将计划订单的结果输出到生管部门还是采购部门，所以在输出时需要提供物料来源信息。

数据来源：MRP 所需基础数据输入。

数据终点：MRP 计算结果输出。
数据组成：物料代码 + 物料来源。

数据处理编号：2.3。
数据处理名称：(MRP) 可答应量计算 。
数据处理描述：(MRP) 可答应量计算与 MPS 计划系统中的计算方式类似，但是在 MRP 的 ATP 计算中物料的已承诺量的组成有略微的不同，MRP 的可答应量计算中物料的已承诺量包含物料的上阶父件计划订单展开产生的相关需求，所以其在某些期别不考虑"调出 (t)"的情况下，MRP 可答应量计算所需已承诺量数据可等于相对应期别的毛需求数据。相应公式参见式 (4-2) 和式 (4-3)。
相关数据项：ATP 可答应量 (在本次处理逻辑中生成)+ 周起始日 + 毛需求 + 物料代码 + 计量单位 + 计划订单接收。

数据处理编号： 2.4。
数据处理名称：MRP 计算结果输出。
数据处理描述：此模块负责 MRP 结果的输出，在输出前需要判断此物料是属于制造还是采购的形式，属于制造物料的数据将输出至生管部门，属于采购物料的数据将输出至进销存系统中的采购子系统。
相关数据项：物料代码 + 周起始日 + 计划订单接收 + 计划订单发放 + 物料来源 + 计量单位 + 毛需求 + 可答应量 + 警告。

数据处理编号：2.5。
数据处理名称：MRP 所需基础数据输入。
数据处理描述：此模块输入 MRP 毛需求计算和计划订单计算所需的所有基础数据
相关数据项：物料代码 + 批量法则 + 批量 + 最大订购量 + 最小订购量 + 倍数 (增量) + 物料来源 + 良品率 + 订购周期 + 计量单位 + 提前期 + BOM 版本 + 父件物料代码 + 子件物料代码 + 结构代码 + 单位用量 + 损耗率 + 冲销时间 + 主生产计划物料 + 虚物料 + 安全库存。

（三）MRP 教学计划系统第二层数据流程图 1(MRP 毛需求计算)

展开 MRP 教学计划系统第二层数据流程图中 MRP 毛需求计算 DFD 参见图 10-5。MRP 的毛需求计算与 MPS 的毛需求计算的最大区别在于，MRP 毛需求计算由独立需求和相关需求两部分组成，独立需求源于非顶层物料的销售，相关需求源于上阶物料的计划订单数据。

数据流名称：(MRP)GR 计算需要的 BOM 结构数据。
数据流描述：MRP 的物料毛需求计算和 MPS 的物料毛需求计算的区别在于，MPS 的物料毛需求计算的原始数据的来源是销售订单和相应的销售预测数据，而 MRP 的物料毛需求计算数据除了来源于可能存在的销售订单数据 (独立需求) 之外，还来源于上

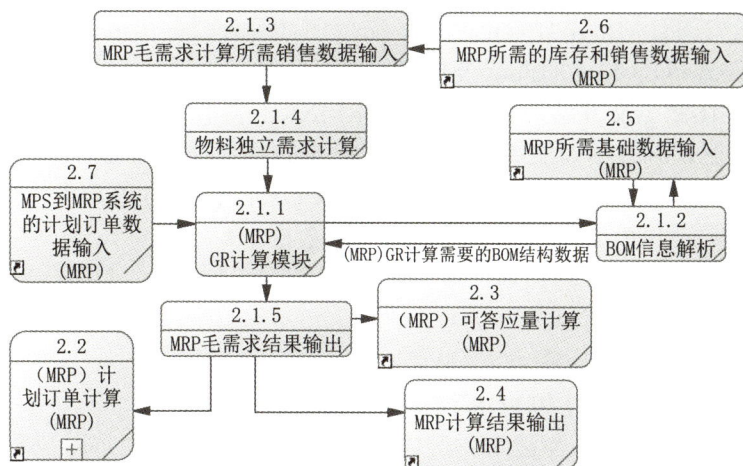

图 10-5　MRP 计划教学系统第二层次 MRP 毛需求计算的数据流程图

阶父件物料的计划订单展开，所以为了计算 MRP 的物料毛需求，需要知道 BOM 表的物料结构。

数据来源：BOM 信息解析。

数据终点：(MRP)GR 计算模块。

数据组成：父件物料代码 + 子件物料代码 + 损耗率 + 冲销时间 + 单位用量 + 计量单位。

（四）MRP 教学计划系统第二层数据流程图 2(MRP 计划订单计算）

MRP 教学计划系统第二层数据流程图中 MRP 计划订单计算 DFD 参见图 10-6。

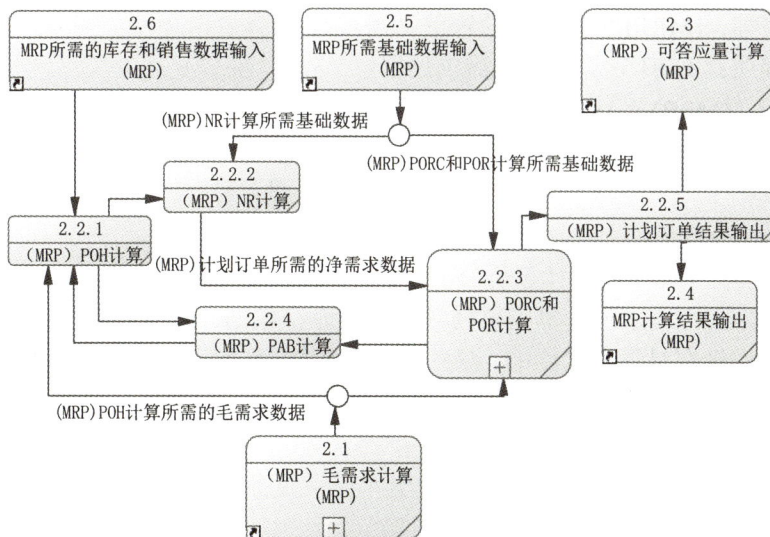

图 10-6　MRP 计划教学系统第二层次中 MRP 计划订单计算的数据流程图

MRP 的计划订单计算的 DFD 图描述了 MRP 的计划订单计算过程。MRP 计划订单计算模块的核心是 (MRP)PORC 和 POR 计算子模块，此模块负责的功能点为：计划订单接收 PORC 和计划订单发出 POR 计算、净需求 NR 计算、预计可用量 PAB 计算和预计在库量 POH 计算。其中 (MRP)PORC 和 POR 计算模块是核心模块。其计算方式和在 MPS 计划当中的计划订单计算的采用了同样的计算方式，采取的批量法则为逐批法 LFL，定量批量法 FOQ 和定期批量法 POQ。

此数据流程图数据交互情况如下：从 (MRP)NR 计算模块处得到对应物料的净需求 NR 数据，再根据基础数据模块中由计划主管设定的各个批量的规则进行计算。部分批量法则如 POQ 法的计算需要获得相应物料毛需求 (来自 (MRP) 毛需求计算) 的数据。

数据流名称：(MRP) 计划订单所需的净需求数据。

数据流描述： 在 MRP 的计划订单 PORC 计算时需要根据各个物料的净需求 NR 数据使用不同的批量法则进行 PORC 的数据计算。

数据来源：(MRP)NR 计算。

数据终点：(MRP)PORC 和 POR 计算。

数据组成： 物料代码 + 净需求 + 周起始日 + 计量单位。

数据流名称：(MRP)PORC 和 POR 计算所需基础数据。

数据流描述：(MRP)PORC 和 POR 计算所需基础数据数据流中包含了各物料计划订单计算时所需要的相应批量法则，PORC 数值调整所需要的批量法则数据和 POR 计算时需要的提前期。

数据来源：(MRP) 至计划订单计算的基础数据分流。

数据终点：(MRP)PORC 和 POR 计算。

数据组成: 物料代码 + 批量法则 + 批量 + 最大订购量 + 最小订购量 + 倍数 (增量)+ 订购周期 + 计量单位 + 提前期。

数据流名称：(MRP)POH 计算所需的毛需求数据。

数据流描述： POH 计算所需毛需求数据。

数据来源：(MRP) 至计划订单计算的 GR 数据分流。

数据终点：(MRP)POH 计算。

数据组成： 物料代码 + 毛需求 + 周起始日 + 计量单位。

数据流名称： (MRP)NR 计算所需基础数据。

数据流描述：净需求的计算需要物料的安全库存数据，在本次设计中，安全库存数据项的设置被安排在材料主文件中 (基础数据子系统)，而不是库存子系统中。

数据来源： (MRP) 至计划订单计算的基础数据分流。

数据终点： (MRP)NR 计算。

数据组成：物料代码 + 计量单位 + 安全库存 + 良品率。

数据处理编号： 2.2.1。

数据处理名称：(MRP)POH 计算。

数据处理描述：(MPR)POH 计算模块的功能点是计算各期预计在库量，需要从其他的模块获得的数据是 SR、AL、OH 等库存数据和毛需求数据，以及从 PAB 计算模块中得到的上期 PAB 数据。POH 的计算公式参见公式 (2-2)。

相关数据项：预计在库量 (在本次处理逻辑中生成)+ 物料代码 + 物料在途量 + 保留量 + 毛需求 + 预计可用量 + 在库量 + 毛需求 + 周起始日。

数据处理编号：2.2.2。
数据处理名称：(MRP)NR 计算。
数据处理描述：NR 的计算公式参见第二章中公式 (2-3)。限于篇幅，此处不再重复。
相关数据项：净需求 (本次处理逻辑中生成) + 物料代码 + 计量单位 + 预计在库量 + 良品率 + 安全库存 + 周起始日。

数据处理编号：2.2.4。
数据处理名称：(MRP)PAB 计算。
数据处理描述：PAB 预计可用量等于本期的预计在库量 POH 与计划订单接收 PORC(采购到货或者产出) 之和。PAB 的计算公式参见公式 (2-7)。
相关数据项：预计可用量 (本次处理逻辑生成) + 净需求 + 物料代码 + 计量单位 + 预计在库量 + 计划订单接收。

（五）MRP 教学计划系统第三层数据流程图 1(MRP 物料 PORC/POR 计算)

MRP 教学计划系统第三层数据流程图 MRP 计划订单 PORC/POR 计算 DFD 参见图 10-7。

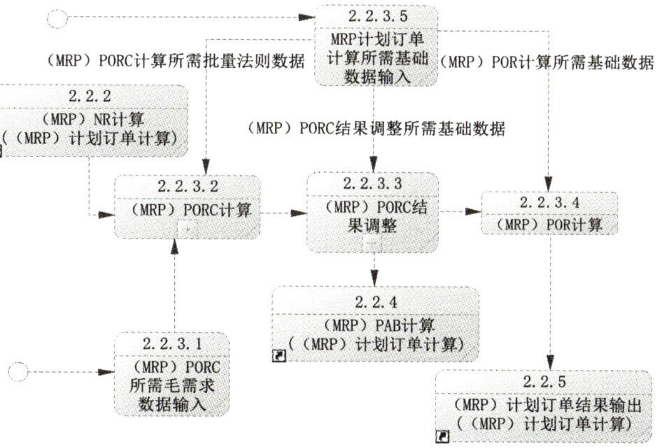

图 10-7　MRP 计划教学系统第三层次中 MRP 物料 PORC 和 POR 计算的数据流程图

如图 10-7 所示，MRP 物料 PORC 和 POR 计算的流程主要分三个步骤，第一步是计算物料的 PORC，第二步将初始计算得到的 PORC 值根据不同的批量法则所对应的调整规则进行批量值的调整。第三步是利用 POR(t) 的计算公式，得到各期计划订单发出 POR 的数值。

数据流名称：(MRP)PORC 计算所需的批量法则数据。
数据流描述：无论是在 MPS，还是在 MRP 中，PORC 的计算都需要批量法则的支持，本次设计中批量法则共采用了三种 (LFL、POQ 以及 FOQ)。
数据来源：MRP 计划订单计算所需的基础数据输入。

数据终点：(MRP)PORC 计算。

数据组成：物料代码 + 批量法则 + 批量 + 订购周期。

数据流名称：(MRP)PORC 结果调整所需的基础数据。

数据流描述：当计算出初始的 PORC 结果后，需要根据预先设定的最大订购量和最小订购量的值进行计算结果的调整。

数据来源：MRP 计划订单计算所需的基础数据输入。

数据终点：(MRP)PORC 结果调整。

数据组成：物料代码 + 最大订购量 + 最小订购量 + 倍数 (增量)。

数据流名称：(MRP)POR 计算所需的基础数据。

数据流描述：计算 POR 数据的物料提前期数据。

数据来源：(MRP)PORC 结果调整。

数据终点：(MRP)POR 计算。

数据组成：物料代码 + 提前期。

数据处理编号：2.2.3.4。

数据处理名称：(MRP)POR 计算。

数据处理描述：此处理的第一个处理逻辑为根据预设的物料的提前期 LT 和经过调整后的计划订单接收 PORC 的结果 (含数量和期别)，计算得出计划订单发出 POR 的数量和期别。相应公式参见公式 (2-8)。

相关数据项：计划订单发出 (在本次处理逻辑中生成) + 物料代码 + 周起始日 + 提前期 + 计划订单接收 + 计量单位 + 警告。

（六）MRP 教学计划系统第四层数据流程图 1((MRP)PORC 计算）

MRP 教学计划系统第四层数据流程图中 (MRP)PORC 计算的 DFD 图，参见图 10-8。它体现了 PORC 的计算过程和计算方式。根据计划主管在材料主文件维护模块 (基础数据子系统) 中设定的各个物料所对应的批量法则 (LFL 法则、POQ 法则、FOQ 法则) 进行 PORC 的相应计算。

数据流名称：(MRP)LFL 法则计算所需的批量法则数据。

数据流描述：LFL 法则的规则可简述为有多少量的净需求，就定多少量的货。

数据来源：MRP 计划订单计算所需的基础数据输入。

数据终点：(MRP)LFL 法则计算。

数据组成：物料代码 + 批量法则 。

数据流名称：(MRP)POQ 法则计算所需的批量法则数据。

数据流描述：POQ 法则规定了计划订单的时间间隔。

数据来源：MRP 计划订单计算所需的基础数据输入。

数据终点：(MRP)POQ 法则计算。

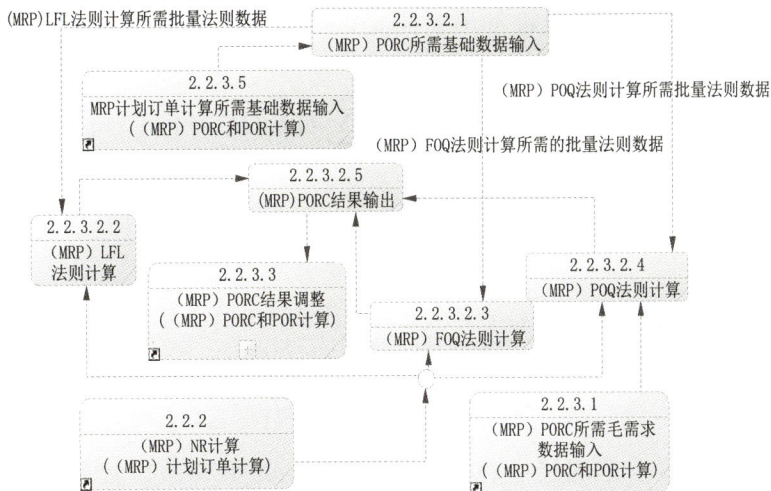

图 10-8　MRP 计划教学系统第四层次中 (MRP)PORC 计算的数据流程图

数据组成：物料代码 + 批量法则 + 订购周期。

数据流名称：(MRP)FOQ 法则计算所需的批量法则数据。

数据流描述：定量批量法 FOQ 规定了每期计划订单的数值只能是已设定的批量的倍数。

数据来源：MRP 计划订单计算所需的基础数据输入。

数据终点：(MRP)FOQ 法则计算。

数据组成：物料代码 + 批量法则 + 批量。

数据处理编号：2.2.3.2.2。

数据处理名称：(MRP)LFL 法则计算。

数据处理描述：(MRP)LFL 法则计算模块执行的对象是单价较高或是按单生产的物料，其每期的计划订单量与该期净需求相等。相应计算见公式 (10-1)：

$$PORC_j(t) = NR_j(t) \qquad 1 \leq t \leq T \tag{10-1}$$

其中，$PORC_j(t)$ 为物料 j 在 t 时段的计划订单收料。

相关数据项：计划订单接收 (在本次处理逻辑中生成) + 物料代码 + 周起始日 + 批量法则 + 净需求 + 计量单位。

数据处理编号：2.2.3.2.3。

数据处理名称：(MRP)FOQ 法则计算。

数据处理描述：FOQ 法则适用于受生产条件，运输或包装限制的情况，将计划订单的订单量定为某依经验事先决定的量或其倍数。相应计算见公式 (2-6)。

相关数据项：计划订单接收 (在本次处理逻辑中生成) + 物料代码 + 周起始日 + 批量法则 + 批量 + 计量单位 + 净需求。

数据处理编号：2.2.3.2.4。

数据处理名称：(MRP)POQ 法则计算。

数据处理描述：POQ 法则较常用于固定订购周期的存货模式。相应计算见公式 (10-2)。

$$\text{PORC}_j(t) = \text{IF}\left(\text{NR}_j(t) > 0, \ \text{NR}_j(t) + \sum_{k=t+1}^{t+n-1} \text{GR}_j(k), \ 0\right) \quad 1 \leq t \leq T \qquad (10\text{-}2)$$

其中，$\text{PORC}_j(t)$ 为物料 j 在 t 时段的计划订单收料，n 为该法则参数，特别注意：这个版本的 POQ 法则计算公式还不是最完善版本，因为未考虑良品率和后面 $n-1$ 期的在途量的累计值

相关数据项：计划订单接收 (在本次处理逻辑中生成) + 物料代码 + 周起始日 + 批量法则 + 净需求 + 毛需求 + 订购周期 + 计量单位

（七）MRP 教学计划系统第四层据流程图 2((MRP)PORC 初始结果调整)

MRP 教学计划系统第四层中 (MRP)PORC 初始结果调整的数据流程图，参见图 10-9。该图描述如何对计划订单 (即计划订单接收 PORC) 数据进行调整的流程。在材料主文件中计划主管预先设定针对各个物料的最小订购量和最大订购量，约束计划订单 PORC 数值范围。系统根据已设定的规则，对计划订单的初始计算数据进行判断和调整。

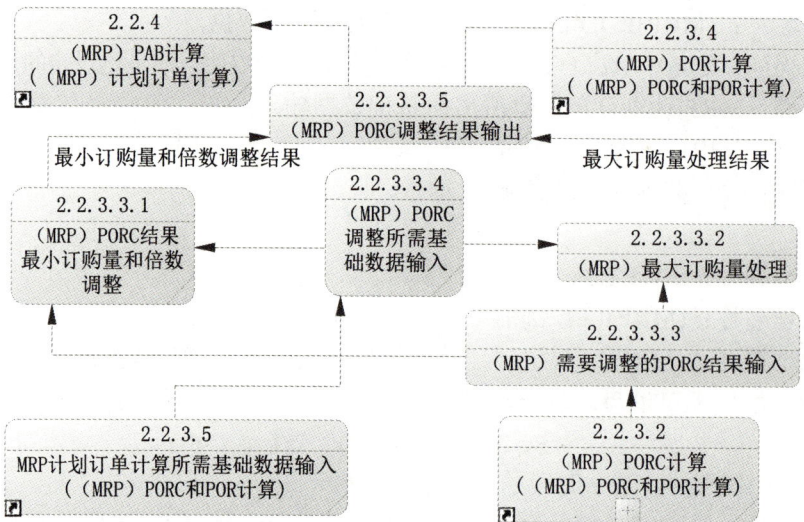

图 10-9　MRP 教学计划系统第四层中 (MRP)PORC 初始结果调整的数据流程图

数据流名称：最大订购量处理结果。

数据流描述：最大订购量处理结果反馈对超出最大值订购量的计划订单数据的警告，但不对相关数值做出更改。

数据来源：(MRP) 最大订购量处理。

数据终点：(MRP)PORC 调整结果输出。

数据组成：警告 + 计划订单接收 + 周起始日 + 最大订购量 + 计量单位。

数据流名称：最小订购量和倍数调整结果。

数据流描述：最小订购量处理结果包含了对计划订单数据采用最小订购量和倍数约束进行调整之后的结果。

数据来源：(MRP) 最小订购量和倍数调整。

数据终点：(MRP)PORC 调整结果输出。

数据组成：物料代码 + 计划订单接收 (可能被更新) + 周起始日 + 计量单位。

数据处理编号：2.2.3.3.1。

数据处理名称：(MRP)PORC 结果最小订购量和倍数调整。

数据处理描述：根据已设定的最小订购量和超出的增量部分的倍数，判断物料各个期别的计划订购量是否小于已设定的最小订购量的值，小于则调整至最小订购量；若大于最小订购量，则利用以下公式进行调整：

当 PORC(t)=<MinPur 时，调整为新的 PORC(t)=MinPur；

当 PORC(t)>MinPur 时，新的 PORC(t)= MinPur + CEILING((原来的 PORC(t)-MinPur)，Mul)；

其中，CEILING(X，Y) 为向上取整函数，X 以 Y 为基准值向上取整。

相关数据项：物料代码 + 周起始日 + 计划订单接收 (在本次处理中可能被更新) + 计量单位 + 倍数 (增量)+ 最小订购量。

数据处理编号：2.2.3.3.2。

数据处理名称：(MRP) 最大订购量处理。

数据处理描述：根据已设定的物料最大订购量，判断物料各个期别的计划订购量是否超出了已设定的最大订购量的值，若已超出，就会生成一个警告，否则保持不变。

相关数据项：警告 (在本次处理逻辑中生成) + 物料代码 + 周起始日 + 计划订单接收 + 计量单位。

特别注意：本次设计时对任何一种批量法则，PORC 都进行最小值和倍数调整。这样设计的依据是前文指明的应对物料部分自制、部分外包/采购的情况。

第二节　MRP 教学计划系统的设计

一、系统功能结构设计

在第一版 MRP 教学计划系统开发中，系统功能结构设计参见图 10-10。本教学系统中，所有数据维护和计算都根据需要实时查询，因此都没有把查询模块单独列出。

MRP 计划子系统可分为基础数据维护模块和 MRP 计算报表模块。系统主要功能描述如下：

(1) 基础数据维护模块：主要对系统所需基础数据进行维护与查询，包括物料在途文件、库存主文件、材料主文件、BOM 配置、订单管理、订单合计等。其中，对材料主文件与 BOM 主要进行数据项的基本录入操作 (增加、删除、修改) 以及对记录的维

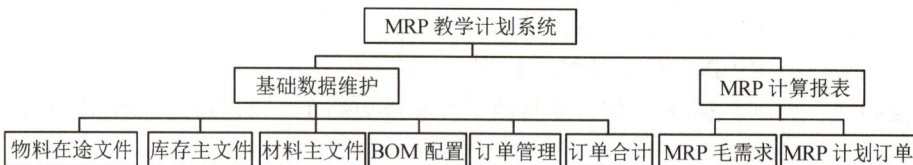

图 10-10　MRP 教学计划系统的功能模块图

护 (增加、删除、修改)。订单合计主要针对客户订单管理中的多个订单数据按照相同的 material Id 与 WeekStart 进行累加。

(2) MRP 计算报表模块：主要负责对非顶层物料执行 MRP 计划计算得到相应结果报表。它又分为两个不同的子模块：MRP 毛需求和 MRP 计划订单。其中，毛需求计算详细分列结果的显示，可以更好地满足教学过程中更多中间过程体现的需求。

● 二、输入 / 输出设计

按常规开发流程，先设计客户最终需要的输出结果，再倒推需搜集什么输入信息。

（一）输出设计

本 MRP 教学计划系统输出设计的主要目的是 MRP 原理教学的需求，这使得输出设计仅需简单考虑输出的信息名、输出功能、输出周期、输出期限、输出媒体、输出方式、输出形式和输出信息的校验等。本系统主要是围绕 MRP 报表以及中间经过 BOM 展开并考虑 OT 冲销后的 GR 数值进行输出界面设计，分别参见图 10-11 的 GR 报表与图 10-12 的 MRP 报表。

物料代码: X0001						版本: 1		查看报表	Get GR Report	
Periods	**Due**	**20180618**	**20180625**	**20180702**	**20180709**	**20180716**	**20180723**	**20180730**	**20180806**	
X0001(LT=1)	OH=	200.0	AL=	0.0	SS=20.0	Yield=1.0	LSR=FOQ		LS=60.0	n=2.0
In.Dmd	0.0	88.0	59.0	40.0	94.0	25.0	28.0	45.0	16.0	
GR	0.0	88.0	59.0	60.0	94.0	70.0	70.0	80.0	70.0	
A0010(LT=1)	OH=	0.0	AL=	0.0	SS=10.0	Yield=1.0	LSR=POQ		LS=20.0	n=2.0
In.Dmd	0.0	0.0	0.0	0.0	0.0	0.0	0.0	0.0	0.0	
GR	0.0	0.0	60.0	60.0	120.0	60.0	60.0	60.0	0.0	
B0010(LT=1)	OH=	0.0	AL=	0.0	SS=10.0	Yield=1.0	LSR=POQ		LS=1.0	n=2.0
In.Dmd	0.0	0.0	0.0	0.0	0.0	0.0	0.0	0.0	0.0	
GR	140.0	500.0	0.0	240.0	0.0	120.0	0.0	0.0	0.0	
	0.0	0.0	0.0	60.0	60.0	120.0	60.0	60.0	60.0	
	60.0	140.0	120.0	240.0	120.0	120.0	120.0	0.0	0.0	
D0010(LT=2)	OH=	0.0	AL=	0.0	SS=5.0	Yield=1.0	LSR=FOQ		LS=50.0	n=1.0
In.Dmd	0.0	0.0	0.0	0.0	0.0	0.0	0.0	0.0	0.0	
GR	70.0	70.0	180.0	0.0	120.0	0.0	60.0	0.0	0.0	
C0010(LT=1)	OH=	0.0	AL=	0.0	SS=10.0	Yield=1.0	LSR=LFL		LS=	n=1.0
In.Dmd	0.0	0.0	0.0	0.0	0.0	0.0	0.0	0.0	0.0	
GR	0.0	0.0	60.0	60.0	120.0	60.0	60.0	60.0	0.0	

图 10-11　MRP 教学系统输出界面之毛需求 GR 报表

（二）输入设计

此处 MRP 教学计划系统的开发将侧重于产品层次的 ERP，故将围绕选择式 MRP 计算结果及其计算逻辑，进行所需信息的输入设计。基于 MRP 的详细讲解，结合选择式 MRP 需围绕 MPS 物料展开特性，可得到图 10-13 ～图 10-15 的主要输入界面设计。

物料代码: [X0001 ▾]　　　　版本: [1 ▾]　　　[查看报表] [Get GR Report]

Periods	Due	20180618	20180625	20180702	20180709	20180716	20180723	20180730	20180806	
X0001(LT=1)	OH=	200.0	AL=	0.0	SS=20.0	Yield=1.0	LSR=FOQ		LS=60.0	n=2.0
In.Dmd	0.0	88.0	59.0	40.0	94.0	25.0	28.0	45.0	16.0	
GR	0.0	88.0	59.0	60.0	94.0	70.0	70.0	80.0	70.0	
SR	0.0	10.0	0.0	0.0	0.0	0.0	0.0	0.0	0.0	
POH	0.0	122.0	63.0	3.0	-31.0	-41.0	9.0	-11.0	-21.0	
PAB	0.0	122.0	63.0	63.0	29.0	79.0	69.0	49.0	39.0	
NR	0.0	0.0	0.0	17.0	51.0	61.0	11.0	31.0	41.0	
PORC	0.0	0.0	0.0	60.0	60.0	120.0	60.0	60.0	60.0	
POR	0.0	0.0	60.0	60.0	120.0	60.0	60.0	60.0	0.0	
MPS		10.0	0.0	60.0	60.0	120.0	60.0	60.0	60.0	
ATP		122.0	0.0	-188.0	-148.0	6.0	-29.0	-1.0	44.0	
ATP Adjust		-238.0	0.0	0.0	0.0	0.0	0.0	0.0	44.0	
A0010(LT=1)	OH=	0.0	AL=	0.0	SS=10.0	Yield=1.0	LSR=POQ		LS=20.0	n=2.0
In.Dmd	0.0	0.0	0.0	0.0	0.0	0.0	0.0	0.0	0.0	
GR	0.0	0.0	60.0	60.0	120.0	60.0	60.0	60.0	0.0	
SR	0.0	0.0	0.0	0.0	0.0	0.0	0.0	0.0	0.0	
POH	0.0	0.0	10.0	-50.0	10.0	-50.0	0.0	-50.0	10.0	
PAB	0.0	70.0	10.0	130.0	10.0	70.0	10.0	10.0	10.0	
NR	0.0	10.0	0.0	60.0	0.0	60.0	0.0	60.0	0.0	
PORC	0.0	70.0	0.0	180.0	0.0	120.0	0.0	60.0	0.0	
POR	70.0	0.0	180.0	0.0	120.0	0.0	60.0	0.0	0.0	
B0010(LT=1)	OH=	0.0	AL=	0.0	SS=10.0	Yield=1.0	LSR=POQ		LS=1.0	n=2.0
In.Dmd	0.0	0.0	0.0	0.0	0.0	0.0	0.0	0.0	0.0	
GR	200.0	640.0	120.0	540.0	180.0	360.0	180.0	60.0	60.0	
SR	0.0	0.0	0.0	0.0	0.0	0.0	0.0	0.0	0.0	
POH	0.0	-140.0	10.0	-230.0	10.0	-110.0	10.0	10.0	10.0	
PAB	0.0	130.0	10.0	130.0	10.0	130.0	10.0	10.0	10.0	
NR	0.0	150.0	0.0	240.0	0.0	120.0	0.0	0.0	0.0	
PORC	0.0	270.0	0.0	360.0	0.0	240.0	0.0	0.0	0.0	
POR	270.0	0.0	360.0	0.0	240.0	0.0	0.0	0.0	0.0	

图 10-12　MRP 教学系统输出界面之 MRP 报表（部分）

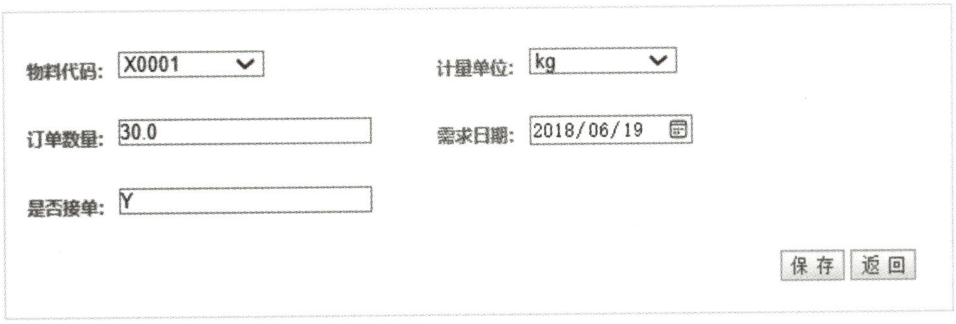

物料代码: [X0001 ▾]　　　　计量单位: [kg ▾]

订单数量: [30.0]　　　　需求日期: [2018/06/19 📅]

是否接单: [Y]

[保存] [返回]

图 10-13　MRP 教学系统输入界面之订单管理

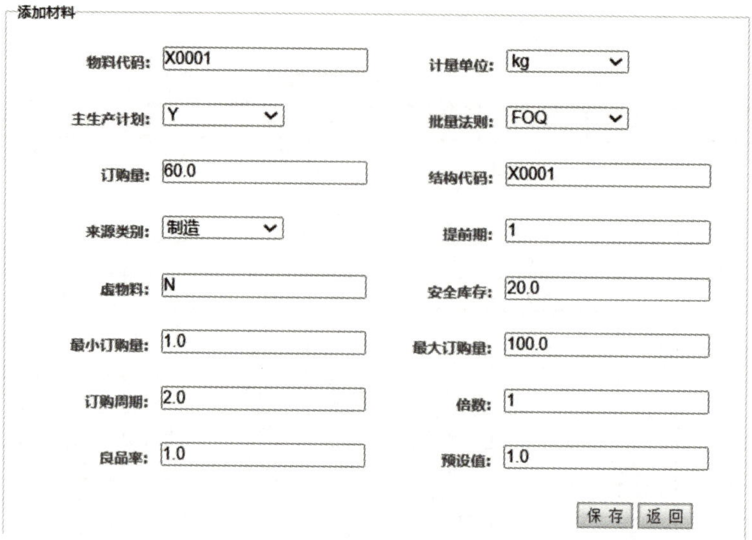

图 10-14　MRP 教学系统输入界面之材料主文件 (IM)

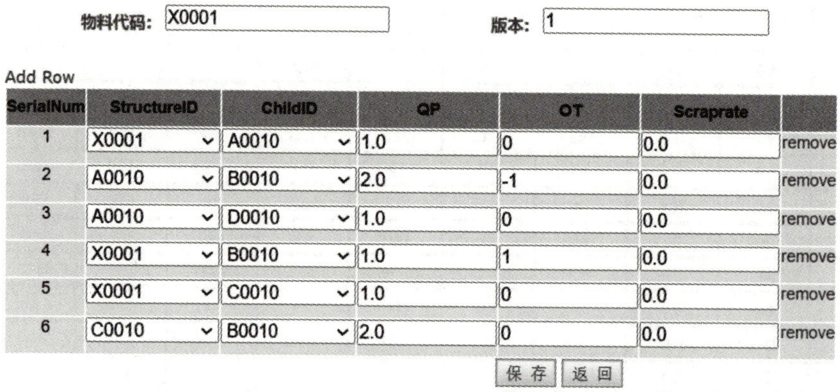

图 10-15　MRP 教学系统输入界面之材料表 (BOM)

第三节　BOM 算法设计

　　BOM 算法设计是整个 MRP 计划教学系统中最复杂、最难实现 MRP 逻辑计算的关键所在。其中 BOM 算法设计不仅需要考虑同一子件出现在 BOM 不同结构层次，还需要完善对冲销时间 OT 的计算逻辑。此处 BOM 表记录了产品结构的所有信息，这里的"所有"是指即使某个父件子件关系在一个产品结构中重复出现，也要把这些关系重复地记录在 BOM 表中。例如，针对图 10-16 所示产品 X0001 的 BOM 结构，本书设计了图 10-17 的 BOM 表结构。其中，QP 表示单位用量，OT 表示冲销时间，Scraprate 表示损耗率，SerialNUM 表示物料所在层次。

　　BOM 用于计算 MRP 中子件的 GR 数据。子件 GR 数据来源于两部分，第一部分是 MPS 报表中 X0001 结合 BOM 引发的需求，即上阶父件产生的相关需求，第二部分是

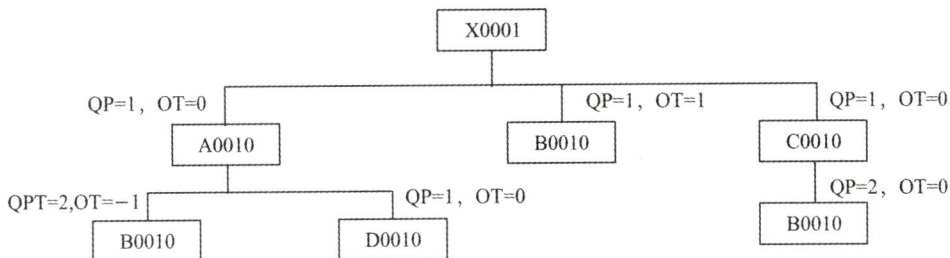

图 10-16 产品 X0001 的 BOM 示例

Edition	1				
structureId	childID	QP	OT	Scraprate	SeriaNUM
X0001	A0010	1	0	0%	1
X0001	B0010	1	1	0%	1
X0001	C0010	1	0	0%	1
A0010	B0010	2	−1	0%	2
A0010	D0010	1	0	0%	2
C0010	B0010	2	0	0%	2

图 10-17 数据库中产品 X0001 的 BOM 结构

客户订单中的独立需求。第二部分在实现过程中，客户订单中的独立需求通过匹配订单合单文件中的 materialId 与 WeekStart 字段，可得到 Sumption，即所谓的独立需求。第一部分在实现过程中较为复杂，解析如下：

(1) 在系统实现过程中点击【查看报表】直接生成的 GR 数据，获取方法为：① 获取 MPS 中物料的 POR 数据；② 对 BOM 结构树从父节点进行遍历，遇到子节点全部存储到原先设定的 BOM 结构中，先遍历顶层，遍历完后继续往下层遍历，直到整个树全部遍历完。计算时先从 MPS 获取 X0001 在 WeekStart 的 POR 数据，调用 X0001 的 BOM 结构 Edition，选定一个 Edition 的值，即一种 BOM 结构。开始对 BOM 表中的记录进行逐行计算，参见图 10-11 中 B0010 的 GR 实际有三行数据，分别对应其三个文件。

(2) 经过此计算可得到 B0010 的相关需求，即由 X0001 的 POR 引发的相关需求，将该 GR 数据和订单的独立需求 GR 相加，得到最终进行 MRP 报表计算的 GR，参见图 10-12 中 B0010 的 GR 中一行的汇总数据。GR 完整计算逻辑参见公式 (2-16)。限于篇幅此处不再重复。

BOM 展开时既可用最低阶码 LLC 算法思路，也可针对面向产品的特点采用遍历法，参看后文对比。注意源码中大小写有差异，如 material Id 是定义的 Long 类型的变量，Material Id 是方法中命名的常用规则。

一、基于最低阶码 LLC 思路的算法解析

通过 BOM 展开计算毛需求 GR 时，应用最低阶码 LLC 思路的分析如下：先进行最

低阶码计算：运用树的思想，把 BOM 中的 BOM 结构进行逻辑树的层次计算，从节点进行判断，根节点的阶码属于第 0 层阶码，即 LLC=0，判断根节点是否存在子节点，若存在子节点，则把 LLC 增加 1 并把该层的节点记录下来，选取该层的节点作为父节点，继续进行循环计算，直到最下面一层的节点不存在子节点，越往下数字越大，分别为 1、2、3……从小到大排列的正整数；若某个物料代码在不同层次出现，则选取 LLC 值的最大者。当逐层循环后记录的节点标志值等于 LLC 值后，即可停止搜索该节点的下层，由此可以确定 BOM 循环的结束点，此时结合冲销时间 OT 及单位用量 QP 计算出最终的 GR。

软件配置操作如下：进入新增界面，自动生成版本号 (建议手动输入便于操作人员记忆，系统保证版本号的唯一)。点击添加配置行，新增一行以便输入配置信息。必须先选择父结构代码后再新增，并且每新增一行数据后，数据行里面的 structure Id 默认为父结构代码。然后再配置其他的父对子、子对孙的关系。注意：始终只能启用父结构代码的一个版本。level 为必填项，它必须配置正确，以表示层级关系，参见图 10-18。

Edition	S001	StructureID	X0001(这个是父结构代码)		
是否启用	启用				
StructureID	ChildID	QP	OT	level
X0001	Y0010	2	1	1
X0001	A0010	1	1	1
Y0010	B0010	2	1	2
Y0010	C0110	1	1	2

图 10-18　最低阶码相关 level 的设置

软件算法思路解释如下：在解析数据时根据配置的层级关系 level，以 X0001 为父结构代码 (Structure ID)，从 level 为 1 开始循环找出所有的除该父结构代码外的 Child ID 结点，此时取得父结构代码的 POR，根据该值计算出 Child ID 对应 GR。至此就能得到 level=1 的 Child ID 的 mps 数值。之后程序继续展至 level=2：开始循环找出所有除该父结构代码外的 Child ID 节点，以同样方法计算出 level=2 的所有 Child ID 的 mps 数值。参考算法思路如下：

```
public void work(){
    // 查询出 X0001 物料下的 bom 关系数据的最大层数
    String sql="select max(level) from bommain where materialid=X0001";
    // 假设上述查询结构得到最大 level 为 3，用于循环
    int maxLevel=3;
    // 当 level 为 1 时，
    // 根据主表 bommain 的 Structureid 取得子表 bommsub 的 chlidID，
    String sql1 = "select chlidID from bommsub  from materialid=X0001";
```

// 假设上述得到一个结果集为 level_1_list

level_1_list=sql1 的结果集；

// 根据计算 X0001 的相关数据，即得到之前的 X0001 的 GR、POR 值，保存为一

// 个数组 X0001[2]={1，2}，以 X0001[2]={1，2} 数据，计算出 level_1_list 里的

//chlidID 对应的 GR，此时根据 level 关系，可能存在一个或多个 chlidID

// 分别计算出其数据 GR、POR 值，保存为 Y0010[2]={3，4}、A0010[2]={5，6}……

// 用于下层 GR 的计算。以上方法就解决了当 level 为 1 时的情况。

// 当 level 为 2 时，用上述思路，取个对应 B0010[2]={7，8}、C0010[2]={9，//10}

说明：这个思路关键就是需要全局变量（或者多个变量）的方法，得到对应 chlidID 的

GR、POR 值，用于之后的计算。

}

二、面向产品的遍历法 BOM 算法解析

以上应用最低阶码 LLC 思路展开 BOM 计算并不是计算子件毛需求 GR 的唯一方法。鉴于此处 ERP 计划教学系统是面向产品的 ERP，其 BOM 算法可以采用从根节点开始的遍历法。该根节点是顶层的所销售产品或计划用的产品族。本教学系统程序实现的面向产品的遍历法 BOM 算法可扫描二维码查看。

代码一：面向产品的遍历法 BOM 算法

本算法的关键在于递归子物料，下面以例子的形式讲解该遍历法 BOM 设计思路和实现。对于图 10-16 所示的 BOM 结构，需明确最终想要得到的结果，参见图 10-11。图 10-11 看起来简单多了，现在需要的就是设计一个基本的数据结构来存储这些数据。它看起来应该是这个样子：

```
public class Bom extends IdEntity {
    private static final long serialVersionUID = -6466053783528066088L;
    private String structure_id;
    private Float qp;
    private Float scraprate;
    private Integer ot;
    private String edition;
    private String matPs;
    private Material material;
    private Map<String，Float> mps_gr = Maps.newHashMap();
    private Map<String，Float> mps_sr = Maps.newHashMap();
    private Map<String，Float> mps_poh = Maps.newHashMap();
    private Map<String，Float> mps_pab = Maps.newHashMap();
    private Map<String，Float> mps_nr = Maps.newHashMap();
    private Map<String，Float> mps_porc = Maps.newHashMap();
    private Map<String，Float> mps_por = Maps.newHashMap();
    private Map<String，Float> mps_al = Maps.newHashMap();
```

```
private Map<String，Float> mps_oh = Maps.newHashMap();
private Map<String，Float> mps_sumption = Maps.newHashMap();
private Map<String，Float> mps_mps = Maps.newHashMap();
private Map<String，Float> mps_atp = Maps.newHashMap();
private Map<String，Float> mps_atp_adjust = Maps.newHashMap();
```

structure_id 就是 X0001 这样的值，mps_gr 用户存储特定 structure _id 的 GR 值，mps_gr 是一个 Map 的结构，存放了各个 period 的 GR 值。数据结构设计好之后，就该去计算各项的值了。此时该递归了，其大体思路如下：首先算出根节点的各项值，如 GR、POH、PORC、POR 等，然后判断根节点下是否有分支节点，如果有则用同样的方法算出该节点的各项值，直到当前的节点为叶子节点。最终的代码实现就是本章二维码文本"// 递归子物料"之后的程序。如此递归计算后所需所有信息都在 rs_all 中了。其组织结构是三个 Map 嵌套，即 rs_all=Maps.newHashMap(); 而 Map<String，Map<String，Map<String，Float>>>。对第一个 Map，Key 为 structure id。对第二个 Map，Key 为单项值代码，如 GR、POH、PORC、POR 等。对第三个 Map，Key 为 period 代码。Value 为各项值在特定周期中的具体值。显然这就是我们要的结果，为了便于前端显示，实例中对结果集又进行了转变，但整个 Bom 的思路到此就讲解完毕了。

第四节　MRP 教学计划系统的实现

一、系统界面管理

（一）系统主界面

MRP 教学计划系统实现的材料主文件管理、订单管理、订单合计、物料在途文件维护、库存在途文件维护、BOM 配置、MRP 报表等功能点参见图 10-19。鉴于 MRP 教学系统仅仅是 ERP 教学系统中的一部分，图 10-19 还显示同一个框架下的 MPS 教学计划模块，这将在后续章节中实现。

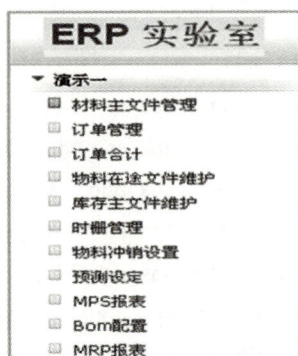

图 10-19　MRP 教学计划系统的主界面

（二）材料主文件模块

材料主文件定义材料的各种属性，包含计算所需的全部数据项。图 10-20 为材料主文件简略维护界面。材料主文件中物料的详细输入界面参见图 10-14。

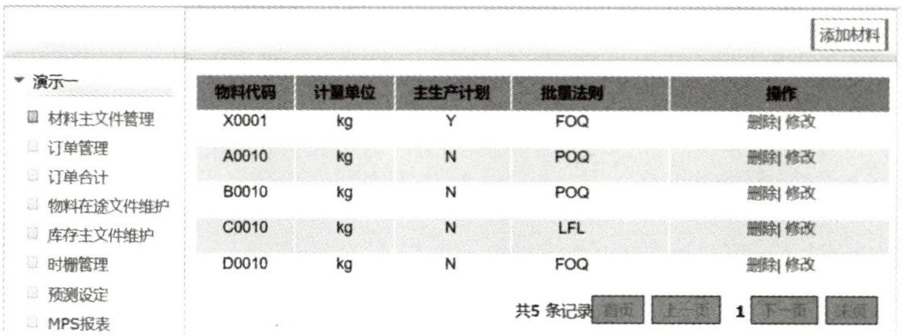

物料代码	计量单位	主生产计划	批量法则	操作
X0001	kg	Y	FOQ	删除| 修改
A0010	kg	N	POQ	删除| 修改
B0010	kg	N	POQ	删除| 修改
C0010	kg	N	LFL	删除| 修改
D0010	kg	N	FOQ	删除| 修改

图 10-20　材料主文件维护界面

（三）订单模块

订单模块包含订单管理与订单合计两个模块。图 10-21 为订单录入后的查询界面，图 10-22 为订单合计界面。订单录入的管理界面参见图 10-13。

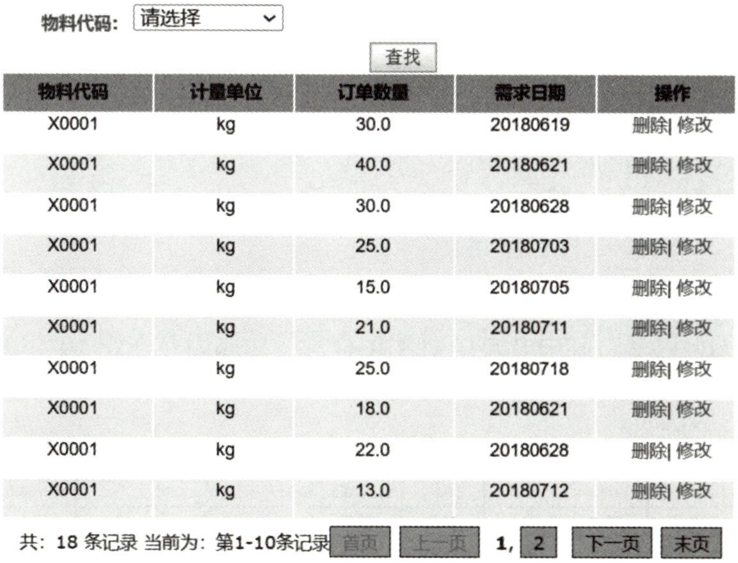

物料代码	计量单位	订单数量	需求日期	操作
X0001	kg	30.0	20180619	删除| 修改
X0001	kg	40.0	20180621	删除| 修改
X0001	kg	30.0	20180628	删除| 修改
X0001	kg	25.0	20180703	删除| 修改
X0001	kg	15.0	20180705	删除| 修改
X0001	kg	21.0	20180711	删除| 修改
X0001	kg	25.0	20180718	删除| 修改
X0001	kg	18.0	20180621	删除| 修改
X0001	kg	22.0	20180628	删除| 修改
X0001	kg	13.0	20180712	删除| 修改

图 10-21　订单录入后的查询界面

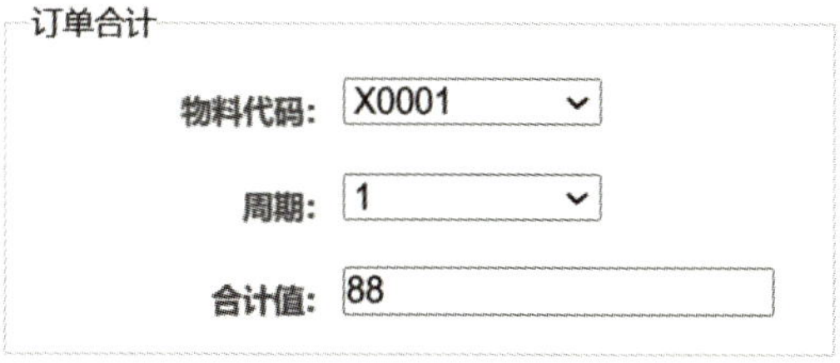

图 10-22　订单合计界面

（四）库存主文件维护

库存主文件主要针对物料的 OH 与 AL 数据进行维护，参见图 10-23。

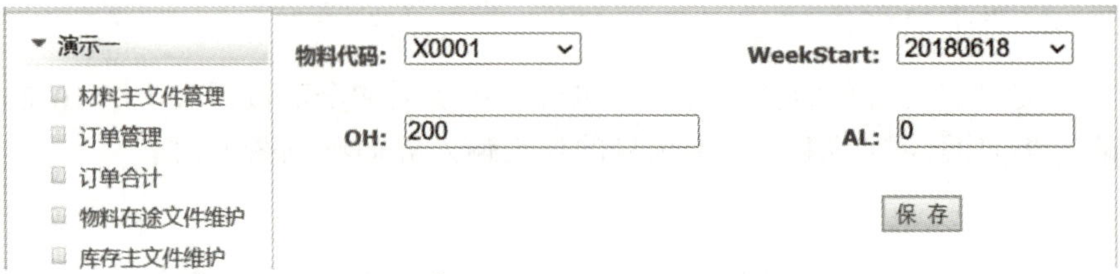

图 10-23　库存主文件维护界面

(五) 物料在途文件维护

物料在途文件维护主要是对物料的在途量 SR 及在途量调整 MatSR 进行维护，参见图 10-24。

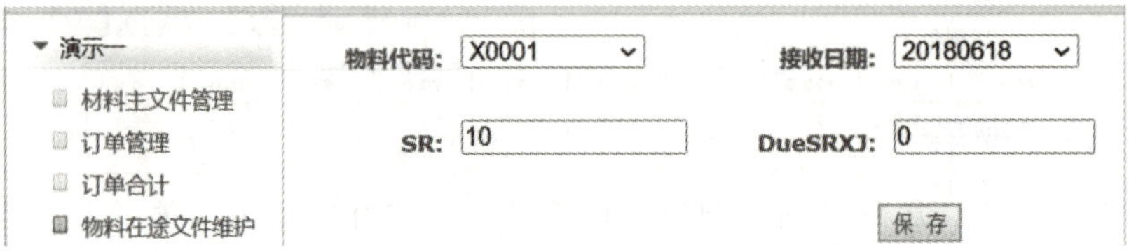

图 10-24　物料在途文件维护

(六) BOM 配置

BOM 结构示意和系统内部存储的 BOM 参见图 10-15 和图 10-16。

二、系统功能实现

(一) 实现基于 OT 的 GR 数据显示

调用 MPS 报表的 POR 数据，经过 BOM 展开得到图 10-25 显示的父件 X0001 与下阶子件多条 GR 记录。其中 B0010 的 GR 有三行，原因是在图 10-15 的 BOM 表中它有三条为子件的记录。特别注意：此处每一行的 GR 都直接把逾期数据加入第一期

物料代码: X0001　　版本: 1　　查看报表　Get GR Report

Periods	Due	20180618	20180625	20180702	20180709	20180716	20180723	20180730	20180806	
X0001(LT=1)	OH=	200.0	AL=	0.0	SS=20.0	Yield=1.0	LSR=FOQ		LS=60.0	n=2.0
In.Dmd	0.0	88.0	59.0	40.0	94.0	25.0	28.0	45.0	16.0	
GR	0.0	88.0	59.0	60.0	94.0	70.0	70.0	80.0	70.0	
A0010(LT=1)	OH=	0.0	AL=	0.0	SS=10.0	Yield=1.0	LSR=POQ		LS=20.0	n=2.0
In.Dmd	0.0	0.0	0.0	0.0	0.0	0.0	0.0	0.0	0.0	
GR	0.0	0.0	60.0	60.0	120.0	60.0	60.0	60.0	0.0	
B0010(LT=1)	OH=	0.0	AL=	0.0	SS=10.0	Yield=1.0	LSR=POQ		LS=1.0	n=2.0
In.Dmd	0.0	0.0	0.0	0.0	0.0	0.0	0.0	0.0	0.0	
GR	140.0	500.0	0.0	240.0	0.0	120.0	0.0	0.0	0.0	
	0.0	0.0	0.0	60.0	60.0	120.0	60.0	60.0	60.0	
	60.0	140.0	120.0	240.0	120.0	120.0	120.0	0.0	0.0	
D0010(LT=2)	OH=	0.0	AL=	0.0	SS=5.0	Yield=1.0	LSR=FOQ		LS=50.0	n=1.0
In.Dmd	0.0	0.0	0.0	0.0	0.0	0.0	0.0	0.0	0.0	
GR	70.0	70.0	180.0	0.0	120.0	0.0	60.0	0.0	0.0	
C0010(LT=1)	OH=	0.0	AL=	0.0	SS=10.0	Yield=1.0	LSR=LFL		LS=	n=1.0
In.Dmd	0.0	0.0	0.0	0.0	0.0	0.0	0.0	0.0	0.0	
GR	0.0	0.0	60.0	60.0	120.0	60.0	60.0	60.0	0.0	

图 10-25　考虑冲销时间 OT 的 GR 毛需求详情示意图

数据中，这里为便于编程实现的处理，与 OT 原理讲解（即表 2-33）时汇总相关需求时才完成逾期数据并入第一期数据的流程不同，并且不影响最终 MRP 结果的正确性（参见图 10-26）。

（二）MRP 报表生成

根据 MRP 逻辑算法可以得出完整的 MRP 报表（含 MPS 物料报表），参见图 10-26。

物料代码：X0001　　版本：1　　查看报表　Get GR Report

Periods	Due	20180618	20180625	20180702	20180709	20180716	20180723	20180730	20180806	
X0001(LT=1)	OH=	200.0	AL=	0.0	SS=20.0	Yield=1.0	LSR=FOQ		LS=60.0	n=2.0
In.Dmd	0.0	88.0	59.0	40.0	94.0	25.0	28.0	45.0	16.0	
GR	0.0	88.0	59.0	60.0	94.0	70.0	70.0	80.0	70.0	
SR	0.0	10.0	0.0	0.0	0.0	0.0	0.0	0.0	0.0	
POH	0.0	122.0	63.0	3.0	-31.0	-41.0	9.0	-11.0	-21.0	
PAB	0.0	122.0	63.0	63.0	29.0	79.0	69.0	49.0	39.0	
NR	0.0	0.0	0.0	17.0	51.0	61.0	11.0	31.0	41.0	
PORC	0.0	0.0	0.0	60.0	60.0	120.0	60.0	60.0	60.0	
POR	0.0	0.0	60.0	60.0	120.0	60.0	60.0	60.0	0.0	
MPS		10.0	0.0	60.0	60.0	120.0	60.0	60.0	60.0	
ATP		122.0	0.0	-188.0	-148.0	6.0	-29.0	-1.0	44.0	
ATP Adjust		-238.0	0.0	0.0	0.0	0.0	0.0	0.0	44.0	
A0010(LT=1)	OH=	0.0	AL=	0.0	SS=10.0	Yield=1.0	LSR=POQ		LS=20.0	n=2.0
In.Dmd	0.0	0.0	0.0	0.0	0.0	0.0	0.0	0.0	0.0	
GR	0.0	0.0	60.0	60.0	120.0	60.0	60.0	60.0	0.0	
SR	0.0	0.0	0.0	0.0	0.0	0.0	0.0	0.0	0.0	
POH	0.0	0.0	10.0	-50.0	10.0	-50.0	10.0	-50.0	10.0	
PAB	0.0	70.0	10.0	130.0	10.0	70.0	10.0	10.0	10.0	
NR	0.0	10.0	0.0	60.0	0.0	60.0	0.0	60.0	0.0	
PORC	0.0	70.0	0.0	180.0	0.0	120.0	0.0	60.0	0.0	
POR	70.0	0.0	180.0	0.0	120.0	0.0	60.0	0.0		
B0010(LT=1)	OH=	0.0	AL=	0.0	SS=10.0	Yield=1.0	LSR=POQ		LS=1.0	n=2.0
In.Dmd	0.0	0.0	0.0	0.0	0.0	0.0	0.0	0.0	0.0	
GR	200.0	640.0	120.0	540.0	180.0	360.0	180.0	60.0	60.0	
SR	0.0	0.0	0.0	0.0	0.0	0.0	0.0	0.0	0.0	
POH	0.0	-140.0	10.0	-230.0	10.0	-110.0	10.0	10.0	10.0	
PAB	0.0	130.0	10.0	130.0	10.0	130.0	10.0	10.0	10.0	
NR	0.0	150.0	0.0	240.0	0.0	120.0	0.0	0.0	0.0	
PORC	0.0	270.0	0.0	360.0	0.0	240.0	0.0	0.0	0.0	
POR	270.0	0.0	360.0	0.0	240.0	0.0	0.0	0.0		
D0010(LT=2)	OH=	0.0	AL=	0.0	SS=5.0	Yield=1.0	LSR=FOQ		LS=50.0	n=1.0
In.Dmd	0.0	0.0	0.0	0.0	0.0	0.0	0.0	0.0	0.0	
GR	70.0	70.0	180.0	0.0	120.0	0.0	60.0	0.0	0.0	
SR	0.0	0.0	0.0	0.0	0.0	0.0	0.0	0.0	0.0	
POH	0.0	-70.0	-150.0	50.0	-70.0	30.0	-30.0	20.0	20.0	
PAB	0.0	30.0	50.0	50.0	30.0	30.0	20.0	20.0	20.0	
NR	0.0	75.0	155.0	0.0	75.0	0.0	35.0	0.0	0.0	
PORC	0.0	100.0	200.0	0.0	100.0	0.0	50.0	0.0	0.0	
POR	300.0	0.0	100.0	0.0	50.0	0.0	0.0	0.0		
C0010(LT=1)	OH=	0.0	AL=	0.0	SS=10.0	Yield=1.0	LSR=LFL		LS=	n=1.0
In.Dmd	0.0	0.0	0.0	0.0	0.0	0.0	0.0	0.0	0.0	
GR	0.0	0.0	60.0	60.0	120.0	60.0	60.0	60.0	0.0	
SR	0.0	0.0	0.0	0.0	0.0	0.0	0.0	0.0	0.0	
POH	0.0	0.0	-30.0	-50.0	-110.0	-50.0	-50.0	-50.0	10.0	
PAB	0.0	30.0	10.0	10.0	10.0	10.0	10.0	10.0	10.0	
NR	0.0	10.0	40.0	60.0	120.0	60.0	60.0	60.0	0.0	
PORC	0.0	30.0	40.0	60.0	120.0	60.0	60.0	60.0	0.0	
POR	30.0	40.0	60.0	120.0	60.0	60.0	60.0	0.0		

图 10-26　MRP 报表

分析与设计挑战题

前文在对定期批量法 POQ 的讲解中曾经指出：n 期净需求的计算公式有瑕疵。瑕疵在于当期之后 $n-1$ 期都只考虑了毛需求 GR，而没有考虑后续的 $n-1$ 期中良品率的影响以及当期在途量 SR 对当期 NR 的影响。请给出完全修订后的公式，并依此来完善此处 ERP 教学软件，建议包括 DFD 图的修改，有编程能力的读者可以对相应教学软件的源代码进行修正。

第十一章 MPS 教学计划系统的分析、设计与实现

本章要点

- MPS 教学计划系统的系统分析 (特别是数据流程图的分析)。
- MPS 教学计划系统的系统设计 (主要是系统功能结构设计和输入输出设计)。
- MPS 自动计算最关键的 GR 算法和 ATP 算法的设计分析与实现。

视频讲解

第一节　MPS 教学计划系统的分析

一、MPS 教学计划系统的目标与功能需求

本 MPS 教学计划系统的系统目标是实现商用 ERP 常用的 MPS 逻辑，并且满足 MPS 原理教学的简洁性以及中间教学过程的显示等。

MPS 物料基础数据维护部分归并在 MRP 教学计划系统中基础数据维护即可。根据 MPS 与 MRP 计算逻辑的异同，以下为 MPS 教学计划系统的两大功能需求：

(1) MPS 逻辑运算处理。此处 MPS 逻辑运算处理的分析、设计与实现主要集中于 MPS 独有的逻辑，如时栅法计算毛需求 GR、可答应量 ATP 的计算和 MPS 的计算。

(2) MPS 报表查询。更充分的 MPS 报表显示以满足教学需要，如可答应量 ATP 的计算与调整的中间计算过程的显示。

二、MPS 教学计划系统的业务流程分析

MPS 教学计划系统的主要业务流程，参见图 11-1。

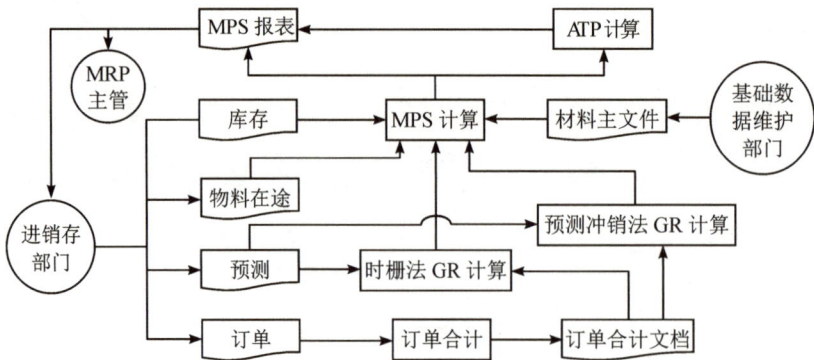

图 11-1　MPS 教学计划系统的业务流程

三、MPS 教学计划系统的数据流程分析

（一）MPS 教学计划系统第一层数据流程图

MPS 教学计划系统第一层次的数据流程图参见图 11-2。

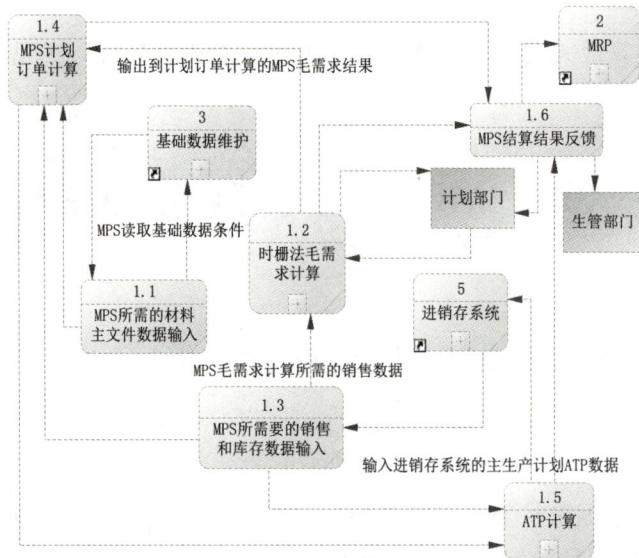

图 11-2　MPS 教学计划系统第一层次的数据流程图

图 11-2 描述了 MPS 内所有的计算模块和各模块之间的数据交互情况，MPS 计算从物料毛需求 GR 开始，经过 MPS 的计划订单计算，再进行物料可答应量 ATP 的计算，然后将这些数据分别输出至 MRP 子系统、生管部门等。

数据流名称：MPS 读取基础数据条件。

数据流描述：MPS 子系统在运算过程中需要读取基础数据维护系统中的基础数据，该数据流描述读取何种数据的筛选条件。

数据来源：MPS 所需的材料主文件数据输入。

数据终点：基础数据维护。

数据组成：物料代码。

数据流名称：MPS 毛需求计算所需的销售数据。

数据流描述：MPS 时栅法计算毛需求的数据来源是销售订单数据和销售预测数据。

数据来源：MPS 所需的销售和库存数据输入。

数据终点：时栅法毛需求计算。

数据组成：物料代码 + 计量单位 + 销售合单值 + 周起始日 + 周预测量。

数据流名称：输入进销存系统的主生产计划 ATP 数据。

数据流描述：输入至进销存系统销售管理子系统，供判断是否可以接单 (客户需求请求) 的可答应量 ATP 数据。

数据来源：ATP 计算。

数据终点：进销存系统。

数据组成：物料代码 + 可答应量 + 周起始日 + 计量单位。

数据流名称：输出到计划订单计算的 MPS 毛需求结果。

数据流描述：计划订单计算所需的毛需求 GR 数据。

数据来源：时栅法毛需求计算。

数据终点：MPS 计划订单计算。

数据组成：物料代码 + 毛需求 + 计量单位 + 周起始日。

（二）MPS 教学计划系统第二层数据流程图 1（时栅法毛需求计算）

MPS 物料毛需求计算主要有时栅法和预测冲销法。在本教学系统第一版中采用时栅法。相应 MPS 教学计划系统第二层次时栅法毛需求计算的数据流程图参见图 11-3。

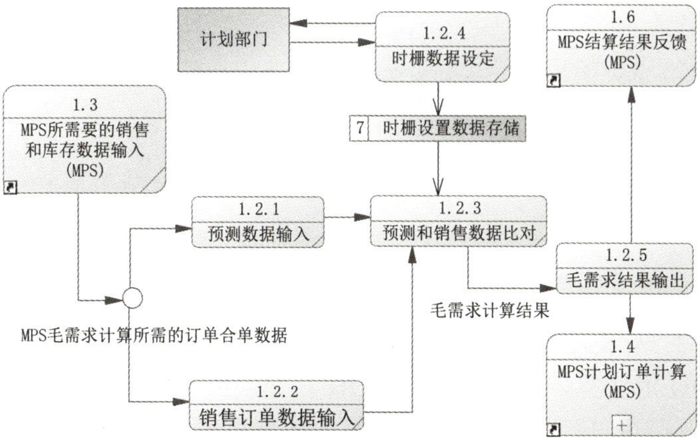

图 11-3　MPS 计划系统第二层次时栅法毛需求计算的数据流程图

图 11-3 时栅法毛需求计算的数据流程如下：① 对来自销售模块的销售订单数据按照同一物料下同一期别之内的订单进行合单的原则做合单处理，同时读取来自销售模块的预测数据。② 根据计划部门预先对此物料设定的需求时栅和计划时栅，进行毛需求 GR 计算。

数据流名称：毛需求计算结果。

数据流描述：通过 MPS 时栅法毛需求计算所得的毛需求 GR 数据。

数据来源：预测和销售数据比对。

数据终点：毛需求结果输出。

数据组成：物料代码 + 毛需求 + 计量单位 + 周起始日。

数据处理编号：1.2.3。

数据处理名称：预测和销售数据对比。

数据处理描述：根据已设定的需求时栅 DTF 和计划时栅 PTF，当 $t<$DTF，GR(t)= 销售合单值 (t)；否则 GR(t)= 该期的周预测量 (t)。

相关数据项：毛需求 (本次处理逻辑产生)+ 物料代码 + 计量单位 + 周起始日 + 销售合单值 + 周预测量 + 计划时栅 + 需求时栅。

（三）MPS 教学计划系统第二层数据流程图 2（MPS 计划订单计算）

MPS 教学计划系统第二层次 MPS 计划订单计算的数据流程图参见图 11-4。

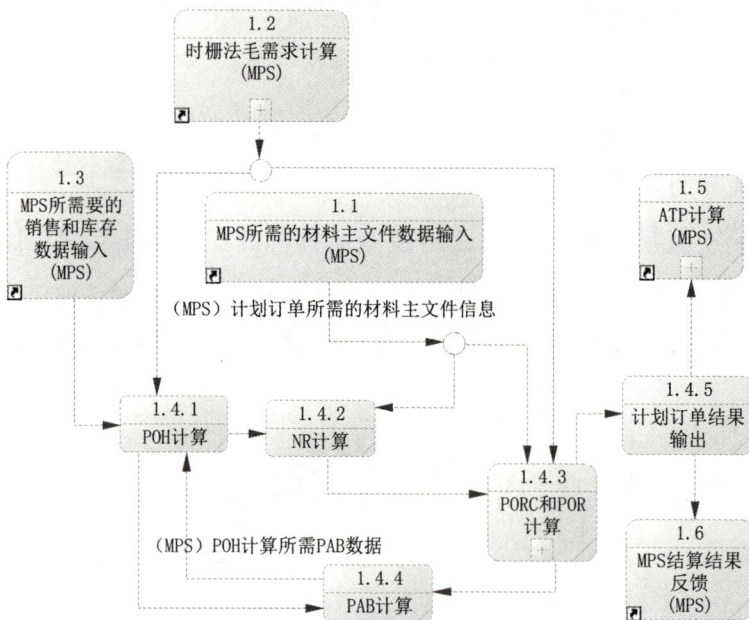

图 11-4　MPS 教学计划系统第二层次 MPS 计划订单计算的数据流程图

图 11-4 描述了 MPS 计划订单的计算流程与其所包含的子模块。在得到毛需求数据之后，MPS 计划订单计算依次进行各期 POH 计算、NR 计算、PORC 计算、PAB 计算以及 POR 计算。注意：在 NR 计算当中需要使用物料的安全库存数据。在本 ERP 教学计划系统中，SS 安全库存的设置属于基础数据维护模块，因此在 NR 计算时需读取来自基础数据模块的数据。

数据流名称：(MPS)POH 计算所需 PAB 数据。

数据流描述：POH 预计在库量计算所需的 PAB 预计可用量的数据。

数据来源：PAB 计算。

数据终点：POH 计算。

数据组成：物料代码 + 预计可用量 + 计量单位 + 周起始日。

数据流名称：(MPS) 计划订单所需材料主文件信息。

数据流描述：(MPS) 计划订单模块的计算中，NR，PORC，POR 等数据项的计算所需要用到的基础数据。

数据来源：MPS 所需的材料主文件输入。

数据终点：计划订单所需材料主文件信息分流。

数据组成：物料代码 + 批量法则 + 批量 + 计量单位 + 安全库存 + 最大订购量 + 最小订购量 + 订购周期 + 良品率 + 倍数 (增量)+ 物料来源 + 提前期。

（四）MPS 教学计划系统第二层数据流程图 3 (ATP 计算）

MPS 教学计划系统第二层次 ATP 计算的数据流程图参见图 11-5。此图描述了 ATP 算法流程：在 MPS 计算之后进行 ATP 计算，并且在 ATP 初次计算之后还可能需要进行 ATP 调整，以确保除了第一期 ATP 之外其他期别的 ATP 不存在负值。

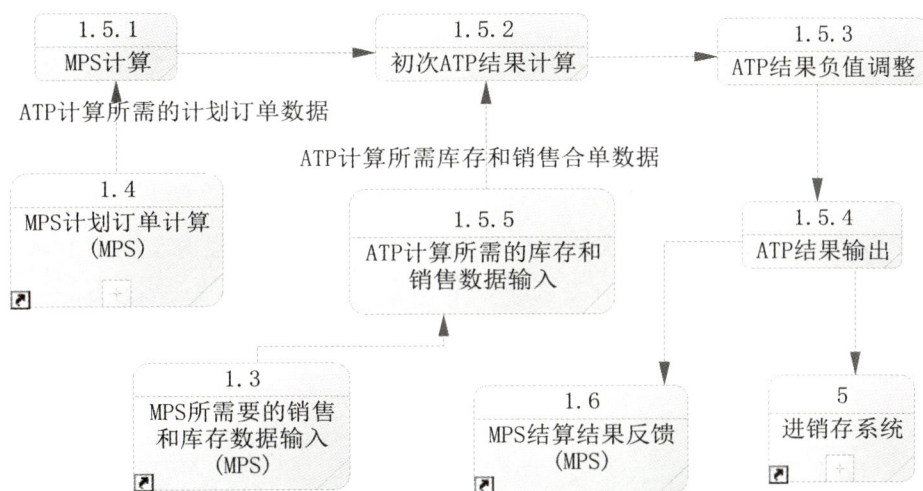

图 11-5　MPS 教学计划系统第二层次 ATP 计算的数据流程图

数据流名称：ATP 计算所需计划订单数据。

数据流描述：ATP 的计算中首先需要计算 MPS 的值，在计算 MPS 的值时需要使用计划订单的结果。

数据来源：MPS 计划订单计算。

数据终点：MPS 计算。

数据组成：物料代码 + 计划订单接收 + 计量单位 + 周起始日。

数据流名称：ATP 计算所需库存和销售合单数据。

数据流描述：ATP 的计算中先需要计算 MPS 的值，在计算 MPS 的值时需要使用计划订单的结果。

数据来源：ATP 计算所需库存和销售数据输入。

数据终点：初次 ATP 结果计算。

数据组成：物料代码 + 物料在途量 + 在库量 + 计量单位 + 周起始日 + 销售合单值。

数据处理编号：1.5.2。

数据处理名称：初次 ATP 结果计算。

数据处理描述：ATP 的计算公式参见公式 (4-1) ～公式 (4-3)。限于篇幅此处不再重复。在 MPS 中由于计算的是顶层物料的 ATP，所以无上阶计划订单 POR 展开量。本次设计时未考虑"调出 (t)"这一因素。对于客户订单，采用的是用一周的订单合单值这一数据代表客户订单的数值。

相关数据项：可答应量 (本次处理逻辑产生)+ 物料代码 + 计量单位 + 周起始日 + 销售合单值 + MPS + 在库量 + 在途量。

数据处理编号：1.5.3。

数据处理名称：ATP 结果负值调整。

数据处理描述：除了第一期 ATP 可以为负之外，其余期别 ATP 的结果必须为非负，即其负值需要用前面期别的正值进行抵扣，详细的一系列公式和算法逻辑参见"可答应量 ATP 算法解析"一小节内容。

相关数据项：可答应量 (本次处理逻辑更新)+ 物料代码 + 计量单位 + 周起始日。

（五）MPS 教学计划系统第三层数据流程图 1（PORC 和 POR 计算）

MPS 教学计划系统第三层次 PORC 和 POR 计算的数据流程图参见图 11-6。由于 MPS 的计划订单计算和 MRP 的计划订单计算采取相同方式，因此所需的数据项、数据流同样也是一致的，故 MPS 计划订单计算详情参见上一章 MRP 部分的计划订单计算的数据流程图，此处不再解释。

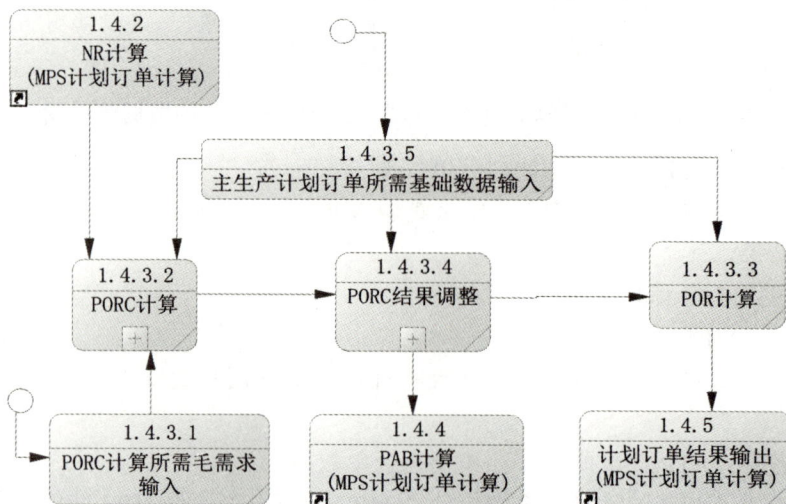

图 11-6　MPS 教学计划系统第三层次 PORC 和 POR 计算的数据流程图

（六）MPS 教学计划系统第四层数据流程图 1(PORC 计算）

MPS 教学计划系统第四层次 PORC 计算的数据流程图参见图 11-7。鉴于其与 MRP 系统中的 PORC 处理相同，此处也略去其数据字典的解释。

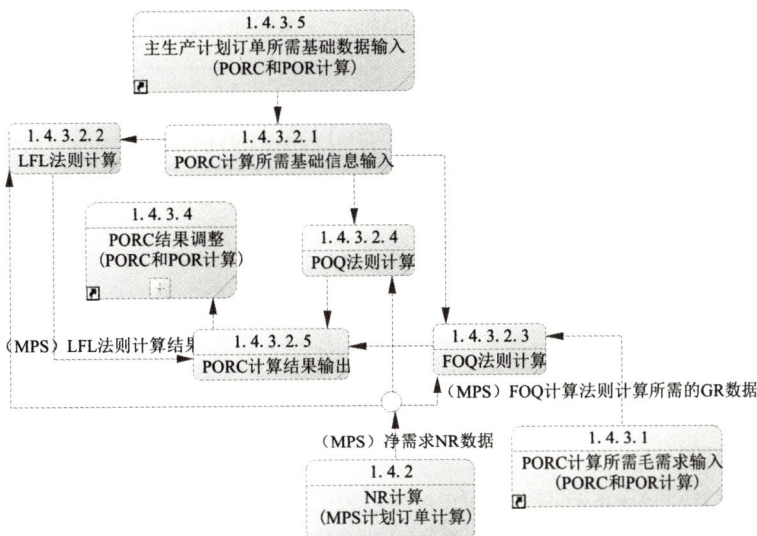

图 11-7　MPS 教学计划系统第四层次 PORC 计算的数据流程图

（七）MPS 教学计划系统第四层数据流程图 1（PORC 结果调整 DFD 图）

MPS 教学计划系统第四层 PORC 结果调整的数据流程图见图 11-8。详情因与 MRP 章类似故省略。

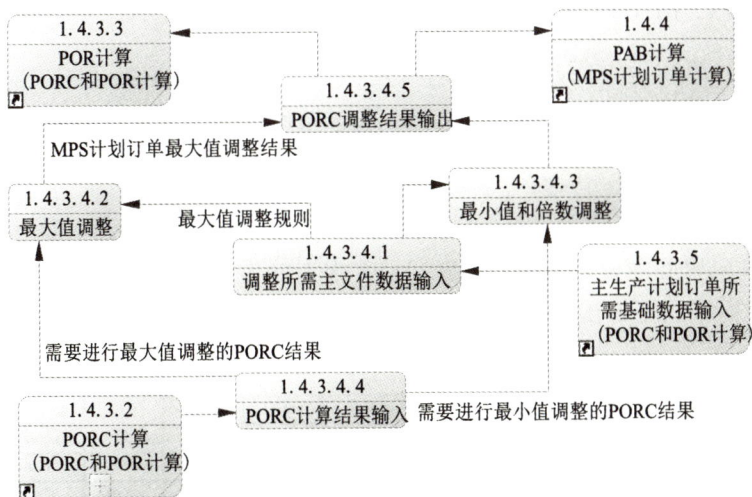

图 11-8　MPS 教学计划系统第四层次 PORC 结果调整的数据流程图

第二节　MPS 教学计划系统的设计

一、系统功能结构设计

MPS 教学计划系统的功能设计参见图 11-9。

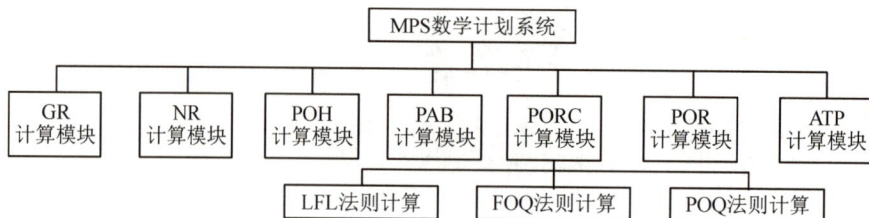

图 11-9　系统功能结构图

MPS 教学计划系统包含 GR、NR、POH、PAB、PORC、POR、ATP 七大计算模块。其中，较重要和核心的模块是 GR 计算模块 (此处实现的是时栅法 GR 计算)、PORC 计算模块和 ATP 计算模块。这些模块之间功能上相互联系，数据的流动较为频繁。GR 计算模块负责 MPS 物料毛需求的计算，是 MPS 计划系统整个计算的起始。PAB 计算模块、POH 计算模块、NR 计算模块主要计算的是 PORC 计算时所需要的中间数据。其中，POH 计算模块、PAB 计算模块与 PORC 计算模块之间数据交互的形式是循环往复的。PORC 计算模块的功能为使用三种不同的批量法则计算出各期的 PORC 值：逐批法 LFL、定量批量法 FOQ 和定期批量法 POQ。POR 计算模块根据 PORC 计算模块已计算出的各期 PORC 值，得到各期别的 POR 值。ATP 模块则是在 PORC 计算得出数据的基础上，再调用订单合计数据和物料在途数据，进行 ATP 数据的计算和调整。

二、输入 / 输出设计

界面设计的原则是界面友好，同时满足保证教学需求。MPS 教学过程中，需要更好展示 MPS 相关多种计算公式的效果，还要满足教学过程中频繁的查询需要，包括使用大量的表格或同时显示多个期别的数据；这都与 ERP 商业软件有较大不同。

（一）输出设计

MPS 的输出界面主要是 MPS 报表，MPS 报表的界面设计为了更清晰地显示各个期别的数据，故而采用了输出报表的方式，参见图 11-10。

物料代码:	X0001		查看报表							
LT=1	OH=	200.0	AL=	0.0	SS=20.0	Yield=1.0	LSR=FOQ		LS=60.0	n=2.0
Periods	Due	20180618	20180625	20180702	20180709	20180716	20180723	20180730	20180806	
GR	0.0	88.0	59.0	60.0	94.0	70.0	70.0	80.0	70.0	
SR	0.0	10.0	0.0	0.0	0.0	0.0	0.0	0.0	0.0	
POH	0.0	122.0	63.0	3.0	-31.0	-41.0	9.0	-11.0	-21.0	
PAB	0.0	122.0	63.0	63.0	29.0	79.0	69.0	49.0	39.0	
NR	0.0	0.0	0.0	17.0	51.0	61.0	11.0	31.0	41.0	
PORC	0.0	0.0	0.0	60.0	60.0	120.0	60.0	60.0	60.0	
POR	0.0	0.0	60.0	60.0	120.0	60.0	60.0	60.0	0.0	
MPS		10.0	0.0	60.0	60.0	120.0	60.0	60.0	60.0	
ATP		122.0	0.0	-188.0	-148.0	6.0	-29.0	-1.0	44.0	
ATP Adjust		-238.0	0.0	0.0	0.0	0.0	0.0	0.0	44.0	

图 11-10　MPS 报表界面

（二）输入设计

预测信息输入是通过图 11-11 中显示的预测设定界面实现的。预测设定界面中的周起始日代表的是从当前的周至未来第八周的各个星期一，对应的是从当前开始的八个期别。与周起始日对应的表单是周预测值，周预测在本系统中暂时是由人工输入。

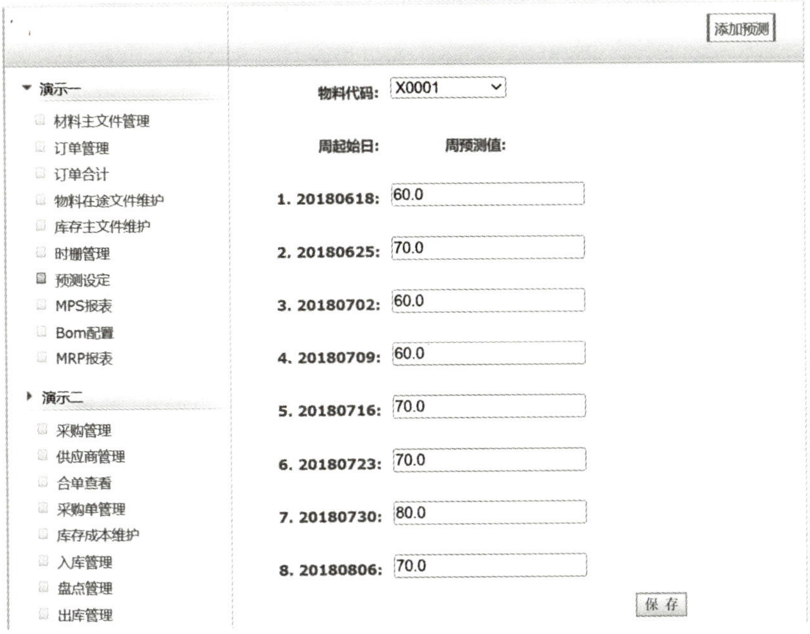

图 11-11　预测信息设定界面

时栅管理界面设定物料的需求时栅和计划时栅，参见图 11-12。

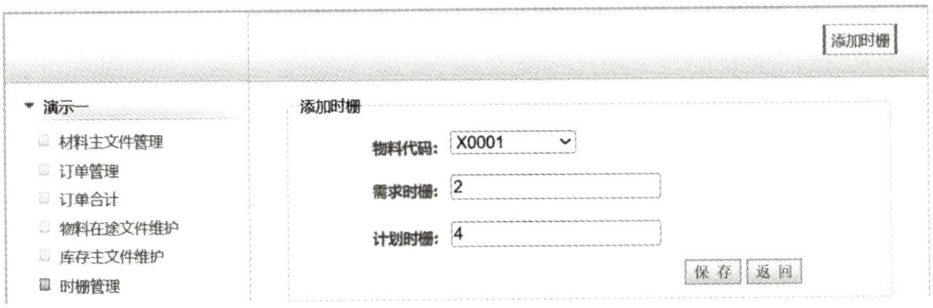

图 11-12　时栅管理界面

第三节　MPS 教学计划系统的算法设计与实现

一、时栅法 GR 的算法设计与实现

时栅法计算 GR 是一种考虑了客户订单的过滤需求、分摊了供给的毛需求计算方法。计划员通过系统的时栅维护功能，设定计划时栅和需求时栅数值（需求时栅小于计划时栅）。而相关数据流程简述如下：从销售订单合单中得到各期的需求 Sumption（在软件中需求的来源是客户订单的合计，数据项为 Sumption），然后从销售预测管理模块中得到对客户订单的各期预测数据 WeekForecast，然后应用时栅法直接计算 GR。相

应计算规则示例如下：现在假设已设定需求时栅 DTF=2 和计划时栅 PTF=4，①第 1、2 期的 GR 就等于所对应期别的 Sumption；② 第 3、4 期的 GR=MAX(Sumption(i)、WeekForecast(i))；③ 第 5、6、7 期的 GR=WeekForcast(i)。参见表 11-1 和图 11-13。

表 11-1　时栅法计算 GR 的订单合计与预测数据示例

X0001	逾期	第 1 期	第 2 期	第 3 期	第 4 期	第 5 期	第 6 期	第 7 期	第 8 期
订单合计		88	59	40	94	25	28	45	16
预测		60	70	60	60	70	70	80	70

物料代码: X0001				版本: 1			查看报表	Get GR Report	
Periods	**Due**	**20180618**	**20180625**	**20180702**	**20180709**	**20180716**	**20180723**	**20180730**	**20180806**
X0001(LT=1)	OH=	200.0	AL=	0.0	SS=20.0	Yield=1.0	LSR=FOQ		LS=60.0	n=2.0
In.Dmd	0.0	88.0	59.0	40.0	94.0	25.0	28.0	45.0	16.0
GR	0.0	88.0	59.0	60.0	94.0	70.0	70.0	80.0	70.0
SR	0.0	10.0	0.0	0.0	0.0	0.0	0.0	0.0	0.0
POH	0.0	122.0	63.0	3.0	-31.0	-41.0	9.0	-11.0	-21.0
PAB	0.0	122.0	63.0	63.0	29.0	79.0	69.0	49.0	39.0
NR	0.0	0.0	0.0	17.0	51.0	61.0	11.0	31.0	41.0
PORC	0.0	0.0	0.0	60.0	60.0	120.0	60.0	60.0	60.0
POR	0.0	0.0	60.0	60.0	120.0	60.0	60.0	60.0	0.0
MPS		10.0	0.0	60.0	60.0	120.0	60.0	60.0	60.0
ATP		122.0	0.0	-188.0	-148.0	6.0	-29.0	-1.0	44.0
ATP Adjust		-238.0	0.0	0.0	0.0	0.0	0.0	0.0	44.0

图 11-13　MPS 报表

时栅法计算 GR 的具体实现代码如下：

```
// 时栅法获取 GR 值
public Map<String，Float> getMPS_GR(Long materialId) {
    Map<String，Float> rs_gr = Maps.newHashMap();
    // 获取时栅
    TimeGrating timeGrating = timeGratingService.findTimeGratingByMaterialId(materialId);
    // 获取物料预测值
    List<Forecast> forecastList = forecastService.findForecastByMaterialId(materialId);
    Long dtf = timeGrating.getDtf();
    Long ptf = timeGrating.getPtf();
    Float tempValue = 0f;
    for (int i = 1；i <= 8；i++) {
        // 获取合单结果
        Float sumValue = orderService.sumOrderBy(materialId，i);
        Float forecastValue = forecastList.get(i - 1).getWeekForecast();
        if (i <= dtf) {
```

```
            tempValue = sumValue;
        }
        if (i > ptf) {
            tempValue = forecastValue;
        }
        if (i > dtf && i <= ptf) {
            tempValue = Math.max(sumValue, forecastValue);
        }
            tempValue = NumberTool.round1Point(tempValue);
            rs_gr.put("period_" + (i - 1), tempValue);
        }
        return rs_gr;
    }
```

二、PORC 和 POR 的算法设计与实现

（一）PORC 运算

首先系统需要获取物料的各期 NR(t) 值。当某期 NR(t) = 0 时，则该期 PORC(t) 的值为 0。若某期 NR(t) 不为 0，则判断 LSR(从材料主文件 IM 获得该 materialId 对应的批量法则 LSR) 使用的是 ｛LFL，POQ，FOQ｝中的哪一个批量法则。

(1) 若 LSR = LFL(逐批法)。该法则使得 PORC(t) 值等于 NR(t) 数值，计算参见公式 (10-1)。

(2) 若 LSR = POQ(定期批量法)。该法则计算参见公式 (10-2)。注意：公式中 n 等于材料主文件 IM 中 PurInt 的值。计算案例示范参见表 2-11。前文指明 PORC 计算公式 (10-1) 还不是最严谨的，其未考虑后面 n–1 期中又出现的 SR 非零信息，这将影响后面 n–1 期净需求结果。

(3) 若 LSR = FOQ(定量批量法)。该法则在 NR(t) 大于 0 时从材料主文件 IM 中获取该 materialId 的 LS 值 (订购量) 并做如下判断：当 NR(t) 小于等于 LS 值时，直接取 LS 值；当 NR(t) 大于 LS，则取 LS(订购量) × Mul(倍数)[Mul(倍数) 从材料主文件中获取]，即该值结果为 NR(t) 向上取整最接近的 LS(订购量) 的倍数。例如 NR = 70，LS = 50，则该方法下的 PORC = 50 × 2 = 100。相应计算参见公式 (2-6)。

（二）PORC 调整

PORC 根据库存设定的最大值与最小值调整。

1. 最小值和倍数调整

将初步得到的 PORC(t) 数值进行 MinPur(最小订购量) 和 Mul(超出部分增量的倍数)(从材料主文件 IM 中获取) 调整。具体调整如下：

当 PORC(t) ≤ MinPur 时，调整为新的 PORC(t) = MinPur；当 PORC(t) > MinPur 时，新的 PORC(t) = MinPur + CEILING((原来的 PORC(t) – MinPur)，Mul)。其中，CEILING(X, Y)

为向上取整函数，即 X 以 Y 为基准值向上取整。例如：对于 MinPur=100 和 Mul=10，若原来的 PORC(t)=121，新的 PORC(t)=100+CEILING((121 − 100)，10)=100+30=130。

　　前文讲解 MRP 教学计划系统时曾经指出，本次设计对任何一种批量法则的初步 PORC 结果都进行最小值和倍数的调整，如此设计依据是为了灵活应对物料部分自制、部分外包/采购情况。事实上，这种设计还可以降低信息系统的复杂性，即不需要区分不同的批量法则而采用不同的信息处理流程。这意味着优良的管理属性设置与管理流程构建，可以在保证 ERP 功能强大的同时又降低 ERP 的复杂性。当然，矛盾的 ERP 系统的结构/运作复杂性与 ERP 系统性能之间的相互匹配与优化，需要高素质信管人员的更多思考。

2. 最大值调整

　　用 POQ、LFL、FOQ 三个批量方法的最后一步均是将 PORC 值与 MaxPur(最大订购量) 比较。若 PORC 值小于等于 MaxPur(最大订购量)，则对该 PORC 进行保存；若 PORC 值大于 MaxPur(最大订购量)，则提示："请注意 PORC 数值已经大于 MaxPur(最大订购量)"。

（三）POR 计算

　　从 MPS 循环计算中获得 WeekStart 的各期 PORC 数据，并从材料主文件中调用对应物料 materialId 的 LT 值后，可计算得到相应各期 POR 数据。POR 的计算结果示例参见前文图 11-13 中 LT=2 的物料 X0001 的例子。POR 的计算公式参见第二章公式 (2-8)。

（四）PORC/POR 算法代码实现

　　PORC 和 POR 两部分的算法代码实现可扫描二维码查看。

代码二：PORC
和 POR 算法代码

三、ATP 的算法设计与实现

　　ATP 计算相关 MPS 公式、ATP 公式和已承诺量公式参见第四章公式 (4-1) ～公式 (4-3)。此处不再重复。与第四章案例讲解中未考虑公式中"调出"数据一样，此处 ERP 教学软件中也未考虑"调出"。但鉴于已承诺量可包含相关需求特性的上阶计划订单展开量，故对该已承诺量的处理是用物料的毛需求作为已承诺量。读者可以考虑以下问题：对将毛需求作为已承诺量的简化处理，可能引发的销售管理和库存管理中的管理漏洞是什么？

　　在计算得到各期别 ATP 初始数值后，可能还需调整初始的 ATP 负值，即将非首期的各期 ATP 负值上调至 0。其管理理念是用已有 ATP 弥补欠交的 ATP。通常在实际 ERP 软件中，该 ATP 负值调整有顺向冲销 (即扣减)ATP 或逆向冲销 ATP 两种方式：前者是用将来期别的多余供给来弥补当期或者前期的过度需求，后者则用前期的多余产量/供给弥补后期的过度需求。相对于前一种做法，后一种做法是比较可靠的保守策略。本 ERP 教学软件中 ATP 负值调整都采用逆向冲销方法，即"可答应量 ATP 算法解析"小节中方法。本 ERP 教学软件在实现 ATP 计算与调整时，将客户订单 CO(实际是客户

订单累计值) 替换为毛需求。

获取 ATP 的代码如下 :

```java
public Map<String，Float> getMPS_ATP(Long materialId) {
    Map<String，Float> rs_atp = Maps.newHashMap();
    for (int i = 1； i <= 8； i++) {
        rs_atp.put("period_" + (i - 1),this.getMPS_ATP_byPeriod(materialId,i));
    }
    return rs_atp；
}
@Override
public Float getMPS_ATP_byPeriod(Long materialId，int period) {
    Float atp = 0f；
    Map<String，Float> mpsMap = this.getMPS_MPS(materialId)；
    Float oh = this.getMPS_OH_byPeriod(materialId，1)；
    Float sr_0 = 0f；
    int n = 8；
    for(int i=period；i<9；i++){
        if(mpsMap.get("period_"+(i-1))>0){
            n = i；
            break；
        }
    }
    Float mps = this.getMPS_MPS_byPeriod(materialId，period)；
    if(period == 1){
        Float sum_s = this.getSumEnd(materialId，n)；
        atp = oh + sr_0 + mps - sum_s；
    }else{
        if(mps == 0f){
            atp = 0f；
        }else if(mps > 0f){
            Float sum_s = this.getSumStart(materialId，n)；
            atp = mps - sum_s；
        }
    }
    return NumberTool.round1Point(atp)；
}
```

ATP 负值调整的代码如下 :

```java
private Map<String，Float> adjustATP(Map<String，Float> rs_atp){
    Map<String，Float> rs_atp_clone = Maps.newHashMap()；
```

```
if(rs_atp != null){
        for(String gr_key：rs_atp.keySet()){
                rs_atp_clone.put(gr_key，rs_atp.get(gr_key));
        }
        for (int i = 7； i > 0； i--) {
                Float atp = rs_atp_clone.get("period_" + i);
                if(atp < 0){
                        rs_atp_clone.put("period_" + i，0f);
                        for(int j=i-1； j>=0； j--){
                                Float atpIn = rs_atp_clone.get（"period_" + j);
                                if(atpIn != 0f){
                                        rs_atp_clone.put（"period_" + j,
                                        atpIn+atp)；
                                        break；
                                }
                        }
                }
        }
}
return rs_atp_clone； }
```

💡 分析与设计挑战题

　　主生产计划 MPS 中可答应量 ATP 负值的调整有顺向冲销 ATP 和逆向冲销 ATP 两种方式：本书之前重点讲解的是逆向冲销。请问对于顺向冲销做法，即用将来期别的多余供给来弥补当期或前期的过度需求，你能给出计算流程与相应公式及其结构化分析的分析与设计结果吗？

第十二章　闭环式 MRP 教学计划系统的分析、设计与实现

本章要点

视频讲解

● 闭环式 MRP 教学计划系统的分析。
● 闭环式 MRP 教学计划系统的设计。
● MRP/MPS 自动计算最关键的 GR 相关预测冲销算法和滚动逻辑算法的设计分析与实现。

前面两章第一版本 ERP 原理教学系统的系统分析、设计与实现，基本遵循结构化系统开发方法。这种方法的优点在于，首先让信管专业学员通过严谨的数据流程图 DFD 和数据字典 DD 等将异常复杂的管理逻辑 (如需实现自动计算的 MRP 逻辑/MPS 逻辑) 理解清楚、分析清楚，只有这样才能更好地与软件开发人员进行充分交流。

然而，在开发新增闭环式 MRP 计划滚动考虑的第二版本 ERP 原理教学系统时，鉴于第一版本 ERP 原理教学系统可以作为开发的原型，信管人员与软件开发人员可以以更直观、更简捷的方式 (如案例) 进行交互。第二版本 ERP 原理教学系统的基本原理参见第三章中闭环式 MRP 动态逻辑的讲解及第六章中 MRP Ⅱ 制造管理 (尤其是其中加工单管理) 的讲解。本章闭环式 MRP 教学计划系统的系统分析、设计与实现的讲解，不再严格遵循结构化系统开发套路，而是更多呈现信管人员与软件开发人员之间更真实的、更直观、更简捷的交互。这种更直观、更简捷的交互，将借鉴易飞 ERP 软件帮助文档示例，特别是其中的作业功能说明和系统使用说明。类似于易飞 ERP 软件帮助文档中这两种说明文档，本章作业功能说明将说明闭环式 MRP 教学系统中各项作业的目的、使用时机、屏幕格式、字段说明、操作说明或报表格式、信息处理等，以便开发人员详细了解每项作业；本章系统使用说明借鉴闭环式 MRP 的紧密逻辑关联，说明某个业务需要按部就班地做那些关联作业。

本章教学系统开发的讲解也将围绕闭环式 MRP 动态逻辑案例展开。其中，动态逻辑案例每周实际业务的核心 (亦难点) 是围绕加工单状态变化展开的，该加工单状态包括：计划加工单、已确认加工单 (即固定计划订单)、批量、已分解加工单、已备料加工单、已下达加工单、已结加工单。鉴于"批量"是应对大量加工单手工输入系统时才有的状态，本 ERP 教学系统无需大量加工单手工输入，故而不考虑这个"批量"状态；相应剩余其他加工单状态的系统分析与设计也将成为闭环式 MRP 教学计划系统的系统分析、设计与实现的核心。

第一节 闭环式 MRP 教学计划系统的分析与设计

一、第一次 MPS/MRP 计划相关案例的基础数据与结果

表 12-1 为本章讲解所对应的 BOM 信息，图 12-1 为父件 X0001 物料的 MPS 报表，图 12-2 为子件 B0010 的 MRP 的报表，图 12-3 为子件 C0010 的 MRP 的报表。

表 12-1　BOM 结构表

structrueId	childID	QP	OT	Sraprate
X0001	B0010	1	0	0%
X0001	C0010	1	0	0%

X0001	LT=1	OH=180	AL=0	SS=100	LSR=	LFL	MinPur	=180	
Periods	Due	20111121	20111128	20111205	20111212	20111219	20111226	20120102	20120109
GR	0	100	200	100	200	100	200	100	200
SR	0	180	0						
POH		260	60	140	−60	20	0	80	60
PAB		260	240	140	120	200	180	260	240
NR		0	40	0	160	80	100	20	40
PORC		0	180	0	180	180	180	180	180
POR	0	180	0	180	180	180	180	180	

图 12-1　X0001 的 MPS 报表

B0010	LT=2	OH=400	AL=180	SS=0	LSR=	LFL	MinPur	=200	
Periods	Due	20111121	20111128	20111205	20111212	20111219	20111226	20120102	20120109
In.Dmd		0	0	0	0	0	0	0	0
GR	0	180	0	180	180	180	180	180	0
SR	0	0							
POH		40	40	−140	−120	−100	−80	−60	140
PAB		40	40	60	80	100	120	140	140
NR		0	0	140	120	100	80	60	0
PORC		0	0	200	200	200	200	200	0
POR	0	200	200	200	200	200	0		

图 12-2　B0010 的 MRP 报表

C0010	LT=2	OH=400	AL=100	SS=20	LSR=	LFL	MinPur	=200	
Periods	Due	20111121	20111128	20111205	20111212	20111219	20111226	20120102	20120109
In.Dmd		0	0	0	0	0	0	0	0
GR	0	180	0	180	180	180	180	180	0
SR	0	100								
POH		220	220	40	−140	−120	−100	−80	120
PAB		220	220	40	60	80	100	120	120
NR		0	0	0	160	140	120	100	0
PORC		0	0	0	200	200	200	200	0
POR	0	0	200	200	200	200	0		

图 12-3　C0010 的 MRP 报表

二、计划 (P) 加工单的分析与相关设计

在前两章所示的 ERP 原理教学系统第一版本的设计与实现中，为了设计的简洁和数据存储的方便，故而并没有将计划订单结果 PORC 和 POR 保存在数据库中 (只保存了一些基础数据和订单数据)。然而，闭环式 MRP 某次计划所需保留量 AL、在库量 OH 和物料在途量 SR 三类已知数据，是在上次计划 AL、OH、SR 数据基础上，对前后两次 MPS/MRP 计划之间的企业运作实务 (该实务主要是针对 PORC/POR 以及 SR 的发单与收货) 应用滚动逻辑计算得到的。因此，在闭环式 MRP 系统中，每次计算完 MPS/MRP 报表后需对 PORC 和 POR 数据进行保存，形成一张表单，参见图 12-4。此表单需自动编号，编号形式为"物料代码编号 + 属性代码 +XXX"，如 B0010P001 的中间字母"P"代表建议计划状态。

物料代码	X0001	**LT=1**							
Periods	**Due**	**20111121**	**20111128**	**20111205**	**20111212**	**20111219**	**20111226**	**20120102**	**20120109**
PORC		0	180	0	180	180	180	180	180
POR	0	180	0	180	180	180	180	180	
计划订单编号		X0001 P001		X0001 P002	X0001 P003	X0001 P004	X0001 P005	X0001 P006	

图 12-4　需对 PORC/POR 新增保存的计划订单编号的表单结构

因为闭环式 MRP 比开环式 MRP 更复杂，所以需要新增或重新定义一些数据项。例如：在开环式 MRP 中，由于 AL、OH、SR 三类数值是由计划人员输入并且只是一次性应用于当前 MPS/MRP 计划的计算，所以 AL、OH、SR 在数据库后台中并不需要指明其期别。但在闭环式 MRP 中，当前计划所需的当期 AL 与 OH 以及各期 SR，是在上次 MPS/MRP 计划的 AL、OH 和 SR 三类数值基础上，经过滚动逻辑得到的。所以，需要对 AL、OH 和 SR 这三类数值在时间序列上进行区别。表 12-2 是与开环式 MRP 开发相比，闭环式 MRP 教学系统开发所需新增或重新定义的数据项，其中蓝色标注的是

有所调整的数据项，蓝色加粗标注的则是新增的数据项。另外，前后两个版本系统所需的数据表参见附录 2 中的表格，其中蓝色字段或蓝色表格表示第二版基于第一版教学系统新发展的管理属性，亦即新的字段。

表 12-2　闭环式 MRP 教学计划系统开发所有调整的或新增的数据项

列名	字段名	类型	可否为空	备　注
materialId	物料代码	Char(5)	否	主键
por(t)	订单接收	Float	否	订单发放，t 表示期别
oh(0)	上周在库量	float	否	物料上一期别的在库量
oh(1)	本周在库量	Float	否	物料本期别在库量
al(0)	上周保留量	Float	否	上周系统计算所采用物料保留量
al(1)	本周保留量	Float	否	本周系统计算所采用物料保留量
sRRcv	在途量收料	Float	否	到达时被需求方接收时所接收的数量
addAL(t)	新增保留量	Float	否	由于上阶父件物料计划订单的发放而对子件产生的保留量增加的部分
aldel	保留量冲销	FLoat	否	上阶父件物料计划订单的领料的完成而使子件物料原有保留量中被减少的部分
accident	意外消耗	Float	否	物料在生产过程中意外消耗量
planOrderE	计划订单编号	text	否	计划订单编号，表示计划订单
state	计划订单状态	Char(1)	否	标示计划订单当前状态，确认、冻结、完结
planRevdate	计划接收日期	datetime	否	物料计划被接收的日期

三、已确认 (F) 加工单的分析与相关设计

（一）相关程序名称及其作业目的

已确认 (F) 加工单相关的程序名称为"订单确认"，其作业目的是对状态为计划 (P) 的加工单进行确认，形成固定计划订单 FPO。

（二）相关作业界面及其中字段说明

"订单确认"作业的界面设计参见图 12-5。

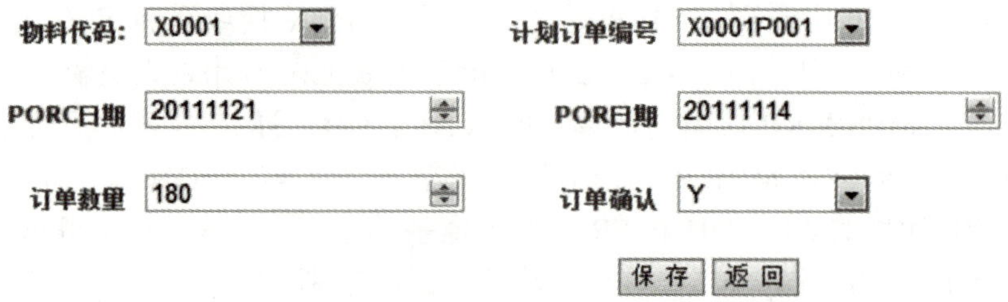

图 12-5　"订单确认"作业的界面设计

图 12-5 界面中各字段说明如下：

(1) "物料代码"是一个下拉选择的字段，数据的来源为材料主文件 IM。

(2) "计划订单编号"来源于类似图 12-4 中的计划订单编号，形式为选择式下拉框，范围仅限于同一个物料中"状态属性"为 P 的计划订单的编号。

(3) "POR 日期"为该计划订单编号对应的计划订单发出 (POR) 的日期 (由系统自动填入)，如图 12-5 中编号为 X0001P001 的计划订单所对应的 POR 日期为 20111114。

(4) "PORC 日期"为该计划订单编号对应的计划订单收料 (PORC) 的日期 (由系统自动填入)，如图 12-5 中编号为 X0001P001 的计划订单所对应的 PORC 日期为 20111121。

(5) "订单数量"为该计划订单编号对应的 PORC/POR 的数量 (由系统自动填入)，如图 12-5 中编号为 X0001P001 的计划订单所对应的数量为 180。

(6) "订单确认"为下拉式选择框，值为"Y"(是) 或者"N"(否)，默认为"Y"。

（三）相关作业重点说明

在"订单确认"中选择属性"Y"并保存之后，加工单的状态需由计划 (P) 变更为已确认 (F)。如物料 X0001 的 X0001P001 计划订单被确认之后，其订单编号将由图 12-5 中的"X0001P001"转变为图 12-6 中的"X0001F001"。本确认运作完成之后，可进入后续冻结加工路线的操作。

四、已分解 (E) 加工单的分析与相关设计

（一）相关程序名称及其作业目的

已分解 (E) 加工单相关的程序名称为"订单冻结"，其作业目的是对某张计划 (P) 加工单或者已确认 (F) 加工单冻结某个 BOM 版本结构 (以便进行下阶子件的 BOM 分解) 以及相应的工艺路线。

（二）相关作业界面及其中字段说明

"订单冻结"作业的界面设计参见图 12-6。

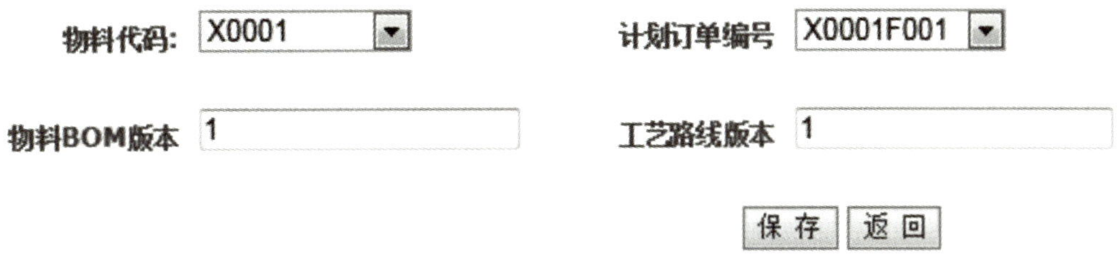

图 12-6　"订单冻结"作业的界面设计

图 12-6 界面中各字段说明如下：

(1) "物料代码"是一个下拉选择的字段，数据的来源为材料主文件 IM。

(2) "计划订单编号"的形式为选择式下拉框，范围仅限于同一个物料中"状态属性"为计划 (P) 或确认 (F) 的计划订单的编号。

(3)"物料 BOM 版本"是指此次物料分解所选定的 BOM 版本号，它从 BOM 配置中得到数据；选择计划订单编号后，自动带出对应的物料 BOM 版本，但此处可以手动修改。

(4)"工艺路线版本"是指此次物料加工所制订工艺路线的版本号，只能输入字符数据。

（三）相关作业重点说明

冻结某张加工单 BOM 版本和工艺路线之后，这张加工单的状态属性需由计划 (P) 或者已确认 (F) 变更为已分解 (E)。本冻结运作完成之后，可进入后续订单可用性检查的操作。

五、已备料 (A) 加工单的分析与相关设计

（一）相关程序名称及其作业目的

已备料 (A) 加工单相关的程序名称为"订单检查"，其作业目的是对已冻结 BOM 和工艺路线的某张已分解 (E) 加工单，检查其子件的可用性并进行相应子件的备料。

（二）相关作业界面及其中字段说明

"订单检查"作业的界面设计参见图 12-7。

物料代码：X0001 计划订单编号 X0001E000

物料BOM版本 1 子件 B0010

物料可用量 220 可用性检查 Y

保存 返回

图 12-7　"订单检查"作业的界面设计

图 12-7 界面中各字段说明如下：

(1)"物料代码"是指需检查某张加工单的子件物料可用性的父件物料代码。

(2)"计划订单编号"的数据范围是数据库中状态为已分解 (E) 的加工单编号。

(3)"物料 BOM 版本"是某个物料某张加工单所确定的 BOM 版本，因来源于 BOM 已经被冻结的已分解 (E) 加工单，故而此处 BOM 版本为系统自动填入。

(4)"子件"可以根据系统确认的物料 BOM 版本来选择，也可以不选择，不选择则默认表示检查所有子件的可用性。

(5)"物料可用量"是指某张已冻结加工单中所对应的子件在该期间的可用数量，其数值等于子物料 (B0010) 当前的在库量 − 当前的保留量 + 当前期别的在途量收料。

(6)"可用性检查"，当某子件某期可用量大于等于该子件该期因为所选已分解 (E) 加工单引发的毛需求 GR 时，系统将"可用性检查"自动标识为"Y"来表示检查通过；否则，将"可用性检查"自动标识为"N"来表示检查不通过。该"可用性检查"取值可人工修改。

（三）相关作业重点说明

(1) 若"可用性检查"取值为"Y"（无论是自动计算得出还是手动设置）并且保存后，需将已分解加工单编号中的状态由"E"变更为"A"（如 X0001E001 转变为 X0001A001），并且对相关子件新增相应的保留数量。此后，才可进行后续订单发放的操作。

(2)"可用性检查"自动计算得出"Y"值的逻辑，还需借助"物料可用量"的计算展开更充分论述才能讲解清楚。

对于父件某张已分解但未确认（即状态字母为 E）的加工单，其已冻结 BOM 中相关某个子件相应期别的物料可用量的计算公式为

$$
\begin{aligned}
子件相应期别的物料可用量 = {} & 该子件当前 OH(1) + \\
& 该子件该期别之前（含该期别）的 SR 累计值 - \\
& 该子件当前 AL(1) - \\
& 该子件该期别之前（不含该期别）毛需求 GR 累计值
\end{aligned}
$$

$$(12\text{-}1)$$

该公式中的 GR 仅是因该父件（即进行可用性检查的父件）已分解但未确认的加工单的 PORC 引发的 GR，不考虑其他父件引发的 GR。如果某个父件某张已分解加工单先通过了可用性检查，这个父件就有子件保留的优先权。

当父件某张已分解加工单相关所有子件都自动计算得出"可用性检查"取"Y"值，即所有的直接子件都通过了物料可用性检查时，这张已分解加工单的状态属性就自动变更为"A"并且相应子件数量被保留。为更好地向软件开发人员提供更直观的逻辑说明，常需给出更充分的案例及其说明。此处的细致讲解参见以下单个子件的案例和两个子件的案例。

假设父件 X0001 只有一个子件 B0010，相关 BOM 数据仍参见表 12-1。根据图 12-1 和图 12-2，可得出 X0001E001 和 X0001E002 引发的可用量计算结果（参见图 12-8）及其保存之后将会引发的状态变化，如加工单编号由 X0001E001 更改为 X0001A001（参见图 12-9）。

父件物料代码 X0001					子件 B0010，当前 OH(1)=400、AL(1)=180			
计划订单编号	POR 日期	PORC 日期	数量	状态	子件 SR	父件引发 GR	可用量	可用性检查
X0001E001	20111121	20111128	180	E	0	180	220	
X0001E002	20111205	20111212	180	E	0	180	40	
X0001P003	20111212	20111219	180	P	0	180		

图 12-8　单个子件的可用量检查前的示例

父件物料代码 X0001					子件 B0010，当前 OH(1)=400、AL(1)=180			
计划订单编号	POR 日期	PORC 日期	数量	状态	子件 SR	父件引发 GR	可用量	可用性检查
X0001A001	20111121	20111128	180	A	0	180	220	Y
X0001E002	20111205	20111212	180	E	0	180	40	N
X0001P003	20111212	20111219	180	P	0	180		

图 12-9　单个子件的可用量检查后的示例

对于父件 X0001 有两个子件 B0010 和 C0010(相关 BOM 数据仍参见表 12-1)，根据图 12-1、图 12-2 和图 12-3，可得出 X0001E001 和 X0001E002 引发的可用量计算结果 (参见图 12-10) 及其保存后将会引发的状态变化，如加工单编号由 X0001E001 更改为 X0001A001(参见图 12-11)。

父件物料代码 X0001					子件 B0010，当前 OH(1)=400、AL(1)=180			
计划订单编号	POR 日期	PORC 日期	数量	状态	子件 SR	父件引发 GR	可用量	可用性检查
X0001E001	20111121	20111128	180	E	0	180	220	
X0001E002	20111205	20111212	180	E	0	180	40	
X0001P003	20111212	20111219	180	P	0	180		
父件物料代码 X0001					子件 C0010，当前 OH(1)=400、AL(1)=100			
计划订单编号	POR 日期	PORC 日期	数量	状态	子件 SR	父件引发 GR	可用量	检查可用性
X0001E001	20111121	20111128	180	E	100	180	400	
X0001E002	20111205	20111212	180	E	0	180	220	
X0001P003	20111212	20111219	180	P	0	180		

图 12-10　所有两个子件的可用量检查前的示例

注意：对于 X0001E001，只检查了 B0010 子件的可用性之后，状态属性和加工单编号中的状态字母都不会改变，只有同一张已冻结加工单的所有子件都通过可用性的检查，该单的状态属性和加工单编号中的状态字母才会由"E"更改为"A"，例如图 12-11 下面的 X0001A001 与 X0001E002，前者状态变为"A"，后者仍为"E"。而对于没有通过可用性检查的已冻结加工单 (如 X0001E002)，需要计划部门重新排程。

父件物料代码 X0001					子件 B0010，当前 OH(1)=400、AL(1)=180			
计划订单编号	POR 日期	PORC 日期	数量	状态	子件 SR	父件引发 GR	可用量	可用性检查
X0001E001	20111121	20111128	180	E	0	180	220	Y
X0001E002	20111205	20111212	180	E	0	180	40	N
X0001P003	20111212	20111219	180	P	0	180		
父件物料代码 X0001					子件 C0010，当前 OH(1)=400、AL(1)=100			
计划订单编号	POR 日期	PORC 日期	数量	状态	子件 SR	父件引发 GR	可用量	检查可用性
X0001A001	20111121	20111128	180	A	100	180	400	Y
X0001E002	20111205	20111212	180	E	0	180	220	Y
X0001P003	20111212	20111219	180	P	0	180		

图 12-11　所有两个子件的可用量检查后的示例

六、已下达 (R) 加工单的分析与相关设计

(一) 相关程序名称及其作业目的

已下达 (R) 加工单相关的程序名称为"订单发放"，其作业目的是对某张已备料 (A)

加工单下达确定发放的指令。

（二）相关作业界面及其中字段说明

"订单发放"作业的界面设计参见图 12-12。

物料代码: X0001 ▼   版本: 1 ▼   查看报表

计划订单编号	POR日期	PORC日期	订单数量	状态属性	子件SR	毛需求	可用量	检查可用性	操作
X0001A001	20111121	20111128	180.0	A	180.0	100.0	220.0	Y	发放
X0001E002	20111205	20111212	180.0	E	0.0	100.0	40.0	N	
X0001P003	20111212	20111219	180.0	P	0.0	200.0	0.0		
X0001P004	20111219	20111226	180.0	P	0.0	100.0	0.0		
X0001P005	20111226	20120102	180.0	P	0.0	200.0	0.0		
X0001P006	20120102	20120109	180.0	P	0.0	100.0	0.0		
B0010P001	20111128	20111212	200.0	P	0.0	0.0	0.0		
B0010P002	20111205	20111219	200.0	P	0.0	180.0	0.0		
B0010P003	20111212	20111226	200.0	P	0.0	180.0	0.0		
B0010P004	20111219	20120102	200.0	P	0.0	180.0	0.0		

图 12-12   "订单发放"作业的界面设计

图 12-12 界面中各字段说明如下：

(1)"物料代码"是一个下拉选择的字段，数据的来源为材料主文件 IM。

(2)"版本"为 BOM 版本编号（系统自动填入）。

(3) 点击"查看报表"即可得到图 12-12 所示的结果。

(4) 在操作栏中点击"发放"，则相应的计划订单将被发放至生产执行部门或采购部门。发放后的结果参见图 12-13。

物料代码 X0001						
物料订单编号	POR 日期	PORC 日期	计划订单数量	修改数量	状态属性	确认发放
X0001R001	20111121	20111128	200		R	*
X0001R002	20111205	20111212	200		R	*

注：1."修改数量"的值可正可负，需要手工输入。

2. 新的计划订单数量 = 原有的计划订单数量 + 订单修改量。

图 12-13   计划订单确认发放结果（确认发放之后的结果）

（三）相关作业重点说明

(1) 可以进行发放操作的加工单是那些状态属性为 A 的加工单，亦称为待发放加工单。

(2) 对于某张待发放加工单，如果其对应的子物料的确认发放属性都确认为"发放"，则将加工单状态由 A 转变为 R，相应加工单编号变更为"物料代码 +R+XXX"（如 X0001R001）。

(3) 本界面完成之后可进入子物料意外消耗界面或者计划订单接收界面进行操作。

(4)"确认发放"表示是对计划订单发放的确认，在本系统中设定只有状态属性为A 的计划订单才可以被确认发放。

图 12-13 中，确认了一张订单 (标记为 *)，则这张订单对应的状态属性变更为 R。当下一次 (下一周) 计算 X0001 的报表时，本周所确认的订单对应的 $PORC(t)$ 的值成为 $SR(t)$ 的值，即下一次运作时下周的 SR= 本周 PORC(20111128)=200。

七、子件物料意外消耗作业的分析与相关设计

（一）相关程序名称及其作业目的

子件物料意外消耗作业相关的程序名称为"物料意外消耗"，其作业目的是记录某张已发放加工单中子件物料意料外 (即非正常情况下) 的领用消耗/使用，以便对应 ERP 原理中对滚动逻辑的讲解。

（二）相关作业界面及其中字段说明

"子件物料意外消耗作业"的界面设计参见图 12-14。

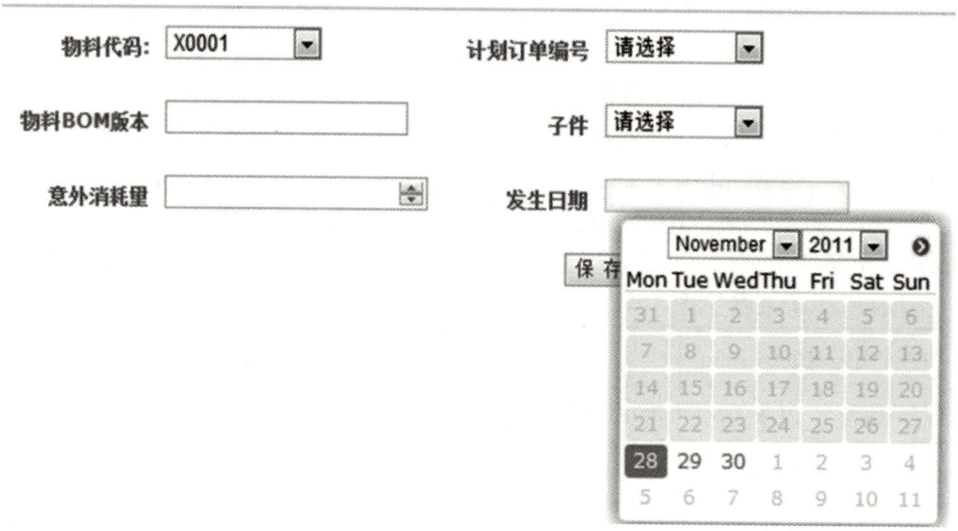

图 12-14 "子物料意外消耗"作业的界面设计

图 12-14 界面中各字段说明如下：

(1)"物料代码"是一个下拉选择的字段，数据的来源为材料主文件 IM。

(2)"计划订单编号"，其数据范围是数据库中状态为已发放 (R) 的加工单编号。

(3)"物料 BOM 版本"，即 BOM 版本编号 (系统自动填入)。

(4)"子件"，即系统自动填入的物料 BOM 中的某个子件。

(5)"意外消耗量"，即由计划人员手工输入的意外消耗量 (计划外消耗)，默认为 0。

(6)"发生日期"，即手工填入的意外消耗发生的日期 (以日为单位)。

（三）相关作业重点说明

当本次计划所需的所有子件物料意外消耗都录入系统之后，需要在系统中对所

有物料的总体意外消耗情况进行一个统计。设总意外消耗的数据项为 totalaccident，totalaccident(t)= 某物料当前期别 (如周) 内 accident 之和。totalaccident 即对应滚动逻辑中 "意外消耗"。

八、已结 (C) 加工单的分析与相关设计

（一）相关程序名称及其作业目的

已结 (C) 加工单相关的程序名称为 "计划接收"，其作业目的是对某张已发放 (R) 的加工单，接收其生产入库，以此表示一张计划加工单的完结状态。

（二）相关作业界面及其中字段说明

"计划接收" 作业的界面设计参见图 12-15。

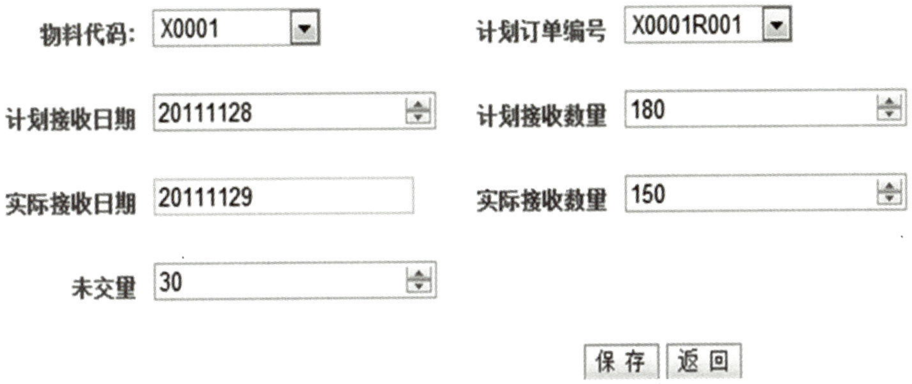

物料代码:	X0001	计划订单编号	X0001R001
计划接收日期	20111128	计划接收数量	180
实际接收日期	20111129	实际接收数量	150
未交量	30		

保存　返回

图 12-15　"计划接收" 作业的界面设计

图 12-15 界面中各字段说明如下：
(1) "物料代码" 是一个下拉选择的字段，数据的来源为材料主文件 IM。
(2) "计划订单编号"，其数据范围是数据库中状态为已发放 (R) 的加工单编号。
(3) "计划接收日期"，即该已发放 (R) 加工单的计划接收 PORC 日期 (系统自动填入)。
(4) "计划接收数量"，即该已发放 (R) 加工单的计划接收 PORC 数量 (系统自动填入)。
(5) "实际接收日期"，即该已发放 (R) 加工单的实际接收生产入库日期 (手工输入)。
(6) "实际接收数量"，即该已发放 (R) 加工单的实际接收生产入库数量 (手工输入)。
(7) "未交量"，即实际接收数量与计划接收数量相比的不足量。

（三）相关作业重点说明

1. 将未交量转变成 SR(Due)(即逾期在途量) 的逻辑

将同一个物料，按照同一个计划接收日期，将其未交量进行累计，记为 TotallackQ(i)。若计划接收日期 (i) 在下一次 MPS 或者 MRP 计算时，已经是过去的日期 (亦即逾期的日期)，TotallackQ(i) 就变成 SR(due)，并且更新在途物料维护文件中的 SR(0)，使其等于 SR(due)。例如：有两张 X0001 的订单，计划接收日期都为 20110516，未交量分别为 10 和 20，那么 X0001 的 totallackQ(20110516)=30，20110516

已经是过去的日期，那么现在若要进行 MPS 或者 MRP 计算，则 SR(due)=30。

2. 将加工单结案的逻辑，即将加工单的状态属性变更为 C 的逻辑

图 12-16 和图 12-17 中只显示满足属性为 R 且对应 PORC>0(如 20111128 的 PORC 大于 0) 的订单。只要实际接收数量与收料残次品数量之和等于计划接收数量，加工单状态属性和编号中订单状态属性字母就可变为 C，表示完结。

计划订单编号	计划接收日期	计划接收数量	实际接收日期	实际接收数量	收料残次品	状态属性
X0010R001	20111128	180	20111129			R
					确认	

图 12-16　完结状态变化演示 1

计划订单编号	计划接收日期	计划接收数量	实际接收日期	实际接收数量	收料残次品	状态属性
X0010C001	20111128	180	20111129	175	5	C
					结束	

图 12-17　完结状态变化演示 2

3. 客户收料残次品的后台逻辑

系统需要对每个物料每一期的收料残次品数量进行一个统计，统计的数据项设为 totalbad(t)，t 为期别。例如：对于 X0001 物料，假设有两张计划订单实际在同一期收料(即相同实际收料日期)，那么就对这个物料在这期的收料残次品进行统计，如订单 X0001R001 和 X0001R002(如 X0001R002 订单提前到货) 分别在日期 20211128 和 20211129 接收，属于同一周，残次品分别是 5 和 6，那么这一期 (20211127 对应的一期) X0001 的 totalbad(即残次品) 数量是 11。

九、客户提货作业的分析与相关设计

（一）相关程序名称及其作业目的

客户提货作业相关的程序名称为"客户提货"，其作业目的是记录某张客户订单的提货。

（二）相关作业界面及其中字段说明

"客户提货"作业的界面设计参见图 12-18。

图 12-18　"客户提货"作业的界面设计

图 12-18 界面中各字段说明如下：

(1) "物料代码"是一个下拉选择的字段，数据的来源为材料主文件 IM。

(2) "销售单号"，即销售系统中与该物料相对应的销售订单编号。

(3) "计划提货数量"，即销售系统中所选物料对应所选销售单号中的销售数量 (亦即计划提货的数量)。

(4) "计划提货日期"，即销售系统中所选物料对应所选销售单号中计划交货/提货日期。

(5) "实际提货数量"，即客户实际提走货物的数量。

(6) "实际提货日期"，即客户实际提走货物的日期。

(7) 当点击"保存"之后，即表示客户提货活动的终止，提货的记录将保存至数据库。

（三）相关作业重点说明

客户提货的后台逻辑是 comtotalGet= 同一物料同一周内 comGetQ(每次客户的实际提货数量) 之和，注意只统计当前周的情况且每次计算时覆盖上周的计算结果。

第二节　闭环式 MRP 教学计划系统相关核心算法设计与实现

一、预测冲销法的 MPS 物料毛需求进阶算法

（一）预测冲销法求解 MPS 物料毛需求的详细介绍

为应对企业实际运作过程中客户订单偶然集中于某些期别的情况，ERP 软件 MPS 物料毛需求 GR 的计算更多采用的是预测冲销法。该法计算 GR 时能够将客户订单更平均地分摊到相邻各个期别，以便利用更均衡的供应去满足客户的尖峰需求。下面以一个向前冲销期别设为3(即冲销后续 3 期) 和往回冲销期别设为4(即冲销之前 4 期) 的案例，向开发者讲清预测冲销逻辑。表 12-3 为处理第一个过大订单合计 (即净预测负值) 的净预测结果。

表 12-3 的详细说明如下：

(1) 对所有期别的 Netforecast(即净预测量)，Netforecast 原值 =Forecast−Sumption，其中出现两个负值。

表 12-3　处理第一个过大订单合计的净预测结果

Periods（期别）	Forecast（预测）	Sumption（总订单）	Netforecast 原值	Netforecast 第一次负值冲销	Netforecast 第二次负值冲销
20190506	200	170	30	30	30
20190513	220	100	120	120→20	20
20190520	240	110	130	130→0	0
20190527	240	620	−380	−380→0	0
20190603	250	100	150	150→0	0
20190610	240	300	−60		0
20190617	230	80	150		90

注：当某一期的 netforecast 有数值时，那么 netforecast 在进行预测冲销的计算时就代替了 forecast，即在计算时替代了原本的 forecast 的数值。

(2) 对 20190527 期的 Netforecast 原值 −380 引发的第一次负值冲销调整，该期对应的 Netforecast 上调为 0；负值再根据先往回冲销再向前冲销预测的原则进行冲销。

(3) 先用相邻 20190520 期的 Netforecast 原值 130 进行往回的负值冲销调整，结果仍为负值的 −250(=130−380)；那么这 20190520 期的 Netforecast 就由原值 130 调整为 0。

(4) 接着向前冲销相邻 20190603 这一期，该期 Netforecast 原值 150 做负值冲销调整后仍为负值 −100(=150−250)，则 20190603 期 Netforecast 就由原值 150 调整为 0。

(5) 接着往回冲销 20190513 这一期，该期的 Netforecast 原值 120 进行负值冲销调整后得正值 20(=120−100)，则 20190513 这一期的 Netforecast 从 120 调整为 20。因为净预测负值已经不存在，故停止该负值 −350 引发的一系列冲销。

(6) 对 20190610 期 Netforecast 原值 −60 引发的第二次负值冲销调整，该 20190610 期 Netforecast 调整为 0，但因相邻 20190603 期 Netforecast 已经调整至 0，所以只能向前调整 20190617 期 Netforecast 值至 90(=150−60)。因为净预测负值已经不存在，故需停止该负值 −60 引发的一系列冲销。

在完成净预测的冲销之后，接下来 GR 计算的方法则与时栅法都类似。但需注意的是：预测冲销法计算 GR 时只需使用需求时栅 DTF 即可，即在需求时栅 DTF 之前各期毛需求的取值是当期客户订单合计 Sumption(i) 的数值，DTF 之后各期毛需求的取值是等于 Sumption(i) + Netforecast(i)。通过这种方式，基本可确保需求时栅 DTF 之前只取客户订单，需求时栅 DTF 至计划时栅 PTF 之间取预测与订单最大值，而计划时栅 PTF 之后取预测的管理思路。

虽然上文详细描述了预测冲销法计算过程，但在计算机实现算法时，从计算效率上考虑不可能采用这种方式。针对上述订单合计与预测数据，在计算净预测量 Netforecast 时，计算机采取的方式是对整个数组同时进行计算，计算过程如图 12-19 所示。

步骤 1：先用 Netforecast=Forecast−Sumption 公式得到结果。鉴于步骤 1 得到的结果中有 −380 和 −60 两个负值，那么就需要对这两个负值进行负值调整。

步骤 2：先调整期别在前的负值，将 −380 所在的期别设定为一个基准点，将 −380 调整为 0，然后根据先往回冲销、再向前冲销的方式，将 −380 先往回冲销一期，再根

步骤 1	步骤 2	步骤 3	步骤 4	步骤 5	步骤 6
netforecast	**netforecast**	**netforecast**	**netforecast**	**netforecast**	**netforecast**
30	30	30	30	30	30
120	120	120	**20**	**20**	**20**
130	−250	0	**0**	**0**	**0**
−380	0	**0**	**0**	**0**	**0**
150	150	−100	0	−60	**0**
−60	−60	−60	−60	0	**0**
150	150	150	150	150	90

注：1. 蓝色加粗数字为当次调整所涉数字；2. 加粗黑色数字为之前调整所涉数字；3. 未加粗数字不涉调整。

图 12-19　预测冲销逻辑实现流程图

据基准点向前冲销一期，周而复始直到将 −380 完全冲销为止。同理对于第二个负值 −60 采用同样的方式。此处假设往回和向前冲销的期别的设定都足够大并且预测数值 (Forecast) 的总和大于各期订单合计 (Sumption) 的总和。

（二）预测冲销法求解 MPS 物料毛需求的算法代码

实现预测冲销的部分代码可扫描二维码查看。

代码三：预测冲销法求解 MPS 物料毛需求的代码

二、库存相关的 AL 与 OH 数据的循环滚动计算逻辑

（一）AL 滚动逻辑

成品的 AL 值 (如 X0001 的 AL 值) 都当作 0 处理。而某个子件的 AL 算法如下：

(1) 先得到该子件所有的父件本周使用的 SR 的值 (第一期的 SR)，设为 SR(1)。

(2) 设置一个变量 ALDel，其计算公式见式 (12-2)。

ALDel = 累加其所有父件物料的 SR(1) × 对应某个 Bom 版本的单位用量 QP

$$(12\text{-}2)$$

(3) 对于每一个子件物料再得到其所有的父件的当期，即第一期的 POR(1)。

(4) 设置一个中间变量 AddAL，其计算公式见式 (12-3)。

AddAL = 累加所有父件的在当期 (现在) 的 ComtotalGet × 对应 bom 版本的 QP

$$(12\text{-}3)$$

(5) 将上周子件 AL 记为 AL(0)，设次 (期) 运算所需 AL 为 AL(1)，其计算见式 (12-4)。

$$AL(1) = AL(0) - ALDel + AddAL \qquad (12\text{-}4)$$

例如：以 B0010 为例，其父件 X0001 本次的 SR(1)=180，ComtotalGet = 180，则 B0010 的 ALDel = 180，本例只有一个 QP = 1 且其对应 scaprate 为 0，所以没有累加情况。由第 4 步中公式可得的 B0010 此时的 AddAL = 180。若 B0010 上周的 AL(0) = 180，则

B0010 本周的 AL(1) = AL(0) − ALDel + AddAL = 180 − 180 + 180 = 180。

（二）OH 滚动计算规则

设置一个中间变量 SRRcv，得到某一物料上次运算时处于期别 1 的 SR(1)，在本例中期别 1 是 2011121，令 SRRcv=SR(1)。

首先，得到上周计算时同一物料所用的 OH，这里记为 OH(0)。然后，设本周的 OH 为 OH(1)，其计算公式见式 (12-5)。例如，SR(1) 对应的是 20111121 的那一列（第一期 SR），SR(1)=0，SRRcv=SR(1)=0；上次的 OH=400，即 OH(0)=400，accident 为 5，ComtotalGet=0，本周 OH，即 OH(1)=OH(0)+SRRcv−ALDel−Totalaccident−ComtotalGet= 400 + 0 − 180 − 5 − 0 = 215，故本周 B0010 的 OH 为 215。

$$OH(1) = OH(0) + SRRcv - ALDel - Totalaccident - ComtotalGet \quad (12\text{-}5)$$

OH 与 AL 计算完成后，其值需要进行保存，以便下次 MPS 及 MRP 运算 AL 和 OH。在每滚动计算一次之后都需要生成一张类似表格的查询界面，参见图 12-20。

物料代码	上周 AL	上周 OH	SR 收料	AL 冲销	总意外消耗	SR 报废	本周顾客领料	本周 OH	POR 发放	AL 新增	本周 AL
X0001		180	180				100	260	180		
B0010	180	400	0	180	5	0	0	215	200	180	180

图 12-20　AL、OH、SR 查询结果

注意：① 上周 AL 数值等于 AL(0)；② 上周 OH 数值等于 OH(0)；③ SR 收料的数值等于 SRRcv；④ AL 冲销的数值等于 ALdel，尾数为 1 的成品不需要 ALdel（此时其格子当空格处理）；⑤ AL 新增的数值等于 AddAL，尾数为 1 的成品不需要 AddAL（此时其格子当空格处理）；⑥ POR 发放的数值等于在上次计算结果中找到第一期的 POR，即 POR(1)；⑦ 这周 AL 等于 AL(0)，尾数为 1 的成品没有 AL，即都为 0。若成品没有 ALdel(AL 冲销)、ALadd(AL 新增) 等数据，计算时都按 0 处理，查询显示时的表格中显示空格。

（三）AL 和 OH 滚动计算逻辑的实现

AL 和 OH 滚动计算逻辑的实现程序可扫描二维码查看。

代码四：AL 和 OH 滚动逻辑的实现程序

分析与设计挑战题

主生产计划 MPS 中可答应量 ATP 负值的调整有顺向冲销 ATP 和逆向冲销 ATP 两种方式，本书之前重点讲解的是逆向冲销。请问对于顺向冲销做法，你能对照上一章挑战题所给结构化分析设计结果基础上，再用原型法给出相应的分析与设计资料吗？有编程能力的读者能否对相应教学软件源码进行顺向冲销 ATP 的二次开发呢？

3

第三篇 实训篇

第十三章 "商战"ERP电子沙盘Excel决策辅助工具

本章要点

- "商战"运营管理的 Excel 决策辅助工具制作。
- "商战"财会管理的 Excel 决策辅助工具制作。

"商战"ERP 电子沙盘的规则及其运营仿真基础流程的介绍参见二维码内容。本章聚焦"商战"ERP电子沙盘 Excel 决策辅助工具的制作讲解。

"商战"ERP 电子沙盘实训　　视频讲解

第一节 "商战"运营管理的 Excel 决策辅助工具制作

"商战"中运营管理部分的完整 Excel 决策辅助工具参见图 13-1。其中，既有对市场预测和详单的分析，也有相应产品、半成品和原料的 MPS 和 MRP 计划及其运作监控。

图 13-1 "商战"运营管理部分的完整 Excel 决策辅助工具

以下逐步讲解运营管理部分 Excel 决策辅助工具的制作过程。注意，鉴于很多省赛已经将竞赛年度缩减至五年，故本章的 Excel 决策辅助工具的制作也仅考虑五年的 20 个季度。

一、"规则"表

竞赛规则是沙盘模拟经营计算中的基础参数，参见图 13-2 的规则表。在后续需要计算的表格中，可以直接链接并调用相关设置好的规则参数。特别注意：需引用表格单元中的数值都去掉了相应的计量单位。

一．生产线

名称	投资总额(W)	每季投资额(W)	安装周期(季)	生产周期(季)	每季转产费(W)	转产周期(季)	每年维护费(W)	残值(W)	每年折旧费(W)	折旧时间(年)	分值
手工线	40	40	0	2	10	1	15	10 W	10 W	4 年	5
租赁线(自动)	0	0		1	10	1	70	-70 W	0 W	0 年	
自动线	140	70	2	1	10	1	11	28 W	28 W	5 年	8
柔性线	180	60	2	1	10	1	10	36 W	36 W	5 年	10

备注：①安装周期为0表示即购即用；②计算投资总额时若安装周期为0则按1算，计算转产费时若转产周期为0也按1算；③不论何时出售生产线，价格为残值，净值与残值之差计入损失；④只有空生产线方可转产；⑤当年建成生产线需要交维护费；⑥折旧(平均年限法)：建成当年不提折旧，折至残值时不再计提折旧，故表中折旧时间比实际计提折旧年份多一年。

二．厂房

名称	购买价格(W)	每年租用价格(W)	出售价格(W)	生产线容量(个)	使用上限(个)	分值
大厂房	481	51	481	6	4	11
中厂房	248	31	248	4	4	6
小厂房	72	9	72	1	4	3

备注：①厂房出售得到4个账期的应收款，紧急情况下可厂房贴现得到现金；②厂房租入一年后可作租转买、退租等处理，续租由系统自动处理；③若管理费与厂房数量无关，则每季收取基本管理费(见参数)；若有关，则当厂房数量为0、1、2时，每季管理费为基本管理费；厂房数量为3、4时，每季管理费=基本管理费*2。

三．市场开拓

名称	年开发费(W)	开发时间(年)	分值
本地	8	1	6
区域	8	1	6
国内	10	1	7
亚洲	12	3	10
国际	16	3	14

四．ISO认证

名称	每年开发费(W)	开发时间(年)	分值
ISO9000	21	2	6
ISO14000	33	2	6

备注：市场开拓和ISO认证的开发费用均年末平均支付，不允许加速投资，但可以中断投资。

五．产品研发

名称	加工费(W)	每季开发费(W)	开发时间(季)	直接成本(W)	分值	产品组成
P1	8	14	1	16	5	R1
P2	9	14	1	27	7	R2R3
P3	10	15	2	36	9	R1R3R3
P4	11	16	3	48	12	P2R4
P5	11	25	4	56	14	P3R3

六．原料设置

名称	购买单价(W)	提前期(季)
R1	8	1
R2	9	2
R3	9	1
R4	10	2

备注：紧急采购时付款即到货，原材料价格为直接成本的2倍，成品价格为直接成本的3倍。

七．产品结构

产品\子件	R1	R2	R3	R4	P2	P3
P1	1					
P2		1	1			
P3	1		2			
P4				1		
P5					1	1

八．取整规则

违约金扣除	四舍五入
库存拍卖所得现金	向下取整
贴现费用	向上取整
扣税	四舍五入
长短贷利息	四舍五入

九．重要参数

违约金比例	20%	贷款额倍数	3	产品折价率	100%	原料折价率	80%
长期利率	12%	短贷利率	5%	1,2期贴现率	8%	3,4期贴现率	9.00%
初始现金(W)	675	管理费(W)	14	信息费(W)	5	所得税率	25%
最大长贷年限(年)	4	最小得单广告额	10 W	原料紧急采购倍数(倍)	2	产品紧急采购倍数(倍)	3
选单时间(秒)	50	首位选单补时(秒)	25	市场同开数量	2	市场老大	无
竞赛时间(秒)	75	竞单同竞数	3	最大厂房数	4个	管理费设置	与厂房数无关
用户端还原本年	关	用户端还原本季	关	贴现方式	联合	预测表查看	开
最大抢单数	不启用	抢单时间(秒)	90				

图 13-2 竞赛规则表

二、"市场预测"表

市场预测信息参见图 13-3 的市场预测表，其涵盖了各种产品在各个市场中的均价、需求量和订单张数。根据所得信息可计算各种产品在各市场中的平均利润 (参见图 13-3)，再除以组数 (此处 27 组) 可得到组均的分产品/分市场和汇总产品/汇总年份的需求量或者订单张数 (参见图 13-4)。借此可以分析每年各产品竞争激烈程度，以及本组达到平均水平需要每年获取产品和订单的数量及其分布，并将其作为制定经营方案重要依据。

市场预测表——均价

序号	年份	产品	本地	区域	国内	亚洲	国际
1	第2年	P1	41.22	39.55	50.51	0	0
2	第2年	P2	63.19	64	68.83	0	0
3	第2年	P3	71.5	70.76	78.08	0	0
4	第2年	P4	0	102.12	113.32	0	0
6	第3年	P1	45.12	42.82	50.45	0	0
7	第3年	P2	66.97	64.73	70.26	0	0
8	第3年	P3	73.21	71.51	76.15	0	0
9	第3年	P4	0	96.22	105.48	0	0
10	第3年	P5	111.62	0	123.42	0	0
11	第4年	P1	40.13	0	42.06	0	45.04
12	第4年	P2	0	61.63	64.68	63.61	68.97
13	第4年	P3	71.57	0	74.17	72.25	80.31
14	第4年	P4	100.27	103.15	0	109.56	0
15	第4年	P5	0	112.26	117.54	0	0
16	第5年	P1	0	44.54	46.57	48	53.7
17	第5年	P2	62.94	63.39	0	68.88	69.65
18	第5年	P3	75.28	78.78	0	77.26	76.88
19	第5年	P4	98.6	103.65	108	0	0
20	第5年	P5	111.19	0	116.44	119.71	0

市场预测表——需求量

序号	年份	产品	本地	区域	国内	亚洲	国际
1	第2年	P1	45	77	43	0	0
2	第2年	P2	67	44	42	0	0
3	第2年	P3	44	51	37	0	0
4	第2年	P4	0	34	28	0	0
6	第3年	P1	52	60	33	0	0
7	第3年	P2	36	59	43	0	0
8	第3年	P3	47	39	26	0	0
9	第3年	P4	0	40	25	0	0
10	第3年	P5	26	0	12	0	0
11	第4年	P1	46	0	33	0	23
12	第4年	P2	0	54	47	33	37
13	第4年	P3	51	0	47	40	35
14	第4年	P4	48	48	0	25	0
15	第4年	P5	0	38	26	0	0
16	第5年	P1	0	50	49	36	23
17	第5年	P2	53	54	0	48	31
18	第5年	P3	39	37	0	34	33
19	第5年	P4	42	34	32	0	0
20	第5年	P5	42	0	25	14	0

市场预测表——订单张数

序号	年份	产品	本地	区域	国内	亚洲	国际
1	第2年	P1	15	25	14	0	0
2	第2年	P2	18	16	15	0	0
3	第2年	P3	15	19	12	0	0
4	第2年	P4	0	12	8	0	0
6	第3年	P1	16	20	10	0	0
7	第3年	P2	13	18	13	0	0
8	第3年	P3	16	12	9	0	0
9	第3年	P4	0	12	9	0	0
10	第3年	P5	8	0	5	0	0
11	第4年	P1	16	0	13	0	10
12	第4年	P2	0	18	16	14	11
13	第4年	P3	18	0	16	15	11
14	第4年	P4	14	13	0	9	0
15	第4年	P5	0	11	9	0	0
16	第5年	P1	0	16	13	12	10
17	第5年	P2	17	18	0	14	11
18	第5年	P3	15	14	0	13	11
19	第5年	P4	14	12	12	0	0
20	第5年	P5	14	0	25	4	0

图 13-3　市场预测 (涵盖了平均价格、需求量和订单张数)

M3　=IF(D3=0,0,IF($C3="P1",D3-规则!$E$26,IF($C3="P2",D3-规则!$E$27,IF($C3="P3",D3-规则!$E$28,IF($C3="P4",D3-规则!$E$29,IF($C3="P5",D3-规则!$E$30,0)))))))

市场预测表——均价

序号	年份	产品	本地	区域	国内	亚洲	国际
1	第2年	P1	41.22	39.55	50.51	0	0
2	第2年	P2	63.19	64	68.83	0	0
3	第2年	P3	71.5	70.76	78.08	0	0
4	第2年	P4	0	102.12	113.32	0	0
6	第3年	P1	45.12	42.82	50.45	0	0
7	第3年	P2	66.97	64.73	70.26	0	0
8	第3年	P3	73.21	71.51	76.15	0	0
9	第3年	P4	0	96.22	105.48	0	0
10	第3年	P5	111.62	0	123.42	0	0
11	第4年	P1	40.13	0	42.06	0	45.04
12	第4年	P2	0	61.63	64.68	63.61	68.97
13	第4年	P3	71.57	0	74.17	72.25	80.31
14	第4年	P4	100.27	103.15	0	109.56	0
15	第4年	P5	0	112.26	117.54	0	0
16	第5年	P1	0	44.54	46.57	48	53.7
17	第5年	P2	62.94	63.39	0	68.88	69.65
18	第5年	P3	75.28	78.78	0	77.26	76.88
19	第5年	P4	98.6	103.65	108	0	0
20	第5年	P5	111.19	0	116.44	119.71	0

市场预测表——平均利润

序号	年份	产品	本地	区域	国内	亚洲	国际
1	第2年	P1	25.22	23.55	34.51	0	0
2	第2年	P2	36.19	37	41.83	0	0
3	第2年	P3	35.5	34.76	42.08	0	0
4	第2年	P4	0	54.12	65.32	0	0
6	第3年	P1	29.12	26.82	34.45	0	0
7	第3年	P2	39.97	37.73	43.26	0	0
8	第3年	P3	37.21	35.51	40.15	0	0
9	第3年	P4	0	48.22	57.48	0	0
10	第3年	P5	55.62	0	67.42	0	0
11	第4年	P1	24.13	0	26.06	0	29.04
12	第4年	P2	0	34.63	37.68	36.61	41.97
13	第4年	P3	35.57	0	38.17	36.25	44.31
14	第4年	P4	52.27	55.15	0	61.56	0
15	第4年	P5	0	56.26	61.54	0	0
16	第5年	P1	0	28.54	30.57	32	37.7
17	第5年	P2	35.94	36.39	0	41.88	42.65
18	第5年	P3	39.28	42.78	0	41.26	40.88
19	第5年	P4	50.6	55.65	60	0	0
20	第5年	P5	55.19	0	60.44	63.71	0

图 13-4　市场预测之产品平均利润计算

平均利润的计算参见公式 (13-1)。

$$产品平均利润 = 产品均价 - 产品成本 \tag{13-1}$$

以第 2 年 P1 本地产品为例，在 M3 中输入 =IF(D3=0，0，IF($C3="P1"，D3-规则!$E$26，IF($C3="P2"，D3-规则!$E$27，IF($C3="P3"，D3-规则!$E$28，IF($C3="P4"，D3-规则!$E$29，IF($C3="P5"，D3-规则!$E$30，0))))))。选中 M3 单元格公式向右拖动填充柄至 Q3；并选中 M3 至 Q3 整个公式集向下拖动填充柄至第 21 行。

计算组均的分产品/分市场和汇总产品/汇总年份的需求量或者订单张数，需在图 13-3 市场预测中的需求量和订单张数除以组数 (此处取组数 27) 得到图 13-5 中分产品且分市场的基本数据，然后按年对各产品汇总 (参见图 13-5 左边 R24 计算)，最后按年

R24　=SUM(M24:Q24)

组均的分产品/分市场和汇总产品/汇总年份的需求量(个)

序号	年份	产品	本地	区域	国内	亚洲	国际	产品汇总	年汇总
1	第2年	P1	1.67	2.85	1.59	0.00	0.00	6.11	
2	第2年	P2	2.48	1.63	1.56	0.00	0.00	5.67	
3	第2年	P3	1.63	1.89	1.37	0.00	0.00	4.89	
4	第2年	P4	0.00	1.26	1.04	0.00	0.00	2.30	18.96
6	第3年	P1	1.93	2.22	1.22	0.00	0.00	5.37	
7	第3年	P2	1.33	2.19	1.59	0.00	0.00	5.11	
8	第3年	P3	1.74	1.44	0.96	0.00	0.00	4.15	
9	第3年	P4	0.00	1.48	0.93	0.00	0.00	2.41	
10	第3年	P5	0.96	0.00	0.44	0.00	0.00	1.41	18.44
11	第4年	P1	1.70	0.00	1.22	0.00	0.85	3.78	
12	第4年	P2	0.00	2.00	1.74	1.22	1.37	6.33	
13	第4年	P3	1.89	0.00	1.48	1.48	1.30	6.41	
14	第4年	P4	1.78	1.78	0.00	0.93	0.00	4.48	
15	第4年	P5	0.00	1.41	0.96	0.00	0.00	2.37	23.37
16	第5年	P1	0.00	1.85	1.81	1.33	0.85	5.85	
17	第5年	P2	1.96	2.00	0.00	1.78	1.15	6.89	
18	第5年	P3	1.44	1.37	0.00	1.26	1.22	5.30	
19	第5年	P4	1.56	1.26	1.19	0.00	0.00	4.00	
20	第5年	P5	1.56	0.00	0.93	0.52	0.00	3.00	25.04

S53　=SUM(R49:R53)

组均的分产品/分市场和汇总产品/汇总年份的订单张数(张)

序号	年份	产品	本地	区域	国内	亚洲	国际	产品汇总	年汇总
1	第2年	P1	0.56	0.93	0.52	0.00	0.00	2.00	
2	第2年	P2	0.67	0.59	0.56	0.00	0.00	1.81	
3	第2年	P3	0.56	0.70	0.44	0.00	0.00	1.70	
4	第2年	P4	0.00	0.44	0.30	0.00	0.00	0.74	6.26
6	第3年	P1	0.59	0.74	0.37	0.00	0.00	1.70	
7	第3年	P2	0.48	0.67	0.48	0.00	0.00	1.63	
8	第3年	P3	0.59	0.44	0.33	0.00	0.00	1.37	
9	第3年	P4	0.00	0.44	0.33	0.00	0.00	0.78	
10	第3年	P5	0.30	0.00	0.19	0.00	0.00	0.48	5.96
11	第4年	P1	0.59	0.00	0.48	0.00	0.37	1.44	
12	第4年	P2	0.00	0.67	0.59	0.52	0.41	2.19	
13	第4年	P3	0.67	0.00	0.59	0.56	0.41	2.22	
14	第4年	P4	0.52	0.48	0.00	0.33	0.00	1.33	
15	第4年	P5	0.00	0.41	0.33	0.00	0.00	0.74	7.93
16	第5年	P1	0.00	0.59	0.48	0.44	0.37	1.89	
17	第5年	P2	0.63	0.67	0.00	0.52	0.41	2.22	
18	第5年	P3	0.56	0.52	0.00	0.48	0.41	1.96	
19	第5年	P4	0.52	0.44	0.44	0.00	0.00	1.41	
20	第5年	P5	0.52	0.00	0.30	0.15	0.00	0.96	8.44

图 13-5　组均的分产品/分市场和汇总产品/汇总年份的需求量和订单张数

汇总 (参见图 13-5 右边 S53 的计算)。由图 13-5 可知每年本组需销售的产品数量和订单张数的保底量。

三、"详单分析"表

市场详单分析参见图 13-6 的"每单毛利"计算和图 13-7 的"单产品毛利润"计算及"单产品毛利润率"计算。其中，"每单毛利"的计算参见公式 (13-2)。

每单毛利 = 每单的总价 – 每单中相关产品的数量 × 该产品的直接成本　　　　(13-2)

以编号 "X21-0001" 订单为例，在 M2 中输入 =IF(E2="P1"，G2–F2* 规则 !\$E\$26，IF(E2="P2"，G2–F2* 规则 !\$E\$27，IF(E2="P3"，G2–F2* 规则 !\$E\$28，IF(E2="P4"，G2–F2* 规则 !\$E\$29，G2–F2* 规则 !\$E\$30))))。选中 M2 单元格公式向下拖动填充柄至详单所在的最后一行，即包含了竞单所在行 (此时计算结果是负的该产品相应订单数量的直接总成本)。在选单外还包含竞单行，是为了更好地记录其所需支付的订单直接总成本，以便确保高于此成本的竞单的合理报价。

图 13-7 上半部分"单产品毛利润"的计算以"每单毛利"除以该单产品的数量即可，参见该图 N2 单元格的计算：N2=M2/F2。图 13-7 下半部分"单产品毛利润率"计算是将所得的"单产品毛利润"除以该产品直接成本，参见 O2 单元格的计算：O2=IF(E2="P1"，N2/规则 !\$E\$26，IF(E2="P2"，N2/规则 !\$E\$27，IF(E2="P3"，N2/ 规则 !\$E\$28，IF(E2="P4"，N2/ 规则 !\$E\$29，N2/规则 !\$E\$30)))))。最后，再选中 N2 和 O2 单元格的公式集向下拖动填充柄至详单最后一行即可。汇总各产品的"每单毛利"和"单产品毛利润"有助于确定产品组合。

| M2 ▼ | *fx* | =IF(E2="P1",G2-F2*规则!$E$26,IF(E2="P2",G2-F2*规则!$E$27,IF(E2="P3",G2-F2*规则!$E$28,IF(E2="P4",G2-F2*规则!$E$29,G2-F2*规则!$E$30)))) |

	A	B	C	D	E	F	G	H	I	J	K	L	M	N	O	P	Q	R	S
1	订单编号	类型	年份	市场	产▼	数量	总价	交货期	账期	ISO	所属用户	状态	每单毛利	单产品毛利润	单产品毛利润率				
2	X21-0001	选单	2	本地	P1	2	82	2	4	-		-	50	25.00	156.25%				
3	X21-0002	选单	2	本地	P1	4	176	3	2	-		-	112	28.00	175.00%				
4	X21-0003	选单	2	本地	P1	2	75	3	1	-		-	43	21.50	134.38%				
5	X21-0004	选单	2	本地	P1	4	148	2	4	-		-	84	21.00	131.25%				
6	X21-0005	选单	2	本地	P1	5	205	3	0	-		-	125	25.00	156.25%				
7	X21-0006	选单	2	本地	P1	5	207	3	1	-		-	127	25.40	158.75%				

图 13-6　详单分析的"每单毛利"计算

| N2 ▼ | *fx* | =M2/F2 |

	A	B	C	D	E	F	G	H	I	J	K	L	M	N	O
1	订单编号	类型	年份	市场	产▼	数量	总价	交货期	账期	ISO	所属用户	状态	每单毛利	单产品毛利润	单产品毛利润率
2	X21-0001	选单	2	本地	P1	2	82	2	4	-		-	50	25.00	156.25%
3	X21-0002	选单	2	本地	P1	4	176	3	2	-		-	112	28.00	175.00%

| O2 ▼ | *fx* | =IF(E2="P1",N2/规则!$E$26,IF(E2="P2",N2/规则!$E$27,IF(E2="P3",N2/规则!$E$28,IF(E2="P4",N2/规则!$E$29,N2/规则!$E$30)))) |

	A	B	C	D	E	F	G	H	I	J	K	L	M	N	O	P	Q
1	订单编号	类型	年份	市场	产▼	数量	总价	交货期	账期	ISO	所属用户	状态	每单毛利	单产品毛利润	单产品毛利润率		
2	X21-0001	选单	2	本地	P1	2	82	2	4	-		-	50	25.00	156.25%		
3	X21-0002	选单	2	本地	P1	4	176	3	2	-		-	112	28.00	175.00%		

图 13-7　详单分析的"单产品毛利润"和"单产品毛利润率"计算

四、主生产计划 (MPS) 系列表

主生产计划 MPS 的一系列表格包括"P1 的 MPS""独立 P2 的 MPS""独立 P3 的 MPS""P4 的 MPS"和"P5 的 MPS"五张表格，其中的"独立 P2 的 MPS"和"独立 P3 的 MPS"是针对市场详单中独立需求性质的 P2 和 P3 订单。由第六章可知，MPS 计划和 MRP 计划一样，都是未考虑厂房和生产线设备的能力限制的计划。为体现生产线设备能力的限制，并考虑到竞赛时各生产线大多在满负荷地连续进行产品加工，本书将通过 MPS 各期别在计划时应用的批量大小来体现生产线的设备数量，进而可体现现有设备的能力限制。当然，如果某几个期别因资金或原料不足等各种原因导致生产线停工，可以调整批量大小，故在一系列 MPS 表格中对各产品都设置了多个批量大小，参见图 13-8"P1 的 MPS"中 ML1、ML2 和 ML3 等的设定。类似的，安全库存 SS 设置也可以是多个，以便应对在不同年份采用不同的安全库存策略。鉴于省赛时仅有手工线是两个季度的生产周期而其他生产线都仅需一个季度的生产周期，"拟获取或实际获取的某产品总

视频讲解

J9 ▾ fx =SUM(C11:F11)

产品　　　期别	逾期	1	2	3	4	5	6	7	8	9	10	11	12	13	14	15	16	17	18	19	20
拟获取/实际获取的P1总订单量CO							2	4								4					
1季出产生产线上P1拟获/实获订单CO							2	2								2					
2季出产生产线上P1拟获/实获订单CO								2								2					
1季出产生产线上P1期望/预测的产出						0	2	2	2	2	2	2	2	3	3	3	3	4	4	4	4
2季出产生产线上P1期望/预测的产出							1	1	1	1	1	1	1	1	1	1	1	1	1	1	1
订单分解缺排或超排警告																超排					

I9 ▾ fx (1季出产生产线上产品P1 (LT=1))

1季出产生产线上产品P1 (LT=1)	Past	SS(1)= 0	OH(1)= 0	SS(2)= 0	OH(2)= 0	ML1= 2	SS(3)= 1	ML2= 3	SS(4)= 1	ML3= 4	DTF=4 PTF=8

Periods（期别）	逾期	1	2	3	4	5	6	7	8	9	10	11	12	13	14	15	16	17	18	19	20
毛需求GR	0	0	0	0	0	0	2	2	2	2	2	2	2	3	3	3	3	4	4	4	4
在途量SR	0	0																			
预计在库量POH		0	0	0	0	0	-2	-2	-2	-2	-1	0	-1	0	1	-3	-3	-3	-3		
预计可用量PAB		0	0	0	0	0	0	0	1	2	0	1	1	1	1	1	1	1			
净需求NR		0	0	0	0	0	2	2	2	1	0	2	3	2	1	4	4	4	4		
计划订单收料PORC		0	0	0	0	0	3	4				3	4	4	4	4	4	4			
计划订单发出POR	0	0	0	0	0	3	3			3	0	3	4	4	4	4	4	4			
客户订单CO																					
主生产计划MPS																					
mps_period	0	0	0	0	0	1	1	1		1	0	1	1	1	1	1	1	1			
acc-co	0	0	0	0	0	2	0	2	0	0	2	0	2	0	0	0	0	0			
insufficient	0	0	0	0	0	0	0	0	0	0	0	0	0	0	0	0	0	0			
可答应量ATP(第1期为负则产能不足)	0														4	4	4	4	4		

I32 ▾ fx =IF(I31>0,$L25,0)

2季出产手工线上产品P1 (LT=2)	Past	SS(1)= 0	OH(1)= 0	SS(2)= 0	OH(2)= 0	ML1= 1	SS(3)=	ML2=	SS(4)=	ML3=	DTF=4 PTF=8

Periods（期别）	逾期	1	2	3	4	5	6	7	8	9	10	11	12	13	14	15	16	17	18	19	20
毛需求GR	0	0	0	0	1	1	0	1	1	1	0	1	1	2	0	1	1	0			
在途量SR	0	0																			
预计在库量POH		0	0	0	0	-1	0	-2	-3	-2	-3	-2	-3	-2	-4	-3	-4	-3	-4	-3	
预计可用量PAB		0	0	0	0	0	0	-2	-2	0	-3	-3	-3	-3	-3	-3					
净需求NR		0	0	0	1	0	1	2	3	2	3	2	3	2	4	3	4	3	4		
计划订单收料PORC		0	0	0	1	0	1	0	1	0	1	0	1	0							
计划订单发出POR	0	0	0	1	0	1	0	1	0	1	0	1	0								
客户订单CO																					
主生产计划MPS																					
mps_period	0	0	0	0	1	0	1	0	1	0	1	0	1	0							
acc-co	1	1	1	1	1	1	1	2	0	0	1	0	1	0	0						
insufficient	0	0	0	0	0	0	0	0	0	0	0	0	0	0	0						
可答应量ATP(第1期为负则产能不足)	1									0	1	0	1								

图 13-8　P1 的 MPS

订单量 CO" 需分解为 "1 季出产生产线上某产品拟获/实获订单 CO" 和 "2 季出产生产线上某产品拟获/实获订单 CO"（参见 "P1 的 MPS" 和 "独立 P2 的 MPS"）。若本组策略是放弃手工线而建设或租赁仅需一季生产的高档生产线，也可将 "拟获取或实际获取的某产品总订单量 CO" 直接分解为 1 季出产自动线、柔性线或租赁线上某产品拟获/实获订单 CO（参见 "独立 P3 的 MPS" 和 "P4 的 MPS" 等）。

图 13-8 为 "P1 的 MPS"。其中，G7 至 V7（即 2～5 年）"订单分解时缺排或超排警告" 的公式可参见图 13-8 中 Q7 单元格计算公式，Q7=IF(Q2>=Q3+Q4,IF(Q2>Q3+Q4,"缺排",""),"超排")。"缺排" 或 "超排" 警告表示总订单量有部分未分解至生产线或超量分解，必须调至正常。注意：是否交不出货而需紧急采购产品由两类生产线第一期 ATP(1) 决定。在图 13-8 中，生产线上 P1 期望/预测的产出，实际体现了队员规划的产能的扩充或缩减计划。其中，"2 季出产生产线上 P1 期望/预测的产出" 隔季的 "1" 个产出对应一条需 2 个季度出产 1 个产品的手工线；而 "1 季出产生产线上 P1 期望/预测的产出" 上 2、3 或 4 个产品，则体现了生产线全力开工且有增购设备情况下生产的输出情况。这些产能的输出情况与 ML1、ML2 和 ML3 的设置相关并体现于第 16 行 G 列至 V 列的 PORC 计算结果中。注意，如果该队有两条手工线并且是错开季度安排生产的，将形成连续季度的 "1" 个产出。生产线上 P1 拟获/实获订单 CO，可考察接单时想获取的订单及最后实际获取的订单；这些订单通过观察是否引起第 1 季度可答应量 ATP 为负，来判断相应生产线是否超量接单。图 13-8 示例第 8 季度安排给手工线的 2 个交货引发 ATP(1) 为负警告。从两类生产线合并情况看，引发 ATP(1) 为 "−1" 的手工线上第 7 季度的 1 个不足量 insufficient 可以由 1 季出产生产线上第 7 季度的 2 个可答应量 ATP 来弥补。事实上，只要 1 季出产生产线上截至第 7 季度的可答应量 ATP 能够弥补这 1 个不足量，就无需紧急采购 P1。详情参见图 13-9 的公式解析。

在解释图 13-9 "P1 的 MPS 相应的公式解析" 之前，首先声明一点，此表针对的是第一年不进行任何生产（含投入原料操作）的情况。所以，虽然 J9 单元格的公式 J9=SUM(C11:F11)，但其结果为 0（因为 C11 至 F11 都为零）。特别注意：虽然需求时栅 DTF=4 且计划时栅 PTF=8 意味着 "前 4 期仅取订单，5 至 8 期取订单和预测的最大值以及第 9 期起取预测值"，但鉴于竞赛时的生产实际是按照 1 季/2 季出产的 "生产线上 P1 期望/预测的产出" 进行安排的，并且按照相应生产线上某产品实获订单 CO 进行交货；所以第 11 行和第 27 行第 1 至 4 季的毛需求 GR 分别等于相应季度的 "1 季出产生产线上 P1 期望/预测的产出" 和 "2 季出产生产线上 P1 期望/预测的产出"，而第 5 季度开始都是取订单和预测的最大值。即使从第 5 季度有订单时才真正开始考虑 DTF 和 PTF 的设置，也应该采用这种始终取两者最大值方法，这意味着第 5 季度公式复制至第 1 至 4 季度也是实际可行的。特别注意，虽然此处未编制复杂的闭环式 MRP 对应的滚动逻辑计划（它可保证某季度汇总订单滚进 PTF 界限内时再考虑取订单与预测最大值也不迟），并且未采用 MPS 预测冲销技术，但上述各季度毛需求都取订单和预测最大值的方法，配合着多套安全库存 SS 和最小订购量 ML（亦多套批量法则），就可在一张 Excel 表格中更简洁地实现 MPS 连续计划的本意。为考虑生产线在全力开工情况下的产能限制，产品生产的批量法则是变形了的最小批量法，即一旦某季度有净需求 NR(t)，该季度就补充对应的最小批量 ML，参见 PORC(8) 对应 J16 单元格调用了 L9

J9　=SUM(C11:F11)

	A	B	C	D	E	F	G	H	I	J	K
1	产品	期别	逾期1		2	3	4	5	6	7	8	9
2	拟获取/实际获取的P1总计单量CO								2		4	
3	1季出产生产线上P1拟获/实获订单CO								2		2	
4	2季出产生产线上P1拟获/实获订单CO								2		2	
5	1季出产生产线上P1期望/预测的产出						0	2	2		2	2
6	2季出产生产线上P1期望/预测的产出								1		2	
7	订单分解缺排或超排警告				=IF(I2=I3+I4,IF(…				=IF(J2>=J3+J4,IF(J2>J3+J4,"缺排",""),"…	=IF(K2>=K3+K4,IF(K2>K3+K4,"缺排",""),"超排…

J32　=IF(I32>0, 0, IF(I28>0, 0, IF(J28>0, 0, $L25)))

1季出产生产线上产品P1 (LT=1) Past　SS(1)=　0　H(1) 0　S(2) 0　OH(2)=　=SUM(C11:F11)　ML1=

	A	C	D	E	F	G	H	I	J	K
10	Periods(期别) 逾期1		2	3	4	5	6	7	8	9
11	毛需求GR　0	=C5	=D5	=E5	=F5		=IF(I3>I5,I3,I5)	=IF(J3>J5,J3,J5)	=IF(K3>K5,K3,K5)
12	在途量SR　0	0								
13	预计在库量POH	=F9+C12+B12-C11	=C…	=D…	=J…	=G…	=H14+I12-I11	=I14+J12-J11	=J14+K12-K11
14	预计可用量PAB	=C13+C16	=D…	=E…			=H13+I16	=I13+J16	=K13+K16
15	净需求NR	=IF(C13>$D9,0,$D9-C13)					=IF(I13>=$H9,0,…	=IF(J13>=$H9,0,$H9-J13)	=IF(K13>$H9,0,$H9-K13)
16	计划订单收料PORC	=IF(C15>0,$L9,0)					=IF(I15>0,$L9,0)	=IF(J15>0,$L9,0)	=IF(K15>0,$P9,0)
17	计划订单发出POR	=C…	=D16	=E…	=F…	=H…	=I16	=J16	=K16	=L16
18	客户订CO	=C3	=D…	=E…	=F…	=G…	=I3	=J3	=K3
19	主生产计划MPS	=C12+C16					=I12+I16	=J12+J16	=K12+K16
20	mps_period	=IF(C19=0,0,1)					=IF(I19=0,0,1)	=IF(J19=0,0,1)	=IF(K19=0,0,1)
21	acc-co	=B18+C18+D21*ABS(…					=I18+J21*ABS(J18+K21*ABS(K20-1)+K22		=K18+L21*ABS(L20-1)+L22
22	insufficient	=IF(C20=0,0,MAX(C21…					=IF(I20=0,0,MAX(	=IF(J20=0,0,MAX(J21-J19,0))	=IF(K20=0,0,MAX(K21-K19,0))
23	可答应量ATP(第1期为负则产能不足)	=F9+B19+C19-C21					=IF(I20=0,"",IF(J…	=IF(J20=0,"",IF(J22=0,J19-J21,0))	=IF(K20=0,"",IF(K22=0,K19-K21,0))

2季出产手工线上产品P1 (LT=2) Past　SS(1)=　0　H(1) 0　S(2) 0　OH(2)=　=SUM(C27:F27)　ML1=

	A	C	D	E	F	G	H	I	J	K
26	Periods(期别) 逾期1		2	3	4	5	6	7	8	9
27	毛需求GR　0	=C6	=D…	=E…	=F…		=IF(I4>I6,I4,I6)	=IF(J4>J6,J4,J6)	=IF(K4>K6,K4,K6)
28	在途量SR　0	0								
29	预计在库量POH	=F25+C28+B28-C27	=C…	=D…	=J…		=H30+I28-I27	=I30+J28-J27	=K29+K28-K27
30	预计可用量PAB	=C29+C32	=D…	=E…			=H29+I32	=I29+J32	=K29+K32
31	净需求NR	=IF(C29>=$D25,0,$D2…					=IF(I29>=$H25,0,…	=IF(J29>=$H25,0,$H25-J29)	=IF(K29>=$H25,0,$H25-K29)
32	计划订单收料PORC	=IF(C31>0,$L25,0)					=IF(I31>0,$L25,0)	=IF(I32>0,0,IF(I28>0,0,IF(J28>0,0,$L25)))	=IF(J32>0,0,IF(J28>0,0,IF(K28>0,0,$L25)))
33	计划订单发出POR	=C… =E32		=F…	=G…	=H…	=I…	=J32	=L32	=M32
34	客户订CO	=C4	=D…	=E…	=F…	=G…	=I4	=J4	=K4
35	主生产计划MPS	=C28+C32					=I28+I32	=J28+J32	=K28+K32
36	mps_period	=IF(C35=0,0,1)					=IF(I35=0,0,1)	=IF(J35=0,0,1)	=IF(K35=0,0,1)
37	acc-co	=B34+C34+D37*ABS(…					=I34+J37*ABS(J3…	=J34+K37*ABS(K36-1)+K38	=K34+L37*ABS(L36-1)+L38
38	insufficient	=IF(C36=0,0,MAX(C37…					=IF(I36=0,0,MAX(	=IF(J36=0,0,MAX(J37-J35,0))	=IF(K36=0,0,MAX(K37-K35,0))
39	可答应量ATP(第1期为负则产能不足)	=F25+B35+C35-C37					=IF(I36=0,"",IF(I3…	=IF(J36=0,"",IF(J38=0,J35-J37,0))	=IF(K36=0,"",IF(K38=0,K35-K37,0))

图 13-9　P1 的 MPS 相应的公式解析

单元格中 ML1 数值的计算公式 J16=IF(J15>0，$L9，0)，以及 PORC(9) 对应 K16 单元格调用了 P9 单元格中 ML2 数值的计算公式 K16=IF(K15>0，$P9，0)。这些最小批量 ML 数值可以从任何季度开始变化，以体现生产线的建设和退出实际情况。最后，为了体现单条手工线隔季才出产一个产品的特性，在最快第 7 季度出产 1 个 P1 产品情况下，第 8 季度开始的计划订单收料 PORC 的公式都增加了一个判断前一季度是否有产出的 IF 函数、前一季度是否有在途量的 IF 函数和当季是否有在途量的 IF 函数；只有这些判断结果均为假情况下才会补充 1 个产品的出产，请对比 I32=IF(I31>0，$L25，0) 公式与 J32=IF(I32>0，0，IF(I28>0，0，IF(J28>0，0，$L25))) 公式。此类 PORC 计算时增加两个在途量的 IF 函数判断，主要应对新一年开始运作的状况。

图 13-10 是"独立 P2 的 MPS"，它与图 13-9"P1 的 MPS"有几个主要区别，其目的是便于竞赛者灵活开发不同战略的工具。第一个区别是与 P1 仅为最终产品不同，P2 既可为独立需求性质的最终产品，也可为构成 P4 最终产品所需的半成品，此表仅考虑了独立销售性质 P2 的 MPS 计划，其作为子件的 MRP 计划在"半成品 P2 的 MRP"中。

G12 ▼ fx =L9

产品 期别	逾期	1	2	3	4	5	6	7	8	9	10	11	12	13	14	15	16	17	18	19	20
拟获取/实际获取的P2总订单量CO						4	2	4	2												
1季出产生产线上P2拟获/实获订单CO						4		4													
2季出产生产线上P2拟获/实获订单CO							2		2												
1季出产生产线上P2期望/预测的产出						0	2	2	2	2	2	2	2	2	2	3	3	3	4	4	4
2季出产生产线上P2期望/预测的产出						1				1	1			1		1		0		0	0
订单分解缺排或超排警告																					

1季出产生产线上产品P2(LT=1)	Past	SS(1)= 0	OH(1)= 0	SS(2)= 0	OH(2)= 2	ML1= 2	SS(3)= 0	ML2= 3	SS(4)= 0	ML3= 4	DFT=4	PFT=8

Periods (期别)	逾期	1	2	3	4	5	6	7	8	9	10	11	12	13	14	15	16	17	18	19	20
毛需求GR	0	0	0	0	0	2	4	2	4	2	2	2	2	2	2	3	3	3	3	4	4
在途量SR	0	0				2															
预计在库量POH		0	0	0	-2	0	-2	-4	-4	-4	-4	-4	-4	-5	-5	-5	-5	-6	-6	-6	-6
预计可用量PAB		0	0	0	0	0	0	-2	-2	-2	-2	-2	-2	-2	-2	-2	-2	-2	-2	-2	-2
净需求NR		0	0	0	0	0	2	4	4	4	4	4	4	4	5	5	5	5	6	6	6
计划订单收料PORC		0	0	0	0	0	2	4	4	4	4	4	4	4	5	5	5	5	6	6	6
计划订单发出POR	0	0	0	2	2	2	2	2	2	2	2	2	2	2	3	3	3	3	4	4	4
客户订单CO		0	0	0	0	4	2	4	2	2	2	2	2	2	2	2	2	2	2	2	2
主生产计划MPS		0	0	0	2	2	2	2	2	2	2	2	2	2	2	2	2	2	2	2	2
mps_period		0	0	0	1	1	1	1	1	1	1	1	1	1	1	1	1	1	1	1	1
acc-co		0	0	0	0	4	2	4	2	2	2	2	2	2	2	2	2	2	2	2	2
insufficient		0	0	0	0	2	0	2	0	0	0	2	0	2	0	0	0	0	0	0	0
可答应量ATP(第1期为负则产能不足)	0					0		0	0	2		2		2	2		2		2		

F33 ▼ fx =H28

2季出产手工线上产品P2(LT=2)	Past	SS(1)= 0	OH(1)= 0	SS(2)= 0	OH(2)= 1	ML1= 1	SS(3)=	ML2=	SS(4)=	ML3=	DFT=4	PFT=8

Periods (期别)	逾期	1	2	3	4	5	6	7	8	9	10	11	12	13	14	15	16	17	18	19	20
毛需求GR	0	0	0	0	1	1	0	2	1	2	1	2	1	2	1	1	0	0	1	1	
在途量SR	0	0					1														
预计在库量POH		0	0	0	-1	1	0	0	-2	-1	-2	-1	-2	-1	-2	-1	-1	0	0	1	1
预计可用量PAB		0	0	0	0	1	0	0	-1	-1	-1	-1	-1	-1	-1	-1	-1	0	0	1	2
净需求NR		0	0	0	1	0	0	1	2	1	2	1	2	1	2	1	1	0	0	0	0
计划订单收料PORC		0	0	0	1	0	0	1	2	1	2	1	2	1	2	1	1	0	1	1	1
计划订单发出POR	0	0	0	1	0	1	0	1	0	1	0	1	0	1	0	1	0	1	1	1	
客户订单CO		0	0	0	0	1	0	1	0	0	0	0	0	0	0	0	0	0	0	0	0
主生产计划MPS		0	0	0	1	0	0	0	0	0	0	0	0	0	0	0	0	0	0	0	0
mps_period		0	0	0	1	0	0	0	0	0	0	0	0	0	0	0	0	0	0	0	0
acc-co	1	1	1	2	2	3	1	2	0	0	0	0	0	0	0	0	0	0	0	0	0
insufficient	0	0	0	2	0	0	2	0	0	0	0	0	0	0	0	0	0	0	0	0	0
可答应量ATP(第1期为负则产能不足)	-1			0			0			0				1			1			1	

图 13-10　独立 P2 的 MPS

第二个区别是第一年可以安排生产，并根据手工线和其他 1 季出产生产线的安装和生产进度 (还要配合产品研发周期)，安排出产时间。第三个区别是此时两类生产线在第 2 年年初 (亦第 1 年年末) 都有大于零的在库量 OH(2) 了，其数值等于各类"X 季出产生产线上 P2 期望/预测的产出"第 1 至第 4 季度的汇总，如 J9=SUM(C11:F11) 而 F11=F5 等，以及 J25=SUM(C27:F27) 而 F27=F6 等。第四个区别是此时两类生产线在第 2 年年初计划时都有大于零的在途量了，此处分别是 SR(5)=2(对应公式是 G12=L9)，以及 SR(6)=1(对应公式是 H28=L25)；这些都是队员根据 "X 季出产生产线上 P2 期望/预测的产出"计划安排生产拟执行或需执行的结果。第五个区别是两类生产线在第 1 年中对应上述在途量 SR 的计划订单发出 POR 不再调用原公式，即不再由后期的计划订单收料 PORC(t+LT) 往前提而推导出前期的计划订单发出 POR(t)，而是由相应的在途量 SR(t+LT) 往前提而推导出前期的计划订单发出 POR(t)，如 F17=G12 及 F33=H28。特别注意，前文 MPS 和

视频讲解

MRP 的基本原理是计算机中 ERP 软件编制一次计划时自动执行 MPS 和 MRP 程序所需用的算法，在进行 ERP 沙盘竞赛时因为需要结合计划和计划执行环节进行集成思考，故而需要灵活变通。Excel 决策辅助工具制作过程中的变通能力培养，既是本课程培养学生创新能力的重点与难点，也是学生提升 ERP 沙盘竞赛能力的重要关注点。

图 13-11 是独立 P3 的 MPS。该表与前两张表最大的不同是舍弃了需要 2 个季度才能出产的手工线，全部采用 1 季出产的高级生产线，这是省赛中绝大多数竞赛队伍采用的策略。为便于安排生产线安装建设和计划，故需将三种高级生产线完全区分开来，分别进行 MPS 计划。此时，需要注意自动线、柔性线、租赁线各自不同的安装周期，并配合产品 P3 的研发周期，来决定第一年的出产情况；一般来说无需安装周期的

图 13-11 独立 P3 的 MPS

租赁线会在第二年年初才会开始运作，参见 E6、F6 和 F7 单元格数值。也因为租赁线会在第二年年初才会开始运作，所以它在第一次计划时第二年的前几个季度中没有在途量 SR。与图 13-10 独立 P2 的 MPS 类似，此处是针对独立需求性质的 P3 销售产品进行 MPS 计划，而作为最终产品 P5 子件的半成品 P3 的 MRP 计划将在"半成品 P3 的 MRP"中完成。

图 13-12 是 P4 的 MPS，需要注意"自动线上 P4 期望/预测的产出"和"柔性线上 P4 期望/预测的产出"最早都是第 4 季度开始运作且第 5 季度才有产出，这是因为 P4

F19 ▾ fx =G14

产品　　　期别	逾期	1	2	3	4	5	6	7	8	9	10	11	12	13	14	15	16	17	18	19	20
拟获取/实际获取的P4总订单量CO						2		3		3		5	3								
1季产出自动线上P4拟获/实获订单CO						1		1		1		3	2								
1季出产柔性线上P4拟获/实获订单CO						1		1		1		2	1								
1季出产租赁线上P4拟获/实获订单CO																					
1季产出自动线上P4期望/预测的产出					0	1	1	1	1	1	1	1	1	2	2	2	2	2	2	2	2
1季出产柔性线上P4期望/预测的产出					0	1	1	1	1	1	1	1	1	1	1	1	1	1	1	1	1
1季出产租赁线上P4期望/预测的产出																					
订单分解缺排或超排报告																					

1季出产自动线上产品P4 (LT=1) — Past | SS(1)= 0 | OH(1)= 0 | SS(2)= 0 | OH(2)= 0 | ML1= 1 | SS(3)= 1 | ML2= 2 | SS(4)= 1 | ML3= 2 | DFT=4 | PFT=8

Periods（期别）	逾期	1	2	3	4	5	6	7	8	9	10	11	12	13	14	15	16	17	18	19	20
毛需求GR	0	0	0	0	0	1	1	1	1	1	1	1	1	2	2	2	2	2	2	2	2
在途量SR	0				1																
预计在库量POH		0	0	0	0	0	-1	-2	-2	-3	-3	-5	-6	-7	-7	-7	-7	-7	-7	-7	-7
预计可用量PAB		0	0	0	0	0	0	-1	-1	-2	-2	-4	-5	-5	-5	-5	-5	-5	-5	-5
净需求NR		0	0	0	0	0	0	1	2	3	3	5	6	8	8	8	8	8	8	8
计划订单收料PORC		0	0	0	0	0	1	1	1	1	1	1	2	2	2	2	2	2	2	2
计划订单发出POR	0	0	0	0	◇	1	1	1	1	1	1	1	2	2	2	2	2	2	2	2	0
客户订单CO		0	0	0	0	0	1	1	1	1	1	3	2	0	0	0	0	0	0	0	0
主生产计划MPS		0	0	0	0	0	1	1	1	1	1	1	2	2	2	2	2	2	2	2
mps_period		0	0	0	0	0	1	1	1	1	1	1	1	1	1	1	1	1	1	1
acc-co		2	2	2	2	3	3	4	3	4	3	4	2	0	0	0	0	0	0	0	0
insufficient		0	0	0	0	0	2	2	3	2	3	0	0	0	0	0	0	0	0	0
可答应量ATP(第1期为负则产能不足)	-3					0	0	2	2	3	2	2	2	2	2	2	2	2	2	2	2

1季出产柔性线上产品P4 (LT=1) — Past | SS(1)= 0 | OH(1)= 0 | SS(2)= 0 | OH(2)= 0 | ML1= 1 | SS(3)= | ML2= | SS(4)= | ML3= | DFT=4 | PFT=8

Periods（期别）	逾期	1	2	3	4	5	6	7	8	9	10	11	12	13	14	15	16	17	18	19	20
毛需求GR	0	0	0	0	0	1	1	1	1	1	1	1	1	1	1	1	1	1	1	1	1
在途量SR	0				1																
预计在库量POH		0	0	0	0	0	-1	-1	-1	-1	-1	-2	-2	-2	-2	-2	-2	-2	-2	-2	-2
预计可用量PAB		0	0	0	0	0	0	0	0	0	0	-1	-1	-1	-1	-1	-1	-1	-1	-1
净需求NR		0	0	0	0	0	0	0	0	0	0	1	2	2	2	2	2	2	2	2
计划订单收料PORC		0	0	0	0	0	1	1	1	1	1	1	2	2	2	2	2	2	2	2
计划订单发出POR	0	0	0	0	1	1	1	1	1	1	1	1	2	2	2	2	2	2	2	2	0
客户订单CO		0	0	0	0	0	1	1	1	1	1	2	1	0	0	0	0	0	0	0	0
主生产计划MPS		0	0	0	0	0	1	1	1	1	1	1	2	2	2	2	2	2	2	2
mps_period		0	0	0	0	0	1	1	1	1	1	1	1	1	1	1	1	1	1	1
acc-co		0	0	0	0	1	1	2	1	2	1	2	1	0	0	0	0	0	0	0	0
insufficient		0	0	0	0	0	1	0	1	0	1	0	0	0	0	0	0	0	0	0
可答应量ATP(第1期为负则产能不足)	0					0	0	1	0	1	0	1	2	2	2	2	2	2	2	2	2

1季出产租赁线上产品P4 (LT=1) — Past | SS(1)= 0 | OH(1)= 0 | SS(2)= 0 | OH(2)= 0 | ML1= 1 | SS(3)= | ML2= | SS(4)= | ML3= | DFT=4 | PFT=8

Periods（期别）	逾期	1	2	3	4	5	6	7	8	9	10	11	12	13	14	15	16	17	18	19	20
毛需求GR	0	0	0	0	0	0	0	0	0	0	0	0	0	0	0	0	0	0	0	0	0
在途量SR	0					0	0	0	0	0	0	0	0	0	0	0	0	0	0	0	0
预计在库量POH		0	0	0	0	0	0	0	0	0	0	0	0	0	0	0	0	0	0	0	0
预计可用量PAB		0	0	0	0	0	0	0	0	0	0	0	0	0	0	0	0	0	0	0
净需求NR		0	0	0	0	0	0	0	0	0	0	0	0	0	0	0	0	0	0	0
计划订单收料PORC		0	0	0	0	0	0	0	0	0	0	0	0	0	0	0	0	0	0	0
计划订单发出POR	0	0	0	0	0	0	0	0	0	0	0	0	0	0	0	0	0	0	0	0	0
客户订单CO		0	0	0	0	0	0	0	0	0	0	0	0	0	0	0	0	0	0	0	0
主生产计划MPS		0	0	0	0	0	0	0	0	0	0	0	0	0	0	0	0	0	0	0
mps_period		0	0	0	0	0	0	0	0	0	0	0	0	0	0	0	0	0	0	0
acc-co		0	0	0	0	0	0	0	0	0	0	0	0	0	0	0	0	0	0	0	0
insufficient		0	0	0	0	0	0	0	0	0	0	0	0	0	0	0	0	0	0	0
可答应量ATP(第1期为负则产能不足)	0																				

图 13-12　P4 的 MPS

的研发周期需要 3 个季度。在图 13-12 中 C25 单元格中的 "−2" 其实是第 11 季和第 12 季各超出 1 个交货要求的汇总的超量承诺/不当承诺结果。注意，这里没有通过临时建设租赁线来满足超量承诺的 2 个 P4 的订单 (参见第 5 行数据全为空)，因为只到了后期再建设租赁线实际上很不划算，有时甚至不如直接紧急采购 2 个 P4 来交货。此外，P4 产品需要产品 P2 来作为半成品，而由图 13-10 可知第一年第 4 季度 P2 是可以产出的，可以响应产品 P4 第一年第 4 季度计划订单发出 POR(4) 的需求。

图 13-13 是 P5 的 MPS，它与图 13-12 的 P4 的 MPS 基本类似。需要注意的是：因为 P5 的研发周期需要 4 个季度，因此第一年无任何生产性运作；相应第二年开始展开 MPS 计划时亦无在途量 SR。

H13 ▾ f_x =IF(H3>H6,H3,H6)

上部汇总区

产品 \ 期别	逾期	1	2	3	4	5	6	7	8	9	10	11	12	13	14	15	16	17	18	19	20
拟获取/实际获取的P5总订单量CO							3		4		4		5	3							
1季出产自动线上P5拟获/实获订单CO							2		2		3		3	2							
1季出产柔性线上P5拟获/实获订单CO							1		1		1		1								
1季出产租赁线上P5拟获/实获订单CO							1		1		1		1	0							
1季出产自动线上P5期望/预测的产出						0	2	2	2	2	2	2	3	3	3	4	4	4	4	4	4
1季出产柔性线上P5期望/预测的产出						0	1	1	1	1	1	1	1	1	1	1	1	1	1	1	1
1季出产租赁线上P5期望/预测的产出						0	1	1	1	1	1	1	1	1	1	1	1	1	1	1	1
订单分解缺排或超排警告																					

1季出产自动线上产品P5 (LT=1) ｜ Past ｜ SS(1)= 0 ｜ OH(1)= 0 ｜ SS(2)= 0 ｜ OH(2)= 0 ｜ ML1= 2 ｜ SS(3)= 1 ｜ ML2= 3 ｜ SS(4)= 1 ｜ ML3= 4 ｜ DFT=4 ｜ PFT=8

Periods（期别）	逾期	1	2	3	4	5	6	7	8	9	10	11	12	13	14	15	16	17	18	19	20
毛需求GR	0	0	0	0	0	0	2	2	2	2	2	2	3	3	3	3	4	4	4	4
在途量SR	0																				
预计在库量POH		0	0	0	0	0	-2	-2	-2	-2	-2	-3	-4	-4	-4	-5	-5	-5	-5	-5
预计可用量PAB		0	0	0	0	0	0	-1	-1	-1	-1	-1	-1	-1	-1	-1	-1	-1	-1	-1
净需求NR		0	0	0	0	0	2	2	2	2	2	3	5	5	5	5	6	6	6	6
计划订单收料PORC		0	0	0	0	0	2	2	2	2	2	3	3	3	3	4	4	4	4	4
计划订单发出POR		0	0	0	0	2	2	2	2	2	3	3	3	3	4	4	4	4			
客户订单CO		0	0	0	0	2	0	2	0	2	0	3	0	0	0	0	0	0			
主生产计划MPS		0	0	0	0	2	2	2	2	2	3	3	3	3	4	4	4	4			
mps_period		0	0	0	0	1	1	1	1	1	1	1	1	1	1	1	1	1			
acc-co		0	0	0	0	0	0	0	0	0	0	0	0	0	0	0	0	0			
insufficient		0	0	0	0	0	0	0	0	0	0	0	0	0	0	0	0	0			
可答应量ATP(第1期为负则产能不足)	0						0	2	0	2	0	3	0	3	0	3	4	3	4	4

1季出产柔性线上产品P5 (LT=1) ｜ Past ｜ SS(1)= 0 ｜ OH(1)= 0 ｜ SS(2)= 0 ｜ OH(2)= 0 ｜ ML1= ｜ SS(3)= ｜ ML2= ｜ SS(4)= ｜ ML3= ｜ DFT=4 ｜ PFT=8

Periods（期别）	逾期	1	2	3	4	5	6	7	8	9	10	11	12	13	14	15	16	17	18	19	20
毛需求GR	0	0	0	0	0	0	1	1	1	1	1	1	1	1	1	1	1	1	1	1
在途量SR	0																				
预计在库量POH		0	0	0	0	0	-1	-1	-1	-1	-1	-1	-1	-1	-1	-1	-1	-1	-1	-1
预计可用量PAB		0	0	0	0	0	0	0	0	0	0	0	0	0	0	0	0	0	0	0
净需求NR		0	0	0	0	0	1	1	1	1	1	1	1	1	1	1	1	1	1	1
计划订单收料PORC		0	0	0	0	0	1	1	1	1	1	1	1	1	1	1	1	1	1	1
计划订单发出POR	0	0	0	0	0	1	1	1	1	1	1	1	1	1	1	1	1	1			
客户订单CO		0	0	0	0	1	0	1	0	1	0	1	0	0	0	0	0	0			
主生产计划MPS		0	0	0	0	1	1	1	1	1	1	1	1	1	1	1	1	1			
mps_period		0	0	0	0	1	1	1	1	1	1	1	1	1	1	1	1	1			
acc-co		0	0	0	0	0	0	1	0	1	0	1	0	0	0	0	0	0			
insufficient		0	0	0	0	0	0	0	0	0	0	0	0	0	0	0	0	0			
可答应量ATP(第1期为负则产能不足)	0						0	1	0	1	0	1	0	1	1	1	1	1	1	1

1季出产租赁线上产品P5 (LT=1) ｜ Past ｜ SS(1)= 0 ｜ OH(1)= 0 ｜ SS(2)= 0 ｜ OH(2)= 0 ｜ ML1= 1 ｜ SS(3)= 0 ｜ ML2= 2 ｜ SS(4)= ｜ ML3= ｜ DFT=4 ｜ PFT=8

Periods（期别）	逾期	1	2	3	4	5	6	7	8	9	10	11	12	13	14	15	16	17	18	19	20
毛需求GR	0	0	0	0	0	0	1	1	1	1	1	1	1	1	1	1	1	1	1	1
在途量SR	0																				
预计在库量POH		0	0	0	0	0	-1	-1	-1	-1	-1	-1	-1	0	-1	0	-1	0			
预计可用量PAB		0	0	0	0	0	0	0	0	0	0	0	0	0	0	0	0	0			
净需求NR		0	0	0	0	0	1	1	1	1	1	1	1	1	1	1	1	1			
计划订单收料PORC		0	0	0	0	0	1	1	1	2	0	2	0	2	0	2	0				
计划订单发出POR	0	0	0	0	0	1	1	1	2	0	2	0	2	0	2	0	2				
客户订单CO		0	0	0	0	1	0	1	0	1	0	1	0	0	0	0	0	0			
主生产计划MPS		0	0	0	0	1	1	2	0	2	0	2	0	2	0	2	0				
mps_period		0	0	0	0	1	1	1	0	1	0	1	0	1	0	1	0				
acc-co		0	0	0	0	0	0	1	0	1	0	1	0	0	0	0	0	0			
insufficient		0	0	0	0	0	0	0	0	0	0	0	0	0	0	0	0	0			
可答应量ATP(第1期为负则产能不足)	0						1	1	1	2	0	2	0	2	0	2	0	2			

图 13-13　P5 的 MPS

五、物料需求计划 (MRP) 系列表

本小节阐述相关需求性质的物料需求计划 MRP，涉及半成品和原料。

半成品 P2 的 MRP 的讲解涉及相关需求及其分解和 MRP 计划表两大部分，参见图 13-14 和图 13-15。在图 13-14 "半成品 P2 的相关需求分解"中，鉴于半成品 P2 的相关需求源自于产品 P4 的计划订单发出 POR，并且 P4 最早的 POR 位于第一年第 4 季度，因此半成品 P2 相关需求先设置第 4 季度公式，F2=(P4 的 MPS!F19+P4 的 MPS!F35+P4 的 MPS!F51)* 规则 !$F37，接着选中 F2 单元格公式向右拖动填充柄至 V2 即可完成各季度相关需求计算。将该相关需求在 1 季出产和 2 季出产生产线之间进行分解后，就可进行两类生产线的 MRP 计划。特别注意：因为这种分解是在计划之外再涵盖了计划在生产线上的执行，所以分解会涉及超量和不足，对应着相应季度有库存或者是可能的缺料 (即可能不能满足父件 P4 的需求)；但这是分解阶段的初步判断，是否真的缺料需要再考察所有类别生产线上当季预计期末库存 PAB 之和，参见 F5 和 F6 公式。F5=IF(F2>=F3+F4，IF(F2>F3+F4，" 缺吗 "，"")，" 库存 ")；它类似于之前各 MPS 表中 "订单分解缺排或超排警告" 公式。F6=IF(F5=" 缺吗 "，IF(F13+F23+F4+F3>=F2，" 不缺 "，" 缺 ")，"")，它可以给出缺不缺的最终答案。注意，因为 MRP 计划没有可答应量 ATP 计算，最终缺不缺就需要结合代表当期预计真正库存的预计可用量 PAB 来确定。例如，第 13 季度初步分解后因分解数量缺 1 个出现 "缺吗" 的警示，但该季度在 1 季出产生产线上有 1 个 PAB 库存，故整体上并不缺。在分解后各个季度都处于 "不缺" 状态的情况下，各类生产线的各季度产出就是相应类别生产线相应季度的毛需求。若最后的第五年不想再使用手工线，可在不缺料的情况下，停止分配给手工线的产出，参见 S4 至 V4 单元格数据。

F2		=(P4的MPS!F19+P4的MPS!F35+P4的MPS!F51)*规则!$F37																				
	A	B	C	D	E	F	G	H	I	J	K	L	M	N	O	P	Q	R	S	T	U	V
		逾期	1	2	3	4	5	6	7	8	9	10	11	12	13	14	15	16	17	18	19	20
1	子件毛需求　　　　期别																					
2	父件P4的POR展开至子件P2的相关需求	0	0	0	0	2	2	2	2	2	2	2	2	3	3	3	3	3	3	3	3	0
3	1季出产生产线上子件P2期望的产出	0	0	0	0	1	2	2	2	2	2	2	2	3	3	3	3	3	3	2	0	
4	2季出产生产线上子件P2期望的产出	0	0	0	0	1	0	1	0	1	0	1	0	1	0	1	0	1	0	0	0	0
5	子件P2需求分解所致缺料或库存提醒						库存		库存		库存			缺吗		库存				缺吗		
6	子件P2是否缺料最终判断													不缺						不缺		

图 13-14　半成品 P2 的相关需求分解

图 13-15 "半成品 P2 的 MRP 计划" 解析如下。第一，相应生产线能力 (限制) 现状与增减，首先反映在批量参数 ML1 和 ML2 等，并进而通过批量法则计算计划订单收料 PORC 时体现，这种 PORC 计算类似于 MPS 中的 PORC 计算 (注意各季 ML 值差异)，同样是变形了的最小批量法。第二，两类生产线 MRP 计划实际从第一年开始且第 4 季度有相关需求需满足，故在库量 OH(2) 等于 PAB(4) 而非第一年毛需求之和，参见 J8 公式。第三，安全库存 SS 各季度会变化 (可以被使用)，如作为半成品的 P2 在中间时段设 SS 为 1。第四，各季净需求 NR 根据实际安全库存 SS 不同取值而变化，NR(4) 公式为 F14=IF(F12>=$D8，0，$D8−F12)，NR(5) 公式变为 G14=IF(G12>=$H8，0，$H8−G12)。第五，各季度预计可用量 PAB 是该期预计的真正的期末库存。第六，警讯跟随着 NR

视频讲解

J8	▾	f_x	=F13																		

	A	B	C	D	E	F	G	H	I	J	K	L	M	N	O	P	Q	R	S	T	U	V
8	1季出产生产线上半成品P2 (LT=1)	Past	SS(1)=	0	OH(1)=	0	SS(2)=	1	OH(2)=	1	ML1=	2	SS(3)=	0	ML2=	3	SS(4)=		ML3=		LSR=	MOQ
9	Periods（期别）	逾期	1	2	3	4	5	6	7	8	9	10	11	12	13	14	15	16	17	18	19	20
10	毛需求GR	0	0	0	0	1	2	2	2	2	2	2	2	2	2	3	3	3	3	2	0	
11	在途量SR	0	0																			
12	预计在库量POH		0	0	-1	-1	-1	-1	-1	-1	-1	-1	-1	-1	-1	-2	-2	-2	-2	-1	2	
13	预计可用量PAB		0	0	1	1	1	1	1	1	1	1	1	1	1	2	2	2	2	2		
14	净需求NR		0	0	2	2	2	2	2	2	2	2	2	2	3	3	3	3	2	0		
15	计划订单收料PORC		0	2	2	2	2	2	2	2	2	2	3	3	3	3	3	0				
16	计划订单发出POR	0	0	2	2	2	2	2	2	2	2	2	3	3	3	3	3	0				
17	各期PAB不及当期所用SS值的缺料警讯																					
18																						
19	2季出产手工线上半成品P2 (LT=2)	Past	SS(1)=	0	OH(1)=	0	SS(2)=	1	OH(2)=	0	ML1=	1	SS(3)=		ML2=		SS(4)=		ML3=		LSR=	MOQ
20	Periods（期别）	逾期	1	2	3	4	5	6	7	8	9	10	11	12	13	14	15	16	17	18	19	20
21	毛需求GR	0	0	0	0	1	0	1	0	1	0	1	0	1	0	1	0	1	0	1	0	
22	在途量SR	0	0																			
23	预计在库量POH		0	0	-1	0	-1	0	-1	0	-1	0	-1	0	-1	0	-1	0	-1	0		
24	预计可用量PAB		0	0	0	0	0	0	0	0	0	0	0	0	0	0	0	0	0	0		
25	净需求NR		0	0	1	0	1	0	1	0	1	0	1	0	1	0	1	0	1	0		
26	计划订单收料PORC		0	1	0	1	0	1	0	1	0	1	0	1	0	1	0	1	0			
27	计划订单发出POR	0	0	1	0	1	0	1	0	1	0	1	0	1	0	1	0	1	0			
28	各期PAB不及当期所用SS值的缺料警讯																					

图 13-15　半成品 P2 的 MRP 计划

计算所使用安全库存 SS 的不同取值需同步变化，如 F14=IF(F12>=\$D8，0，\$D8–F12) 且 F17=IF(F13<0，"警告"，IF(F13<\$D8，"警惕"，""))，而 G14=IF(G12>=\$H8，0，\$H8-G12) 且 G17=IF(G13<0，"警告"，IF(G13<\$H8，"警惕"，""))。

　　半成品 P3 的 MRP 参见图 13-16 和图 13-17。其中，半成品 P3 的相关需求分解与半成品 P2 的相关需求分解类似，参见 F2 单元格公式 F2=(P5 的 MPS!F19+P5 的 MPS!F35+P5 的 MPS!F51)* 规则 !\$G38。但有一点需特别注意，第一年第 4 季相关需求为 0；但此时也可以在 1 季出产生产线上安排 1 个 P3 的产出以形成库存。这个库存会转化为 OH(2)，参见 J8 单元格公式 J8=SUM(C10:F10)。此外，对于第二年计划来说，也有一个 SR(5) 及其对应的 POR(4)，即 G11=P8 且 F16=G11，类似于"独立 P2 的 MPS"中"1 季出产生产线上产品 P2"中 SR(5) 和 POR(4)。图 13-16 中"各期 PAB 不及当期所用 SS 值的缺料警讯"与图 13-14 中的相同栏目的计算方法相同，如 IF17=IF(F13<0，"警告"，IF(F13<\$D8，"警惕"，""))。"子件 P3 是否缺料最终判断" 在第 8 季度等出现"缺"字，为解决缺料，可考虑把第三年第 9 季度的 PORC 所用批量大小提前至第 8 季度，即 J15=IF(J14>0，\$T8，0)，请对比图 13-16 和图 13-17。

　　图 13-18 是"R 系列原料的 MRP"。其中，R 系列原料的所有直接父件的计划订单发出 POR 数据进行了汇总，参见 D3 单元格公式 D3= 独立 P2 的 MPS!D17+ 独立 P2 的 MPS!D33。当然，鉴于前文每张表计算了一种类型产品 / 半成品的 POR 数据，POR 汇总相关的所有公式仅仅是每行进行各自公式复制的填充。由所有直接父件的 POR 数据就可以推导出所有原料的 MRP 计划，如 C12 单元格公式 C12=R 系列原料的 MRP!C2* 规则 !\$B34+(R 系列原料的 MRP!C5+R 系列原料的 MRP!C6)* 规则 !\$B36。至于 MRP 计划主要参见前章讲解，同时应注意批量法则变化。

　　为强化 MRP 计划与其执行的集成，图 13-18"R 系列原料的 MRP"有几点需进一步阐明。第一，计划订单发出 POR 在逾期出现大于 0 的数字，就意味着采购时间不足，需紧急采购，如 B29 中的数字大于 0，则采购提前期为 2 个季度的原料 R2 是来不及在第 2 季度到货的，相应件 P2 的 D3 和 D4 两个计划订单发出 POR 也无法按期执行。因此，

F2 ▾ | f_x = (P5的MPS!F19+P5的MPS!F35+P5的MPS!F51)*规则!$G38

子件毛需求 期别	逾期	1	2	3	4	5	6	7	8	9	10	11	12	13	14	15	16	17	18	19	20
父件P5的POR展开至子件P3的相关需求	0	0	0	0	0	4	4	4	5	3	5	3	6	4	6	4	7	5	7	5	0
1季出产生产线上子件P3期望的产出	0	0	0	1	3	3	3	4	4	4	5	5	5	5	5	5	5	5	0		
2季出产生产线上子件P3期望的产出	0	0	0	0	1	0	1	0	1	0	1	0	1	0	1	0	1	0	1	0	
子件P3需求分解所致缺料或库存提醒					库存		缺吗		缺吗	库存	缺吗	库存	缺吗	库存	缺吗	库存	缺吗	库存	缺吗	库存	
子件P3是否缺料最终判断							不缺		缺		不缺		缺		不缺		缺		缺		

J8 ▾ | f_x =SUM(C10:F10)

1季出产生产线上半成品P3（LT=1）	Past	SS(1)=	0	OH(1)=	0	SS(2)=	1	OH(2)=	1	ML1=	1	SS(3)=	1	ML2=	3	SS(4)=	0	ML3=	4	ML4=	5
Periods（期别）	逾期	1	2	3	4	5	6	7	8	9	10	11	12	13	14	15	16	17	18	19	20
毛需求GR	0	0	0	0	1	3	3	3	4	4	4	5	5	5	5	5	5	5	5	0	
在途量SR	0	0		3																	
预计在库量POH		0	0	0	-1	1	-2	-2	-2	-3	-3	-3	-3	-4	-3	-3	-3	-3	-3	-2	1
预计可用量PAB		0	0	0	0	1	1	1	1	1	1	1	1	1	1	1	1	1	1	1	1
净需求NR		0	0	0	1	0	3	3	3	4	4	4	5	5	5	5	5	5	5	5	0
计划订单收料PORC		0	0	0	1	0	3	3	3	4	4	4	5	5	5	5	5	5	5	5	0
计划订单发出POR	0	0	0	3	3	3	4	4	4	4	5	5	5	5	5	5	5	5	0		
各期PAB不及当期所用SS值的缺料警讯																					

G28 ▾ | f_x =IF(G24<0,'警告',IF(G24<$H19,'警惕',''))

2季出产手工线上半成品P3（LT=2）		SS(1)=	0	OH(1)=	0	SS(2)=	0	OH(2)=	0	ML1=	1	SS(3)=		ML2=		SS(4)=		ML3=			
Periods（期别）	逾期	1	2	3	4	5	6	7	8	9	10	11	12	13	14	15	16	17	18	19	20
毛需求GR	0	0	0	0	0	1	0	1	0	1	0	1	0	1	0	1	0	1	0	1	
在途量SR	0	0		1																	
预计在库量POH		0	0	0	0	0	-1	0	-1	0	-1	0	-1	0	-1	0	-1	0	-1	0	
预计可用量PAB		0	0	0	0	1	0	1	0	1	0	1	0	1	0	1	0	1	0	1	
净需求NR		0	0	0	0	1	0	1	0	1	0	1	0	1	0	1	0	1	0	1	
计划订单收料PORC		0	0	0	0	1	0	1	0	1	0	1	0	1	0	1	0	1	0	1	
计划订单发出POR	0	0	0	1	0	1	0	1	0	1	0	1	0	1	0	1	0	1	0		
各期PAB不及当期所用SS值的缺料警讯																					

图 13-16　半成品 P3 的 MRP

视频讲解

J15 ▾ | f_x =IF(J14>0,$T8,0)

子件毛需求 期别	逾期	1	2	3	4	5	6	7	8	9	10	11	12	13	14	15	16	17	18	19	20
父件P5的POR展开至子件P3的相关需求	0	0	0	0	0	4	4	4	5	3	5	3	6	4	6	4	7	5	7	5	0
1季出产生产线上子件P3期望的产出	0	0	0	1	3	3	3	4	4	4	5	5	5	5	5	5	5	5	0		
2季出产生产线上子件P3期望的产出	0	0	0	0	1	0	1	0	1	0	1	0	1	0	1	0	1	0	1	0	
子件P3需求分解所致缺料或库存提醒					库存		缺吗		缺吗	库存	缺吗	库存	缺吗	库存	缺吗	库存	缺吗	库存	缺吗	库存	
子件P3是否缺料最终判断							不缺		不缺		不缺		不缺		不缺		不缺		不缺		

1季出产生产线上半成品P3（LT=1）	Past	SS(1)=	0	OH(1)=	0	SS(2)=	1	OH(2)=	1	ML1=	1	SS(3)=	1	ML2=	3	SS(4)=	0	ML3=	4	ML4=	5
Periods（期别）	逾期	1	2	3	4	5	6	7	8	9	10	11	12	13	14	15	16	17	18	19	20
毛需求GR	0	0	0	0	1	3	3	3	4	4	4	5	5	5	5	5	5	5	5	0	
在途量SR	0	0			3																
预计在库量POH		0	0	0	-1	1	-2	-2	-2	-2	-2	-2	-2	-3	-3	-3	-3	-3	-3	-2	1
预计可用量PAB		0	0	0	0	1	2	2	2	2	2	2	2	2	2	2	2	2	2	2	2
净需求NR		0	0	0	1	0	3	3	3	4	4	4	5	5	5	5	5	5	5	5	0
计划订单收料PORC		0	0	0	1	0	3	3	4	4	4	4	5	5	5	5	5	5	5	5	0
计划订单发出POR	0	0	0	1	3	3	3	4	4	4	5	5	5	5	5	5	5	5	0		
各期PAB不及当期所用SS值的缺料警讯																					

图 13-17　半成品 P3 的 MRP（应对"缺"字的调整部分截图）

这种联动表格便于提前发现问题。第二，每种原料都新增了一行"计划订单实际发出（POR执行）"来每季度输入实际下单数据，并在相应在途量 SR 一行中，在对应于 $POR(t)$ 的 $SR(t+LT)$ 处输入了公式，如 D35=C41（相应原料的相应公式一直复制至计划期末）；而预计在库量 POH 的正确公式（如 D36=C37+D35−D34）确保及时反映 MRP 计划执行情

C2　fx　=P1的MPS!C17+P1的MPS!C33

A	B	C	D	E	F	G	H	I	J	K	L	M	N	O	P	Q	R	S	T	U	V
1　POR＼期别	逾期	1	2	3	4	5	6	7	8	9	10	11	12	13	14	15	16	17	18	19	20
2　产品P1的POR	0	0	0	0	3	2	3	3	4	0	4	4	5	4	1	4	5	4	4	0	
3　独立需求的产品P2的POR	0	1	2	3	2	3	2	3	2	3	3	4	4	3	5	4	5	4	0		
4　相关需求半成品P2的POR	0	1	2	2	2	3	2	3	2	3	2	4	3	3	3	0					
5　独立需求的产品P3的POR	0	0	2	3	2	4	4	5	5	5	6	6	6	6	7	7	7	0			
6　相关需求半成品P3的POR	0	0	2	3	2	4	5	5	5	6	5	6	5	6	5	0					
7　产品P4的POR	0	0	2	2	2	2	2	3	3	3	3	3	3	3	0						
8　产品P5的POR	0	0	2	4	4	4	5	3	5	4	6	4	7	5	7	5	0				

C12　fx　=R系列原料的MRP!C2*规则!$B34+(R系列原料的MRP!C5+R系列原料的MRP!C6)*规则!$B36

A	B	C	D	E	F	G	H	I	J	K	L	M	N	O	P	Q	R	S	T	U	V
9																					
10　原料R1（LT=1）	Past	SS(1)=	0	OH(1)=	0	SS(2)=	1	LSR=	MOQ	ML1=	4	SS(3)=	2	ML2=	10	SS(4)=	0	ML3=	2	LSR=	
11　Periods（期别）	逾期	1	2	3	4	5	6	7	8	9	10	11	12	13	14	15	16	17	18	19	20
12　毛需求GR	0	0	0	4	6	9	9	11	12	14	9	14	15	17	15	13	16	18	16	11	0
13　在途量SR	0	0	0	0	0	0	0	0	0	0	0	0	0	0	0	0	0	0	0	0	0
14　预计在库量POH		0	0	-4	-6	-9	-9	-10	-11	-13	-8	-12	-14	-16	-13	-11	-14	-16	-16	-11	
15　预计可用量PAB		0	0	0	0	1	1	1	1	1	2	1	1	2	2	2	0	0	0	0	
16　净需求NR		0	0	4	6	10	9	11	12	14	9	13	15	18	16	16	16	18	16	11	
17　计划订单收料PORC		0	0	4	6	10	9	11	12	14	9	13	15	18	16	16	16	18	16	11	
18　计划订单发出POR（逾期急采）	0	0	4	6	10	9	11	12	14	10	13	15	18	16	16	16	11	0			
19　计划订单实际发出（POR执行）																					

B29　fx　=C28+D28

A	B	C	D	E	F	G	H	I	J	K	L	M	N	O	P	Q	R	S	T	U	V
20																					
21　原料R2（LT=2）	Past	SS(1)=	0	OH(1)=	0	SS(2)=	1	LSR=	MOQ	ML1=	2	SS(3)=	2	ML2=	4	SS(4)=	0	ML3=	2	LSR=	
22　Periods（期别）	逾期	1	2	3	4	5	6	7	8	9	10	11	12	13	14	15	16	17	18	19	20
23　毛需求GR	0	0	2	4	6	4	4	6	4	6	4	7	5	8	6	8	7	8	4	0	
24　在途量SR	0		0	0	0	0	0	0	0	0	0	0	0	0	0	0	0	0	0	0	0
25　预计在库量POH		0	-2	-4	-6	-4	-5	-3	-5	-3	-5	-3	-6	-4	-6	-4	-6	-5	-8	-4	
26　预计可用量PAB		0	0	0	0	1	1	1	1	1	1	2	2	2	2	0	0	0			
27　净需求NR		0	2	4	6	5	6	4	6	4	6	4	7	6	8	6	8	5	8	4	
28　计划订单收料PORC		0	2	4	6	5	6	4	6	4	6	4	7	6	8	6	8	5	8	4	
29　计划订单发出POR（逾期急采）	2	4	6	5	6	4	6	4	6	4	7	6	8	6	8	5	8	4	0	0	
30　计划订单实际发出（POR执行）																					

D35　fx　=C41

A	B	C	D	E	F	G	H	I	J	K	L	M	N	O	P	Q	R	S	T	U	V
31																					
32　原料R3（LT=1）	Past	SS(1)=	0	OH(1)=	0	SS(2)=	1	LSR=	MOQ	ML1=	12	SS(3)=	2	ML2=	27	SS(4)=	0	ML3=	6	LSR=	
33　Periods（期别）	逾期	1	2	3	4	5	6	7	8	9	10	11	12	13	14	15	16	17	18	19	20
34　毛需求GR	0	0	2	12	18	20	24	24	29	27	29	27	35	33	36	34	39	38	39	23	0
35　在途量SR	0		0	0	0	0	0	0	0	0	0	0	0	0	0	0	0	0	0	0	0
36　预计在库量POH		0	-2	-2	-8	-16	-23	-23	-28	-26	-28	-26	-34	-32	-34	-32	-37	-36	-39	-23	
37　预计可用量PAB		0	10	10	4	1	1	1	1	1	1	2	2	2	2	0					
38　净需求NR		0	2	2	8	17	24	24	29	27	29	27	35	34	36	34	39	38	39	23	
39　计划订单收料PORC		0	12	2	12	17	24	24	29	27	29	27	35	34	36	34	39	38	39	23	
40　计划订单发出POR（逾期急采）	0	12	12	12	17	24	24	29	27	27	35	34	36	34	39	39	23	0			
41　计划订单实际发出（POR执行）																					

C50　fx　=IF(C49>0, C49+D45, 0)

A	B	C	D	E	F	G	H	I	J	K	L	M	N	O	P	Q	R	S	T	U	V
42																					
43　原料R4（LT=2）	Past	SS(1)=	0	OH(1)=	0	SS(2)=	1	LSR=	POQ	ML1=	1	SS(3)=	2	ML2=	2	SS(4)=	0	ML3=	1	n=	2
44　Periods（期别）	逾期	1	2	3	4	5	6	7	8	9	10	11	12	13	14	15	16	17	18	19	20
45　毛需求GR	0	0	0	0	2	2	2	2	2	2	2	3	2	3	3	3	3	3	0		
46　在途量SR	0		0	0	0	0	0	0	0	0	0	0	0	0	0	0	0	0	0	0	0
47　预计在库量POH		0	0	0	-2	0	-1	1	-1	1	1	-2	2	-1	2	1	0	-3	0		
48　预计可用量PAB		0	0	2	3	1	3	1	3	1	1	3	0	3	0	0					
49　净需求NR		0	0	2	1	2	1	0	2	1	0	3	0	3	3	0					
50　计划订单收料PORC		0	0	0	3	3	4	0	6	3	6	6	0	0							
51　计划订单发出POR（逾期急采）	0	0	4	3	0	4	0	6	7	6	0	0	0								
52　计划订单实际发出（POR执行）																					

图 13-18　R 系列原料的 MRP

况至下次的 MRP 计划中。第三，原料采购使用的批量法则可以是最小订购量法 MOQ 或定期批量法 POQ 等，此时的 MOQ 法则是其基本形式公式 (而非 MPS 计划中因考虑生产线能力限制的变形公式)。特别注意：在原料 R4 用定期批量法 POQ 时，计划订单收料 PORC 中的 F50 和 G50 还会连续出现大于 0 的数值，这是因为第 4 季度和第 5 季度计算净需求 NR 时使用了不同的安全库存 SS 参数，致使本不应出现净需求的后一季度时仍然出现了大于 0 的净需求，进而又引发计划订单收料 PORC 的补充。

本节通过 MPS 和 MRP 计划的集成，通过计划与其执行 (含执行时的能力限制) 的集成，讲解产品销售计划及其实绩、产品/半成品生产、原料采购的计划的联动及其相应执行的联动。这种紧密衔接的 Excel 工具的开发，能够更好地支撑正式比赛前两个小时中整体五年竞赛方案的快速调优。当然，这种调优需要紧密结合资金流进行预算，参见图 13-18。

第二节 "商战"财会管理的 Excel 决策辅助工具制作

财会管理的 Excel 决策辅助工具的制作由 5 年的经营会计及其财务报表等组成。此处以第一年和第二年的财会管理相关 Excel 决策辅助工具讲解为重点，并以第三年至第五年 Excel 决策辅助工具的公式复制的讲解为辅助，来阐明"商战"财会管理 Excel 决策辅助工具的制作过程及其注意事宜。

一、第一年的财会管理 Excel 决策辅助工具

图 13-19 是第一年的财会管理 Excel 决策辅助工具。除"季阈值"和"年阈值"是设置输入的数值外，现金流量表中的其他数字 (含"0") 都是输入了公式以便反映相关逻辑的结果。另外，"现金低于阈值警告"四个季度 (以"年份.季度"更易区分) 虽未显示数字，但也有公式：第 2、3 季度的警告可复制第 1 季度公式 B20=IF(B15<=$C1，" 警告 "，"")；而年末的警告参见公式 E20=IF(E19<=$E1，" 警告 "，"")。现金流量表中其他简单的公式包括：① B2= 规则 !B43；② B4=B2；③ B6=B4+B5；④ B21=Max($B$2* 规则 !$D$41，10)；⑤ E16=SUM(H3:H7)；⑥ E17=H8+H9；⑦ E19=E15-E16-E17-E18；⑧ B22=Max($B$2* 规则 !$D$41-$B$5，10)。现金流量表中第 2 至 4 季度可复制第 1 季度公式的涉及以下单元格：① B8=R 系列原料的 MRP!C13* 规则 !$J26+R 系列原料的 MRP!C24* 规则 !$J27+R 系列原料的 MRP!C35* 规则 !$J28+R 系列原料的 MRP!C46* 规则 !$J29；② B14= 规则 !$D43；③ B15=B6+B7-B8-B9-B10-B11-B12-B13-B14。注意：上述公式调用"规则"表相关参数外，仅关联了"R 系列原料的 MRP"表中的 SR 行。该 SR 行是实际运作将形成的数据，其简单清晰便于对接现金流量表。其他 MPS 或 MRP 表格中多为计划数据，并且相关实际运作数据较难体现在表中，进而难与现金流量表对接，故舍弃更复杂运营与现金流量表的对接。现金流量表中第 3、4 季度可以复制第 2 季度公式的涉及以下单元格：① C6=B15；② C22=Max($B$2* 规则 !$D$41-

$B$5−SUM($B7：B7)，10)。注意，C22 单元格的公式复制至 D22 时，"SUM($B7：B7)"会自动调整为正确的"SUM($B7：C7)"。第一年综合费用表、利润表和资产负债表相关公式参见图 13-20，注意编辑栏 N12 的完整公式。

图 13-19　第一年的财会管理 Excel 决策辅助工具

视频讲解

图 13-20　第一年财会管理 Excel 决策辅助工具公式

二、第二至五年的财会管理 Excel 决策辅助工具

（一）第二年的财会管理 Excel 决策辅助工具

图 13-21 为第二年的财会管理 Excel 决策辅助工具。在第二年现金流量表 Excel

表格中，有些数据调用第一年的表格数据，有些则新增或补充了相关业务。前者如 ① B2= 第 1 年 !L26；② B4= 第 1 年 !I17；③ B7= 第 1 年 !L20。后者如 ① B6=M7；② B8=ROUND(第 1 年 !B5* 规则 !$B42，0）；③ B17=ROUND(B16* 规则 !$D$42，0）；④ B11=B4−B5−B6−B7−B8−B9+B10；⑤ B14=ROUNDUP(B12* 规 则 !$F42，0）；⑥ B15=ROUNDUP(B13* 规则 !$H42，0）；⑦ B16= 第 1 年 !B7；⑦ B19=R 系列原料的 MRP!G13* 规则 !$J$26+R 系列原料的 MRP!G24* 规则 !$J$27+R 系列原料的 MRP!G35* 规则 !$J$28+R 系列原料的 MRP!G46* 规则 !$J$29；⑧ B34=B11+B12+B13−B14−B15−B16−B17+B18−B19−B20−B21−B22+B23−B24−B25+B26−B27+B28−B29−B30+B31+B32−B33；⑨ B41=Max($B2* 规则 !$D$41− 第 1 年 !$L$17− 第 1 年 !$L$18+$B9，10）；⑩ B42=Max($B2* 规则 !$D$41− 第 1 年 !$L$17− 第 1 年 !$L$18+$B9−$B10+B16，10）。特别注意：第二年中"各季短贷最高额度"第 2 季度比第 1 季度多增的考量因素，与第一年中"各季短贷最高额度"第 2 季度比第 1 季度多增的考量因素相同，请对比图 13-21 编辑栏中 C42 单元格公式与上述 B42 单元格公式，以及图 13-19 中 C22 单元格公式与 B22 单元格公式。

第二年的广告费是新增表格，产品或地域的广告合计都可汇总成第 2 年广告费的

图 13-21 第二年的财会管理 Excel 决策辅助工具

视频讲解

总值，参见 M7=SUM(M2:M6)。此外，第 2 年综合费用表中相关的公式尽量调用第 2 年现金流量表，如 ① H11=SUM(B33:E33)；② H13=E38；③ H15=SUM(B22:E22)；④ H17=E35；⑤ H18=SUM (B29:E29)；⑥ H19=E36；⑦ H20=B5。在第 2 年利润表中，新增"财务费用"并有相应新公式 K18=B8+SUM(B14:E14)+SUM(B15:E15)+SUM(B17:E17)；并修改"所得税"公式为 K20=IF(K19>0, IF(K19+K34>0, ROUND((K19+K34)* 规则 !$H$43, 0), 0), 0)"。在第 2 年资产负债表中除各类合计性质的"上年数"沿用原有公式之外，其他所有"上年数"都调用第 1 年资产负债表中相应栏目的"本年数"，如左边的 H26= 第 1 年 !I17 至 H30= 第 1 年 !I21，H32= 第 1 年 !I23 至 H34= 第 1 年 !I25；右边的 K26= 第 1 年 !L17 至 K29= 第 1 年 !L20，K32= 第 1 年 !L23 至 K34= 第 1 年 !L25。类似地，第 2 年资产负债表中除各类合计性质的"本年数"沿用原有公式外，其他"本年数"基本都有变化，如 ①"长期贷款"公式 L26= 第 1 年 !L17−B9+B10；②"短期贷款"公式 L27= 第 1 年 !L18−SUM(B16:E16)+SUM(B18:E18)；③"所得税"公式 L29=K20；④"股东资本"公式 L32=K32+L28；⑤"利润留存"公式 L33=K33+K34。注意：① 所得税计算需要考虑弥补第一年负的净利润，之后若仍有盈利才交税；②"股东资本"在竞赛时无需考虑经营破产或现金断流情况，但此处考虑了平时仿真时可能的特别注资问题，因此 L33 单元格的公式体现了注册资本的叠加。

（二）第三年的财会管理 Excel 决策辅助工具

在同一个表格中，可以快速地将第二年的财会管理 Excel 决策辅助工具横向复制（即向右边空白处复制），从而得出第三年的财会管理 Excel 决策辅助工具。因为相关表格中众多公式对应的逻辑关系并没有变化，所以复制出的第三年的 Excel 工具只需要处理有逻辑变化的少数公式，参见图 13-22 中加粗的表名栏目及其相应季度中加粗数字（即相应公式有变化）。

第三年现金流量表中有变化的公式包括：① Q2=L35；② Q4=I26；③ Q7=L29；④ Q8=ROUND(L26* 规则 !$B$42, 0)；⑤ Q16=B18；⑥ Q19=R 系列原料的 MRP!K13* 规则 !$J$26+R 系列原料的 MRP!K24* 规则 !$J$27+R 系列原料的 MRP!K35* 规则 !$J$28+R 系列原料的 MRP!K46* 规则 !$J$29；⑦ Q40=IF(Q34<=$R1, " 警告 ", "")；⑧ Q41=Max(Q2* 规则 !$D$41−L26−L27+Q9，10)；⑨ Q42=Max($Q2* 规则 !$D$41−$L26−$L27+$Q9−$Q10+Q16，10)；⑩ T40=IF(T39<=T1, " 警告 ", "")。注意：① 上述前面几个公式是直接调用 B 列、I 列、L 列对应的第二年相关数据；②"归还短期贷款本金"的 Q16 和"原料入库付现"的 Q19 对应的第 1 季度公式都可以直接复制至第 2 至第 4 季度；③"现金低于阈值警告"的 Q40 对应的第 1 季度公式可直接复制至第 2 和第 3 季度（T40 对应年末的警告）；④"各季短贷最高额度"第 2 季度公式参见图 13-21 抬头 R42 公式（与 C42 类似），它可复制至第 3、4 季度。

除现金流量表中公式有上述变化外，第三年还有利润表和资产负债表中的公式发生了变化；而广告费、综合管理费和市场开拓项目三张表格中的公式，与第二年相比没有变化。在利润表中仅所得税公式变为：Z20=IF(Z19>0, IF(L29>0, Z19* 规则 !$H$43, IF(Z19+Z34+K34>0, ROUND((Z19+Z34+K34)* 规则 !$H$43, 0), 0)), 0)。注意：计算 Z20 时需考虑第二年所得税 L29 为正或零导致的计算差异，其中 L29 不大

R42 | =MAX($Q2*规则!$D$41-$L26-$L27+$Q9-$Q10+SUM($Q16:R16)-SUM($Q18:Q18),10)

第3年现金流量表

第3年现金流量表	季阈值		70	年阈值	250
上年末权益	563				
年度规划	3.1季	3.2季	3.3季	3.4季	
年初现金	563				
支付信息费					
支付广告费					
支付应交税金	0				
支付长贷利息	0				
偿还长期贷款本金					
申请长期贷款					
季初现金盘点	563	549	535	521	
1\2期应收账款贴现					
3\4期应收账款贴现					
1\2期应收贴现的贴息	0	0	0		
3\4期应收贴现的贴息	0	0	0		
归还短期贷款本金	0	0	0		
支付短贷利息	0	0	0		
申请短期贷款	0	0	0		
原料入库付现	0	0	0		
购买/租用厂房					
新建/续建生产线					
生产线转产					
生产线变卖					
紧急采购原料					
下一批生产					
应收款收现					
紧急采购产品					
无账期订单交货收现					
产品研发投资					
厂房租转采付款					
出售产品库存					
出售原料库存					
支付行政管理费	14	14	14	14	
季末现金	549	535	521	507	
新市场开拓				0	
ISO资格认证投资				0	
缴纳逾期订单罚款					
支付设备维护费					
年末现金				507	
现金低于阈值警告					
当年长贷最高额度	1689				
各季短贷最高额度	1689	1689	1689	1689	

第3年广告费

第3年广告费	本地	区域	国内	亚洲	国际	产品广告合计
产品P1						0
产品P2						0
产品P3						0
产品P4						0
产品P5						0
地域广告合计	0	0	0	0	0	0

第3年综合费用表

项目	金额
管理费	56
广告费	
维护费	
损失	
转产费	
(厂房)租金	
市场开拓费	
产品研发费	
ISO认证费	
信息费	
合计	56

第3年利润表

项目	金额
销售收入	
直接成本	
毛利	0
综合费用	56
折旧前利润	-56
折旧	
支付利息前利润	-56
财务费用	0
税前利润	-56
所得税	0
年度净利润	-56

第3年市场开拓项目

项目	金额
本地	
区域	
国内	
亚洲	
国际	
ISO9K认证	
ISO14K认证	

第3年资产负债表

项目	上年数	本年数	项目	上年数	本年数
现金	563	507	长期贷款	0	0
应收款	0		短期贷款	0	
在制品	0		特别贷款	0	
产成品	0		所得税	0	0
原料	0				
流动资产合计	563	507	负债合计	0	0
厂房	0		股东资本	675	675
机器设备	0		利润留存	-56	-112
在建工程	0		年度净利	-56	-56
固定资产合计	0	0	所有者权益合计	563	507
资产总计	563	507	负债和所有者权益总计	563	507

图 13-22　第三年的财会管理 Excel 决策辅助工具

视频讲解

于零时进一步考虑累计税前利润 (即当年应税利润) 是否大于零。在资产负债表的左半部分，变化的公式包括：① W26=I26；② W27=I27；③ W28=I28；④ W29=I29；⑤ W30=I30；⑥ W32=I32；⑦ W33=I33；⑧ W34=I34；⑨ X26=T39。在资产负债表的右半部分，变化的公式包括：① Z26=L26；② Z27=L27；③ Z28=L28；④ Z29=L29；⑤ Z32=L32；⑥ Z33=L33；⑦ Z34=L34；⑧ AA26=L26–Q9+Q10；⑨ AA27=L27–SUM(Q16:T16)+SUM(Q18:T18)。

（三）第四年的财会管理 Excel 决策辅助工具

在同一表格"第 2 至 5 年"中，可快速将第三年的财会管理 Excel 决策辅助工具横向复制出第四年的财会管理 Excel 决策辅助工具，参见图 13-23。因为第三年众多逻辑计算时调用第二年的相关数据都在同一张表格中 (即多为相对引用)，为保证公式复制的正确性，只需将第三、四年之间与第二、三年之间留空的列数设为一致 (均为一列)。由图 13-23 可以看出，被加粗显示有变化的公式已很少，现金流量表中只有：①"原料入库付现"相关的 AF19=R 系列原料的 MRP!O13* 规则 !$J$26+R 系列

AO20 ▼ fx =IF(AO19>0,IF(AA29>0,AO19*0.25,IF(L29>0,IF(AO19+AO34>0,ROUND((AO19+AO34)*0.25,0),0),IF(AO19+AP33>0,ROUND((AO19+AP33)*0.25,0),0))),0)

第4年现金流量表

	季阈值	80		年阈值	220
上年末权益	507				
年度规划	4.1季	4.2季	4.3季	4.4季	
年现金	507				
支付信息费					
支付广告费	0				
支付应交税金	0				
支付长期利息	0				
偿还长期贷款本金					
申请长期贷款					
季初现金盘点	507	493	479	465	
1\2期应收账款贴现					
3\4期应收账款贴现					
1\2期应贴现的贴息	0	0	0	0	
3\4期应贴现的贴息	0	0	0	0	
归还短期贷款本金	0	0	0	0	
支付短贷利息	0	0	0	0	
申请短期贷款	0	0	0	0	
原料入库付现	0	0	0	0	
购买/租用厂房					
新建/续建生产线					
生产线转产					
生产线变卖					
紧急采购原料					
下一批生产					
应收款收现					
紧急采购产品					
无账期订单交货收现					
产品研发投资					
厂房租转买付款					
出售产品库存					
出售原料库存					
支付行政管理费	14	14	14	14	
季末现金	493	479	465	451	
新市场开拓					0
ISO资格认证投资					0
缴纳违约订单罚款					
支付设备维护费					
年末现金					451
现金低于阈值警告					
当年长贷最高额度	1521				
各季短贷最高额度	1521	1521	1521	1521	

第4年广告表

	本地	区域	国内	亚洲	国际	产品广告合计
产品P1						0
产品P2						0
产品P3						0
产品P4						0
产品P5						0
地域广告合计	0	0	0	0	0	

第4年综合费用表

项目	金额
管理费	56
广告费	0
维护费	0
损失	0
转产费	0
(厂房)租金	0
市场开拓费	0
产品研发费	0
ISO认证费	0
信息费	0
合计	56

第4年利润表

项目	金额
销售收入	
直接成本	
毛利	
综合费用	56
折旧前利润	-56
折旧	
支付利息前利润	-56
财务费用	
税前利润	-56
所得税	0
年度净利润	-56

第4年市场开拓项目

项目	金额
本地	
区域	
国内	
亚洲	
国际	
ISO9K认证	
ISO14K认证	

第4年资产负债表

项目	上年数	本年数	项目	上年数	本年数
现金	507	451	长期贷款	0	0
应收款			短期贷款		
在制品			特别贷款		
产成品			所得税	0	
原料					
流动资产合计	507	451	负债合计	0	0
厂房			股东资本	675	675
机器设备			利润留存	-112	-168
在建工程			年度净利	-56	-56
固定资产合计	0	0	所有者权益合计	507	451
资产总计	507	451	负债和所有者权益合计	507	451

第5年现金流量表（栏目同第4年现金流量表，各项目：上年末权益、年度规划、年现金、支付信息费、支付广告费、支付长期利息、偿还长期贷款本金、申请长期贷款、季初现金盘点、1\2期应收账款贴现、3\4期应收账款贴现、1\2期应贴现的贴息、3\4期应贴现的贴息、归还短期贷款本金、支付短贷利息、申请短期贷款、原料入库付现、购买/租用厂房、新建/续建生产线、生产线转产、生产线变卖、紧急采购原料、下一批生产、应收款收现、紧急采购产品、无账期订单交货收现、产品研发投资、厂房租转买付款、出售产品库存、出售原料库存、支付行政管理费、季末现金、新市场开拓、ISO资格认证投资、缴纳违约订单罚款、支付设备维护费、年末现金、现金低于阈值警告、当年长贷最高额度、各季短贷最高额度）

图 13-23　第四年的财会管理 Excel 决策辅助工具

原料的 MRP!O24* 规则 !$J$27+ R 系列原料的 MRP!O35* 规则 !$J$28+R 系列原料的 MRP!O46* 规则 !$J$29，这个公式复制到第 2 至第 4 季度；② "现金低于阈值警告" 第 1 季度的 AF40=IF(AF34<=$AG1,"警告","")，这个公式复制到第 2、3 季度；③ "现金低于阈值警告" 第 4 季度的 AI40=IF(AI39<=AI1,"警告","")；④ "各季短贷最高额度" 第 1 季度的 AF42=Max($AF2* 规则 !$D$41-$AA26-$AA27+$AF9-$AF10+ AF16，10)；⑤ "各季短贷最高额度" 第 2 季度的 AG42=Max($AF2* 规则 !$D$41-$AA26-$AA27+ $AF9-$AF10+SUM($AF16:AG16)-SUM($AF18:AF18)，10)，该公式复制到第 3、4 季度。广告费、综合管理费、市场开拓项目和资产负债表四张表格中的公式都无变化，仅利润表有一变化：AO24=IF(AO19>0，IF(AA29>0，AO19*0.25，IF(L29>0，IF(AO19+AO34>0，ROUND((AO19+AO34)*0.25，0)，0)，IF(AO19+AP33>0，ROUND((AO19+AP33)*0.25，0)，0)))，0)。注意：① 仍需变化的这几个公式除了所得税之外都是因为引用了位置被固定的表头信息或年初信息；② 所得税的变化则是因为它需考虑更多年份内交税的满足条件及其四舍五入调整，此处为简化公式税率直接取 0.25。

（四）第五年的财会管理 Excel 决策辅助工具

图 13-24 是将第四年的财会管理 Excel 决策辅助工具横向复制出的第五年财会管

理 Excel 决策辅助工具。由图 13-24 可以看出，与第四年类似，被加粗显示有变化的公式很少，除利润表中"所得税"公式为力求简洁而被取消之外 (参见 BD20 中已无公式)，只有现金流量表中同样的三类项目有公式变化：①"原料入库付现"相关的 AU19=R 系列原料的 MRP!S13* 规则 !$J$26+R 系列原料的 MRP!S24* 规则 !$J$27+R 系列原料的 MRP!S35* 规则 !$J$28+R 系列原料的 MRP!S46* 规则 !$J$29，这个公式复制到第 2 至第 4 季度；②"现金低于阈值警告"第 1 季度的 AU40=IF(AU34<=$AV1，" 警告 "，"")，这个公式复制到第 2、3 季度；③"现金低于阈值警告"第 4 季度的 AX40=IF(AX39<=AX1，" 警告 "，"")；④"各季短贷最高额度"第 1 季度的 AU42=Max($AF2* 规则 !$D$41–$AA26–$AA27+$AF9–$AF10+AU16，10)；⑤"各季短贷最高额度"第 2 季度的 AV42=Max($AF2* 规则 !$D$41–$AA26–$AA27+$AF9–$AF10+SUM ($AF16:AV16)–SUM($AF18:AU18)，10)，该公式复制到第 3、4 季度。

图 13-24　第五年的财会管理 Excel 决策辅助工具

通过上述第一年至第五年财会管理 Excel 决策辅助工具的开发讲解，可以看到各年间复制公式的快捷便利性以及在复制公式中需要注意的事情和相应的修正。这系列表格可以再通过整体复制，尤其是将再次复制的现金流量表直接更名为现金预算表，从而更好地进行依托"商战"的 ERP 沙盘仿真实训。

附录一 ERP 教学计划系统中的核心代码（扫码查看）

附录二 ERP 教学计划系统中的相关数据表（扫码查看）

附录三 期末考试样卷及参考答案（扫码查看）

参考文献

一、ERP 相关教材、专著与文章

[1]　蔡颖，唐春明. 精益实践与信息化：基于 ERP 的精益制造体系的设计 [M]. 北京：电子工业出版社，2009.

[2]　高德拉特，斯拉根海默，柏德克. 仍然不足够 [M]. 罗嘉颖，译. 北京：电子工业出版社，2006.

[3]　程控，革扬. MRP Ⅱ/ERP 原理与应用 [M]. 3 版. 北京：清华大学出版社，2012.

[4]　陈启申. ERP：从内部集成起步 [M]. 3 版. 北京：电子工业出版社，2012.

[5]　程国卿，吉国力. 企业资源计划 (ERP) 教程 [M]. 2 版. 北京：清华大学出版社，2013.

[6]　李健，王颖纯，董锴. 企业资源计划 (ERP) 及其应用 [M]. 5 版. 北京：电子工业出版社，2021.

[7]　刘翔，施文. ERP 原理与应用 [M]. 北京：清华大学出版社，2011.

[8]　李晓，刘正刚. 制造企业价值导向的云制造 ERP 研究 [J]. 中国科技论坛，2014(4)：93-98.

[9]　刘金安，刘梦莹，介彬，等. ERP 原理及应用教程 [M]. 3 版. 北京：清华大学出版社，2020.

[10]　刘正刚. 对 ERP 核心：MRP 逻辑模型的研究 [J]. 计算机工程与应用，2005 (35)：221-225.

[11]　刘正刚，田军. ERP 制造系统原理 [M]. 北京：机械工业出版社，2013.

[12]　罗鸿. ERP 原理·设计·实施 [M]. 5 版. 北京：电子工业出版社，2020.

[13]　邱立新. ERP 原理与应用 [M]. 2 版. 北京：北京大学出版社，2018.

[14]　任振清. SAP ERP 应用案例详解 [M]. 北京：清华大学出版社，2013.

[15]　闪四清. ERP 系统原理和实施 [M]. 5 版. 北京：清华大学出版社，2017.

[16]　田军，刘正刚，刘学理，等. 企业资源计划 (ERP)[M]. 北京：机械工业出版社，2007.

[17]　田军，刘正刚. 企业资源计划 (ERP) [M]. 2 版. 北京：机械工业出版社，2020.

[18]　沃尔曼，贝里，怀巴克，等. 制造计划与控制：基于供应链环境：第 5 版 [M]. 韩玉启，陈杰，袁小华，等译. 北京：中国人民大学出版社，2008.

[19]　汪定伟. 敏捷制造的 ERP 及其决策优化 [M]. 北京：机械工业出版社，2003.

[20]　杨建华. 企业资源计划：ERP 原理、应用与案例 [M]. 2 版. 北京：电子工业出版社，2015.

[21] 叶宏谟. 企业资源规划：制造业管理篇 [M]. 北京：电子工业出版社，2001.

[22] 叶宏谟. 企业资源规划 ERP：整合资源管理篇 [M]. 宋向琳，改编. 飞思科技产品研发中心，审校. 北京：电子工业出版社，2002.

[23] 余真翰，黄文富. ERP 原理与应用 [M]. 北京：科学出版社，2014.

[24] 张涛，邵志芳，吴继兰. 企业资源计划 (ERP) 原理与实践 [M]. 3 版. 北京：机械工业出版社，2020.

[25] 张真继，邵丽萍. 企业资源计划 [M]. 2 版. 北京：电子工业出版社，2014.

[26] 郑称德，陈曦. 企业资源计划 (ERP)[M]. 北京：清华大学出版社；北京：北京交通大学出版社，2010.

[27] 周玉清，刘伯莹，周强. ERP 原理与应用教程 [M]. 4 版. 北京：清华大学出版社，2021.

[28] 朱宝慧. ERP 原理及应用 [M]. 2 版. 北京：北京大学出版社，2018.

[29] ERP 应用教程编委会. ERP 生产制造管理应用教程 [M]. 上海：立信会计出版社，2011.

二、制造管理／运作管理／供应链治理相关教材、专著与文章

[1] 蔡斯. 制造与运营管理：制造与服务 [M]. 任建标，译. 北京：机械工业出版社，2003.

[2] 高德拉特. 绝不是靠运气 [M]. 周怜利，译. 北京：电子工业出版社，2006.

[3] 高德拉特，科克斯. 目标 [M]. 齐若兰，译. 3 版. 北京：电子工业出版社，2006.

[4] 河田信. 丰田管理方式：会计逻辑和生产逻辑相整合的管理方式 [M]. 牛占文，等译. 北京：中国铁道出版社，2008.

[5] 兰伯特. 供应链管理：流程、伙伴、业绩 [M]. 王平，译. 北京：北京大学出版社，2007.

[6] 桑福德，泰勒. 开放性成长：商业大趋势：从价值链到价值网络 [M]. 刘曦，译. 北京：东方出版社，2008.

[7] 李晓，刘正刚. 面向可持续发展的企业产品服务系统价值流管理 [M]. 北京：中国社会科学出版社，2013.

[8] 李晓，刘正刚. 基于区块链技术的供应链智能治理机制 [J]. 中国流通经济，2017(11)：34-44.

[9] 马士华，林勇. 供应链管理 [M]. 2 版. 北京：高等教育出版社，2006.

[10] 波特. 竞争优势 [M]. 陈小悦，译. 北京：华夏出版社，1997.

[11] 乔治，威尔逊. 突破增长极限：沃尔玛、丰田等顶级企业如何驾驭商业复杂性 [M]. 郑磊，等译. 北京：当代中国出版社，2006.

[12] 沃麦克，琼斯. 精益解决方案 [M]. 张文杰，等译. 北京：机械工业出版社，2006.

[13] 沃麦克，琼斯. 精益思想 [M]. 沈希瑾，等译. 北京：机械工业出版社，2008.